中国出版史

A History of Publishing in China

肖东发 杨虎 主编

图书在版编目(CIP)数据

中国出版史/肖东发,杨虎主编. —北京:北京大学出版社,2017.4
(21世纪新闻与传播学规划教材)
ISBN 978-7-301-28194-9

Ⅰ.①中… Ⅱ.①肖… ②杨… Ⅲ.①出版工作—文化史—中国—高等学校—教材 Ⅳ.①G239.29

中国版本图书馆CIP数据核字(2017)第053500号

书　　　名	中国出版史 ZHONGGUO CHUBANSHI
著作责任者	肖东发　杨　虎　主编
责 任 编 辑	胡利国
标 准 书 号	ISBN 978-7-301-28194-9
出 版 发 行	北京大学出版社
地　　　址	北京市海淀区成府路205号　100871
网　　　址	http://www.pup.cn
电 子 信 箱	ss@pup.pku.edu.cn
新 浪 微 博	@北京大学出版社
电　　　话	邮购部 62752015　发行部 62750672　编辑部 62765016
印 刷 者	北京鑫海金澳胶印有限公司
经 销 者	新华书店
	730毫米×980毫米　16开本　35印张　628千字 2017年4月第1版　2017年4月第1次印刷
定　　　价	70.00元

未经许可,不得以任何方式复制或抄袭本书之部分或全部内容。
版权所有,侵权必究
举报电话:010-62752024　电子信箱:fd@pup.pku.edu.cn
图书如有印装质量问题,请与出版部联系,电话:010-62756370

目　录

绪论 ……………………………………………………………………… (1)
    第一节　出版的界定与中国出版史研究的基本内容 …………………… (2)
    第二节　学习和研究中国出版史的目的与意义 ………………………… (5)
    第三节　对中国出版史研究情况的回顾 ………………………………… (8)
    第四节　中国出版史的发展脉络及整体特征 …………………………… (15)

第一章　出版活动的萌芽时期（上古至西周） ………………………… (21)
    第一节　汉字的产生 ……………………………………………………… (21)
    第二节　原始图书典籍的出现 …………………………………………… (28)
    第三节　商周时期的原始图书典籍 ……………………………………… (32)
    第四节　原始编辑活动的出现 …………………………………………… (40)

第二章　出版活动的草创时期（春秋战国） …………………………… (48)
    第一节　史官制度的打破与私人著作的兴起 …………………………… (49)
    第二节　春秋战国时期的图书编辑活动 ………………………………… (54)
    第三节　春秋战国时期编辑出版的图书典籍 …………………………… (65)
    第四节　竹帛并行与简牍制度 …………………………………………… (70)

第三章　承前启后的奠基时期（秦汉） ………………………………… (82)
    第一节　秦汉时期的文化政策 …………………………………………… (83)
    第二节　两汉的图书机构及编校活动 …………………………………… (89)
    第三节　秦汉时期的出版物 ……………………………………………… (99)
    第四节　秦汉时期的图书流通与贸易活动 ……………………………… (110)
    第五节　秦汉时期的图书形制 …………………………………………… (116)
    第六节　造纸术的发明与改进 …………………………………………… (123)

第四章　纸写本时期的出版活动（魏晋南北朝） ……………………… (135)
    第一节　魏晋南北朝时期的社会文化背景 ……………………………… (135)

第二节 魏晋南北朝的政府编纂机构及编辑活动…………………(140)
第三节 魏晋南北朝时期图书的典藏与复制…………………………(154)
第四节 魏晋南北朝时期的图书流通与中外交流……………………(161)
第五节 魏晋南北朝时期的图书形制
　　　——纸写本书的普及与卷轴制度………………………………(165)

第五章 印刷文明的开创(隋唐五代)……………………………………(171)
第一节 隋唐五代出版事业发展的社会文化背景……………………(171)
第二节 隋唐五代的编纂机构及编辑活动……………………………(178)
第三节 雕版印刷术的发明……………………………………………(191)
第四节 隋唐五代的图书出版事业……………………………………(204)
第五节 隋唐五代的图书流通和图书贸易……………………………(210)
第六节 隋唐五代的图书形制…………………………………………(214)

第六章 古代出版业的黄金时代(宋辽夏金元)……………………………(217)
第一节 宋代出版业发展的社会文化背景……………………………(218)
第二节 宋代的图书编纂机构和编纂活动……………………………(221)
第三节 宋代刻书事业…………………………………………………(231)
第四节 宋代图书形制及印刷技术……………………………………(249)
第五节 宋代的图书发行与流通………………………………………(257)
第六节 辽、金、西夏的图书出版事业………………………………(270)
第七节 元代的出版事业………………………………………………(276)

第七章 传统出版业盛极而衰(明及清前期)………………………………(291)
第一节 明清出版业发展的社会文化背景……………………………(292)
第二节 明清时期的编辑活动…………………………………………(301)
第三节 明代的图书出版事业…………………………………………(322)
第四节 清代前期的图书出版事业……………………………………(333)
第五节 明清时期的印刷技术及图书形制……………………………(339)
第六节 明清时期的图书发行和中外出版交流………………………(348)

第八章 出版业的变革与近代化转型(晚清)………………………………(356)
第一节 晚清出版业的近代化变革及发展脉络………………………(356)
第二节 晚清书刊编纂活动……………………………………………(370)

第三节　晚清的出版事业 …………………………………………（388）
　　第四节　近代机械化印刷术的传入与发展 ……………………（402）
　　第五节　近代的图书流通与发行 ………………………………（410）

第九章　现代出版业的形成与发展(中华民国时期) …………（415）
　　第一节　现代社会与书刊出版 …………………………………（415）
　　第二节　现代的图书编辑活动 …………………………………（423）
　　第三节　现代的私营出版业 ……………………………………（436）
　　第四节　现代印刷技术的发展 …………………………………（449）
　　第五节　中国共产党领导下的出版发行事业 …………………（452）

第十章　新中国前30年出版史(1949—1979年) ………………（466）
　　第一节　新中国出版事业的奠定与发展(1949—1965年) ……（466）
　　第二节　"文化大革命"对新中国出版事业的摧残破坏
　　　　　　(1966—1976年) …………………………………………（479）
　　第三节　新中国出版事业的恢复与整顿(1976—1979年) ……（484）

第十一章　改革开放以来的中国出版业 …………………………（492）
　　第一节　出版管理体制改革 ……………………………………（492）
　　第二节　在改革中快速发展的图书出版业 ……………………（503）
　　第三节　现代数字技术的应用和出版形态的变革 ……………（510）
　　第四节　出版发行体制改革与发展 ……………………………（529）
　　第五节　出版教育与科研的发展壮大 …………………………（534）
　　第六节　当代中外出版交流的快速发展 ………………………（537）

附1　主要参考书目 ………………………………………………（547）

附2　部分图片来源 ………………………………………………（550）

后记 …………………………………………………………………（551）

绪　论

人类的出版历史源远流长，是人类文明活动的重要内容。一方面，不同的文明孕育了不同的出版活动；另一方面，不同的出版活动又促进了各自文明的发展。

源远流长的中华文明孕育了特色鲜明的中国出版历史，在一定程度上，中国出版活动的历史便是中华文明的缩影。中华文明是世界上唯一从未中断过的文明形态，具有历史悠久、内涵丰富、多元一体、影响深远、不断进取的鲜明特征。中国不仅在古代创造了辉煌的文明成就，留下了浩博的经典，而且经过百余年的改革更新，更呈现出强劲的发展态势和繁荣的发展前景。用一句中国的古话形容，便是"周虽旧邦，其命维新"。这在一定程度上决定了中国出版历史的独特性。中国是世界上出版事业最早、最发达的国家之一，其源头可以追溯到3000多年前的先秦时期。中国出版历史之悠久，内容之丰富，贡献之巨大，特点之突出，均为世界所公认。正如美国学者钱存训所说：

> 在世界文明史中，中国文字纪录的多产、连续和普遍性最为突出。中国典籍数量的庞大、时间的久远、传播的广泛和纪录的详细，在15世纪结束以前，都可以说是举世无双的。自远古以来，中国文献大量流传，史籍的创作从未间断，而百万字的著作所在多有。在东亚文化圈的范围以内，用中国文字著述的书籍，不仅在中国境内流传，亦为中国以外其他民族所共同使用和分享。[①]

古往今来的出版活动作为一种知识积累和文化传播的重要活动，不仅在传承和传播中华文明的过程中发挥了极为重大的作用，而且在世界出版史上占有举足轻重的地位和分量。数十年来，中华文明以书籍为重要载体之一，在世界广为传播，促成了亚洲儒家文明圈的形成，在世界文明的发展中发挥了巨大的作用。特别是造纸术和印刷术的发明与广泛传播，更是人类文明史上的杰出贡献，对人类社会的发展产生了广泛而深刻的影响。

---

① 〔美〕钱存训：《印刷术在中国传统文化中的作用》，《文献》1991年第2期。

相对于历史悠久、内涵丰富的中国出版史,我们现有的研究工作还显得不够,因此,十分有必要建立并不断完善一门体系明了、内容翔实、对现实有借鉴意义的出版史学科。中国出版史并不是一门独立的学科,它和我国的文学、哲学、自然科学等多个方面有着密切的联系。在学习出版史的过程中,我们时时会被祖国奇美瑰丽的古代文明所吸引,更会为祖国所取得的文明成就而自豪。

学习研究任何一门学科,都要首先搞清楚该学科的一些基本问题。比如出版的概念;该学科的研究对象、研究范围和研究意义等。另外,了解该学科以往的研究状况,不同历史阶段与之有关的学术成果,特别是近年来的进展和现存的问题,从总体上把握中国出版事业的脉络和特点,将有助于以后各章节的学习。

第一节 出版的界定与中国出版史研究的基本内容

什么是出版?这是学习和研究出版史首先要明确的重要概念。

1952年通过、1971年修订的《世界版权公约》中规定出版(Publish)为"可供阅读或视觉可以感知的著作以有形的形式复制并向公众普遍发行的行为"。这是国际上较为认同的关于出版的定义。在国内,按《中国大百科全书(第二版)》对"出版"的解释是:"将文字、声音、图像等作品编辑加工后,利用相应的物质载体进行复制,以传播科学文化、信息和进行思想交流的一种社会活动。"

综合以上两种定义,可以总结出"出版"的概念应该包括以下四个基本要素:(1)有反映人类文化知识和思想意识的作品;(2)进行一定的编创工作;(3)运用复制技术,将作品记录在一定载体之上;(4)通过发行出售或者其他办法进行传播。简言之,所谓出版,就是将知识、思想或其他信息产品经过加工以后,以手抄、印刷或其他方式复制在一定物质载体上,并通过出售或其他途径向公众传播的活动。由此我们可以得出出版活动的三个阶段,即编著作品、加工复制、广泛传播。完整的出版活动应该包括以上三方面的内容。这三方面的内容是经过长期的历史发展而逐步形成的。从本质上讲,出版具有两种基本功能:一是文化知识的传播功能,一是文化知识的积累功能。

需要指出的是,在现代汉语中,"出版"一词属于外来词,在中国使用较晚。根据黄遵宪1879年与日本人的"笔谈"以及在《日本国志·学术志》中使用的情况来看:"出版"一词是从日本传入中国的,时间大约在19世纪下半叶。[①] 早在

---

① 于翠玲:《"出版"溯源与中国出版活动的演变》,《延安大学学报(社会科学版)》2008年第1期。

唐代雕版印刷发明后,我国就有了"刻板""镂版""雕版""开板""刊印""刊刻""刊行""梓行"等与出版意义接近或等同的词语。用现代的出版概念去衡量,我国《逸周书》中的"铭之金版"、《黄帝内经》中的"著之玉版"、《墨子》中的"镂于金石,书之竹帛,传遗后世子孙",都可称为早期的出版活动。可以说,"出版"一词在中国虽然仅使用了一百多年,但出版活动、出版工作和出版事业的逐步形成过程已有几千年的历史。

出版史就是以历史上的出版活动为研究对象的一门专史,中国出版史是研究我国出版历史上出版事业的产生、发展及其规律的学科。中国出版史是编辑出版学与历史学的交叉学科,也是中国文化史的一个重要组成部分。其下属学科有图书史、报刊史、编辑史、印刷史、发行史、装帧史、翻译史等。其研究领域既有专业系统性,又有综合系统性。其研究内容主要可归纳为两个方面:其一是历史上出版活动内部诸方面的联系,其二是出版事业与人类社会政治、经济、文化及科学技术等方面的相互联系。具体地说,就是研究并叙述出版事业形成和发展的历史条件和具体过程,记述历史上有重大贡献的编辑家、出版家在文化创造、文化积累、文化传播方面的业绩,记述各类型重要典籍编纂出版的过程,揭示编辑出版在社会历史文化形成中所起的作用,从而揭示出版事业发展的规律,是该学科的研究内容和研究任务。因此,举凡文字的产生、图书的起源、编辑的萌芽、出版的发展、图书的著述编纂、整理校勘、抄写印刷、内容特色、形式制度、出版发行、流通利用、典藏保护及至各个历史时期的文化政策、社会背景、编纂机构、组织管理都是本学科的研究课题。

关于出版史的研究内容体系,20世纪80年代以后,国内学者比较认可日本学者弥吉光长的观点,他认为出版史应包括8个方面:(1)志书以及书志的出版史,(2)出版社史以及个人传,(3)出版团体史(行会、同业工会、信徒会),(4)出版司法、行政史,(5)出版、流通史(包括宣传和市场调查),(6)著述编纂史,(7)印刷装订以及纸业史,(8)读书、藏书史。[①] 这种界定在其后的研究中得到逐渐补充。当前,对出版史研究内容最新而全面的概括是《中国出版通史》序言中所概括的10条。

(1)出版业赖以存在与发展的社会、文化背景,包括时代特点、学术思潮、文化政策;

(2)出版业概貌,包括各历史阶段的概况及定性与定量分析;

(3)出版管理与出版机构,包括管理机构及制度(有关著作权、出版、流通等

---

① 〔日〕弥吉光长:《出版史的研究法》,《出版史料》1988年第1期。

法规、审查制度与禁书)、政府出版机构、民间出版机构、官修私撰的编撰和校勘整理活动；

(4) 出版地区，包括对各个历史时期出版中心移动及其原因的分析，各地出版特色的区域性分析；

(5) 出版人物和社团，包括编辑家、出版家与发行家、刻书家(印刷术发明前有以抄书为业的书佣和经生，印刷术发明后有私人刻书家、书坊刻书世家及刻工)、出版群体、出版社团及文化团体；

(6) 重要出版物，包括各个时期出版物的类型分析、选题分析、畅销书现象和机制分析；

(7) 形式制度和装帧设计，包括各个历史时期的复制技术(刻画、抄写、印刷、光电新技术)、书籍制度(简策、卷轴、册页)、装帧设计(字体、字号、版式、结构、封面、扉页、插图)及其流变；

(8) 流通与经营，包括各个历史时期的流通渠道(聚书地、市场、读者)、版本记录(题记、牌记等)、经销策略(定价、稿酬、印数)、作伪与粗制滥造(制假、剽窃)的分析；

(9) 中外出版交流，包括各个时期中外出版物交流、版权交流、技术交流(包括造纸术、印刷术的外传)的概况；

(10) 总体特点的分析及影响，包括各个时期编辑思想及实践、出版策略、出版研究及成果等方面的特点、优良传统及经验教训、对当时及后世的影响。①

在明确了出版史的内容体系之后，我们在学习和研究中，要特别注意以下两个问题：

一是要用历史的、发展的眼光学习和研究出版史。中国出版事业是一个不断发展的动态过程，其发展的每一阶段都有其特殊的历史背景和鲜明的时代特征，而出版活动在每一个阶段都会有因有革，不断发展壮大，体现出独特的演进轨迹和发展面貌。这就决定了每一时期的出版史研究都有特定的研究对象和研究内容。在深入研究各个阶段的出版活动的基础上，应兼顾其他阶段，以"通古今之变"，梳理和总结出出版史的发展脉络和基本规律。在这里需要特别明确的是，研究出版活动从无到有的产生过程，就要从文字产生以前的人类文明史前史谈起。要研究它的从小到大的发展过程，就应该肯定最初的出版史很原始、很简单的雏形。有一点是肯定的，即任何时期的出版工作及出版物内容形态一定与当时的历史条件，包括人们的认识水平、生产技术能力相统一。以出版活动中重

---

① 肖东发等：《中国出版通史·先秦两汉卷》，北京：中国书籍出版社2008年版，第10—11页。

要一环"编辑工作"为例,有学者认为我国古代编辑活动的特点是融编纂、著述、校雠为一体。也有学者认为应该把编辑与著述加以区别,突出"选择"和"加工"这两个特征。所谓历史地、发展地研究问题就是说,首先要承认古今编辑出版活动的不同,今天的出版社编辑显然是对历史上作品编辑的继承和发展。出版史的任务就是要搞清古今出版在内容、方法、机构、组织、队伍等方面的因袭与变化。如果用今天的标准去衡量古代的出版活动,就会把许多早期出版活动排除在研究范围之外。

二是要全面地、系统地学习和研究出版史。所谓全面就是多方位的研究,既有宏观研究,又有微观研究。宏观方面,由于出版与政治、经济、文化、科技、意识形态等密切关系,在学习和研究的过程中,既要注重政治、经济、文化、科技等诸方面对出版历史的影响,也要分析出版对历史发展的推动作用。同时,出版不仅包括书籍的出版,也包括期刊、报纸、音像制品及数字出版物等的出版,所以要根据出版发展的不同历史阶段,对各种出版活动都予以关注。微观方面,则要特别重视学习和研究重点出版人、重点出版物、重要编辑的选题、组稿、编审、加工、整理、校勘的活动。所谓系统研究是指出版是涉及多个方面、多个环节的一项综合活动,出版史也是由编辑史、印刷史、管理史、发行史、版权史、书籍装帧史、出版交流史等共同组成,在学习研究的过程中注意出版活动的各个环节及其之间的相互联系与影响,而不是孤立地研究一两个方面或环节。

总而言之,学习掌握出版史要做到纵横有序:从纵向上说,各个不同历史时期之间脉络贯通,要于沿革流变之中抓住中国出版自身的发展规律;从横向上说,我们把出版史的研究内容划分为十个方面,特别要关注时代背景对出版活动的多方面的影响和作用,注重出版内外系统的内在联系及其不平衡的发展。

第二节　学习和研究中国出版史的目的与意义

学习和研究中国出版史,有以下四方面的意义。

1. 科学认识出版活动的产生与发展进程

较全面地掌握有关出版历史的各方面知识,为学习其他专业课和搞好出版工作打下良好的基础。

出版史是编辑出版学专业基础课中唯一与"史"有关的课程,它与理论课、实务方法课鼎足而立,共同支撑起出版专业的学科构架。它的研究内容是比较广的,不仅编辑出版专业应该熟悉了解,印刷专业、发行专业、图书馆学专业、书籍装帧专业、古典文献专业都有必要学习这门课程。因为这些专业的同志与书报刊打交道更多,需要对书报刊有更深入、更全面的了解。然而,以往这方面的知识零散地分布在书史、目录学、版本学等不同的课程中,因而,现在有必要把有关出版史的基础知识集中起来,单设一门课程。另外上述几个专业彼此也有很密切的联系,都需要对书报刊的编辑、出版、印刷、发行、装帧历史有所了解,这些专业基础知识是中国传统文化与编辑出版专业的联结点,是培养目标必须掌握的重要组成部分,可以称之为基本功。

2. 努力继承我国出版史上宝贵的文化遗产

了解我国历代劳动人民在出版方面的伟大成就,从而激发爱国主义精神,发扬出版工作中的优良传统。

马克思主义认为,真正的无产阶级文化,并不是要抛弃以往的历史文化,相反地却要吸收改造人类思想和文化发展中一切有价值的东西。我国的出版活动起源早、成果多,在编辑思想、编辑方法、出版技术、发行传播、组织管理等诸方面都累积了相当丰富的经验,有关出版活动的素材、文献、体制、实况都有大量遗存,但缺乏必要的总结和提炼。中国古代的四大发明中,造纸术和印刷术都属于本学科范围之内。通过学习,对其产生的原因、背景、条件、根据、意义等会有更深的体会,使学生更充分地认识我国劳动人民对世界文化所做出的巨大贡献。

从古代到现当代的编辑出版活动中,有许多优良的传统值得总结和提炼,比如历代政府大都重视图书的编校、典藏、出版和管理工作,建立专门的编纂校著机构,有的还组织力量,编辑许多有影响的巨帙大书。编辑工作注重图书质量,讲求精校精审,为求一字之真,考证多种版本,辨伪、校勘、辑佚、版本、考据等治书之学十分发达;出版图书讲究内容与形式的统一,不但很早就形成了固定的书籍制度,而且在装帧设计上多有创新;包容量大,积极吸收外国优秀文化成果为我所用;在经营管理上,很早就有编、印、发一体化的经验方式;涌现了一大批优秀的编辑家、出版家和发行营销人才,他们为民族进步、文化发展做出了杰出贡献,这些都是极为珍贵的历史文化遗产,值得当代的出版人继承和发扬。

3. 深入探讨出版活动的发展规律

我们可以透过出版历史的现象抓住其发展演变的本质,探讨中国出版历史上的因果关系,总结出其发展规律。马克思主义者研究事物总是要寻求它的发展规律,我们在研究中,既要在社会发展的历史大背景中总结出版的宏观规律,又要探询出版工作作为一个相对独立的系统的内部规律。

比如在宏观上,我们在充分肯定生产力对出版起决定作用的同时,政治、经济、文化、科技诸因素对出版发展的影响都不容忽视。纵观历史,不难发现,国家是统一还是分裂,阶级矛盾是尖锐还是缓和,民族关系是和睦还是紧张,是战争动乱还是和平安定,对出版事业的发展影响极大。一般来说,凡国家统一,阶级矛盾缓和,民族关系融洽,社会安定,出版事业就有极大的发展。反之,出版事业不但发展缓慢,甚至要惨遭厄运。社会政治变革的需要又常常成为推动出版活动发展的强大动力,我国近现代史上改良派和革命派都以出版书报刊作为变革社会的手段。由此也可以看到出版对社会变革的能动作用。

除上述宏观的基本规律外,还要探讨出版工作中的内部规律。如:编辑出版的主体与客体即编辑家、出版家与作品、出版物之间的联系,出版物内容与形式的联系,编辑工艺中从选题、组稿、审稿到加工、整理、发排、校对中的联系,都可从中找出规律性的东西。出版物生产既是一种物质生产过程,更是一种高级的精神生产过程。其实质是对人类文化知识成果进行收集、选择、整理和加工,使之成为出版物,便于复制和广泛传播。出版确实具有直接创造和间接创造多种功能。不同历史时期的编辑对原稿作文字加工润色,校勘补正,为图书正文写序跋、作注疏、编索引,对图书形式进行装帧设计,使图书门类不断增加,学科数以千计,品种越来越丰富,内容越来越充实,形式越来越精美适用,出版工作分工越来越细密,作用越来越显著。这样一个历史过程需要我们认真总结,有较为清楚的了解。

4. 有力促进新时期出版业的繁荣与发展

学习和研究中国出版史,目的就是在系统研究的基础上,揭示中国出版历史的本来面目,总结中国历代出版事业的伟大成就及其对世界文明的重要贡献,进而总结历史经验,研究演进规律,为促进我国出版事业的发展服务,为推进人类的文明服务。把学习和研究中国出版史的指导思想概括为"总结成就,研究规律,以史为鉴,促进繁荣",这是众多研究者的共识。其最终落脚点,就是努力做到以史为鉴,为新时期的出版事业提供历史的借鉴和科学的依据,进而促进我国当代出版业的持续繁荣与发展。

应该看到,随着中国改革开放的深入,当代的出版事业也存在不少突出的问题。比如产业结构不够合理,原创优秀作品比较缺乏,对出版经济效益的片面强调,出版职业道德出现滑坡现象,数字出版比例失调,民营出版未得到充分发展,等等,这些问题都会进而影响到经济社会的发展。我们带着这些问题学习、研究出版历史,可以从中找到分析和应对这些问题的很多启发与参考,进而做到古为今用,扬长避短。

第三节　对中国出版史研究情况的回顾

我们是站在巨人的肩膀上,在充分借鉴和利用以往研究成果的基础上来进行学习和研究的。离开了前人的成果,我们的研究将成为无本之木和无源之水。因此,有必要对中国出版史研究的历史略作回顾。

中国的出版活动虽然具有十分悠久的历史,但中国出版史研究的历史并不长,屈指算来,刚好有一个世纪多一点的时间。百余年中国出版史研究的历程可以划分为四个阶段:初创阶段(19世纪末至1949年)、曲折发展阶段(1950—1979年)、复苏阶段(1980—2000年)、繁荣阶段(2000年至今)。

(一) 19世纪末至1949年是中国出版史研究的初创阶段

在19世纪以前,找不到一部专门论述出版史的著作,即使有一些关于图书印刷、校勘、贸易史料的记载也是散见于各家笔记、文集的零篇短文之中。19世纪末期20世纪初期,才有研究藏书、刻书的著作出现。滥觞之作有两部:一是叶昌炽的《藏书纪事诗》(1897),二是叶德辉的《书林清话》(1911)。后来中国出版史和印刷史的研究者大都遵循了这两部书的研究范围和基本思路,然后不断突破和创新。此后出现了孙毓修的《中国雕板源流考》(1918),王国维的《简牍检署考》《两浙古刊本考》《五代两宋监本考》,叶长青的《闽本考》,戈公振的《中国报学史》(1927),向达的《唐代刊书考》(1928),陈登原的《古今典籍聚散考》(1936)等一批论著,分别对出版事业的某一朝代、某一地区、某一形制或某一方面进行较为深入细致的考证。这些著作书证详明,立论谨严,重在考据,学术性大为增强。缺点是不够全面系统,尚没有明确提出出版史的概念。这一时期还有一部值得述及的著作是1925年由哥伦比亚大学出版社(Columbia University Press)出版的卡特(Thomas Francis Carter,1882—1925)撰写的《中国印刷术的发明及其西传》(The Invention of Printing in China and Its Spread Westward)。该书是外国学者研究中国出版史的第一部著作,全面系统、可信地论证了中国是造纸术和印刷术的故乡,对欧洲及亚非各国的造纸印刷业的产生和发展有直接的影响。

据现有资料,我国最早一本正式以"出版史"为书名的书是1946年8月上海永祥印书馆出版的《中国出版界简史》(杨寿清著),但其内容比较简略,全书仅三万余字。

(二) 从1950年到1979年是中国出版史研究的曲折发展阶段

在前10年里,出版史料的收集和整理工作取得了不小的成就。新中国成立后,张静庐先生(1898—1969)历时近20年苦心收集、精心整理、辑注,推出了七本中国近现代出版史料。全书共250万字,收录了自1862年京师同文馆创立至1949年中华人民共和国成立87年间出版事业的重要资料,保存了大量珍贵的第一手出版史料。这一时期出版史研究具有代表性的成果当属张秀民先生于1958年在生活·读书·新知三联书店出版的《中国印刷术的发明及其影响》一书。作者在广泛收集古今中外有关印刷术的文献资料和实物例证的基础上,提出雕版印刷发明于唐初贞观年间之说,论述了印刷术对亚洲与非洲、欧洲的影响。另外,这一阶段,北京大学和武汉大学两校图书馆学系长期给学生开设"中国书史"课程,编写了多种版本的书史讲义。其中以北京大学刘国钧先生的成绩最为显著,连续出版了《可爱的中国书》《中国书的故事》《中国书史简编》和《中国古代书籍史话》等多部著作,其中以《中国书史简编》影响最大,作为新中国成立后第一本公开出版的书史教材,被图书、情报、编辑、出版、发行各界广泛征引。

20世纪60年代至70年代是中国出版史研究的萧条冷落时期。这一时期国内几乎没有出版史学术新著发表。尤其是1966年至1976年"文化大革命"期间出版史研究基本陷入停滞状态。这一时期在海外流传较广、影响较大的是美国芝加哥大学远东语言文化系及图书馆学研究院名誉教授、兼远东图书馆馆长钱存训先生撰写的《中国古代书史》一书。该书原名《书于竹帛》(*Written on Bamboo and Silk*),英文本完成于1957年底,1962年由美国芝加哥大学出版社出版。该书的出版填补了两方面的空白:一是研究重点放在印刷术发明以前——这正是出版史和书史研究的薄弱环节;二是作者身在美国,又是用英文写作发表,对宣传中国古代早期文明、中国对世界文化史的贡献立下了功绩。

总体上看,这30年的出版史研究工作虽有发展,但水平提高不大,仍存在着不少问题。可以说直到70年代末仍然没有建立起一个完整的中国出版史学科体系。

(三)从1980年起至2000年是中国出版史研究的复苏阶段

这一阶段与萧条时期相比,进步十分明显。范军先生编纂的《中国出版文化史研究书录(1978—2009)》(河南大学出版社2011年版)共收录1978年1月至2009年12月共32年间中国内地出版的有关出版文化史方面的论著、译作、资料集等约3500种。从1980年到2000年的20年内先后出版了多部以编辑史、出版史、报刊史、印刷史为名的通史或专题研究著作,各具特色,均有建树,标志着出版史研究的新起点。

1984年印刷工业出版社出版了魏隐儒积30年之久编著完成的《中国古籍印刷史》,重点论述了雕版印刷术发明前的古代图书、古籍雕版印刷发展史、活字印刷术的发明和活字印书的发展三方面内容,对古籍版本的演变规律和刻印特点提出了独到见解。该书的显著特点是作者尽量使用自己在北京中国书店工作几十年和70年代参加《中国古籍善本书目》编撰工作,到各地访书审定所经眼的第一手资料,书中所附的书影照片为此书增色不少。

1985年英国剑桥大学出版社用英文出版了钱存训的《纸和印刷》(*Paper and Printing*)。该书是英国学者李约瑟主编的《中国科学技术史》(*Science and Civilization in China*)第五卷"化学及相关技术"的第一分册,经多次修订后,于1990年由科学出版社和上海古籍出版社联合出版了中译本。该书从中国古代造纸与印刷术的起源与发展,写到19世纪末两项手工艺逐步为现代技术取代为止。内容涉及造纸、印刷全部历史的各个时期以及工艺、美学、用途、对全世界的传播和影响等各个方面,是目前在海外流传最广、影响最大的造纸史和印刷史专著。

1986年我国台北学海出版社出版的韩国学者曹炯镇撰写的《中韩两国古活字印刷技术之比较研究》值得特别注意。作者在查阅了数以百计的各类文献并收集了活字、印本与印刷工具等实物之后,得出结论:雕版印刷术与活字印刷术,均为中国人所发明,尤其是在活字印刷技术的原理和效能上,做出了突破性的进步。"韩国则即时输入之,而与中国并行发展,且进一步发挥自己的智慧,而始创金属活字以印书。"[①]这一观点代表了韩国大多数学者对印刷术发明这一重大问题所持的学术观点。

1987年,北京大学和武汉大学在中国图书史的教学和研究方面又迈出新的步伐,郑如斯、肖东发编著了成套的教材,即《中国书史》《中国书史教学参考文选》《中国书史教学指导书》由书目文献出版社出版后,作为中央广播电视大学图书馆专业教材,被多次印刷,广泛流传。同年武汉大学出版社出版了谢灼华主编的《中国图书和图书馆史》,被国家教委列为高等学校文科教材。

1988年引人注目的现象是有关编纂史和编辑史研究的进展。中国书籍出版社出版了韩仲民用十年工夫编著的《中国书籍编纂史稿》,该书侧重古代史料,注意把考古出土文物与文献记载相结合,介绍了一些重要典籍的编纂情况和成书过程,同时介绍了各种学术流派、思想观点和重大事件,在编纂史研究上有开创之功。

1989年最突出的成果是上海人民出版社推出张秀民的又一力作——64万言的《中国印刷史》。该书是一部集大成之作,详细、全面、系统地论述了自唐初

---

① 〔韩〕曹炯镇:《中韩两国古活字印刷技术之比较研究》,台北:学海出版社1986年版,第1页。

贞观年间印刷术发明后,迄清末近1300年的印刷事业的源流演进,不仅广泛吸收前人研究成果,更有许多新鲜资料和独到之处,被称为"划时代的作品"。

20世纪80年代以前,可以说还没有一部系统完整的出版史论著,而一进入90年代,以中国出版史为名的通史性专著教材就出版了五部:《中国出版史》(宋原放、李白坚合著,中国书籍出版社1991年版),《中国出版简史》(吉少甫主编,学林出版社1991年版),《中国出版史》(张煜明编著,武汉出版社1994年版),《中国出版史话》(方厚枢著,东方出版社1996年版),《中国编辑出版史》(肖东发主编,辽宁教育出版社1996年版)。

一些代表性的专题性论著也填补了之前研究的空白:编辑史研究著作有《中国编辑史》(姚福申著,复旦大学出版社1990年版),《中国古籍编撰史》(曹之著,武汉大学出版社1999年版)。发行史研究成果则有《中国图书发行史》(郑士德著,高等教育出版社2000年版)。印刷史著作有《中国古代印刷史》(罗树宝编著,印刷工业出版社1993年版),《中国印刷术的起源》(曹之著,武汉大学出版社1994年版),《中国印刷史通史》(张树栋、郑如斯、庞多益等著,印刷工业出版社1999年版)。

断代出版史研究则有王子野主编的《当代中国的出版事业》(当代中国出版社1993年版)和宋应离领衔编纂完成的8卷本《中国当代出版史料》(大象出版社1999年版)。后者紧承张静庐的《中国近现代出版史料》,是一部记录和展示新中国出版事业50年曲折历程及其成就的大型文献资料汇编,为学习、研究新中国出版史提供了一批基本的翔实可靠的材料。在近现代出版史研究方面,由中国书籍出版社先后出版的三本论文集值得关注:《中国近代现代出版史学术讨论会文集》(中国近代现代出版史编纂组编,1990年),《新民主主义革命时期出版史学术讨论会文集》(中国近代现代出版史编纂组编,1993年),《近现代中国出版优良传统研究》(中国出版科学研究所科研办公室编,1994年)。

总之,这一时期的研究成绩可以归纳为以下几点:(1)研究范围不断开拓,诸多空白得到填补;(2)研究方法多有创新,内容体例各有所长;(3)研究成果形式多样,提供多处发表阵地;(4)研究层次不断加深,纠正不少谬误成说;(5)研究目的日益明确,探讨规律继承传统;(6)研究队伍不断扩大,海外学者投身其中。这些成就的取得,已经为编撰一部大部头的通史性著作奠定了坚实的基础。

(四)从2000年至今是中国出版史研究的繁荣丰收时期

进入21世纪以来的出版史研究就数量之多,进步之大,远胜以往的任何一个时期,其突出成绩表现在以下六个方面:

表现之一是有关出版的通史、断代史、专题史、地方志研究成果层出不穷。全国以"中国出版史"为书名的通史性著作已经不下十几部。最值得一提的是2008年由中国书籍出版社出版的九卷本《中国出版通史》。这部通史既是国家社科重点课题,又是众多出版史研究工作者多年成果的结晶。既集前人研究成果之大成,又推陈出新,写出了新时代的特色和水平来;既努力有所发展,有自己的观点,又注意吸收国内外的最新研究成果;既防止"以论代史",又防止"以史代论"堆砌史料,做到"史论结合";既防止以偏概全,在没有掌握主要史料的基础上即做结论,又防止面面俱到,主次不分。在注意这些原则的同时,对所有重大问题,比如出版的起源,造纸术、印刷术的发明,宗教在出版史上的作用,"文化大革命"期间的出版史,等等,都采用了文化学术界普遍认同的观点,可以作为我们教学和研究的重要参考文献。

此外,具有代表性的断代出版史专著有叶再生的《中国近代现代出版通史》(四卷本,华文出版社2002年版),肖占鹏、李广欣的《唐代编辑出版史》(南开大学出版社2009年版),周宝荣的《宋代出版史研究》(中州古籍出版社2003年版),田建平的《元代出版史》(河北人民出版社2003年版),史金波的《西夏出版研究》(宁夏人民出版社2004年版),等等。专题史研究则有戚福康的《中国古代书坊研究》(商务印书馆有限公司2007年版),文革红的《清代前期通俗小说刊刻考论》(江西人民出版社2008年版),高信成的《中国图书发行史》(复旦大学出版社2005年版),徐小蛮、王福康的《中国古代插图史》(上海古籍出版社2007年版),张仲民的《从书籍史到阅读史:关于晚清书籍史/阅读史研究的若干思考》(《史林》2007年第5期),等等。另外,赵连稳还从史学入手,撰写发表了一系列探讨历代著名史学家编辑思想的论文,充实了编辑史的研究内容。2000年,上海社会科学院出版社出版了《上海出版志》。2005年,北京出版社出版了《北京志·新闻出版广播电视卷·出版志》,对全国研究、编写地方出版史志起到了很好的示范引领。

表现之二是出版史研究更加微观、深入。这表现为两个方面研究成果的增多:一是对近现代及当代出版业的研究,特别是微观的出版印刷企业、编辑家、出版人的研究;二是对重要出版企业史、出版理念、编辑思想、出版实践、出版成果及其社会作用的研究。在出版人物研究方面,研究已经从张元济、陆费逵、鲁迅、邹韬奋等人扩展到对陈原、王云五、叶圣陶、巴金、汪原放、赵家璧、张静庐、蔡元培等人的出版思想和出版实践的探究。不仅有出版人个体研究,也有出版群体状态研究,蒋广学的《蔡元培新闻出版活动与思想研究》(北京大学,博士毕业论文,2009年)、冯大伟的《近代编辑出版人群体概述》,(吉林大学,硕士毕业论文,

2008年)、邓咏秋的《民国时期编辑和出版人的生存状况》(《出版史料》2007年第2期),可称其中的代表。2005年,河南大学出版社出版了由宋应离、袁喜生、刘小敏编纂的10卷本出版史文献集《20世纪中国著名编辑出版家研究资料汇辑》,共收人物54人,以创办或主持过在国内外有重大影响的出版机构、在出版理念或某些重要出版领域有独特建树、一生大部分时间从事专职或兼职出版工作,并且已经辞世者为主。每个人物的研究资料,选自近百年来公开出版的数千种图书报刊,按本人著述、亲属回忆、研究著作三类依次排列,比较全面地反映出我国关于20世纪著名编辑家、出版人的研究成果。在出版机构研究方面,北京大学现代出版研究所承担的《2000年以来美英日法四国出版业现状研究》课题已于2011年完成,正在进行中国出版集团公司所属十四家出版企业的社史撰写工作。

表现之三是改革开放30年和新中国成立60年出版史研究的热潮带动发展。2008年是改革开放30年,2009年是新中国成立60周年,共和国的发展历程深刻影响了当代出版史的发展。因此在这两年里,以"出版三十年/六十年""阅读三十年/六十年""编辑学研究三十年/六十年"为名的图书和文章群起涌现,促进了当代出版史研究的繁荣发展。

黄先蓉、张裕的《改革开放三十年我国出版行业组织发展的回顾与前瞻》(《中国编辑》2008年第4期),李树军的《三级跳成就市场半边天:中国民营书业30年的历史考察》(《出版发行研究》2008年第11期),周正兵、李红强的《中国出版产业资本运营30年》(《中国出版》2008年第8期),宋木文的《改革开放后的三次书价改革》(《出版发行研究》2008年第4期),周百义、芦珊珊的《畅销书出版三十年》(《出版科学》2008年第6期),伍旭升主编的《30年中国畅销书史》(中国对外翻译出版公司2009年版)等,都有很强的代表性。与此同时,与阅读史概念兴起相呼应,出现了一些阅读史研究的成果,如王洪波的《30年阅读史:社会变迁的一面镜子》(《编辑之友》2008年第6期),张清、胡洪侠的《1978—2008私人阅读史》(深圳报业集团出版社2009年版)等,注重从读者角度入手的对出版文化变迁的探讨。

2009年,宋应离、刘小敏主编的《亲历新中国出版六十年》由河南大学出版社出版,该书近80万字,是49位老出版人根据60年亲历、亲见、亲闻而撰写的回忆文章的结集。他们从不同侧面、不同角度记录了新中国60年出版工作发展的历程,描绘了新中国出版事业发展的轨迹,有较强的现实感和史料价值。郝振省主编的《出版文化丛书·出版60年》收录了《名著的故事》《编辑的故事》《书店的故事》三本关于出版业的书籍,三本书的作者多是历史的亲历者、参与者,他们从不同角度记录了新中国出版业60年间发生的事情、积淀的作品、涌现的人物,留存了大量珍贵的一手资料,展示了新中国60年出版业的艰难探索与辉煌成就。

表现之四是研究队伍后继有人,以出版史为题的博硕士论文大约有上百篇。进入21世纪,我国高等学校的出版教育事业快速发展,办学层次不断提高。据张志强等人的统计,截至2012年3月,我国共有41所高校在45个办学点招收编辑出版学或类似专业硕士研究生,有6所高校在6个办学点招收编辑出版学或类似专业博士生[①]。本专业的研究生在开展研究时,尤其在撰写毕业论文时,有相当一部分人会以出版史为研究方向,选择研究题目,这就为出版史的研究提供了大量的后备军和新生力量,也从中涌现出了一批优秀的研究论文。比如,北京师范大学周其厚2004年的博士学位论文《中华书局与近代文化》,北京大学邓咏秋2005年的博士学位论文《中国出版业现代化研究:1800—1949》,杨琳2006年的博士毕业论文《商务印书馆出版文化研究(1897—1949)》,湖南师范大学易图强2011年的博士毕业论文《新中国畅销书历史嬗变及其与时代变迁关系研究(1949.10—1989.5)》,就是其中的突出代表。

表现之五是以文化史视角研究出版历史的趋势引人瞩目。虽然关于出版史与文化史关系的探讨早已有人为之,但真正从文化史角度切入,将出版与社会文化变迁紧密结合在一起加以分析的具体研究,却是从20世纪末之后才真正开展起来,这也是从多学科维度研究出版史最引人瞩目的方向之一,包括对出版企业自身文化史的研究、出版与文化变迁之间关系的研究、印刷史与文化史关系的研究,等等。在这方面广西教育出版社从1999年开始,组织出版了"20世纪中国出版文化丛书",对引发出版文化研究热潮功不可没。其中包括李白坚的《中国出版文化概观》(1999年版)、吴相的《从印刷作坊到出版重镇》(1999年版)、邹振环的《20世纪上海翻译出版与文化变迁》(2000年版)、汪家熔的《近代出版人的文化追求》(2003年版)、张志强的《20世纪中国的出版研究》(2003年版)、章宏伟的《出版文化史论》(华文出版社2002年版),等等。从2007年开始,原中国出版科学研究所(现为中国新闻出版研究院)开始启动组织出版《出版文化丛书》,规模宏大,分为5个系列:出版文化学术研究系列、出版人物研究系列、重点出版物研究系列、重点出版单位文化研究系列、出版文化文集系列,计有图书30余种,将从出版历史、出版实践、出版机构、出版家等多方面来思考和阐释出版文

---

① 张志强、左健主编:《中国出版业发展报告:新千年来的中国出版业》,南京:南京大学出版社2013年版,第271—273页。

化。可见,从文化的角度阐述出版的历史,将是未来的一项长期系统性、方向性的研究工程。

表现之六是中国出版史研究吸引了一批外国学者参与其中,国际化的趋势明显。 择其要者有包筠雅(Cynthia Joanne Brokaw)、周绍明(Joseh P. McDermott)、罗友枝(Evelyn S. Rawski)、彭慕兰(Kenneth Pomeranz)、周启荣(Kai-wing Chow)、贾晋珠(Lucille Chia)、井上进,等等。执教于英国剑桥大学圣约翰学院的周绍明的代表作《书籍的社会史:中华帝国晚期的书籍与士人文化》(中译本为北京大学出版社 2009 年版),以广阔的视野全景式地展现了从宋代到清中叶中国书籍的生产、发行、阅读、流传,重在探究书籍与士人文化之间的关系。美国布朗大学历史学教授包筠雅的《文化贸易:清代至民国时期四堡的书籍交易》(中译本为北京大学出版社 2015 年版)是作者通过对四堡地区出版业的长期实地考察、文献分析,穷十五年之功完成的力作,对于晚清民国四堡的出版—销售业进行了细致的描述和深入的分析,进而使读者得以窥见南方基层社会的社会风俗、文化兴趣与精神状态。日本名古屋大学教授井上进的《中国出版文化史》(中译本为华中师范大学出版社 2013 年版),论述了中国从周代到清初的书文化,作者的主要兴趣是印本如何在宋、元、明三代于精英圈子的阅读中取代手写本,这些论著的出版再次推动了域外学术界对中国出版史的研究进程。这些外国学者的成果少数使用中文写就,多数已有翻译,还有一部分还未翻译成中文。但是他们新颖的研究方法、独特的视角,从不同侧面填补了中国出版史研究的空白,并带给中国学者更多的灵感和启示。此外,国外的一些研究机构也将中国出版史作为其重要的研究内容之一。日本东北大学的矶部彰教授领衔获得一项 100 亿日元资助的重大课题,专门研究东亚出版文化,曾两次召开有多国学者参加的学术讨论会,在国内也培养了近百位研究出版史的后起之秀。韩国延世大学、出版协会和国学振兴院近年来也频频召开以出版文化和印刷史为主题的国际学术研讨会。美国芝加哥大学东亚图书馆于 2012 年 6 月召开《文本中国》国际研讨会。这些,都必然会打开中国出版文化国际影响的新局面。

第四节 中国出版史的发展脉络及整体特征

欲深入地研究和理解中国出版的历史,注意其发展过程中的阶段性,从而明晰其发展的历史脉络,总结其文化特征,非常重要。

文字是记录知识文化的首要工具,也是出版业得以产生的首要条件。自古以来,中国就是一个多民族和多文字的国家。在众多的文字体系中,汉字是传承和传播中华文明的主体文字。众多的历史文献记载和考古发现证明,中国的汉字产生距今至少有4500年的历史。在四大文明古国所发明的文字中,只有汉字字形稳定,字义明确,一直延续至今,从未中断。依靠汉字,今天的人们能读懂几千年来的各类图书典籍,又能得心应手地表述当今不断变化、高速发展的世界。中华文明之所以能够绵延数千年而从未中断,汉字功莫大焉。

自从文字这一知识的直接载体出现后,记录文字的材料问题就上升为出版业发展的主要矛盾。中国古人在使用了竹木简牍、甲骨、青铜器、石头、丝帛等载体之后,终于在公元前2世纪左右发明了可以用以书写和绘画的纸张,这是一项在人类出版业史和文明史上具有划时代意义的重大发明,是迄今为止世界上最为理想的书写材料。公元105年,造纸术经蔡伦改进后逐渐推广开来,对出版业和社会发展起到了巨大的推动作用。公元7世纪,中国人又在捶拓和印章等技术的启发下,发明了印刷术,使图书生产在质和量两方面又产生了新的飞跃,开启了人类传播史和文明史的新阶段。公元1041—1049年间,平民毕昇又发明了活字印刷术,所用材料也由胶泥、木材向铜锡等金属过渡。公元13世纪,又在雕版印刷术的基础上发明了套版印刷术,使印刷品更加美观和丰富。

与文字载体和复制技术不断发展变革紧密联系的,是中国出版业的不断发展壮大。在公元前21世纪至公元前16世纪,中国出版业开始萌芽,初步完成了由文字到原始文献典籍这一历史性的转变。此后便产生了原始的编辑、典藏活动,出版活动的一些要素也开始出现。保守估计,中国出版业的发展至少已有3000多年的历史。在漫长的发展历史中,积累了丰富的编辑和典藏经验。造纸术发明以后,造纸业也成为古代手工业的一大门类。印刷术发明以后,很快就形成了官刻(政府出版)、私刻(私人出版)、坊刻(民营出版)、寺观刻书(宗教出版)、书院刻书(学术出版)五大出版体系。出版事业兴起以后,图书的流通和贸易活动也渐次展开。公元前2世纪,在当时的国都长安以及部分经济文化比较发达的城市,已经出现了中国历史上最早的民间书店——书肆。唐宋时期(618—1279),书籍的交易事业渐趋繁荣成熟,包括广告在内的各种商业手段在此时得到大量运用。南宋时期(1127—1279),版权观念及实践开始出现。刊刻于1190—1194年的《东都事略》,上有牌记曰"眉山程舍人宅刊行,已申上司,不许覆板"共十五个字,是迄今发现中国(也是世界)最早的版权实例的记载。

中国古代出版业的重要成果便是编辑出版了数量庞大、内涵丰富、形式多样、影响深远的图书典籍,成为中华文明的重要标志之一。中国很早就形成了"重文崇著"的优秀传统,以著述立言,以著述为荣,以著述传世,是历代文化人亘古不易的情结。据统计,仅西汉到清代(前202—1912)的中国古籍至少有18万种,230多万卷。中国古籍的门类也很丰富,在经、史、子、集几大门类之下,还包括了形式多样的著述体裁。其中不乏卷帙浩繁的巨型图书,显示了中国古代文献的宏富、图书事业的兴旺,明代的《永乐大典》(3.7亿字)、清代的《古今图书集成》《四库全书》(近10亿字)就是其中的典型代表。中国书籍还非常讲究形式美,形成了简牍、卷轴、册页三大书籍制度,出现了经折装、旋风装、龙鳞装、蝴蝶装、包背装和线装等书籍装帧形式。纸墨、行款、版式也有很多讲究。

中国历来重视与其他国家和地区的交流,出版业交流是其中的重要内容之一。在长期的中外交流活动中,形成了横跨欧亚大陆的"书籍之路"。通过书籍之路,中国向世界传播了先进的出版文明和科学文化知识,同时广泛吸取了世界其他国家和地区的优秀文化成果,促进了中华文明的发展。

中国古人在著书、刻书、藏书、读书等方面积累了丰富的经验,通过对书籍的研究,形成了版本、辨伪、辑佚、校勘、目录等"治书之学",研究著作硕果累累,增强了中国古代出版业的学术性。

中国古代出版业曾长期在世界上处于领先地位,对世界尤其是儒家文明圈的国家和地区的出版业产生过广泛的影响。但自近代以来,中国出版业在世界上的影响力逐渐下降,曾有一段时间落后于世界先进水平。19世纪以来,伴随着"西学东渐"的浪潮,中国出版业在借鉴和学习西方先进出版业文明的基础上,进行了成功的转型。1897年成立的商务印书馆和1912年建立的中华书局积极改进技术,实行了资本主义的经营管理方式,成为适应时代发展的新式出版企业。20世纪上半叶,中国出版业终于完成了"从古到今"的变革,以凤凰涅槃的崭新姿态融入了世界出版业的发展潮流,从此以后,现代出版业开始成为中国出版业的主要形态,并迎来了又一个不同寻常的发展时期。

1949年10月1日,中华人民共和国成立,中国的出版业也开始进入新的历史时期。新中国的出版业,是以解放区的革命出版活动和国民党统治区的进步出版业为基本力量而建立起来的。在新中国成立前后,中国共产党和中央人民政府就适时地为出版工作做出了一系列重大决策,采取了有力措施,在较短时期内,对原来的出版业进行了整顿改造,这个过程既有经验也有教训。现代出版事业在新中国成立初期取得了一定的成绩,但由于受到极"左"思潮和政治因素的影响,在前进的道路上也经历了不少曲折和反复。尤其是十年"文化大革命"的浩劫,使得经过17年艰苦创建起来的社会主义出版业,受到了极大的摧残和破坏。中共十一届三中全会以后,我国的出版业与各项事业一道进入改革开放时期,在30多年里取得了逐年上升的成就,并进入出版大国的行列。特别是进入21世纪以来,随着党对文化产业的重视,进行了文化体制改革和转轨改制,出版业也开始进行一系列大的改革和调整,新的局面和特点不断出现。具体表现在:书报刊的出版全面繁荣,出版技术日新月异,体制改革取得明显成效,出版科研与教育事业欣欣向荣,国际交流与合作出版积极开展,出版法规日趋完善,重视各类出版物的版权保护工作,集团化、多元化、数字化、国际化进行得有声有色。可以说,这三十多年的历史,既是出版业的大发展阶段,也是出版业的大变革时期。

20世纪以来,在中国大陆出版业迅速发展的同时,中国台湾、香港、澳门地区的出版业也取得了长足的发展,海峡两岸及香港、澳门的出版业在共同繁荣发展的基础上,形成了中国华文出版业多元一体的良好格局,共同为传播和传承中华文明发挥着积极的作用,在当代世界出版格局中占据着十分重要的地位,其强劲的发展态势与辉煌的中国古代出版业文明交相辉映。

整体来看,中国历史的发展进程以及中华文化的整体特征决定了中国出版业的鲜明特征。一言以蔽之:"历史有经典,当代有创新"。其整体特征主要表现为:

(1)历史悠久。从历史传承的维度来看,中国作为世界四大文明古国之一,也是世界上出版活动出现较早的国家之一。从文字的发明和文献的出现开始,中国的出版活动薪火相传,绵延不绝,至今至少已历3000年之久。

(2)内容丰富。源远流长的出版业活动,为今天的中国和世界留下了十分珍贵的历史文化遗产。在世界文明史中,中国著作群体和典籍数量的庞大、出版物载体形式和装帧的丰富多彩、印刷技术的发展与变革、传播范围的广泛以及记录的连续性和详细程度,都值得认真书写。

(3)多元一体。所谓多元,系指除了汉族以外,各个少数民族的出版业以及外文出版在不同阶段也取得了辉煌的成就。所谓一体,系指各民族出版业的主体内容仍然是由以经、史、子、集为主要内容而组成的华夏文明。在今天,还特别表现为海峡两岸和香港、澳门华文出版格局的形成。在整体上呈现出多元一体、互为补益、和谐发展的鲜明特征。

(4)影响深远。中国出版业不仅深刻地影响了中华文明的形成、发展,形成了独具特色的中国出版业文明形态,而且对世界出版业文明的发展做出了重要贡献。造纸术、印刷术的广泛传播,东亚文明圈的形成,是中国出版业文明影响深远的突出表现。

(5)持续创新。纵观中国的出版业历史,每一个阶段的出版活动都会有因有革,不断发展壮大,体现出独特的演进轨迹和丰富多彩的发展面貌。中国出版业不仅强调自主创新(如造纸术、印刷术、汉字激光照排的发明与应用),所以具有明显的进取性,还特别重视对外域先进文化的吸收与融合(如佛教传入、西学东渐、改革开放),所以具有突出的包容性。这就决定了中国出版业历经数千年的演变,能够生生不息,再造辉煌。

本书在具体论述时,考虑到中国出版史既然是史,就不能脱离一般历史的发展阶段,作为中国通史的一个分支,必然要受到通史分期的制约,同时考虑影响出版事业的诸多因素以及出版活动的自身特点,就基本按照朝代更迭的次序设计了全书的框架。

本章推荐阅读

1. 《中国大百科全书》总编委会:《中国大百科全书(第 2 版)》第 3 册"出版"词条及其解释,北京:中国大百科全书出版社 2009 年版。

2. 肖东发等:《中国出版通史·前言》,北京:中国书籍出版社 2008 年版。

3. 王益:《"出版"再探源》,《出版发行研究》1999 年第 6 期。

4. 于翠玲:《"出版"溯源与中国出版活动的演变》,《延安大学学报(社会科学版)》2008 年第 1 期。

5. 肖东发、仝冠军:《出版与社会:出版史研究的基本问题》,《中国出版》2003 年第 8 期。

6. 范军:《中国出版文化史研究书录(1978—2009)》,开封:河南大学出版社 2011 年版。

7. 肖东发、袁逸:《二十世纪中国出版史研究鸟瞰》,《北京大学学报(哲学社会科学版)》1999 年第 2 期。

8. 肖东发:《中国出版史研究的回顾与展望》,《出版科学》2002 年第 3 期。

9. 张文彦、肖东发:《2000 年以来中国出版史研究综述及未来趋势》,《北京联合大学学报(人文社会科学版)》2010 年第 1 期。

10. 肖东发、张文彦:《对话录:21 世纪以来中国出版史研究进展及趋势》,《中国出版史研究》2015 年第 1 期。

11. 张志强:《海外中国出版史研究概述》,《中国出版》2006 年第 12 期。

12. 周悦、朱文婕:《论肖东发的出版史教学思想与研究方法》,《山东理工大学学报(社会科学版)》2015 年第 1 期。

13. 肖东发:《对中国图书出版印刷文化的总体思考(上、下)》,《出版科学》2001 年第 2,3 期。

复习思考题

1. 从中外比较的角度探析"出版""出版史"的概念。

2. 中国出版史研究的对象和内容是什么？在研究中应该注意哪些重要问题？

3. 结合实例说明学习和研究中国出版史的目的和意义是什么？

4. 中国出版史研究的历程可以划分为几个阶段？每个阶段的主要成就和整体特征是什么？

5. 简要梳理、总结中国出版史的发展脉络及其整体特征。

第一章
出版活动的萌芽时期(上古至西周)

出版活动是人类文明活动的重要内容。中国古代出版活动是在中华文明形成以后开始萌芽和发展起来的。公元前2070年建立的夏王朝是中国历史上第一个王朝。夏王朝的建立,标志着中华文明的发展进入到一个新的阶段。当时,汉字逐渐成形并开始走向系统化,人们的审美意识和文化水平都有了一定的发展。文字、书写工具和原始文献的出现,为早期的出版活动创造了条件。从公元前1600年商王朝建立到公元前771年西周灭亡,为我国历史上著名的商周文明时期。这一时期,中国上古文明得到了高度的发展。汉字已经形成了比较成熟的体系,出现了甲骨文、青铜器铭文、玉石刻辞、竹木文书等原始的文献典籍。原始的编辑出版活动也在这一时期出现并得到了一定的发展,并呈现出一些明显的特征。卜筮乐官和史官是这一时期编辑活动的主体,他们掌握着文字,并且通过文字与上帝鬼神沟通,在生活中拥有巨大的话语权和政治权力。这一切都为古代编辑出版事业的发展奠定了坚实的基础,对后世影响至为深远。

第一节 汉字的产生

出版活动的出现至少需要具备以下几个条件:文字的产生和使用;书写工具和书写材料的发明和使用;人们的现实需要。其中以文字的产生最为重要。文字的出现是人类由野蛮时代进入文明时代的重要标志。摩尔根说:"文字的使用是文明伊始的一个最准确的标志,刻在石头上的象形文字也具有同等的意义。认真地说来,没有文字记载,就没有历史,也没有文明。"[1]原始人类在语言产生以前,人类早期的诸多事件无法传播于后世,只能通过集体无意识传递人类某些朦胧的、零碎的共有记忆和经验。缺乏有效的传媒使得人类早期的生活记录几

---

[1] 〔美〕路易斯·亨利·摩尔根:《古代社会》上册,杨东莼等译,北京:商务印书馆1977年版,第30页。

近空白。许慎在《说文解字》的序言中说:"盖文字者,经艺之本,王政之始,前人所以垂后,后人所以识古。"文字以其超越时空限制的特性成为人类文明的基石。书写符号的出现直接为编辑活动的产生创造了条件,并由此改变了人类历史。所以,研究中国出版史,首先要从汉字的产生讲起。

汉字的产生是一个十分漫长的历史过程,在文字产生前,大体经历了"有声无言""有言无文"两个时期。在语言和实物的基础上,又经结绳记事、契刻和图画三个阶段,方才产生汉字。

一、汉字的产生过程

从语言、实物到文字,为了帮助记忆、记录与传播知识信息,人们进行了多种尝试。通过远古的传说,我们知道在汉字形成以前,我国有结绳记事、契刻、图画等记事方式。这些方式为汉字的形成提供了条件。

1. 结绳记事。就是用绳子打成结来帮助记忆。这是世界上许多民族都使用过的一种方法。我国的古书上就有许多"上古结绳而治"的记载。例如《周易·系辞下传》云:"上古结绳而治,后世圣人易之以书契,百官以治,万民以察。"明确指出在文字产生以前,人们通过结绳帮助记忆。《庄子·胠箧》中说:"昔者……民结绳而用之。"唐李鼎祚《周易集解》中也说:"古者无文言,其有约誓之事,事大大其绳,事小小其绳,绳之大小随物众寡。各执以相考,亦足以相治也。"可见,我们的祖先确实使用过结绳记事的方法。直至现代,结绳的方法在我国边远地区的一些少数民族中还有使用,如云南的哈尼族、西藏的门巴族、台湾的高山族等。哈尼族买卖田地时,就用单股麻绳打起结来标志田价,买卖双方各执一根,以为凭证。在国外,波斯人、日本人、埃及人、墨西哥人、秘鲁人也都使用过结绳记事的方法。

2. 契刻。就是在竹、木、陶等材料上刻各种记号用以记事,帮助记忆。这也是古今中外广泛使用过的方法。古时双方订约时,把两木片合拢起来,在上面刻画记号,双方各执一块,以帮助记忆,并有符信之意。东晋梅赜所献的《古文尚书·序》称:"古者伏羲氏之王天下也,始画八卦,造书契,以代结绳之政,由是文籍生焉。"这是说在结绳记事之后,由八卦、书契代替结绳之政,然后文籍产生了。有些学者认为,八卦就是古代刻木记事的一种形式,其时在结绳之后,文字创立之前。《魏书》《隋书》等古代史书中还记录了当时我国一些少数民族使用书契的情况,说这些少数民族"无文字,刻木记契"。直至近代,某些少数民族仍有采用这种方法的。云南省博物馆曾收藏有佤族的一根传代木刻,木头两侧刻有许多缺口,每一缺口代表着一件事情,以刻口深浅表示事情的大小。据说每年吃新米的时候,召集全村老小一起尝新,便拿出这块刻木,由一位长者叙述每一刻口代表的事件,人们借此得知本村的历史和其他各种事情。

契刻同结绳一样,基本是备忘用的,留下的只是代表一件事情的符号,而不是语言符号。它只能唤起对某种事情的回忆或想象,而不能表达抽象的思想和概念,只能记事而不能达意,所以它虽然有着帮助记忆的作用,但还不是知识的具体记录,某一部分用之既久,约定俗成,让更多的人都能理解后,便可演变为指事文字。

3. 图画。是对文字形成最有影响的重要阶段。由于劳动和生活的需要,上古人常把所观察到的和自己生活有密切关系的事物画在所居住的洞穴的石壁上。起初,这些记事的图画是非常生动、逼真的,使人一看,就知道画的是什么。如想要人知道所说的是鹿,就精心地画一头鹿。有时,还画几件东西来表示一件事情。时间长了,当人们习惯了这种图画之后,就不画得那么复杂、细致了,只要用几根线条勾勒个大概轮廓,把原来画的复杂的图画,简化成一定的图案符号,人们见到这个符号也就知道它所代表的是什么了。这样,图画就逐渐脱离了对具体事物的描绘,变成事物的一般意义的代表,可以拿它所代表的事物的名称来称呼它。这样一来,图画就和语言相结合而成为交流思想的工具了。这就形成了原始的图画文字或图形文字。

我国很多古书上都记载有"河出图,洛出书"的传说,这可能反映了"图"与"书"之间有一定的关系。大部分学者都认为,对文字形成最有影响的,可能是图画符号(也有人称为图画文字)。我国许多民族的文字中仍保存着图画记事的痕迹。如云南纳西族的象形文字经典——"东巴经"中就有不少图形,"东巴"(巫师)看了就能颂出长篇的诗句,讲出动人的故事。国外也有一些民族长期用图画符号记事,如美拉尼西亚人、北美印第安人和西伯尼亚诸部族等。1849年,印第安人德拉瓦尔族曾送交美国总统一幅请愿书,请求允许他们七个部族由苏必利尔湖迁徙到相邻的另一个湖旁。这幅请愿书就是用图画符号书写的,七个部族由各自的图腾形象代表着:一个是鹤,三个是貂,一个是熊,一个是人鱼,最后一个是海狗兽。鹤被画在最前面,它是领导部族的标志,每个图腾的眼和心都和请愿者鹤的眼和心连接在一起,这表示大家的意愿是一致的,下面画着他们要迁往的湖。

图画符号的进一步发展,就可能转变为象形文字。由图画符号演变为象形文字,有一个循序渐进、由量变到质变的过程。正如唐兰先生所说:"文字本于图画,最初的文字是可以读出来的图画,但图画却不一定都能读。后来,文字跟图画渐渐分歧,差别逐渐显著,文字不再是图画的,而是书写的。"而"书写的技术不需要逼真的描绘,只要把特点写出来,大致不错,使人能认识就够了。"① 这就是原始的文字。新中国成立前,在甘肃仰韶文化遗址的陶器中发现四个与甲骨文的"马""日""人""鸟"十分接近的象形符号,其所在古文化堆积层距今约 7000 多年。可也有的学者认为,这四个形体画的成分太多,写的成分太少,可视为象形文字的先驱,还不能称之为象形文字。当象形符号有了固定的形、音、义,就意味着它已成了真正的文字。

4. 仓颉造字的传说。我国古代的结绳、契刻和图画符号等记事方法为汉字的产生奠定了一定的基础。那么汉字究竟是怎样产生的呢?关于这一问题,中国历史上有一个流传甚久的仓颉造字的传说。成书于战国时期的《世本·作篇》说:"黄帝使仓颉作书。"《荀子》《韩非子》《吕氏春秋》《仓颉篇》《淮南子》《论衡》等书中都有仓颉造字的记载。说得最为具体的当数许慎的《说文解字·序》:

> 黄帝之史仓颉,见鸟兽蹄迒之迹,知分理之可相别异也,初造书契。百工以乂,万品以察……仓颉之初作书,盖依类象形,故谓之文。其后形声相益,即谓之字。字者,言孳乳而浸多也,著于竹帛谓之书。②

这段文字是汉代人对传说中的仓颉所处的时代及其所任职务、受何启示而创造文字的描述,还回答了他发明文字的方法和步骤,反映了当时人们对"文""字""书"这几个基本概念的认识及所下的定义,同时说明了文字书契产生后的意义和作用。

但这毕竟是历史传说,文字是人类社会某一发展阶段上的必然产物,它是原始人类在生产实践中发明的,不是在某一个时间某一个地点由某一个人想出来的,而是在很长时间内,由许多人逐渐创造积累起来的。我们可以举一个简单的例子来说明早期文字成于众人之手,而非一人独创。中国的早期文字,无论是甲骨文还是金文,都有许多异体字。也就是说,同一个字有几种甚至十几种不同的写法,如果是仓颉一个人发明,他为什么要给自己和别人制造这么多麻烦?《荀子·解蔽》中所言较为接近现实,即"好书者众矣,而仓颉独传者,一也"。荀子认为古时候琢磨、草创文字的人很多,文字是众人发明的,而仓颉的名字为什么单独流传下来呢?因为他做了一些整理文字的工作。也就是说,在仓颉以前,文字已经产生,不过当时的文字还在初期阶段,殊体异形,没有定制,而仓颉的功劳正在于对这种形体不一的文字进行了整齐划一的规范工作,因此他的名字世代被人们称颂。

---

① 唐兰:《中国文字学》,上海:上海古籍出版社 2001 年版,第 55 页。
② 许慎:《说文解字》,北京:中华书局 1963 年版,第 314 页。

章太炎《造字缘起说》指出：

> 一二三诸文，横之纵之，本无定也。马牛鱼鸟诸形，势则卧起飞伏，皆可则象也；体则鳞羽毛鬣，皆可增减也。字各异形，则不足以合契。仓颉者，盖始整齐画一，下笔不容增损。由是率尔著形之符号，始为约定俗成之书契。①

所谓"下笔不容增损"云云，或许过分，但他强调仓颉在汉字规范方面的作用，无疑是正确的。从文献记载中，我们似乎可以推论在仓颉时代就已经产生了文字。他的职务均记载为"黄帝的史官"。按此说，"仓颉造字"当在公元前26世纪的黄帝时期，也就是中华文明的发源时代。这一时期，原始汉字已经有了一定数量的积累，并得到了一定程度上的整理。

二、原始文字的考古发现

探讨汉字产生的时代，最有力的证据还是近年来的考古发现。裘锡圭认为："已发现的可能跟原始汉字有关的资料，主要是原始社会时代遗留下来的器物上所刻划、描画的符号。这些符号大体上可以分成两类。第一类形体比较简单，大都是几何形符号，见于仰韶、马家窑、龙山和良渚等原始文化的陶器上，偶尔也见于骨器和石器上。第二类是象具体事物之形的符号，见于大汶口等原始文化的陶器上。这类符号似乎不如前一类使用得普遍。"②

20世纪五六十年代，在陕西西安半坡仰韶文化遗址的一些陶器上发现了110多个形状简单但很有规则的刻符。在离其不远的临潼姜寨也发现了130余个形状极为相似、略为复杂的刻符，另外在甘肃、青海、浙江也续有发现。有人认为这些刻画符号是与制陶工艺有关的记事符号。根据放射性碳十四法年代测定，时代距今已有六七千年之久。

郭沫若在《古代文字之辩证的发展》一文中认为："那些刻划符号，可以肯定地说就是中国文字的起源，或者说是中国原始文字的孑遗。"③如果此说成立，那么汉字就有近6000年的历史了。也有不少学者认为这些陶器刻符意义不明，尚难断定它就是文字，还是看作刻画符号更为妥当。

1959年，在山东莒县陵阳河和大朱村大汶口文化遗存中，发现出土的陶尊上刻有四个象形文字，这是得到多数学者公认的远古文字。出现陶器符号的大汶口文化晚期不晚于公元前2500年。

---

① 章太炎：《检论·造字缘起说》，见《章太炎全集》（三），上海：上海人民出版社1984年版，第390页。
② 裘锡圭：《文字学概要》，北京：商务印书馆1988年版，第22页。
③ 郭沫若：《古代文字之辩证的发展》，《考古学报》1972年第1期。

（一）　　　　（二）　　　　（三）　　　　（四）

图 1.1　大汶口陶尊上的刻画符号

　　古文字学家于省吾认为第一、二个为"旦"字,第三个为"锛"字,第四个为"斧"字。唐兰认为第一个为"炅"字,第二个为"炅"字的繁体,第三个为"斤"字,第四个为"戌"字和"戊"字(古为一字)。也有的学者认为这是代表个人或氏族的形象化的图形标志。我们将其与更晚一些的甲骨文和金石铭文相对照,可以发现它们有许多相似之处。据专家们推断,这种远古文字已不是最原始的文字,在此之前还应有一段较长的发展过程。1987 年,文物工作者又在大汶口文化区山东莒县发现 16 个古文字,刻在 10 口大陶尊上。这些有字陶尊经测定距今约 5000 年,也就是说中国有 5000 年文字可考的历史是有根据的。

　　近年来,我国考古工作者在河南登封王城岗遗址出土的龙山文化晚期陶器上发现一批刻画文字。其绝对年代为距今 4000—4400 年,其地点在文献记载的"禹都阳城"范围之内,因此,有的学者释读后,认为是夏代的文字。

　　20 世纪 80 年代初,在西安西郊斗门乡花园村遗址,出土了一批属龙山文化晚期的甲骨文献。字体小如蝇头,笔画细若蚊足,刀法朴拙,字迹清晰。文字行笔先后顺序和重叠关系清晰可辨,不同于线条简单的记事符号。在被清理出的十余个单体字中,可释义的有"人""万""大""元"等字,据碳十四法测定时代比殷墟甲骨早 1200 年以上,即距今 4500—5000 年间,在黄帝时代和夏代初期。这在一定程度上印证了"黄帝之史仓颉"造字的远古传说,反映了汉文字萌芽时期的特征。

　　1988 年,河南舞阳贾湖新石器时代遗址内,出土了一批甲骨,其上所刻的符号,个别的形体与河南殷墟甲骨文的某些字形相似,似应一脉相承,据碳十四法测定,并以树轮校正,这批甲骨的时代距今约 8000 年。迄今为止,我们所知道的世界上最早的文字,也只有 7000—8000 年的历史。这次发现为探索我国文字的起源提供了新的重要线索,已引起学术界的广泛关注。

　　1992 年初,山东大学考古实习队在山东邹平县苑城乡丁公村龙山文化遗址灰坑中发现一件刻字陶片,有文字 5 行 11 字,笔画流畅,排列有规则,相互联系紧密,刻写也有章法,已经脱离了刻画符号和图画文字阶段。据考古学家和古文字学专家鉴定,距今 4200 年左右。

20世纪90年代,随着长江三峡水利枢纽工程的开工,在湖北宜昌中堡岛又取得震惊考古界的新发现。1993年11月15日,杨家湾遗址和中堡岛新石器时代地层中发掘出带刻画符号的陶片8片,其绝对年代为公元前3900±260年~公元前3380±145年,距今约6000年,与西安半坡陶符年代大致相当。

贾湖甲骨刻契符号为新石器时代早期,是文字的萌芽状态。河南安阳殷商文化的甲骨文字是数以千计的成体系的文字的成熟阶段。两者中间有一个重要的形成阶段。在二里头文化和二里冈文化遗址均出现了向殷墟甲骨文靠拢的陶文,甚至二里冈遗址还出土三件有字的兽骨,其中两件各有一字,另一件有十个字。这样脉络就理清了,殷商甲骨文不是中国文字的源而是一个流。

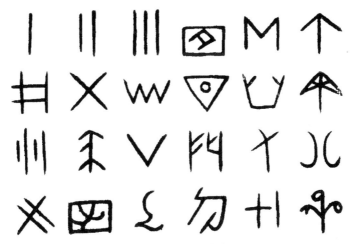

图1.2 二里头夏代陶文

随着考古新材料的不断发现,有关汉字起源的时代脉络将会逐步清晰明了。距今4500年左右的龙山文化时期,也就是传说中的黄帝时代,正是我国文字由萌芽向成形实现质的飞跃时期。不仅黄河中游有西安西郊花园村骨刻文字,黄河下游有大汶口文化陶器文字,青海、甘肃有齐家文化,在长江下游还有良渚文化圈的陶文、玉器上的文字,更值得注意的是,一些相同的字,或在不同载体上,或在不同地域共同使用,如"戌""昃""山""封""皇"等字,都出于两地以上,笔画结构,惊人相似,至于"五""七""十""廿"等数目字,使用范围更广。这一切清楚地告诉我们,中国的汉字产生距今至少有4500年的历史。

三、汉字书写工具的出现

考古发现也说明,在汉字产生之前,书写汉字的工具就已产生。清朝人罗顾在《物原》一书中说:"虞舜造笔,以漆书于简。"这种说法基本上是可信的。西安半坡陶文中的好几种图案,如人面纹、游鱼图案、米字形纹饰,是用笔或类似的工具描绘上去的,其笔触清晰可见。1959年山东大汶口发现的陶文,有契刻和书写两种,说明当时已经使用笔和契刻类的书写工具了。只是当时的书写工具可能是极其简陋的。如元代人吾丘衍在《学古编》中所说的那样,上古人们无笔墨,以"以竹筒梃点漆书竹上",即用小木棍或小竹棍蘸上颜料书写。我们今天所使用的毛笔至少在商朝就已具备雏形了。距今六七千年的陶文,也有不少是契刻上去的。据推测,当时使用的契刻工具可能是用玉石或动物的牙齿制作的。由于当时陶文使用的不是很频繁,这些工具是否是专门用来契刻的,就不得而知了。不论如何,书写工具的出现和丰富,为汉字的产生提供了一定的物质条件,并在以后的文献著录和复制中起着越来越重要的作用。

综上所述,汉字的出现和汉字书写工具的具备,为此后的著述、编辑、出版活动提供了基本的物质条件。

第二节 原始图书典籍的出现

一、出版物的构成要素

从早期的竹木简牍到今天各种各样的出版物,不管其形式和内容如何变化,只要认真地加以考察和分析,就可以看出它们都具有下面这样几个要素:

1. 要有被传播的知识信息

传播知识信息是出版物的基本职能,知识技能是构成出版物的基本因素。出版物的内容是伴随着人类对自然与自身认识的不断深化而发展的。整个人类思想文化的发展史都可以在出版物的内容中得到反映。随着人类社会实践的进步,出版物的内容也逐渐从简单到复杂,从低级到高级,从零散到系统。例如,世界各民族所留存下来的远古时期的文献,大致都属简单的"记事""记言"之类的资料,而后来的鸿篇巨制的杰作却只能是社会文明充分发展的产物。另一方面,随着社会生活领域的扩大,出版物所具有的传播知识的目的性也越来越明确,必须经过复制广泛传播,使公众都能得到才成为出版物,其社会意义也越来越重要。我们可以按照出版物内容在人类社会生活中的作用,将它传播的知识信息划分为:① 情报性知识信息。它需要快速的更新和传递,并且有较强的针对性。② 教育性知识信息。它既要求及时更新,又要有一定的稳定性,需要反复传递,传播面也比较广。③ 娱乐性知识信息。它的传播范围大小与时间长短,取决于社会时尚的变化,情况较为复杂。

2. 要有记录知识的文字、图像等符号体系

人类很早就把有声的语言作为传递与交流知识的工具,但语言的传播要受到空间与时间的限制。人们也曾先后使用了结绳、契刻等方法来帮助记忆,但这一方法只能助记,不能直接表达复杂的事物,而且在传播上也受限制。只有使用图画和文字,才能较精确地代表事物及其相互关系,才能为人们共同理解与接受,因而也才能跨越空间与时间的限制来传播知识。

3. 要有用来负载文字、图像等符号的物质载体

出版物的形成不仅需要用来记录知识的符号体系,还需要使用一定的材料将这些符号记录、留存下来,因而人类就选择和创造了种种文字、图像的物质载体。由于文字、图像是平面显示的符号,所以图书的物质载体也都是平面的书写材料。从我国古代来看,最初是在甲骨、青铜等器物上记录文字,同时把文字写到经过整治的竹木材料上,接着又创造出自然界原来没有的重要产品——纸张。纸张薄而轻便,便于书写和印刷,原材料来源广泛,价格低廉,因而逐渐传播到世界各个角落,成为人类生产图书的重要原料。

4. 要有必要的科学技术及生产工具

与出版物相关的科学技术包括两个方面:一为刻画、传抄、印刷、复印、用光电或数字技术录入等记录、复制技术,二为搜集、整理、编撰、翻译、策划等编著技术与工艺,这两种技术相结合,保证了出版物的产生,此外还包括出版物的储物技术。它们的共同之处,都是精神内容的物化过程。

5. 要有必要的装帧形式

出版物材料在所具有的形态上的规定性也是其要素之一,它也有个产生发展的过程。我国最早的书籍制度是编简成册的简牍制,汉代发明了造纸技术后,出版物的装帧形式就逐渐由简策式发展到卷轴式。后来以抄写为手段的复制方式,又被我国人民发明的印刷技术所取代,于是装帧形式又由卷轴式发展为册页式。进入数字出版时代,数字出版物也要具备相应的呈现形式。出版物生产技术上的进步,使出版物的大量生产成为可能。

二、原始图书典籍的出现

公元前2070年到公元前1600年,是中国历史上第一个王朝——夏王朝时期。夏王朝共历17君,延续471年。由于流传至今的有关夏代的史料十分匮乏,所以历史上是否有夏代存在,曾被许多人怀疑过。但是《史记·夏本纪》中记载的夏代世系与该书《殷本纪》中记的商代世系一样明确,商代世系在安阳殷墟

出土的甲骨卜辞中得到证实,我们有理由相信《史记·夏本纪》中所记的夏代世系也是可信的。近年来的考古发现也说明,夏代的存在是不容怀疑的。

夏王朝的主要活动范围在今天的河南和山西等地。农业在经济中已经占有重要地位。夏人还制定出适合农业发展需要的历书——夏历,它把一年分成十二个月,分别记述每个月中的星象、气象、物象以及所应从事的农事和政事。这在一定程度上反映了夏代农业生产发展水平,保存了我国最古老的比较珍贵的科学知识。我国至今使用的农历还被称为夏历。夏代已经从石器时代进入了铜器时代,社会生产力比起原始社会已经有了很大的发展。

夏代是中国出版史的萌芽时期,这一时期,汉字已经开始形成体系,原始的图书典籍开始出现,已经初步具备了出版活动的部分要素。

所谓原始的图书典籍是指正式图书产生以前的文字记录,或者说是档案文书材料。它们虽然不是正式的图书,但又确是当时人某种活动的忠实记录,不是杂乱无章的文字显现,已经具备了图书的某些因素,也可以说是早期出版物的萌芽状态。中国文化史专家柳诒徵认为,在后世文献中,仍可考证出夏代文献的存在。他指出:

> 孔子能言夏礼,墨子多用夏政。箕子尝陈《鸿范》,魏绛实见《夏训》。《孝经》本于夏法,《汉志》亦载《夏龟》。《七月》《公刘》之诗,多述夏代社会礼俗,可与《夏小正》参证。《小戴记》《王制》《内则》《祭义》《明堂位》诸篇,凡言三代典制者,往往举夏后氏之制为首。是夏之文献虽荒落,然亦未尝不可征考其万一也。①

这一推论是有一定道理的。根据其他文献判断分析,我们可以得出这样一个推论:在夏这一历史时期,即公元前21世纪至公元前16世纪,完成了由文字到文献典籍这一历史性的转变。其论据如下:

(1)《史记》和《竹书纪年》都载有夏代帝王的世系表,《竹书纪年》中之《夏记》记载了"凡夏自禹以至于桀,十七王""四百七十一年"的帝王世系,迁都八次,建都城七座,先后为阳城、斟寻、商丘、斟灌、原、老丘、西河。一些重大政治、军事事件以及经济、文化、天文的资料,因《竹书纪年》中记载与甲骨文金文相符,成为后世史家研究夏王朝必备之史料。尽管《史记》与《竹书纪年》的记载不尽相同,但大同小异。这说明两者是以同一份原始文献记录为依据的。而且,在殷墟甲骨文发现后,王国维据卜辞中殷商的先公先王世系考证出《史记》中《三代世表》

---

① 柳诒徵:《中国文化史》(上册),上海:东方出版中心1988年版,第72页。

是"信史",因为夏代诸王与商先王刚好是同时代的人,都生活在距今 4000 年左右。

(2)我国现存最早的史书《尚书·多士》中有这样一段人们经常引用的文字:"惟殷先人,有册有典,殷革夏命。"这是武王灭商后,周公对殷商贵族的训话,大意是:你们殷的先人,在推翻夏朝时,已有典籍记载了这段史实。这说明夏商更迭之际,已有典册。

(3)据古籍记载,夏代典籍有《夏书》《夏时》等,《左传》《国语》《墨子》等多次提到《夏书》并引其文,如《左传·昭公十七年》载"故《夏书》曰:'辰不集于房,瞽奏鼓,啬夫驰,庶人走'"。它保留了我国最早的日食记载,可见《夏书》在春秋战国时还流行于官府诸子之中,可惜今已亡佚。只有《尚书·甘誓》篇被认定为夏代留存下来的文献。我们可以从后世典籍中,间接了解一些夏代文献的名称,如《孟子·梁惠王下》提到《夏谚》。《左传·昭公六年》记"夏有乱政,而作《禹刑》"。《史记·夏本纪》记:夏禹时作乐《箫韶》,启时作《甘誓》,太康时作《五子之歌》,仲康时作《胤征》等。

(4)夏代已总结出天文历法和农业知识。上古时期,人们为了发展农业生产,总结并掌握了一定的天文历法知识,以 12 个月为一年,有大小月之分,大月 30 天,小月 29 天,还懂得了 19 年置 7 个闰月。夏代的历法称"夏历"。夏历以寅月为岁首,不同于殷历和周历。《夏小正》虽是周代流行的一本古农书,但其中也包含着夏代在农牧业生产中积累的一些天象和物候资料。春秋时,孔子曾主张"行夏之时"。我们至今所使用的农历,基本上是夏历。

(5)有关夏末地震和陨石的文字记录。在《竹书纪年》和《世本》等古书中,有"夏发七年,泰山振""夏桀十年,夜中星陨如雨"等记载,是世界上关于地震和陨石雨的最早文字记录,可作为夏代末年有文献记录的旁证。

(6)夏末有太史和典籍等有关文献记载。《吕氏春秋·先识览》载:"夏太史令终古出其图法,执而泣之。夏桀迷惑,暴乱愈甚。太史令终古出奔如商。"这段文字明确告诉我们,夏王朝不但有图法,即图书法令,还设立了专门负责收藏、保管这些图书典籍的官员——太史令,终古捧出政府要典,对昏聩的夏桀哭谏,桀王执迷不悟,更加残暴淫乱。于是太史令终古投奔商王。《吕氏春秋》写成之后,曾公布于咸阳市门,声称能增删一字者,赏予千金。可见这段史料的来源不会毫无根据。

在《国语》《战国策》《逸周书》《穆天子传》《礼记》等著作中都或多或少地保存着夏王朝的资料,例如《周礼·冬官考工记·匠人》中有关于夏代宗庙建筑的记载:"夏后氏世室,堂修二七,广四修一,五室三步,四三尺,九阶,四旁两夹窗,白盛,门堂三之二,室三之一。"注:"世堂者,宗庙也。"据此可知后人对夏王朝有宗庙及其宗庙建筑结构及规模的推断。

《国语·晋语》载:晋文公时,"阳人有夏商之嗣典……樊仲之官守焉"。所以唐代史学家刘知几在著《史通》时,也把这段史料作为夏王朝有书有史的论据。

于省吾经过对甲骨文的详细考释得出结论:"甲骨文祀典中的庙号,二示以前均无可考,而二示和二示以后的先王和先妣的庙号则尚属完备,这是由于有典可稽的缘故。"他还把我国从原始的简单文字记事进入到成文记事,即书籍产生的年代进一步明确:"我国有文字可考的历史,开始于商人先公的二示——夏代末期。"① 上述文献均为夏代已有图书文献的旁证。上节所提到的,在西安西郊出土的属龙山文化晚期的甲骨文献,说明在夏朝之前就已经有了文献的存在。根据文字发展的延续性,我们可以推论,夏代有文献的存在是合理的。另外,殷商时期数以万计的甲骨以及成规模有系统发展成熟的甲骨文本身就可以说明,商代文献已经过相当一段时间的发展,决不可能在短时间内就形成如此规模,所以又可成为夏代有文献的旁证。再考虑到夏朝已有国家,已有宗庙建筑——藏书处所,已有了早期学校教育——编辑使用图书的需求,我们说夏代末年是我国原始文献产生的萌芽阶段也是有一定根据的。当然,这还需要新的考古发现进一步证实。

第三节　商周时期的原始图书典籍

文字发明以后,就出现了这样一个问题:把它写或刻在什么样的载体材料之上才更便于保存和流传呢?在书写材料的发展史上,人们可以说是多方探索、广泛取材,像陶器、兽骨、青铜、玉石等,虽然其他民族也曾采用,但都没有像中国人使用得那么普遍、那么精巧、那么久远,至于竹木和丝帛,在其他国家和地区还很少发现,只有中国大量应用于书写,并把它们制度化。而且综合了两者的优点,扬弃了双方的不足,发明了造纸术。

商周时期,人们在甲骨、青铜、玉石乃至竹木上书写文字,记载信息,从而形成了甲骨文书、青铜器铭文、玉石刻辞、竹木简牍等文献形式。从严格意义上讲,这些文献形式只能算是一种文书档案,还不是正式的图书典籍。但不可否认的是,从这些文书档案的内容、形式和传播目的来看,它们已经具备了正式图书的

---

① 于省吾:《略论甲骨文"自上甲六示"的庙号以及我国成文历史的开始》,《社会科学战线》1978年创刊号。

某些性质,后世的图书就是在这些文书档案的基础上发展起来的。所以我们将其称为原始图书。

一、甲骨文书

所谓甲骨,系指龟甲和兽骨。契刻在这些龟甲和兽骨上的文字,就称为甲骨文或甲骨文书。甲骨是商周时期的一种重要文字载体。甲骨文按其产生的时代可分为两大类:殷商甲骨文和西周甲骨文。

殷商甲骨发现于殷都废墟(今河南安阳小屯),故也称殷墟甲骨。其内容主要是殷王朝的占卜记录。故又称殷墟卜辞、甲骨刻辞、殷墟书契等。目前所发现的殷商甲骨文大多为盘庚迁殷至纣亡之间(前1300—前1046)的遗物。

图1.3 刻在牛的肩胛骨上的甲骨文

甲骨文是清光绪二十五年(1899)由王懿荣发现的。他是我国第一个收藏和研究甲骨文的人。此后,刘鹗、罗振玉、王国维等人陆续收藏并进行研究。在安阳地区对甲骨文组织大规模的考古发掘是从20世纪20年代开始的。先后获得数万片甲骨。新中国成立后,甲骨文的发掘和研究取得了更大的成就。自甲骨文被发现后,众多的学者围绕着甲骨的搜集、缀合,甲骨文的著录、考释、分期等问题展开了广泛而深入的研究。由此而形成一门专门的学问——甲骨学。

根据《古籍整理出版情况简报》1984年第129期发表的胡厚宣《八十五年来甲骨文材料之再统计》,国内外现藏甲骨总共154604片,分别藏于中国大陆、台湾省和港澳地区,以及日本、美国、英国、加拿大、法国、苏联、德国、瑞士、比利时、荷兰、瑞典等国家,韩国也有收藏。

图1.4 刻在龟甲上的甲骨文

甲骨文目前出土的单字共有4500个,识别出来的有1700多字。甲骨文已经是比较成熟的文字,它的基本词汇、基本字形结构跟后代汉语言文字是一致的。用许慎六书来检查,在字形结构方面,指事、象形、形声、会意皆已齐备;在文义使用上转注、假借也都很清楚。从语法上看,甲骨文中有名词、代名词、动词、形容词等,其句子形式、结构序位也与后代语法基本一致。

殷商甲骨文是商朝文化的产物。商代统治者迷信鬼神,凡行事以前往往会使用龟甲兽骨占卜吉凶,以后又在甲骨上刻记所占事项及事后应验的卜辞或有关记事。关于龟卜之事,先秦典籍已有记载。如《诗·大雅·绵》云:"爰始爰谋,爰契我龟。"《周礼》亦称:"若有祭祀,则奉龟以往,旅亦如之,丧亦如之。"除了卜辞之外,甲骨文还有记事的刻辞。记事刻辞,有的与卜辞有关,有的没有关系。

如记载战争中俘虏数字、田猎收获多少、封赏和祭祀情况等就同占卜无关。单独的记事刻辞多刻在兽骨上。

占卜在商代是非常严肃的一件事情,一般由专门从事占卜活动的卜人和贞人共同完成占卜活动,其中贞人是整个占卜活动的中心人物。占卜有一定的程式。在占卜前先要做好各种准备,要对龟甲、兽骨进行整治。整治的方法是:刮去龟的腹肠成为壳,或刮去骨上的皮肉只存肩胛骨,然后在甲骨反面有规律地钻成一个个圆孔,在圆孔旁再凿成梭形凹槽。占卜时,将所要问的事项先向神灵讲清,然后用燃烧的木枝在圆孔中央或凹槽旁边灼烫。甲骨一受热烤,就会在正面出现各种不同形状的裂纹。这种裂纹就是卜兆。贞人根据裂纹的长短、粗细、曲直、横斜来判断吉凶。占卜以后把占卜的时间、贞人名字、问卜的事情,以及占卜的结果、是否应验等刻在卜兆的附近,叫做卜辞。

甲骨文一般先刻竖画,后刻横画,先刻兆序、兆辞、吉辞、用辞,后刻卜问之事。一条完整的甲骨卜辞大约由四个部分构成:(1) 叙辞。或称序辞、述辞、前辞,记占卜的时间、地点和占卜者;(2) 命辞。记要卜问之事;(3) 占辞。记占卜结果;(4) 验辞。占卜之后记下应验的事实。但多数卜辞常有省略。甲骨文中,有的在刻画上涂朱砂或墨,有的用毛笔写在甲骨上,也有些是先写后刻的。部分甲骨也中间钻孔,串联成册,有次序地保管收藏,这就是所谓的"龟策"。

由于商王几乎每事必卜,故甲骨文内容涉及商代社会的各个领域。郭沫若主编的《甲骨文合集》一书按照内容将甲骨文分成四大类,即阶级和国家、社会生产、科学文化、其他。四大类下再细分为22小类:(1) 奴隶和平民;(2) 奴隶主贵族;(3) 官吏;(4) 军队、刑法、监狱;(5) 战争;(6) 方域;(7) 贡纳;(8) 农业;(9) 渔猎、畜牧;(10) 手工业;(11) 商业、交通;(12) 天文、历法;(13) 气象;(14) 建筑;(15) 疾病;(16) 生育;(17) 鬼神崇拜;(18) 祭祀;(19) 吉凶梦幻;(20) 卜法;(21) 文字;(22) 其他。从这些分类中可以看出,甲骨文所记载的内容是非常丰富的,涉及的领域也非常广阔。所以甲骨文是研究殷商时期的珍贵历史文献。

商代以后,西周继续保持用甲骨占卜的习俗。在周代文献中也有关于占卜的记载。1954年,在山西省洪赵县(今洪洞县)坊堆村第一次发现两块西周甲骨实物,其中一块上刻有八个字。此后,在陕西长安张家坡、北京昌平白浮村、河南洛阳等地均有零星发现。其中以1977年在陕西岐山凤雏村发现为最多,一次出土17000多片。其中带字甲骨292片,共计903字,另有合文12个。后来在周原地区的扶风齐家遗址又发现带字甲骨6片,共102字。据《科技日报》2004年5月27日报道,考古工作者于2004年3月至5月间,在陕西省岐山县周公庙遗址附近发现西周时期的甲骨700余片,其中有刻辞者82片。经初步清理,已发现可辨识文字350字,其中属首次发现的"周公"字样出现了5次,最多的一块卜甲上发现36字。

从1977年陕西岐山发现的甲骨来看,文字一般都很小而且字迹纤细,具有颇高的微雕技巧;从甲骨钻凿形态看,西周甲骨多施以方凿,排列整齐而且密集。这些方面都表现了西周甲骨的特征。西周甲骨的不断发现,正如安阳殷墟甲骨的发现一样,对西周历史的研究具有极其重要的意义。

商周时期的甲骨文从本质上讲是一种文书档案,不同于后世的图书。但是从其记载的内容和装订的形式来看,它们已经具备了正式图书的部分要素。这表现在:(1)有被传播的知识信息;(2)有用来记录知识的信息符号;(3)有记载文字、图像信号的物质载体;(4)有基本的生产技术和工艺。所以,我们可以将其看成是我国古代的一种原始图书典籍。在对甲骨的整治、书写、收藏和验证过程中,已经具备了一定的编辑要素,可以将其看成是正式图书出现之前的文书档案编辑工作,所以我们称之为原始的编辑活动。关于这一点,我们将会在下文中详细论述。

二、青铜器铭文与玉石刻辞

罗振玉《窓斋集古录序》云:"金石文字者,古载籍之权舆也。古者大事勒之鼎彝,故彝器文字,三代之载籍也。"①商周时期,与甲骨文同时的文字还有青铜器铭文和玉石刻辞等,相对应的载体形式则是青铜器、玉器和石头等。

(一)青铜器铭文

青铜是铜和锡的合金。它的主要成分是铜,因为加进了一定比例的锡,铸造出来的器物呈青灰色,所以称为青铜。用青铜制造的器皿,就叫青铜器。刻铸在青铜器上的文字,就称为"青铜器铭文",或称"金文"。青铜器的出现是我国历史上具有划时代意义的标志之一。人类由新石器时代进入青铜器时代,标志着社会向前发展了一大步。史学家一般认为夏商之际为我国青铜时代的滥觞时期,商周时期已是我国青铜时代的鼎盛时期。

青铜器的种类繁多,形制复杂。既有日用器物,如食器、酒器、水器等,又有礼乐器。青铜器发展为祭祀用的礼器后,便成了建邦立国的"重器",是权威的象征,最高统治权力的标志。由于青铜器受到如此的重视,所以一般贵族凡有重要文件需要长期保存或有重大事件需要永久留念的,便铸一件器物,将文件或事情

---

① 转引自程千帆、徐有富:《校雠广义·版本篇》,济南:齐鲁书社1991年版,第41页。

记载在上面,让后世子孙永久保存。铸造在上面的文字便成为铭文。

迄今为止,我国已经发现和著录的铭文数以万计,从商朝一直到汉朝都有发现,其中不少是长篇铭文。商朝晚期的金文,铭文大多简短,最长的不超过50字,字体多与甲骨文相近,用词也多类似。西周早期的金文出现了许多长篇铭文,用来记载重大的历史事件,例如周康王时期的小盂鼎,有400多字。现存青铜器铭文最长的是西周时期的毛公鼎,共497字。可以通读的商周时期的金文有1800多字,不可通读的约1200字。由于铭文的内容字数渐多,所以西周青铜器出现了把一篇铭文分载于几器的现象。

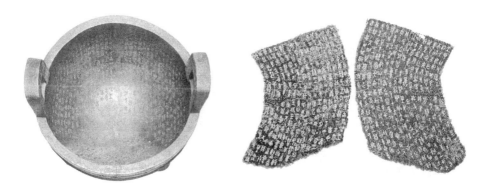

图1.5　毛公鼎及其铭文拓片

铭文一般都是范铸于青铜器上面的,晚期也有刻画在上面的。铭文字体大小一般为2厘米见方,也有椭圆形和较大的字体。铭文的书款字体还保留了商朝后期笔画首尾常作尖细状而中间部分用粗笔波磔体的特点。铭文的排列大都自右而左、自上而下。

青铜铭文的主要内容是周王室和各个诸侯国的记事文书,内容比甲骨文要丰富,涉及社会的许多方面。其内容大致可分为以下几类:

(1) 祭祀典礼:举行重大的祭祀活动,铸器并作记载于器物上。

(2) 征伐纪功:战争之后的纪功留念。这类内容的铭文以西周时为多。

(3) 赏赐锡命:这类铭文较多。统治者对功臣、贵族、亲属等进行封赏,受封人作器以示纪念,并将受封之事和被封赐之物记载于器物上。

(4) 书约文件:有关法律条文、誓约、文辞或合同、券书、协定等类文件,刻器以作证。

(5) 训告:统治阶级把其对臣民的训告记载于器物之上。

(6) 颂扬祖先:作器记载祖先的圣事、美德,以告后世子孙。

由于铭文内容关系着当时社会生活的各个方面,记载着许多重大事件,它本身就是一种珍贵的历史文献。重700多斤的大盂鼎上有290多字,是周成王册命的铭文,从中可以了解古代的封赏制度。1976年陕西临潼县发现的一批青铜器中有一件记载武王克商的利簋,腹内有铭文4行33字,是迄今所见西周青铜器物上关于武王伐纣战争的最早记载,可以作为历史的实证。

从使用的程度看,使用的范围比甲骨文要开放一些,特别是一些刑律、制度、诏令方面的内容,传播范围较广。与甲骨文相比,青铜器铭文的篇幅大为增加,记事内容更为丰富,用途也更为广泛,部分铭文已是有意识地要人阅读,所以传播范围更为广泛。所以说,青铜器铭文所起的书籍作用更加明显。程千帆、徐有富就说:

"图书是以传播知识为目的而用文字或图画记录于一定形式的材料之上的著作物。"(注:刘国钧《中国书史简编》语)如果用这种标准衡量青铜器铭文,其中一部分记载财产、疆界等,显然是档案资料,而另一部分已经具备了书的性质。①

从这个意义上讲,一些青铜器铭文更应该被称为原始的图书典籍。

(二) 玉石刻辞

金石向来并称。我国将石头作为文字载体的历史也是非常早的。石头的来源广,而且易于长久保存。以刻石记事比用金属器物要方便易行,露天石刻具有公开性和展示性。玉石刻辞在商周时期也有发现。《墨子·明鬼篇》中就说:"古者圣王又恐后世子孙不能知也,故书之竹帛,传遗后世子孙。或恐其腐蠹绝灭,后世子孙不得而记,故琢之盘盂,镂之金石以重之。"石头易得,又不会"腐蠹",可以长久保存,所以在石头上刻字也很流行。《管子》说,春秋时期,管仲曾经在泰山见到过70多种封禅石刻。现存最早的石刻文字是春秋时期的石鼓文,唐朝出土于陕西凤翔县。石鼓呈圆柱形,故曰"碣",内容是有关秦王田猎的诗句,所以叫做"猎碣"。石鼓文共700余字,后因自然与人为的损害,剥蚀严重,字迹漫漶,其中一些石鼓文字已经荡然无存,目前仅存300余字。不少学者认为石鼓是周宣王(前827—前782)时代之物。虽然有其他说法,但大都认为至迟在春秋时期。此外还有侯马盟书、温县盟书等玉石刻辞。由此可以推断,在商周时期,亦当有一定的玉石刻辞。依内容和传播目的来看,也可将其称为原始的图书典籍。

---

① 程千帆、徐有富:《校雠广义·版本篇》,济南:齐鲁书社1991年版,第44页。

三、竹木简牍的出现

除刻在甲骨、金石之上外，人们还将文字写刻在经过整治的竹片和木板上，而且使用的时间更长，应用更广，影响也更大。

王国维在《简牍检署考》的开篇就提出："书契之用，自刻画始，金石也，甲骨也，竹木也，三者不知孰为后先，而以竹木之用为最广。"三者并行之说是有道理的，我们不能因为至今没有三代的简牍发现，就认定竹木之用晚于甲骨、金石，只不过盛行的时间和使用的范围各有不同。这里只需举一个例子即可说明竹木使用之早。文字产生过程的一个重要阶段是契刻，即人们把需要记忆的数字、信息用刀刻在木棍和木片上。文字发明后，人们自然也会利用满山遍野、随手可得的竹片、木板作载体材料。只不过竹木质地远不如甲骨、金石坚硬，难以保存久远。当时的人们就因为竹善朽蠹，才发明了杀青之法。我们现在发现的战国简牍，不少残损严重，文字多漫漶不易辨识，字迹清晰的实属不易。就简这种形式而言，最早的就是山西侯马和河南温县发现的春秋末期的玉石简。竹木简牍最早的为战国时遗物。

殷商和西周的甲骨文、金文中屡屡出现"册""典"二字。何谓册？《说文解字》谓："象其札，一长一短，中有二编之形。"复云："古文册从竹。"何谓典？《说文解字》云："五帝之书也，从册，在丌上，尊阁之也。庄都说：典，大册也。古文典从竹。"典为大册，而册与策通。典、册都从"竹"，说明在甲骨文的使用年代，竹简很有可能同样通行于世。"册"像以绳穿简成为一束，即成策之形，甲骨文"典"像两手捧册之形，金文"典"字像册搁置于几上，有典藏之意。据此，有人推断，在商周时记载朝廷史事的鸿篇巨制的长文典册也曾有过，只不过目前尚未发现。在《尚书》中明确提出殷先人时即有册有典。《诗经·小雅·出车》载："岂不怀归，畏此简书"，这首诗写于周宣王时期（前 827—前 782），说明在公元前 8 世纪以前，简书的使用已十分普遍。另一旁证就是此时已出现最早的教科书——《史籀篇》。经考证周宣王的史官名留，之所以把留改为籀即在人名上加上"竹"和"手"，就是着重说明史官之职为写字于竹简。史籀还被认为是大篆的创造者，他编写了一本蒙童课本用于教育，用龟册、玉册刻写显然不合适，故以廉价易得便于书写的竹木简策流传。时代比孔子略晚的墨子在其著作的《尚贤》《明鬼》等篇中多次提到"书之竹帛"，其前文强调的是"古者圣王，即审尚贤，欲以为政，故书之竹帛"。这至少说明两点：一是简册的使用已有相当长的一个时期，所以他认定是三代圣王使用的古已有之物。二是说明简册也用于记录古代帝王的训诰、祝祷和法律。所以后世策封还用金玉之册。写在简上的法律文书亦称"范"。简的另一个用途是将文字写刻于简上再一分为二,以作为某种凭证,称作符,到春秋战国时改用别的材料甚至精制成虎形,其名称还没有改变,称"虎符"。

有关竹木简牍的发现、用途、形制,以后几章还会述及,这里只想说明,竹木之用于书写并不比甲骨、金石晚,龟册、玉册、简册在商周时早行于世,否认哪一个的存在都是不妥的。

第四节　原始编辑活动的出现

传播媒介是人类社会发展的必然产物,是人类文明的必需工具。人类传播活动的本质是对社会信息的交流与分享,而这种活动必须借助一定的符号、通过有形的形式才能实现。编辑活动正是对符号的组织、建构,对无形精神文明的"有形化"活动。编辑活动的发展与人类文明进程息息相关。编辑的原始意义是收集简册并按照一定的次序排列,并编连成书。编辑活动是一种创造性文化活动,在古代常常是著作方式的一种,有别于现代意义上的编辑活动。商周时期,已经出现了甲骨文书、青铜器铭文等原始的图书典籍。在这些原始图书典籍的形成过程中,已经凝结了人们的编辑活动。只不过这种活动还不是后世正式的编辑活动,而是一种编辑活动的原始形态,所以我们称之为原始的编辑活动。编辑与出版活动紧密相连,有了原始的编辑活动,就有了原始的出版活动。

一、掌书史官与原始编辑活动

有图书载体,就有编辑活动,在分析图书和编辑的起源这一问题时,除上述的文字、图画符号、各类物质载体之外,还有一个极为重要的因素就是编辑活动的主体:掌书之人。我国早期的图书与史官的联系十分密切,这也是中国文化的一大特色。我国古代可考的最早的图书编辑家之一就是周宣王的史官太史籀。

在甲骨文、金文和早期典籍中,"史"字出现频率相当之高。如卜辞中就有"贞,令我史步""才南土,告史""方祸象取乎御史""利令、佳太史察令"等。作为职官,三代之际,史也有人数增多、分工更细的发展过程。如夏代的太史令,殷商的史、太史、内史、贞人、卿史、作册,周代的大史、小史、内史、外史、左史、右史等。究竟"史"为何意? 作为职官,其职责包括哪些方面呢?

在甲骨文和金文中,"史"是个象形字,象征右手持物,至于所持为何物,则有许多解释。清代吴大澂说是简策;江永说是官府的书籍;王国维说是盛筴之器;马叙伦说是笔。总之,这些解释尽管有异,但有一共同点,就是都与文字和图书有关。

王国维在《释史》一文中说:"然则史字从又持中,义为持书之人……周六官之属,掌文书者亦皆谓之史,则史之职专以藏书、读书、作书为事。"可见,"史"是专门保管、研究及写作的官吏,另一个名称是"作册",即负责起草册命和记录宫廷中的重要事件、天子诸侯的言行和政府各机构的种种活动。就是说,这些文件不是王自己写的,而是史官受命而作。

王国维对"史"的解释不难在先秦的典籍中找到大量旁证。我国最早的历史文献《尚书》中多处记载了"史"和"太史"的活动,如《金縢》称"史乃册祝";《顾命》称"太史秉书,由宾阶隮,御王册命";《立政》称"周公若曰:'太史,司寇苏公,式敬尔由狱,以长我王国。兹式有慎,以列用中罚'"。其他典籍谈到史的还有《礼记·曲礼上》:"史载笔。"《礼记·王制》:"太史典礼执简记。"《左传·襄公十四年》:"史为书。"《国语·周语上》:"史献书。"《周礼·天官冢宰》:"史掌官书赞治。"《礼记·月令》:"太史守典奉法。"《国语·楚语上》:"史不失书。"

综上不难看出史官职掌秉笔、执简、掌书、为书、献书、守典、奉法、决狱、册祝等事务。据《周礼》《礼记》等书所记:大史掌国之六典,小史掌邦国之志,内史掌书王命,外史掌书使乎四方,左史记言,右史记事。由此可见,史官是当时最博学的人,也是掌管图书档案之专职人员。他们既要记录帝王言行和军国大事,又要从事宗教祭祀占卜活动,兼管奉法决狱事务,甚至还要到民间去采风,收集诗歌和音乐,回来后进行整理加工。他们积累掌握了大量文字资料,修史编书的重任自然落在他们身上。可以说他们最早参与了图书编辑或编纂活动。《左传·定公四年》记载:"昔武王克商,成王定之,选建明德,以藩屏周……分之土田陪敦,祝、宗、卜、史,备物、典策,官司、彝器。"可见在周朝时,史官有时与典籍一起,被当作封赐物的一种。

传说中造字的仓颉就是黄帝的史官,一定程度上这也是历史真实的反映。在我国早期文献中还常常有史官逃往他国,并把图书典籍带走的记载。太史公司马迁在《史记·自序》中也说他的祖先曾世袭掌管周室典籍。公元前7世纪中叶,"司马氏去周适晋"。这些历史记载由于出自史官之手,所以站在史官立场上,斥责统治者迷惑淫乱。这种逃亡大都有携带图书情报弃暗投明的性质。在朝代交替之际,更显示出图书典籍在统治者争权夺位斗争中的重要性,也说明图书档案编纂保管者——史官举足轻重,他们带着重要的国家档案、地图、户籍等投奔新朝,既反映人心向背,也加速了旧王朝的削弱和倾覆。

上古史官的职位是世袭的。世守其职的家族,通常有一个与书籍或记录保管相关的氏名,诸如简、籍、史、董等。《左传·昭公十五年》记载公元前527年周景王对晋大夫籍谈说:"女,司典之后也,何故忘之?"因籍谈的九世祖为晋大夫,掌管晋国的典籍,他的后人便因官而姓籍氏,籍谈虽然继承了祖先的姓氏,却不知周王室赏赐晋国的史实,这就是成语"数典忘祖"的出处。

二、商周时期原始编辑活动的程序

尽管目前见不到商周时期的竹木简牍,但是我们还是可以根据近百年来发现的甲骨文史料,来分析在商代便已产生的原始编辑活动。探讨最原始的编辑出版工作,可从它是怎样生产制作的、原始的文献编辑出版活动包括哪些内容、是如何进行的等方面入手。

(一)材料加工

殷墟出土的龟甲经动物学家鉴定,不是人工饲养的乌龟,而是产于我国江湖中的胶龟(仅产于中国南部海域)和陆地龟(广布于中国各地),还有产于我国近海中与马来西亚半岛海龟同种的罕见的大海龟。也就是说,出土的大龟甲是专门进贡给商王作占卜用的,在刻辞中"氐(致)龟"就是进贡龟甲的记载。我国自古就传说龟"通神灵",能活"千年",称之为"神龟""灵龟"。商王朝统治者最为迷信,所以大量使用龟甲作占卜材料。

占卜的龟甲和兽骨是如何加工出来的呢?据《周礼·龟人》《史记·龟策列传》等文献,结合龟甲实物可知:首先要将龟的头、脚、内脏剔除,然后将甲壳从背甲和腹甲联合处(称甲桥)锯开,使平整部分留在腹甲上,将凸出部分锉平。最后刮去表面的鳞片和胶质。背甲是拱形的,表面又凸凹不平,作占卜用必须从中锯开,并将中脊凸起部分锯去,在甲片的中部钻一孔。整治后的背甲形状像鞋底。

用牛的肩胛骨占卜,首先将皮肉剥去洗清,然后将骨的顶端从反面锯去一部分,最后还要将反面凸出的骨脊刮平,使整个骨面平整。

甲骨经过一番砍、削、锯、锉、磨等整治后,就可以在反面进行凿钻。首先用青铜凿子凿出一个个长约一厘米左右、口宽底窄梭形的斜槽。在紧靠槽边处再钻出一个个比槽稍小的圆穴。凿钻都不能穿透骨面,只凿到距骨面最薄处。凿钻而成的槽穴排列整齐而有规律,数目根据甲骨大小和需要来定。目前出土的最大的一块龟腹甲,长43厘米、宽35厘米,有凿钻加工的200多个槽穴。

经过凿钻的甲骨由掌握占卜的史官贞人保存,需要占卜时取出,用火炷烧灼钻穴,根据卜兆裂纹的长短、粗细、曲直、横斜来判断凶吉。占卜以后把占卜的时间、卜人的名字、卜问的事情及占卜的结果、占卜的应验与否等刻到卜兆旁边。多数甲骨文字是用刀刻成的,有些卜字则用锥状工具划成。有的史官在刻写细小文字时,先在甲骨上涂色,以便字画的观察与掌握,刻后擦拭。有的字画内填入颜色,十分醒目。有的甲骨文甚至镶嵌绿松石作为艺术装饰,近似于今天的豪华精装本。1936年殷墟第13次发掘中,还发现不少甲骨文是用朱笔书写的。在此之前的1932年第7次发掘,曾出土一片字陶,上有一墨书"祀"字,锋芒毕露,证明殷代已有毛笔。这从甲骨文中有"聿"字或以聿为偏旁的字也可以得到证明。

(二)编次成册

卜辞如果一块甲骨容纳不下,可以刻在若干块甲骨上,1973年在安阳小屯南地就发现过这种成套甲骨。1936年殷墟第13次发掘,在127号坑中,发现有许多背甲被加工成有孔的椭圆片。加工后的鞋底形背甲为什么要在中间钻出一个圆孔呢?有人断定就是用来穿编绳的。发掘出的龟片长短不等,穿上编绳后,从侧面看去,与甲骨文的"册"字十分相似。

至今在甲骨文中收集到的"册"字写法共有58种,基本笔画不外横二竖三、横二竖四、横二竖五。竖有多种,横都是二,说明两编不变,恰与成套甲骨的形式吻合。在127号坑内曾出土一块卜甲,记有"三册、册凡三"字样,表明这套甲骨共9块,分三册编集在一起。董作宾也曾在一梢上有孔的甲骨尾尖,发现"册六",另一甲尾尖有"编六"二字。这些实物都有力地证明了编辑工作至迟在殷代已经开始。

甲骨卜辞中有册有典,《尚书》中也提到"惟殷先人,有册有典",有人认为册和典,当是两种官文书,有不同的性质和内容、不同形式的体制,它们的区别与史官职掌有关系。按照《说文解字》的解释,典为大册,而册与策通。典可能是同一类册的集合,可能相当于现在的总集一类的书籍形式。这是一个很值得深入研究的问题。

(三)集中典藏

根据多年来的考古研究,我们可以认定甲骨有固定的收藏处所,不仅十分集中而且是有计划、有目的地收藏,是为王室服务的。尽管在河南郑州、洛阳也曾发现过带字甲骨,但仅一二片,远不能与安阳小屯的殷墟相比。西周甲骨也集中出土于陕西省岐山县凤雏村——西周前期的政治中心周原。其他几处恐为方国贵族使用遗物。

在1928年前安阳小屯村民私掘阶段,常有坑数筐或数车甲骨的成批发现。到科学发掘后,甲骨的储藏情况就清楚了。以1936年发掘的殷墟127号坑为例,该坑为圆形,口径1.8米,底径1.4米,坑上口距地面为1.7米,坑底距地面约6米。从坑口以下0.5米到2.1米约1.6米的厚度,储存甲骨17000多片,显然是殷人有意识存放甲骨的档案库。1973年在小屯南地、1990年9月在小屯北地以及1977年在周原,甲骨都是成坑集中发现的。根据建筑地基和柱下石础等判断,这些坑穴基本都在王室宗庙宫室附近,有些甚至在遗址圈内,属于宗庙的一部分。卜辞中也有"大甲宗卜""其告于大乙在父丁宗卜""大庚宗卜""祖乙宗卜"等记载。这些卜辞中的"宗",即宗庙。大甲、父丁、大庚、祖乙为商王庙号,"大甲宗卜"即在大甲宗庙占卜。这与古代典籍中的记载,可以相互印证。《周礼·龟人》载:"凡取龟用秋时,攻龟用春时,各以其物入于龟室。"《史记·龟策列传》:"高庙有龟室。"刘宝楠《论语·公冶长》注:"凡卜皆在庙,故藏龟亦于庙。"可见商、周王室在宗庙占卜之后,所刻卜辞也藏在宗庙的"龟室"之中。

(四)分类管理

殷商史官对甲骨文的管理是很有条理的,甚至可以说已形成严格的制度。主要表现在分类方面。

1. 甲骨与其他文献严格分开。虽然殷商除甲骨文外,还有其他类型文献,但除偶然发现一块玉版外,从没有泥陶、竹木简牍、帛书或其他文字载体羼入。

2. 甲骨在地下埋藏可分为四类情况:储存——有意识地保存甲骨;埋藏——大量甲骨集中一处深埋;散佚——散落遗失的零星甲骨;废弃——一些习刻、仿刻的文字或废卜辞与陶片、兽骨、人骨、灰烬等混在一起。

3. 储存和埋藏的甲骨中,刻辞的甲骨与备用的甲骨是分开的,龟甲和兽骨不相混杂,而备用的甲骨又区别为原料和成品分开储藏。

4. 刻辞甲骨,除废弃者外,甲与骨分别以时代为序。同一时期的刻辞存放的地区也比较集中。

5. 从刻辞内容看,一类是记事刻辞,占少数,一类是卜辞,占绝大多数。有些刻辞内容较多,需几块才能刻完,形成了成套甲骨。成套甲骨是集中储存的。

6. 记事刻辞所用文字都非常简练,最简单的只有一个字,如"雨"。所用材料和部位也比卜骨差一个等级,如甲桥、甲尾、骨臼或骨面下部。

(五)行文格式

甲骨文已经具备较为固定的行文格式,可以说,已经有了最为原始的一套"编辑规范"。在甲骨文中,不少宽度较大的文字,例如"虎""犬""豕"等,已经由于直行排列汉字的需要改变了字形的方向——由横向变为纵向,字体明显变瘦。甲骨文中有少数横行排列的文字,但是仅仅限于单行的文字,并且很多情况下是出于卜辞和兆辞相互配合的需要。字行的排列顺序一般为从右至左,当然也有少数例外。汉字的这种由上而下、由右至左的行文格式在甲骨文时期就已经基本确定了,并对后世的出版物产生了深远的影响。

(六)反复使用

殷周王室专门置史官制作、管理文书,严格制度,分门别类地典藏文籍,目的还是有效地使用这些书籍,并非只藏不用,只不过使用范围限于王室贵族和史官。

1. 反复使用历书。由于一切祭祀、朝觐、会盟、征战等军国大事,均先由史官占卜吉凶,这就需要制定完善历法,经常使用历书。从甲骨文反映出的天文、历法资料来看,商朝的历法是比较先进的,是"以闰(月)定四时成岁"的阴阳合历。据卜辞可知,当时人们已经知道一个月有大小,大月30天,小月29天,一年12个月,加起来只有354天,所以要采用闰月调和一年的天数。在早期卜辞中叫"十三月",为"年终置闰"法,在晚期的卜辞就改进为"年中置闰"法,与现在的农历一样了。

见过甲骨卜辞的人都知道其特点是开头用干支纪日。其实一条完整的卜辞,都记有月份,一般记在卜辞最后,少数将月份记在卜辞当中,纪年月用数字,纪日用干支。

干支是十天干与十二地支依次相配,组成60个单位,早在商代以前就已用来纪日,一直使用到近现代。甲骨文中有一完整的干支表,不是卜辞而是备查的"历书",是史官们占卜时查日期用的工具书。历书的使用在卜辞中处处可见。

2. 频繁省视验证。殷商的统治者对甲骨的利用是因为他们敬畏神灵,事事都要通过占卜来预测凶吉,不断地祈求祖先们保佑。商王有时与史官一起作判断,事后也经常亲自省视卜辞记录,加以验证,然后在骨臼处刻上省视者、日期及验证结果。一个完整的卜辞包括验辞。他们十分重视应验与否,应验的卜辞内容正是其治理天下的依据,这就是殷周王室利用甲骨文、重视甲骨文的原因。《尚书·盘庚》是商王盘庚动员贵族必须迁殷的文告,其中提到先王迁徙的史实,就是利用了记载先王事迹的甲骨文献。

3. 查阅参考引用。因为史官掌管图书典章及占卜之辞,所以王室诸侯遇有大事,或亲自查阅文书,或询诸史官,史官或当时回答,或经过查阅典籍,引经据典,谏君诫臣。周代史伯是位很有见识的史官,《国语·郑语》记他同郑桓公论"王室将卑,戎狄必昌,诸侯迭兴"的谈话,称得上是有预见的政论和史论。《尚书·金縢》载,周公作册毕,"乃纳册于金縢之匮(柜)中",周成王"以启金縢之书,乃得周公所自以为功代武王之说"。周代已有王室宗庙藏书、太史府藏书与盟府藏书三类。王室宗庙收藏的是《大训》《河图》等重要文献,供周王专用。太史府藏书依周代的史官制度分类保管,据《周礼》载:天、地、春、夏、秋、冬六官,分管六典,即政治事务、教育风化、礼仪形式、军事事务、法律条文、手工建筑,分类收藏,各自保管,总的由大史掌管,小史、内史、外史、御史也按各自职责分工收藏有关的文献资料。盟府藏书则分别由王朝与诸侯两级收藏有关盟约等专门文书档案。若要查阅,则需要开府库。《左传·定公元年》载晋国会集诸侯国代表于狄泉打算增筑成周城墙,当意见不统一时,都以"践土之盟"来作证辩论。负责施工的晋国官员对宋国大夫说:"晋之从政者新,子姑受功。归,吾视诸故府。"意为:晋国管此工程者新上任,你可先接受任务,待我回去,到原来的盟府查阅一下有关文件,以便搞清情况再做决定。

需要指出的是,此时经过整理加工、集中保存、以备查考的殷代典册虽然具有书籍的某些功能,但多数还不是正式的图书,因其内容主要是占卜的记录,即档案原件,多数未经复制,也不向公众传播,故只能归为档案编辑活动。殷周时期也有早期的史书和诗书的编辑与编纂活动,参与其事的是一些史官、采诗官、乐官等文化官员,载体材料以竹木简牍为主。但由于商周"学术统于王室",著书、编书、藏书以及利用书的权利把持在少数王室诸侯史官等贵族手中,范围极为有限,所以这一时期的编辑活动只能被称为原始的编辑活动。

本章推荐阅读

1. 肖东发等:《中国出版通史·先秦两汉卷》,北京:中国书籍出版社 2008 年版。

2. 李学勤、郭志坤:《中国古史寻证》,上海:上海科技教育出版社 2002 年版。

3. 钱存训:《书于竹帛:中国古代的文字记录》,上海:上海书店出版社 2002 年版。

4. 唐兰:《中国文字学》,上海:上海古籍出版社 2001 年版。

5. 裘锡圭:《文字学概要(修订版)》,北京:商务印书馆 2013 年版。

6. 吴浩坤、潘悠:《中国甲骨学史》,上海:上海人民出版社 2006 年版。

7. 王国维:《简牍检署考校注》,胡平生、马月华校注,上海:上海古籍出版社 2004 年版。

8. 肖东发、仝冠军:《图书起源五说》,《出版发行研究》2003 年第 4 期。

9. 仝冠军:《论简牍不晚于甲骨出现》,《出版发行研究》2003 年第 2 期。

10. 肖东发、仝冠军:《论中国出版的起源》,《出版史料》2003 年第 2 期。

复习思考题

1. 我国文字产生于何时?经过哪几个阶段?如何分析"仓颉造字"的传说?

2. 构成出版物的基本要素是什么?推论我国原始典籍出现于夏代有何依据?

3. 商周时期的原始图书典籍的载体和形式有哪些种类？

4. 试析甲骨文书、青铜铭文和玉石刻辞的内容和价值。

5. 为什么说竹木之用于书写并不比甲骨、金石晚？其依据何在？

6. 夏商周三代的史官有哪些名称？其职责范围是什么？我国古代的史官制度与图书编辑有何关系？

7. 为什么说编辑活动在殷周时期就已产生？原始的文献编辑管理工作包括哪些内容？

解释以下名词

| 仓颉造字 | 甲骨文书 | 殷墟甲骨 | 周原甲骨 | 青铜铭文 |
| 金文 | 利簋 | 毛公鼎 | 史官制度 | 石鼓文 |

第二章
出版活动的草创时期(春秋战国)

公元前770年犬戎攻入镐京杀死周幽王,平王东迁至洛邑,西周灭亡,东周开始。中国由此进入一个风云动荡的历史阶段:春秋战国时期。公元前770—前476年因鲁史《春秋》记载而得名"春秋"时期。据《左传》记载,春秋时共有140多个国家,周天子失去了天下共主的地位。西周时"礼乐、征伐自天子出",遂为"礼乐、征伐自诸侯出"所取代。各诸侯国为争做霸主,连年征战,互相兼并,一直演变到战国七雄燕、韩、赵、魏、齐、楚、秦并峙。公元前476—前221年,七国争霸,战争频仍,直到秦灭六国统一天下,史称战国时期。

春秋战国时期是中国历史上的大动荡时期,也是中华文化的第一个高潮期,被称为中国文明的"轴心时代"(Axial Age)①,对此后的中国文化发展具有无比深远的影响,在出版史上同样是一个重要时期。这一时期,王室衰微,宗法制度崩溃,各国诸侯征战不休,互相兼并。"学在官府"的局面被打破,私学的发展,推动了学术文化的普及和文化思潮的发展。急剧动荡的社会变革,激发了思想家们对面临的各种现实问题进行探讨。由此而形成了不同的学术流派,诸家纷然并存,相互驳难,形成了错综复杂、生动活泼的百家争鸣局面。各类书籍的收藏和编写工作,也从王室史官和诸侯史官的垄断状态转变为官私并举。在这种特殊的社会环境和良好的学术氛围中,著书立说成为一时风尚,出现了一大批对中国历史产生深远影响的具有"元典"性质的著作。这些著作已由简单的片段记载演变成正式的图书,书籍的种类、体式也由单一逐步走向多元。在图书形制和载体材料上,竹木简牍是这一阶段图书的主要形式,帛书与简牍并行于世,促进了图书的广泛流通。这一时期被称为编辑出版活动的草创时期。

---

① 这一说法由德国哲学家卡尔·雅斯贝尔斯(1883—1969)在1949年出版的《历史的起源与目标》中提出,他把公元前800年到公元前200年称为世界历史的"轴心时代",认为这一时期世界历史上"充满了不平常的事件"。在中国诞生了孔子和老子,中国哲学的各种派别兴起,这是墨子、庄子以及其他诸子百家学说兴起的时代。

第一节 史官制度的打破与私人著作的兴起

在夏、商、西周三代,图书文献刚刚产生,掌管书籍编写、收藏、使用的权力集中在史官手中,教育制度是政教不分、官师一体。早期文献的内容也是图书与档案混在一起,内容多为鬼神术数、祭祀占卜、帝王的言行记录等,使用的范围很小,原始编辑活动的主体也身兼多职,所以,只能称之为编辑出版活动的萌芽时期。

到了春秋战国时期,情况发生了巨大变化。从经济基础到上层建筑,从政治制度、社会组织到意识形态、学术思想,都有根本的变革。所谓井田制度已渐趋破坏,建立在井田制之上的贵族政治也随之崩溃,农奴与商人都在这个时期抬起头来,社会关系也发生不小的变革。史官制度的崩溃、教育制度的变迁、学术重心下移及学术思想的解放都是编辑出版事业在这一时期形成和草创的重要原因。

一、史官垄断制度的崩溃及私人著述的兴起

上古时代,史官的地位十分显赫,他们不仅垄断所有与文字有关的文献档案工作,还参与最高统治阶层的咨询与决策活动。史官与卜、巫、祝等本是两种性质的官,但在殷商时代,他们之间并没有本质区别,而且往往是一身二任。在王权神化的时代,史官(作册)既主管占卜祭祀,又负责记录王事,充当神与人之间沟通的角色。不仅主管宗教文化,也掌握着相当一部分军政、司法、外事等大权。他们在占卜时利用沟通人神之间的法术,对政治决策起参谋作用。

春秋时期,情况已经发生了很大的变化,随着人类对历史记录的需求不断增加以及国家事务的繁杂,史官逐渐从巫史系统中分化出来,具备了新的职能,这个分化过程可能是从殷商后期开始逐步完成的。到了春秋时期,史官的主要职能有:祭祀时负责向神祷告;筮;掌管天文星历,推动与农业相关的必要措施;解释灾异现象;负责起草策命;掌管氏族谱系。此外,记录本国以及其他国家的重大事件已经成为史官的主要职责,这在《左传》中有许多例子。春秋时,史官的记录内容与以前相比,人事的比例越来越大,关于宗教祭祀的记录逐渐减少。

周代各诸侯国都设有史官,开始是由周王室委派,所记材料也要送交王室保存。春秋后,王室衰微,各诸侯国自立史官,利用自己的纪年来记载历史,以示独尊。他们注意选用当时有学识的人担任史官。春秋时期著名的史官,晋国有董狐、史墨,齐国有齐太史、南史氏,楚国有左史倚相。董狐以秉笔直书而被孔子称

为"古之良史",孔子盛赞其"书法不隐"的精神。齐太史三兄弟和南史氏也是不畏强暴、坚持直笔、一身正气的史官,左史倚相因"能道训典,以叙百物",又"以朝夕献善败"于楚君,使楚君"无忘先王之业",而被誉为楚国一"宝"。他是一位知识渊博、通晓治乱兴衰之理的史官。

随着各诸侯国政权的下移,春秋晚期和战国一些大夫和具有特殊身份的贵族,也有史臣的建置。据《韩诗外传·卷七》记载,周舍是晋大夫赵简子的家臣,他的职责是"墨笔操牍,从君之过"。另据《国语·晋语》记载,晋大夫智伯有家臣名士茁,也是"以秉笔事君"。

这一时期的史官主要责任是记录本国大事、编纂史书。"君举必书"这一传统是在春秋时期形成的。生逢其时的孔子曾派其弟子"求周史记","得百二十国宝书"。墨子也自称"吾见百国春秋"。《左传·昭公二年》记载:"晋侯使韩宣子来聘……(韩宣子),观书于大史氏,见《易》《象》与鲁《春秋》,曰:'周礼尽在鲁矣。'"古代著名的史籍《左传》和《国语》相传为鲁国太史左丘明所编纂。战国时魏国史官石申,编著《天文》八卷,齐国史官甘德根据观测记录,编著《天文星占》八卷。秦太史令胡毋敬以秦篆撰《博学》七章。这些史官及其著述成为中国编辑出版史上早期的杰出篇章。

春秋后期,宗法世袭的社会制度被打乱了,一些弱小国家相继被大国吞并而灭亡。许多史官已不能保持原来的禄位。他们掌管的图籍文献也逐渐流散在外。例如畴人,原来是世世代代掌管天文、历法的史官,《史记·历书》记载:"幽、厉之后,周室微,陪臣执政,史不记时,君不告朔,故畴人子弟分散,或在诸夏,或在夷狄。"《论语·微子》记载了鲁国乐官四处流散的情况:"太史挚适齐,亚饭干适楚,三饭缭适蔡,四饭缺适秦。"《左传·昭公十七年》记载:孔子在年轻的时候,曾经向郯国的国君请教过一些历史知识,因此而相信"天子失官,学在四夷"的传闻。

这一时期的社会阶层也发生了剧烈的变动。《左传·昭公三年》中记录了叔向的一段话:"虽吾公室,今亦季世也。戎马不驾,卿无军行,公乘无人,卒列无长……栾、郤、胥、原、狐、续、庆、伯,降在皁隶。"那些分化出来的贵族以及从平民、小私有者上升起来的知识阶层的结合,使原来的"士"人在数量和地位上都发生了很大变化,他们从新兴地主阶级利益出发,对政治、经济、社会制度等各方面的问题提出各自不同的主张,并以此说服他人,争取民众。这些人纷纷著书立说,于是私人著作兴起。在这些士人当中,有的由于过去掌管过档案和文书,在他自己著书立说时,就使古代统于王室的学术文化向外传播,知识被少数人保存和垄断的现象被打破了,教育向平民普及,这就是所谓的"学术下移"。吕思勉先

生论述这一转变云:

> 春秋以降,弑君三十六,亡国五十二,诸侯奔走,不得保其社稷者,不可胜数。乡(向)之父子相传,以持王公取禄秩者,至此盖多降为平民,而在官之学,遂一变而为私私家之学矣。世变既亟,贤君良相,竞求才智以自辅;仁人君子,思行道术以救世;下焉者,亦思说人主出其金玉锦绣,取卿相之尊。社会之组织既变,平民之能从事于学问者亦日多,而诸子百家,遂如云蒸霞蔚矣。①

二、官学的衰落与私学的勃兴

我国是世界上形成教育制度最早的国家之一。相当一部分学者认为我国学校产生于夏代。《孟子·滕文公上》云:"设为庠序学校以教之……夏曰校,殷曰序,周曰庠,学则三代共之,皆所以明人伦也。人伦明于上,小民亲于下。有王者起,必来取法,是为王者师也。"也就是说,夏商周三代的学校所教授的知识是基本一致的,都是为了明人伦,所谓"人伦明于上,小民亲于下",则说明教育的目的是为统治者培养政治人才,教师们则可以充当其智囊团。但目前有文物可证实的学校最早为商代,因为殷墟甲骨文中有庠、序、学、宗等文字,并有关于送弟子上学的记载。"教"在甲骨文中构字形状是一手拿一根棍棒打一个孩子,孩子头上已有被打的两个符号,说明教的本意是以棍棒训子,令其遵循长辈的意志。所以《说文解字》说:"教,上所施,下所效也。"

西周的学校集前代之大成,构成比较完备的学制体系,实行高度垄断,"学在官府""官守学业"的局面仍然坚持。国学专为奴隶主贵族子弟而设,按年龄和程度分为大学、小学两级。教员由官吏兼任,大乐正总其事,下设若干官员分掌各职。乡学只有小学一级,教员由地方各级行政官员兼任,大司徒总其成,并聘用退职的大夫任教师,政教一体,官师合一,以"明人伦"为教育宗旨,以培养掌握统治术的人才为教育目的,以"诗书礼乐"为教育的主要内容。

这一局面到春秋战国时期发生了根本变化,随着奴隶制生产关系向封建制生产关系转换,作为上层建筑的文化教育事业也必然发生转变,集中表现为官学的衰落、私学的兴起。官学衰落的原因是多方面的。一是由于王室、诸侯都在忙于战争,无暇顾及学校。据许倬云在《中国古代社会史论》一书中的统计,在公元前722—前464年的259年中,只有38年没有发生战争;在公元前463—前222

---

① 吕思勉:《先秦学术概论》,上海:东方出版中心1996年版,第17页。

年的242年中，没有战争的年份不少于89年。在这样的乱世，要想保持正常的官学体系几乎是不可能的。二是作为统治阶级的奴隶主贵族政治上没落，丧失了进取精神，只迷恋于腐朽奢侈的享乐，失掉了学习的志趣。据《左传·昭公十八年》（公元前524年）载："秋，葬曹平公。往者见周原伯鲁焉。与之语，不说（悦）学。"甚至公然宣称："可以无学，无学不害。"三是当时的社会结构发生巨变，不少官师因国家灭亡等原因而流落民间，导致官学荒废。《诗经·郑风·子衿》云："青青子衿，悠悠我心。纵我不往，子宁不嗣音？"《毛诗序》说："《子衿》，刺学校废也。乱世则学校不能修焉。"方玉润《诗经原始》云："此盖学校久废不修，学者散处四方，或去或留，不能复原如平日之盛，故其师伤之而作是诗。"由于上述原因，官学显然已经难以为继了。

官学的衰落不等于教育的中断，随之而来的是私学的勃兴，开辟了教育发展的新途径。《左传·昭公十七年》载："天子失官，学在四夷。"表明私学之风已起，私学遍及四方。孔子是首倡私学、开创私人讲学的第一位大教育家，他从事教学实践近50年，弟子有3000人之多，对教育问题有十分全面的见解和论述，孔门弟子将其言行汇编为《论语》一书，保存了他的教育思想和活动，在中外教育史上都产生了极为深远的影响。据载，与孔子同时代的少正卯也创办了私学，竟使孔门私学"三盈三虚"。继之而起的墨子也曾创办私学，并创立了代表手工业劳动者的墨家学派，在当时与孔子的儒家学派并称显学。他在科技教育、逻辑思维的培养和道德意志锻炼方面有突出贡献。《墨子》一书保存了他的教育思想资料，这部书也是中国最早的科技教育遗产。孔子的后学如子思、孟子、荀子及墨子的后学如禽滑厘、孟胜等也都聚徒讲学。其他如名家、法家、道家、纵横家也都从事私人讲学，弟子多至数千人，少者亦有数十人。

孔子以后，官学与私学并重，形成了中国古代教育的双轨制。近人章太炎在《国故论衡》中概括这一转变说："老聃、仲尼而上，学皆在官；老聃、仲尼而下，学皆在家人。"到了战国时代，私学更加繁盛。据《韩非子·外储说左上》载："中牟之人弃其田耘、卖宅圃而随文学者，邑之半。"不少人弃商贾而学为士已成一种社会风气。私学发展到一定规模，教学管理也逐步完善。如齐宣王在都城设置的"稷下学宫"，名似官学，实为私学联合体，各派私学大师会聚于此，当时就读的文学游说之士达数千人。他们在学宫议论讲学发表不同的意见。为了管理和组织他们的学术活动，在学宫设有祭酒等领导人员。所谓祭酒，是古代食必祭先、酒必敬长的意思，后用为官名，相当于今天的大学校长。荀子当时就任这个学宫的祭酒，他所作的《劝学篇》称得上是我国最早的教育学专业论文。到齐滑王前期，学宫人数多达数万人，这在世界教育史上也是少有的。

当"有教无类"的教育形式取代了"学在官府"的局面后,就为文化的普及、学术的广泛论争及各类著述的大量涌现提供了现实的可能。

三、思想解放与百家争鸣

上古三代,人类知识浅陋,以为宇宙间万事万物都是鬼神主宰。于是立术数之法,以探鬼神之意,察祸福之机。早期的文字记录,大都与祭祀、占卜有关。天文历谱、五行、蓍龟、杂占、刑法等成为早期学术思想的重要内容。其后又发展为敬天祭祖,《礼郊牲》说"万物本乎天,人本乎祖"。殷周之际形成的《尚书·洪范》就是这一时期的代表作。所谓"洪范九畴"就是天子用以治国平天下所说的五行说和天人相感的休咎说,对后世的学术思想有极大的影响。

春秋战国时期是一个思想解放、文化普及的时代。诸子百家,逢时而出,各树一帜,各成一说。梁启超曾以"全盛时代"称道战国学术,其"论周末学术思想勃兴之原因"有这样的描述:"孔北老南,对垒互峙;九流十家,继轨并作。如春雷一声,万绿齐茁于广野;如火山乍裂,热石竞飞于天外。壮哉盛哉!非特中华学界之大观,抑亦世界学史之伟迹也。"①思想解放、百家争鸣局面的出现,与当时的政治情势有关,各个诸侯国为了各自的利益或生存,忙于战争,根本无暇顾及教育与学术。并且思想的开明也对笼络民心有益,所以从征服民心和顺从民意的立场出发,他们对思想、学术、言论基本上采取了撒手不管、放任自流的态度。有时他们还鼓励这种倾向,以显示自己的开明,增强政权的向心力。加上当时不具备秦汉一统天下后钳制思想的条件,所以就由政治的多元化促生了思想的多元化。正如《汉书·艺文志》上所说:"时君世主,好恶殊方,是以九家之术,蜂出并作,各引一端,崇其所善。"

思想的大解放在著述的内容上必然得到反映。首先是打破宗教迷信而得到解放。春秋之前相信鬼神,据《左传·庄公三十二年》载,到了春秋之时史嚚就说出了这样的话语:"吾闻之:国将兴,听于民;将亡,听于神。神,聪明正直而一者也,依人而行。"又据《国语·鲁语》曹刿也曾说:"夫惠大而后民归之志,民和而后神降之福。……夫苟中心图民,智虽弗及,必将至焉。"

其次是对天的怀疑。以前认为天能降幅,所以敬天,到了动荡变革时代,无论怎样敬天依然是流离死亡,并不见得天会显些什么威灵,因此就对天怨恨起来,怀疑起来,甚至痛骂起来。《左传·昭公十八年》载:"天道远,人道迩。非所及也,何以知之?灶焉知天道,是亦多言矣,岂不或信?"《小雅·节南山》:"昊天

---

① 梁启超:《论中国学术思想变迁之大势》,上海:上海古籍出版社2001年版,第18页。

不佣,降此鞠凶! 昊天不惠,降此大戾!"鬼神与天,既不足信,于是有人敢于拿人来代替神权,换句话说,就是拿人本主义来代替神权政治。《左传·桓公六年》载:"夫民,神之主也,是以先王先成民而后致力于神。"到孔子倡自由讲学之风,以"有教无类"为宗旨,中国的学术进一步打破贵族的垄断而得到解放。知识开始向平民普及,战国后期出现了"诸子蜂起,百家争鸣"的局面。

在这一时期,各种哲学理论和科学思想的发生,形成了以后 2000 年来中国传统思想的主流。在哲学方面,春秋末、战国初期的三大学派有以孔子为代表的儒家,以墨子为代表的墨家,以老子为代表的道家。战国中期以后诸家代表人物,有儒家的孟子、荀子,道家的尹文子、庄子,法家的商鞅、韩非,名家的公孙龙、惠施,阴阳家的邹衍,兵家先有孙武后有孙膑。医学方面出现了《本草》《内经》等著作。在天文、历法、史学、地理、农业以及文学等方面,也都出现不少重要著作。这一时期,书籍已具有传播知识的功能,《史记·吕不韦传》中有"诸侯多辩士""著书布天下"的记载。编辑活动和私人著述获得了可喜的成就,形成了我国古代各派学术文化的源泉,故这一时期为我国古代编辑出版业的草创时期。

第二节 春秋战国时期的图书编辑活动

如果说商周是编辑出版的萌芽时期,那么春秋战国可以说是编辑出版的自觉期。编辑出版活动随着文化的勃兴与普及,从自发走向自觉,开始真正走上中国的历史舞台,并发挥出强大的文化感染力,担负起推动历史进步和维系文化传承的重任。这一时期的编辑出版活动已经具有了自觉的编辑出版意识,编辑出版的逐步独立对中国文化的传承与革新开始显示出强大的动力,编辑出版标准的初步形成、编辑主体性的发挥、书籍的出现同时昭示着出版活动的核心要素已经初具规模,编辑出版活动已经开始真正产生。

一、春秋时期图书的编纂、考辨与校勘

孟子曾对西周到春秋这一历史时期的文献所发生的变化有一个十分简要的概括,他在《离娄下》篇中说:"王者之迹熄而《诗》亡,《诗》亡然后《春秋》作。"《诗》是西周时期一种重要的文献形式,它不仅是文学作品,同时也是记载周王事迹、社会风情的历史资料。春秋以前的周王室是天下的共主,各诸侯每年都要朝拜周王,参加周王的祭祀鬼神活动,或歌颂祖先,或夸耀战功,著成不少诗歌。这些诗的结集与周代的乐官有关。乐官为了歌功颂德和宫廷娱乐,便留心收集民间流传的或成于士大夫之手的诗歌。王朝的贵族为了充实音乐或别的目的,也写

作诗歌,交给乐官。当时诸侯亦各有乐官,掌管本国的乐歌,在西周时诸侯尊奉王室,常派人把本国乐曲诗歌晋献给王朝。这样王朝的乐官就掌握了不少诗歌,并随时增加,随时编辑,经过几百年时间就编出了我国最早的一部诗集。春秋时期,周王室的势力大减,诸侯不常来朝拜和参加王室的祭祀、征战活动,因此,也就没有那么多对周王歌功颂德的诗来演唱。这就是孟子所说的"王者之迹熄而《诗》亡",《诗》随周王室的衰微也走向衰落。西周时"礼乐、征伐自天子出",各国史官由王朝委派。到了春秋之际"礼乐、征伐自诸侯出",各诸侯国有自己的纪年和史官,并从事历史记载,这样就有了晋《乘》、楚《梼杌》、鲁《春秋》等编年记事形式的文献出现,这就是孟子所说的"《诗》亡然后《春秋》作"。这两句话既讲明了文献与社会背景的关系,也说清了这两类文献的先后顺序。

春秋时期,著书立说之风初起,学者们首先遇到是对前代的文献如何继承和利用的问题。但经过数百年的辗转传抄,抄写在竹木上的文字难免不发生散失错乱,不仅文字需要校正,内容上的错误也需加以考辨。造成典籍内容失实的原因是多方面的:首先,在文字产生之初形成的典籍里,一些远古的神话传说,被人们当作真实的历史写进书中,以致一讹再讹。其次,朝代更替后,后朝对前朝往往极力诋毁,有意歪曲历史真相。据《论语·子罕》记载,孔子的学生子贡看到周初的文献,就提出质疑:"纣之不善,不如是之甚也。是以君子恶居下流,天下之恶皆归焉。"再次,当时人们好古的思想十分浓厚,把远古社会描绘成最理想的黄金时代,这显然也不符合历史的真实。战国时代的韩非子就对"孔子、墨子俱道尧舜"的做法持不同的见解。他说孔子、墨子都称道尧舜,然而尧舜之道已是3000年前的事,孔、墨均无文献可据,谁能确定儒、墨所托的尧舜是真是假。因此,韩非子指出古书古说必定要质之以据,然后才可以相信。如果未经调查研究,有没有可靠的证据,就确定尧舜之道,这是愚蠢的举动。如果不能确定就轻易地依据它,这是欺诬的行为。韩非主张调查研究,强调要以有验证的资料为依据,反对主观臆测,要求以事实立说。在面对传世典籍的记载时,儒家宗师之一孟子也提出了"尽信书,则不如无书"的重要观点。这些思想无疑是十分可贵的。

早在西周末期,就已出现了对前代文献的校勘、考辨的编辑活动。我国有史记载的最早的校雠家,是周宣王时(前827—前782)的宋国大夫正考父。

正考父是孔子的七世祖。《国语·鲁语下》记载:"昔正考父校商之名《颂》十二篇于周太师,以《那》为首。"今本《诗经·商颂》仅存《那》《列相》《玄鸟》《长发》《殷武》五篇,仍以《那》为首。此事在《毛诗》"商颂谱"以及"那小序"中也有记载。

清代学者段玉裁说,校书之事"放于孔子、子夏"。他认为我国真正的校书活动,开始于孔子和子夏。据说《毛诗》《春秋公羊传》《谷梁传》即传自子夏。《后汉书·徐昉传》云:"《诗》《书》《礼》《乐》定自孔子。发明章句,始于子夏。"子夏在讲授历史文献时,对文献的考雠、考据就成为一件非常现实的事情了。子夏提倡校书要"择善而从",不泥古,不迷信,对文本中的差错应该有所发现和改正。《吕氏春秋·察传》载:

> 子夏之晋,过卫,有读史记者,曰:"晋师三豕涉河。"子夏曰:"非也,是己亥也。夫'己'与'三'相近,'豕'与'亥'相似。"至于晋而问之,则曰:"晋师己亥涉河"也。①

己亥本是干支纪日,在先秦的古文字中,"己"与"三"、"亥"与"豕"形体相近,易致混淆。卫人所读史记(史书),就是把"己亥"误作"三豕"的误本。子夏通晓文字形体及史书纪日体例,故能发现问题而加以校正。然而他又不满足于此,到晋国后,又进一步考察史实,准确无误,始成定论。这一事例,是我国校雠史上以灵活性见长的"活校法"的最早记载。

春秋时期,在古籍的编纂整理方面,成绩最为显著的当数孔子,他的实践和经验值得认真总结。

二、孔子的编辑活动与编辑思想

春秋时期,诸侯纷争,百家争鸣,私人著书的风气高涨。众多学派的代表人物纷纷著书立说,撰写了一大批著名的传世典籍。儒家的创始人孔子还对一些重要的古代典籍进行了系统的编辑、整理,并以其为教科书,在民间讲授。因此,孔子也被很多人视为中国历史上的第一位著名的编辑家。至此,中国的出版史开始走向一个新的发展阶段。

(一)孔子的编辑活动

孔子(前551—前479),名丘,字仲尼。鲁国陬邑(今山东曲阜)人。我国古代著名的思想家、教育家,儒家学派创始人。他首开私人讲学之风,主张"有教无类""因材施教"。孔子先世是宋国贵族,后逃到鲁国。宋是商的后代,鲁是周公的旧封地,两国都保存了较多的商周文化典籍,孔子对这些文献进行了搜集和整理,并以此为教材进行讲学。当时流传的主要文献典籍有六种,即《易》《诗》《书》《礼》《乐》《春秋》,称为"六艺",后世又称为"六经"。

关于孔子与"六经"关系的问题,历来众说纷纭。在古文经学和历史的传说中,孔子的主要工作是"删诗书,定礼乐,修春秋,序易传"。现在,我们认为,"六经"虽非完全是孔子所作,但他进行了述、删、订、编等不同程度的工作,还是可信的。周予同就认为"孔子为了教授的需要,搜集鲁、周、宋、杞等故国文献,重加整

---

① 张双棣、张万彬等著:《吕氏春秋译注》,长春:吉林文史出版社1987年版,第811页。

第二章 出版活动的草创时期（春秋战国）

图 2.1　孔子行教图拓片

理编次，形成《易》《书》《诗》《礼》《乐》《春秋》六种教本，这种说法是可信的。"①孔子整理文献有他的指导思想，即三个准绳："一个是'述而不作'，保持原来的文辞；一个是'不语怪、力、乱、神，'(《论语·述而》)，删去芜杂妄诞的篇章；一个是'攻(治)乎异端(杂学)，斯害也已'(《为政》)，排斥一切反中庸之道的议论。"② 由此可见，孔子整理文献，是反映其以"仁"为中心的哲学思想的一个重要方面。

《诗》《书》《易》等中华元典最早产生于周朝的王宫内，即"学在官府"，是周朝教育贵族子弟与进行文化统治的工具。如作为商周王室文献汇编的《书》，多出自史官手笔，是由王室文化官员汇编成册的；《诗》是"行人"等文化官员所采集，

---

① 周予同：《"六经"与孔子的关系问题》，《复旦学报（社会科学版）》1979 年第 1 期。
② 范文澜：《中国通史简编》修订本第一编，北京：人民出版社 1949 年版，第 210 页。

由太师乐官编次而成;《易》的卦画符号和解释经文,也成于西周。但是"学在官府"的西周是一个典籍的集体制作阶段,编辑活动在那时还处于自发时期,进入晚周以后,当"士"逐渐摆脱了相对于王室的附庸地位,赢得个体自觉以后,中华元典才开始了由文化专门家带着学派意识加工整理、阐释发扬的新阶段,而孔子及其弟子的编辑活动就是那个时代的代表。

具体来说,孔子与"六经"的关系深浅各不相同,须分别加以探讨。

《周易》是一部占筮书,今传《周易》包括本经和易传两部分,本经即六十四卦卦象及卦、爻辞。易传指彖(上、下)、象(上、下)、系辞(上、下)、文言、说卦、序卦、杂卦等七种十篇,谓之"十翼"。旧说易传或易传中的一部分为孔子所作,近人考证,易传七种十篇作非一人,成非一时,其成书时间大约在西周晚期,故可断定皆非孔子所作。但"从《易传》中保留的不少'子曰'云云的言论,以及大部分内容所反映的浓厚的儒家思想,似可说明其作者当属孔门弟子们。"①孔子晚年学过《易》,《论语·述而》云:"子曰'加我数年,五十以学《易》,可以无大过矣。'"《史记·孔子世家》亦称其"晚而喜《易》……读《易》,韦编三绝"。在《论语·子路》中记录了孔子这样一句话:"子曰:南人有言曰:'人而无恒,不可以作巫医。'善夫。不恒其德,或承之羞'。子曰:不占而已矣。"其中"不恒其德,或承之羞"系《周易·恒》九三爻辞,可见孔子曾给弟子讲过《周易》,在教学过程中可能有过一些编辑加工。

《尚书》是我国上古誓、诰、命、谟等记言的历史文件和部分追述古代事迹的著作汇编。它又分为《今文尚书》和《古文尚书》两部分。《古文尚书》经后人考订为魏晋间人伪造,《今文尚书》则是传自古代的不完全的《尚书》遗篇,因为是用汉代通行的隶书抄录的,故当时称"今文"。《今文尚书》又分《虞书》《夏书》《商书》《周书》四部分。其原始篇章在孔子之前已经成书。《史记·孔子世家》称孔子"序《书传》,上纪唐虞之际,下至秦谬,编次其事。"指出孔子对《尚书》通篇做过编辑工作。在《论语》中常见到孔子教授并引用《尚书》的记载,可见此话应当是可信的。

《诗经》是我国最早的一部诗歌总集,分风、雅、颂三大类,共305篇,另有6篇有目无诗。《风》有15国风,共160篇,大抵是周初至春秋中叶的作品。《雅》又分《大雅》和《小雅》,《大雅》31篇,多是西周王室贵族的作。《小雅》74篇,大抵是西周后期和东周初期的作品。《颂》分《周颂》《鲁颂》《商颂》。《周颂》31篇,多是西周统治者用于祭祀的庙堂乐歌。《鲁颂》4篇,为鲁国贵族歌颂鲁僖公的作

---

① 黄寿祺、张善文:《周易译注·前言》,上海:上海古籍出版社2014年版,第14页。

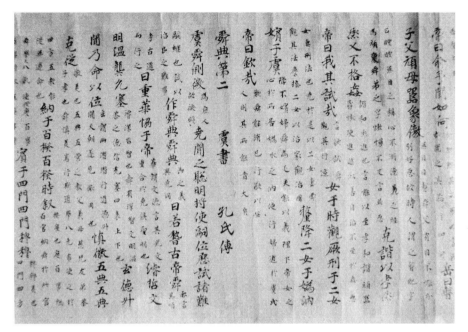

图 2.2 唐代写本《尚书》

品。《商颂》5篇,为商之后人追颂先王、先祖的乐歌。旧说《诗经》300篇是孔子从古诗3000多篇中删选出来的,经后人考证,《诗经》在孔子之前已具现在的规模,故此说不可信,但孔子对散乱的原本《诗》进行过修订还是可信的。这也可以解释为什么有些诗歌在其他地方被引用,而《诗经》里则没有——这是因为在孔子进行整理前,《诗经》已经散乱,孔子可能没有搜集到所有的诗篇。从《论语》上看,孔子常对《诗经》加以评论和解释,这些评论和解释对后世理解《诗经》有巨大影响。

《三礼》,包括《仪礼》《礼记》《周礼》三部书。《仪礼》为记载礼节仪式之书,今存17篇,仅限士礼,据文献记载为孔子所编定,较可信。《礼记》是后儒汇集而成的孔子及其后学传述礼制、论说礼义的著作。今《礼记》存49篇,又称小戴《礼记》,实为《礼记》中的一部分。又有大戴《礼记》85篇,亦取自《礼记》。《周礼》又称《周官》,它包含着丰富的政治、经济、文化资料。经考证,其成书时间当在战国,与孔子关系较为疏远。

乐是与礼相配为用的,诗、礼、乐三者关系相当密切。所谓"兴于诗、立于礼、成于乐。"《论语》中孔子评乐的地方很多,而且相当内行,他亲自编辑整理乐典应当是可信的,可惜今已无传。

《春秋》本是鲁国的编年体史书,后经孔子整理、修订,成为取其义以行褒贬的著作。纪事起于鲁隐公元年(前722),终于哀公十四年(前481),历十二公,共242年,简要反映了春秋时期的政治军事等活动以及一些自然现象,同时体现了孔子对历史的看法。

(二) 孔子的编辑思想与编辑特点

从孔子与"六经"的关系中可以看到,孔子对中国文化的最主要贡献是在于他对"六经"的编辑而非著述。正如他自己所说:"述而不作,信而好古"。"述"即编,"作"即著。关于"述"与"作"的区别,张舜徽辨析甚明:"凡是前无所承,而系一个人的创造,这才叫做'作',也可称'著'。凡是前有凭籍,而但加以编次整理的功夫,这自然只能叫做'述'。"[①]

孔子说自己"述而不作",并不意味着对原本典籍一字不改,而是说在传述历史的时候要实事求是、尊重事实,不去篡改、歪曲历史事实。但是"一切历史都是现代史",没有一部史书不带有作者的主观性,孔子编辑的"六经"同样如此。他本着"述而不作"的原则整理文献,在教育活动中,却赋予旧文献以新内涵,赋予旧文化以新生命,"以述为作"。所以他在"述"的过程中特别注意选择符合自己社会政治思想和伦理道德观念的内容。冯友兰指出,儒学系统的形成有赖于这种"以述为作"的方式。"孔丘说他自己是'述而不作',其实是以述为作。他说他自己是'信而好古',其实是于'好古'之中,有他自己的理解和体会。"[②]"此种精神,此种倾向,传之于后来儒家,孟子、荀子及所谓七十子后学,大家努力于以述为作,方构成儒家思想之整个系统。"[③]他还举例子说,《易》是儒家所述,《系辞》《文言》等是儒家所作,而《易》在思想史上的价值,体现在《系辞》《文言》中,而《春秋》与《公羊传》、《仪礼》与《礼记》等亦复如是。"作"的价值远在"述"之上,这是儒家学术赖以成为系统的根本方式:

> 他所创始的儒家学派,继承、发挥了他的这种精神,把他的理解和体会加入在他所"述"的"古"之中,这就丰富了他所"述"的"古"的内容。后来儒家的人在做这样的工作中,他们又有他们自己的理解和体会。他们的理解和体会又被他们的后学加入他们所"述"的"古"之中,好像滚雪球一样,越滚越大。儒家学派的思想的内容越来越丰富。[④]

---

① 张舜徽:《中国文献学》,上海:上海古籍出版社2005年版,第26页。
② 冯友兰:《中国哲学史新编》(上册),北京:人民出版社2007年版,第113—114页。
③ 冯友兰:《中国哲学史》,北京:中华书局1961年版,第92页。
④ 冯友兰:《中国哲学史新编》(上册),北京:人民出版社2007年版,第114页。

从这个意义上讲,孔子编辑活动所产生的效果已经大大超过著述了。孔子之所以能取得这样好的效果,主要在于他在编辑工作上的三个特点:

(1) 有明确的编辑意图

孔子进行编辑活动的主要目的,是希望通过恢复、发扬备受冷落的"周礼",进而加强周王室的统治,改变"礼崩乐坏"、战乱不断的社会现实,既要宣传自己的政治观点与哲学理念,又要继承优秀的传统文化,为实现自己理想中的大同社会服务。这一思想贯穿于孔子的整个编辑活动。例如孔子编选《诗经》的一个重要原则,就是"取其可施于礼义"者。在编写《春秋》时,他主张"为尊者讳、为亲者讳、为贤者讳",按自己的主观意向"笔则笔,削则削",在客观叙事的形式下隐寓褒贬,所谓"其事则齐桓、晋文,其文则史。孔子曰:'其义则丘窃取之矣。'"这样就达到了"成《春秋》而乱臣贼子惧"的效果。

孔子编书的另一个较为主要的目的是教学,为了把学生培养成具有儒家政治理想的合格的从政人才,他不但要向学生灌输儒家的道德标准,还要培养学生的实际能力。他在教授《诗经》的过程中多次提到,希望学生能从中学到一些具体的政治本领,博物多识,善于辞令。他说:"诵《诗》三百,授之以政,不达;使于四方,不能专对,虽多,亦奚以为?"又说:"诗可以兴,可以观,可以群,可以怨,近之事父,远之事君,多识鸟兽草木之名。"这些思想其实也贯穿于他的编辑活动中。

(2) 充满理性的编辑思想

《论语·述而》载"子不语怪、力、乱、神"。即对他没有见过的超自然现象,以及他自己无从探究、无法理解的事物尽量不去提及。在编辑过程中他也是这样,如《春秋》中有这样一段记载:(庄公七年)"夏四月辛卯,夜,恒星不见。夜中,星陨如雨。"据《公羊传》讲,鲁《春秋》原文是"雨星,不及地尺而复"。即陨星下落如雨,离地一尺而又返回。由于事涉怪诞,故孔子编辑《春秋》时不予记载,只将"雨星"改成"星陨如雨"以结尾。又如:《大戴礼记·五帝德篇》云:"宰我问孔子曰:'昔者予闻诸荣伊令:黄帝三百年。请问:黄帝者,人耶?抑非人耶?以至于三百年乎?……'孔子曰:'……生而民得其利百年,死而民畏其神百年,亡而民用其教百年;故曰三百年。'"又如《太平御览》卷七十九引《尸子》云:"子贡曰:'古者黄帝四面,信乎?'孔子曰:'黄帝取合己者四人,使治四方,不计而耦,不约而成,此之谓四面。'"再如《韩非子·外储说左下》云:"鲁哀公问于孔子曰:'吾闻夔一足,信乎?'曰:'夔,人也,何故一足?'尧曰:'夔一足也,使为乐正。'故君子曰:'夔有一,足。非一足也。'"孔子充满理性光芒的编辑思想一方面将"神话历史化",是对理性的追求,对非理性的反动,是一种先进的编辑思想,另一方面也不自觉地造成了我国古代神话的大量亡佚。

（3）科学的编辑方法

孔子在长期的编辑实践中,总结出一些较为科学的编辑方法,即多闻阙疑、无征不信、排斥虚妄。

孔子认为,在对古文献的编辑过程中应持用疑的态度。他曾说过:"吾犹及史之阙文也,有马者,借人乘之。今亡矣夫。"就是说对于史书的阙文要存疑,留给别人思考,不要凭主观臆测独断妄改。在实践中他正是这样做的,如《春秋》是鲁国史书,其中阙误较多,记事时不书月、不书日往往有之。孔子整理时一仍其旧,而不轻改。

孔子不仅主张多闻阙疑,还主张无征不信。《论语·八佾》载:"子曰:夏礼,吾能言之,杞不足征也;殷礼,吾能言之,宋不足征也。文献不足故也,足,则吾能征之矣。"对这句话历来有不同的解释,宋人杨简解释为:"孔子自知自信故自能言,但无文策可证,无贤献能证。"即在编辑时必须注重考证,如果没有客观证据,即使在主观上再自信也不能下笔。在实践中孔子也是这么做的,从他编辑的《仪礼》及《礼记》中有关他的言行上可以看出,他编的、讲的全是周礼,由于夏礼、商礼文献不足,虽然他能言,但终未编辑成书。

孔子编辑"六经",使文化知识得以在社会中下层广泛传播,有效地保存了中国古代的文史资料,对中国文化的发展做出了巨大的贡献。司马迁就在《史记·孔子世家》中盛赞孔子述六经的历史意义:"孔子布衣,传十余世,学者宗之。自天子王侯,中国言《六艺》者折中于夫子,可谓至圣矣!"孔子虽然出生于编辑出版活动的初始阶段,但由于其卓越的编辑实践以及对后世编辑工作的影响,是无愧于中国最早的大编辑家的称号的。

三、战国时期的图书编辑

与春秋时期相比,战国时期的文献在类型、数量上有较大的增长,创造性的著作大大超过了资料性的汇编。从编辑角度讲,即是对近人或同时代人作品的编辑大大超过了对古人作品的编辑。一部作品出现后不是像以往那样被束之高阁,而是马上通过编辑传播出去,其编辑周期较以前也大大地缩短了。

春秋末至战国初期,诸子书基本上都是先师去世后,由其弟子及再传弟子编辑而成的,其内容一般都是弟子对先师言谈的记录,为语录型著作。如《论语》,每章几乎都是以"子曰"开始的。这种语录型著作每句话即为一章,章与章之间不相连贯,并无必然联系,每篇也没有一个固定的主题。其分篇是由于竹简的长度不够,并非人为的归纳,因而其篇目往往以文章开始的几个字命名,并不能概括其内容。

到了战国初期和中期,诸子书基本上仍是先师去世后由其弟子编辑成书。较初期不同的是,在编辑成书之前,诸子已将自己的言论进行了初步加工,这就使得每篇的内容颇具连贯性,已不像初期那样只是只言片语了。如《孟子》,其《梁惠王》篇共由23章组成,每章都是通过互相问答将某个问题进行透彻的分析。但这时分篇似乎仍然只是限于长度,而未进行有意识的归纳,因而篇名仍暂用每篇开始的几个字。

到战国中后期,诸子大多在生前即将其作品以篇为单位进行编辑传播,待去世后再由其弟子将单行的篇什编辑成书,其性质颇似于后世编纂的大全集。如《韩非子》,据《史记·老子韩非列传》:"非见韩之削弱,数以书谏韩王,韩王不能用。……故作《孤愤》《五蠹》《内外储》《说林》《说难》十余万言。……人或传其书至秦,秦王见其《孤愤》《五蠹》之书。"由于以篇为单位独立传播,因而一篇往往只有一个主题,整个篇章都围绕这一主题加以展开论述。同时开始对篇加以归纳,归纳出的主题词便是这一篇的篇名。

在战国诸子书中普遍存在着伪作的问题,几乎每一部子书都或多或少有伪作窜入。从这一现象可以看出,当时的书籍编辑并不是一次性的,而是在传播过程中被传抄者不断地进行编辑,因为诸子书的最初编辑者几乎都是其弟子,他们不可能将与先师观点相悖的文章编入先师的著作中。伪作的窜入很可能是有意识进行的,其目的可能是将自己的观点放到别家学派的经典内,以便将来辩论时对自己有利。大约到战国中期以后,伪作开始由个别篇章的窜入演变为整书的作伪。如《山海经》一书,托名为夏禹及益所撰,经学者考证,其实是战国中期以后秦以前的人,综合《庄子》《列子》《离骚》等书,加以扩充而成。

四、吕不韦与《吕氏春秋》

战国末期,图书编辑已经发展到与图书著述同时进行,在这方面,吕不韦主持编纂的《吕氏春秋》最具代表性。

《吕氏春秋》是杂家的代表作品,编成于秦王政六年(前241),距秦统一全国不到20年,当时吕不韦(?—前235)任秦相,正在显赫之时,门下有食客三千人,就组织他们编成了《吕氏春秋》一书。《史记·吕不韦列传》云:"是时诸侯多辩士,如荀卿之徒,著书布天下。吕不韦乃使其客人人著所闻,集论以为八览、六论、十二纪,二十余万言。以为备天地万物古今之事,号曰《吕氏春秋》。"可以看出,吕不韦是该书名副其实的主编了。其编辑目的,主要是"欲以并天下",为全国统一做思想准备,同时是为了树立并显示自己的权威,宣传自己的政治思想和主张。故在成书以后,将《吕氏春秋》悬挂在国都咸阳市门,求有能增减一字者,而无人能改。注过此书的东汉学者高诱认为"时人非不能也,盖惮相国,畏其势耳"!这一典型事件确实反映出吕不韦当时志得意满、权倾一时的心情,同时也能看出这部书还是下了不少功夫,具有一定质量的。应该说该书集中了上千人的智慧,代表了秦国当时最高的学术水平。

《吕氏春秋》的编辑特点主要体现在:

一是有明确、务实的编辑意图。《史记·秦始皇本纪》云:"吕不韦为相,封十万户,号曰文信侯。招致宾客游士,欲以并天下。"该书编撰的目的是"欲以并天下",是对如何治理国家进行的一种探索,是对当时务实疾虚的社会风气的反映。春秋战国后期,随着秦国统一趋势的明朗化,思想界要求统一的呼声也不可避免,儒家、墨家都有相应的思想表现。《吕氏春秋》在很大程度上也是为即将建立的秦王朝做思想上的准备。作者虽然博采众家,但目的只有一个,那就是为秦国的政治现实、社会进步服务。吕不韦编撰《吕氏春秋》的出发点一个是为了献给当时的秦王嬴政,作为统治国家、治理天下的参考资料,从而巩固个人的权力名位;另一个出发点就是作为他个人回顾人生,带一些自我欣赏心理的大工程,即与以养士闻名的四公子争风。

二是兼收并蓄,集众家之长。该书兼诸子之说而有之,超越了传统的门户之见,这在当时是十分难得的。据刘汝霖《吕氏春秋之分析》统计,在该书160篇文章中,发挥法家学说的43篇,儒家26篇,道家17篇,兵家16篇,墨家和纵横家各10篇,名家5篇,农家4篇,小说家1篇,还有几篇学派观点不明显。这大致符合秦国学术界各派的消长情况。由于没有强行做人为的统一,百家学说在各自篇章中依然保持着独立性,使得该书具有战国末期各派学说资料汇编的性质。《吕氏春秋》编成以后,紧跟着就是秦始皇焚诗书,坑术士。先秦时代诸子百家的大量著作灰飞烟灭,而《吕氏春秋》独存,使得许多珍贵的先秦文化成果得以流传后世。

三是有所取舍,形成了新的思想体系。该书材料丰富,但不乏系统性,一方面全面地反映了各派学术观点,另一方面又没有变成眉目不清的"大杂烩",可以看出该书的实际主编者是一位颇有见识的学者。在编选数千食客所写文章时,一个主导的标准就是秦国特有的务实精神,如不是简单地排斥名家言论,但反对不切实际的诡辩;收录不少墨家的学说,但不取它的鬼神之说;引用庄子、列子的宇宙观,却不采用他们那种荒诞无稽的说法。也就是说采取现实主义的态度编选文稿,不尚空言,反映出编者的编纂态度是相当严肃认真的。在一定意义上,《吕氏春秋》也是吕不韦个人思想体系的一次大总结。这种思想体系不同于诸子百家中的任何一家,但是又融合了诸子百家各种思想里的重要内容或者说是精华。

四是编排有序、体系严谨、结构完整。各篇字数大体均衡,这在先秦诸子书中是十分可贵的。由于处于编辑出版的草创时期,战国时期编辑方法十分简单,有的书往往只有篇名而没有书名,即使有书名也不很统一。有的题名为某子,却不是一人一时的著作。许多书都是不分章节。总之体例十分混乱。而《吕氏春秋》是将许多学说的文章编在一起,编辑体例非常整齐而有系统,全书分八览、六论、十二纪,总共26卷;每览各有8篇,每论各有6篇,每纪各有5篇,合计160篇。有人认为,从此书的情况分析,有可能当时为此组织了专门的编辑班子,负责将众多宾客按各自学派的观点撰写的文章经过集体讨论,然后进行筛选、归类,特别是它成功地使用两级分目法(览、论、纪与篇),为此后大部头书籍的编辑提供了技术上的重要参考和保证。《吕氏春秋》达到了战国时期书籍编辑的最高水平。它标志着书籍编辑正在走向成熟。

吕不韦将《吕氏春秋》"布咸阳市门,悬千金其上",将其公之于世,使之广泛流传。这在造纸术和印刷术产生之前无疑是一种行之有效的出版方式。先秦书籍散亡十分严重,就是保存下来的也大多残缺不全或被篡改,而《吕氏春秋》历经2000多年保存完好,一方面因此书为秦人编撰,不在秦火焚毁之列,另一方面也因为它曾公布于咸阳门前,抄录的人很多才得以完整保存。如果《吕氏春秋》编成后便被锁于深宫,只有一二部,没有广泛传抄,其命运如何,就很难估量了。

第三节 春秋战国时期编辑出版的图书典籍

春秋战国时期,我国涌现出了一大批具有"元典"性质的图书典籍。除了上述的"六经"等书以外,还出现了一大批优秀的诸子、历史、科技著作,对中国文化产生了极为深远的影响。李零统计先秦时期流传至今的图书共60种,每一本都可称得上是具有开创性的经典名著。现罗列如下:

(1) 六艺类(13种,含小学类)

《诗经》《尚书》《仪礼》《礼记》《大戴礼记》《周礼》《周易》(包括《易传》)、《春秋》《左传》《公羊传》《谷梁传》《尔雅》《史籀篇》。

(2) 史书类(6种)

《逸周书》《国语》《战国策》《穆天子传》《竹书纪年》《世本》

(3) 子书类(26种)

儒家6种:《论语》《曾子》《子思子》《孝经》《孟子》《荀子》;墨家1种:《墨子》;

道家5种：《老子》《庄子》《文子》《列子》《鹖冠子》；法家4种：《慎子》《申子》《商君书》《韩非子》；名家3种：《邓析子》《尹文子》《公孙龙子》；纵横家1种：《鬼谷子》；杂家2种：《尸子》《吕氏春秋》；小说家1种：《燕丹子》；其他3种：《鹖子》《管子》《晏子春秋》

（4）诗赋类（1种）

《楚辞》

（5）兵书类（5种）

《司马法》《六韬》《孙子》《吴子》《尉缭子》

（6）数术类（4种）

《甘石星经》《连山》《归藏》《山海经》

（7）方技类（5种）

《黄帝内经太素》《黄帝内经素问》《黄帝内经灵枢》《黄帝八十一难经》《黄帝甲乙经》（以上五书是与《黄帝内经》有关的集中不同传本。关于《黄帝内经》的年代，学者有战国说和汉代说，李零采用战国说）[①]。

下面择要介绍。

一、诸子百家著作

春秋战国时代，思想解放，百家争鸣，当时许多思想家和政治家从各自的立场、政治哲学思想出发，著书立说。当时最著名的有十大流派，即儒家、道家、阴阳家、法家、名家、墨家、纵横家、杂家、农家、小说家，几乎每一流派都留下了经典著作。

面对纷纷乱世，儒家的学者希望通过恢复周朝礼仪制度来使国家达到统一安定的状态。其代表文献有《论语》《孟子》《荀子》等。

《论语》是孔子弟子作的关于孔子和弟子的答问记录。孔子去世后，由其弟子及再传弟子编辑，用400多个"子曰"辗转传述、记录整理成书。关于《论语》的成书，两汉学者如刘向父子、匡衡、王充、郑玄、赵岐等都有记载。《汉书·艺文志》引用刘歆的说法："《论语》者，孔子应答弟子、时人及弟子相与言而接闻于夫子之语也。当时弟子各有所记，夫子既卒，门人相与辑而论撰，故谓之《论语》。"从《论语》中关于子张在听到孔子的教诲后"书诸绅"的记载看，孔门弟子确有一边听课一边作笔记的习惯，而这正是日后结集《论语》一书的基础。《论语》的编辑同样是集体活动。从郭店竹简中包含的原本《中庸》《表记》《坊记》《缁衣》4种

[①] 李零：《简帛古书与学术源流》，北京：生活·读书·新知三联书店2007年版，第19—32页。

论语类书籍看,孔子门人汇集成册的这类语录式书籍为数不少,内容也有所不同。《论语》之外的那些《论语》类文献并没有完全从历史上消失。

《孟子》是一部记录孟子言行及其与弟子、门人相互问答的书,是孟子政治学说、哲学思想的反映。孟子名轲(前372—前289),字子舆,战国中期儒家学派的杰出代表。孟子曾历经20余载,周游列国,宣扬自己的学说,并广招弟子。由于不被诸侯见用,最后回到家乡,"退而与万章之徒,序《诗》《书》,述仲尼之意,作《孟子》七篇。"《孟子》一书是由孟子与弟子共同编撰而成的语录体,各篇之间没有必然的逻辑联系。另有《孟子外书》四篇,据学者考证为伪作。

荀子名况,赵人,也称荀卿。《荀子》一书32篇,大部分为荀子自作,只有《大略》《宥坐》《子道》《法行》《哀公》《尧问》《儒效》《议兵》《强国》等篇疑为后人所作。

道家主要文献有《老子》《庄子》。

道家创始人为老子(约前580—前500),姓李名耳,字伯阳,谥聃,楚国曲仁里人,曾任周守藏室之史。道家在政治上宣传无为,主张小国寡民,思想中有丰富的辩证法因素。《老子》又名《道德经》,分上、下两篇,计81章。今存《老子》"道经"在上,"德经"在下,与先秦时顺序相反,可见《老子》曾经过后人的润饰。《老子》一书大约编纂于战国中期,由老子的弟子编辑而成,部分文章也可能是其弟子所作。也有人认为其成书时间当在战国初期,作者为老子以及齐国稷下学派的环渊等。

《庄子》为庄周作品。庄周(约前369—前286),宋国蒙人,曾为漆园吏。《汉书·艺文志》著录为52篇,今存33篇,计内篇7篇,外篇15篇,杂篇11篇。《庄子》应该也非一人之手完成,像其他许多文献一样,为后人追加、编辑而成。自宋代苏轼怀疑《庄子》中有伪作以后,经历代学者考证,一般认为《庄子》内篇思想连贯、风格一致,思想体系完整,应当是庄子思想的反映,而外篇、杂篇则有可能出于庄子后学或门人之手。

墨子(约前468—前376)是墨家学派的创始人,名翟,宋国大夫。代表作为《墨子》一书。该书约成书于战国初期,采用当时通行的语录体写就,但是比《论语》《孟子》都要集中,是理论散文发展的重要标志。《汉书·艺文志》著录为71篇,今存53篇,其中《亲士》至《三辩》7篇,及《经》上下至《小取》6篇,经考证为后人伪作,其他各篇也有可疑之处。只有《耕柱》《贵义》《公孟》《鲁问》《公输》5篇,乃墨子弟子将墨子的言行辑录而成,与墨子思想最为接近。墨家学派当时是与儒家并列的显学之一,秦亡以后就逐渐销声匿迹了。

法家主张以刑法治理国家,同时还应该加强国君的权势。代表作品是《管子》《韩非子》。《管子》,相传为齐国管仲所撰。管仲字夷吾,曾辅佐齐桓公,任齐相。刘向校书时存 86 篇,今存 75 篇,其中大部分非管仲所作。《韩非子》大部分为韩非本人所作。韩非是荀子的弟子,他的学说代表了先秦法家的最高成就。《史记》载:"韩非者,韩之诸公子也。喜刑名法术之学,而其归本于黄老。非为人口吃,不能道说,而善著书。与李斯俱事荀卿,斯自以为不如非。……作《孤愤》《五蠹》《内外储》《说林》《说难》十余万言。"《汉书·艺文志》著录《韩非子》55 篇,今皆存,基本上为韩非本人所作。至其成书,则是韩非子去世后由弟子编辑而成的。

纵横家苏秦、张仪处于贫困时,曾"佣力写书",据《拾遗记》载,二人每当"遇见《坟》《典》,行途无所题记,以墨书掌及股里,夜还而写之,析竹为简。二人每假食于路,剥树皮编以为书帙,以盛天下良书。"传世之作有《战国纵横家书》。

杂家是较晚出现的一个学派,其观点"兼儒、墨,合名、法"而不主一家。杂家虽只是集合众说,兼收并蓄,然而通过采集各家言论,贯彻其政治意图和学术主张,也自成一家。此派集大成之作为《吕氏春秋》,两千多年来基本没有残缺、散乱,是先秦诸子书中保存最完好的一部。

二、史籍及文学著作

诸子书以外,这一时期还出现了一大批史学和文学名著,最为著名的是《左传》《国语》《战国策》和《楚辞》。

《左传》原名《左氏春秋传》,又称《春秋左氏传》《左氏春秋》,是一部史学和文学名著,是我国现存第一部叙事详细的编年体史书。它起自鲁隐公元年(前 722),迄于鲁悼公十四年(前 453),以《春秋》为本,通过记述春秋时期的具体史实来说明《春秋》的纲目,是儒家重要经典之一。它与《春秋公羊传》《春秋谷梁传》合称"春秋三传",唐代被列为"九经"之列。它不仅发展了《春秋》的编年体,还引录保存了当时流行的一部分应用文,给后世应用文写作的发展提供了借鉴。

旧时相传《左传》是春秋末年左丘明为解释孔子的《春秋》而作。左丘明,姓左丘,名明(一说姓丘,名明,左乃尊称),春秋末期鲁国人。知识渊博,品德高尚,孔子言与其同耻。曰:"巧言、令色、足恭,左丘明耻之,丘亦耻之;匿怨而友其人,左丘明耻之,丘亦耻之。"司马迁称其为"鲁之君子"。左丘明世代为史官,并与孔子一起"乘如周,观书于周史",据有鲁国以及其他封侯各国大量的史料,所以著成《左传》。

传统说法,左丘明还撰写了中国现存最早的一部国别史:《国语》。与《左传》重记事不同,《国语》重记言,共 21 篇,记录了周朝王室和鲁国、齐国、晋国、郑国、楚国、吴国、越国等诸侯国的历史,纪事下限至鲁悼公十四年(前 453),与《左传》

相同。它记载的都是一些历史事件当事人的言论和思想。晋代以后,许多学者都怀疑《国语》不是左丘明所著。直到现在,学界仍然争论不休,一般都否认左丘明是《国语》的作者,但是缺少确凿的证据。普遍看法是,《国语》是战国初期一些熟悉各国历史的人,根据当时周朝王室和各诸侯国的史料,经过整理加工汇编而成。

《战国策》为战国时游说之士的策谋和言论的汇编,作者直到现在也没有确定。初有《国策》《国事》《事语》《短长》《长书》《修书》等名称和本子,西汉末刘向等人校理皇家藏书时,将其编定为32篇,并定名为《战国策》。《战国策》是一部史学名著和文学名著。全书按国别编写,主要记述了战国时期的纵横家的政治主张和策略,展示了战国时代的历史特点和社会风貌,是研究战国历史的重要典籍。同时,该书文辞优美,语言生动,富于雄辩与运筹的机智,描写人物绘声绘色,是先秦历史散文成就最高、影响最大的著作之一。

先秦时期,除《诗经》而外,还在文学方面还出现了一种新的文学体裁:楚辞。它是战国后期以屈原为代表的诗人,在楚国民歌基础上开创的一种新诗体。作品运用楚地的文学样式、方言声韵,叙写楚地的山川人物、历史风情,具有浓厚的地方特色。由于屈原的《离骚》是楚辞的代表作,所以楚辞又被称为"骚"或"骚体"。秦汉以后,仍有用这种体裁进行创作的。汉代时,刘向把屈原的作品及宋玉以及汉代淮南小山、东方朔、王褒等人"承袭屈赋"的作品编辑成集,名为《楚辞》。《楚辞》成为继《诗经》以后,对我国文学具有深远影响的一部诗歌总集。

三、科技书籍的出现

先秦时期,我国的科学技术比较发达,有关著作也应不少。这里重点介绍《考工记》和《黄帝内经》。

目前可见的最早科技著作是《考工记》。《考工记》可以称得上我国第一部工业百科全书,书中主要记述了先秦时期的"百工之事",分为攻木之工、攻金之工、攻皮之工、设色之工、刮摩之工、抟植之工六个部分,分别对车舆、宫室、兵器以及礼乐诸器的制作作了详细记载,是研究中国古代科学技术的重要文献。

今天所见《考工记》,是作为《周礼》的一部分。《周礼》原名《周官》,由"天官""地官""春官""夏官""秋官""冬官"六篇组成。西汉时,"冬官"篇佚缺,河间献王刘德便取《考工记》补入。刘歆校书编排时改《周官》为《周礼》,故《考工记》又称《周礼·考工记》或《周礼·冬官考工记》。

关于《考工记》的作者和成书年代,长期以来学术界有不同看法。目前多数学者认为,《考工记》是齐国官书(齐国政府制定的指导、监督和考核官府手工业、工匠劳动制度的书),作者为齐稷下学宫的学者;该书主体内容编纂于春秋末至战国初,部分内容补于战国中晚期。

《黄帝内经》是先秦最重要的医学书籍,首见于《汉书·艺文志》著录,大约成书于战国以至秦汉间,包括《素问》《灵枢》两部分,共 18 卷,162 篇,约 14 万字。它托名于"黄帝",实则是古代许多医学家的劳动成果,第一部冠以中华民族先祖"黄帝"之名的传世巨著,是我国医学宝库中现存成书最早的一部医学典籍。该书全面系统地论述了祖国医学对于解剖、生理、病理、药理、诊断、针灸、治疗等各方面的见解,对临床实践从理、法、方、药各个方面进行了阐述,确立了中医学的指导思想和治疗原则。同时,也涉及当时天文、物候、历法、哲学等方面的知识,内容十分丰富。它的产生,标志着我国医学的发展进入了新的历史阶段。由于秦朝的焚书不涉及医学书籍,所以《黄帝内经》得以在民间流传,流传的过程中也不可避免地不断有新的内容增加进来,因此出现了不同的版本。

第四节 竹帛并行与简牍制度

春秋战国时期,我国书籍的载体以竹木和缣帛为主,通行的书籍制度为简牍制度。这也是在造纸术发明以前,中国使用最早、时间最长、应用最广、影响最大的书籍制度。所谓竹木简牍,就是把文字写在经过整治的竹片和木板上,一根竹片称"简"(也有木制简),将许多根简编连在一起称"策"(册),合称"简策"。加工后没有写字的木片称"版",写了字的称"牍"(偶尔也有竹牍)。细一些的称"木简",木质的合称"版牍",竹木的合称为"简牍"。

一、简牍和简牍制度

1. 竹木简牍的时代

竹木简牍的使用可以追溯到上古三代,与甲骨、金石同时,只不过由于时代久远,沉埋地下的殷周简牍早已腐烂,至今没有发现实物。现在所能见到的简牍实物,最早是战国时期的,它们都是 20 世纪 50 年代以来所发现的。如 1978 年,湖北随县擂鼓墩一号墓发掘出战国简策 240 多枚,总计约 6600 余字,字迹清晰,是目前国内保存最早的一批古简。1981 年,湖北江陵天星观 1 号楚墓发现完整的简策 70 余枚,其余残断,简上共计有 4500 余字,字迹大多清晰。

春秋战国时期,孔子编辑六经,诸子百家著书立说,都是写在简策上的。秦汉时,简牍继续盛行,秦始皇批阅竹简奏章,一天要看 120 斤,不看完不休息。东方朔给汉武帝上书,用 3000 根简写奏议,由两个大力士抬上殿。西汉末年,刘向

第二章 出版活动的草创时期（春秋战国）

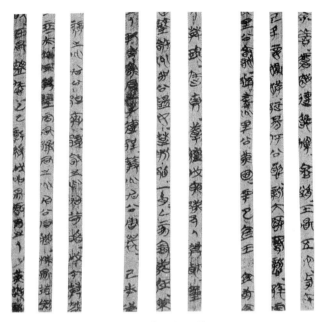

图 2.3　战国包山楚简

等整理编辑政府藏书，多数也是写在竹木简牍上。我国造纸术发明后，还有很长一段时间是竹简、帛书与纸并行，一直到公元 403 年，才由桓玄下令废除简牍书籍。从上古至此，简牍使用的时间达数千年之久，但其盛行时期是公元前 8 世纪到公元 2 世纪约 1000 年时间。

2. 竹木简牍的内容

从新中国成立以来出土的简策分析，竹木简牍的内容可分为祭祷记录、遣策和书籍三大类。

1961 年江陵望山 1 号墓和 1981 年江陵天星观出土的简策属祭祷和卜筮文，其内容又可细分为三：一是墓主贞问"侍王"是否顺利；一是贞问忧患、疾病的吉凶；一是贞问迁居新室是否能定居长久。这些简策的发现为研究楚国的卜筮情况、揭示当时贵族阶层的意识形态提供了重要资料。

1978 年随县擂鼓墩出土的简策为遣策——殉葬器物的目录，详细记录丧仪所用的车马兵甲，简文中还反映了当时楚晋两国的关系。有关晋国的情况，历史文献缺少记载，所以这批简策十分珍贵。遣策在出土简策中较为常见。

1957 年，河南信阳长台关战国墓出土的简策内容是书籍，书中记录有周公的言辞，初步断定为儒家著作。

先秦简牍书籍在历史上有多次发现,最重要的有两次。一是西汉时的鲁壁藏书,《汉书·艺文志》载:"武帝末,鲁共王坏孔子宅,欲以广其宫,而得《古文尚书》及《礼记》《论语》《孝经》,凡数十篇,皆古字也。"二是晋太康年间的"汲冢书"。晋咸宁五年(279)十月,汲郡人不准盗挖魏国墓(一说魏襄王,另一说魏安釐王墓),发现了先秦竹简书籍数十车。当时盗墓者点燃简策作火把来照取宝物,致使简烬札断,文残字缺,损毁严重。太康二年(281)政府将这批简收归官有,藏于秘府,派荀勖、束晳等人进行整理研究,得古书75篇,统称"汲冢书"。其中重要的有魏国编年史,记叙自夏朝至魏安釐王二十年(前257)之间事,被命名为《竹书纪年》;还有叙述周穆王巡行的《穆天子传》。其余各篇在《晋书·束晳传》中有详细记载。

此外《南齐书·文惠太子传》中还提到当时襄阳有盗发古冢者,相传为楚王墓,大获宝物的同时还有青丝编的竹简书,据王僧虔以所得十余简断定是蝌蚪文《考工记》和《周官》。

1995年,我国有关部门从香港文物市场上购回一批罕见的战国竹简,共1200多枚,35000多字,其中最长的竹简为57.1厘米,最短的24.6厘米,涉及80多种先秦古籍,涵盖了儒家、道家、法家、杂家、兵家等诸多学派,多数为今已不传的古佚书。其中《易经》部分为现存版本中最古老者,还有关于孔子论诗的内容。

由以上可知,竹木简牍的内容有儒家经典、编年体的历史书、地理书、科技书。再加上秦汉时的法律书、兵书、历谱等,内容相当广泛,都是正式的书籍。

3. 竹木简牍的形制

一部简牍书籍的制作方式及其形式,大致如下:

(1) 刮削整治

用竹木制简牍,首先要经过整治刮削。汉代王充《论衡·量知篇》中所谓"截竹为筒,破以为牒",就是将竹竿截成段,劈成竹片,然后刮削成狭长条的简片。"断木为椠,析之为板,力加刮削,乃成奏牍。"则是制作木牍的办法。新竹水多,易朽烂虫蛀,所以还须放于火上烘干水分,使其出汁,这叫"汗青""汗简",也叫"杀青"。刘向《别录》曰:"杀青者,直治竹作简书之耳。新竹有汁,善朽蠹;凡作简者,皆于火上炙干之,陈楚间谓之汗。汗者,去其汁也。吴越曰杀,亦治也。"整治后的简,就可以用来写字,所以后人常用作书籍的代表。南宋文天祥就有"人生自古谁无死,留取丹心照汗青"的名句。后来人们将写定的书稿也称为"杀青"。

在西北干燥少竹之地常用木材做简。多取白杨木、柳木、松木为原料,因其色白,质软,易吸墨汁。木简的长短宽窄与竹简相似。较为宽长的木板称"椠",还有的较宽板称"方",小木片称"札",削治成多面柱状体称"觚"。20世纪60年代,陈梦家经过对出土木简的研究推测,木简在"书写之前,似经过一道用特殊液体涂染的手续",类似纸书的"染黄","出土木简表面有光亮,似涂胶质者"。① 当代考古工作者通过对尹湾简牍的鉴定,的确如此。

(2) 编简成册

王国维在《简牍检署考》中考订:古《孙子》用缥丝绳编,《穆天子传》用素丝绳编,《考工记》用青丝绳编。考古发现的简牍实物多用麻线或丝带编连。先写后编和先编后写的情况都有。既有用单绳和两道绳串连的,也有用三道甚至四道绳编连的。编绳的道数取决于竹木简的长短。

现已出土简牍上的文字,均为用毛笔蘸上墨汁书写的。简上文字,多少不一,少的只有几个,多的数十。有的上下两端留有空白,分别称为"天头""地尾",和今天的出版物非常相似。如果竹简是以两道绳子编连,那么一般不留天地;三道以上绳子编连,则一般都留出空白。有些简牍中还有局部空白的现象,主要是为了特定目的而人为地设置的,如底稿、原稿空出人名、时间等。有的则写满文字,当写定删削后,为了美观,还要等齐。因竹简长短不一,天头一端蹾齐后,再把下端用刀锯截齐。最后以一根简为轴,从左往右收卷,成为一束。有的简册开头两根简不写正文,称为"赘简",作用是保护后面的简策少受磨损。

竹简的首简常写上篇名和书名,篇名(小题)在上,书名(大题)在下。这种格式虽是仅适应简策而出现的特定形式,但对后世书籍形式的影响很大。直到雕版印书盛行的两宋时期,卷端题名还常常是小题在上,大题在下。

与简策同时出土的还多有铜锯、刀等,均是刮削制简的工具,还有的小刀,称"书刀"和"削刀",是删改简牍的工具,类似今日之橡皮。如果不小心写错了,除了用书刀削去错字,在原位置重新书写以外,还可以用墨涂去错别字,在下面继续书写。

(3) 长度内容

因记录内容、使用材料、书写习惯等方面的差异,简牍的长度有不同的规格,一般长度为14—88厘米,用于书写典籍和文书的简牍一般在23—28厘米之间,尤以23厘米者为常见。以出土的战国简牍为例,长沙五里牌楚简长13.2厘米,长沙仰天湖楚简长22厘米,江陵纪南城楚简长64厘米,江陵包山楚简长62—72.6厘米,曾侯乙简长度为70—72厘米。据王国维、马衡等考证,汉简最长二

---

① 陈梦家:《汉简缀述》,北京:中华书局1990年版,第295页。

尺四寸(约 55 厘米),合战国尺三尺,用以写六经、国史、礼书、法令,故有"三尺法""三尺律令"之说;其次为一尺二寸(约 27 厘米),相当于战国尺一尺半,用以写《孝经》等书;最短的八寸(约 18 厘米半),用以写《论语》及其他诸子传记书籍,又有"诸子短书""尺牍短书"之语。这些长短制度,只是大体存在,并非十分严格。出土实物有的能够与之相合,有的则未能与之相合。胡平生在《〈简牍检署考〉导言》一文中,通过对出土竹木简牍的综合分析,提出:"由于简册的使用历经千年以上,各个阶层尊卑有别,因此不能有一种适合不同时代、适合所有阶级的统一的制度。总体而言,简册制度的原则不是王国维在《简牍检署考》中提到的'分数、倍数'说,而是'以策之大小为书之尊卑'。"①

版牍一般不用于抄写书籍,而用于公私文书、信件。古代地图常常画在版牍上,后来人们称标明国家领土区域的地图为"版图"。大臣向天子奏禀事由,为简洁明了,防止遗忘,常写在一块长方形小木板上,汉代人称为"奏"或"奏牍",后来演化成一种玉石或象牙制成的装饰物——"笏版",并不在上面记事。就像策试、策论、政策等词的原义,也都是由古代考试时皇帝把题目出在一个竹片上引申而来的。

木牍用作书信或是诏令公文,要送传外地,就要加上封缄。上面一块较小的盖板,叫"检"。其上写收件人地址、姓名等,叫"署"。再把两块木板用麻绳或蒲草捆扎起来,在绳结处加块黏土,摁上印章,叫"封",这块有印记的黏土就是"封泥"。有时盖板的背部隆起,上刻扎绳的槽口,再在绳上加封泥、用印,即为汉人所称的"斗检封"。

(4) 书写字体

每一简上所写字数多少是不相同的,少的只有一二字,多则几字、十几字,甚至几十字。每根简只写一行,比较宽的木简可写两行或多行。版牍用以书写短文、文告,一版即可容纳。一尺见方的版也称"方","百名以上书于策,不及百名书于方"。湖北随县战国楚墓及四川青川县战国木牍两面书写,特殊情况也有横用直书的,如居延简中一份历谱,即横用,自右向左直写。

简上的字体因时代而有所不同。先秦古简,多用古文、篆字。秦统一中国后,通行隶书,字体变圆为方,书写便利,于是公文、信函多用隶字。湖北云梦出土的秦简,均以隶字书写。汉代沿用隶书,汉简上的字体也多为隶体字。简上的字是用毛笔蘸上墨书写的,写错了字,将墨迹用刀刮削下去,再写上正确的字。日常书写习字,发现错字,也随时用水涂抹掉,重新写上去,而不用书刀刮削。武

---

① 王国维:《简牍检署考校注》,胡平生、马月华校注,上海:上海古籍出版社 2004 年版,第 38—39 页。

威《仪礼》简上就留有用这种方法处理错字的痕迹。在简牍上，除了文字以外，还发现了多种符号，其作用大致相当于今天的标点符号和编辑符号，对文字的表达功能起到辅助和强化的作用。按照大致的分类，这些符号有句读符、重叠符、界隔符、提示符、钩校符等。如郭店楚简，就发现其简文已有编辑符号：篇号，作钩形；章号，作墨钉或粗短线；句读，作短横、短撇或小点；重文、合文，作两短横或一短横。这是迄今首次发现的编辑符号，其作用在于突出简文的结构。[①] 从这些符号可以判断当时的编辑工作已经趋于规范，有了自己的一套符号体系。

（5）收卷

编连成策的简可以折叠（至今未见实物）。出土实物除散乱者外，多为卷起的策子，即以最后一根尾简为中轴，向前舒卷，像卷竹帘一样，卷成一卷，然后存放起来。做完这一道工序，才算完成了制作简牍书籍的全部过程。《永元器物簿》出土时，保持原来卷简成卷的形式。武威旱滩坡医简，有的已散乱，有的还保持卷的形式。其中一尾简写有"右治百病方"，字迹清晰，保存完好，这正是因为卷成卷后，它在中心，受到了外面简的保护。武威《仪礼》最后一简的末尾出现"毋自"二字的反写墨迹，这是前一简上的字墨迹未干，立即卷卷，被印上去的。《仪礼》简每一篇题和篇次并写于第一、二简背面，卷起后，正好露在最外边。收卷之后，需用包裹包起，或盛以筐箧，以免散乱。居延简中有"书箧一"的记载。《后汉书·贾谊传》说："俗吏之务在于刀笔筐箧。"筐箧相当于书帙，一般十卷为一帙。帙一直沿用到纸写本时期。

4. 竹木简牍的影响

正因为竹木简牍流行的时间超过千年，简牍制度是我国最早的书籍制度，因此其影响也极为深刻和长远。竹木的优点与甲骨、金石相比十分明显：一是取材容易，满山遍野，称得上价廉易得；二是整治刮削工艺简单，方便书写修改；三是可连缀成册，使容量加大，可以书写长篇宏论，既便于文化普及，又利于学术发展，这在中国文化发展史上是十分重要的。

直到今天，图书的计量单位仍称"册"，文章的计量单位仍称"篇"，许多从竹、从片、从木的字都与书籍有关，如籍、簿、笔、笺、筴、籀、版、牒、牍、本、札、检、楬、檄、椠、枼等。还有不少词汇成语也反映了竹木简牍的深远影响。如尺牍、三尺法、版图、检署、杀青、汗青及罄竹难书、入木三分、学富五车、汗牛充栋、连篇累牍、断简残篇、怀铅提椠等。在由古至今的编辑出版史上由"版"和"本"组成的词汇更是举不胜举。

---

① 黄镇伟：《中国编辑出版史》，苏州：苏州大学出版社2003年版，第79页。

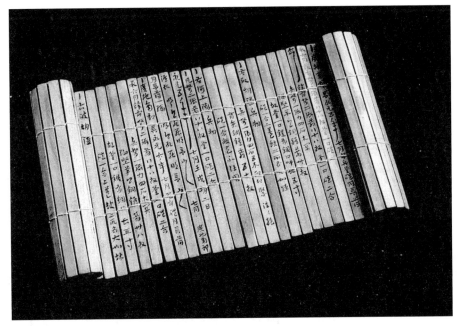

图 2.4　竹木简牍

相当长的一个时期,中国的书籍都是直排文字由上至下书写,从右到左排列,这种行文格式就来源于简策,未写好的简放在左侧,左手拿来,右手书写,写好的简顺序推向右侧,因而形成从右到左的编纂顺序,即使先编好的简策也就从右边开始,相沿成习。所以发展到卷轴制度、册页制度以后,还要在纸上打出宽窄与竹简差不多的行格。直到今天,中国还有相当一部分书籍采用这种排版方式。另外,像"赘简"之制与今天的衬页和环衬也有一定的渊源关系。

二、帛书与帛卷

写在绢、缯、缣、帛上的文字为帛书,亦称素书。丝织文化起源于中国,为世界所公认。传说公元前 3000 年,黄帝的妻子嫘祖发明养蚕织丝。虽然是传说,却在许多新石器时代的遗址发现人工整治的蚕茧、纺织品残迹和石制或陶制的纺轮。到了殷商时代,甲骨文中常见丝、蚕、帛、桑等字,安阳殷墟中发现有丝帛残迹。《诗经》等古代典籍中也有许多有关采桑、养蚕、纺织缫丝的记载,可知养蚕织丝已是当时重要的家庭手工业。

1. 帛书的时代与发现

帛作为书写材料,起于何时,现难以考定。王国维在《简牍检署考》中认为:

"帛书之古,见于载籍者,亦不甚后于简牍。……以帛写书,至迟亦当在周季。"据古籍记载,至迟在春秋时代。《晏子春秋·外篇第七》中有这样明白的记载,齐景公时晏子说:"昔吾先君桓公,予管仲狐与谷,其县十七,著之于帛,申之以策,通之诸侯。"齐景公与晏子是公元前5世纪的人,齐桓公与管仲是公元前7世纪的人物。《论语》中也有"子张书诸绅"之语,子张是孔子的学生,其时已把文字记于绅上。《墨子》中多次提到"书之竹帛"。《韩非子·安危篇》也有"先王寄理于竹帛"的记载。

图2.5 战国楚缯书(局部)

现在发现最早的帛书实物是战国中晚期之交的遗物,即1934年在长沙东郊子弹库楚墓中发现的帛书,通称"楚缯书"。这件帛书是被盗掘出土的,其出土时间有1934年和1942年两说,地点是长沙东郊子弹库楚墓,帛书长38.7厘米,宽47厘米,出土时放在漆盒内,呈深褐色,图文已漫漶不清,经复原看出当中是书写方向互相颠倒的两大段文字,一段13行,一段8行,有文750字。四周有彩色绘图并标有说明文字254个,其中有帝名、神名、四季名称,用白、黑、青、朱四色绘制,书的四周有12神像,每边3个,代表12个月,每像下注明神名、职司及该月宜禁忌,所画月名与《尔雅》所载大致相同,是一部与禁忌有关的月历书。原件现存美国纽约大都会博物馆。

1973年湖南省博物馆在子弹库楚墓遗址再次发掘,又获人物帛画一件。帛画长37.5厘米,宽28厘米,画面上是一衣冠长袍、手拥长剑、乘风御龙的男子,龙下有鱼,尾上有鹤。有的学者认为画上人物是墓主的肖像,画的主题是引导死者的灵魂升天。

1949年在长沙东郊陈家大山楚墓中出土古帛画,通称"龙凤人物"(或"人物龙凤")帛画。整幅帛画高31厘米,宽22.5厘米,画一侧面蜂腰妇人图像,向左而立,长衣曳地,合掌做祈祷状,其头顶有一龙及一凤。这是一幅描写一个妇人为死者祝福的作品,所画龙与凤,表明正在为死者的灵魂引导升天。

由于丝织品极易朽烂,难于保存,所以古代遗留下来的帛书实物很少见到。过去的很长时间里,人们对帛书的认识只能根据文献上的记载加以推断。20世纪以来,帛书有多次发现,特别是马王堆帛书的出土填补了帛书实物的空白。从文献和实物结合来看,可以说帛书的使用在春秋至魏晋之间,约有上千年的历史,而战国至三国则是其盛行时期。

2. 帛书的种类及形式

帛,是丝织物的通称。清汪士铎《释帛》中,谓缣帛原有60余种,但其中可供书写者仅有数种:平实无华的白帛,称为"素",是书写所用缣帛的统称。"素"由生绢造成,不经漂染。生丝造成的"绢",轻薄如纱,常用于书写,特别是绘画。"纨"亦是生丝所制,洁白轻薄,极似"绢"。由粗丝加工织成的"缯",可能是野蚕丝的成品,厚而暗,但较其他各种素帛经久耐用。与"缯"类似的"缣",由双丝织成,色黄,质较绢精美细致,且不透水。其价格远较普通的素更为昂贵。斯坦因在敦煌发现的残帛,上有文字和日期,内容被断定为信件,质料为缣。后人以"缣帛"作为用于书写的丝织品的通称。

帛书与简牍虽然材料不同,但在形制上有许多相通之处。实物证明,帛书在版牍的影响下,形成帛卷,其后向卷轴制度过渡,到纸写本时达到完善。

(1) 行格

帛书无须编联,版式比较自由,如李零所描述的,帛书"不但文字行款想朝哪儿拐就朝哪儿拐(如子弹库帛书的行款),而且可以插附图表(如马王堆帛书《阴阳五行》《刑德》)。这是它和竹简不太一样的地方。相似处,是比较考究的帛书会画乌丝栏或朱丝栏。"① 用来做书写之用的丝帛,一般都在上面先画上或织上行格,称界格或栏线。黑色的行格叫乌丝栏,红色的界格叫朱丝栏。文字写在行格之内。每一行格相当于简书的一根单简。马王堆帛书上都是用朱砂或黑墨画浅色行格。整幅帛书行格宽7.8厘米,半幅的行格为2.3厘米。每一行书写6—70字或30字不等。行长的相当于汉尺二尺四寸,短的相当于一尺,与简书的长短正好相配。帛书题记的方式也与简书相同。马王堆帛书凡有题记的都在每篇末行空白的地方。如《老子》乙本的题记:"道,二千四百廿六。"与山东临沂竹简《孙膑兵法》末行之后记明数字的形式完全一致。

(2) 尺寸

帛书的幅宽是根据纬线而定。《汉书·食货志下》有"布帛广二尺二寸为幅"之说。但出土的帛书或为二尺,或为一尺,与文献记载有所差异。帛书的幅长则根据经线而定。《汉书·食货志下》记载,汉代制度,一匹完整的帛有四丈长,约合今天的九米多长。现已发现的帛书,多半都是短篇,都是从整幅帛上裁剪下来的。一卷帛书与一卷简书相比,体积大致相同,但卷内所写文字,帛书要多一些。一卷帛书大体相当于简的一篇或几篇。这是由于帛的面幅宽,而且可视容纳字的多少随意剪裁。这时期卷一直是计算书籍数量的单位,同时是计算书中内容的单位。现在,我们已不用卷来计算书籍的数量,但还用它来区分书的内容。

(3) 收卷与折叠

写好了的一篇帛书,从后面向前收卷,成为一束,与简牍卷简成卷完全一样。今所见实物,帛卷之外,尚有折叠的方式。马王堆发现的帛书有两种形式:一种是写在整幅帛上面的,没有卷成卷,而是折叠成长方形存放在一个漆奁内;另一种是写在半幅上的,则在2.3厘米宽的竹条上卷成帛卷。《后汉书·襄楷传》记:"于安阳泉水上得神书百七卷,缥白素,朱介,青首,朱目。"这是有关帛卷的较完备的描述了,也可称为精装帛书。

3. 帛书的特殊用途

竹帛并行,同用于书写,但因两者质料和价格的差异,在使用上也有所不同。

竹简常用来起草稿,缣帛用于最后写定本。应邵《风俗通义》载:"刘向为孝

---

① 李零:《简帛古书与学术源流》,北京:生活·读书·新知三联书店2007年版,第140页。

成皇帝典校书籍二十余年,皆先书竹,改易刊定,可缮写者以上素也。"盖因竹木价廉易于修改之故。竹木有时亦用于写定本,但两者在内容上有所区别。通过古代目录可看得较为清楚。《汉书·艺文志》中有四分之一称"卷",为帛书。四分之三称"篇",为竹书。除一部分儒家经典,全部的天文、历法、医药、卜筮著作为帛书,祭祀祖先及神灵、占卜星相之书,通常多著于缣帛。《周礼·春官宗伯·筮人》载:"凡卜筮,既事,则系币,以比其命,岁终,则计其占之中否。"杜子春注:"系币者,以帛书其占,系之于龟也。"

帛书多用来记录有纪念意义的文字或重要事件,以示郑重和珍贵。《晏子春秋》中所记齐桓公对管子封赏,正式记载写在缣帛上,而通知诸侯国时是用竹简,《越绝书》载越王勾践与范蠡讨论政事。范蠡建议越王承效先王的高瞻远瞩,如此则饥荒之年,子民亦不至冻馁。勾践说:"善哉,以丹书于帛,置于枕中,以为国宝。"

除上述差别外,帛书的特殊用途还有以下几点:

(1)丝帛多用以绘画。竹木制作的单简宽度有限,只能容纳一行文字,单简编连之后,简与简之间留有缝隙,在简上画图,是很不方便的,效果也会受到影响。幅宽面广而又轻软的缣帛用来绘图比简有很大的优越性。前边介绍的几件帛画,就可说明缣帛是极好的绘画材料。

(2)丝帛还可用来绘制地图。古代的地图,多画在木板上,这样的地图很笨重,使用不便。用缣帛取代笨重的木板来绘制地图,其优越性是显而易见的。

(3)绘制简书中的附图。《汉书·艺文志》所收兵书790篇,皆是竹书,而附图43卷,则全是帛书。如《孙子兵法》83篇,有图7卷;《齐孙子》89篇,有图4卷。显然因简牍面积有限,不适于绘图,而缣帛则有足够宽广的面积,适于此用。

(4)练书法。竹简较窄,只适于书写较为扁宽的隶书。而汉代后期出现的各种草书,多是在缣帛上练就的。《金壶记》中有"萧何用退笔书囊"的记载。东汉蔡邕入嵩山写书,"于右室内得素书"。又唐张怀瓘《书断》载,今草的发明人东汉张芝为练出一手龙飞凤舞的草书,"凡家之衣帛,皆书而后练"。后世的王献之、张旭、怀素等都有在衣服、被褥上写字的掌故。

4. 帛书的优点及影响

缣帛之用于书写,有许多胜于竹木之处。其一是质地轻软,书写、舒卷、收藏、携带、阅读都十分方便;其二是体积小、容量大,还可据内容长短随意剪裁;其三是表面洁白,比竹木更易吸收墨汁,致使内容清晰。最主要的是克服了竹木简牍笨重的缺点,是书写材料的一大飞跃。但它最主要的缺点是成本高、价格昂贵。

在一个相当长的时间内,丝帛是高级消费品,除贵族外,一般人是用不起也不准用的。所以,它只能与竹木并行于世,但其最大功绩是启发了人们的思路:

如何能制造出一种新的书写载体,既具备帛书的所有优点,又价格低廉,不那么昂贵。我国先民经过多年探索,终于在漂丝和沤麻的基础上发明了造纸术。

本章推荐阅读

1. 肖东发等:《中国出版通史·先秦两汉卷》,北京:中国书籍出版社 2008 年版。
2. 吕思勉:《先秦学术概论》,上海:东方出版中心 1996 年版。
3. 冯天瑜:《中华元典精神》,上海:上海人民出版社 2014 年版。
4. 钱穆:《孔子传》,北京:九州出版社 2013 年版。
5. 王国维:《简牍检署考校注》,胡平生、马月华校注,上海:上海古籍出版社 2004 年版。
6. 李零:《简帛古书与学术源流》,北京:生活·读书·新知三联书店 2007 年版。
7. 耿相新:《中国简帛书籍史》,北京:生活·读书·新知三联书店 2011 年版。
8. 刘国进:《中国上古图书源流》,北京:新华出版社 2003 年版。

复习思考题

1. 春秋战国时期,我国在政治、文化教育、学术思想方面发生了哪些重大变化?对图书编辑出版事业有何影响?
2. 孔子与六经的关系如何?他的编辑活动有何特点?在编辑方法上有哪些可资借鉴之处?
3. 战国时期出现的百家争鸣的局面对图书编辑出版事业有哪些促进作用?
4. 试析《吕氏春秋》的编辑目的及编辑特点。
5. 举例说明春秋战国时期编辑出版的重要图书典籍。
6. 什么是竹木简牍?竹木在我国应用于书写的时间?其在内容、形式上有何特点?对后世有哪些影响?
7. 试述帛书的时代、内容、形式制度及特殊用途。

解释下列名词

学术下移	稷下学宫	百家争鸣	正考父	孔子
祭酒	六经	《吕氏春秋》	竹木简牍	简牍制度
鲁壁藏书	汲冢书	杀青	尺牍	三尺法
版图	遣策	帛书	楚缯书	

第三章
承前启后的奠基时期(秦汉)

公元前221年,秦灭六国,一统四海,结束了战国以来诸侯称雄割据的局面,中国历史上第一个大一统的中央集权制国家由此诞生。但是战乱的结束带来的不是文化的更加繁荣,而是百家争鸣时代学术繁盛景象的一去不返。为了便于对这一庞大帝国进行统治,秦始皇一方面推行整齐划一的政治与文化政策,特别是文字的统一为以后出版活动的发展奠定了基础;另一方面又着力推行法家的治国思想,禁绝诗书,以吏为师,对出版事业的发展造成了巨大的损害,文化教育事业备受摧残。而项羽于公元前206年焚烧咸阳宫殿,更使无数珍贵的上古文献灰飞烟灭,对出版与文化事业造成的损失远远大于秦始皇的"焚书"行为。这一时期的出版活动较之于战国时期,确实是步入了一个低潮期,但是秦始皇统一文字之举对以后文化与出版事业的繁荣无疑具有极其重要的意义。

公元前206年(汉元年),刘邦攻克咸阳,秦朝覆灭。经过4年的楚汉战争,刘邦最终战胜项羽,于公元前202年称帝,国号汉。我国历史上继秦王朝以后的另一个强大的封建大帝国诞生了。汉王朝建立以后,继承秦制,沿着秦朝所开辟的历史道路,形成、确立了以汉民族为主体的空前统一的多民族国家和多元整合的大一统文化。汉代的社会经济、科学技术、文化艺术都达到了很高的水平,在当时处于世界的先进行列。汉王朝以其雄浑的气象和非凡的成就奠定了汉民族在世界历史上的声威和地位。在这样的历史大背景下,两汉时期的出版事业取得了辉煌灿烂的成就。朝廷重视图书的搜集和整理工作,建立专门的图书编校机构,多次组织学者从事大规模的图书编校和整理工作。先秦以来的图书典籍在汉代得到了系统的整理和广泛的传播。著名的图书编撰家不胜枚举,编辑修撰了大量的传世经典。这一时期是我国历史上的第二个著作高峰。许多学者提出了影响数千年的编撰和著述思想。劳动人民在长期的劳动实践中,发明和改进了造纸术,极大地推动了出版事业的发展。这是中国先民对世界文明的重要贡献。图书贸易活动在这一时期也逐渐开展起来,图书的商品性开始凸现,出现了从事书籍买卖活动的书肆、槐市。出版活动开始集著述、编辑、复制和流通为一体,正式成为一个完整的文化系统。汉代在我国出版史上居于承前启后、集大成的重要地位。

第一节 秦汉时期的文化政策

一、秦统一后的文化措施

据许慎《说文解字·序》载,战国时代,诸侯长期割据,从而导致各国间"田畴异亩,车涂异轨,律令异法,衣冠异制,言语异声,文字异形"。秦灭六国之后,为了维护统一的中央集权的封建统治,采取了一系列措施,在文化上,主要采取了统一文字和焚书坑儒这两个重大举措。

(一)推行统一的文字——书同文

殷商以后,文字逐渐普及。作为官方文字的金文,形制比较一致。但是晚周的兵器刻款、陶文、帛书、简书等民间文字,存在着较大的区域性差异。这种状况妨碍了各地经济文化的交流,与迅速发展的经济文化很不适应,也影响了中央政权政策法令的有效推行,对于封建国家的统一极为不利。秦统一后,诏书发至桂林,当地人均不认识。因此,统一文字就成为秦政权急迫的文化课题。秦始皇于是令李斯等人进行文字的整理、统一工作。

周代文字笔画繁复,称为大篆。大篆是太史籀创制的,故又称"籀文"。自平王东迁之后,宗周故地咸阳已属秦的统辖,因而秦人通用籀文。李斯等人整理文字,便以此为基础,又吸取齐鲁等地通行的蝌蚪文笔画简省的优点,创制出一种形体匀圆齐整、笔画简略的新文字,称为"秦篆",又称"小篆"。所谓"李斯删籀而秦篆兴"指的就是这件事。后人认为,"李斯统一文字之举可以总结为三个方面:(1)简化和改进复杂的、因年代而写法各异的大篆体,使之成为称作小篆体的文字;(2)把各地区的异体字统一为一个可能至少部分地以秦通行的字形为基础的单一的体系(虽然这难以肯定地作出估价);(3)在全国普及这一体系。"[①]小篆作为官方规范文字,颁行全国。为此,李斯编有《仓颉篇》,赵高编《爱历篇》,胡毋敬编《博学篇》。直到汉初,这些书尚被用作童蒙识字教材。与此同时,狱吏程邈获罪入狱,潜心创造出一种更为省便的文字,将小篆回转的笔画变成方折,字形扁平,书写更为流畅,官狱审问犯人"徒隶"时,多用此体进行记录,故称隶书。

《说文解字》中提到,秦始皇时定书体为八种,称"八体",即大篆、小篆、虫书、

---

① 崔瑞德、鲁惟一等:《剑桥中国秦汉史》,北京:中国社会科学出版社1992年版,第72页。

隶书、刻符、摹印、署书、殳书。其实,后四书是因用途而别,前四种才是不同字体,其中又以小篆、隶书最为流行。秦朝地域辽阔,各地方言差别极大,但有了统一的文字,各地经济文化交往中的语言隔阂便基本克服。秦始皇统一文字的措施,是顺应社会发展潮流的,意义非常深远:不仅有助于消除广阔帝国领域内文化交流的阻碍,还有助于整个中华帝国的政治统一,对民族认同感、国家认同感的形成功不可没。对于出版而言,其意义主要在于扩大了书籍的流通范围,使得出版更有效地对社会产生大的影响。

(二)焚书坑儒

秦始皇主要是依靠法家而不是儒家来完成自己的帝国大业的,所以其治国策略就体现出了明显的法家思想。据《史记·秦始皇本纪》记载,公元前213年,秦始皇在咸阳大宴群臣,议论朝政。席间,博士淳于越主张法先王,学古法,分封皇子功臣为诸侯。丞相李斯针锋相对地指出,"五帝不相复,三代不相袭",政治制度的不同源于时代的发展变化,所以三代之事,不足取法。他痛斥儒生"不师今而学古,以非当世,惑乱黔首",并向秦始皇提出在全国范围内焚书的建议:"臣请史官非秦记皆烧之。非博士官所职,天下敢有藏《诗》《书》、百家语者,悉诣守、尉杂烧之。有敢偶语《诗》《书》者弃市。以古非今者族。吏见知不举者与同罪。令下三十日不烧,黥为城旦。所不去者,医药、卜筮、种树之书。若欲有学法令,以吏为师。"秦始皇采纳了李斯这一建议,一场文化浩劫不可避免地发生了。但应当明确的是,秦始皇并没有下令焚烧所有书籍,《诗》《书》、百家语仅仅是禁止私藏,博士仍然可以拥有这些文献典籍(秦始皇时有博士70人);医药、卜筮、种树等实用的科技类图书则被保存了下来;秦国的历史著作《秦记》也没有被烧毁,所以才会有司马迁在《史记·六国年表》中的抱怨:"独有《秦记》,又不载日月,其文略不具。"秦始皇于下达"焚书令"第二年又因故坑杀了460多名儒生,即所谓的"焚书坑儒"。

这次焚书坑儒的直接起因是分封问题,而实质上,它是专制主义封建思想在文化上的必然反映。当时六国已灭,庞大的中国只有一个中央集权制秦国进行统治,战国时百家争鸣的政治气候已不复存,文化上的专制是此后二千余年封建统治的必然趋势,并在一定程度上起着积极作用。但秦始皇不是用发扬一种文化来进行文化专制,而只是一味地用焚书坑儒这一野蛮的手段去打击异己文化,结果是使中国文化蒙受巨大损失。其对文化发展的戕害主要表现在两方面:(1)这是对愚民政策以及与之相配套的文化专制主义的肯定,是一种野蛮的反文化行为,虽然不是人类历史上的第一次,却影响颇大,消极作用很明显;(2)焚书事件造成了文化传承的断裂,使得大量古代典籍面目全非,乃至到汉代出现了大量的伪书,一种书籍又往往有多种版本,使人们不知所从,造成了学术思想上的混乱局面。

二、两汉时期的文化政策及其对出版活动的影响

(一)从提倡黄老到独尊儒术

西汉初年,经过战乱的摧残,社会经济、文化一片萧条,百废待兴。为了恢复生产发展,尽快使统治走上正轨,统治者采取了清静无为、与民休息的统治策略。在文化政策上,汉代君臣鉴于秦朝覆亡的教训,也因应情势,改采宽松的态度。西汉初年的统治者都把主张"无为而治"的黄老之言当作"君人南面之术"加以利用。在这种"无为"政治的治理下,汉初社会的经济很快就得到了恢复。到了汉武帝时,社会经济已呈现繁荣景象。在文化思想领域,各家学说都得到了恢复和发展,连在秦代最受压抑的儒家思想在这一时期都得到了很大的发展,在这种情况下,又出现了学术思想"百家争鸣"的局面。

汉初实行黄老之治而有辉煌的成就,但也潜伏了不少社会问题:一是匈奴不断侵扰,和亲政策并不能保证边境的安全。二是诸侯王骄恣,中央政府不能有效控制。三是社会因土地兼并而造成贫富不均,富豪田连阡陌,农民则贫无立锥之地。这种"枝强干弱"的局面是统治者不愿意看到的,无为而治已不再适应经济、政治的需要了。大一统的国家也迫切需要文化思想上的大一统,文化专制成为一种必然的趋势。在这一历史转折时期,儒家学说对封建统治的益处逐渐为统治集团所认识。雄才大略的汉武帝执政以后,迫切需要改变以往无为而治的思想。儒家政治思想便在这一"内兴外作"的政治环境下应运而生。

汉武帝建元元年(前140),董仲舒在举贤良对策中站在儒家的立场上,建议汉武帝"推明孔氏,抑黜百家"。这一建议为汉武帝所采纳。建元五年(前136),武帝罢黜百家,专立五经博士。所谓"五经"即被儒家奉为传习经典的《诗》《书》《礼》《易》《春秋》。于是,除个别情况外,儒家经学以外的百家之学失去了官学中的合法地位,而五经博士成为独占官学的权威。这就是历史上著名的"罢黜百家,独尊儒术。"从此,儒家经典逐渐成为学者们的主要教材,儒家学说成为占统治地位的思想,并成为此后两千余年封建文化的统治思想。

元朔五年(前124),汉武帝设立太学,为博士置弟子50人,其中的学习优秀者可以直接进入仕途。政府将学术研讨与仕途紧密结合起来,实质上就是利用学术大开利禄之途。这样,天下士子趋之若鹜,纷纷投身到经学学习和研讨的大潮之中,直接促使了经学的繁荣发展。与秦始皇相比,汉武帝的高明之处在于他没有采取暴力手段,而是运用改革文化教育的方式,选择了适合中国封建宗法社

会中央集权制度的主张"大一统"的儒家学说作为治国的指导思想,从而达到了推行文化专制政策的目的。应该指出的是,汉武帝在"罢黜百家,独尊儒术"的过程中,并未禁绝其他学术思想的发展。因此,百家学说并未在汉代得到毁灭性的打击,有些学说甚至还得到了一定的发展。这是汉代与秦代在文化政策上很不同的一点。

汉武帝"罢黜百家,独尊儒术"之后,"尊经崇儒"就成为汉代的基本文化路线。东汉光武中兴,崇儒之风比起西汉有过之而无不及。光武帝重建东汉政权后,礼遇儒生,雅好经典,经常与公卿郎将讲论经理。此后的明帝、章帝都继承了这一传统,明帝曾亲自主讲儒经,"诸儒执经问难于前""听者盖以万计"。章帝曾亲临白虎观主持今古文经两派进行学术辩论,事后由班固执笔撰成《白虎通德论》四卷(简称《白虎通义》)。统治者的大力提倡,对儒学的发展和兴盛起到了关键的作用。因此,解释、传授、研究儒家经典的学说——经学在汉代得到了空前的发展。经学成为两汉时期学术思想的主干,其他思想学说的发展,也都要纳入到经学的研究体系中去。

(二)教育事业的繁荣

汉代是中国封建社会教育制度基本轮廓的初步形成时期,在中国教育发展史上占有极其重要的地位。汉代的教育分为官学和私学两大系统。

官学分为中央官学和地方官学两种,中央官学最重要的是以传授儒家经典为主的太学。元朔五年(前124),汉武帝在长安城外设立太学,置五经博士与博士弟子员。这标志着以经学教育为基本内容的中国封建教育制度的正式确立。随着经学的不断发展,太学的规模也在不断扩大。博士的弟子员在武帝时仅有50人,昭帝时,增弟子至100人。宣帝时200人。成帝末,增弟子至3000人。汉末,太学大盛,增至30000余人。东汉时期中央还设有宫邸学和鸿都门学。宫邸学有两种类型:一是政府专为皇室及贵族子弟创办的贵胄学校,一是以宫人为教育对象的宫廷学校。鸿都门学创设于东汉灵帝光和元年(178),在性质上属于一种研究文学艺术的专门学校,主要是招收文学艺术人才,专以尺牍、词赋、字画作为教学和研究内容,毕业后多封以高官厚禄,规模曾发展到千人以上。

汉代的地方官学主要是指郡国学,创始于汉景帝末年。汉武帝即位后,令天下郡国均立郡国学校。汉平帝时颁布地方官学制度,下令郡国以下的各级行政单位都设立学校,郡国学校普遍设立。及至东汉,地方官学发展更为繁荣,班固《两都赋》有"四海之内,学校如林,庠序盈门"的句子,描述了地方教育发展的盛况。

汉代私学亦非常发达。秦代颁挟书律,以禁私学,但禁而不绝。秦汉之际至汉武帝元朔五年近百年间，汉代教育全赖私学以维持；官学制度建立以后，私学未见削弱，反而与官学相互补充；东汉私学更为昌盛，规模甚至超过官学，有的私学入门弟子与著录弟子达万人之众。这实为汉代学校教育发展一大特色。

总体看来，两汉时期的教育具有三大特点：一是突出教育为政治服务，最高统治者一直把兴办教育当作一项重要的国策来抓，培养的人才也主要为封建统治服务；二是官学和私学并行发展，相辅相成，均取得了很高的成就；三是教育内容以经学为主，不旁涉杂学，在讲授中还重视师法家法，保证了经学的继承性，为后人研究他们的学术渊流及承继关系提供了便利条件。但严守师法、家法，各欲成一家之言，弄得枝叶蔓延，门户日深，遂造成"经有数家，家有数说"，章句烦琐的现象。

（三）积极开拓中外文化交流

西汉政权经六七十年的发展后，进入了汉武帝统治时期。汉武帝通过战争，南收两越，北逐匈奴，开西南夷，平西羌，西臣大宛，东定朝鲜，疆域空前广阔。这时的西汉王朝，经济繁荣、文化发达，不仅成为当时东亚国力最强盛的国家，也是当时世界上屈指可数的强盛大国。积极开拓中外文化交流也是两汉时期的一项重要文化政策。据史料记载，汉朝与当时的朝鲜、日本、越南、印度以及中亚诸国均有交流。这一时期中外文化交流中的一件大事是佛教和佛教艺术在西汉末年经丝绸之路传入中原。东汉明帝时佛教大规模输入中国，从此，中国便开始了大规模的译经活动，对中国文化产生了很大的影响。

（四）两汉文化政策对编辑出版事业的影响

"尊经崇儒"、发展教育和积极开展对外文化交流等文化措施的施行，促进了汉代文化的长足发展，也对出版事业产生了深刻而全面的影响。

1. 政府重视图书的编校与出版工作。自汉武帝"罢黜百家，独尊儒术"以后，儒家思想由原来的思想流派之一，一跃而成为官方的意识形态。在当时的百家学说中，儒家最为重视文化教育事业，非常推崇图书典籍的教化作用，尤其是把儒家的几部经典推上了至高无上的地位。这种思想就必然会对统治者的文化举措产生一定的影响。因此，两汉时期的最高统治者都非常重视图书的编校与出版工作。

首先，建立了一批图书编校机构，组织学者在其中从事编辑和著述活动。从西汉初年到东汉灭亡，两汉政府建立的图书编校机构有天禄、石渠、麒麟、石室、延阁、广内、太常、太史、博士、太卜、理官、辟雍、东观、兰台、石室、仁寿阁、宣明殿、鸿都、秘书监等。数量多，规模大，同时具有典藏、编校和著述三大职能。两汉时期的很多图书编校和著述活动都是在这些机构中进行的。众多图书编校机构的建立,保证了两汉时期图书编辑与出版活动的顺利开展。

其次,政府持续不断地编校国家藏书。在汉武帝以前,西汉政府曾从实际需要出发进行过几次图书的征集和编校活动。汉武帝以后,大规模的图书编辑整理活动便逐次展开,几乎以后的每一位皇帝都曾组织官员进行图书的编校工作。其中最著名的有汉宣帝时期的石渠阁会议,汉成帝时期刘向、刘歆父子整理国家藏书,东汉光武帝时"宣布图谶于天下",章帝时又仿宣帝之例召开白虎观会议,东汉末年,又在蔡邕的主持下刊刻"熹平石经"。编校次数多,整理规模大,是两汉图书编校活动的两大特点。这些编校活动具有很明确的政治目的和很高的学术价值,在当时乃至后世都产生了深远的影响。

2. 经学著作成为两汉出版物的核心。儒家学说取得独尊地位以后,儒家所遵奉的《诗》《书》《礼》《易》《春秋》五部典籍也被奉为"经",对这五部经书的诠释和发挥则为经学。经学是汉代直至清代的官方哲学。两汉文化学术的一个鲜明特征就是经学的高度发达与繁荣,表现在图书编纂与出版事业上,就是经学著作的大量涌现,其最终结果就是解经之作愈演愈繁。具体表现为数目庞大,名目繁多,篇幅冗长,内容烦琐。

仅以数量为例,《汉书·艺文志》的著录情况就颇能说明这一问题。《汉书·艺文志》"六艺略"著录的西汉时期的经学著作就有93家,3000余篇,具体言之:《易》之传有13家,294篇;《书》之传9家,凡412篇;《诗》之传6家,416篇;《礼》之传13家,555篇;《乐》6家,165篇;《春秋》23家,948篇;《论语》12家,229篇;《孝经》11家,59篇。其数目约占《汉书·艺文志》著录图书总数的四分之一。东汉一朝的崇儒之风更加兴盛,经学著作更为可观。这种情况与先秦时期诸子百家"百花齐放"的局面形成了鲜明的对比。当然,由于汉武帝在独尊儒术的同时,并未禁绝其他学说的传授,所以,其他学派的著作在这一时期仍能得以流传。从出版物内容来看,这一时期体现出了"儒学为主,众学为辅"的基本格局。随着时代的发展,经学著作一枝独秀、其他学说逐渐萎缩已成为历史的必然。

3. 图书编校以儒家思想为指导和准绳。这首先体现在政府特别重视儒家经典的编次和整理活动上。受到今古文经学之争的影响,为了"正五经异同",避免"章句之徒,破坏大体",从而维护儒家思想的权威地位,自武帝以后,国家组织的图书编校工作的重点几乎都放在了对经学著作的审定和整理上。

其次,还表现在对所有图书进行整理时,以儒家思想为指导和准绳。两汉政府历来重视对图书的搜集、整理,在编辑整理过程中是有明确的指导思想的,那就是以经过改造的儒家思想为准绳,对群书进行"雠校汉家法"式的整理。刘向、刘歆父子整理国家藏书在评定诸家思想时,基本是以儒家思想为标准。东汉前期的历次整理群书,也基本遵循了这一原则。

此外,这一原则还对当代学者编撰图书的编辑思想产生了很大的影响。如司马迁撰《史记》要上承《春秋》,褒贬皆"折中于夫子";班固撰《汉书》,坚持"唯圣人之道然后尽心"的正宗之学;许慎也因为"五经传说臧否不同"而撰写《五经异议》。从汉代其他学者的著作中,基本上都能看出汉代经学思想的影响。

4. 教育事业与编辑出版事业相辅而行。两汉教育的兴盛对编辑出版事业的影响也是非常明显的。首先,教育事业的繁荣使文化人大量增加,普遍提高了全社会的文化水平。儒生中的优秀者出而著书,使两汉时人的出版物大量增加,从而出现了中国古代的第二次著述高峰。同时,教育质量的提高,使其中的优秀人才有可能对汉代以前的著作进行高水平的注解、阐发、编辑和整理。如刘向、刘歆父子整理国家藏书就是一个典型的例子。

此外,读书人增多,增加了对图书的需求量。从最基础的书馆教育到最高层次的太学教育,教材都是不可缺少的教学工具。这就对教材的编写提出了新的要求,因此,像《仓颉篇》《凡将篇》《急就篇》《元尚篇》等图书才会应运而生。随着教育规模的不断扩大,整个教育界对图书的种类、载体、复制技术和流通途径都提出了新的要求,这在一定程度上催生了造纸术的发明以及书肆的产生,从而促进了图书流通与贸易事业的大发展。

5. 中外图书出版交流活动渐次开展。两汉时期大一统的文化格局与对外交流的文化政策也对出版事业产生了很大的影响,图书的出版与交流又在各民族以及中外文化的交流中起到了十分重要的作用。两汉统一时间近四百年,四方开拓,国威远播,形成了多元一体的大一统文化格局。这使得汉文化广播天下,既扩大了汉文化对周边地区和国家的影响与渗透,又引入了异质文化,充实和丰富了汉文化的内涵。文化交流的一个重要途径就是图书的流通与贸易。从西汉末年开始,通过丝绸之路,印度的佛经开始被译介到中原,使中国古代出版物中多了佛经一大门类。而中原的图书典籍也随着汉文化的广泛流传流布周边地区和国家。从此以后,中外出版事业的交流活动便蓬勃地发展起来。

第二节　两汉的图书机构及编校活动

一、两汉政府的图书编纂机构

两汉统治者十分重视图书的搜求、典藏和编校工作,设有专管官员及专门的图书典藏与编校机构,并建立了一套管理制度,加强政府对国家图书事业的控制。相较于周秦时期的图书典藏与编校制度,两汉时期显得更为完备,这也标志着我国的图书出版事业进入了一个新的发展阶段。汉代重要的图书典藏编纂机构有石渠阁、天禄阁、麒麟阁、兰台、东观及秘书监等。

石渠、天禄、麒麟三阁均为西汉时宫中图书典藏与编校机构,都是在萧何的主持下修建起来的。据《三辅黄图》《汉宫殿疏》等史籍记载,萧何建造三阁后,用石渠阁典藏"入关所得秦之图籍",用天禄阁、麒麟阁来"藏秘书、处贤才"。汉成帝时,由于政府藏书日益增多,一些"秘书"也存放于石渠阁。

三阁的设立在中国藏书史和图书编辑出版史上具有十分重要的意义。在此之前,商、周至秦代各王朝尽管都设有藏书与校书处,但或者比较简陋,或者利用已有的建筑,像西汉三阁这样专门设计建造的图书典藏与编纂机构,在中国历史上还是第一次。因此,"石渠""天禄"以后便成了皇家藏书之别称,直到清乾隆时期,尚有《石渠宝籍》《天禄琳琅书目》之称谓,足见其影响之大。

不仅如此,三阁还是西汉编校图书和学术研究的机构,兼有"处贤才"之功能。西汉的很多学者都曾在这里查阅资料或编校图书。汉武帝时,太史令司马迁为撰写《史记》,曾在这几个机构中遍阅图书。宣帝甘露元年(前53),林尊、周堪、戴圣、假仓等诸儒曾论《五经》异同于此。甘露三年(前51),宣帝又诏诸儒讲《五经》同异于石渠阁,由太子太傅萧望之平奏其议,宣帝亲自临决。成帝时,刘向、刘歆父子主持的大规模校书活动也是在天禄阁进行的。王莽执政时期,著名学者扬雄也曾校书于天禄阁。

从一定意义上讲,石渠阁、天禄阁、麒麟阁还是西汉时期非常重要的图书之源,众多的图书在这里得到系统的整理后,通过传抄复制等方式流传到民间,既普及了知识,又促进了图书的流通。

东汉以后,兰台和东观开始成为重要的图书典藏编纂机构。

兰台在西汉时为典藏御史台藏书之所,由御史中丞掌管,又设兰台令史六人,他们除负责收藏图书,还要负责监察劾奏百官。进入东汉后,兰台成为最主要的藏书、校书及编纂国史的机构。当时著名学者如班固、贾逵、班超、孔僖等人都曾任兰台令史之职,专"掌书劾奏"及"校书定字"。

东汉章帝以后,东观的地位逐渐重要起来,并取代兰台,成为国家藏书、校书及编纂国史的最主要机构。当时学者称之为"老氏藏室,道家蓬莱山",极为向往。在东观任职者为校书郎,又称东观郎,因其从事著述,也有称为著作郎的。东观作为东汉重要的校书著述之所,集中进行了这两方面工作:

(1) 校定藏书

官府藏书建立后,东汉王朝依西汉故事,不断派员清理校点图书。章帝、安帝、顺帝、灵帝时期，都曾组织人员在东观整理、校定国家藏书，而且规模都比较大，成果也比较丰富。

(2) 研究著述

东观也为著述之所。东汉历代的著名学者如班固、贾逵、傅毅、刘珍、蔡邕、曹褒、崔寔、边韶、延笃等，都曾先后在东观尽心著作，史称"著作东观"。东观除了提供图书秘籍资料之外，官府还在人员编制、财粮供给方面，做出了妥善安排。在所有的研究著述活动中，以《东观汉记》的时间最长，规模最大。《东观汉记》是东汉史官历经一百多年集体编撰的东汉全史，在中国史学史上具有十分重要的地位。编撰工作从汉明帝永平五年（62）开始，直到魏文帝黄初六年（225）才完成，共历163年。期间共有五次大规模的编撰活动，前后有20多位著名的历史学者参与。因大部分工作都在东观完成，故名《东观汉记》。

东汉末年，随着藏书的不断丰富以及校书、著书活动的不断增加，桓帝延熹二年（159），东汉政府创置了我国封建中央政府中第一个主持图书校著的专门机构——秘书监。秘书监隶属于太常寺，既是机构名称，又是该机构最高长官的名称。据《通典》载，秘书监设官一人，秩六百石，下设校书郎中、校书郎，"掌典图书古今文字，考合异同，以其掌图书秘记，故曰秘书。"它的设立对中国的图书编辑出版事业的发展起了积极的推动作用。此后，秘书监（省）专掌国家藏书与编校工作成为历代定制，各个朝代都依例设立执掌图书的官员，唐、宋以后，虽然官职名称代有更迭，但秘书监之名一直未废，明、清时期才去其名，并入翰林院，历时长达1500余年。

可以看出，两汉时期的图书典藏与编校机构数量较多，规模较大，职能也在不断地增加和健全。总的来说，典藏、编校、著述是这些机构共有的三大职能。在印刷术发明之前，在政府的图书出版活动尚未形成体系之前，这些机构在客观上已经具备了出版机构的很多职能。编校图书、著述新作，已是出版活动的核心工作。经过整理、编次的图书又经过种种途径颁行天下（如师徒授受、赏赐臣下、刊刻石经等），可以达到广泛传播的效果。这样，围绕着中国的图书典藏与编纂机构，两汉政府的出版活动便逐步发展壮大起来。所以，在一定意义上可以说，两汉时期的图书典藏与编校机构也是当时的政府出版机构，只不过较之后世的出版机构，其职能尚未完全具备而已。

二、两汉时期的图书编校活动

(一) 西汉前期的编校活动

西汉政权建立后，就开始了有计划有组织的图书编校工作，据《史记·太史公自序》载,"汉兴,萧何次律令,韩信申军法,张苍为章程,叔孙通定礼仪,则文学彬彬稍进,《诗》《书》往往间出矣"。由于当时对兵家较为重视,对兵书的编校活动也较多,据《汉书·艺文志》载,汉朝刚刚建立,张良、韩信便大量搜集兵书,共得182家,经删选、编次,定著为35家。武帝时,军政官杨仆又补其遗逸,作《兵录》一书,进奏给皇帝,可惜仍不完备。至成帝时又命步兵校尉任宏校雠整理了全部兵书,并将其分为兵权谋、兵形势、阴阳、兵技巧四大类。

除对兵书进行过较为系统的校理外,其他类书籍在汉成帝前也有过较为零星的整理。据文献记载,后苍曾在曲台校书,并随手著记,最后汇成一部《后氏曲台记》,这是有关《礼记》的一部校书札记。此外,因孝宣帝很喜欢申不害的《君臣篇》,亦曾令"黄门郎张子乔正其事"。

(二)中国历史上第一次大规模的图书编校工作

古代的图书主要是书写在简策上的。由于简很笨重,所以当时的图书多以单篇形式流传。这就容易造成一部完整图书的散乱无序,甚至缺失散佚。据《史记》所载,秦王看到的《韩非子》是《孤愤》《五蠹》两篇;司马迁读《管子》,是《牧民》《山高》《乘马》等单篇。汉代以后,图书得到发展,社会上读书人增多,图书的数量和一书的不同本子也就日渐增多。自汉武帝"建藏书之策,置写书之官"以来,政府搜集图书数量增多。又经过一百年的积累,到公元前26年,国家收藏的图书已经"积如丘山"。就在这一年,汉成帝诏令由刘向统领,组织专家学者对国家收藏的图书进行一次大规模的整理,开始了我国历史上第一次由政府组织进行的古籍整理工作,并编制了我国古代第一部系统的综合性图书目录。这是中国编辑出版史上的一件具有重大意义的大事。

刘向(前77—前6),本名更生,字子政,沛(今江苏沛县)人,汉皇族楚元王刘交四世孙。通经术,能文章,为散骑谏大夫,敢直言。成帝时为光禄大夫,终中垒校尉,是西汉后期的大学者。刘歆(前53—23),字子骏,后改名秀,字颖叔,是刘向的小儿子。成帝时任黄门郎,刘向去世后,继任中垒校尉。王莽篡位后被封为国师。地皇四年(23)因欲劫持王莽东降南阳,事泄自杀。

刘向受命校理图书后,首先组织起一个由各方面专家学者组成的编辑班子。据《汉书·艺文志》记载,这个编辑班子按图书的大致内容分为几个类别,即六艺、诸子、诗赋、兵书、术数、方技等。其中六艺、诸子、诗赋三类由刘向亲自主持,兵书类由步兵校尉任宏主持,术数类由太史令尹咸主持,方技类由侍医李柱国主持。这些人在各自专业内都是当时最好的学者专家,他们的参加是这次文献整理取得巨大成功的重要因素。

刘向等人整理藏书大致分以下几个步骤:

(1) 广辑众本,编定篇章。刘向等人校书的第一步,是先将同一书籍的不同版本尽量搜集起来。根据其校书的记录,他们不但利用大量的皇家藏书,还要借来太史所藏的公家书和大臣所藏的私家书。当时图书大多是以单篇形式流传的,刘向等人则要将重复的单篇去掉,并为其编定顺序。如《管子》一书,当时共汇集中外书564篇,最后去其重复,编定为有序的86篇。其他如《孙卿书》(《荀子》),由322篇校定为32篇;《晏子春秋》,由30篇838章校定为8篇215章。经过这番补缺去重的工作,不但提高了书籍的学术价值,也防止了书籍单篇的散佚。

(2) 校雠全文,厘正文字。刘向等人校雠的方法大致有两类,即"校"和"雠"。按刘向的解释,"校"就是一个人校读上下,找到谬误之处;"雠"就是一人持本读出,另一人持他本校看,样子像是怨家相对,故名为"雠"。由于在此之前有广辑众本的工作,因而使得这项工作有良好的物质基础。古籍脱篇、倒篇、错字、衍字现象很多,使得这一工作相当繁重,如刘向校《尚书》时,即以内府所藏古文本与欧阳、大小夏侯三家经文相校,结果发现,《酒诰》脱1简,《召诰》脱2简,文字不同者七百余处,脱字数十个。当时不但要将众本之异一一记录下来,还要择善而从,厘定文字。经刘向等人校定的新本质量很高,现在流传下来的整部的先秦古书几乎都是经他厘定过的新本。

(3) 编定目次,确定书名。图书篇章、目次混乱者皆经过重新调整。如校《说苑》《杂事》等书,刘向把"章句相混,上下谬乱"者"一一条其篇目",使之"以类相从"编定目次,称为《新苑》。当时流传下来的先秦古籍多集篇而成,大多图书有篇名而无书名,后世流传,也多不相同。刘向整理编辑图书的一项重要工作,就是根据图书的具体内容和篇章结构,为图书确定名称。如《战国策》,原有《国策》《国事》《短长》《事语》《长书》《修书》等名,刘向以为"战国时游士辅所用之国,为之策谋,宜为《战国策》"。刘向所确定的书名,多为后世所因,影响十分深远。

(4) 撮其旨意,撰写叙录。每一部书籍在编定、誊写之后,刘向都要撰写一篇叙录,以说明本书撰者生平事迹、全书内容大意及校对、缮写情况等,其实就是后来的提要或内容简介。其叙录写作已具一定的程式化,依次为:① 定本篇目,② 校定过程(包括书稿来源、总篇数及校定篇数、文字脱误情况等),③ 作者简介及学术渊源,④ 对本书的评价。其大要正如《汉书·艺文志总序》所说"条其篇目,撮其指意",以及《七录序》所说"论其指归,辨其讹谬"。

(5) 杀青定稿,缮写上素。刘向等人每校定一部书后,都要完整地抄录到竹简缣帛之上,作为国家的权威版本。刘向在事后对每书作的叙录上几乎都有这样一句话:"皆已定,以杀青书,可缮写"。在这里,杀青的意思引申为把校过的书籍写定在竹简上。"可缮写"就是将校定的书籍誊写到缣帛上去。从这段文字我们可以看出,经刘向等人核定的书籍似乎都抄写了两部保存在宫廷中。

刘向、刘歆父子在编校群书的同时,又相继编撰了综合性藏书目录——《别录》和《七略》。据后世文献记载,刘向在编撰叙录时,除将其随书抄献给皇帝外,又"别录"了一份并按类汇集起来,称之为《别录》,其后刘歆又将其简编为《七略》。它们之间的关系,颇近于后世的《四库全书总目》及《四库全书简明目录》。这两部书现在都已失佚了,但从后世的辑佚本及《汉书·艺文志》中仍能窥其一斑。不难看出,刘向、刘歆不但为每部书写下了较为科学、权威的叙录,而且已将它们放在一套严密而完整的图书编目系统中,其分类体系大致如下:

辑略——总序;

六艺略——易、书、诗、礼、乐、春秋、论语、孝经、小学9种,著录图书129家,2926篇,图1卷;

诸子略——儒、道、阴阳、法、名、墨、纵横、杂、农、小说10种,著录图书187家,4346篇;

诗赋略——屈原赋之属、陆贾赋之属、孙卿赋之属、杂赋、歌诗5种,著录图书106家,1313篇;

兵书略——兵权谋、兵形势、兵阴阳、兵技巧4种,著录图书66家,1375篇,图44卷;

数术略——天文、历谱、五行、蓍龟、杂占、形法6种,著录图书110家,2557篇;

方技略——医经、经方、房中、神仙4种,著录图书36家,862篇。

总共著录图书6大类、38种、634家、13379篇,图45卷。

刘向、刘歆父子秉持宗经崇儒的思想,根据当时国家藏书的实际情况,开创了六分法的图书分类方法,对形成富有中国特色的图书分类法起到了十分重要的作用。这种分类,最大的特点是"辨章学术,考镜源流",从而形成我国目录学史上的一个重要的优良传统。因此,范文澜对《七略》给予了很高的评价:"它不只是目录学、校勘学的开端,更重要的还在于它是一部极其珍贵的古代文化史。"[①]

刘向等人校书从河平三年(前26)始,到建平二年(前6)止,前后共进行了21年之久。其间刘向于建平元年(前5)去世,由其子刘歆继承父业,主持完成此项工作。无论就其规模之大,还是方法之完善而言,都是空前的,对后世产生了

---

① 范文澜:《中国通史简编》第二编,北京:人民出版社1964年版,第126页。

难以估量的巨大影响。

经过刘向、刘歆父子等人的整理,西汉一代的国家藏书最终得到了全面而系统的整理,史书称述"汉之典文,于斯为盛"。这也标志着西汉图书编辑出版事业鼎盛时期的到来。东汉荀悦在其《汉纪》中对这次图书整理活动予以很高的评价:"刘向父子典校经籍,而析义分方,九流区别,典籍益彰矣"。刘向、刘歆父子编辑校定的图书,从学科内容和品种数量上看,几乎包括了当时所能见到的全部古籍;从分类体系和校勘质量上看,达到了前所未有的高度。从宏观上看,《七略》分类体系奠定了封建时期图书分类的思想理论基础,对后世产生极大影响;从微观上看,每一部分都有明确的书名、篇名、作者、目录、叙录、正文和附件,全书结构齐全、字句规范,已明显不同于初创时期的书籍。刘向父子称得上是我国编辑出版工作的奠基人。

(三)东汉对儒家经典的大规模校正——熹平石经

自汉武帝采纳董仲舒"罢黜百家、独尊儒术"的建议后,孔子及其他儒家大师所编的书籍,被奉为经典,不仅被统治阶级认定为法定教科书,设立专门的博士官讲授,而且成为判断是非的标准、制定决策的依据。可是儒家经典经过秦始皇焚书坑儒之后受到很大损失,当时极少存世。西汉初年,废除禁书令之时,秦代的博士还有的活在世上,经典的大部分内容依靠他们的记忆记录流传下来,典型事例就是汉文帝时期,派晁错去山东济南请伏胜背诵《尚书》29篇。由于这些经典是用当时流行的隶字记录下来的,故称作"今文经"。还有一些经过秦代"书同文"的改革和后来篆文隶书化的改写而用隶书写定的经书,均归为"今文经",以区别于先秦留下的以篆文和六国古文写的古文经书,后者的代表作是"鲁壁藏书"。汉武帝时,鲁共工刘余扩展自己的宫殿,拆毁了孔子故居,结果在其夹墙内发现了一批用先秦古文(时称蝌蚪文)写定的《尚书》《礼记》等儒家经典,这些藏书即被称为"古文经"。它们与当时流传的今文经在篇章、文字上都有较大出入,因而就产生了今文经与古文经两大学派之间的争论。西汉自董仲舒起,今文经立为官学,设五经博士。西汉末年,古文经大师刘歆被拜为国师,朝廷又设古文五经博士。光武帝建立东汉后,取消了古文博士。东汉的官方学术机构基本上是被今文家把持,不再把古文立于官学,但在学术上,古文经并没有被压服消亡,在私学中很有势力。总体来说,今文经学者较为保守,一味讲究遵循"师法",缺乏创见,他们写出的讲章,不仅烦琐,而且多为废话。而研究古文经的学者,必须兼通古今文,今古对勘,择善而从,才能在字义上作训诂,在章句上作校订,在史实上作考证,所以古文学家大都是知识渊博的学者,如贾逵、马融、许慎、郑玄等。他们这一套治学态度和治学方法对后世影响很大,被称为"汉学"和"朴学",为文字学、训诂学、音韵学、文献学以及校勘学、辑佚学、辨伪学等奠定了基础。

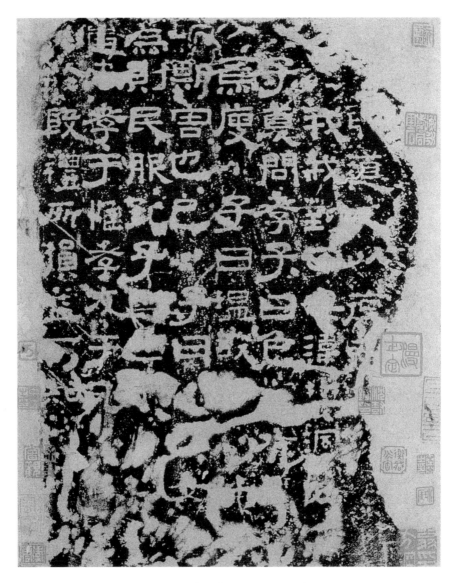

图 3.1 东汉熹平石经残石拓片

东汉石经的产生是由于经学上今古文之争的结果,而直接原因是与政治腐败相联系的"私贿兰台令史,偷改漆书经文"事件。汉代既然将儒经立为官学,就必须有一部标准本作为评定正误的原始依据,这就是藏在皇家藏书楼——兰台里的漆书写本,称为"兰台漆书",可是博士官及其门徒手中的经书经过辗转传抄,文字已大有差异,在激烈的竞争中,为了打击对方,"亦有私行金货,定兰台漆书经字,以合其私文者"。在这种情况下,蔡邕向汉灵帝提出了校正经书、刊刻于石的奏请。据《后汉书·蔡邕列传》载:"邕以经籍去圣久远,文字多谬,俗儒穿凿,贻误后学。嘉平四年,乃与五官中郎将堂溪典,光禄大夫杨赐,谏议大夫马日䃅,议郎张训、韩说,太史令单飏等,奏求正定《六经》文字。灵帝许之。邕乃自书丹于碑,使工镌刻立于太学门外,于是后儒晚学,咸取正焉。"因始刻于熹平四年(175),故称熹平石经,至光和六年(183)刻成,历时9年。共刻7部经典于46块石碑之上,有《周易》《鲁诗》《尚书》《仪礼》《春秋》《公羊传》《论语》。字体一律采用今文隶书,故又谓"一体石经""一字石经"。《后汉书》对"熹平石经"的记载十分详细,但《儒林列传》说石碑为古文、篆、隶三体书法,则显然不对,以致后来的很多著作,如司马光的《资治通鉴》和欧阳斐的《集古录目》都以误传误。从现有的出土原物看,足以证明熹平石经只有一种隶书,此后的曹魏石经才是"三体石经"。

"熹平石经"的刊刻,具有十分重要的意义,这不仅是政府对儒家经典的一次大规模校正活动,也是一次大规模的政府编辑出版活动,无论是在内容上还是在形式上都产生了巨大的影响。

首先,"熹平石经"的刊刻是印刷术发明前的一种图书编辑出版工作,它是东汉图书编辑出版活动繁荣发展的重要标志之一。从出版的概念考察,"熹平石经"的刊刻已基本具备了出版活动的三要素:选编作品、传抄复制、广泛传播,只不过表现形式有所不同而已。选编作品自然不用说,石经的底本是从汉代许多版本里精选而来,将最佳的本子刻为正文,而附以他本的异文。如《诗》用鲁诗,而附有齐诗、韩诗异文;《公羊传》用严氏本,而附颜氏异文;《论语》后附毛、包、周诸家异字。在刊刻过程中,还有专人进行校对和监督,可以考证者至少有25人。至于传抄复制和广泛传播,则是通过阅读和传抄石经的人们来完成的。《后汉书·蔡邕列传》载"及碑始立,其观视及摹写者,车乘日千余辆,填塞街陌",正是通过这种"观视及摹写"的方式,石经得以广泛传播,类似于今日网络出版中的"下载"。从石经自身的内容和形式来说,也已基本具备图书的要素,而且是一部很有权威性的儒家经典丛书。只不过载体材料是石头,不同于以往的竹木简牍与此后的纸张,它是一种"刻在石头上的书",是一种形制比较特殊的出版物。虽然在"熹平石经"之前,东汉朝廷一直对儒家经典进行"是正文字,整齐脱误"的雠校工作,但要论持续时间之长,整理范围之广,校雠质量之高,影响程度之大,以前的图书编校工作都无法与"熹平石经"相比。"熹平石经"的刊刻与当时民间学者马融、郑玄等人的编辑整理活动相映生辉,标志着东汉图书编辑出版活动繁荣时期的到来。

其次,订误正伪,平息纷争,为读书人提供了标准本教材,在经学史和教育史上发挥了极为重要的作用。东汉政府校正经书,是为了统一思想,维护儒家经典的权威性和规范性。采用当时盛行的刻石方式,又有其展示性和永久性。铭刻于石,公之于众,既不易再被篡改,又能广为众人阅读摹写,立石者更希望其传之久远。"熹平石经"也在一定程度上达到了刻石者的预期目的,后生学者,都以石经为权威的儒家经典著作。由于熹平石经是政府立于官学的儒家经典的官定本,它的颁布,很快平息了当时极为激烈的纷争,对几部重要经典进行了一次较为认真彻底的订误正伪工作,这在儒风渐衰、章句渐疏、弊陋多端、文字多谬的东汉末年,无疑是非常及时地保证了儒家经典的准确性。不仅当时的太学博士在传经时要以碑校对、防止疏漏,而且较大范围地满足了广大读书人的迫切需求。就是在石碑毁损后,残碑拓片也发挥了校误订伪的作用。

复次,"熹平石经"开我国历代石经刊刻之先河,促使了我国古代石经书籍林的形成。在印刷术发明之前的写本时代,立石经作标准,是校正错讹、整齐脱误、是正文字、促进图书流通的好办法。自熹平石经以后,历代仿效者不绝如缕。此后还有三国魏的"正始石经"、唐代的"开成石经"、后蜀的"广政石经"、北宋的"嘉祐石经"、南宋的高宗御书石经、清代的"乾隆石经",总共有7次大规模的儒家石经刊刻活动,皆仿效熹平石经而作。以"熹平石经"为滥觞的儒家石经还同佛教石经、道教石经、书目石经、格言石经、法书石经等共同构成我国独有的、极为丰富的石刻书籍林,成为中国出版史和文化史上珍贵的文献资料。

再次,从技术角度讲,"熹平石经"的刊刻间接影响了雕版印刷术的发明。一般都认为,启发雕版印刷术的主要技术有二:一是石刻的搥拓技术,一是印玺的钤印技术。而"熹平石经"的刊刻在很大程度上促使了搥拓方法的发明,所以说石经对印刷术的发明也有间接的影响。范文澜曾说:"事实上石经拓本已经是五经刊本,只要变石刻为木刻,就成为雕版印刷术"①;钱存训也说"石经不仅恒久而统一地保存了儒家经典的正统经文,同时也导致了后来以木板雕刻儒经,成为官府最早采用雕版印刷术的先河"②。

此外,"熹平石经"在中国书法史上还具有很高的地位。作为当时的官方巨制,"熹平石经"主要由蔡邕书丹。其字方圆兼备,刚柔相济,雍容典雅,集汉隶之

---

① 范文澜:《中国通史简编》第二编,北京:人民出版社1964年版,第258页。
② 〔美〕钱存训:《书于竹帛》,上海:上海书店出版社2002年版,第58页。

大成,不但在当时被奉为书法的典范,而且流风所及,极深至远。所以说,"熹平石经"的影响是广泛而深远的。

第三节　秦汉时期的出版物

与先秦时期相比,秦汉时期的图书数量大幅度增多,编纂领域不断扩大,优秀著作大量涌现。西汉末年刘歆编纂的国家藏书目录《七略》,共分 6 大类,38 小类,634 家,总共著录图书 13379 篇,图 45 卷。班固《汉书·艺文志》沿袭《七略》,把图书分为六艺、诸子、诗赋、兵书、数术、方技六类,范围涉及人文、社会科学和自然科学的许多领域。根据这些记载可知先秦与西汉时期的著作总数至少应为 13000 余卷,数量相当可观。清代姚振宗撰《后汉艺文志》,将东汉一代图书分为经、史、子、集四部,后附佛、道二录,实为六大部。共著录东汉图书 1100 余部(约数),2900 卷(约数)。考虑到图书的亡佚等因素,东汉时期的图书数量很可能不止这个数目。从《后汉艺文志》著录中可以看出,东汉一代的图书,在数量和内容上都比西汉丰富,并且有以下特点:(1)经书数量急剧增加,这是东汉经学大盛在图书目录上的直接反映;(2)史书大量出现,且种类增多;(3)佛学书籍产生。这是前所未有的一类图书。由此可以推算,两汉时期编辑出版的图书至少有 2200 余部 16000 余卷。考虑到图书亡佚等原因,实际图书数量要远多于这个数量。

前人图书目录中所著录的两汉时期的图书可大致分为三类:一是先秦时期已写定的图书,但大多数都经过两汉学者的编辑整理;二是汉代人对先秦古籍(尤其是儒、道两家图书)的注解阐释之作;三是汉代时人的其他著作。从数量上讲,后二者远远大于第一类;从内容上讲,后二者中有相当多的图书都具有"发凡起例"的开拓性质。所以说两汉时期编辑出版的图书兼有总结前代和开启后世的两重功能,确实具有继往开来之特征。这充分体现了两汉时期文化学术事业的高度发展和繁荣,同时印证了两汉时期的图书编撰、出版活动的繁荣景象。

一、识字课本

图书编辑出版与教育始终保持着密切的联系。早在公元前 8—前 7 世纪,我国就有了供学童诵读的识字课本,即周宣王时的太史籀用大篆编写的《史籀篇》。这也可以称为我国有史记载以来最早的教科书。

秦汉时期,我国识字课本的编辑出版出现了一个高潮,并为汉代字书的大量出版奠定了良好的基础。

(一)《仓颉篇》及其注本

秦始皇时期,为了统一全国文字,进行了我国历史上第一次汉字的定型和规范化工作,将籀文简化,创作小篆,并参照《史籀篇》着手编写统一的识字课本。由丞相李斯作《仓颉篇》七章,中车府令赵高作《爰历篇》六章,太史令胡毋敬作《博学篇》七章,都用小篆书写,向全国颁布。《史籀篇》因此废读。

秦始皇统治时期不长,李斯等编写的识字课本使用时间也很短。据《汉书·艺文志》记载,汉朝建立就将秦时使用的课本进行了改编。"闾里书师合《仓颉》《爰历》《博学》三篇,断六十字以为一章,凡五十五章,并为《仓颉篇》。"经过改编的《仓颉篇》,共有3300字,用隶书书写,成为汉代闾里通行的识字课本。以后历代史书均见记载,到《宋史·艺文志》才不见著录,估计《仓颉篇》在南宋时期已失传了。

根据几次发掘出土的《仓颉篇》,综合起来,可以了解到两千多年前识字课本编写上的一些特点。

(1) 四字一句,采用押韵方式。《仓颉篇》基本二句一韵,有的章内还有一韵用到底。如第一章开头两句,"仓颉作书,以教后嗣"。所押的是之韵,集之部字。第五章几乎全押之韵,也都取之部字。这种采用句短押韵的编写方法,要经过一番精心选字编句,以适于学童朗读,便于背诵。

(2) 将形近的字编在一起,采用部首相同排字方法。如"开闭门闾",都属"门"部,形近,而字义又都同门字有关。这样编写,便于识读、理解和记忆。

(3) 注意到词义相近的字,采用归类编排。如:"困窌廪仓"。困是圜廪,窌是地窖,廪是藏谷的,仓是藏米的。这些都是用来储存粮食的。把近义的(或反义的)字排列成句,增强学童对周围事物的理解,符合教材编写原则。

(4) 不属于近形、近义的,则按词性同类编排。如"而乃之于"都是虚词,编成一句,从教学角度来看,便于教者讲解,也便于学者理会。这样的编排,使实词与虚词分开,说明汉代在学童学习阶段,已要求他们掌握一些基本的语法知识了。

随着社会的发展,语言和文字也发生了不少变化,秦代和汉初所作的《仓颉篇》,到了汉宣帝时,就已经需要请专家来解释了。因为许多古字、古音已不太为西汉中后期的人所识,解释古字音义的工作是十分重要和非常严肃的事,也是汉代学术界的一大特点和贡献。

这种解释工作又称"训诂",根据《毛诗正义》的说法,"训"的意思是"道也,道物之貌以告人也",即用形容或描述的方法解释需说明的字辞。"诂"的意思是"古也,古今异意,通之使人知也",也就是用现代通行的语言解释古代文字。为了解释《仓颉篇》中的古字,汉代学者杜林、扬雄等把读音和含义注在正文之下,分别编写了《仓颉训纂》(二书同名),这两部书也早已亡佚了,但清代学者从古籍中辑出片段,为我们保存了一些内容,如"餔,夕食也;谓申时食也。""驶,速疾也。字从马,史声。""圂,豕所居也。字从口,豕在其中也。""贸,换易也;交易货为贸也。字从贝、卯"。当把这类注释抄集在一起时,就成了专门的字书。

(二)《急就篇》

除了《仓颉篇》外,汉代学者还编出一批识字课本,如司马相如的《凡将篇》1篇,史游的《急就篇》1篇,李长的《元尚篇》1篇等。其中流传时间最久,并且一直保存下来的是《急就篇》。因为古代不少著名的书法家都曾拿它作练字的范文,如钟繇、王羲之、赵孟𫖯等都有写本。其他的识字课本早已亡佚无存,只有少量的辑本。

《急就篇》属于初级识字课本,它按类罗列一些生字而不加注释。如它开头的几句话是:"急就奇觚与众异,罗列诸物名姓字,分别部居不杂厕,日用约少诚快意,勉力务之必有喜"。这几句可谓前言,接着是三个字一句的古人姓名,之后讲"姓名讫,请言物"。下面便是七个字一句的韵语,其中包括布帛、粮食、果木、衣被、器用、饮食、形体、武备、车马、庐室、牲畜、禽鸟、疾病、医药等各种名词。其次就是官职和法律,最后以四个字一句如"汉地广大,无不容盛"等十余句韵语作结尾。可见《急就篇》是没有注释而由老师领读并解释的识字课本。

比较起来,《仓颉训纂》更像字典,它的说解字形,可谓开《说文解字》的先声。而《急就篇》和不带注释的《仓颉篇》不过是生词表,但它仍然具有字典尤其是辞典的某些特征,至少它把词目列了出来。而其所列名物,如"乌喙附子椒芫华""款冬贝母姜狼牙",则与《尔雅·释草》有某些相似之处。

二、字书

我国古代很长一段时间,不分字典、词典,统称为字书,直到清代《康熙字典》问世才有"字典"一词出现。中国第一部以训释字义和词义为主要内容的词典,成书于秦汉之前。两汉时期,在经学昌明的大背景下,我国的文字学、训诂学的学科体系开始确立。与之同时,我国字书的编辑出版也出现了一个前所未有的良好局面。文字之学在汉代被称为小学,《汉书·艺文志》将它归在经学范围内,属于经学的一部分。两汉时期的字书数量究竟为多少,至今尚无明确的统计数字。《汉书·艺文志》著录的西汉小学图书有10家45篇,数目虽然不多,学术价值却很高,编撰体例也颇多创新。另外,我国第一部以训释字义和词义为主要内容的词典——《尔雅》编定于此时。西汉后期还出现了我国第一部方言词典——

《方言》。东汉一代在字书的编撰方面也有很多值得称道的成果,最为重要的是,我国历史上第一部以分析字形、探讨字体结构源流为主要内容的字典——《说文解字》,就出现在这一时期。

(一)《尔雅》

《尔雅》是我国最早的一部解释词义的专著,也是第一部按照词义系统和事物分类来编纂的词典。"尔"是"近"的意思,"雅"是"正"的意思。《尔雅》的意思是接近、符合雅言,即以雅正之言,解释古词语、方言词,使之近于规范。《尔雅》的作者历来说法不一。第一种观点认为《尔雅》为周公所作、后来孔子及其弟子作过增补,第二种观点认为是孔子的弟子解释六艺五经的训诂,第三种观点认为是秦汉间学《诗》的人纂集的《诗经》博士的训诂之书,第四种观点则以为《尔雅》"大抵小学家缀辑旧文,递相增益。周公、孔子,皆依托之词"。最后一种观点是比较符合事实的。此书既非一时所作,又非一人所作,而是从春秋战国时开始纂辑,至汉代才定型成书。

《尔雅》原为20篇,今存19篇,佚《序篇》1篇。从其内容的类别来看,又可分为如下六类:第一类是专门解释字义词义的,有《释诂》《释言》《释训》三篇,《释诂》是解说古字的,《释言》是释秦汉间文字的,《释训》是解释叠词的;第二类是有关人事和生活器用名称的,即《释亲》《释宫》《释器》《释乐》;第三类是有关天文的,有《释天》;第四类是有关地理的,有《释地》《释丘》《释山》《释水》;第五类是有关动物的,有《释虫》《释鱼》《释鸟》《释兽》《释畜》;第六类是有关植物的,有《释草》《释木》。由此可见,《尔雅》还可称为我国最早的一部带有百科全书性质的辞典,对后世类书的出现和发展有直接影响。

(二)《说文解字》

《说文解字》简称《说文》,东汉许慎著。许慎,字叔重,东汉汝南召陵(今河南郾城)人,东汉著名的经学家、文字学家和编辑家。历任郡功曹、洨长、太尉府南阁祭酒等职。据清人考证,大约生于明帝朝,卒于桓帝时。著有《说文解字》《五经异义》《淮南鸿烈解诂》(已佚)《孝经古文说》(已佚)等。许慎在编辑出版史上的贡献,主要在于他编纂了我国历史上第一部真正意义上的字典——《说文解字》。许慎撰《说文解字》大约始于永元八年(96),成于永元十二年(100),到安帝建光元年(121)许慎病中,才让他的儿子许冲献给朝廷。其间共历22年,可见用力之久,研究之深。

《说文解字》是我国第一部以部首分类检字的字典,共14篇,后有许慎的叙,"述其著书之意"。全书共收9353字,重文1163字,共10506字,解说之文凡133441字,几乎囊括了汉代和汉代以前的所有汉字。全书按部首分类法编排,对所有的汉字的音、形、义进行全面分析和解释。这是一部体大思精、具有开创意义的伟大著作。它在中国编辑出版史上的重要成就和意义表现在以下几个方面：

(1)《说文解字》是我国古代第一部完整的字典。在《说文解字》之前，我国字典一直处在萌芽状态，如《仓颉篇》《爰历篇》《急就篇》等都未脱离识字课本的功能，仅仅是字典的雏形。至于《尔雅》，虽然产生年代较早，但它不仅收字少，说解也没有《说文》详细，不能算完整的字典，更确切地说，《尔雅》是一部词典，能称为中国第一部完整字典的，只有许慎的《说文解字》。

(2)《说文解字》首创部首法。《说文解字》按照"六书"原则，将9353个汉字按540个部首编排，每个部首下都统摄若干个文字，每个文字都用小篆写成，然后用汉隶解释它的形音义。《说文解字》所发明的这种"分别部居，不相杂厕"的部首分类法对我国字典发展影响最大，后世以部首分类的字典在各种分类字典中所占比例最大。直到今天，《辞源》《辞海》《汉语大字典》《汉语大词典》仍然使用部首分类法，所以说，《说文解字》影响中国历史达数千年。部首分类法的创立，使辨明每个汉字变得较为容易。只要看到某个汉字属于某部，就可以大致了解它的属性和类别。如部首"广"表房舍，因此可以判定库、府、庭等字都是房屋一类的东西。这样就可以避免误认、误读和误写。

(3)集中、系统地阐述并应用了"六书"理论，为后来文字学的研究提供了钥匙。我国古代学者在长期的文字学研究中，归纳出了六种造字方法，即象形、指事、会意、形声、转注、假借，总称"六书"。"六书"理论萌芽于春秋战国时期，成熟于汉代。不过，在许慎以前，只有"六书"和"象形""指事"等名目，而没有具体的解说。至许慎编纂《说文解字》时，方统一"六书"名目，而且一一下了定义，并用"六书"理论具体地分析当时所能见到的所有汉字，在书中对每一个汉字都注明或"象形"或"指事"或"从某，从某"或"从某，某声"。可以这样说，到许慎撰写《说文解字》的时候，"六书"理论才算成熟。

(4)《说文解字》具有严格的训释体例，在字典编纂史上具有开创意义。在分析解释汉字时，一般都是先解释其义，次训其形，后训其音，有别字或他说者则补充之。如"元"字篆文下云，"始也。从一，兀声。"段玉裁注说："凡文字有义，有形，有音。《尔雅》以下，义书也；《声类》以下，音书也；《说文》，形书也。凡篆一字，先训其义，若'始也''颠也'是；次释其形，若'从某，某声'是；次释其音，若'某声'及'读若某'是。合三者以完一篆，故曰形书也。"《说文解字》的这种训释格式和方法，大多为后世的辞书所遵循，影响相当大。

(5)《说文解字》保存了大量的古文字资料，反映了许多古代社会历史方面的情况,具有很高的历史文献价值。如《说文》中有关书写材料的字均为竹头:简、策、篇、簿、笺、籍等,说明至许慎时纸尚未普遍应用。又如《说文》中女分所摄之字,反映了社会发展的一些线索。凡是姓氏都带女旁:姜、姚、嬴、姬等,是母系时代给文字打上的烙印。

3.《方言》

《方言》,13卷。西汉扬雄撰。扬雄(前53—18),字子云,成都人。他一生著述宏富,计有《仓颉训纂篇》《太玄》《法言》《方言》以及众多的辞赋。

《方言》的全称是《輶轩使者绝代语释别国方言》。輶轩是一种轻车的名称,古代天子使者都乘輶轩,故将使者称为"輶轩使者"。周秦时,天子常于八月派輶轩使者往各地求访求搜集方言、习俗、民歌民谣,回来后加以整理,藏于密室之中。于是扬雄便把其作品命名为《輶轩使者绝代语释别国方言》。后简称为《别国方言》或《方言》。

扬雄编辑《方言》是亲自调查搜集资料,访求来京的各郡国孝廉及卫士,然后进行补充增订,积27年之久从不间断。另一种资料来源,则来自前人的各种著述。

《方言》的编纂体例,有以下特点:

(1)篇章体例。《方言》虽没有标明门类,但实际上是按《尔雅》模式编排的,如卷4释衣着,卷5释器物,卷6释人及感觉行为,卷8释鸟兽,卷9释兵车船,卷10释虫,其他各卷释动词、名词及形容词。

(2)释词方式。其一是先举出一个词,作为话题。然后逐一说明其各地的不同称谓,如卷八释"猪"云:"猪,北燕、朝鲜之间谓之豭,关东西或谓之彘,或谓之豕……"其二,先举出一组同义词,作一共同释义,然后分别辨析,指出何字为何地方言。如卷一"悼、怒、悴、憖,伤也。自关而东汝、颍、陈、楚之间通语也。汝谓之憖,秦谓之悼,宋谓之悴,楚颍之间谓之憖"。

(3)说解术语,对普通话和古今方言都有专称。"通语""凡语""凡通语""通名""四方之通语"等表示不受地域限制的西汉通行的普通话和官方语言;"某地语""某地某地之间语",是表示因地域关系语言发生变异的各地方言;"某地某地之间通语"表示通行区域较广的方言;"古今语""古雅之别语",表示古代不同的方言;"转语""代语",表示因时地迁移,声音转变而产生的语言。此书所记包括了十分广阔复杂的大大小小的方言区,有古国如秦、晋、吴、越,有州郡县如幽、汝、南、颍,有山川如岱、江,有民族如朝鲜等。

《方言》是我国现存最早的方言辞典,其影响极大。《方言》和《尔雅》是古代最早的两部同义词典,《尔雅》汇其同而略其异,《方言》既明其同又辨其异,主要是别其空间之异及时间之异,视野比《尔雅》广阔得多。在训诂上的价值,可使人们据之以解古代方言之义,对于阅读先秦两汉古书十分重要。

三、经学著作

两汉学术主流是经学。自汉武帝"罢黜百家,独尊儒术",儒家思想由原来的思想流派之一,一跃而为官方意识形态,儒家的《诗》《书》《礼》《易》《春秋》等五部典籍也被奉为"经",对这五部经书的诠释和发挥则为经学。"经"与经学之间的关系,周予同曾作过解释,他说:"经与经学,既有联系,也有区别。所谓经,是指中国封建专制政府法定的以孔子为代表的儒家所编书籍的通称;所谓经学,一般说来,就是历代封建地主阶级知识分子和官僚对上述经典著述的阐发和议论。"① 两汉文化学术发展史上的一个鲜明特征就是经学的高度发达与繁荣,表现在图书编纂与出版事业上,就是经学著作的大量涌现。

经学著作的大量出现是与当时的文化政策与学术风尚紧密相关的。汉武帝接受董仲舒的建议,在中央设太学,置五经博士,招收博士弟子员,传授儒家经典。博士弟子员中学习优秀者可以直接进入仕途。政府将学术研讨与仕途紧密结合起来,实质上就是利用学术大开利禄之途。这样,天下便靡然风向,趋之若鹜,攻读经学。正如《汉书·儒林传》所言:"传业者寝盛,支叶蕃滋,一经说至百余万言,大师众至千余人,盖禄利之路然也。"这样就势必导致解经之作愈来愈多,也愈演愈繁。具体表现在数目庞大,名目繁多,篇幅冗长,内容烦琐。

由于各种原因,我们无法对汉代经学著作进行精确的统计。仅据《汉书·艺文志》所载,其中"六艺略"著录的西汉时期的经学著作就有93家,3000余篇,其数目约占《汉书·艺文志》著录图书总数的四分之一。除此而外,民间肯定还有很多名不见经传的经学著作。如果再把东汉一朝的解经之作计算在内的话,数目当会更多。

两汉经学著作的名目十分繁杂,略举其端,则有"传""内传""外传""故""解故""解诂""说""说义""记""章句""注""笺""释""解""解说""条例""训旨""同异""训诂""微""通论""异义"等,不一而足。其名目虽然繁多,但其内容都不脱对儒学经典的传注解释。可见当时学者在经学著作的名目上是如何大做文章的。

两汉经学著作的另外一个特征是篇幅冗长,内容烦琐,引申演绎和牵强附会的成分很多。据《汉书·楚元王传》载,刘歆曾斥责这一情况说:"缀学之士不思

---

① 周予同:《周予同经学史论著选集》,上海:上海人民出版社1996年版,第656页。

废绝之阙,苟因陋就寡,分文析字,烦言碎辞,学者罢老且不能究其一艺。"班固在《汉书·艺文志》中则对烦琐经学产生的原因与结果做了进一步的分析:"古之学者耕且养,三年而通一艺,存其大体,玩经文而已。是故用日少而畜德多,三十而五经立也。后世经传既已乖离,博学者又不思多闻阙疑之义,而务碎义逃难,便辞巧说,破坏形体。说五字之文,至于二三万言,后进弥以驰逐,故幼童而守一艺,白首而后能言。"当时学者对经典的传注解说之作,动辄可达数十万言。如桓谭《新论》所记:"秦近君能说《尧典》,篇目两字之说,至十余万言。说'曰若稽古'三万言。"周防"撰《尚书杂记》三十二篇,四十万言"。景鸾"著述凡五十余万言"。郑玄"所注凡百余万言"。真可谓是叠床架屋,达到了无以复加的地步。

王莽时期,为了改变经学著作烦琐冗沓、废话连篇的状况,便开始有意识地删节五经章句。于是"省五经章句,皆为二十万",博士弟子郭路"夜定旧说,死于烛下",可见删减工作之不易。即便是经过删节的著作,字数仍然很多。光武帝即位后,也曾颁布诏书,以"五经章句烦多,议欲减省",但未见其果。东汉时期的很多著名学者也力图跳出章句之学的藩篱,博综兼览,兼通数家。一些博士弟子员也不为师法、家法所拘囿,对章句进行删减。如桓荣从朱普受《欧阳尚书》四十万言,因其繁复,删减为二十二万,其子桓郁又在此基础上删定为十二万。虽然如此,东汉一代,终未能改变经学著作内容烦琐的局面。

四、史学著作

两汉时期涌现出了众多的史学大家,史学著作不但在数量上较前代有显著增长,而且在编纂体例上也有许多改变和创新,对后世的史学编纂影响十分深远。

相较而言,西汉时期的史学领域尚未形成著书立说的社会风气,史学出版物数量比较少,史书的地位也不是很高。在《汉书·艺文志》中,班固将西汉时人的史学著作如《楚汉春秋》《太史公书》(《史记》)、《续太史公》《太古以来年纪》《汉著记》《汉大年纪》都一律附于六艺类的《春秋》家之后。这充分说明了西汉史学著述还处于不太发达的阶段。不过,司马迁《史记》的出现却可以弥补这一缺陷,它所创用的纪传体在此后二千余年一直沿用不替,而且作为正史而成为中国史学著作中最权威的体裁。《史记》的非凡成就和巨大影响足以让西汉的史学领域光彩顿生,光照千秋。进入东汉时期以后,情况发生了很大的变化,史学出版领域开始呈现出较为繁荣的景象。这主要表现在三个方面:一是史学家辈出,远比前代数量为多,诸如班彪、班固、刘珍、蔡邕、荀悦、应劭等,都堪称一代史学名家;二是史书类别较先前明显增多,在纪传体之外,还有编年体史书、杂史、起居注、载记、史抄、史评、故事、职官、仪制、刑法、杂传记、地理、谱系、簿录等类别,其中有很多体裁具有首创之功,对后世的影响很大;三是史籍数量也很可观,仅据姚振宗《后汉艺文志》著录,东汉共有史部书196部,而且其中有为数不少的优秀之作,其中以《汉书》和《东观汉记》最具代表性。东汉史学著述的繁荣使得史书地位迅速提高,在其后魏晋时期的目录书里,它已从经书的附属一跃而成为仅次于经书的一大部类。

(一)司马迁与《史记》

司马迁(前145年—?),字子长,左冯翊夏阳(今陕西韩城)人。其父司马谈为汉太史令,他曾想编一部史书,将春秋以来的史事详细地记载下来,虽然未能完成,但为司马迁后来的创作打下了良好的基础。司马迁10岁时便从师孔安国,成年后多次出游,考察古迹,搜访遗闻,足迹遍及大半个中国。父亲去世后,他继任为汉朝的太史令。天汉三年(前98),他因上书为投降匈奴的将军李陵讲情而被处以腐刑,并投入狱中。出狱后,司马迁含垢忍辱,经过近十年的奋斗,写成了闻名中外的史学巨著——《史记》。

《史记》又名《太史公书》《太史公记》《太史记》等,共有130篇,其中本纪12篇、世家30篇、列传70篇、表10篇、书8篇,记载着上自传说中的黄帝,下至汉武帝太初(前104—前101)年间,将近三千年的中国历史。司马迁去世后,《史记》亡佚了几篇,今传本《史记》是经后人褚少孙等增补的。《史记》不但在中国史学史和文学史上有着极其重要的地位,而且在中国古代编辑出版史上享有很高的声誉。宋代郑樵在《通志·总序》中称誉《史记》"百代而下,史官不能易其法,学者不能舍其书。《六经》之后,惟有此作"。《史记》一书代表了两汉时期史书编辑的最高成就,司马迁在《史记》一书中体现出来的编辑思想和编辑方法是中国出版史上的珍贵遗产,对后世的图书编辑尤其是史书编辑事业产生了极为深远的影响。

《史记》中本纪、世家、列传在写作体例上是相同的,都属于传记性质,它们的区别只是被记述人的身份不同。这一写作体例是司马迁在继承的基础上加以革新而创立的。在司马迁之前已有"传"这种写作体例,它是被用来记事立论及解释经书的,如《左传》《公羊传》。司马迁则用来专记 人的事迹。表又称年表,是用表格的形式将历史上重大的事件或人物表示出来,以便查检的一种写作体例。据桓谭《新论》介绍,它是依据先秦的《周谱》而创立的。书是用以记载某方面典章制度兴废沿革的专题史料体裁,它是完全由司马迁所独创的。

司马迁在《史记》的编纂体例上有因有革,在继承的基础上有所创新。这种新的史书体例既有纵向的记载,又有横向的描述,既反映了历史上的重大事件,又描绘了历史上的突出人物。它一改以往史书单线索描写的方式,而是从各个角度尽可能地展现历史的原貌,使人们既能从宏观上总结出历史规律,又能从微观上进行专题研究。正是由于这一特色,使得《史记》的编纂体例成为中国历史写作的主体方式,《史记》本身也成为"史官不能易其法,学者不能舍其书"的传世佳作。

(二) 班固与《汉书》

《汉书》是中国最早的一部纪传体断代史,记载了自汉高祖元年(前 206)起,到更始二年(24)止,包括王莽新朝在内 230 年的历史,它是由东汉前期的著名学者班固编撰的。

班固(32—92),字孟坚,扶风安陵人(今陕西咸阳市东)。其父班彪曾续司马迁《史记》而作《后传》65 篇。班彪去世后,班固继续编撰,结果被人告发私编国史而入狱。经其弟班超伏阙上书,汉明帝不但赦免了班固,还任命他为兰台令史,一面典校秘籍,一面编撰国史。又经过 20 多年的努力,到班固去世时,《汉书》已大体完成,余下的《天文志》及八表由其妹班昭及学者马续补写而成。

《汉书》是依照《史记》体例编撰而成的,共 100 篇,其中帝纪 12 篇、表 8 篇、志 10 篇、列传 70 篇。班固在继承《史记》编纂体例的基础上,又有所创新和发展,其变化大致表现在以下几个方面:

(1) 在时间上以某个封建王朝的兴亡为纪事断限,这更利于反映历史中某段时期的全貌及历史规律。在此以后,一个朝代灭亡以后,代之而兴的王朝为其及时修史逐渐成为传统。

(2) 将本纪演变成编年史。在《汉书》中,本纪虽然仍以皇帝为纪事主体,但在内容上已从皇帝个人向国家大事侧重,更带有编年体大事记的性质,使纪传体史书纵向描述稍嫌薄弱的缺陷得到补充。

(3) 对"志"(《史记》中的"书")这一由司马迁独创的体例加以丰富和完善。班固在《汉书》中增加了《地理志》《食货志》《艺文志》三志,其中《地理志》完整地介绍了西汉的疆域,在中国历史上首次全面地对郡县分布、人口统计作科学的综合记述。《食货志》记载经济方面的史料。《艺文志》则按刘向、刘歆校书时的科学分类,对当时的学术渊源及著作加以记载,为文献学和编辑史提供了可贵的资料。经班固丰富后发展的《汉书》十志,全面地提供了当时政治、经济、文化、军制、刑法、天文、地理等方面兴废沿革的资料,使纪传体史书对历史发展的横向描述更加充实、完善。

(三)《东观汉记》

《东观汉记》记事起于光武,终于灵帝,是承袭《史记》《汉书》纪传体体裁,由东汉史官集体编撰的东汉一代的国史,在唐代以前,它与《史记》《汉书》并称为"三史"。

班固、蔡邕等许多著名学者都先后参加了《东观汉记》的编撰工作,其撰修过程是从明帝永平五年(62)开始,一直延续到魏文帝黄初六年(225),历时163年。《东观汉记》分本纪、年表、志、列传、载记等五个部分,材料十分丰富,实为东汉一代史料的汇总,是继《汉书》之后的又一部纪传体断代史。魏晋以来修撰东汉史者,主要素材都取自《东观汉记》。《隋书·经籍志》记此书为143卷,可惜后来失传了,清代始有辑佚本。

五、科技著作

我国在先秦时代就产生了一批科技书籍,在秦始皇发布的焚书令中,曾言明医药、占卜、种树之书不在禁毁之列,因而这些书在汉代保存得比较完整,这就为汉代科技书籍的大量产生提供了坚实的基础。

从《汉书·艺文志》的著录中可以看到,刘向、刘歆校书时将全部图书分为六大类,其中两类都与科技有关,即数术和方技。数术包括天文、历谱、五行、蓍龟、杂占、形法六类,方技包括医经、经方、房中、神仙四类。这两大类当时共著录146家、3400多卷,其中包含了不少西汉的科技书籍。从近年来出土的竹简、帛书可以看出,占云气书、阴阳五行、刑德、日书、医书等占了很大比重,可见这些书在当时非常流行。现着重介绍其中的医书及数学书。

据考证,现存医书中《难经》《神农本草经》《伤寒杂病论》等经典著作都是两汉时期的作品。《难经》大约成书于东汉时期,它用问答体裁总结了当时的医疗经验和理论知识。《神农本草经》估计也成书于东汉,共收录药物365种。由于这些著作经后人辗转传抄有所增订,因而很难考证其成书时的编撰体例。

1972年11月在甘肃武威旱滩坡汉墓出土了92枚汉代医方简续,是留存至今的西汉时期的一部完整医书。该书体例是一病一方,每一条都列有方名、病名、药名、分量、炮制方式、服药方法、禁忌及反应等,除针灸禁忌部分外,关于医学理论性的内容很少,很可能是当时某部医书的读书笔记和医疗实践记录。1973年冬至1974年春,在湖南长沙马王堆三号汉墓中,也曾发现三篇西汉医药方面的帛书,上面记载着经脉和灸法。这是迄今发现的中国最早的医书。

汉代在数学方面产生了不少著作,其中以《许商算术》和《杜忠算术》最著名。许商(前32—8),字长伯,长安人,曾任将做大臣、大司农等官,精通历法,善于计算,著《许商算术》26卷。杜忠时代与许商相近,著《杜忠算术》16卷。遗憾的是,这两部数学著作都没有流传下来。

大约在东汉初年,产生了中国流传至今最早最完整的数学著作《九章算术》。它共有246道应用题,按数学性质分成九章,这九章分别是:方田(田积)、粟米(比例)、衰分(比例配分)、少广(开方)、商功(体积)、均输(税率)、盈不足(盈亏与比例)、方程(多元一次方程)和勾股。对于各类应用题,《九章算术》都列出其解法,大致相当于现在的数学定理和公式。

1984年在湖北江陵附近的张家山汉墓里发现了一批西汉早期竹简,其中有《算数书》残卷,这是中国迄今发现的最早数学著作。它将算术题分门别类地归纳在几十个小标题之下,应用题以题意命名,如《金贾》《税田》等,算法类以性质命名,如《相乘》《合分》等。其编辑方法与《九章算术》相似,但年代要较之为早。

此外,西汉在天文学方面还有《甘石星经》《灵宪》《浑天仪图注》等,在农学方面还有《氾胜之书》《四民月令》等重要著作。遗憾的是,由于价值观的改变,后人对这些科技书不甚重视,因而失佚情况十分严重。

第四节　秦汉时期的图书流通与贸易活动

先秦时期,很少有图书买卖的记载,图书贸易活动尚未萌芽,图书的商品性也无从体现。进入秦汉时期以后,情况发生了根本性的变化。这一时期,图书的商品性逐渐凸现,书籍买卖活动也渐次开展起来,书籍逐渐以商品形式进入社会流通领域,终于在西汉末年出现了买卖书籍的专门场所:书肆和槐市。随着图书出版事业的进一步发展,书肆在东汉得到了进一步的发展。与此同时,社会上也逐渐出现了依靠传抄复制图书来谋生的专门职业:佣书。这些既是秦汉图书出版事业长期发展的必然产物,也反过来促进了两汉图书的生产和流通。

一、图书商品的萌芽

秦始皇焚书和长期的战乱使国家与民间藏书遭受了严重的破坏。西汉政权建立不久,就十分重视图书的收集和编校工作。尤其是自汉惠帝解除挟书禁令之后,朝廷和地方藩王的征书活动便逐渐展开,图书贸易也在征书活动中渐露萌芽。据《汉书·景十三王》载,汉景帝时,河间献王刘德"从民得善书,必为好写与之,留其真,加金帛赐以招之。由是四方道术之人不远千里,或有先祖旧书,多奉以奏献王者,故得书多,与汉朝等"。又据《隋书·经籍志》载,"汉时有李氏得《周官》。盖《周官》,周公所制官政之法,上于河间献王,独阙《冬官》一篇。献王购以千金不得"。这是西汉时期地方藩王用重金向民间购求图书的最早记载。一方献书,一方赐以金帛,而且取得了很显著的效果,这说明图书的商品性已在一定程度上得到了承认。汉武帝时期,广开献书之路,"大收天下篇籍",献书者由朝廷赐赠金帛。有时甚至还以帝王之尊求购图书。据《汉书·张安世传》载,汉武帝"行幸河东,尝亡书三箧,诏问莫能知,唯安世识之,具作其事。后购求得书,以相校无所遗失。"这些都是早期统治者以金帛奖励购求书籍之事,尚不属于纯粹商品交换的范围,但已孕育着推动图书出版业进入商品流通的萌芽。武帝以后,朝廷征召图书的活动并未中断,汉成帝时期,还曾派谒者陈农出使四方,访求天下遗书。东汉政府建立以后,光武帝也曾"诏求亡佚,购募以金",大规模地搜求天下遗书。通过这种征求方式,民间流通的图书汇集成国家藏书,政府又在此基础上组织人员进行编次校正图书,整理后的图书又通过各种方式流传民间,这对于传播普及文化知识具有十分重要的促进作用。而这种由民间到政府,再由政府到民间的循环过程也就成为两汉时期图书流通的重要模式。

二、民间书贩组成的书肆

两汉时期图书贸易正式开展起来的标志是书肆的出现。西汉扬雄在他所著的《法言·吾子篇》中写道:"好书而不要请仲尼,书肆也。"汪荣宝在《法言义疏》中对这句话解释道:"市陈列百物以待贾,故即谓之肆。卖书之市,杂然并陈,更无去处,博览而不知折中于圣人,则群出杂列,无异于商贾之谓也。"[①]大体就是说爱好书而不按照孔子的教导去学,那就不是读书而是开书铺子。这是我国现存文献中最早提到书肆的记载。《法言》一书写定于汉哀帝时期(前6—前1),由此可以断定我国的书肆最晚应出现于汉成帝时期的长安城中。历史文献中关于西汉末年书肆的记载并不多,这也说明,书肆虽然已经产生,但尚处于零星分布状态,还不是很普遍。进入东汉以后,情况就发生了很大的改观。

汉光武帝中兴不久,商业逐步繁荣,尤以都城洛阳最为发达。文教事业也随之蓬勃兴起,班固《东都赋》说:"四海之内,学校如林,庠序盈门",虽不免有所夸张,但也能反映当时文教事业兴盛、识字人口增多的现实情况。随着商业的繁荣和文化教育的发展,为适应需要,城市里的书肆已不是个别的了。

书肆的大量出现,促进了图书的流通和利用。历史文献就记载着不少生徒到书肆上去看书和卖书。如《后汉书·王充列传》:"充少孤,乡里称孝。后到京师,受业太学,师事扶风班彪。好博览而不守章句。家贫无书,常游洛阳市肆,阅所卖书,一见辄能诵忆,遂博通众流百家之言。"王充生于光武帝建武三年(27),约卒于和帝九年(97),从这段记载里可以了解东汉前期的书肆情况。再如《后汉

[①] 汪荣宝:《法言义疏》,北京:中华书局1987年版,第74页。

书·荀悦列传》也记载,东汉末年的秘书监、史学家荀悦(148—209)年轻时也因"家贫无书,每之人间,所见篇牍,一览多能诵记"。又据《后汉书·文苑列传》载,桓帝时期(147—167)任尚书郎的山东宁阳人刘梁乃"宗室子弟,而少孤贫,卖书于市以自资"。

从以上的记载中我们可以看出,两汉时期的书肆有以下三方面的特点:一是多出现在商业比较繁荣、文教事业比较发达的城市中,西汉如长安、东汉如洛阳都是书肆的集中之地;二是由民间书贩组成,以谋取利润为目的,销售的书籍品种丰富,既卖儒家典籍,又卖诸子各家的书籍,这也说明书肆已具备了一定的商品经营色彩,只要有货源和需求,什么书都可以陈列于市;三是经营方法灵活,敞开售书,允许自由阅览,既可招揽读者,又利于贫困知识分子求知自学的需要,客观上起着当时还不存在的公共图书馆的作用,因而受到社会上各类读者的欢迎。总之,书肆是适应民间教育事业普及和文化学术思想发展的产物,也是商品生产和交换不断发展的必然结果。书肆的产生和发展标志着我国图书贸易事业的正式开展,在出版史上具有十分重要的意义。

三、我国最早出现的书籍集市——槐市

西汉末年(1—8)和王莽的新朝时期(9—23),随着中央太学规模的不断扩大,太学生的数量也空前增多。在这种环境下,在长安太学附近出现了我国最早的书籍集市。

西汉末年,王莽执政。出于夺取政权的需要,他采取了一系列网罗知识分子的措施。《资治通鉴》卷三十六载,平帝元始四年(4),王莽"奏起明堂、辟雍、灵台,为学者筑舍万区,制度甚盛。立《乐经》;益博士员,经各5人。征天下通一艺、教授十一人以上,及有《逸礼》、古书、天文、图谶、钟律、《月令》、兵法、《史籀》文字,通知其意者,皆诣公车。网罗天下异能之士,前后至者千数。"众多士人和太学生的聚集,扩大了对书籍的需求。于是,在太学近旁形成了包括买卖书籍在内的综合性贸易集市——"槐市"。

成书于东汉末年的《三辅黄图》对槐市有较为详细的记载:

> (太学)东为常满仓,仓之北为槐市,列槐树数百行为遂,无墙屋,诸生朔望会且市,各持其郡所出货物及经传书记笙磬乐器,相与贸卖,雍容揖让,论议槐下。①

由此可见,设槐市既是王莽文教政策的措施之一,也是太学事业发展的直接

---

① 何清谷:《三辅黄图校释》,北京:中华书局2005年版,第406页。

结果。与民间贩卖者经营的书肆不同,槐市有自身鲜明的特点:一是定期举行,集市每半月一次;二是参与主体身份比较集中,都是长安太学生;三是买卖物品并不局限于图书,而是包括了"笙磬乐器"以及各地特产等物品;四是有交往论学的功能,所谓"雍容揖让,侃侃訚訚,或论议槐下";五是受到政府的直接影响和监督,政府设有专门的机构管理槐市。总之,槐市并非纯粹的商业交易市场,无论从哪个角度来看,都有着十分浓郁的文化气息。就这样,成千上万读书人云集在一起,一方面进行了学术思想交流,一方面买卖"经传书记"等物品。这不仅对当时的官方教育起了积极作用,更促进了图书流通和贸易的发展。

槐市的盛况并没有存在很长时间,更始元年(23),刘玄所部攻陷长安,王莽政权崩溃,长安太学在战乱中解散,槐市也随之消失。虽然它仅仅存在了20多年,但在历史上的影响却十分深远。后代文人学士吟诗作赋,经常提到槐市,将其作为一种文化的象征加以吟颂。北周文学家庾信有诗云:"璧池寒水落,学市旧槐疏"。南朝萧统作《讲学碑》提到:"晬玉容而经槐市"。唐代著名诗人卢照邻、骆宾王、刘禹锡等人的诗篇中都曾提到槐市。

四、图书传抄复制者——"佣书"

在雕版印刷术发明以前,所有的书籍全靠人工抄写,抄写复制过程既是书籍生产过程的继续,也是书籍流通的表现方式。抄写复制是两汉图书传播和流通中普遍使用的方式。汉武帝时期曾置写书之官,其工作就是抄录复制图书。河间献王刘德、淮南王刘安在用重金购求天下遗书的同时,也曾让佣书人为他们抄写复制。此后刘向、刘歆父子等人整理国家藏书时,最后也曾抄录成几种复本。在对图书需求渐增的情况下,很有可能出现以传抄复制图书为职业的人。只不过文献中对西汉时期的佣书人鲜有记载。及至东汉,由于读书人的需求日增,从事抄书之业的人也日渐增多,抄录图书也成为一种足以谋生的专门职业,史称"佣书"。东汉一代,因传抄图书而成名者大有人在。东汉名将班超早年就曾以佣书为业,"投笔从戎"的典故就出自他的佣书故事。《后汉书·班超列传》载:

> 永平五年,兄固(按:指班固)被召诣校书郎,超与母随至洛阳。家贫,常为官佣书以供养。久劳苦,尝辍业投笔叹曰:"大丈夫无它志略,犹当效傅介子、张骞立功异域,以取封侯,安能久事笔研间乎?"左右皆笑之。超曰:"小子安知壮士志哉!"……久之,显宗问固:"卿弟安在?"固对:"为官写书,受直以养老母。"[①]

[①] (南朝宋)范晔:《后汉书》,北京:中华书局1965年版,第1571页。

班超因家贫而"为官佣书",至少能说明两个问题:一是随着图书需求量的增多,政府开始设置专门的抄书岗位,招聘大量的"书佣"来从事图书的复制工作;二是"为官写书"在当时是一种文化人借以谋生的手段,收入还比较可观。

除了像班超这样依靠为官府抄书而谋生的"书佣"以外,还有专门以"佣书"为业,自抄自卖的例子。如安帝时的王溥年轻时因"家贫不得仕",乃"挟竹简插笔于洛阳市肆佣书"。又如安帝时的汉中南郑人李郃在洛阳太学求学时,常以佣书自给,后来官至太常,复为司徒。据《北堂书钞·写书》载,当时,还有一些入仕无门的读书人,只好回乡务农,同时把佣书作为谋生的副业。如东汉末期的陈长次,"昼则躬耕,夜则赁书以养母"。赁书,即抄书出售。公孙瓒"入太学,授尚书,写书自给","写书"意即抄书。

随着社会对书籍的需求日益增加,书籍的商品流通不断扩大,抄书逐渐成为"佣书"的专业,人数也不断增加,为市场提供的书籍也越来越多。当时的书贩受到商业利润的刺激,还经常携带图书,远出荒郊,前往儒生聚集的地方销售,以致成为书市。

为数众多的抄书人的"佣书"活动,提高了当时图书的再生产能力,在很大程度上促进了图书流通和贸易事业的发展,在文化知识的传播方面做出了重要的贡献。佣书活动是手写复制书籍的出版现象,其写书不是为了自己研习,而是为了鬻而获利,以求生计。这与后来的出版者已无本质的区别。所以佣书人的出现,应视为古代图书出版的一大进步,对图书出版业的发展有着不可忽视的作用。

应该看出,抄录图书毕竟是一种效率比较低的图书复制方式,加之两汉时期图书主要以竹木简牍为载体,携带和收藏多有不便。这些因素都限制了图书的流通和贸易的进一步发展。所以,虽然两汉时期已经出现了书肆、槐市以及佣书,但复制技术的落后使得图书的流通还是十分缓慢和有限。出版事业的进一步发展迫切地需求发明一种高效率的复制技术。下面的这个事例很能说明这一问题。范晔《后汉书·王充列传》注引《袁山松书》曰:

> 充所作《论衡》,中土未有传者。蔡邕入吴始得之,恒秘玩以为谈助。其后王朗为会稽太守,又得其书。及还许下,时人称其才进。或曰:不见异人,当得异书。问之,果以《论衡》之益。由是遂见传焉。①

王充为明、章二帝时期的著名学者,蔡邕是灵帝时人,中间相距将近百年,而中土尚无王充之《论衡》。王朗比蔡邕更晚,也要到会稽才能看到《论衡》。当时书籍流通之不易,由此可见一斑。直到雕版印刷术发明并得到广泛应用后,这一状况才从根本上得以改变。

---

① (南朝宋)范晔:《后汉书》,北京:中华书局1965年版,第1629页。

五、中外图书出版交流——佛经的翻译与传播

两汉时期,中外文化交流广泛开展,当时的汉政府与朝鲜、日本、越南、中亚诸国都有广泛的交流。随着文化的广泛交流,中外图书出版交流也逐渐开展起来了。这一时期中外图书出版交流活动中最重要的事件是佛教的传入与佛经的译介。

通常认为,佛教于西汉末年传入中国,其大规模的传入始于东汉明帝时。自明帝以后,佛教就开始以京城洛阳为中心,广泛流传民间各地,波及今河南、陕西、山东、江苏、安徽、浙江、江西、广东诸省。而佛教的传播,又是与讲经、译经等活动紧密联系在一起的。同时,随着佛教在中国的广泛传播,佛经的翻译也逐渐被传教者重视起来。佛教传入的一个直接结果就是佛经数量的增多和佛经翻译事业的逐步繁荣。

东汉初期,佛经汉译的大概只有口授的《浮屠经》与《四十二章经》。其中以后者最为有名。《四十二章经》的译者佛教界通常认为是迦叶摩腾或与竺法兰合译,而学术界则无定论。不过,此书在东汉时即已译出,则是不争的事实。由于这是第一部正式汉译的佛经,具有不可比拟的影响,因而颇受后世重视。

东汉后期,尤其是桓帝、灵帝时期,许多印度及西域僧人相继来到中国,以洛阳为中心,从事佛教传播与佛经的翻译工作,译出了大量的佛教典籍。据《开元释教录》统计,此期共译出佛经 292 部 395 卷。著名的翻译者有安息人安世高、安玄,月氏人支娄迦谶、支曜,天竺人竺佛朔,康居人康巨、康孟详等,其中尤以安世高和支娄迦谶的成果最丰,成就最高。

安世高,名清,被认为是佛经汉译的创始人。晋代道安编纂的《众经目录》,列举所见过的安世高译本,共有 35 部、41 卷。南朝梁时慧皎著《高僧传》中记载安世高所译佛经数目为 39 部。可见,后世记载也多有不同。其后历经散失,现存 22 部 26 卷。

支娄迦谶,又作支谶,是第一个把佛教大乘般若学传入汉地的僧人。当时支谶所译佛经究竟有几种,因当时无记载,很难确定。晋代道安著述经录时,见到的写本,年代可考的只三种:(1)《般若道行经》十卷(光和二年,即 179 年译)。(2)《般若三昧经》二卷(现存本三卷,译年同上)。(3)《首楞严经》二卷(中平二年,即 185 年译)。

在这个时期,一些中国本土信奉佛教的知识分子,如严佛调、孟元士、张少安、子碧、孙和等也都参与或部分参与了译经工作,不过,他们大多居于配角地位,或笔受记录,或提供译经资金、场所和各种生活用品等。总体来说,东汉时期

的译经活动有以下几方面的特点:

(1) 译经工作处于初级的开创阶段,虽然成绩可观,但尚未形成系统,比较零散,不够全面;

(2) 译经人员以外来僧人为主,中国僧人或居士只担任辅助工作;

(3) 译经工作以洛阳为中心,遍及全国各地;

(4) 翻译技巧尚在摸索之中,多以直译、音译为主,无法保证所译经书的质量;

(5) 译经著作中,以翻译作品为主,尚未见到注疏和研究佛经的著作。

两汉时期总共译出多少佛经,当时并无明文记载。以《开元释教录》的著录为基准的话,两汉时期的汉译佛经很可能有200多部。加上当时已传入中土,但尚未翻译成汉文的佛经,两汉时期的佛经数量已是相当可观的了。

佛经的传入和佛经翻译事业的开展,使中国古代出版物中多了佛经一大门类,开启了中外图书出版交流活动的大门,促进了我国图书出版事业的发展。随着中外文化交流的进一步发展,中原的图书典籍也会随着汉文化的广泛流传流布周边地区和国家。从此以后,中外图书出版事业的交流活动便蓬勃地发展起来。

第五节 秦汉时期的图书形制

秦汉时期的出版物载体仍以竹木和缣帛为主,间或会有金石等材料。汉代虽然发明了造纸术,并在技术上得到了很大的改进,但在当时尚未普及。将纸张广泛应用于书写还有一个历史过程,所以这一时期的出版物形制仍以简牍书和帛书为主。

在《史记》《论衡》等汉代文献中有许多地方都提到竹简帛书,历史上的出土也多有记载。20世纪以来考古也发现了一批秦汉简牍和珍贵的马王堆帛书,使我们对这一时期的图书形制有了更深入的了解。

一、秦汉竹木简牍的发现及特点

1975年12月,在湖北云梦睡虎地秦墓中出土竹简1155枚。其中有秦代律令及秦昭王元年(前306)至秦始皇三十年(前217)的"编年记"等。

2002年,考古工作者在湖南里耶古城出土秦简3万余枚。简牍以木牍居多,形式多样,长宽规格各异,还有异形书判(简),另有少量不规则简或在随意材料上书写的,较特殊的极薄如刨木花上的墨迹。简文字体有古隶书、古篆书、隶中带楷书等。字全部是笔墨书写,字迹工整,运笔流畅。专家认定这些简牍是官署档案文书。里耶秦简内容丰富,涉及政治、军事、民族、经济、法律、文化、职官、行政设置、邮传、地理等诸多领域,极大地丰富了人们对中国历史上起承前启后作用的秦王朝有关制度的了解和认识,对秦史研究具有不可估量的意义。

汉代简牍近百余年来发现20余次,出土地点包括甘肃、新疆、陕西及黄河、长江中、下游广大地区,约7万枚左右,内容丰富,形式多样。其中较重要的发现有如下几处:

1. 敦煌汉简

有六次发现:(1) 1906年至1908年,英籍匈牙利人斯坦因在敦煌西北外长城故垒得汉代木简705枚,其中100多枚可以确切考定具体年代。(2) 1913年至1916年,斯坦因在敦煌附近又获得汉代木简84枚,在酒泉得105枚。酒泉所得汉简,或称酒泉汉简。斯坦因几次发掘的汉晋木简,均被运往英国,现保存于伦敦英国博物馆。(3) 1944年夏鼐在敦煌县小方盘城等汉代遗址获简48枚,现藏台湾。(4) 1979年,甘肃敦煌马圈湾西汉后期烽燧遗址获木简1200多枚。内容有诏书、奏记、律令、檄、品约、牒书、历谱、术数、医药等。此次发掘还发现了西汉古纸,对研究我国造纸术的起始提供了珍贵的物证。(5) 1981年敦煌文化馆在敦煌县酥油土汉代烽燧遗址获简76枚。(6) 1990年至1992年甘肃考古工作者对敦煌西北64公里处汉代悬泉置遗址进行发掘,获简35000余枚,其中有字简达23000余件。主要是红柳木简,完整或相对完整者约40册。内容主要为汉代诏书、律令、檄文、簿籍、信札、医方、历谱、术数,以及《论语》《相马经》等典籍。其中有大量邮驿文书,史料价值极高。

2. 居延汉简

有三次发现:1930年,由中国、瑞典学者合组的西北科学考察团在今甘肃额济纳河流域黑城附近,发现汉代木简10000多枚,数量之多前所未有,内容丰富,闻名中外。其中有一份由77根木简编连成策的东汉和帝永元年间的兵物簿,出土时原简编缀形式保存完好。这次发现的汉简被称为居延旧简。1973年至1974年,甘肃博物馆在额济纳河原居延汉简出土遗址再次进行发掘,获简牍19000余枚,是此前发现汉简最多的一次。大多为木简,少数是竹简。内容有政策、法令、屯戍活动、纪年简、书简资料等。形式有简(札)、两行、牍、检、符、觚、削衣,以及七十多个完整的册。1976年,甘肃省博物馆文物队等单位组织调查组,沿额济纳河下游,在居延地区进行了广泛调查,又获汉简164枚。这两次发现的汉简,习惯上被称为居延新简。

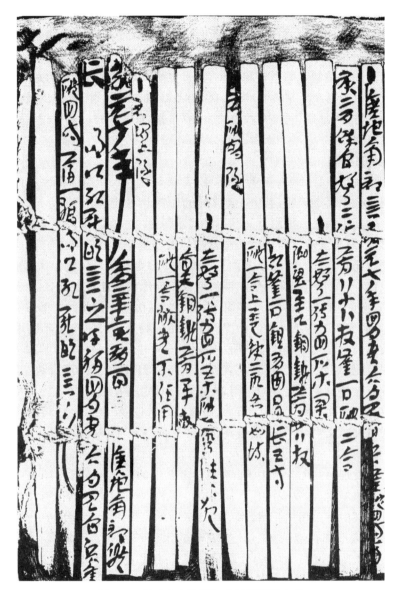

图 3.2　居延出土的西汉永元兵器簿木简

3. 武威汉简

有两次发现：1959 年，甘肃武威磨咀子六号汉墓发现竹木简 514 枚。内容有《仪礼》抄本 7 篇，约抄于西汉末到王莽时期，简长 54—58 厘米，是现今发现最长的简策实物。1972 年，甘肃武威旱滩坡东汉前期墓中发现医简 92 枚，记载药物约100种,其中20余种为本草书中所无,这是目前我国发现的最早的比较完整的医学文献。

4. 银雀山汉简

1972年,山东临沂县银雀山两座汉墓中出土竹简将近5000枚。墓葬时代为汉武帝时期。银雀山汉简主要是古书,有失传的古佚书,也有传世古书的古本。其中大部分是古代兵书。有《孙子兵法》《孙膑兵法》《晏子》《太公》《尉缭子》等古书的部分抄本。还有论政、论兵的著作,关于阴阳、时令、占候的著作,篇题为《唐勒》的一篇赋,以及相狗方、作酱法等。2号汉墓中有西汉武帝元光元年的历谱,被命名为《元光元年历谱》,以十月为岁首,是迄今发现的较早的完整的历谱,能纠正《通鉴目录》以来相关诸书的错误。

5. 江陵汉简

有两次发现:其一,1973年至1975年,湖北江陵凤凰山三座西汉文、景时期墓中出土简牍500多枚,主要内容是随葬遣策。其二,1983年,从湖北江陵张家湾地区西汉初期墓葬中获得竹简1000多枚。内容有汉律、《秦谳书》《盖庐(阖间)》《脉书》《引书》《算数书》和历谱、遣策等西汉法律、军事、医学、数学等重要文献。其中有两份历谱,一为高祖到吕后期间(前202—前186)的,一为文帝前元五年(前174)的,是我国已发现的历书中最早的。

结合传世文献的记载和考古发现的简牍实物,我们可以看出秦汉时期的简牍的形制有以下几方面的特点:(1)从全国范围来看,当时与竹简同样呈细长薄片状的木简也非常流行。竹木并行在当时是十分普遍的现象。只是在不同的地区也会因取材的便捷与否有所变化。(2)从出土的实物来看,秦汉时期的出版物形制丰富多样,除了简以外,还有牍、札、策、检、方、两行、觚、椠、符、削衣、笺、檄等。它们都以竹、木为原料,在形状上略有不同,用途也略有区别。虽然从严格意义上讲,有些并不属于图书,仅仅是一些随葬的遣策、文书、历谱、药方等,但也能给我们提供很多了解当时书籍制度的实物线索。(3)根据文献记载,在秦汉时期,简册的长度会因出版物内容的不同而有所差别,以示等级之不同。根据文献记载,一般情况下,书写法律文书都用三尺简,称"三尺法"或"三尺律令";儒家经典用二尺四寸简;皇帝诏书用一尺一寸简,称"尺一诏"或"尺一";普通书籍一般用一尺简,称"尺书"或"短书"。从出土的实物来看,有一部分与这些规定相符合,如上文提到的写有诏令目录的居延汉简属于法律文书类书籍,长67.5厘米,正合汉尺三尺之数;甘肃武威磨咀子六号东汉墓中出土的《仪礼》简册,长56厘米左右,与汉尺二尺四寸正相符合。但是,也有一些简牍的长短与上述规定不相符合,或长或短,并无规律可循。这些都说明,汉人关于简册制度的记载是基本符合事实的,但又不是很严格。

二、汉代帛书的发展与发现

随着社会生产的发展,秦汉时期,我国丝织品的生产技术已大大提高,丝织品的种类和产量日渐增多。这就有可能为书写和绘画提供更多的缣帛材料。两汉时期的缣帛出版物的数量和种类远多于前代,在国家的典藏机构中,缣帛图书几乎可以和简牍图书平分秋色。西汉末年,刘向为孝成皇帝典校书籍,稿本用竹简,定本用缣帛,而以帛书为贵。刘向父子整理图书合计 13000 多卷,可知帛书数量不少。东汉时期,缣帛的生产力进一步发展,《古乐府·上山采蘼芜》载:"新人工织缣,故人工织素。织缣日一匹,织素五丈余。"东汉前期,班固著《汉书·艺文志》,著录当时国家藏书,图画载体基本都是缣帛。及至东汉末年,帛书数量更为可观。《后汉书·儒林列传》载:"光武迁还洛阳,其经牒秘书载之二千余两。自此以后,参倍于前。及董卓移都之际,吏民扰乱,自辟雍、东观、兰台、石室、宣明、鸿都诸藏典策文章,竞共剖散,其缣帛图书,大则连为帷盖,小乃制为縢囊。及王允所收而西者,载七十余乘。"东汉初"秘书"主要是"经牒",虽遭兵燹仍有二千余辆;东汉末"图书"主要是"缣帛",乱离之际,"大则连为帷盖,小乃制为縢囊",足见当时帛书之多,大小形态也多不相同。

由于缣帛材料不如金石竹木那样易于保存,在战乱中毁坏者又多,因而在历来的考古发掘中罕有发现。不过,从一些珍贵的出土实物中,我们也可以大致窥见两汉时期缣帛图书的形态和特征。

两汉缣帛文献早在 20 世纪初即有发现。1908 年,英国人斯坦因在甘肃敦煌发现两件保存完美的缣帛书信。二信为私人信函,是驻山西北部成乐地方的官员致书敦煌边关某人的信。二信虽不注明日期,但据同时出土文物考察,当是王莽天凤二年至刘秀中元元年(15—56)之间实物。

两汉缣帛出版物最重要的发现是马王堆帛书的出土。其数量之多、价值之高、意义之重大都是前所未有的。1973 年年底到 1974 年年初发掘的湖南长沙马王堆 3 号汉墓,据研究是汉初长沙相国利苍的儿子的墓葬,下葬年代为汉文帝十二年(前 168)。墓中出土了大量帛书,经过整理共得 26 件,总计 12 万余字。大部分用朱丝栏墨书,字体有小篆、秦隶、汉隶和草书。据书体、避讳字和帛书上出现的纪年内容,可推定帛书的书写年代早的可到秦代,晚的属于汉文帝时期。帛书内容涉及汉初政治、军事、思想、文化及科技等方面,学术价值很高。

第三章　承前启后的奠基时期（秦汉）

图 3.3　马王堆帛书《战国纵横家书》

马王堆帛书出土时大都无书名，在整理时据内容拟定了书名。其中有《老子》的甲、乙两种写本。德经在前，道经在后，上下篇的次序和今本正好相反。甲本不避刘邦讳，大概抄于高祖即帝位前；乙本避刘邦讳，估计抄于文帝初。甲本、乙本的佚文,是研究儒家五行学说和汉初思想的宝贵资料。还有一部类似《战国策》的帛书,未标书名,字体在篆隶之间,写在半幅的帛上,11000多字,其中60%不见于《战国策》《史记》,显然是司马迁都不曾见过的,现定名为《战国纵横家书》,是研究战国中期合纵连横战争的重要史料,对旧有文献如《史记》《竹书纪年》大有订误补缺之功。还有《周易》及卷后佚书五种,比今本多4000余字。另外还有《春秋事语》《刑德》《五星占》《相马经》《五十二病方》《导引图》等历史、哲学、天文、历法、医学等图书。这些对研究中国文字的演变和校勘都极为重要。

除了众多的帛书以外,马王堆3号汉墓中还出土了中国现存最早的以实测为基础绘制的3幅地图,分别为:《长沙国南部地形图》,经复原为长宽各96厘米的正方形,具有鸟瞰图性质,全图用黑、青、棕三色绘制;《驻军图》,经复原为长98厘米、宽78厘米的长方形,用朱、青、黑三色绘制而成;《城邑图》,长40厘米、宽45厘米,用彩色描绘城市分布概貌。三幅帛书地图均清晰可见,无文字说明,显示出高超的绘画技术。

墓中出土的帛书和地图,分卷轴和折叠两种形式放置。用整幅抄写者折成长方形,用半幅抄写者卷在一块做轴的竹木条上,同放在一具漆奁中。三幅地图均以折叠形式放在漆盒中。

马王堆帛书和地图的出土在我国图书出版史上具有十分重要的意义,它对我们了解两汉时期的缣帛出版物的内容、形制和用途都提供了珍贵的实证。

结合上述考古发现和文献记载,我们可以看出两汉时期的帛书有以下几方面的特点:(1)较之前代,数量可观,种类繁多。(2)地位比简牍尊贵,一般用于一些重要的文献的书写。如刘向校书,定本才用帛书。《汉书·艺文志》著录的儒家经典,如《诗》《尚书》《礼》《春秋》等,都用帛书,以示郑重和珍贵。(3)形式主要有折叠和卷轴两种。(4)长短随意,大小篇幅没有一定的规格。正如唐人徐坚《初学记》所云:"古者以缣帛,依书长短,随事截之。"出土的实物也能说明这一点。(5)主要应用于书写和绘图,尤其在绘图方面,具有当时其他一切载体不能胜任的优点。《汉书·艺文志》所著录的帛书中,绘画占很大部分。(6)帛书价格偏贵,使用者主要为官府和上层的达官贵人,一般读书人都使用不起。西汉桓宽《盐铁论》载:当时中国出一端(二丈)素帛,得匈奴价值几万钱的货物。就是丝织品的产量增多后,价格也不低。据考证,当时一匹帛的价值可够720斤大米,绝非寻常人家所能常用,故有"贫不及素"之说,长沙马王堆汉墓的出土情况也能说明这一问题。价格的昂贵限制了帛书的使用范围,所以一直没有得到广泛的应用。正如史书所说,"缣贵而简重,并不便于人",它们的缺点制约着图书生产和流通的进一步发展。因此,现实的需要就促使人们去创造一种既有缣帛之便又有竹木之廉的书写材料。这样就直接催生造纸术的发明。除了价格昂贵以外，缣帛基本具备了纸张的所有优点，所以，在启发造纸术发明方面，缣帛的作用尤为重要。

三、竹帛书的计量单位

传世文献的记载和出土的实物让我们对这一时期出版物的计量单位有了进一步的认识。大致说来，秦汉时期竹帛图书的计量单位主要有册、篇、卷。

至今我国的图书文章仍以册、篇、卷为计量单位，这几个名词均来自竹帛并行时期。用竹片写书，一根竹片称简，把若干根简用丝绳或麻绳编起来即为册，也叫通策。通常一策就是一编，也为一篇，所以简牍时期册、编、篇是等量的。先秦以至西汉初期的图书出版物多以篇行，所以《史记》提到一些重要人物的著作，往往称篇名，如《说难》《孤愤》《牧民》《山高》之类，不说《韩非子》《管子》。近世出土的简帛文献往往有篇题，而有书名的较少，可以证实古书多以篇行的现象。

"卷"被认为是缣帛的计量单位。如章学诚在《文史通义·篇卷》中说："向歆著录，多以篇卷为计，大约篇从竹简，卷从缣帛，因物定名，非有他义也。而缣素为书，后于竹简，故周秦称篇，入汉始有卷也。"至今仍有不少学者赞同此说，根据之一就是古代书目中计量文献，卷大于篇的居多，也有卷等于篇的，而卷小于篇的甚少。因缣帛的容量比竹简大，故刘向等人编书时，合数篇以成一卷。

随着两汉竹简与帛书的出土，有人提出"卷"并不始于帛书，许多竹书出土时成卷状，而马王堆帛书的存放方式又有两种：一种是折叠成若干幅长方形放置在漆奁下层；一种是卷在竹木条上，故认为战国至西汉早期的帛书并未形成卷轴，只能说是卷轴制度的发轫阶段。缣帛称卷也沿于简策，卷不是帛书的唯一形式，所以卷与篇的区别不是由载体材料决定，而在于篇是指书的内容和结构，而卷是指书的形式。

第六节 造纸术的发明与改进

造纸术是中国古代科学技术发展的一项伟大成就，它同印刷术、火药、指南针一起被称为中国古代的四大发明，是中国古代劳动人民为世界文明做出的一项重要贡献。在纸发明以前，我国先民曾尝试以龟甲、兽骨、金石、竹木、缣帛等材料作为文字的载体，因之形成了中国历史上特定的出版物形态和书籍制度。但是这些载体自身都有难以克服的缺陷，在很大程度上制约了知识的生产和传播活动的发展。随着文化教育事业和图书出版事业的不断发展，人们就迫切地需要用一种新式的文字载体来记录和传播知识。在这种情况下,我国劳动人民在长期的生产实践的基础上,终于在西汉时期发明了纸张,并在东汉时期经过蔡伦的改进逐渐得到推广。纸的出现,不仅使记录和传播知识的工具实现了根本性的变革,它也成为人们日常生活中不可缺少的物品,对图书出版印刷事业的形成、发展和社会的进步起了重大的推动作用。

一、纸的概念及其演变

纸的概念是不断发展着的。现代意义上的纸的概念经过了一个逐渐形成的过程。《说文解字》中对纸作了如下的解释:"纸,絮一笘也。从纟,氏声。""絮"就是粗的丝绵。笘是一种竹席。早期的纸就是在水中漂丝时,附黏在竹席上的粗丝绵干了以后,揭下来的一种薄丝绵片。最初是人们在无意中发现这种物品而加以利用的,后来才有意识地加工成一种漂丝的副产品。根据汉字造字的规律,因为这种副产品与丝有关,故从"纟"旁,又因其平滑如砥石,故从"氏"声。这样就出现了"纸"这个词。

这种丝质纸既可用来包裹东西,又可用来写字,用途是很广泛的。作为一种书写材料,它光滑、轻便,较之笨重的简和昂贵的帛,一定是大受人们欢迎的。但是,它本身毕竟是一种副产品,而且原料(蚕丝)又很珍贵,其数量也不会多,除了少数贵族人家可以使用,在民众中是很难普及的。所以,必须通过其他途径,寻找性质相似而又较易取得的原料来制作纸。

在长期的劳动实践中,人们还发现某些植物表皮在撕剥的时候可以拉出一根根的丝絮,而某些苔藓类植物经风化水泡后变成纤维状,被水冲到岩石上后,相互交聚、黏附,晒干后也形成了类似纸的薄片。在这些自然现象的启发之下,结合漂絮、沤麻的经验,人们产生了将植物纤维浸入水中,使纤维疏解,然后经过制浆、抄造、干燥后,制成一种新型纸的设想。经过长期的试验和不断总结,一种用植物纤维做原料的新型纸张终于制作成功。这一成就,是纸的制作历史上的飞跃性进步。植物纤维制作的纸,从用料、制作方法及其使用的普遍性来看,与丝质纸有着根本的区别,这种纸已经完全不同于许慎解释的纸了。这种纸以植物纤维(在我国古代,最早主要是麻纤维)做原料,是经过切截、沤制、蒸煮等物理和化学方法的处理之后,制成的一种新产品。现代的纸张是在它的基础上发展起来的。所以,它已经具有了现代纸的概念了。

中国科学院科学技术史研究所潘吉星在《中国科学技术史·造纸与印刷卷》的绪论中为纸所下的定义是:

纸是植物纤维原料经人工的机械、化学作用而得到提纯的分散纤维与水制成浆液,经漏水的模子滤水,使纤维素在模子上交织成为湿纸膜,再经干燥后,形成具有一定强度由纤维素靠氢键缔合交织成的薄片,作为书写、印刷、包裹等用途的物质。①

这种解释是比较科学和易懂的。时代在前进,造纸术也发生着日新月异的变化。现在,已经试制出用矿物或其他化学合成纤维造的纸。纸的原料已经不限于植物纤维,纸的制造方法正在向着现代化的更高水平迈进。纸的概念,随着纸的发展变化也在不断变化着。因此,现代科学字典中对纸有了新的解释:"以任何一种纤维通过排水作用所粘成的一种薄页。"

通过以上对纸的概念的演变的叙述,我们可略知纸的起源和发展的简单过程。

二、植物纤维纸发明于西汉

探讨中国造纸术起源的时间,对科学史、文化史、出版史、印刷史和图书史研究都具有十分重要的意义。对植物纤维造纸的发明时间,历来有两种不同的意见。

一种是东汉发明说。范晔在其所著《后汉书·蔡伦传》中写道:

> 自古书契多编以竹简,其用缣帛者谓之为纸。缣贵而简重,并不便于人。伦乃造意,用树肤、麻头及敝布、鱼网以为纸。元兴元年奏上之,帝善其能,自是莫不从用焉,故天下咸称"蔡侯纸"。②

上述记载就是东汉发明说的主要依据。主张这一观点的人认为,蔡伦以前的"纸"实际是缣帛中的一种,而真正的植物纤维纸则是由蔡伦于元兴元年(105)发明的。这是长期以来被大多数人所接受的一种观点,也是当前关于造纸术发明时间讨论中的一种主要观点。

另一种是西汉发明说。持这种观点的人认为,我国造纸术起源于西汉。以唐代人张怀瓘(686—758)和宋代人顾文荐为代表,认为公元前2世纪西汉初即已有纸,蔡伦因而不是纸的发明者,而是改良者。张怀瓘在《书断》中说:"汉兴,有纸代简,至和帝时,蔡伦工为之。"顾文荐在《负暄杂录》中说:"盖纸,旧亦有之,特蔡伦善造尔,非创也。"《资治通鉴》卷四十八胡三省注引毛晃语:"后汉蔡伦以鱼网、木皮为纸,俗以为纸始于蔡伦,非也。"这些观点今天看来都是十分难得的。然而他们又都认为蔡伦以前的纸为丝质纤维,即所谓"絮纸",而蔡伦易之为

---

① 潘吉星:《中国科学技术史·造纸与印刷卷》,北京:科学出版社1998年版,第3页。
② (南朝宋)范晔:《后汉书》,北京:中华书局1965年版,第2513页。

植物纤维,又与东汉发明说殊途同归了。

这些学者的观点主要依据于古代文献中关于西汉"纸"的记载。在古代典籍中,"纸"字在蔡伦前已数次出现。《三辅故事》中记载汉武帝太始四年(前93),"卫太子大鼻,武帝病,太子入省,江充曰'上恶大鼻,当持纸蔽其鼻而入。'"这是"纸"字在文献中年代最早的记载。《后汉书·外戚传》记载赵飞燕以小绿箧予宫女,"箧中有裹药二枚,赫蹏书,曰:'告伟能:努力饮此药,不可复入。女自知之!'"应劭注曰:"赫蹏,薄小纸也。"又孟康注:"染纸素令赤而书之。"由此可知,所谓"赫蹏",应指染成红色并写有文字的薄小纸。又《后汉书·百官志》载东汉光武帝时,在少府设左右丞各一人,"右丞假署印绶及纸笔墨诸财用库藏"。应劭《风俗通义》又谓,东汉建武元年(25),"光武车驾徙都洛阳,载素、简、纸经凡二千两。"《后汉书·贾逵传》记章帝时曾"令逵自选公羊严、颜诸生高才者二十人,教以《左氏》,与简、纸经传各一通。"同书《和熹邓皇后传》载邓皇后年轻时即志在典籍,为皇后时,"是时,方国贡献,竞求珍丽之物,自后即位,悉令禁绝,岁时但供纸墨而已。"

以上记载,均能说明在蔡伦之前,社会上已经流行可以用于书写的"纸"。又应劭在记载光武帝建武元年事时,将素、简、纸并提,可知纸与缣帛有别。这些都为西汉发明古纸提供了文献上的有力证据。

20世纪以来,以黄文弼、袁翰青、潘吉星为代表的一批学者以考古实物为依据,结合文献记载,明确指出西汉已有植物纤维纸。他们的观点不断被考古新发现的西汉古纸实物所证实。这些重要发现,从根本上动摇了蔡伦造纸说,把我国造纸术的发明时间向前推进约300年。

地下出土的古纸,不仅为研究造纸术起源提供了有力证据,而且对探讨图书从简牍形式向纸写本卷轴形式转变的过程,也具有重要意义。潘吉星先生曾将西汉古纸的历次出土情况汇总于一张表中,并做了分析归纳,清晰明白。谨转录如下:

表3.1　西汉古纸历年出土情况[①]

序号	纸名	纸的年代（公元）	出土年代	出土地点	尺寸（厘米）	外观描述
1	罗布淖尔纸	前73—前49	1933	新疆罗布淖尔（罗布泊）汉烽燧遗址	4×10	白色薄纸,质地粗糙,纸上纤维束及未打散的麻筋较多

---

① 潘吉星:《中国科学技术史·造纸与印刷卷》,北京:科学出版社1998年版,第55—57页。

(续表)

序号	纸名	纸的年代（公元）	出土年代	出土地点	尺寸(厘米)	外观描述
2	查科尔帖纸	前89—后97	1942	甘肃额济纳河东岸查科尔帖汉烽燧遗址	10×11.3	纸上有文字7行，共50字，可辨认出20字，纸黄间灰色
3	灞桥纸	前140—前87	1957	陕西西安灞桥汉代葬区	8×12，10×10	浅黄色薄纸，多层叠压在铜镜下，揭裂成88片，纤维束较多，交织不匀，纸上有铜锈绿斑
4	金关纸-I	前52	1973	甘肃额济纳河东岸汉金关屯戍遗址	12×19	白色，柔韧，质细，强度大，纤维束较少
5	金关纸-II	前6	1973	甘肃额济纳河东岸汉金关屯戍遗址	9×11.5	暗黄色，质地较粗糙
6	中颜纸	公元1—5	1978	陕西扶风中颜村汉建筑遗址	6.8×7.2	白色，柔韧，纸较好，纸上可见帘纹，此纸与其他文物为窖藏品
7	马圈湾纸-I	前53—前50	1979	甘肃敦煌马圈湾汉屯戍遗址	32×20	黄色，较粗糙，四周有自然边缘，是最完整的一张纸，尺寸为原大
8	马圈湾纸-III	前32—1	1979	甘肃敦煌马圈湾汉屯戍遗址	9.5×16	共两片，原白色，污染成土黄色，个别部位仍色白，制作精细
9	马圈湾纸-IV	公元1—5	1979	甘肃敦煌马圈湾汉屯戍遗址	9×15.5	白色，质细，纤维束少，纸帘纹明显
10	马圈湾纸-V	公元8—23	1979	甘肃敦煌马圈湾汉屯戍遗址	17.5×18.5	白色，质细，纤维束少，强度较大
11	放马滩纸	前176—前141	1986	甘肃天水放马滩汉代墓葬区	5.6×2.6	出土时黄色，现褪成黄间浅灰色，纸薄而软，纸上绘有地图，表面有污点
12	悬泉纸-I	前86—前7	1990	甘肃敦煌甜水井汉悬泉邮驿遗址	12×10	浅黄色，质地好，稍厚

(续表)

序号	纸名	纸的年代（公元）	出土年代	出土地点	尺寸(厘米)	外观描述
13	悬泉纸-Ⅱ	公元8—23	1990	甘肃敦煌甜水井汉悬泉邮驿遗址	13.5×14.5	白色间浅黄色,纤维细,质地好,纸上有文字,纸面有帘纹,帘条纹粗0.3毫米,纸薄,厚0.286毫米
14	悬泉纸-Ⅲ	公元8—23	1990	甘肃敦煌甜水井汉悬泉邮驿遗址	27.5×18	浅黄色,稍厚,纸上有文字,纸较好
15	悬泉纸-Ⅳ	公元8—23	1990	甘肃敦煌甜水井汉悬泉邮驿遗址	13.7×7	浅黄色,稍厚,有一定强度,纤维基本分散

（说明:查科尔帖纸年代上限为前89年,下限为后97年,即西汉中后期至东汉初期。）

由以上所述可以看到,20世纪以来中国已先后于1933年、1942年、1959年、1973年、1978年、1979年、1986年及1990年八次分别在新疆、甘肃、陕西等省、自治区不同地点出土了蔡伦时代以前的古纸,从汉初文帝、景帝以下一直到新莽为止,几乎西汉历代皇帝在位时期所造之纸都陆续不断地发掘出来。从放马滩纸形制可见,早在文景时期纸已可用于书写、绘制地图,而查科尔帖纸及悬泉纸上都写有文字,这本身就足以说明蔡伦时代之前不但有纸,而且早已用作书写材料,其余没有留下字迹的残纸,当然亦会适用于书写,这是无疑的。

这八批纸的出土说明了以下问题:第一,它们有力地反驳了纸是蔡伦发明的说法,证明公元前2世纪的西汉初就已有了纸。第二,证实了唐宋学者张怀瓘、史绳祖等人提出的西汉造纸说,把造纸术起源的时间提前了约300年,说明这项发明源远流长。第三,证明蔡伦以前的纸既非缣帛,亦非丝质絮纸,而是地地道道的植物纤维纸。不能以蔡伦划线分为"古纸"与"今纸",蔡伦前后麻纸无本质之别,而只有精粗之分。第四,补充了《史记》《汉书》关于造纸术记载之不足,澄清了《后汉书》关于造纸术记载的混乱,因《后汉书》多次谈到蔡伦前用纸,又认为纸是蔡伦发明的。古纸还有助于对《说文解字》中纸的定义的正确理解。第五,中国不但是造纸术的故乡,而且是拥有世界上最早的古纸标本的国家,为任何其他国家所不及。第六,为研究早期造纸原料及制造技术提供了宝贵的实物资料。

我们认为,一项伟大的发明,不可能是一个人在某一时间内一下子创造出来的奇迹。在遥远的古代,一项科学技术的发明,更非易事,它应当是经过长时间的许多人的反复试验,逐步取得成功的。从我国社会历史发展的背景来分析,西汉时代已经试验和发明了植物纤维纸是可信的。秦朝以后,文字趋于统一,其作为信息交流工具的职能加强了,文字的载体——简、帛等材料已经不能适应新的需求。西汉时期国家政权巩固,经济繁荣,为了加强对全国的统治,政府公布的法令文件越来越多,教育事业也日趋发展,这都使得简帛等旧的书写材料与新的社会需要间的矛盾日趋尖锐,人们迫切需要一种新的书写材料来代替笨重的简和昂贵的帛。西汉时期的纺织业较发达,人们从中得到了启示和借鉴,开始了植物纤维造纸的试验并取得了成功,灞桥纸、金关纸、中颜纸、马圈湾纸、放马滩纸等多次西汉古纸的发现就是最有力的证明。当然,蔡伦在造纸术的总结、改进、推广等方面的功绩是不容忽视的。西汉发明造纸术的事实并不能否认蔡伦的伟大功绩。在他为官尚方令,掌管宫廷中日用品制作的过程中,有机会接触各种工匠,注意到麻、树皮、废旧织物等的共同属性,从而以它们为原料,制造出了具有较高质量的纸张,使造纸原料来源扩大,客观上对纸张生产的普及起到了推动作用。另一方面,蔡伦又提高了造纸的技术水平。用麻、树皮造纸,要经过复杂的工艺程序,尤其是树皮,需经过剥切、沤烂、蒸煮、舂捣、抄造、定型、漂白等工序。蔡伦成功地试用树皮造纸,并使这种工艺得到推广,为我国的造纸事业开辟了广阔的道路。

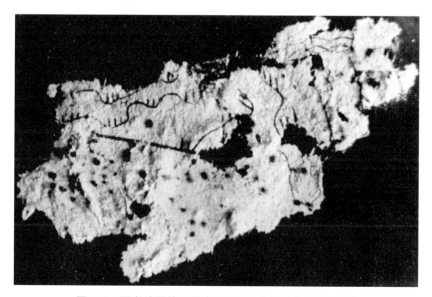

图3.4 画有地图的西汉古纸(1986年甘肃放马滩出土)

图 3.5　汉代造纸工艺流程图
1、3 洗料，2 切料，4 烧制草木灰水，5 蒸煮，6 捣料，7 打槽，8 抄造，9 晒纸、揭纸

三、造纸术在东汉的改进和初步普及

造纸术在西汉发明以后，由于生产技术尚不发达，原料来源也比较有限，因而只能小范围内流行。后至东汉和帝时，蔡伦总结前人经验，改进造纸技术，并

扩大了造纸所用的原料范围。这不仅提高了纸张的生产效率,而且降低了造纸的成本。纸张便因此逐步得到大范围的推广,并逐渐取代金石、竹木、缣帛,成为主要的文字载体和书写材料。这一点,可以从考古发掘中得到充分的印证。一方面,近世考古发现的东汉简牍实物数目要比西汉时少,反映了竹木简牍已越来越少,逐步退出历史舞台的趋势。另一方面,从数量上看,东汉古纸实物较西汉为多。20世纪以来,先后在新疆、甘肃等地区汉代遗址中发现东汉古纸。1942年在居延古烽燧台遗址发现的植物纤维纸,上写有隶草20余字,但纸质粗糙,无帘纹。据发现者考证,该纸的生产时间最晚为109—110年,即在蔡伦造纸的同时或稍早。另据记载,1959年在新疆民丰县曾发现过东汉古纸残片。1974年,在甘肃武威旱滩坡汉墓又发现一些古纸片,据考古学家考证,它是东汉晚期遗物。此纸三层粘在一起,黏附在随葬的木牛车模型上,纸上写有隶体字。因长期埋藏地下,纸的强度很差,经化验证明是用麻纤维制造的,纸质细薄、平滑。与灞桥纸相比,其质量已有了很大提高。证明到东汉时造纸技术已经有了很大改进。

古代文献中的相关记载,亦可说明东汉时期造纸技术在不断提高,成本不断降低,以至广为人用。蔡伦之后,劳动人民在生产实践中不断改进造纸技术,至东汉末年,已经出现质量上好的纸张。当时,山东东海人左伯,字子邑,以造纸精美著称于世。东汉末期人赵岐所著《三辅决录》中记载,著名制墨家韦诞曾说,有名的书法家必用"张芝笔,左伯纸,及臣墨"。萧子良也称赞左伯所造之纸"妍妙辉光"。同时,纸张价格较之缣帛远为低廉,故成为最为普遍的书写材料。《北堂书钞》记载,东汉人崔瑗复友人葛元甫信中说:"今遣送《许子》十卷,贫不及素,但以纸耳。"这足证当时纸张已为普通读书人广泛使用。这对当时知识的普及和图书的广泛流通都有直接的促进作用。

需要强调的是,虽然纸张在东汉已经得到较为广泛的使用,但它并未能完全取代竹木和缣帛等传统的书写材料,而是经历了很长的历史时期。两汉时期的图书载体体现出多元并存、有主有辅、逐渐更替的整体格局。

四、造纸术向世界的传播

造纸术是中国古代劳动人民最先发明的,是中华民族对世界文明做出的杰出贡献。造纸术是中华古代文明高度发达的重要标志之一。钱存训论造纸术发明的意义和作用说:"一般学者都公认,在古代文化交通的各种成就中,没有一种发明是可以和造纸术及印刷术的重要相比的;二者对现代文明皆有极其深远的影响。甚至在现代的日常生活中,虽然另有其他各种传播媒介,但至今都还不能代替纸和印刷术所具有的基本功能。"①

当我国已经使用了纸的时候,世界上其他国家和民族都还在使用着古老、原始的书写材料。有些国家曾把文字写在泥板、砖石上,如两河流域的泥版书;有的写在植物茎叶上,如古埃及的莎草纸、古印度的贝叶经;有的写在动物的皮上,如欧洲羊皮书、犊皮书;有的还刻在金属上,如金书、铅书等。这些材料基本上都属于自然物的简单加工,有的过于笨重,有的过于昂贵,有的极易损坏,不便保存。作为文字载体和书写材料,纸具有无可比拟的优越性,并且克服了上述各种材料的不便,是一种最理想的书写材料。正如张秀民所说:"它有纸草之便而不易破裂,有竹木之廉而体积不大,有缣帛羊皮之柔软而无其贵,有金石之久而无其笨重。"②

中国造纸术发明之后,不仅在国内得到推广,而且很快就传播到世界各地,被世界人民所接受。然而,欧洲的某些学者曾不相信中国人最先发明了纸这一事实。他们最初认为破布造纸是由13世纪的意大利人或法国人发明的;当埃及发现了8世纪的古纸以后,又说纸是阿拉伯人的创造。直到在中国西北地区发现的2—4世纪的麻纤维古纸被他们见到,并经化验证实之后,他们才承认植物纤维造纸是中国人民最早发明的。欧洲人学会造纸是经阿拉伯人从中国传去的。

据考证,中国造纸术的外传,首先是把纸和纸制品(书、信件和绘画等)传入其他国家,第二步才是造纸技术的外传。在3世纪左右,造纸术首先传入越南,此后,在4世纪造纸术又向东传入朝鲜,并于5世纪经朝鲜传入日本。7世纪左右,造纸术传入印度。造纸术向西方的传播是经由丝绸之路进行的。2世纪前后,西域地区已经有了纸的使用,5世纪时,全中亚一带都使用了纸。8世纪,造纸术开始传入西方。751年,唐朝与大食国(今阿拉伯)发生战争,安西节度使高仙芝带领的唐朝军队被打败,许多中国人被俘,其中有些是造纸工人,他们把造纸术传入了西方,并首先在撒马尔罕(今乌兹别克斯坦境内)开设了造纸厂,于是,纸便成为阿拉伯人向西方出口的重要物品。此后,793年在巴格达,795年在大马士革,900年在埃及,1100年在摩洛哥,也相继建立了造纸厂。1150年,阿拉伯人渡海到达西班牙,在西班牙南部的萨地瓦开设了欧洲大陆上第一家造纸厂,此时距蔡伦造纸已经有一千多年了。当时在西班牙掌握造纸技术的也只有阿拉伯人。从8—12世纪,阿拉伯人在西方垄断造纸技术达400年之久。直到

---

① 〔美〕钱存训:《书于竹帛》,上海:上海书店出版社2002年版,第156页。
② 张秀民:《中国印刷术的发明及其影响》,北京:人民出版社1958年版,第35页。

1189年在法国建立了造纸作坊,才是基督教国家建立自己的造纸厂的开始。此后,1276年在意大利,1320年在德国,1323年在荷兰,1460年在英国,1567年在俄国都陆续建立了造纸工厂。1575年在墨西哥,1690年在美国费城才建立了美洲大陆上的造纸厂。而直到19世纪,在澳洲的墨尔本才有了造纸厂。经过一千多年,中国发明的造纸术传遍全世界。中国人民发明的造纸术,为人类文明做出了杰出的贡献。

本章推荐阅读

1. 肖东发等:《中国出版通史·先秦两汉卷》,北京:中国书籍出版社2008年版。

2. 张荣明:《中国的国教:从上古到东汉》,北京:中国社会科学出版社2001年版。

3. 李学勤:《失落的文明》,上海:上海文艺出版社1997年版。

4. 顾颉刚:《汉代学术史略》,北京:东方出版社1996年版。

5. 张舜徽:《汉书艺文志通释》,武汉:华中师范大学出版社2004年版。

6. 钱存训:《中国科学技术史 第5卷·化学及相关技术第1分册·纸和印刷》,刘祖慰译,北京、上海:科学出版社、上海古籍出版社1990年版。

7. 潘吉星:《中国的造纸术》,北京:中国国际广播出版社2010年版。

8. 王重民:《论〈七略〉在我国目录学史上的成就和影响》,《历史研究》1963年第4期。

9. 肖东发、杨虎:《东汉"熹平石经"刊刻活动研究》,见白化文主编:《周绍良先生纪念文集》,北京:北京图书馆出版社2006年版。

复习思考题

1. 秦始皇和汉武帝为实行文化上的封建专制各采取了哪些措施?各产生了什么结果?

2. 两汉政府设立了哪些图书编纂机构?进行了哪些图书编校活动?

3. 刘向等人编校图书分哪几个步骤?给后人留下了什么经验?为什么说刘向、刘歆父子是我国古代编辑出版工作的奠基人?

4. 试述熹平石经产生的背景、内容及其对后世的影响,可否称其为一次成功的编辑出版活动?

5. 试述秦汉时期图书的流通与贸易以及中外交流情况。汉代的民间书肆有何特点?

6. 简述汉代佛经翻译出版活动的情况及特征。

7. 两汉时期的出版物有哪些重要成果？在经学出版、辞书出版和史学著作出版上有何贡献？

8. 简述秦汉时期的出版物形制。秦汉竹木简牍有哪些重大考古发现？

9. 在造纸术的发明问题上有哪些争论？简述汉代古纸发现的意义及造纸术向境外传播的路线。

解释下列名词

焚书坑儒	书同文	"罢黜百家，独尊儒术"
兰台	东观	秘书监
刘向	刘歆	《七略》
《别录》	熹平石经	《尔雅》
许慎与《说文解字》	扬雄与《方言》	司马迁与《史记》
班固与《汉书》	《东观汉记》	《仓颉篇》
《急就篇》	《四十二章经》	安世高
支娄迦谶	里耶秦简	马王堆帛书
居延汉简	银雀山汉简	槐市
书肆	佣书	蔡伦
西汉古纸		

第四章
纸写本时期的出版活动(魏晋南北朝)

从220年曹丕代汉,到589年杨坚灭陈,中国历史经历了369年的魏晋南北朝时期。在这三百多年间,社会比较混乱,政局变动较大,中外经济文化交流频繁。相对于秦汉和隋唐这两大高峰而言,这是一个历史低谷期。但是图书事业在遭受损失的同时并没有停滞不前,相反却体现出明显的时代特色,也曾出现过几次较为繁荣的局面。据周少川等人的大致估计,魏晋南北朝的出版规模至少有6000种、20万卷①。从图书编纂来说,官修私撰都取得了突出的成就。东汉设立的秘书监在此阶段得到很大发展,荀悦、王象、郑默、荀勖等著名文人学士充当秘书监、丞,在编纂、校理典籍方面推出不少成果。萧统、挚虞、僧佑、徐陵等编辑家都做出了各自的贡献。在图书的内容上,涌现出诸如类书、别集、总集、文艺理论著作等新型编著形式,史地书、科技书、佛经翻译也有了很大的发展。图书内容的发展与变化,反映在图书分类法上,就是从六分法转变为四分法,对后世的影响极大。在图书载体方面,这是一个纸张逐渐取代竹帛成为图书主要载体的时代,中国从此正式进入纸写本时代。为适应图书载体的转变,这一时期的图书形制也由简牍制度转变为卷轴制度。图书贸易和中外出版交流也呈现出初兴景象。

第一节 魏晋南北朝时期的社会文化背景

编辑出版业在魏晋南北朝能够曲折前进,甚至几度出现繁荣景象并不是偶然的,而是有着深刻的社会政治原因和学术文化根源。

一、政治集权削弱,自然主义活跃

从社会政治方面分析,自东汉末年的"党锢之祸"开始,中经三国直到八王、

---

① 周少川等:《中国出版通史·魏晋南北朝卷》,北京:中国书籍出版社2008年版,第57页。

五胡之乱,社会动荡不已,使读书人陷入前无仕进之路、退有生命之虞的两难境地,许多人因此产生厌世之观,曹氏篡汉,毁坏礼法,于是节义失防,风俗大败。司马氏篡魏,禁网日密,使学者不敢过问实际政治。方正之士,频遭残祸,外戚军阀豪强宦官更迭纷争,争权夺势,皇权受到严重冲击,皇帝已不能根据个人好尚使某一学说处于独尊地位,秦汉以来形成的文化专制被打破了。精神价值一元模式的破坏和人们深沉的生命危机感导致知识分子先是"清议",后是"清谈"。再就是放浪形骸,恣纵山水,走着一条"游刃皆虚"的曲折抗争之路。他们以牺牲整个群体的"入世"理想和生命安全感为代价,换得思想上的自由与解放。一个明显的特征是,魏晋南北朝时期的知识分子并没有因为社会的动荡或朝代的变迁而停止他们对文化的关注、研究、创作,相反,他们对文化创造的热情有时还因为世易时移而更加高涨。这就是魏晋南北朝时期著作量增多,且不乏经典名著的重要原因之一。如北魏(386—557)立国仅70余年,就出现了足以夸耀后世的三大名著:我国最早的一部完整的、有科学价值的农书:贾思勰的《齐民要术》,历史、地理、文学价值都很高的综合性地理著作:郦道元的《水经注》,记载北魏洛阳佛寺兴废历史的史志类著作:杨炫之的《洛阳伽蓝记》①。后两书还被誉为北朝文学的"双璧"。

二、儒道释的汇流——魏晋玄学兴起

魏晋南北朝时期的长期分裂和频繁战争以及由此所造成的社会动荡和经济衰退在对文化造成消极影响的同时,也使当局在某种程度上放松了对思想的钳制,从而使得这一时期成为继春秋战国"百家争鸣"之后的又一次思想解放时期,进而带来了学术界的异常活跃,其中最显著的是儒学独尊地位的丧失和魏晋玄学的形成。

汉代奉儒教为官学,但由于统治阶级不断强化"天人感应"和谶纬迷信内容,儒学被搞得乌烟瘴气。汉末黄巾起义更显出经学思想的虚伪和"不周世用"。所谓经学一坏于三国之分鼎,再坏于"五胡之乱华",这就打破了学界大一统的局面,正好给道、玄、释等各种学术思想的发展,给各种学派的互相辩难和融会提供了良机。

玄学起源于曹魏后期,是魏晋南北朝时期学术界的"显学",其影响力一直延续到隋朝的诞生。玄学之义源于《老子》中"玄之又玄,众妙之门"一语。玄学家们从号称"三玄"的《老子》《庄子》和《周易》中找到了创立玄学的理论根据。《周

---

① 黄镇伟:《中国编辑出版史》,苏州:苏州大学出版社2003年版,第129页。

易》的神秘主义,《老子》的悲观消极情绪,《庄子》的放纵情感、超脱现实的人生哲学,为门阀士族腐朽放荡的行为找到了理论安慰。玄学从形式上摆脱了两汉经学的烦琐笺注的沉闷风气,从内容上也抛弃了两汉经学"天人感应"那一套理论,"援老入佛",用老庄思想糅合儒家纲常名教,又与当时流入中国的佛教融会。

玄学的兴起带来了玄学与儒学的相互辩难、在朝玄学家与在野玄学家的分途、儒学内部的南北之争,这也为图书出版业带来了繁荣的契机。各学说观点持有者为弘扬自己的学说,或注疏经典,或另撰新著,对异己者加以批判,伴随着每一次学术领域内的党同伐异,都有大量的学术著作问世。据《隋书·经籍志》,魏晋南北朝时期仅有关儒家"五经"的著述(包括隋时已亡佚者)计有7392卷,这当中有很大一部分就是为批判异己者而作。可见,学术思想领域内的争论,对于繁荣当时的图书出版是有一定的促进作用的。另外,还有许多居家教授的学者,出于讲授之需,也进行了大量的撰述,《魏书》《晋书》之《儒林传》所载儒学人物,几乎都有所撰著。这些私人撰著也在客观上促进了图书出版事业的繁荣。

三、南北经济文化的交流与融合

魏晋南北朝时期一方面是南北分裂,人们背井离乡流离失所;另一方面人口迁徙也促进了边远地区的开发,以及南北经济的竞争和文化交流。如三国鼎立的局面形成后,互相之间征伐不断,可各国内部都很注意生产的恢复和力量的积蓄,魏国实行了一系列改革措施,抑制豪强兼并,广兴屯田,把大量流民重新安置在土地上。西晋取代曹魏后,也采取了一些促进生产发展的积极措施,如召集流亡、罢州郡兵、劝课农桑等,出现了太康年间的繁荣。东晋建立以后,江南地区比混战的北方相对安定一些,同时,北方人口的大量南徙又带来了进步的生产技术。此后,历经宋、齐、梁、陈四个朝代,在广大人民辛勤劳动下,南方经济有了较大的发展。农业产量增加,手工业发达,商业和交通运输业活跃,并出现了许多经济繁荣的城市,如建康、京口、山阴、寿春、江陵、襄阳、成都、番禺等。北方自北魏太武帝统一以后,逐渐结束了混战局面。其后孝文帝迁都洛阳,实行均田制,大力推行汉化政策,社会经济得以恢复。

知识分子在南北朝时地位也是有高有低。如魏国的曹氏父子,广泛地搜罗文士,形成了一个邺下文人集团,其中著名的有孔融、陈琳、王粲、徐干、阮瑀、应玚、刘桢等七人,号称"建安七子"。西晋以后,士族制度逐渐形成,由士族组成的知识分子阶层,其地位自然得到提高。南朝时士族不敢正视充满尖锐矛盾的现实,在"不以物务婴心"的口号下,他们把大部分注意力都转移到与现实脱节的文化事业上。当时的君主、诸侯王及大士族大半爱好文学,不少都以提倡文学、招揽文士著称,有的本身还是作家,这一时期出现了《文心雕龙》《诗品》《古画品录》《书品》等以文论、诗论、画论、书论形式为特征的文学和美学理论著作。北方一些少数民族统治者为了巩固其统治,也想方设法利用汉族的封建文化,不少汉族知识分子,如王猛、庾信、王褒等都曾受到重用。但总体来说,知识分子在北方的地位与南朝是无法比拟的。

当时南北在学术上也各有特点,《北史·儒林传》谈其时南北经学之不同曰:"大抵南北所为章句,好尚且有不同。江左,《周易》则王辅嗣,《尚书》则孔安国,《左传》则杜元凯。河洛,《左传》则服子慎,《尚书》《周易》则郑康成。《诗》则并主于毛公,《礼》则同遵于郑氏。南人约简,得其英华;北人深芜,穷其枝叶。考其终始,要其会归,其立身成名,殊方同致矣。"大体可说明南北学术之差别及各自的基本学风。南北两方学术在相互批判的同时也形成了交流和融合。

四、中外交通与文化交流频繁

魏晋南北朝既是中国历史上民族大融合的重要时期,也是中国对外经济、文化交流发展史上的重要时期。这一时期,由于中亚地区游牧民族的强大崛起,使得秦汉时代形成的作为中外交通主体的中西陆路交通,时断时续,从而使得这一时期中外交通发展史也有新举措,即海上交通得到较快发展。尤其是南朝因其政权在政治、自然地理的双重限制下,与国外交往的陆上通道绝大部分被堵塞,因此它与朝鲜、日本及东南亚诸国的海上交通迅速发展,并通过南海航线与印度、东罗马诸国频频往还。而中外文化的冲突与融合,外来文化的广泛传播,都在很大程度上对魏晋南北朝的图书编辑出版事业造成了影响。整体来看,中外交流活动的开展对这一时期编辑出版事业的影响主要表现在三方面:一是佛教的大规模传入使得译经、注经事业十分繁荣,进一步丰富了出版物的类别与内容;二是中国图书开始输出到朝鲜、日本等国,扩大了中国文化的影响力;三是重要典籍被翻译成少数民族语言,促进了民族文化的融合。

五、魏晋南北朝时期的出版管理

魏晋南北朝时期,人们对图书和出版的社会功能有了更为深入的认识。据《三国志·魏书·袁涣传》载:魏国初建时,袁涣曾对曹操建言"今天下大难已除,文武并用,长久之道也。以为可大收篇籍,明先圣之教,以易民视听,使海内斐然向风,则远人不服可以文德来之"。指出了"典籍"与出版的功能在于"明先圣之教"和"易民视听",统一政治舆论。曹丕在《典论·论文》中则说:"盖文章,经国之大业,不朽之盛事。年寿有时而尽,荣乐止乎其身,二者必至之常期,未若文章之无穷。"将文章著述的作用提升到了经营国家的高度,并指出著作和出版事业是知识分子追求不朽、发挥长时期影响的途径之一。正因为对出版事业的社会功能认识深刻,魏晋南北朝时期,政府对出版业的管理也加强了。

魏晋南北朝时期的出版管理,一方面是对图书编纂事业的重视。如魏文帝曹丕对图书的编撰和出版就相当重视,据《三国志·魏书·文帝纪》载:魏文帝"以著述为务,自所勒成垂百篇。又使诸儒撰集经传,随类相从,凡千余篇,号曰《皇览》。"南朝梁武帝也特别重视图书事业,即位不久即下诏向民间收书,要求"依密阁旧录,速加缮写",并设立了文德殿、华林园典藏经籍。北魏曾三次大规模搜集图书,孝文帝迁都洛阳后,还命人检查了北魏缺少图书的情况,编订《魏缺书目录》一卷,到南齐去按目借书抄录。

另一方面是对不利于统治的书籍予以禁止。从西晋到南北朝时期,曾出现过几次较大规模的禁书活动。禁书的对象,主要是宣传迷信、妖言惑众的谶纬之书和与儒家思想相对立的佛道典籍。

谶纬之书是自西汉时期开始出现的托名孔子所作的一类伪书,内容是以符瑞谶语来推断兴亡盛衰。东汉开国之主刘秀就曾利用纬书上的预言作为宣传手段,从而登上皇帝宝座,因而谶纬之书在东汉特别流行。魏晋南北朝时期,许多开国之君也都利用谶纬书作为自己登台的宣传工具,而当他们取得国家政权后,又特别害怕别人重施他们的故伎。所以从西晋开始,就禁止谶纬之书在民间流行。

据《晋书·武帝纪》载,晋武帝泰始三年(267)十二月,官方宣布"禁星气谶纬之学"。这条禁令还正式成为第二年颁布的晋代法律《泰始律》的有关条款。南朝也沿袭西晋禁谶纬的做法,宋孝武帝、梁武帝时期,都实行过禁绝谶纬的措施。北方政权也多次下令禁绝谶纬书籍。后赵建武二年(336),石虎禁止郡国中人学习星气谶纬之学,敢有违犯者一律处死。据《资治通鉴·晋纪二十五》载,前秦建元十一年(375),苻坚为了增崇儒教"禁老、庄、图谶之学,犯者弃市。"尚书郎王佩犯禁读谶,苻坚杀之,学谶者遂绝。又据《魏书·高祖孝文帝纪》载,北魏孝文帝太和九年(485)下诏:"图谶之兴,起于三季,既非经国之典,徒为妖邪所凭。自今图谶、秘纬及名为《孔子闭房记》者一皆禁之,留意者以大辟论。"连续大范围的禁绝,使得谶纬书籍的数量大为减少。

因为统治的需要,各政权还禁断佛、道诸教。《魏书·释老志》载,北魏太平真君七年(446),太武帝颁布灭佛诏:"自今以后,敢有事胡神及造形像泥人、铜人者门诛。……诸有浮图形象及胡经,尽皆击破焚烧,沙门无少长悉坑之。"这次焚烧佛经的举动,虽然实际波及的区域并不广泛,但由于毁佛的中心长安恰是西晋以来中国北方翻译佛经的重镇,因而给佛教文化造成的损失依然是不小的。

《北史·周本纪》载,北周建德三年(574),武帝并禁佛道二教:"禁佛、道二教,经、像悉毁,罢沙门、道士,并令还俗。"这是佛教经典再次被禁,道教典籍首次遭毁。但由于周武帝对道教尚不如对佛教那样深恶痛绝,道书在北周的命运似乎比佛经要好一些。建德六年(577)初春周灭齐后,齐境内的佛像被掀翻熔化,佛经被付之一炬。

《陈书·本纪》载,南朝陈太建十四年(582)四月,陈后主下诏:"……又僧尼道士,挟邪左道,不依经律,民间淫祀妖书诸珍怪事,详为条制,并皆禁绝。"这使当时的南方佛典道藏又受到了破坏。

焚毁佛经道书事件,一方面是佛道相争最终两败俱伤的结果,另一方面也是中国儒家正统文化与各种宗教之间或明或暗地争夺思想统治权的突出表现。

第二节　魏晋南北朝的政府编纂机构及编辑活动

政府修书是历朝历代政权的"规定动作"。这一时期,由于时局动乱,各朝政府为了通过对文化思想的控制稳固江山,也对修书活动予以高度重视。政府编纂机构几经变动,日渐完善,在一定程度上促进了编撰出版事业的发展。这一时期,政府编辑活动相对频繁,新的编著形式不断涌现,旧的编著形式也得到了一定程度的发展。

一、政府编纂机构及其编辑活动

魏晋南北朝时期,政府的编纂机构主要为秘书监。秘书监始设于东汉桓帝延熹二年(159),是我国最早的专门掌管图籍校著的机构,隶属于太常寺,不久废除。东汉末年,曹操被封为魏王后,又设置秘书令,负责掌管文武百官上书奏事事宜。魏文帝曹丕称帝后,另设中书令掌管其事,而将秘书令改为秘书监,专门负责艺文图籍之事。晋初,武帝曾将秘书监并入中书省。晋惠帝时,又将其从中书省中分离出来,此后,秘书监便一直作为中央管理图书及编纂事务的独立机构。

从晋到隋,秘书监有较大发展,其人员不断增加,职权范围不断扩大,并逐渐发展成为秘书省。秘书省职官有秘书监、秘书丞、秘书郎、校书郎、正字等,主要掌管图书的收藏、校理事务。其下又设著作局、太史局两个机构,著作局主要职官有大著作、佐著作郎及著作郎等,其职掌主要为编修国史及前代史。太史局主要职官为太史令,主要掌管天文星象灾异之事。

除了秘书省以外,北齐文林馆、北周麟趾殿也是重要的图书编纂机构。但是修书规模都无法和秘书省相比。

这一时期,秘书监(省)曾先后聚集过一批批著名的文人和学者,在校理典籍、编纂群书等方面取得了不少成绩。他们在编辑方面的活动主要有以下几项。

1. 编制书目

书目的编制工作一般是与政府大规模的校理藏书活动一起进行的。曹魏建国后,政府藏书逐渐增加并形成一定规模,魏明帝时,乃命秘书郎郑默等对其加以校订整理,并于青龙二年(235)编成官府藏书目录《中经》十四卷,记载了曹魏秘书、中、外三阁藏书的情况,并对图书的优劣等级做了鉴别和区分。

西晋初年,随着政府藏书的再次增多,秘书监荀勖等人又在校理藏书的同时,在《中经》的基础上重新编制了《中经新簿》,又称《晋中经》,共著录当时的政府藏书29945卷(一作29035卷)。《中经新簿》在编排上采用"四分法",即将全部藏书分为甲、乙、丙、丁四部,其中甲部收六艺、小学等书;乙部收古诸子家、近世子家、兵书、兵家、术数;丙部有史记、旧事、皇览簿、杂事;丁部有诗赋、图赞、汲冢书,略相当于后来的经、子、史、集四部。这种"四分法"比较符合中国古代书籍及文化的内在体系,具有较强的科学性,是对中国古代图书目录分类体制的一种适时的变革,其意义是很大的。它改变了刘向、刘歆所创造的沿用了300年之久的"六分法",与后世的经史子集四分法已十分接近,只有两点不同:一是四部名称为甲、乙、丙、丁,而非经、史、子、集;二是乙部与丙部次序不同。

《中经新簿》的体例是只客观地著录书名、卷数及撰者,并对其内容作简要说明,而没有对学术源流的考辨及图书内容的评论。但也不能否认,《中经新簿》是对西晋图书的一次总结,较好地反映了自《七略》成书以来三百年间图书事业的发展和变化情况。

《中经新簿》完成不久,遭"八王之乱""永嘉之乱",秘阁藏书,销毁殆尽。晋元帝偏安江左,才重新搜集。著作郎李充又据《中经新簿》对其加以校理,并编成《晋元帝四部书目》。这部书目仍以甲乙丙丁四部为次,只是将乙、丙的顺序改变了一下,乙部改为史部,丙部改为子部,从此,经史子集四分法的体制便正式确立了,李充的这一四部分类编次方法,一直被后世所沿用,《隋书·经籍志》称"自尔因循,无所变革",正说明了它在目录事业发展史上的贡献。

南朝秘书监(省)学者编制书目的活动更加频繁,成果也较多,体例大多沿袭《中经新簿》和《元帝四部书目》。其中较著名的有:宋谢灵运所编的《元嘉八年四部目录》,王俭编的《元徽元年四部书目录》,殷淳编的《秘阁四部书目》,王亮等编的《齐永明元年秘阁四部书目》;梁殷钧编的《天监六年四部目录》,刘遵编的《东宫四部目录》,刘孝标编的《文德殿四部目录》;陈代编的《天嘉六年寿安殿四部目录》、《德教殿四部目录》等。

2. 编修史书

魏晋南北朝时期,史书编纂呈现出繁荣景象,总量不断扩大,内容更加丰富,种类也日益增多。在图书四分法中,史书单独成为一大类,就是这一时期史书大量增加的直观反映。其中官修史书占了极大的比例。身处乱世之中,统治者为了从历史经验中寻找治乱的药方,也为了给以后的统治者提供借鉴,都特别重视撰修前代及当代史。三国时期,魏、蜀、吴三国都设有史官。吴国曾多次以太史令编撰本朝国史,并设左国史、右国史等官。晋以后,编修史书成为秘书监、著作局的主要职责,其所修史书既有当代的,也有前代的。

当时所修的前代史书主要是东汉史。三国时期,东汉史著作主要有三部,即谢承《后汉书》、谯周《后汉记》和薛莹《后汉记》。其中谢承所著纪传体《后汉书》130卷,是继《东观汉记》之后的第一部东汉史,惜已亡佚。两晋时期东汉史著作增多,主要有司马彪《续汉书》83卷、华峤《汉后书》97卷、谢沈《后汉书》122卷、张莹《后汉南记》55卷、袁山松《后汉书》100卷、张璠《后汉纪》30卷、袁宏《后汉纪》30卷等。

南北朝时期,东汉史著作又产生了宋刘义庆《后汉书》58卷和范晔《后汉书》90卷,以及梁萧子显《后汉书》100卷,王韶《后汉林》200卷。其中刘、萧、王三书均散佚,只有范晔之书传世,但范晔之书为私人所作,在民间图书编纂部分会有详细介绍。

而至于撰写的当代史书就更多了。魏晋南北朝时期,由于政府和社会都重视史学,当朝人写当朝史成为一种风气。三国史的撰写,即开始于三国时期。因为三国时期魏、蜀、吴三国分立,所以史书大多是分国编撰。但将三国历史合为一书的则是晋初的著作郎陈寿,其所著《三国志》65卷,其中魏志30卷,蜀志15卷,吴志20卷,对后世了解三国历史具有重大的影响。

陈寿,字承祚,晋巴西安汉(今四川南充)人。少时受学于同郡名儒谯周,在蜀国历仕卫将军主簿、东观秘书郎、散骑黄门郎。入晋后,经司空张华举荐,任佐著作郎、著作郎等职。太康元年(280)晋灭吴后,他搜集魏、蜀、吴三国史料,约经十年,撰成《三国志》。陈寿对三国时期的历史有一个总揽全局的看法和处理。他写《三国志》时已入晋朝为官,而晋是承袭曹魏统一全国的,为了既不触犯晋代魏而立这一政治现实,又不任意贬低蜀、吴两国的历史地位,陈寿采用三国历史并叙的方法,为曹魏几代帝王立"纪",而蜀、吴皇帝则称"主"立"传",但记事方法是基本相同的。因陈寿善于剪裁,史笔很好,因而此书很受当时人的重视,并且对当时的史学界产生极大影响。据《文心雕龙·本志篇》记载,在此书的带动下,当时出现了一个纪传体史书创作的高潮。而纪传体史书被称为"正史",也是由此书而始的。

此后由秘书监编制的纪传体史书有:晋秘书郎王隐、郭璞撰的《晋书》93卷,秘书监谢灵运的《晋书》36卷;宋著作郎徐爰等编撰的《宋书》65卷;齐著作郎沈约编撰的《宋书》100卷;陈大著作郎许亨编撰的《梁史》53卷等。

另据《晋书·干宝传》记载,东晋刚刚建立时,百事草创,未置史官,王导乃疏请"建立国史,撰集帝纪"。晋元帝司马睿于是令佐著作郎干宝等从事编撰,成《晋纪》23卷,记载西晋自宣帝至愍帝间53年的史实。此书今已佚,据《史通》记载,其书仿照左丘明《左传》的体例,而又有所改变。其记载主要偏重于五个方面:体国经野之言,用兵征伐之权,忠臣烈士孝子贞妇之节,文诰专对之辞,才力技艺殊异。这样写出的史书不仅简而有当,而且作者的是非观也显露得极为分明,使得编年体史书自《春秋》《左传》以后又获发展。

在干宝《晋纪》的带动下,编年体史书的创作重新获得振兴。在当时出现的众多编年体史书中,以孙盛的《魏氏春秋》20卷及《晋阳秋》32卷最为著名。孙盛历任佐著作郎、秘书监。他所撰写的这两部史书因"词直而理正"而被当时人称为良史,也由此引起一些人的忌恨。当时的权臣桓温就曾威胁过他,他的众多子孙也一起在他面前哭拜,请求他加以改动,但孙盛坚持原则,不为所动。他的几个儿子又策划私自改动他的书稿,孙盛发现后,马上抄写了两部副本,寄存于他的朋友家。这种据事直书、不畏强暴的精神,是对"实录精神"的很好继承。

南北朝时期也是史家辈出,史著林立,但南北发展不平衡,总体看南朝胜过北朝。在北朝,北魏节闵帝时还专门设立了修史局,隶属于秘书省著作局,曾派谷纂、山伟监修国史。北齐改修史局为史馆,依然隶属于著作局,以高堂隆为总监,魏收为主修,编撰《魏书》。

此外,魏晋以来,常以著作郎兼修起居注,以记录君王的日常言论和行事,北魏孝文帝太和十四年(490)开始设置起居令史,从而确立了此职的专官。另有修起居注、监起居注等官,侍从皇帝,掌记录皇帝言行。魏晋南北朝时期编修的起居注数量很大,据《隋书·经籍志》著录,达四十多种,历西晋、宋齐梁陈、北魏北周各代皆有起居注的出版流传。

3. 编辑类书

魏晋南北朝时期,文坛主要由封建帝王及士族所把持,他们大多生活在一个狭小的空间内,其思想及艺术趣味都受到很大的束缚。为了掩饰其内容的空虚贫乏,这些人往往追求华丽纤巧的外在形式,在文学创作时,过分地讲求句子的工整、辞藻的华丽及用典的冷僻。这就导致骈体文的兴盛,当时的文人士大夫争相创作这种"俪采百字之偶,争价一句之奇"的文章。这种创作活动使人们对图书形式产生了新的要求,希望能有一种将辞藻、典故按类编排到一起,以便创作时临时检阅的书籍,类书便是在这种条件下产生的。

类书就是将文献资料原文按类编排在一起,并注明其引文出处,以供读者寻检使用的图书形式,它大大方便了文人的文学创作,因而自其出现以后,历代的编纂活动都十分频繁,尤其在魏晋南北朝时期,仅《隋书·经籍志》就著录了 17 部共 2971 卷。由于类书引书众多,卷帙浩繁,非个人力量所能达到,因此它大多由帝王、贵族召集身边学者利用政府藏书集体编撰而成,其中有不少就是由秘书监来编纂的。

中国第一部类书是《皇览》,据《三国志·王象传》记载,汉延康元年(220),魏文帝曹丕即位前夕,命王象领秘书监,撰集《皇览》。此书至魏黄初三年(222)始编成,共分 40 部,每部收数十篇,计八百余万字。其书"撰集经传,随类相从","包括群言,区分义别",便于文学创作时引经据典,因此一出现便受到人们的欢迎,当时流传着许多节录本,仅梁代便出现了四种。可惜的是,《皇览》流传得并不久远,本有千卷之多,到梁时只存 680 卷,到隋时只存 120 卷,到《唐志》时已不见著录,至宋代已遗失,目前我们只能在一些辑佚材料中窥其一斑。然而,《皇览》的编纂,开创了类书编纂的体例和风气,丰富了中国古代典籍的宝库。

《皇览》以后,西晋时又由著作郎陆机主持编撰了《要览》。进入南朝以后,秘书监已无编纂类书的职责,类书多由帝王召集当时知名人士为某殿学士而行编纂,直到隋代,才恢复了由秘书省编纂类书的制度。

二、民间图书编纂活动

魏晋南北朝时期民间图书编纂活动十分活跃,尤其是史书的编纂。自东汉末年战乱以后,官府控制史学的局面已被打破,而王朝的频繁更迭又为私人著史提供了有利条件。这一时期私人撰写断代史蔚然成风。当时出现的断代史著作,有据可查的就达百种以上,这种盛况在整个中国古代社会也是绝无仅有的。其中的杰出代表是范晔的《后汉书》。

范晔,字蔚宗,南朝宋顺阳郡顺阳县(今河南内乡县)人。历仕秘书丞、尚书吏部郎等,元嘉九年(432)任宣城太守,开始撰写《后汉书》。他认为此前所修的东汉史都不能令人满意,于是以《东观汉记》为主要依据,并博采众家后汉书之长,删繁补缺,撰写了一部具有独特风格的著作。范晔受华峤《汉后书》影响较大,列有《皇后纪》,在每篇之末所附论赞中也吸收了不少《汉后书》的内容。此外,范晔又根据东汉历史的具体特点,新增加了《党锢》《宦者》《文苑》《独行》《方术》《逸民》《列女》等类传。范晔《后汉书》一经问世,其他各家纪传体东汉史书便逐渐销声匿迹,以至于亡佚,唯范书流传至今。但遗憾的是范晔的书缺志,后人遂以司马彪《续汉书》八志补上,始得完帙。

这一时期民间撰书流传于世的名著还有刘义庆的《世说新语》和刘勰的《文心雕龙》。

刘义庆(403—444),彭城(今江苏徐州)人。刘义庆一生仕途顺利,历任要职,是一位能文能武的宗室表率。他爱好文学,善于交游,在文士中间有很高的威信和号召力。只要是他出面召聚,文士们往往近远必至。刘义庆生命中的大部分都忙于政治,撰文编书充其量只能说是生活中的副产品,但署名刘义庆的一本书却给他带来了意想不到的声誉,这就是《世说新语》。

《世说新语》原名《世说》,原为八卷,梁朝的刘峻为其作注后,增为十卷,今传本皆作三卷,分为德行、言语等三十六门,记述自汉末到刘宋时名士贵族的逸闻轶事,主要为人物评论、清谈玄言和机智应对的故事,基本反映了门阀世族的思想风貌,保存了社会、政治、思想、文学、语言等方面的史料,价值很高。一般认为,《世说新语》非由刘义庆独著,而是由其门下聚集的文人学士共同完成的,刘义庆只是倡导和主持了编纂工作。该书体例风格大体一致,没有明显的出于众手或抄自群书的痕迹,刘义庆还是尽了主编之责的。

刘勰(约465—约532),字彦和,东莞莒(今山东莒县)人,南齐末年,刘勰编撰成《文心雕龙》50篇,涉及文学创作的多方面问题,是我国古代系统的文学理论名著。《文心雕龙》书名中的"文心"的意思是"为文之用心","雕龙"取战国时驺奭长于口辩、被称为"雕龙奭"的典故,指精细如雕龙纹一般。合起来,"文心雕龙"意指"文章写作之精义"。该书所讨论的对象,是广义的文章,但偏重于文学。此书卷上25篇,分别论述当时各种文体的体制及源流,卷下24篇,则论述文章的写作技巧及艺术工拙,另有序志一篇,序述此书的写作目的。此书不但具有较强的理论性及艺术性,而且结构严谨,结构清朗,论述周详,系统性和完整性前所未有,在编辑手法上体现出很高的水平。

三、新型编著形式的涌现及旧编著形式的发展

(一)新型编著形式的涌现

魏晋南北朝时期,虽然社会比较动荡,但是图书著作的内容范围比以前扩大了,新的编著形式不断涌现,除前面提到的类书外,还有以下一些。

1. 别集与总集大量产生

别集是指总汇一个人多篇著作的书,也称集或诗文集。总集是指汇集多人著作为一书。东汉以前,没有个人文集,当时的文学著作都以单篇流传。其后,文学作者日益增多,其创作风格各有不同,后世之人为了研究、欣赏某一家的作品,于是乃将某人单篇流传的作品别聚在一起,故称别集。别集的汇集大约始于东汉,但数量很少,到魏晋才逐渐增多,发展到后来,不少文学创作家生前即将自己的作品汇集成集。《四库全书总目提要·别集总叙》评论这一时期别集之盛曰:

> 集始于东汉,荀况诸集,后人追题也。其自制名者,则始于张融《玉海集》。其区分部帙,则江淹有《前集》、有《后集》,梁武帝有《诗赋集》、有《文集》、有《别集》,梁元帝有《集》、有《小集》,谢朓有《集》、有《逸集》,与王筠之一官一集,沈约之《正集》百卷,又别选《集略》三十卷者,其体例均始于齐梁,盖集之盛,自是始也。①

当时别集的数量很大,仅《隋书·经籍志》就著录了 437 部 4381 卷,同时还著录了当时已亡佚的 886 部 8129 卷。集也逐渐取代诗赋,成为四部分类法中的一大类。

建安以后,别集日益增多,给读者阅读带来了困难,全部阅读当然不可能,选读也常常无所适从,于是便产生了编辑"总集"的需要。《四库总目提要·总集总叙》说:"文籍日兴,散无统纪,于是总集作焉。一则网罗放佚,使零章残什,并有所归;一则删汰繁芜,使莠稗咸除,菁华毕出:是固文章之衡鉴,著作之渊薮矣。"总集的体例基本上与这两个编纂目的有关。总集大约产生于魏晋之间,现知最早的一部总集为晋挚虞所编的《文章流别集》。这一时期总集的编辑活动也很频繁,《隋书·经籍志》共著录了 107 部 2213 卷,又有当时知名但已亡佚的总集 249 部 5224 卷。

当时总集的编辑大都以文体分类,每类文体之下再按作者的时代排序,同时有叙或论介绍各类文体发展的源流并阐明编者的编辑意图。这样,通过一部总集便可大致知道诗文的类别和各种文体的发展过程,同时可以欣赏到不同作者具有代表性的优秀文学作品。

这一时期所产生的总集今天大部分已亡佚了,只流传下《文选》《玉台新咏》等少数几部。《文选》是南朝梁昭明太子萧统(501—531)主持编辑的,萧统死后谥"昭明",所以此书又称《昭明文选》。萧统是梁武帝萧衍的长子,他的一生很短暂,只活了 31 岁,未继位便去世了。他自幼好学,不但博览群书,还在身边聚集了由众多名士组成的学者群。《文选》便是在他主持下,由这些学者共同编辑的。

---

① (清)永瑢等:《四库全书总目》(下册),北京:中华书局 1965 年版,第 1271 页。

这部书选录了先秦至梁朝 800 年间的各种体例的文章诗赋,分赋、诗、骚、七、诏、册、令、教、文、表等 37 类,共收诗文 752 篇,所选作家有名姓的有 129 家,都是各个时期有代表性的人物和作品。此书对后世影响很大,宋人有"《文选》烂,秀才半"的谚语。后人对它有许多注本,其中以唐代李善的注本影响最大,此本将原书的 30 卷分为 60 卷,一直流传至今。

萧统在编选《文选》时大致采取以下两点编辑原则。一是重文轻义,他非常注重文学与其他类别著作的区别,严格以作品的文学性为衡量尺度,因此对经、子书籍中一些以义见称的名篇一概不选,而多选一些辞藻华丽、声律和谐的作品;二是详今略远,所选作品晋以后的比较多,晋以前的则较少。可见,《文选》的编辑存在着较为严重的唯美主义与形式主义倾向,有其消极的一面,但另一方面,它初步划清了文学与非文学的界限,使文学摆脱了其他学科的束缚,成为一种独立的艺术形式。

《玉台新咏》是一部诗歌总集。其编选者徐陵(507—583),字孝穆,历仕梁、陈二朝。此书为其仕梁时受简文帝(当时尚为太子)之命所编选。全书分 10 卷,按文体编排,前 8 卷为五言诗,第 9 卷为七言诗,最后一卷为五言二韵诗,收录自汉迄梁的诗歌 769 篇。据考证,现存的《玉台新咏》已非原来面貌,其中有不少后人增入的作品。《玉台新咏》在编辑上也存在着很强的唯美倾向,在形式上多取"绮罗脂粉之词",在内容上"大抵皆缘情之作"。题材多为表现男女情感的作品,并注重收录民间文学作品,《陌上桑》《孔雀东南飞》等著名作品因其得以流传。

2. 韵书的出现

韵书就是按照声、韵、调的关系将汉字组织起来的字书。先秦时,人们在作诗作文时已注意到音调的和谐。到了魏晋南北朝时期,由于文风崇尚绮丽,诗文对声韵的要求越来越讲究,特别是南齐永明间,沈约、周颙等文人大力提倡诗文的四声和韵律,并规定了作诗时必须遵循的声韵格律,号称"永明体",使得音韵受到人们前所未有的重视。由于音韵问题一般人不容易理解和掌握,于是就产生了对韵书的需要。

韵书大约出现于三国时期,现知最早的韵书,为曹魏时代李登所编的《声类》。《声类》现已亡佚,据唐代封演《闻见记》记载,此书分 10 卷,共收字 11520 个,其编排为"以五声命字,不立诸部"。即每字按其发音命以"宫、商、角、徵、羽"五声,有所归纳,但不分部类,在编辑上尚处于较为原始的阶段。

到西晋时,又出现吕静所编的《韵集》。《韵集》是仿照《声类》的体例而编辑的一部韵书,但在编辑方法上比《声类》又前进了一步,它不但将每字按其发音归纳到一起,而且将归纳到一起的单字分别按"宫、商、角、徵、羽"等五音各分为一篇,这在韵书的编辑体例上是个重要的创新。

此后,韵书的编辑出现了一个小小的高潮,据王国维考证,这一时期出现的韵书至少在17种以上,但其编辑水平一直停留在较为原始的阶段。而且,由于当时可供参考的资料不多,每个字的读音一般靠编者自己分辨,这就难免造成分韵上的某些失误,有时甚至将方音掺杂进去。这些问题严重地影响了韵书的编辑质量,使得当时出现的韵书不久就全部亡佚了。

3. 姓氏谱、地方人物传与地记的产生和发展

魏晋南北朝时期通行门阀士族制,士庶社会地位相差悬殊,"上品无寒门,下品无士族"就是当时社会的真实写照。士族往往掌握着政治、经济、文化特权,以门第阀阅自尊,鄙视庶族寒人,士、庶之间不通婚,庶族经常受到士族的侮辱。在这种制度下,士族为了维护自己的特殊地位,往往采用编制姓氏谱的方法,用以严格区别士庶界限。姓氏谱的产生可以追溯到先秦的帝王世系谱。到了东汉,它开始成为士族大地主表示自己地位的工具。据《隋书·经籍志》记载,东汉曾出现一部《邓氏官谱》,到西晋挚虞又编有《族姓昭穆记》10卷。这两部书在西晋灭亡时已散佚,但从书名上分析,它们很可能是按士族大姓地位等级的顺序而编排的,这是早期氏族谱编排的一个特点。

东晋以后,姓氏谱的编撰有了进一步的发展,除了数量增多以外,在编排上又出现了一些新方法,有郡谱,即将一郡之中士族大姓按地位等级编排起来,其下再按人物辈分编排,如《益州谱》《吉州渚姓谱》等;有家(族)谱,即将某家(族)士族之人按辈分编排起来,单独成书,如《扬氏谱》《苏氏谱》等。

随着门阀制度的发展,士族阶层已不满足于单凭姓氏来分别贵贱,因为同姓旁支的人很多。为了在同姓中表示自己的尊贵,又出现了所谓地望,即将其生活区域的地名放到姓前,以示区别。如王氏共有21望,其中以琅琊王氏和太原王氏最贵;李氏有11望,其中以赵郡李氏最贵,陇西李氏次之。地望的产生使地方人物传及地记的编撰繁荣了起来。

地方人物传的产生最早起源于东汉初年,光武帝刘秀曾命令将南阳地区的著名豪族人物传记汇为一书。至东汉末年,赵岐又作《三辅决录》7卷,收录三辅地区(今陕西中部)著名豪族人物,使得地方人物传的编撰活动又兴盛起来,从三国至隋,仅《隋书·经籍志》就著录了近40部,这些书多称"某某先贤传"或"某某耆旧传",如晋范瑗撰《交州先贤传》3卷、曹魏王基撰《东莱耆旧传》1卷等。

地记源于远古的图经。秦汉以前,国家都藏有全国图经,记载各地山川、户口、分野、风俗、物产等项,以作赋税及军事等用。东汉以后,开始出现单独的地记,但记载简单,仅存州郡之名。至晋代挚虞作《畿服经》170卷,始详载各地分

野、沿革、山川、乡亭、城郭、道里、土田、物产、风俗、先贤等项,地记的体例至此初具,但在编排上仍较冗杂。到南齐时,陆澄汇集160种地记作《地理书》,其书在编排上依前后远近为序,并分为各部,地记的体例才大致完备。

4. 翻译文献——佛教典籍的翻译和编辑出版

魏晋南北朝时期,统治者对佛教大力扶持,广建寺院,赐给田产,施予钱钞,佛教的发展十分迅速,佛经的翻译事业亦得以飞速发展。据《开元释教录》所计,这一时期共出现有姓名可考的佛经翻译家115人,共译佛经1581部,4047卷(详见表4.1魏晋南北朝翻译佛经概况)。三国时,曹魏都城洛阳,孙吴都城建业、陪都武昌,都有许多著名的佛学大师在主持佛教典籍的翻译、整理工作。其中吴国的友谦最为著名。友谦本是月支国人,其父归化中国,因而生于中国。汉末避乱入吴,孙权拜为博士,自黄武初至建兴末(222—253)共译出佛经88部,118卷,在当时影响很大。

西晋时期,译经的规模逐渐增大,仅高僧竺法护便译出大乘佛教般若、法华、净土各派经典著作达159部309卷,在数量上超过以前任何一个译者。《高僧传》讲他"终日写译,劳不告倦",其工作态度勤恳踏实。

东晋南北朝之间,佛教事业达到了高潮。当时,全国各地寺院林立,广大民众乃至上层统治者都以信奉佛教为时尚,百姓尤喜出家为僧,北魏孝明帝时,僧尼竟号称有200万之多。译经事业也随之进入了高潮,当时译经高僧众多,译经班子多由三四人乃至七八人组成。这一时期最有成就的译经大师为鸠摩罗什(344—413)。鸠摩罗什为天竺人,后秦弘始三年(401),后秦皇帝姚兴将他从西域迎至长安,待以国师之礼,并让他居住在逍遥园,带领其他僧人翻译佛教经典。鸠摩罗什率领他的译经班子共译出佛经经、律、论、杂传等方面的著作94部、425卷。其译作文词流畅,通达宏旨,质量较以前有较大提高,当时人称之为"新译"。鸠摩罗什也因此与真谛、玄奘并称为中国佛教三大翻译家。他深知翻译其中甘苦,《高僧传·鸠摩罗什传》记载了他论述翻译的几句话:"改梵为秦,失其藻蔚。虽得大意,殊隔文体,有似嚼饭与人,非徒失味,乃令呕哕也。"这几句话几乎成为中国佛教史和中国翻译史上的名言。①

南北朝时,南、北方都曾由国家对佛经译著进行过大规模整理。南朝梁武帝萧衍于天监年间(502—519),先后两次命众僧整理佛教典籍,并据此编成《华林佛殿众经目录》和《梁世众经目录》,共著录了已译出的佛教典籍1400余部,3700余卷。北朝魏孝武帝时(532—534),亦曾命属官整理北方流传的佛经译著,编定

---

① 季羡林:《中印文化交流史》,北京:中国社会科学出版社2008年版,第31页。

成《魏世众经目录》,共收入佛教典籍 400 余部 2000 余卷。

通观魏晋南北时朝,虽然译经事业达到了一个高潮,但尚存在着一个较为严重的缺陷,即这一时期很少有通晓汉、梵文的人,因而翻译步骤极为复杂,一般为通晓梵文的人口译,再由通晓汉文的人润色成文。甚至有更为复杂的,即由通佛经者口诵梵文经本,通梵文者录成梵文佛经,粗通梵、汉文者口译,通晓汉文者润笔成汉文佛经。这样辗转相译,很容易出现疏漏。当时便有许多僧人对此不满,认为通行的译经大多"文句简略,意义未周","文意隐质,诸未尽善"。因而出现了不少从隐晦的译经文句中阐释佛经原义的所谓义解大师。

早期的译经在编译体例上显得较为粗糙,仅仅分为若干章。后来,随着译经篇幅的逐渐加长,开始有了分卷。南北朝时,南朝的编译体例发展得较为先进,其所译佛经多分章、卷,且每章尚编有章名,并编顺序号。不少前人及北朝人的译经也被南朝人作了编辑加工,如后秦鸠摩罗什所译的《金刚经》,原为连贯下来的一大段文字,到了南朝梁昭明太子萧统又将其分为 32 "分",且每分都有分名,并标以顺序。经过这一加工,读者阅读、查检起来都十分方便。

魏晋南北朝时期翻译佛经的数量大致如下表所示:

表 4.1 魏晋南北朝翻译佛经概况(据《开元释教录》)

历史时期	翻译者数量	所翻译佛经	部数	卷数
魏	5	所出经戒羯磨	12	18
吴	5	所出经并失佚	189	417
西晋	12	所出经戒集等	333	590
东晋	16	所译经律论	168	468
苻秦	6	所译经律论	15	197
后秦	5	所译经律论	94	624
西秦	1	所译经律论	56	110
前凉	1	所译经律论	4	6
北凉	9	所译经律论	82	311
宋	22	所译经律论	465	717
齐	7	所译经律论	12	33
梁	8	所译经律论	46	201
元魏	12	所译经律论	83	274
北周	4	所译经律论	14	29
北齐	2	所译经律论	8	52
共计	115 人	共计	1581 部	4047 卷

5. 专业论著的出现

魏晋南北朝时期,儒学逐渐衰退,它对各学科的控制也随之减弱,人们在观念上突破了儒家"六艺"全面发展的限制,开始根据个人爱好独立发展,在学科研究上也开始注意对专业自身规律的探索,这样,一批专业的理论论著涌现了出来。

在文学方面,三国时期开始出现论述各种文体及其艺术特色的论著。现知最早的文学论著为魏文帝曹丕所撰的《典论·论文》,可惜此书已经失传。现存最早的一部为上文所提到的《文心雕龙》。除《文心雕龙》之外,梁代钟嵘的《诗品》亦颇具特色。此书以诗作者为主体,将汉魏至当时较为著名的诗人103人,按其艺术造诣分为上、中、下三品,每一品为一卷。每人之后,都有编者为其所作的创作渊源考订及艺术品评。

在艺术方面,有梁代谢赫撰的《古画品录》及庾肩吾撰的《书品》。《古画品录》按绘画的六法将画家分为六品,共得27人,每人各有评论。《书品》将汉至梁的书法家128人分为九品,每品各有论断,全书尚有总论。这两部书在编辑手法上都与《诗品》相仿。

在科技方面,以农学、医学的发展最为突出。后魏时期,高阳太守贾思勰撰写《齐民要术》一书,这是中国现存最早的一部农书。此书的编辑意图十分明显,那就是"资生之业,靡不毕书",而与资生之业无关的则"阙而不录",他为此书取名为《齐民要术》,意思就是介绍普通百姓谋生的重要方法。在具体编辑方式上,他将此书分为10卷92篇,并且在每卷卷首都附有此卷内容的详细目录。他认为这样"于文虽烦,寻览差易",而对于当时后魏地区没有的植物则仅存其名目而已,可以说是一部实用性很强的工具书性质的论著。

医学论著的撰写编辑成果较为丰富。西晋时,著名医学家王叔和将古代医书中有关脉学的记载汇集起来,并结合自己的实践加以论述,整理编辑成《脉经》。此书共分10卷24类,其24类是依照脉的生理、病理变化所形成的24脉象而划分的。这部书是有关脉学的第一部专门系统的理论著作。此外,王叔和还对他老师张仲景的医学著作《伤寒杂病论》进行了编辑加工,将其中伤寒部分整理为《伤寒论》10卷,分为22篇,每篇先进行理论分析,再列出治疗方法,成为一部理、法、方、药完备的医学书籍。王叔和又将《伤寒杂病论》中的杂病部分整理成《金匮要略》3卷25篇,论述内科、外科、妇科等杂病40多种,收集了262个药方。

与王叔和同时代还有另一位医学家皇甫谧,他编撰了中国现存最早的针灸专著《黄帝三部针灸甲乙经》,简称《针灸甲乙经》或《甲乙经》。其编辑方法是将

图 4.1 卷轴装的《齐民要术》

《素问》《针经》《明堂孔穴针经治要》三书集中起来,分类排列,去其重复,存其精要,全书共 12 卷,计 128 篇,第 1、4、6 卷主要是基本理论方面的论述,第 2、3、5 卷主要是针灸方面的基本知识的论述。

除上述几个方面外,当时甚至已经出现了对人类自身进行研究的理论书籍,这就是北魏刘劭所撰的《人物志》。此书共 3 卷,分为 12 篇,从各个方面分析了怎样识别一个人并将各类人进行了归纳论述。

(二) 旧编著形式的发展

魏晋南北朝时期,除新的编著形式不断涌现外,旧有的编著形式也有较大发展,其中尤以传注体的发展最为显著。

这一时期对经部著作的注疏非常兴盛,既有自出己见的新注,也有在前人注解基础上加以引证和发挥的新疏,并且取得了较大成果。世传儒家十三经注疏中,有六部经书的注为魏晋人所做:《周易》《尚书》《论语》《左传》《谷梁传》《尔雅》。清人皮锡瑞论曰:

世传《十三经》注,除《孝经》为唐明皇御注外,汉人与魏、晋人各居其半。郑君笺《毛诗》,注《周礼》《仪礼》《礼记》;何休注《公羊传》;赵岐注《孟子》;凡六经，皆汉人注。孔安国《尚书传》，王肃伪作；王弼《易注》；何晏《论语集解》；凡三经，皆魏人注。杜预《左传集解》；范宁《谷梁集解》；郭璞《尔雅注》；凡三经，皆晋人注。①

充分说明了这一时期经书注疏的成就。其中郭璞的《尔雅注》不但在字数上超过了原著，而且在学术价值上也远远超过了原著。与此同类的还有郦道元的《水经注》和陶弘景的《本草经集注》，下面对这三本书加以详细介绍：

1. 郭璞与《尔雅注》

郭璞（276—324），字景纯，河东闻喜（今属山西）人。曾任东晋的著作佐郎、记室参军等官。他不但是位编辑家，还是位诗人、训诂学家，同时又是当时的博学家。除了《尔雅注》外，他还为《方言》《山海经》《穆天子传》《三仓》《楚辞》及司马相如的《子虚赋》《上林赋》等作过注，在文化发展史上做出过重大贡献。

郭璞所作的《尔雅注》是现存最早的完整注本，他在为《尔雅》作注时，所引用的文献有近50种之多，其注语简明扼要，非常易懂。他在作注时坚持两项原则，一是对于原著明白易懂的文句绝不加注，二是对自己不懂的原著晦涩之处绝不强不知以为知，而是老老实实地表明"未详"。值得注意的是，郭璞在《尔雅注》之外还编著了《尔雅音》《尔雅图》等一系列辅助著作，前者将原书中难以识别的字音加以注明，后者则将原书中的各类事物用图像形式绘制出来，以弥补文字描绘的不足，使读者能有直观的印象，这在编辑体例上无疑是个有益而成功的尝试。在郭璞为此书作注之前，已有十余家注释的本子，自郭璞注本出现之后，这十余家注很快便被淘汰了，由此可见郭璞此注质量之高。

2. 郦道元与《水经注》

郦道元（？—527），字善长，范阳涿县人，北魏地理学家、散文家，曾担任多种官职。郦道元非常好学，足迹几乎遍及长城以南、秦淮以北的广大地区。每到一个地方，他总要将当地的河流源头查个水落石出，并验证典籍的记载是否正确，这就为《水经注》的编著打下了良好基础。《水经注》在编辑体例上有两点值得注意的地方：一是在内容上远远超过了原著。《水经》旧传为汉代桑钦所撰，仅仅记载了水道137条，《水经注》则记载了水道1252条，是原书的9倍。《水经》原文极为简略，仅有1万余字，《水经注》全书40卷，今存约30万字，较原书增加了20倍，其叙述极为详细，对每条河流的沿革、流经区域、沿途风光等都有记载。二是《水经注》纠正了原书不少错误的地方，特别是对于河流的起源、流经区域

---

① （清）皮锡瑞：《经学历史》，北京：中华书局2008年版，第163页。

等。可见,注这种编著体裁在南北朝时已摆脱单纯附庸地位而成为一种再创作的体裁。

3. 陶弘景和《本草经集注》

陶弘景(456—536),字通明,号华阳隐居,丹阳秣陵(今江苏南京)人。他在文学、书法、医药、道教乃至天文、地理、历法、数学、化学等方面均有较深造诣。齐高帝时曾为诸王侍读,后迁左卫殿中将军。36岁时因笃信道教,乃辞官隐居。先后在江苏句容的茅山及积金东涧修炼采药,余暇时亦钻研著书。他和梁武帝关系很好,梁武帝的许多重大决策都是与他商议后作出的,因而有"山中宰相"之称。81岁时无疾而终,谥贞白先生。

东汉时的《神农本草经》是当时较为通行的一部药典,但因辗转传抄,出现了许多错误,因而陶弘景打算对这部书进行整理加工。他自36岁刚刚隐居茅山时便开始了这项工作,先后持续了十余年,才完成了这部《本草经集注》。这部书不但在内容上超过了原著,还打破了原书结构,《神农本草经》原分上、中、下三品,陶弘景则按自己所设计的框架重新进行了编排。其具体方法是在原书的基础上,将各种药物分成玉石、草木、虫鱼、禽兽、果实、米食及有名无用7大类,这7类之下又分80多小类,同时又特别在书中注明哪些是原有的,哪些是新增的,以便于读者区别、了解,这在编辑体例上无疑是个创举,使得注无论是在内容上还是编辑形式上,都已发展成为一种独立的再创作体裁。

第三节 魏晋南北朝时期图书的典藏与复制

魏晋南北朝时期,我国学术不仅在原有基础上得到相当的发展,并且出现了许多新知识,大大丰富了这一时期的图书著作。同时,由于原料来源和抄写都比制作竹木简书方便,所以社会上读书、写书、藏书的风气更加兴盛,书籍在种类与数量上有了急剧的增长。图书的增多,标志着社会文化的发展。但是,图书的命运是同社会政治变化紧密相关的。这一时期虽然图书有所增多,官方和私人对图书的收藏也比较容易了,但因社会动乱,战争不息,因而使图书又屡遭损失,散佚严重。据《隋书·牛弘列传》载,隋代学者牛弘提出隋以前图书的"五厄"之说,这一时期就有"两厄":一为西晋末年的"刘石乱华",二为南朝梁时魏师入郢,梁元帝自焚。

一、政府藏书的整理及散佚

东汉末年的战乱使政府藏在兰台、石室、东观、仁寿阁的图书遭到极大破坏。

三国鼎立局面形成后,各国对藏书事业都相当重视。西晋统一天下后,再次收集图书,秘书监荀勖整理校定政府藏书,进行分类,编制目录,完成了一部综合性政府藏书目录——《晋中经新簿》,共著录图书20935卷,藏书较前稍有发展。晋怀帝永嘉五年(311),寄居在中国北部的匈奴部族首领刘聪攻陷了西晋都城洛阳,在洛阳城内大肆烧掠。史称"刘石乱华",又称"永嘉之乱"。在这次战乱中,西晋政府已聚集并编排妥善的近3万卷图书遭到焚毁。东晋时,政府曾力求恢复西晋馆藏,努力收集图书。著作郎李充整理晋元帝时政府藏书,编制了《晋元帝四部书目》,仅存3014卷,书籍损失严重,很难恢复到西晋水平了。

南北朝时,宋、齐、梁三朝藏书数量有所增加。谢灵运整理、主编《宋元嘉八年四部目录》收图书14582卷,王俭编《宋元徽元年四部目录》记图书15074卷,王亮、谢朏撰《齐永明元年秘阁四部目录》收录图书18010卷。这时的国家藏书都已超过万卷。梁朝政府藏书已有了新的发展。任昉编撰《梁天监四年文德殿近御四部书及术数书目录》,除佛经外,收书达到23106卷。后来发生了"侯景之乱",金陵城破,一些秘省珍籍和东宫图书被焚毁。梁元帝萧绎平定了侯景之乱,将幸存的文德殿藏书及公私典藏共7万余卷载运江陵。萧绎在位前即喜欢收藏图书,他还特地派人到洛阳书肆购书,据说他在江陵的藏书多达14万卷。公元554年,西魏兵攻破江陵。在投降前夕,萧绎认为自己"读书万卷,犹有今日",因此将亡国的怨恨发泄到图书上,命舍人高善宝将14余万卷图书付之一炬,南朝历年收藏的图书至此消亡殆尽。江陵城破后,魏军于余烬中收拾残遗,所得仅4000卷。这就是历史上著名的"元帝焚书"。

北朝的北魏也很注意图书的收集与整理,政府藏书也有增加,但没有编出一部系统的政府藏书目录。尔朱氏之乱,图书又遭到一次很大损失,到北齐、北周时才略有恢复。北齐的藏书已达到30000卷(包括复本),北周有10000卷(不包括复本)。北周灭北齐后,从北齐藏书中选择其原来没有的图书5000卷充实北周馆藏,使政府藏书达到15000卷。隋统一全国之后,也统一了南北朝的藏书,并在这个基础上继续收集,政府藏书逐步有了新的发展。

二、私人藏书的发展及私家书目的编纂

这一时期,私人藏书有了很大的发展,藏书家增多,藏书家的藏书量较之先前的藏书家有了显著的增加。三国时的私人藏书在东汉的基础上继续发展,藏书数千卷的人很多,著名的藏书家有王弼、"建安七子"之一的王粲等。东晋初,虽政府藏书甚少,而私人手中却有不少藏书,如殷允、张尚文、郗俭之、桓石秀等人都是"多书之家",以至东晋政府在收集、整理图书的过程中,不时找私人借书,

使秘书郎"分局采借",即按每人专管一部来抄写,以增加国家藏书。南北朝时,私人藏书的发展速度很快,不但藏书数千卷的人很多,而且出现了拥有万卷以上图书的藏书家。据《隋书·经籍志》载,梁武帝时,"四境之内,家有文史"。沈约私人藏书达两万卷。同时的任昉、王僧儒私人藏书与之相伯仲。这些藏书家多收有"异本",如陆澄"多世人罕见之书"。十六国时期战乱较多,私人藏书的人数和数量都比南方少。进入北朝以后,战争有所减少,私人藏书开始出现,辛术、司马子端、李兴业、李谧等人都藏书较多。辛术除了在北方收集图书外,还到淮南收集宋、齐、梁的佳本,藏书达万余卷。这一时期还出现了专门为藏书而建的藏书楼,如北魏平恒"别构精庐,并置经籍于其中"。总体来说,魏晋南北朝的私家藏书与官府藏书大致相似,南朝藏书多北朝藏书少,其中心逐渐南移。

私人藏书的来源、品种及质量各具特色,也为补充和整理官藏提供了条件。《晋书·张华传》载:"天下奇秘,世所希存者,悉在华所。""秘书监撰定官书皆资华之本以取正焉。"《南史·任昉传》说任昉"聚书至万余卷,率多异本",卒后,凡官家不藏之书,皆"就其家取之"。

这一时期的私人藏书不仅重藏,亦重使用,"藏以致用"的思想得到充分体现。具体表现在:一方面,这一时期的私人藏书为官府图书的整理、复制提供了范本;另一方面,这一时期私家图书的整理和相互借阅现象十分普遍。私人藏书不仅方便了自己,也为别人提供了方便。很多藏书家对于图书的利用已不仅局限于个人阅读,他们有的利用所藏编辑新著,有的让人借阅传抄,促进了图书的流通,充分发挥了图书的社会作用。如东晋关内侯范蔚家世好学,有书7000余卷,公开借阅,并经常为"远近来读书者"提供衣食。其私人藏书已有公共图书馆的功能,而且为读者提供周到的服务,堪称一段难得的佳话。

由于私人藏书的发展,对藏书进行整理和编撰目录的活动也多起来了。南北朝时期,产生了两部重要的私家藏书目录,即王俭的《七志》和阮孝绪的《七录》。

王俭(452—489),南朝齐文学家、目录学家。字仲宝,祖籍琅琊临沂(今属山东),出身望族。学识渊博,才华出众。《南齐书·王俭传》称其"手笔典裁,为当时所重"。宋元徽元年(473),王俭主持撰成《宋元徽元年四部书目》的同时,他自己修撰的《七志》也在当年完成。虽然《宋元徽元年四部书目》是国家书目,《七志》是私家目录,但后者的分量几乎是前者的十倍,而且其成就远远超过了前者,开创了私家编纂目录的先河。

王俭之所以要在《宋元徽元年四部书目》之外另编《七志》,主要原因是对官修目录不满,认为官修目录"不能辨其流别,但记书名而已"。另外,感到四分法有局限性,所以主要参考刘向、刘歆的分类法,从当时的实际需要出发,别创七分法。这突破了刘歆收书不收图的旧例,新增《图谱志》;又始创"文翰"一目,以诗赋文集属之,即后世之集部。其体制大致是:一经典志,纪六艺、小学、史记、杂传,即《七略》的六艺略;二诸子志,纪古今诸子,即《七略》的诸子略;三文翰志,纪诗赋,即《七略》的诗赋略;四军书志,纪兵书,即《七略》的兵书略;五阴阳志,记阴阳图纬,即《七略》的数术略;六术艺志,纪方技,即《七略》的方技略;七图谱志,纪地域及图书,这是新增的。另附佛经录和道经录,实为九大类。

阮孝绪(479—536),南朝梁目录学家、文学家。字士宗,南朝梁陈留尉氏(河南尉氏)人。梁武帝普通年间(520—527),阮孝绪有感公私坟籍,多所散失,乃博采宋齐以来图书,集为《七录》一书。《七录》分内外两篇。内为五录:经典,纪六艺;记传,纪史传;子兵,纪子书、兵书;文集,纪诗赋;术技,纪数术。外篇有二:佛法录、仙道录。其分部题目,颇有次序。著录图书7类55部,6288种,44526卷。《七录》完整、全面地反映了梁一代的藏书情况,是这一时期最高水平的全国综合性系统目录,在当时已将"天下之遗书秘记,庶几尽于是"。阮孝绪及其目录事业与过去的目录学家有很大的不同。从刘向、刘歆到王俭,几乎都有比较显要的政治地位,不仅能尽观国家藏书,私人藏书也非常丰富,又有助手协助工作,所以编目比较方便,但阮孝绪却是一名隐逸不仕的"处士",是没有政治地位的普通学者,缺乏许多必要的物质条件。他只是尽可能利用前人的研究成果,再加上自己加倍的刻苦努力,所以他对目录事业所作的贡献更为难能可贵。

三、手抄复制的兴盛

书籍的手抄复制,在先秦就已出现了。纸张被普遍应用后,由于它的经济和便利,抄书的风气更为兴盛起来,从民间到官府,形成了一个抄书的高潮。抄写成为这一时期图书流通的主要手段。

这一时期,代人抄书已经成为一种专门的职业,佣书业遍布大江南北。以抄写书籍为生的"佣书"和"经生",屡见记载。翻检史籍,我们可以找到一大批以佣写书籍为生的人:阚泽、刘芳、常景、房景伯、崔光、崔子元、崔亮、蒋少游、姚察、陶贞宝、沈嵩傣、庾震、朱异……这些人大都因家贫而"佣书",一方面可养家糊口,另一方面为社会生产复制了大量书籍,对流通书籍、传播文化起了重要作用。有些"佣书"人,由于工于书法,收入相当丰厚。当时的佣书者一般有两类服务对象:一是个体雇佣者。某大家豪门需要抄录书籍或佛教经文,大多临时招募佣书者为自己服务;一是书铺,专门雇佣抄手为自己的图书贸易活动抄写需要的书籍。①

佣书人在抄写过程中,饱览各种书籍,积累的大量知识成为他们出名入仕的资本。最后出仕为官,或垂名学林,终成大业,即所谓"佣书成学"者。据《三国志·吴书·阚泽传》载:三国时的阚泽,"家世农夫,至泽好学,居贫无资,常为人佣书,以供纸笔","所写既毕,诵读亦遍",后来他"究览群籍,兼通历数,由是显名",官至中书令。此外,东晋释僧曾肇,南朝王僧孺,北魏崔亮、崔光,北齐房景伯,无不是"佣书成学"的优秀典范。

在《南史》《北史》等文献中,还记载了很多人为学习求知或收藏副本而抄写书籍的情况。如南齐隐士沈麟士,一生抄过很多书,后不幸为火烧毁。当时沈麟士已80余岁,仍然在灯下抄写,结果又抄得二三千卷书。梁代袁俊"家贫无书,每从人假借,必皆抄写"。他给自己定下指标,每日抄50页,抄不到50页便不休息。北魏穆子容逢书必抄,前后共抄得书籍1万余卷。

值得注意的是,当时学者"抄撰"图书的情况也十分普遍,南北朝更是抄撰图书的黄金时代,当时可考的著名抄撰者就有谢灵运、王俭、裴子野、袁峻等20余人。所谓抄撰,就是边抄边撰,抄撰一体,抄中有撰,撰在其中,抄书就是著书②。这与经生们的抄写不同,具有很高的学术含量,其抄写的书籍具有创造价值,往往因此而成新书。《隋书·经籍志·史部·杂史叙》称杂史多为学者抄撮旧史而成:"自后汉以来,学者多抄撮旧史,自为一书,或起自人皇,或断之近代,亦各有志,而体制不经。"除了史书以外,其他各类图书的抄撰之作也不少。抄撰内容主要有两大类:一是常用书(如经书、谱牒、医书等),二是大部头书。

还有不少人将书用蝇头小字抄写到开本极小的袖珍小纸上,放到巾箱里,以便随身携带。如晋代的葛洪曾将刘歆所撰《汉书》100卷抄写到两小轴纸卷上,经常携带在身边。南朝梁衡阳王萧钧将《五经》用小字抄写到小纸卷上,每一经为一卷,放置在巾箱中,时常检阅查对。其他诸王知道后也纷纷效仿。今天人们常说的"巾箱本"即由此而起。

魏晋南北朝时期,政府抄书之风也很盛,北朝的秘书省甚至设立了抄书的专职官员"正字"和"弟子",弟子专门负责抄书,正字负责校对弟子所抄的书。中央政府还常常派人到知名学者家去抄取他的著作。如晋代陈寿去世后,晋惠帝便派人带着纸笔去陈寿家中,抄写他所撰写的《三国志》。

---

① 黄镇伟:《中国编辑出版史》,苏州:苏州大学出版社2003年版,第147页。
② 曹之:《中国古籍编撰史》,武汉:武汉大学出版社1999年版,第91页。

除文献记载外,尚有不少当时的手写本实物存留至今,仅晋代便有两种《三国志》残卷及一些佛经残卷等。两种《三国志》残卷是分两次发现的。第一次是1924年在新疆鄯善发现的《三国志·吴志》残卷80行,共1000多字;第二次是1965年在新疆吐鲁番的一座佛塔遗址中发现的《三国志·孙权传》残卷40行,共500多字。据考证,这两次发现的写本书残卷都是晋代人的遗物,字体为隶书。从字体分析,后者比前者稍早,可能是西晋抄本,而前者可能是东晋抄本。两种《三国志》残卷抄写的时间距作者陈寿(223—297)定稿的时间很近,可见当时抄书之风的兴盛及书籍传播速度的加快。

在甘肃敦煌千佛洞发现的遗书中,有一件《陀罗尼神咒经》,上有西晋咸宁四年(278)七月十日的经跋。这是现存最早的手抄本经书之一,可惜已流失国外。此外,尚有发现于新疆鄯善吐峪沟的西晋元康六年(296)抄写的《诸佛要集经》,及发现于新疆楼兰遗址的晋代手抄《战国策》残页等。这都足以说明当时手抄本书数量之多。

四、文献复制技术的发展

魏晋南北朝时期,随着纸的推广使用及制墨工艺的不断改进,文献复制技术取得了前所未有的发展,在传统的手工抄写复制技术更加兴盛的同时,捶拓技术、水色印章等相继产生,为印刷术的发明在技术上创造了条件。

1. 捶拓技术

捶拓也称拓印。它是把石碑或器物表面上刻的文字或图形复印到纸张上的一种方法。捶拓技术在我国的出现,与石经有着密切的关系。五代之前,书籍主要靠抄写流传。长篇著作抄写起来费时费工,读书人要想得到一部书非常困难。石经刻立以后,人们以它为标准本,在阅读、摹写的过程中,逐渐发明了捶拓的方法,用以从石上直接取得经书的复本。这种方法是将泅湿的纸铺在石上,用软刷将纸刷匀,经轻轻捶打使纸紧贴于石面,然后,用细布包裹棉花而做成拓包,蘸上墨汁,在纸面上轻轻拓刷,石上的字是凹进石面的,所以有文字的部分受不着墨,把纸揭下来,便成为一件黑底白字的复制品(也有极少数石刻的字是凸出石面的,其复制品则为白底黑字),这就是拓本,也称拓片。拓印可以避免抄写之劳,而且比抄写省时。所以,在印刷术发明以前,捶拓是一种较简便的复制图书的方法。

拓印的方法具体起源于何时,文献没有确切的记载。过去有人认为,以《后汉书·蔡邕传》中记述的"观视及摹写"的话来分析,"摹写"就是指的捶拓,拓印起源于2世纪。我们认为,在坚硬的石面上拓印文字,必须有质地比较轻薄柔韧

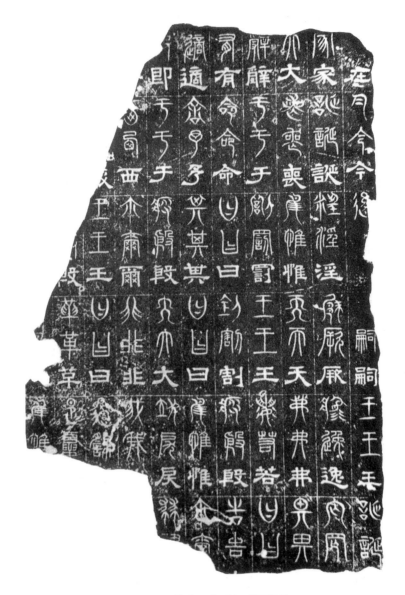

图 4.2 曹魏三体石经残石拓片

　　三体石经刻于三国魏齐王曹芳正始二年(241),刻有《尚书》《春秋》和部分《左传》。因碑文每字皆用古文、小篆和汉隶三种字体写刻,故名。又称正始石经。

的纸张,二三世纪造的纸,恐怕很难适用于捶拓,"摹写"二字或许仍然是指抄写而非拓印。《隋书·经籍志》中记载隋代皇家藏书中有拓印的书:"秦始皇东巡会稽石刻文一卷""熹平石经残文三十四卷""曹魏三体石经十七卷"等,并记载梁代所藏的石刻文字,在隋时已经散失,但"相承传拓之本,犹在秘府"。隋代收藏的是六七世纪的拓本,拓印技术既然是从前朝继承下来的,则至迟在4—6世纪以前已经发明了拓印的方法。

拓印技术与雕版印刷的目的相同,都是用纸从雕刻物表面上取得复本的方法。不同之处在于石刻上的文字是可读的正写字,雕版版面的字是不能阅读的反写字;拓印是将纸先铺于石上,然后刷墨,印刷是将墨先刷在版面上再铺纸,经压刷纸背,将反文印到纸上取得正文印本;拓印所得的文字在纸与石刻相接触的背面,印刷所得的文字在纸与印版相接触的同面。可见,拓印与印刷在操作技术上是相同的,在操作方法上则恰恰相反,如果将拓印方法反转过来便是雕版印刷了。

2. 印章

制造印章是从新石器时代制造陶器时使用印模的过程中发展起来的。在战国时代,印章就已经较为常见了。《周礼》一书里就有"玺节"的记载。"玺节"即今日的印章。秦统一全国后,皇帝用的印叫"玺",普通官、私用的印才称为"印"。汉时用印封检奏章,故称"印章"。秦汉以前多是阴文印章,秦汉以后多为阳文印章。自纸通用以后,封泥失去效用,水色印章代之而起,这就提供了一种利用反刻阳文文字取得复制本的方法。道教又扩大了印章的面积,在上面刻的字数也多了。东晋葛洪在《抱朴子·内篇》卷十七中记载:"古之入山者,皆佩黄神越章之印。其广四寸,其字一百二十。"这些字已可构成一篇短文,从其刻的字数、面积来看,也可以说与用来印刷的雕版有些相接近了。

用印章的方法是盖印,也叫捺印,即把字印在纸上。捶拓的方法则是拓印,它的版在纸下。采取扩大印章的面积以增加其字数,然后应用拓碑的拓印方法来取得成品,就形成了印刷术。印章的优点,是用阳文反字可以印成白纸黑字,阅读效果好。其缺点是,面积过大时就不易使压力均匀,因而不能产生清晰的字迹。如果仿照拓印的方法将刻成阳文反字的印版放在下面,在版上施墨后铺纸,再在纸上施加压力,这样整版的字迹便可以清楚地印在纸上。这正是印章与拓印方法的结合,是印刷术发明的技术上的条件。

第四节　魏晋南北朝时期的图书流通与中外交流

魏晋南北朝时期图书流通的范围更为广泛,图书贸易的范围和形式也在不断发展,图书市场日渐繁荣,基本形成了南北方两大发行中心:建康和洛阳。与此同时,出版事业的中外交流活动也取得了更大的成绩。

一、图书流通的方式及作用

魏晋南北朝时期,抄写是图书复制和流通的最主要手段,佣书业的发达是这一时期图书流通繁荣发展的基本保障。在经济利益的驱动下,书佣们将最新的文稿以最快的速度进行传播,使得当时抄写书籍的效率很高。不少作品刚刚完成,外间便已传抄流行。历史上著名的典故"洛阳纸贵"就与传抄相关:西晋著名文学家左思(约250—305)以十年之功撰成《三都赋》,传颂一时,富豪之家和士人争相传写,洛阳为之纸贵。在手写书时代,开创了作品大量流通的记录。另据《南史·谢灵运传》载,南朝刘宋诗人谢灵运以清新优美的山水诗闻名于世,致使"每有一首诗至都下,贵贱莫不竞写,宿昔间士庶皆遍,名动都下"。《梁书·刘孝绰传》载:孝绰"每作一篇,朝成暮遍,好事者咸讽诵传写,流闻绝域"。同书《萧秀传》载:刘孝标撰《类苑》,"书未及毕,而已行于世"。《陈书·徐陵传》亦载:"徐陵每一文出手,好事者已传写成诵,遂被之华夷,家藏其本。"可见当时传抄速度之快。这些显然不完全是指人们相互之间的"传写",也包括了书佣和书贩们竞相写卖。

魏晋南北朝时期,书肆已遍布全国各地。从图书的发行范围来看,这一时期的图书发行范围已扩展到长江、黄河中下游各地。从梁元帝《金楼子》提到派人在蜀写书、买书的情况分析,当时四川都市的图书发行业已有一定基础。洛阳、安阳、长安、大同、南京、江陵等地,先后为此时期诸政权的都城,政治、经济、文化的中心,书商、书贩尤多,甚至遍及"市里街巷"。这一时期图书发行业还有其时代特点,由于南北朝对立,书籍商品流通时有阻塞,另一方面,南北通使、互市和走私活动,又为南北方之间书籍的商品流通提供了方便。

总体来说,北方的洛阳、南方的建康是这一时期图书发行和流通的中心。汉代的洛阳,书肆已经很多,及至这一时期,就更为繁荣。尤其是在暂无战事、百业昌盛的两个时期(西晋和北魏时期),图书贸易十分活跃。当时定都洛阳的各朝的住洛京官中出现了不少著名的藏书家,有的藏书家终生清贫,将绝大部分的薪俸都用来购买典籍,藏书往往在万卷以上,仍有搜求未尽之憾。这表明作为北方文化中心的洛阳的图书发行业相当发达,不仅有书可买,而且质量较高,品种很多。据《晋书·张华传》载,西晋官至司空的张华,所得几乎都用于搜购图书。他搬家的时候"载书三十乘",藏书规模为全国私藏之冠。张华的藏书不仅数量惊人,而且质量很高,多为珍善之本,史称"天下奇秘,世所稀有者,悉在华所"。

魏晋南北朝时，建康（又名建业、建邺）是东吴、东晋以及宋、齐、梁、陈六朝的首都，也是南方新兴的最大的商业都会，这也使得这里的书肆比较集中。

齐武帝时，江夏王萧锋，自幼练习书法和绘画，热爱读书，兴趣广泛，于是便暗悖"诸王不得读异书，《五经》之外，唯得看《孝子图》而已"的上旨，"密遣人于市里街巷买图籍，期月之间，殆将备矣"。由此可见，即便在当时南北战争气氛紧张的时候，建康的书肆仍然遍及市里街巷，且品种丰富，有图有籍。建康书肆上所售图书品种很多，如东晋初，藏书家梅赜献给秘府《古文尚书》一部，唯缺《舜典》一篇。过了180年，南齐建武三年（496），名儒姚方兴于建康朱雀桥"市得其书，后列为国学必修之书"。失传近两个世纪的书竟能在建康的书市上再次找到，建康书市上图书品种丰富的程度可见一斑。

除了洛阳和建康，其他都会的图书贸易也比较活跃。在北朝，曾是北魏的大城市和东魏、北齐都城的邺城，在南朝，荆州、成都、寿春和襄阳，其书肆也具有相当的规模，而且销售的品种较多，不仅有儒家经典和诸子百家，而且不乏通俗读物，如东魏阳俊之作六言歌辞《阳五伴侣》，不仅内容庸俗，而且文字拙劣，但因其通俗，在社会上却广为流传。书贩子抄写出卖，"在市不绝"。有一天，阳俊之路过市上一书铺，取看铺上出卖的《阳五伴侣》歌，发现有抄错了的字，便将其改正，卖书人惊异地问："阳五，古之贤人，作此《伴侣》，君何所知，轻敢议论。"这反映了在北方街市上有出售通俗读物的书铺。

南北朝时除市上有书铺外，还有人背书沿街出售。《北齐书·祖珽传》载东魏大将军高澄领中书监时（544—549），州客至，"请卖《华林遍略》"，澄留下书，"多集书人，一日夜写毕，退其本曰：'不须也。'"这是一种送书上门的"货鬻"。

魏晋以后，民间书肆和书籍市场成为皇室、政府以及士人充实藏书的重要来源。皇室如：晋孝武帝太元中，曾从辽东人手中购得孙盛撰写的《晋阳秋》原本。北魏皇室曾向民间"访购经论"。南朝梁元帝萧绎出于对书籍的爱好，一再公开派出臣吏四出购、写各类书籍。士人如《魏书·常景传》载：北魏常景，平生"耽好经史，爱玩文词，若遇新异之书，殷勤求访，或复质买，不问价之贵贱，必以得为期"。图书发行的发展，促进了此时期藏书风气的形成；藏书成风，反过来又推动了图书发行业的进一步发展。

综上所述，魏晋南北朝时期书籍的流通和贸易方式有佣书传抄、设书铺卖书、背书流动出售、客商送书上门等多种形式。而就作用来讲，已经呈现繁荣景象的图书流通不仅满足了当时读书人的迫切需求，还补充了官私藏书，得到了最高统治者当局和有识之士的重视，为以后更大的发展奠定了良好基础。

二、中外出版交流

魏晋南北朝时期,中外出版交流比秦汉时期有了更大的发展。图书典籍既有输入,又有输出。一方面中国从国外主要是天竺输入佛经,一方面中国向国外主要是朝鲜和日本输出儒家经典和佛教文件。交流方式主要是宗教传播与政府间的赐赠。商贸性的出版交流是否已经出现,尚无明确的文献记载。

季羡林说:"在最早和比较早的时期,佛教几乎是唯一的、至少是最主要的中印文化交流的形式或者媒介。"[①]魏晋南北朝时期,中外文化交流的主要内容仍然是佛教。佛经源源不断地由国外输入,其中既有国外僧侣带入中国的,也有中国僧人出国求取的。当时的很多翻译大家都来自域外。这一点在前面已经述及,不赘。这里仅介绍这一时期中国僧人西行求法的情况。

三国时期的朱士行(203—282)是第一位前往西域求法的僧人。公元260年,他因读《道行经》,觉得尚未尽善,遂往于阗(今新疆和田一带),求得梵书正本九十章,遣弟子弗如檀等送归,经竺叔兰、无罗叉译出,即今本《放光般若经》。最后终老于阗。自朱士行之后,西行求法者络绎不绝,又以晋末宋初为最盛。其中又以法显最为著名,如汤用彤所言:其时"故海陆并遵,广游西土,留学天竺,携经而反者,恐以法显为第一人。"[②]法显(334—420),俗姓龚,东晋武阳(今山西临汾地区)人,一说是襄垣(今山西襄垣)人,中国第一位到海外取经求法的大师,杰出的旅行家和翻译家。东晋隆安三年(399),法显、于慧景等4人结伴,从长安出发,访求佛经。出塞后,经三十余国,达到天竺时只剩两人。他在印度活动8年,取得《摩诃僧祇律》《萨婆多律抄》《长阿含经》等梵本,约百万言。410年,由加尔各答乘海船回国,途中历尽艰险,于413年到达建康。在主持译经的同时,撰写了西行求法途中的游记:《佛国记》,书中详细地记载了所历各国的山川地势、风土人情、物产气候、宗教信仰、佛教胜迹、政治经济、社会制度、语言文字等,内容十分丰富,是中国中外文化交流和佛教史学上的一部重要典籍。法显西行求法的行为在中印出版文化交流史上具有十分重大的意义,季羡林评价说:"他是第一个走到天竺去'拿'佛教的人。从这个意义上来看,法显是'拿来主义'者,不甘心等待'送来主义'。他在中国佛教史上真正开创了一个新世纪。"[③]更为重要的是,法显舍身西行求法的精神,集中体现了中华民族不畏艰难险阻的坚韧毅力

---

① 季羡林:《中印文化交流史》,北京:中国社会科学出版社2008年版,第40页。
② 汤用彤:《汉魏两晋南北朝佛教史》,《汤用彤全集》(第1册),石家庄:河北人民出版社2000年版,第380页。
③ 季羡林:《中印文化交流史》,北京:中国社会科学出版社2008年版,第35页。

和积极汲取异质文化的开放胸怀,为后人树立了良好的榜样。法显以后,到达印度的中国求法僧人逐渐多起来了。法显堪称是中国脊梁式的人物。魏晋南北朝时期,中国与朝鲜、日本的交往增多。中国的儒家经典和印度传来的佛经在这一时期开始传入朝鲜,并经由朝鲜传入日本。如前秦苻坚建元八年(372),苻坚遣使送佛像及经论至高句丽。这是佛经传入朝鲜的较早事例。南朝宋文帝元嘉二十七年(450),百济王从海路到建康,上书献方物,并请文帝赐《易林》《式占》等书籍。文帝许之。这是有确切年代的汉文书籍从海上流通到朝鲜半岛的事例。梁武帝多次应百济王之请,赐赠书籍,并派出讲授《诗经》的毛诗博士和讲授《礼记》的讲礼博士去百济授经。又南朝陈文帝天嘉六年(565),文帝遣使赴新罗,送去佛经1700多卷。这一时期虽然没有中日出版交流的直接记载,但我们还是可以通过记载证明,这一时期中国的典籍已经传入日本。日本继体天皇七年(513),百济五经博士段扬尔至日本传授儒学。继体天皇十年(516),百济汉安茂接替段扬氏讲授五经,日本从此才有五经之名。钦明天皇十五年(554),百济五经博士王柳贵、马丁安,《易》博士王道良又至日本,讲授经学。既然不断有博士到日本讲授经学,至少表明全套的五经已经流通到了日本。①

第五节 魏晋南北朝时期的图书形制
—— 纸 写 本 书 的 普 及 与 卷 轴 制 度

一、纸写本的普及

从简策时期演进到纸写本书时期经过了相当长的过程。造纸术发明初期的二三世纪时,纸的质量不高,产量有限,人们还不能用纸来写字。即便是稍后一段时期里,纸可以用以书写了,也因为长期以来人们习惯以简帛书写而不能很快地改用纸。魏晋以后,纸得到普及,纸书逐渐增多。三国魏文帝将自己的《典论》用帛和纸各抄一份,帛本赠予吴主孙权,纸本则赠予东吴娄侯张昭。这是纸在上层社会流行的记载。葛洪在他所著《抱朴子外篇·自序》中有一段记载:由于家贫,他"日伐薪卖之,以给纸笔。就营田园处,以柴火写书。坐此之故,不得早涉艺文。常乏纸,每所写,反覆有字,人鲜能读也。"这说明当时纸已在民间普遍应用了。西晋秘书监荀勖等人将汲郡发掘所得的竹简书整理之后,用纸抄写定本保存起来,这说明当时政府图书馆藏书中已经有了一定数量的纸写本书。魏晋

---

① 周少川等:《中国出版通史·魏晋南北朝卷》,北京:中国书籍出版社2008年版,第405页。

时期,史书或其他文献记载中开始较多出现"纸翰""纸墨""纸笔"等专名。曹之对《晋书》进行粗略统计,全书有17处涉及载体,其中有1处是绢,其余16处都是纸张①。当时纸的优越性也被人们所认识。据《艺文类聚·杂文部·纸》载,西晋傅咸曾作《纸赋》称赞纸张的优美:

> 盖世有质文,则治有损益。故礼随时变,而器与事易。既作契以代绳兮,又造纸以当策。夫其为物,厥美可珍。廉方有则,体洁性真。含章蕴藻,实好斯文。取彼之淑,以为此新。揽之则舒,舍之则卷。可屈可伸,能幽能显。②

但是很长一段时期里,竹木简牍也没有退出历史舞台。据《初学记·文部·纸》载,直至东晋末叶公元403年年底桓玄代晋自立,颁发诏令称:"古无纸,故用简,非主于敬也,今诸用简者,皆以黄纸代之。"官方的行政命令对于纸张的广泛应用发挥了重要作用。从此,简策开始废除,简帛时代结束,中国的出版业完全进入了纸写本时期。南北朝时期,除了抄书用纸以外,书法、书信、公文、名片等无不用纸。

从现在掌握的大量实物分析,纸写书的时间与文献记载基本符合。东汉以前所出土的古籍文献,主要是简牍,兼有帛书。西汉虽有古纸出现,但初期的纸质量低劣。东汉时期的纸制品出土略增,不过,载有文字的仍不多,也没有发现正式的用纸抄写的书籍。晋以后简牍实物逐渐减少,纸制文献增多。我们已经看到了西晋时期(4世纪)纸写本书的残卷实物。5世纪以后,简牍基本上绝迹,能看到的主要是纸写书了。

从公元前2世纪发明造纸术到公元7世纪,为中国古代的纸写本时期。中国的出版事业在这一时期开始走向初步繁荣。其中,从公元前2世纪到4世纪为纸写本的初期阶段,此时简、帛、纸三者并行;从5世纪到7世纪为纸写书的主要阶段,并发展到高峰时期;8世纪以后,随着印刷术的广泛应用,纸写本书与印本书共同存在了一段时期后,印本书开始成为中国古代书籍的主流。从实际来看,纸写本的历史长达上千年。

二、纸写书的格式和卷轴的制作

初期的纸写书的形式,完全是模仿帛书的。纸被大量应用后,从抄写到制卷,逐渐改进、发展,形成了一套完整的书籍制度:卷轴制度。所以,这个时期在

---

① 曹之:《中国古籍编撰史》,武汉:武汉大学出版社1999年版,第116页。
② (唐)欧阳询:《艺术类聚》卷五十八,清文渊阁《四库全书》本。

图书史上又称为卷轴时代。

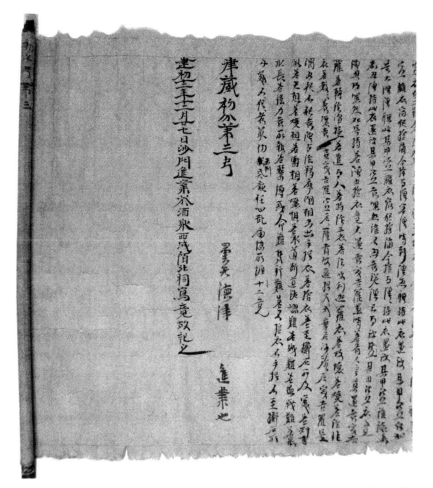

图 4.3　敦煌藏经洞发现的早期卷轴装：西凉建初十二年(416)写本《律藏初分第三》

20世纪初，我国甘肃敦煌莫高窟藏经洞发现了大批遗书，总计4万多件。敦煌遗书产生的年代，大约上起南北朝，下至五代，即公元420—959年这500多年的历史跨度内。这一时期正是纸写书的高峰期。这些遗书，有的就是简单的一些卷子，有的木轴犹存，为我们提供了大量的卷轴装图书的实物。根据文献记载和发现实物，我们可以对卷轴制图书的抄写格式和制作程序有一定的了解：

(1) 古代的纸张有一定规格。晋代的纸高23—24厘米，长26—27厘米；唐代的纸高25—26厘米或26—27厘米，长40—43厘米或44—51厘米；五代时期的纸,大小规格不等。敦煌书卷实物和宋代苏易简《纸谱》所记,大致与上述相符合。

(2) 抄写时,第一张纸起首空二行,先写书名,另起一行书正文。每抄完一书,在末尾另起一行再写书名、字数、抄书人姓名、抄写时间、抄写目的、用纸数字,甚至连校书人、审阅人、制卷人姓名也一一附记。敦煌保存的经卷,提供了上述的实证。内容长的书,一张纸容纳不下,再用第二张继续抄写。纸的一面写满后,反过来在背面继续写。据向达《伦敦所藏敦煌卷子经眼目录》的统计,在近500卷的卷子中,有180多卷是两面书写的。如:119行的《春秋后语释文》的纸背面另抄写182行的历书;105行的一卷《切韵》的纸背后继续接抄《切韵》。

(3) 一部用多张纸写完的书,按顺序接成一张长纸。长纸可先写后接,也可先接后写。用纸张和卷的长度视内容多少而定,短卷有两三张纸,长卷有十几张纸、几十张不等。写完书的长纸,从左向右卷成一纸卷。

(4) 为保护纸卷不折皱和损毁,在最后一纸上黏接一根木条,称作轴,可以手执轴,向前舒卷。轴的长度超过纸的宽度,纸卷好后,两头露出轴头。一般用竹木作轴,考究者用各种贵重质料做露在外边的轴头,如象牙、琉璃、玳瑁、紫檀等。

(5) 为保护书的内容不受污损,在第一张纸前加粘一空白纸,考究者可用绢、绫等丝织品,称作褾、包头或玉池。

(6) 加褾之后,再系上带,将卷子捆扎起来。

(7) 为便于书卷的保存,每五卷或十卷用帙包裹起来,或盛之以囊。帙也称书衣,一般用布、帛来做,考究者用更高级的质料做帙。

(8) 卷轴的存放方法是在书架上平放,把轴的一端向外,取阅时抽出,归还时插入。为区别书的内容和取阅方便,在轴的一端系上书签,标明书名和卷次。考究者用象牙等珍贵质料做书签。

这样,卷、轴、褾、带,连同帙、签等,就组成了卷轴制度。这种形制一直沿用到唐代中期才发生变化。

三、纸张的修染加工

古代写书用纸多经过染色。这样做可能有求美观的一面,但主要还是为使纸不受虫蛀,防止腐朽。早在汉代,宫中就有被称作"赫蹄"的纸,孟康注说它为染了红色的薄小纸。3世纪后,普遍用黄色染纸。晋荀勖整理的汲冢竹书就用黄纸抄清。东晋桓玄下令用黄纸代简。据记载,古代染纸用的是一种叫黄檗的植物,用黄檗汁浸染纸叫"入黄"或"潢染"。2世纪末叶,刘熙在《释名》中就已把

"潢"解释为"染纸"。黄檗汁色黄，有防虫蛀的特效。以此汁染过的纸略呈黄色。5世纪贾思勰著《齐民要术》中有"入潢"一节，专门叙述了以黄檗染纸的方法：将黄檗浸入水中，得新鲜汁液，再将泡过的黄檗捣碎煮开，倒入布袋，挤出汁液。经过三次捣煮，将捣煮的汁液与新鲜的汁液混合在一起，成黄色液体，用以染纸，可以防虫蛀。敦煌石室保存的唐代经卷，多数是经过潢染后而呈黄色的。这种经过入潢处理的纸卷，保存了一千多年以后，尽管有破损，但纸张完好、无虫蛀现象。宋代的书籍用纸经过入潢处理的减少，但某些卷轴形式的藏经，其用纸仍采用上述方法浸染。随着造纸技术的不断发展，人们开始直接在制纸原料中增加防腐剂、防虫剂了。如宋代以后就出现过在造纸原料中添加红汞来制作防蠹纸的做法。

纸书长卷的制作，需经黏接。古人在粘接书卷的方法上积累了许多宝贵经验。据《辍耕录·黏接纸缝法》记载，粘接纸是"古法楮树汁、飞面、白芨末三物调和如糊，以之粘接纸接缝"，可"永不脱解"。白芨是一种植物药材，块茎含糊液质和淀粉等，可做糊剂，用它调和的黏糊料，不但能使纸接缝牢固，大概也可以对纸起到保护作用，使之不易腐朽。

本章推荐阅读

1. 周少川等：《中国出版通史·魏晋南北朝卷》，北京：中国书籍出版社2008年版。

2. 长孙无忌等：《隋书·经籍志》，北京：中华书局1985年版。

3. 罗宏曾：《魏晋南北朝文化史》，成都：四川人民出版社1989年版。

4. 汤用彤：《魏晋玄学论稿（增订版）》，北京：生活·读书·新知三联书店2009年版。

5. 汤用彤：《汉魏两晋南北朝佛教史》，北京：北京大学出版社1997年版。

6. 陈传万：《魏晋南北朝图书业与文学》，合肥：合肥工业大学出版社2008年版。

7. 曹之、马刘凤：《魏晋南北朝书目编撰及其背景考略》，《图书馆论坛》2008年第6期。

8. 陈静：《抄本传播与魏晋南北朝时期的作者、读者和作品》，《出版科学》2010年第2期。

9. 朱仲玉：《魏晋南北朝时期史籍散论》，《史学史研究》1979年第4期。

10. 钱存训：《中国科学技术史 第5卷·化学及相关技术第1分册·纸和印刷》，刘祖慰译，北京、上海：科学出版社、上海古籍出版社1990年版。

11. 潘吉星:《中国的造纸术》,北京:中国国际广播出版社 2010 年版。

复习思考题

1. 魏晋南北朝时期的出版管理措施有哪些?
2. 魏晋南北朝时期政府有哪些大的编纂活动?
3. 简述魏晋南北朝时期编辑形式的发展,这一时期出现了哪些新的编著形式,其产生背景如何,有哪些代表作?
4. 传注体在魏晋南北朝时期有哪些发展? 有哪些代表作?
5. 魏晋南北朝时期的图书复制技术和流通方式有哪些? 其对编辑出版事业的影响有哪些?
6. 魏晋南北朝时期的南北方的图书贸易中心有哪些? 其何以成为中心,各自的表现为何?
7. 举例说明魏晋南北朝时期的图书分类法有何发展和变化? 为什么会有这样的变化?
8. 什么是卷轴制度? 我国古代纸写书的基本格式是怎样的?

解释下列名词

《皇览》	萧统和《文选》	徐陵和《玉台新咏》	《文心雕龙》
《齐民要术》	《水经注》	《三国志》	《后汉书》
鸠摩罗什	佣书	经生	捶拓
印章	《晋中经新簿》	《晋元帝四部书目》	《七志》
《七录》	抄撰	卷轴制度	入潢

第五章
印刷文明的开创(隋唐五代)

从公元581年隋朝建立至公元960年北宋建立,是我国的隋唐五代时期。隋唐的统一,结束了魏晋南北朝以来将近四百年的分裂动乱局面。这一时期,我国的经济、政治和文化,都进入了封建社会的鼎盛时期。这是中国文化发展的又一个高峰期。在这种大背景下,中国的出版事业也进入了一个大发展的历史时期。隋唐五代政府都十分重视对图书的搜求和收藏,并多次组织编纂大型图书。唐代政府特设史馆,建立了官修国史的编辑制度,为后世历朝所遵循。魏征等编纂《隋书·经籍志》确立经、史、子、集四部分类法,成为后世图书分类的标准。在出版技术上,雕版印刷术的发明和使用标志着我国的出版事业跨入了一个历史的新阶段,也预示着我国的图书在数量和质量上都将产生新的飞跃。从唐代开始,我国的刻书事业开始兴起,至五代后唐时期便出现了雕版印刷儒家经典著作的重大出版活动。从此以后,刻书事业就成为蒸蒸日上的新兴事业。在书坊刻书的基础上出现了官府刻书和私人刻书事业。此后,我国的刻版印刷事业基本上是沿着这三个主要系统互相影响、互相促进而向前发展的。随着写本书进入鼎盛和印本书的开始流通,这一时期的图书贸易也呈现出十分活跃的现象。当时的长安、洛阳等地已成为图书贸易的中心。在图书形制上,隋唐时期处于卷轴形式向册页制度过渡阶段,出现了经折装和旋风装等具有鲜明时代特色的图书形制。一言以蔽之,盛世孕育了出版的繁荣,出版的繁荣又反过来促进了社会文化的快速发展。尤其是印刷术的发明,更是在中国乃至世界古代出版史上具有划时代的伟大意义。从此以后,中国在世界上率先进入了印刷文明时代。

第一节 隋唐五代出版事业发展的社会文化背景

一、政治、经济、文化背景

政治方面,隋唐时期整体上比较开明,政权相对长期稳定,长期处于大一统的政治格局之下。最高统治者实行"三省六部制"和府兵制,强化了中央集权。在选官制度方面,则以科举制取代九品中正制,通过明经、进士等常科以及其他种种名目的制科考试选取官吏。通过科举考试,国家网罗了大批人才,许多宰相、大将都是科举出身。据五代王定保《唐摭言》记载,唐太宗见新科进士鱼贯而出,大喜道:"天下英雄尽入吾彀中矣!"这在很大程度上打破了魏晋以来士族对上层社会的垄断,扩大了封建社会统治基础,使许多中下层优秀知识分子能够在上层统治社会施展他们的才华,从而在一定程度上保证了社会的安定、政治的清明。科举制对于维护国家政权和社会的稳定,发挥了十分重要的作用,因而这一制度为此后的各个朝代所继承,直到到清朝光绪三十一年(1905)举行最后一科进士考试为止,经历了1300多年。这一制度的长期实行,对古代图书出版业的发展影响至深。

经济方面,隋唐实行均田制,把国家掌握的土地分配给无地或少地的农民,对豪族逾限占有的土地则加以没收。同时实行租庸调法,使赋税、徭役负担有所减轻,劳动人民的处境有所改善,生产积极性因而提高了。为了推动农业生产的发展,国家还大兴水利工程。秦、汉、三国、两晋、南北朝和隋代水利工程的总和才有158项,而唐代水利工程则多达254项①。在这政策和措施的共同作用下,隋唐时期的经济生产迅速恢复发展起来。唐代从贞观至开元一百多年中,农业、手工业生产不断发展。贞观时期斗米值三四钱,传为历史佳话。在"贞观之治"之后,又在唐玄宗时期出现了"开元盛世"。这一时期,唐玄宗励精图治,任用贤能,提倡文教,经济迅速发展,使得天下大治,唐朝进入全盛时期,并成为当时世界上最强盛的国家。杜甫曾在《忆昔》诗中描绘当日的繁荣景象:"忆昔开元全盛日,小邑犹藏万家室。稻米流脂粟米白,公私仓廪俱丰实。九州道路无豺虎,远行不劳吉日出。齐纨鲁缟车班班,男耕女桑不相失。宫中圣人奏云门,天下朋友皆胶漆。百余年间未灾变,叔孙礼乐萧何律。"唐代在手工业方面,绫锦、陶瓷、纸张、金属制品等都达到很高水平。唐代的首都长安是当时世界上规模最大的城市,其周围约35.5千米,人口共30多万户。全城有五条大道通往全国,南城商业区布满"邸店"(旅店)和"商肆"(店铺)。除长安外,洛阳、扬州、广州、成都、凉州等城市也都非常繁华富庶。

文化方面,这一时期,唐代的最高统治者推行内外开放、兼容并包的文化政策。在中华文明史上,唐代是一个少有的既善于继承,又能兼收并蓄的朝代,真正做到了"中学为体,西学为用"。在对外交流方面,这一时期的中国,对外睦邻

---

① 曹之:《中国出版通史·隋唐五代卷》,北京:中国书籍出版社2008年版,第63—64页。

友好,与世界各国互通有无,中外交流的深度和广度均远轶前代,成为名副其实的世界文化中心。周边国家以中华文明为榜样,向隋唐派遣使者和留学生,学习并吸收中华文明的成果。"中华典章制度、思想文学、生活方式和文化的观念形态深刻渗入日本、朝鲜和越南,最终以中华文明为基础、以汉字为表征形成了东亚文化圈。"[1]与此同时,这一时期的中国人以极大的热情和广阔的胸怀,欢迎外国客人,吸收异域文化。由于交通便利,外国商人蜂拥而至,唐代诗文中,多处出现"商胡""胡商""蕃商""海商"等称谓,指的就是外国商人。当时的长安、洛阳、扬州、广州、泉州等地,均是胡商的云集之地。在吸收异域文化方面,尤其以印度佛家文化为大宗,玄奘、义净就是这一时期西行求法、翻译佛经的典型代表。季羡林将唐代称为"中印文化交流活动鼎盛时代中的鼎盛时代",并以 618—704 年这八十余年的中印交流史为例,总结出其时中印文化交流的两大特点:一是交通频繁的程度颇为惊人,有的时候年年都有往来,甚至一年数次。这在历史上是空前绝后的。二是交流的内容不限于宗教,政治(外交)、经济、哲学、科学技术、文化艺术,几乎都有。[2] 在国内,隋唐统治者实行儒释道并重的文化政策,融合南北文化,各去所短,合其所长,形成朝气蓬勃、富有生机的南北文化大交融的汪洋浩瀚的局面,使得中华文明在这一时期高度发达,形成空前绝后的"盛唐气象"。正如陈寅恪所说:"李唐一族之所以崛兴,盖取塞外野蛮精悍之血,注入中原文化颓废之躯,旧染既除,新机重启,扩大恢张,遂能别创空前之世局。"[3]在这一背景下,文人的思想异常活跃开放,"遍观百家""好语王霸大略""喜纵横任侠"已成为当时文人的共同风尚。

公元 907 年唐朝灭亡后,我国进入五代十国时期,军阀割据,混战不休,给百姓带来了极大痛苦和灾难。但这一时期却是中国古代社会经济中心和文化中心南移的时期。在文化史上虽然时间较短,但史学、词、绘画的发展和成就在历史上都有着十分重要的地位。图书出版事业也并非漆黑一团,也取得了一些可喜的成就。据清人顾櫰三《补五代史艺文志》统计,五代十国的著作总数约有 11810 卷,其中经书 1529 卷、史书 3357 卷、子书 1716 卷、诗文集 5208 卷。顾氏还在《补五代史艺文志》的序中比较客观地概括和评价了这一时期的出版情况,兹录如下:

---

[1] 袁行霈、严文明、张传玺、楼宇烈主编:《中华文明史》第三卷,北京:北京大学出版社 2006 年版,第 72 页。
[2] 季羡林:《中印文化交流史》,北京:中国社会科学出版社 2008 年版,第 49 页。
[3] 陈寅恪:《李唐氏族推测之后记》,收入《金明馆丛稿二编》,上海:上海古籍出版社 1982 年版,第 303 页。

其时深心好古之士摧锋幕府、对扬王庭,莫不载楮晨抄,然脂暝诵。蜀毋昭裔创为镂板,遂有《九经》《文选》之刻。而楚天策学士彭玕亦遣人入洛访求石经。天成中,仿唐石经制作印板于国子监,其后屡下购书之令。至广顺中,而板本流布,经籍盛行,俾学者无笔札之劳,获观古人全书。虽衰朝之创兴,实万世之良法也。①

二、图书的典藏与整理

隋唐时期都非常注意对图书的搜集与整理。《隋书·牛弘传》载,隋初,秘书监牛弘向隋文帝上《请开献书之路表》,他说:"今秘藏见书,亦足披览。但一时载籍,须令大备,不可王府所无,私家乃有。"指出国家应重视图书的搜集,提出向士民征求书籍,必须"勒之以天威,引之以微利"。据《隋书·经籍志》序言记载,隋文帝采纳了他的建议,下令广泛征集图书,"献书一卷,赏绢一匹,校写既定,本即归主"。自此,民间藏书不断上献,政府藏书很快地充实起来,"三年间篇籍稍备"。开皇九年(589)隋朝灭了南朝最后一个王国陈朝,将陈之藏书归为已有,使得政府藏书大增。隋政府还召天下工书之人于秘书监内补续残缺,写正副两本,藏在禁中,其余置于秘阁。由于政府重视收藏,国家藏书很快发展到三万多卷。

隋炀帝即位后,非常重视国家藏书,扩大了秘书省的人员编制,制定了严格的借阅制度,并限写秘阁书五十副本,将其从形式上分为三个等级:上品红琉璃轴,中品绀琉璃轴,下品漆轴。抄写完毕后,于东都洛阳观文殿东西厢构屋以贮之,东屋藏甲乙即经史两部书,西屋藏丙丁即子集两部书。宫廷内还有内道场,专门储藏道、佛二家经典。

仿效前朝做法,隋政府对日益增多的图书,经常进行登记、校订、整理。大业初年,隋炀帝命学者柳䛒负责对西京嘉则殿的藏书进行整理,去其重复、杂芜,校订后进奏皇帝。柳䛒等人精选了一套藏书正御本,编成了《隋大业正御书目录》9卷,著录图书37000多卷。数量十分可观。

唐代初年,隋代政府聚集起来的数十万卷藏书经战乱损失,至武德年间,只剩下八万多卷了。唐代统治阶级对图书的搜集十分重视。《旧唐书·令狐德棻传》载:"高祖武德五年。……令狐德棻奏称购募遗书,重加钱帛。"并且"增置楷书令缮写,数年间,群书略备"。经此,初步建立起了唐代的官藏图书。唐太宗本人喜好经史,更注意图书文献的收藏,曾令颜师古校定五经,并令孔颖达作《五经正义》。太宗至玄宗的一百多年内,社会比较安定,经济繁荣,图书事业的发展有较好的条件。玄宗开元年间,诏公卿士庶之家所有异书,借以缮写。又置弘文馆、崇文馆,设校书郎整理、校正图书,以聚书点缀升平。东西两都洛阳和长安所

---

① (清)顾櫰三:《补五代史艺文志》,《丛书集成初编》本,上海:商务印书馆1936年,第1页。

聚图书，以甲、乙、丙、丁为次，分列经、史、子、集入库。从此开始有了图书以经史子集分类入库贮藏的制度，有了"四库"之称。据《旧唐书·经籍志上》载，四库书修成后，入藏乾元殿，"上令百官入乾元殿东廊观之，无不骇其广"。这一时期，政府的典藏达于极盛。

安史之乱使唐政府藏书遭到了严重损坏，乃至"乾元旧籍，亡散殆尽"，"尺简不藏"。后来，统治者力求恢复，肃宗、代宗两朝仍"崇儒术，屡诏募购"，甚至不惜"以千金购书一卷"，但收效不大。文宗时，任郑覃为相，"侍讲禁中，以经籍道丧，屡以为言。诏令秘阁搜访遗文，日令添写"。到开成初年，四库书聚集到56476卷，政府的收藏有一定恢复和发展，但是仍然未能达到隋末水平。由于国家政治经济日趋衰落，社会矛盾益深，图书事业的发展受到极大影响，唐代前期图书事业的繁荣景象再也无法重现了。唐僖宗广明元年（880），黄巢率军攻入长安，把长安的宫殿、官署等全部焚毁。兵火之中，典籍尽皆残损。唐政府在安史之乱后所搜集的5万多卷图书也随之荡然无遗。

唐代政府对藏书的整理是从开国之初就开始了的。太宗时，魏征主编了《隋书·经籍志》。又据《旧唐书·马怀素传》，玄宗开元七年（719），马怀素上书："南齐以前坟籍，旧编王俭《七志》。以后著述，其数盈多，《隋志》所书，亦未详悉。或古书近出，前志阙而未编；或近人相传，浮词鄙而犹记。……望括检近书篇目，并前志所遗者，续王俭《七志》，藏之秘府。"唐玄宗接受了他的建议，命马怀素任秘书监，总领此事。马去世后，元行冲等接任这项工作，于开元九年（721），完成《群书四部录》。二十余年之后，该目录的编撰人之一毋煚总结了这部目录的编撰经验，对其中错误混杂之处，进行校正，并增加新书6000多卷，完成了《古今书录》40卷。这时藏书共有58152卷。此外，尚有佛经、道经9500多卷。

唐代的私人藏书比南北朝时期也有了更大发展。藏书家数量明显增多，可以考见者有87人，占先秦至唐藏书家总数（174人）的50%，藏书超过万卷者就有22人①，而且其藏书质量往往不低于官藏。唐玄宗时韦述"家聚书二万卷"。宣宗时柳仲郢"家有书万卷，所藏必三本，上者贮库，其副常所阅，下者幼学焉"。私人藏书能有这样多的复本，可见当时图书事业发展的盛况。这同时也说明当时的私人藏书家已经按照版本和读书需要的不同对藏书进行了分类管理。僖宗时，李磎家藏书万卷，有"李书楼"之称。邺侯李泌藏书三万余卷，是唐代最大的私人藏书家，韩愈曾在《送诸葛觉往随州读书》一诗中描述其盛况："邺侯家多书，插架三万轴。一一悬牙签，新若手未触。"

---

① 曹之：《中国出版通史·隋唐五代卷》，北京：中国书籍出版社2008年版，第196页。

五代时期,由于战乱频仍,政府和个人无暇顾及图书的收藏和整理。江南十国则因为战乱较少,政治环境相对安定一些,也曾有过零星的图书收藏活动,如南唐、后蜀及吴越等国,但在规模上已无法与唐代相比了。

三、政府对图书出版事业的管制

隋唐五代时期,政府在文化领域内除了搜集图书、大兴文教外,还非常重视对图书出版事业的管制,对不利于其统治的书籍大加禁毁。

隋朝统一中国后,沿袭南北朝时期的做法,对谶纬书籍严加禁绝。隋文帝于开皇十三年(593)曾下诏,禁止民间私藏纬候、图谶。至隋炀帝时,更派使四出,严厉实行对谶纬书的禁令。当时规定,凡内容涉及谶纬的书籍,都要交出焚毁,不上交者,一经查出即处以死罪。在这种高压政策下,谶纬之书损失严重,到唐初编纂《隋书·经籍志》时,只剩下 13 部了。谶纬之学在民间基本灭绝。

隋朝统治者还把对图书事业的管制延伸到图书创作这一环节。据《隋书·文帝纪》载,针对魏晋以来私史众多,撰史者往往以己意评论政治得失、人物贤否的现象,隋文帝于开皇十三年又下达了禁撰私史的诏书,"人间有撰集国史、臧否人物者,皆令禁绝"。又据《隋书·王劭传》,学者王劭"在家著《齐书》,时制禁私撰史,为内史侍郎李元操所奏。上怒,遣使收其书",后来因为隋文帝"览而悦之",才免受处分。

到了唐代,统治者已把对图书事业的管制法制化、经常化。唐太宗贞观年间(627—649)制定了国家法典《唐律》,其中"玄象器物"条及"造妖书妖言"条都涉及了对图书的管制。"玄象器物"条规定:"诸玄象器物、天文、图书、谶书、兵书、七曜历、太乙、雷公式,私家不得有,违者徒二年。其纬候及论语谶不在禁限。""造妖书妖言"条规定:"诸造妖书及妖言者绞。传用以惑众者亦如之。其不满众者,流三千里。言理无害者,杖一百。即私有妖书,虽不行用,徒二年。言理无害者,杖六十。"从中可以看出,唐代的禁书对象已发生变化,魏晋以来对统治者威胁最大的谶纬书至此已禁毁殆尽,留存下来的,基本上对统治者已无太大危险,因此唐代对私自拥有谶书者仅处以"徒二年"的轻罚,而纬候及论语谶等已不在禁限内了。但唐朝统治者始终保持着高度警惕,为防止人们利用书籍做反唐宣传的工具,又设"造妖书妖言"法,凡内容威胁到其统治的都可称之为妖书,并对撰写、流传者处以绞、流三千里等重罚。此法在当时虽没有具体针对性,但唐统治者在防患于未然上可谓处心积虑了。

果然,随着谶纬书的逐渐减少及其革命性的逐渐衰退,民间不满唐朝统治的人,又改以阴阳术数书作为反唐的宣传工具。在《唐律》颁布一个世纪以后,唐玄宗又于开元二十七年(739)以敕令的形式颁布了新的禁书措施:"诸阴阳术数,自非婚丧卜择,皆禁之。"

雕版印刷术发明后,唐统治者又把管制的触角伸入这一领域,其发端即为"禁断印历日板"。当时由于民间对日历的需求量很大,因而早期的印刷出版商多以印刷日历为主要经营项目。为了相互竞争,赶在对方之前发行,他们往往私下请人推算,在国家新历颁布之前即已印就。这样不但易出错漏,而且被统治者认为"有乖敬授之道"。唐文宗太和九年(835),东川节度使冯宿上疏请加禁止,同年十二月,唐文宗乃发下敕令:"诸道府不得私置历日板。"

五代十国时期,各国君主大多忙于对付各自的军事、政治对手,无暇顾及对图书事业的管制。只有后周时期,周太祖郭威于广顺三年(953),发布了一道对图书事业进行管理的命令。这道命令除了象征性地禁止私家拥有玄象器物、天文、图书、谶书、七曜历、太乙、雷公式等当时流传并不广泛的器物图书外,对阴阳、卜筮、占算等为当时百姓喜爱的图书已不加禁止了,对于民间私印的日历则规定:"候朝廷颁行后,方许私雕印传写。"这道命令既照顾到了政府的尊严,对百姓的日常生活又没有太大妨碍。与前朝相比,可谓明智。

除了禁书之外,这一时期的统治者还从以下几个方面对图书出版事业进行管理和控制[①]:

一是钦定选题和编撰者。官书的选题和编撰者均由皇帝圈定。例如《隋律》于隋开皇元年(591)由隋文帝"钦定",编撰者高颎、杨素、常明等亦由隋文帝指定。《初学记》于唐开元间由唐玄宗"钦定"选题,编撰者张说、徐坚、韦述等亦由唐玄宗指定。另外,隋唐的《区宇图志》《江都集礼》《长洲玉镜》《艺文类聚》《五经正义》《氏族志》《三教珠英》等的书名和编撰者均由"钦定"。

二是颁发国家标准本。为了减少或者避免各类版本的错误,国家在一书出版之先,往往颁发国家标准本,各地不得擅自出版。唐初颜师古撰《五经定本》和孔颖达等《五经正义》都是国家标准本。唐太宗贞观五年(631),诏令法师玄琬监造的《大藏经》一部为国家标准本,抄写者必须以此"为楷准"。历书关系农业生产和人民生活,唐代官方每年都要颁发标准本120本,令各地"递相传写"。五代时期刻印的监本诸经也是一个官方颁发的国家标准本,当时规定:"如诸色人要写经书,并需依所颁敕本,不得更使杂本交错"。

三是重视图书质量,实行三审定稿制度。为了保证图书质量,政府的编辑出版活动坚持三审定稿制,例如唐修《尚书正义》,初审由孔颖达、王德韶、李子云等

[①] 曹之:《中国出版通史·隋唐五代卷》,北京:中国书籍出版社2008年版,第468—471页。

负责;二审由苏德融、隋德素、王士雄、赵弘智等负责;三审由长孙无忌、于志宁、褚遂良、贾公彦等二十多位专家负责。这一制度影响到了民间的编辑出版活动,在敦煌遗书中,三审定稿之例尤多。图书出版之后,还必须接受严格检查。高宗乾封元年(666)十月,兰台侍郎李怀俨负责抄写四部群书,在进行最后检查时,"以书有污",没有通过验收,因而受到降职处分。

四是为了便于进行管理,唐代规定,包括图书在内的所有商品必须"物勒工名",标明出版地和出版者。这样做,除了便于进行管理之外,也有"版权所有"、各负其责的意思。如果不标出版地和出版者,一旦有事,查起来就不容易,也会给那些非法之徒造成可乘之机。

第二节 隋唐五代的编纂机构及编辑活动

一、政府主要编纂机构

隋代沿袭南北朝,仍以秘书省作为图书事业的领导机构,设监、丞各一人,下辖著作、太史二曹,总编制为48人。隋炀帝时,为适应当时大规模的编书、校书活动,曾对秘书省进行了一系列改革,秘书监、丞改为秘书令、少令,秘书令官阶从正三品升为从二品,整个机构的人员编制也猛增到120人。

唐代仍设秘书省,为当时中央"六省"之一。设秘书监一人、少监二人、丞一人,下辖著作、太史二局,并在机构编制中增设各类技术人员,如熟纸匠、装潢匠、笔匠等。唐高宗和武周时期曾分别将秘书省改称兰台和麟台,不久复称旧名。从唐代初年开始,由于政府的编纂活动十分频繁,乃仿照魏晋南北朝的做法,相继设立了一些文馆,如弘文馆、集贤院、史馆等,这就正式形成了中国历史上的馆阁制度。此后馆阁逐渐取代了秘书省,成为政府的主要编纂机构。

弘文馆设于唐高祖武德四年(621),初称修文馆,位置在门下省旁边。唐太宗即位后,为阐扬文教,在弘文殿中聚集四部书二十余万卷,乃将修文馆移至殿侧,改称弘文馆,选当时在朝的著名学者虞世南、褚亮、姚思廉、欧阳询等,以本官兼学士,轮流宿直。唐太宗于听朝之余,经常召弘文馆学士入内讲论文义、商量政事,并令褚遂良检校馆务,号称"馆主",以后遂沿为定制。弘文馆是天子的文馆,也是贵族子弟学校,还是从事图书事业的重要机构,承担详正图书典籍、聚书和校书的任务,同时还参议国家大事,设有大学士、学士、直学士、校书郎、令史、楷书手、典书、拓书手、笔匠、熟纸匠、装潢匠、亭长等。弘文馆还招有学生30人,由学士负责教授,其学制一如"国子学之制"。

集贤院是唐代最主要的从事图书编纂出版事业的机构。初设于唐玄宗开元五年(717),最初称乾元院,负责在乾元殿东廊下写四部书以充内库,由右散骑常侍褚无量、秘书监马怀素总其事。次年(718),乾元院改称丽正修书院,十三年(725),又改称集贤院。据《旧唐书·职官志二》记载,集贤院的主要职责为"掌刊缉古今之经籍,以辨明邦国之大典。凡天下图书之遗逸、贤才之隐滞,则承旨而征求焉。其有筹策之可施于时,著述之可行于代者,较其才艺而考其学术,而申表之。凡承旨撰集文章,校理经籍,月终则进课于内,岁终则考最于外",即集贤院平时的日常工作主要为藏书、校书、抄书、修书、搜访遗书、网罗人才等。设有学士、直学士、侍读学士、修撰、校理、刊正、校勘等官。

史馆是唐太宗贞观三年(629)为修《隋书》而设立的,从此开我国封建社会设馆修史之先河。在此之前,凡国家修史皆特设修史局,隶属于秘书省著作局。由于环节过多,进程十分缓慢,很难取得实际效益,因此,唐太宗设立了这个专门的独立机构。这种特设史馆修史的制度一直延续到清代,历千余年而不变。史馆主要职责为编修前代史书及本朝国史、典志等,其职官有:监修国史一人,以宰相兼任;史馆修撰四人,以登朝官兼之;直馆若干人,以未登朝官任之。另配置楷书手、典书、亭长、掌固、装潢、熟纸匠等若干人。其馆址设在宫内门下省北面。史馆环境优雅,待遇优厚,能够入馆预修国史,被看做是一件极为荣耀的事情。正如刘知几《史通·史官建制》所云:"西京则与銮渚为邻,东都则与凤池相接。而馆宇华丽,酒馔丰厚,得厕其流者,实一时之美事。"

为保证史馆史料征集工作的正常进行,唐代还制定了"诸司应送史馆事例",即修史所需原始材料要由政府各个部门按期申报,事例规定:祥瑞由礼部录送;天文祥异由太史验报;藩国朝贡由鸿胪寺勘报;蕃夷寇降则由中书省与兵部同报;音律曲调由太常寺具报;州县废置由户部录报;法令变更由刑部报告;天灾地震由户部与所在州县同报;诸色封建由司府勘报;文武大官除授由吏部、兵部分别呈报;京都司长官卒由所在司录送;硕学异能由所在州县录送;公主百官定谥由考绩处录送;诸王来朝由宗正寺勘报;刺史都督卒由本州、本军录送;刺史县令善政由本州录送;《时政记》由中书省及门下省录送;《起居注》由左右起居郎抄送。事例对原始材料的申报时间也有明确规定:在京单位,每季报送一次;外地单位,每年报送一次。

五代时期,中原五国梁、唐、晋、汉、周以及南唐都设有秘书省及弘文馆、集贤院、史馆等三馆,南方的吴、吴越、闽、前蜀、后蜀国也设有秘书省或秘书监。但在战乱年代,文化事业仅供点缀而已,据宋人吴处厚《青箱杂记》记载:后梁的三馆位于右长庆门东北,仅为小屋数十间,其地"湫溢尤甚,又周庐缭道,杂出其间。

卫士驺卒,朝夕喧杂。每受诏撰述,皆移他所",连基本的日常工作都保证不了,更不用提大规模的编纂活动了,因而与隋唐时期已不可同日而语。

二、政府的编纂活动

1. 编制书目

隋唐时期在政府的主持下曾进行过几次较大规模的书目编制工作,如隋代的《开皇四年四部书目》4卷、《开皇九年四部书目》(《隋书·经籍志》误作《开皇八年四部目录》)4卷、《开皇二十年书目》4卷、《香厨四部目录》4卷、《隋大业正御书目》9卷,以及佛经目录《隋仁寿年内典录》5卷、《林邑所得昆仑书诸经目录》5卷。唐代有《群书四部录》《开元四库书目》14卷、《见在库书目》《唐秘阁四部书目》4卷、《贞元御府群书新录》《四库搜访图书目》1卷,佛经目录有《大周刊定众经目录》15卷。这些书目大多以四部分类,因当时人及宋人对其评价都不甚高,除几部佛经目录外,如今已全部失佚了,因而其编辑体例现已无法得知。

隋唐时期最为著名的书目是由唐代魏征主持编修的一部史志书目《隋书·经籍志》。该书目记载了自汉至隋600余年我国书籍存亡、学术演变的历程,是继《汉书·艺文志》之后的另一部十分重要的目录著作。此目录使用的四部图书分类法,上承《汉书·艺文志》的六分法和东晋李充《四部书目》的四分法,正式将各类书籍分为经、史、子、集四大类,其下再分四十小类,基本囊括和反映了中国中古时期的图书概况与学术体系。这一图书分类法,在中国延续使用了千余年,影响至为深远。

2. 编纂类书

隋炀帝在位期间,曾广集人才从事类书的编纂工作,据《文献通考·经籍考叙》载:其时"自经术、文章、兵农、地理、医卜、释道乃至捕搏鹰狗,皆为新书,无不精洽,共成书三十一部,万七千卷"。可惜这些书至今已全部失传,无从得知它们原来的编辑面貌。

隋代保存下来的唯一类书为《北堂书钞》,这也是我国现存最早的类书。它是由隋秘书郎虞世南在秘书省的后堂——北堂所编的。原书173卷,今本160卷,与《宋史·艺文志》所载卷数相符,可见此书在宋代已有佚缺,非本来面貌,书中尚杂有不少唐太宗贞观以后至五代十国的书,似经宋初人改篡。《北堂书钞》全书共分19部,子目852类,其内容主要是汇辑古书中可供吟诗作文之用的典故、词语及一些诗文摘句。此书在编辑体例上存在着一个极大的缺陷,即引文首尾不完备,又未将所引书名篇名全部注出,这就严重影响了它的使用价值。由于该书是现存最早的类书,从中亦可考见早期类书在编辑体例上的大致面貌。

唐高祖时,令弘文馆学士欧阳询主编类书《艺文类聚》,至武德七年(624)编成,参与其事的尚有令狐德棻、裴矩、陈叔达、赵弘智、袁朗等人。全书共100卷,分46部,其下又分727个子目。此书在编排方式上的重要特点是开创了"事"与"文"合编共类的体制,在此之前,汇"文"而为总集,聚"事"而为类书,判若两途。《艺文类聚》合二为一,事居其前,文列于后,改变了以往类书偏重于类事、较少采录辞章的缺陷,极便读者,对后世产生了深远的影响。

《艺文类聚》的具体编辑体例是,卷之下为部,部之下为子目,每一子目先列经史百家之言,即所谓"事",每条"事"均注明其出处。"事"后则列诗文,诗文以不同文体类别排序,其类别均加注明,如"诗""文""赋""赞"等,文体类别下所收诗文按作者时代顺序罗列,其时代、作者、篇名均加注明。书中罗列的"事""文"均为全篇或意思完整的片断。在编辑者的精心组织下,全书一百余万字不但条理清晰,便于查找,而且首尾完整,意义明了,在编辑史上是个成功的典范,其编辑体例亦为后世大多数类书所沿用。

但是,《艺文类聚》在编辑的具体方式上也存在着一些不足。《四库全书总目提要》即认为此书在分类上"繁简失宜,分合未当",如"山"部即遗漏了五岳中的泰山、恒山,"帝王"部遗漏了三国中的蜀汉二主,"产业"部中的"针"宜入"器物"部,"钱"宜入"宝玉"部;子目方面,"鸿"之外别出"雁","蚌"之外别出"蛤",且"人"部下的子目分了58门,亦嫌过于芜杂。

唐太宗时,曾命高士廉、魏征、房玄龄等编纂《文思博要》,全书共1200卷,目录10卷,规模十分巨大,可惜此书自南宋时便已失传。从现存的高士廉《文思博要序》中可看出,此书"事"与"文"合编共类,引文意思完整,在编辑体例上似对《艺文类聚》有较多继承。武周时,又命张昌宗、李峤、张说、宋之间、刘知几等扩编《文思博要》,主要是补充佛、道二教的经典,书成后,即名为《三教珠英》,全书共1300卷,目录13卷。从现存资料看,《三教珠英》首次将佛、道经典引入了类书,对丰富类书的内容有一定意义,可惜此书现也失传。

唐高宗时期,显庆三年(658),许敬宗等奉诏编定《文馆词林》1000卷,龙朔元年(661)诏许敬宗、李义府等编成《东殿新书》200卷,《东殿新书》摘抄《史记》《晋书》等书而成,高宗亲为制序。龙朔三年(663)诏许敬宗等人编成《瑶山玉彩》。

唐玄宗时,为了便于皇子们学习、作文,曾命集贤院学士徐坚等编撰类书《初学记》。此书于开元十三年(725)编成,全书30卷,分23部、313个子目,每一类目下均分"叙事""事对"和"诗文"三部分。叙事即汇录有关事件;事对即将有关事件浓缩为对偶词语,两两相对,以便选用;文选即汇抄有关诗、赋、赞、铭等。由于此书是供初学者所用,因此在叙事部分一改过去类书逐条抄写、单纯罗列的方法,将类事经过组织,连贯成一篇文章。对子目标题来说,等于是作了一番原原本本的说明,近似现代百科全书的做法。① 这在类书的编纂体例中可谓别出心裁,因而为历代学人所钟爱,虽经千年仍流传不绝。

安史之乱以后,官修类书的活动大致陷于停顿。

3. 刊定经典

隋唐五代时期对儒家经典的刊正一直没有中断过,其中以唐太宗时期规模最大,成果最高。据《旧唐书·颜师古传》载,唐太宗继位不久,即命颜师古在秘书省中考定《五经》。颜师古充分利用秘书省所藏图书进行校勘,一字一句皆有所据,校出了大量错误。然而,书成之后,诸儒"皆共非之",颜师古舌战群儒,力排众议,"诸儒莫不叹服"。贞观七年(633),颜师古校订的《五经》定本诏颁行天下。这是隋统一以后第一次编纂的经籍文字定本。

《五经》正文虽然颁布了定本,但对经文的解释仍然莫衷一是,自汉至南北朝形成的众多的师说,繁杂的章句,为当时的学术发展带来了混乱,这也不利于政治上的统一局面。为解决这一问题,唐太宗于贞观初年又命孔颖达与颜师古、司马才章、王恭、王琰等共同撰定《五经义训》。书成后,赐名《五经正义》。

正义、义训、义疏、疏等都是同一种编辑体裁,它是魏晋南北朝以来在经注的基础上发展起来的。由于古代语言、典章制度等方面的变化,秦汉甚至魏晋时代人为经文作的注,后世的人已经难以读懂,因而产生了为注作解释的需要,即注是用来解释经文的,而疏则是用来解释注文的。

孔颖达的《五经正义》包括以下5部著作:《周易正义》10卷、《尚书正义》20卷、《毛诗正义》40卷、《礼记正义》63卷、《春秋左传正义》60卷,共193卷。其中《周易》用魏王弼、韩康伯注;《尚书》用汉孔安国传;《毛诗》用汉郑玄笺;《礼记》用汉郑玄注;《春秋左传》用晋杜预注。孔颖达的正义严格按照这些传、注进行解释,他虽然也参考了其他大量的材料,但在这些材料与注文发生矛盾时,则不论是非,专依注文。这种专守一家的做法虽不免带有狭隘偏颇的色彩,但它改变了魏晋以来对经文、注文凭空臆造妄改的恶习,使学术从六朝的虚浮重又回到踏踏实实的道路上。

《五经正义》修成后,另一位学者马嘉远对之提了不少意见,贞观十六年(642),唐太宗又命孔颖达与马嘉远等共同修订,书成后颁行天下。当时规定,科

---

① 胡道静:《中国古代的类书》,北京:中华书局1982年版,第96页。

举考试的试题范围以此书为准,凡士人应明经科,诵习经籍义理,必须依据此书。《五经正义》的颁行标志着经学史上一统局面的形成,为古代经学发展的重要事件。

4. 编修史书

中国古代有后朝修前朝正史的优良传统,隋唐两朝也不例外。隋文帝鉴于"魏收所撰书,褒贬失实,平绘为《中兴书》,事不伦序",遂令魏澹、颜之推、辛德元等改撰《魏书》,包括12纪、78列传、论例1卷、目录2卷,共93卷。其后奉诏修撰的有:王劭《齐史》65卷、牛弘《周史》18卷,及王劭的《大业起居注》等。

唐高祖武德五年(622),命萧瑀、王敬业、殷文礼修《魏史》,陈叔达、令狐德棻、庾俭修《周史》,封德彝、颜师古修《隋书》,崔善为、孔绍安、萧德言修《梁史》,裴矩、祖孝孙、魏征修《齐史》,窦璡、欧阳询、姚思廉修《陈史》。这次大规模修史活动由于组织机构及其他一些原因,未能收到预期效果,诸史最后未能定稿。

唐太宗贞观三年(629),复命编修《五代史》(《梁书》《陈书》《北齐书》《北周书》《隋书》五部史书),为此特设一专门的独立机构史馆,选拔一些品位不高确有史才的官员"直史馆",如刘知几、吴兢、李延寿、韦述等都在史馆供职。此后10余年中,《晋书》《五代史》陆续修成。《晋书》共130卷,包括帝纪10卷、志20卷、列传70卷、载记30卷,共四部分。其中载记是一个创例。载记最早见于《东观汉纪》,用来记载西汉末年各偏安政权事迹,《晋书》则将其引入纪传体史书中,用以记叙北方五胡十六国事迹。《五代史》包括《梁书》56卷、《陈书》36卷、《北齐书》50卷、《北周书》50卷、《隋书》85卷。刚编成时是合为一部书的,后来各书分开,乃将全书的志部分(《五代史志》)划入《隋书》,而另四部史书则仅以纪、传单行。

唐高宗和唐玄宗时期,官方也编修了不少史书,其中以"实录"和"国史"居多。肃宗以后,官方修书逐渐衰落,除了例行编修实录之外,仅仅修过几种图书。

五代诸朝沿唐制,以宰相监修实录、国史。其中实录的修撰活动十分频繁,形成了连续的成果,宋初薛居正修《五代史》,主要依据的就是这些材料。曹之曾根据相关资料将五代时期官修实录的情况列表如下[①]。

---

① 曹之:《中国出版通史·隋唐五代卷》,北京:中国书籍出版社2008年版,第383页。

表 5.1　五代十国实录编撰表

书名	卷数	成书时间	监修	预修者
(后唐)庄宗实录	30	后唐天成四年(928)十一月	赵凤	张昭远、吕咸休
(后唐)明宗实录	30	后唐清泰三年(936)二月	姚顗	张昭远、李祥、吴承范、杨昭俭等
(后汉)高祖实录	20	后汉乾祐二年(949)十月	苏逢吉	贾纬、王伸
(后晋)高祖实录	30	后周广顺元年(951)七月	苏逢吉	贾纬、王伸、窦俨等
(后晋)少帝实录	20	后周广顺元年(951)七月	苏逢吉	贾纬、王伸、窦俨等
(后周)太祖实录	30	后周显德五年(958)六月	张昭	尹拙、刘温叟
(后汉)隐帝实录	15		张昭	尹拙、刘温叟
后梁实录			张昭	尹拙、刘温叟
(后唐)前废帝实录	3		张昭	尹拙、刘温叟
(后唐)后废帝实录	17		张昭	尹拙、刘温叟
后蜀先主实录	30		李昊	
后蜀孟氏后主实录	80		李昊	
前蜀实录		永平二年(912)三月	张格	
南唐烈祖实录	20		高远	
南唐元宗实录	10	保大年间	高远	
周世宗实录	40		王溥	扈蒙、张淡、王格、董淳等
梁太祖实录	30	后梁贞明中		李琪、张衮、郄殷象等

五代时期官修史书的另外一个重要成就是《旧唐书》的编修。后晋天福六年(941)诏令编写《唐书》,经过四年多时间,于开运二年(945)编成。全书 200 卷。预修者有张昭远、贾纬、赵熙、吕琦、尹拙、郑受益、李为先、王伸、崔棁等九人。监修先后由赵莹、刘昫担任。北宋宋祁、欧阳修重撰《唐书》出,后人称此书为《旧唐书》以示区别。对于《旧唐书》的评价,历来不一,总体来说,褒少贬多。但是我们应该以一种相对的眼光来看待之,尽管此书存在着材料芜杂、记事矛盾、前详后略等缺点,但在当时资料奇缺的情况下,修书者竭尽全力,能写出具有如此水平的著作,是很不容易的。

5. 修订医书

自陶弘景作《本草经集注》后,一直为医学界奉为典范。但到了唐代,由于各类药物日益增多,医学分科日趋细致,这部书已渐渐地不能适应时代的需求。唐高宗时期,在政府主持下,先后两次对此书进行了修改、增订。

第一次是在永徽年间(650—655),由李勣、于志宁等人修订。因李勣被封为英国公,故书名《英公唐本草》。此书共分 7 卷,在编辑体例及科学分类上仍按《本草经集注》原书,未作改动,只在内容上作了一些增订,由于未能达到预期效果,于是有了第二次修订。

第二次修订始于显庆四年(659),由苏敬、长孙无忌等主持,召集了当时许多著名医药家参与编撰。此书除了对古代医药书进行详采博综外,还广泛向全国各处征集药物标本,进行实物测绘、考证。书成后,名为《新修本草》,后人又名之为《唐本草》。全书正文20卷、目录1卷、药图25卷、图经7卷,后又编有《药图目录》1卷,合计54卷。此书在编辑体例上大致仍遵循原书,以药物分类。所不同的是,它结合当时形势的需要,将原来的七大类增为九大类,在形式上有一定改进。在内容编辑上则遵照陶弘景原书的原则,将原书及新增内容加以区分。在书中,凡《神农本草经》原文都用朱笔书写,凡《集注》所增文字都用墨笔书写,这与陶弘景原书是一样的。而此次新增内容也用墨笔书写,但在前面加上"新附"字样,以示区别。《新修本草》从正式颁布天下之后就作为临床用药的法律和学术依据,代表了中古时期中国中医药学发展的一个里程碑,是世界上最早的一部由国家权力机关颁布的药学专著,也是世界上最早出现的国家药典。

三、民间图书编纂活动

在官方修书风气的带动下,隋唐五代的私人图书编纂活动也比较频繁,涌现出了一大批优秀的图书编纂者和私人著作,如陆法言的《切韵》、刘知几的《史通》、杜佑的《通典》、玄奘的《大唐西域记》、吴兢的《贞观政要》、陆羽的《茶经》、孙思邈的《千金方》、李淳风的《算经十书》等都是影响较大的传世之作。从下表中的隋唐编著者人数中,我们就可以略窥这一时期民间图书编纂活动之一斑。

表5.2 先秦至唐著者数量表[①]

书名	先秦	秦	汉	三国	晋	南北朝	隋	唐	总计
《先秦汉魏南北朝诗》和《全唐诗》			58	39	196	427	87	2200	3007
《全上古三代秦汉三国六朝文》和《全唐文》	174	11	774	282	801	1075	165	3042	6324
《中国丛书综录》	72	6	142	65	158	150	19	493	1105

在众多的民间图书编纂家中,刘知几和白居易具有突出的代表性。在此做重点介绍。

刘知几(661—721),字子玄,彭城(今江苏徐州)人,唐代著名史学家、诗人。

[①] 曹之:《中国出版通史·隋唐五代卷》,北京:中国书籍出版社2008年版,第190页。

唐高宗永隆元年(680)举进士,武则天长安二年(702)开始担任史官,参与撰修国史,并于是年开始编撰《史通》,至中宗景龙四年(709)成书,历时八年。《史通》是中国历史上第一部系统的史学理论专著,全面论述了史学的众多理论和实践问题,成为唐代以前我国史论的集大成,对后世影响极大。《史通》共 20 卷,52 篇,今存 49 篇,分内外两篇。内篇皆论史家体例,辨947是非;外篇则述史籍源流及杂评古人得失。其内容大致包括三方面:一是关于史学源流及史官制度的,论述了史官应该具备的重要素质;二是关于历史编纂学,包括编纂体例、编纂方法、史料搜集等方面内容;三是历史文献学,此书将唐代以前的历史文献,分为"正史"和"杂史"两大类,具有一定的开创性。如此全面系统地论述史书编撰的种种问题,在中国图书编纂史上尚属首次。它说明唐代图书编撰已经达到一个新的水平。

隋唐时期,个人文集的编纂非常繁荣,颜真卿、李贺、韩愈、元稹、白居易、刘禹锡、杜牧等人都是唐代知名的别集编纂家,仅《旧唐书·经籍志》《新唐书·艺文志》就著录唐代别集 511 家、556 种、7427 卷。这一时期别集编纂比较好的是著名诗人白居易(772—846),他除了多次结集自己的作品之外,还编有《元白唱和因继集》《刘白唱和集》《洛下游赏宴集》(又名《洛中集》)《白氏经史事类六帖》(又名《白氏六帖》)等。他对自己的诗文、名声等异常重视,且有一种刻意的自觉维护之心。从 44 岁开始就开始进行图书编纂(重点是整理自己的文集),自此从未停止,在编纂的过程中,目的非常明确,即"为时而著,为事而做",他在写书或编书时,为了给"后人论世者"提供一份珍贵的历史资料,常不厌其烦地将"年岁""官秩""俸禄"写入诗中。他的编纂活动体现出鲜明的传世和精品意识,本着对当代人和后代人高度负责的精神,千方百计打造出了很多图书精品。清代朱彝尊在《重刊白香山诗集序》中曾评价白居易的图书编纂活动说:

> 诗家好名,未有过于唐白傅者。既属其友元微之排缵《长庆集》矣,而又自编后集,为之序,复为之记。既以集本付其从子外孙矣,又分贮之东林、南禅、圣善、香山诸寺,比于杜元凯岘山碑尤汲汲焉。或疑公旷达,不应戚戚于年岁之逾迈,沾沾于官秩之迁除,计禄奉之损益。不知公之进退出处,系时事之否泰,恒恐后人论世者不得其详,故屡见之篇咏,斯则公之微意乎![1]

四、各类编著形式的发展

隋唐五代时期,文化的发展带来了图书事业的繁荣,再加上魏晋南北朝时期各种编著形式大体已备,因而,这时的编辑事业有了突飞猛进的发展。现分别叙述如下。

---

[1] (清)朱彝尊:《曝书亭集》第三十六卷,上海:世界书局 1937 年版,第 443 页。

1. 韵书体例的定型

魏晋南北朝时期虽已出现韵书,但其编辑水平一直停留在较为原始的水平上,直到隋代陆法言编著的《切韵》出现,韵书的编著体例才大致定型。

陆法言的《切韵》是受其他一些学者的启发及集体讨论后写成的。隋文帝开皇(581—600)年间,陆法言的父亲陆爽在朝廷做官时,某一日,刘臻、颜之推、卢思道、李若、萧该、辛德源、薛道衡、魏彦渊等八位当时的著名学者到陆法言家聚会,谈到当时韵书存在的问题,一致认为应编一部审音精确、利于查找的标准韵书。当晚大家便把编纂原则及全书体例确定了下来,由陆法言作了笔录,接着陆法言用了十多年时间博览群书,校订了讨论稿,编写完成了《切韵》一书。

《切韵》在编辑上采用二级标目,先用四声分卷,其中平声分上平、下平,加上上、去、入共5卷,5卷之下又分为206韵。这样按声、韵的线索查索起来十分方便。唐代初年《切韵》被定为官韵。增订本甚多,《切韵》原书已失传,其所反映的语音系统因《广韵》等增订本而得以完整地流传下来。《切韵》开创了韵书修撰的体例,从隋唐至近代一直沿用不废。而其归纳的语音体系,经《唐韵》《广韵》《集韵》等一脉相承的增补,一直是官方承认的正统。

2. 政书的产生

政书就是记载一朝或数朝典章制度沿革以及经济、文化发展情况的专书。政书的编纂可以追溯到专讲职官制度的《周礼》。《周礼》又称《周官》,它以天、地、春、夏、秋、冬为类,分别记载了周代的官制职守。到了唐玄宗时期(713—755),史学家刘秩又将这一编纂体例加以发展。他在《周礼》原编的基础上,广采经史百家之言,对各门类、各职官分别加以诠次,编成一部资料汇编性质的职官之书《政典》35卷。此书虽然开创了一种好的编纂形式,但在编排上未能突破《周礼》原来的结构,使许多与典章制度相关的资料无法收入在内,未免美中不足。针对这一情况,较刘秩稍后的政治家杜佑乃结合当时实际情况,对职官书从编辑体例上加以改造,从而编成中国第一部政书《通典》。

杜佑(735—812),字君卿,京兆万年(今陕西西安)人。他虽然出身名门世家,但为人谦逊,平易近人,并且博学多才。官至平章政事,封为岐国公,累仕德宗、顺宗、宪宗三朝,理财经验丰富,深受当时皇帝的赏识。去世后谥安简。丰富的政治阅历,使他对各项典章制度及其沿革都很熟悉,这就为他成功编纂出《通典》打下了坚实的基础。

《通典》从代宗大历元年(766)开始编纂,到唐德宗贞元十七年(801)编纂成书,前后历时35年。全书共200卷,记事范围大大超过以往的职官之书。其记事时限上起远古的黄帝、尧、舜时代,下迄唐玄宗天宝年间(742—755),肃宗

(756—761)、代宗(762—779)以后,间有沿革,也附载注内。可谓自古及今,靡有孑遗。其取材范围由经史百家博及汉魏六朝人的文集奏疏,材料十分丰富,"考唐以前之掌故者,兹编其渊海矣"。

此书在编辑体例上采用二级标目,首先将全书分为 8 门(典),每门之后都有一个类似序言的论述,对此门的内容及发展源流作一个总的概括。8 门之下又分为 1000 多个小目,小目则是将与此相关的史实、材料按时间顺序罗列起来。全书条理明晰、脉络清楚,因而被后来的政书编纂者视为典范。

《通典》在编辑手法上具有两个较为显著的特色:

(1) 自觉地以编辑作为表达思想的手段。在《通典》一书中,作者不但通过书中的文字,甚至还通过编辑方式来表达自己的思想。其实通过编辑来表达作者思想的传统在中国早已存在。春秋战国时期,著作多以单篇流传,一些著者、编辑者已开始在篇名下标明"内篇""外篇"或"上""下",以表明其先后顺序及所述内容,隐含着编著者对所叙事物的分类及评价。西汉以后,编著者进而在著作中以"自叙""自纪"的形式来简述自己的履历、编辑意图并罗列篇目顺序。而第一次在序言中明确表示要通过编辑来表达自己的思想并对其表示方法加以诠释的,则为杜佑此书。

杜佑在《通典》卷一之首作了一篇简短的序言,他在序言中首先表明自己"不达术数之艺,不好章句之学"。而自己编纂此书的目的是要通过"采群言,征诸人事",以便"将施有政"。接着,杜佑又在序言中告诉读者此书八门的编排次序,以及它们为什么这样排列,这样排列想要说明什么样的思想。

> 夫理道之先在乎行教化,教化之本在乎足衣食。《易》称:"聚人曰财。"《洪范》八政:一曰食,二曰货。《管子》曰:"仓廪实,知礼节;衣食足,知荣辱。"夫子曰:"既富而教",斯之谓矣。夫行教化在乎设职官,设职官在乎审官才,审官才在乎精选举。制礼以端其俗,立乐以和其心,此先哲王致治之大方也。故职官设然后兴礼乐焉,教化堕然后用刑罚焉,列州郡俾分领焉,置边防遏戎敌焉。是以食货为之首,选举次之,职官又次之,礼又次之,乐又次之,刑又次之、州郡又次之,边防末之。①

作者希望通过这样的编辑,达到"或览之者,庶知篇第之旨"的目的。从此,通过编辑来表达作者思想的这一传统,开始由模糊和不自觉转向明确和自觉。

(2) 在借鉴其他编纂形式的基础上开创新的编纂形式。从具体编制技术上看,杜佑的这部《通典》很少有自己的创新,它较多地参照了其他一些现有的编纂形式,总的来说,属于类书与纪传体正史中志书相结合的产物。但正是这种结

---

① (唐)杜佑撰:《通典》,王文锦等点校,北京:中华书局 1988 年版,第 1 页。

合,使一种新型著述形式得以产生,这不但丰富了我国图书的编辑体例,而且为其他编纂形式的产生开辟了一条新的渠道。

在《通典》的编辑组织上,杜佑主要借用纪传体正史中志书的方式,先以主题为线索,横向地将政治典制及与之相关的内容剖析成大大小小许多项目,然后再以时间为线索,纵向地对这些项目进行分析、描绘。杜佑甚至在进行主题划分时,也较多地参照了正史中的志书。在《通典》的8个大门类中,"食货""职官""礼""乐"都是前史志书中所有的,"刑""州郡"则相当于前史中的"刑法(或刑罚)志""地理(或郡国)志",只有"选举"与"边防"两门是杜佑根据当时实际的政治情况而增加的。在具体材料的组织编排上,杜佑则没有像正史志书那样进行较大的加工及浓缩,而是仿照类书的编辑形式,在较少文字加工的情况下,对其进行简单的剪裁,然后以时间为顺序罗列到各自的门类之下,使其较正史志书有更强的资料性及参考性。

杜佑这种将旧有编纂形式的编辑方法结合起来创造出一种新编纂形式的作法,对后世的编著者产生了很大的启发,因而在中国编辑出版史上具有较大的意义。

3. 医书编辑体例的发展

隋唐五代时期编著的医书很多,在编辑体例上有所发展的有唐代王焘所编的《外台秘要》一书。王焘是宰相王珪之孙,他少年时便喜欢医学。此书成于天宝十一年(752),全书共40卷,分为1104门,共收约6900多个药方。其具体编辑体例为,每一门类之前,均冠以《内经》或《诸病源候论》等经典医书中的有关论述,其后则列医方,医方亦主要采撷于经典医书之中,且一一注明其出处、来源,可以说是一部实用而严肃的工具书性质的医书。

4. 佛经翻译的发展

隋唐时期是我国佛经翻译的鼎盛时期,先后开展了多次大规模的译经活动。

隋代文、炀二帝大力提倡佛教,发展佛教图书事业。开皇五年(585),大兴善寺建起后,隋文帝命释彦琮等数十人在内翻译、解释和校勘佛经。隋炀帝即位后,于大业二年(606)在东都洛阳上林苑内置翻经馆,专门翻译佛经。据《开元释教录》卷七统计,隋代共译经64部、301卷。同早期比较,这一时期的佛经翻译有三大变化:(1)译者的变化。早期佛经翻译的译者往往只懂梵文或汉文,因此在翻译过程中,不能深解其义,融会贯通。到了隋代,译者往往兼通梵文和汉文,译文更加接近原著,语言更加精练。(2)底本的变化。早期佛经翻译往往以胡本(于阗本、龟兹本、月支本等)为据,梵本较少。到了隋代,随着东西交流的频繁,大量梵本传入中土。因而隋代佛经翻译多据梵本。(3)译场的变化。洛阳上林苑翻经馆是一个永久性译场。著名佛经翻译家达磨笈多、彦琮、法行、明则、费长房等都在这里从事过译经活动。虽然上林苑时间不长,随着隋代灭亡而终止活动,仅仅译经七部,但是在中国佛经翻译史上,永久性国立译场的建立,这还是第一次。唐、宋诸朝相沿不改,对于推动佛经的翻译发挥了重要作用。

唐代的佛经翻译和整理事业达到了前所未有的发展阶段。据统计,有唐一代译经总数为 372 部、2159 卷①,有名的翻译家举不胜举,其中最为著名且成就卓著的是玄奘法师。

玄奘(600—664),俗姓陈,名祎,洛州缑氏(今河南偃师缑氏镇)人。10 余岁时出家,寻访名师,探索佛典。当时尚有不少重要佛典未被译成汉文,而已译成汉文的佛典也存在删节、舛讹等问题。玄奘"乃誓游西方,以问所惑"。他从贞观三年(629)西游天竺求法,至贞观十九年(645)正月返抵长安,先后在外 17 年,行程 5 万余里。玄奘归国时,抄得佛经 657 部,用 24 匹马驮着。归国不久即着手建立大规模的翻译机构,并得到唐太宗的大力支持。为保证译经质量,玄奘对译经工作做了细致的分工,在翻译佛经时,先由"译主"(译场的总负责人)口译,旁边有"证梵语"随时纠正梵文的差错,由"笔受"记下"译主"的译语,再由"缀文"进行语法加工,使其合乎汉文语式,再由"润文"对其进行加工润色,使句子流畅优美,然后由"正字"检查纠正译文的文字错误,由"证义"(译主的助手)检查译文之义与佛经原义是否有出入,这一番工作做好后,将译稿交"监护大使"监阅通过,最后交"书手"抄录成清稿。这种审慎的态度及严格的制度,使得佛经翻译质量有了极大提高。

玄奘从贞观十九年(645)七月开始译经,直到龙朔三年(663)十月停笔,从事翻译工作达 19 年之久。先后译出佛教经、律、论 74 部,1335 卷,合 1300 多万字,几乎占从隋开皇元年(581)至唐贞元五年(789)208 年间总译数 2713 卷的 50%,而在现存 6000 卷左右的汉译三藏中,占了近 25%②。无论从译经的质和量来看,玄奘译经都可谓空前。因此,他被季羡林誉为是"中国佛教史和翻译史上开辟一个新纪元的高僧,是中印文化的传播者,是中印人民友谊的象征,是中国人民的脊梁"③。

5. 姓氏谱与地记的发展

唐人修撰族谱风气很盛,其对前代谱乘的传存亦颇致力。《新唐书·艺文

---

① 张国刚:《佛学与隋唐社会》,石家庄:河北教育出版社 2002 年版,第 20 页。
② 来新夏等:《中国图书事业史》,上海:上海人民出版社 2009 年版,第 86—87 页。
③ 季羡林:《中印文化交流史》,北京:中国社会科学出版社 2008 年版,第 61 页。

志・谱牒类》,于《隋书・经籍志・谱系篇》所载已佚或原属失载的族谱,曾依唐至五代所保存者而加以注录,如梁大同四年表簿》3卷、《齐梁宗簿》3卷等。唐谱学不仅只是六朝谱牒的延伸,贞观十二年(638)成书的《氏族志》,以皇族为首、外戚次之,然后才是山东崔氏等名门望族,企图以勋品来定高下。高宗显庆四年(659)颁行的《姓氏录》,则反映了当时出现的士庶合流的趋势。唐玄宗开元二年(714)撰成的《大唐姓族系录》,是唐代最后一部官修的大型谱牒书。除了官修谱牒以外,私人撰述的也很多,以家谱为主,如刘知几曾撰《刘氏家史》15卷。唐人自撰族谱,见于《新唐书・艺文志》中,其卷数明确者,合计凡60种,共893卷。

隋唐时期,由于国家统一,经济文化发展,地记有了新发展。第一次出现了大规模、有组织的编修方志的活动,并产生了我国最早的地记总志。据《隋书・经籍志》载:"隋大业中,普诏天下诸郡,条其风俗物产地图,上于尚书",由朝廷综合编纂《诸郡物产土俗记》151卷、《区域图志》129卷、《诸州图经集》100卷等。图和志,过去是分别单行的,隋唐开始将两者合编为一书。据颜师古《大业拾遗》载,《区域图志》"卷首有图,别造新样,纸卷长二尺,叙山川则卷首有山川图,叙郡国则卷首有郭邑图,其图上有山川、域邑"。唐代纂修的第一部地理志书,是唐太宗第四子魏王李泰所撰的《括地志》50卷。《括地志》有志无图,贾耽所绘《海内华夷图》、所撰《古今郡国县道四夷述》,则为图说并行,后者提要为《贞元十道录》,古郡国和今州县名分别以墨色和朱色题写,古今地名注,是贾耽的一个创造。唐代政府特别重视地图的制绘,规定全国州府按期(三年,一度改为五年)造图经报尚书省兵部职方,供综合编制《十道图》《十道录》等书使用。宪宗元和八年(813),李吉甫任宰相,先后撰进《元和国计簿》10卷,《元和郡县图志》42卷。前者辑录当时户赋兵籍而成,后书着眼于实用,图说合一,体例比较完善,后世官修方志都遵照李吉甫的体例。

第三节　雕版印刷术的发明

印刷术是一种以直接或间接的方式对原稿的图文进行复制的技术。它的最大特点是能够大量、经济地在各种承印物(主要是纸张)上复制图文,以便于其广泛传播和长久保存。印刷术的发明是人类社会发展史上一件具有重大意义的事情。它极大地促进了人类文化和整个世界的进步。中国是最先发明印刷术的国家。印刷术是中华古代文明的重要标志之一,也是中华民族为人类文明做出的巨大贡献之一。

中国古代的印刷术可分为三种:雕版印刷、活字印刷、套版印刷。其中以雕版印刷最早,使用最为广泛。雕版印刷也叫整版印刷或木板印刷。版材一般取梨木或枣木,用写就的薄纸样稿覆贴在木板面上,由刻工刻成反向的图文版,以为印刷底版,然后涂上水墨,印于纸上。因旧时手工操作,在印版上用棕刷涂墨,将纸铺在版上,再用净刷在纸背刷过,故称为雕版印刷。

一、印刷术发明的条件

印刷术之所以能够发明于我国决不是偶然的。它是我国古代劳动人民在长期的生产实践中积累的智慧和经验的结晶,也是社会经济、政治和文化不断发展的成果。一项新技术的产生,主要须具有两个方面的条件:一是当时社会对这项技术的迫切需求;二是当时是否具备产生这种新技术的可能。

关于印刷术发明的时间,虽然目前还存在着争论,但多数学者认为印刷术发明于唐代。唐代正是我国封建社会的高峰时期。政治开明、经济繁荣、文化发达、国力强盛。诗文创作空前兴盛,涌现出了一大批优秀的诗人,他们的创作脍炙人口,在民间及国外广为传诵。科举制度日臻完备,大大刺激了为数众多的中下层读书人为求仕而对图书的需求。与此同时,儒、道、释三教兼容并蓄,盛极一时,特别是统治阶级大力提倡佛教,朝廷专门建立译经院,举国上下对佛教的信奉几乎达到狂热的地步。宗教的发达必然引起对佛教经书的大量需求,同一部佛经往往要被抄录成千上万卷。另外,像唐朝这样一个封建统一的大国,政府需要把颁布的公文法令迅速传到全国各地;广大农民需要准确的历书以确定耕作日期,还有大规模的中外文化交流活动都增加了对复制图书文献的需求。总之,无论是政治经济文化的发展,还是宗教的广泛传播与对外文化交流,都突出地要求供应大量的复本图书,传统的传抄复本的方法再也不能适应社会的需要了。人们迫切需要一种新型的高效率的图书复制技术。这是印刷术产生的外部条件。

社会的大量需求,只是印刷术兴起的外因。另一方面,还要看当时是否具备满足这种需求的可能,而能够满足这种要求的可能,即与印刷术有关的其他材料和技术条件,可以说也已经在唐代具备了。

复制图书最基本的材料是纸。自汉代我国劳动人民发明造纸术以后,经过包括蔡伦在内的一代又一代人的努力,使之不断改进,造纸原料来源也不断扩大。根据文献记载和对唐代古纸的化验,发现当时有用麻类、楮皮、桑皮、藤皮、瑞香皮、木芙蓉皮等为原料造的纸,竹纸也在唐代初露头角。唐代纸的生产成本降低,纸价下降,质量不断提高。唐代产纸区遍及全国各地。据《元和郡县图志》和《新唐书·地理志》等书记载,在唐代向朝廷提供"土供"物产中有纸的地区有常州、杭州、越州、婺州、衢州、宣州、歙州、池州、江州、信州、衡州等 11 个州邑。

印刷的另一个主要原料是墨。我国墨的发明年代更为久远,在新石器时代的陶器和殷墟甲骨上都有用墨的痕迹。战国秦汉的竹木简也都是用墨书写的。东汉出现了较大的制墨作坊,官府设有专管纸、墨、笔等文具的人员。三国时韦诞制出了被誉为"一点如漆"的佳墨。北魏时贾思勰在《齐民要术》中留下了最早的一篇讲制墨工艺的《合墨法》。三国曹植在诗中提到的"松烟墨",不仅是优良的书写材料,也是印刷的上好着色原料,用来印书,字迹清晰均匀,不会模糊漫漶。

此外,中国汉字自魏晋时代改用楷书以后,到了隋唐时期已经基本稳定下来。唐代秘书省还相继颁发了标准字样,对汉字做规范化的统一。这类字样有 633 年颜师古提出来的,称为"颜氏字样",后来又有颜元孙的《干禄字书》、张参的《五经文字》、唐玄度的《九经字样》等。这样一来,汉字不仅易写易认,也便于雕刻上版。

雕版印刷术发明的关键是技术上的问题,捶拓和制造印章的技术被认为是雕版印刷术的先驱。

石经的捶拓技术大约在东晋至南北朝时就已经有了。《隋书·经籍志》记载了隋炀帝藏有汉魏石经的全部拓本,并记载说南朝梁代的藏书目录中也有石经拓本,摹拓技法到唐代已极为高超了。杜甫在《为李潮八分小篆歌》中曾提到"峄山石碑野火焚,枣木传刻肥失真",这说明唐代已经有人把碑上的文字刻在木板上,在枣木版上雕刻大段文字,从而再行传拓。拓碑是一种很好的复制文字的方法,它不仅可代抄写之劳,而且还可避免抄写之误,只不过阴文正刻拓出来的是墨底白字,阅读效果不甚理想。然而它却给印刷术的发明带来了重要的启发。

唐代印章技术又有了新的发展。在今天可以见到的唐代文物中,还有许多"千佛像",就是在一张纸上印上一排排小佛像,这些佛像形状完全相同,是刻成一个佛像印模而在纸上盖印多次而成的。这种模印小佛像标志着由印章至雕版的过渡形态,也可以认为是版画的起源。在敦煌和吐鲁番等地,曾发现好几千个这样的小佛像。英国博物馆藏有一幅这样的手卷,全长 17 英尺,印的佛像多至 468 个。有的佛像旁边或下面还刻了佛名或刻上一段佛经,这样就成了文字和图画相结合的佛像图片了。这种画片上虽没记明年代,但从其风格上可以断定,其中相当一部分是唐代的。唐代还流行花布,布上的图案是印上去的。这也是一种与印刷术有关的技术。

在我国社会广泛需求的前提下,又具备了上述这些物质基础和技术条件之后,雕版印刷术的应运而生则是必然的了。

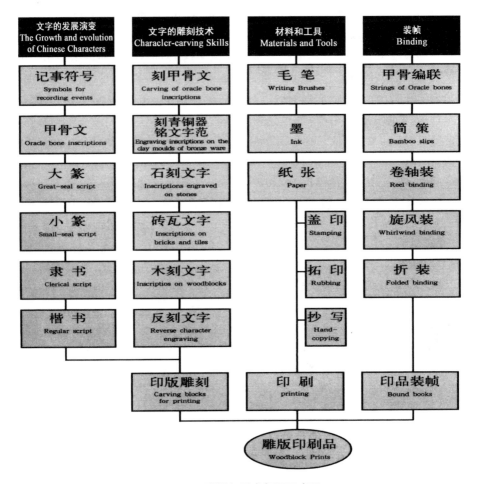

图 5.1　雕版印刷术起源示意图

二、印刷术发明的时间

印刷术是在什么时候发明的呢？这是历来众多学者持有不同看法的问题。归纳起来，有七种说法：汉代发明说，东晋发明说，北齐发明说，隋代发明说，唐代发明说，五代发明说，北宋发明说。前三种说法或因证据不足，或因误解文义，令人难以确信，后两说又已为事实所推翻。就目前所掌握的材料而言，我国印刷术至迟出现在 7—8 世纪之间（初唐至盛唐时代），其起源时间应该是在 6—7 世纪之交。明代学者胡应麟在《少室山房笔丛》中论证说："雕本肇自于隋时，行于唐世，扩于五代，精于宋人"。今天看来，这一说法是有一定根据的。

在存世的唐代文献中,有多处关于唐代印刷术发明并得到应用的记载。如以下几则文献所记:

(1) 唐穆宗长庆四年(824),诗人元稹为白居易《长庆集》作序,说:"《白氏长庆集》者,太原人白居易之所作。……二十年间,禁省、观寺、邮堠墙壁之上无不书,王公妾妇、牛童马走之口无不道。至于缮写模勒,炫卖于市井,或持之以交酒茗者,处处皆是。"又自注说:"扬、越间多作书模勒乐天及余杂诗,卖于市肆之中也"。"模勒"二字,清代赵翼解释为"刊刻"。这说明当时的元、白诗作的印本已在民间广泛流传,而且已进入书肆买卖。

(2) 前面第一节中已经提到过,唐文宗太和九年(835),东川节度使冯宿曾奏请禁止民间私刻日历,其奏文现保存于《册府元龟》卷一百六十帝王部革弊第二中:"剑南、两川及淮南道皆以版印历日鬻于市。每岁司天台未奏颁下新历,其印历已满天下,有乖敬授之道。"由此可知,在835年之前,四川已出现了雕版印刷的时宪书,而且已形成一定规模。

(3) 唐司空图《司空表圣集》卷九有《为东都敬爱寺讲律僧惠确化募雕刻律疏》一文,题下注有"印本共八百纸"。文中提到"自洛城罔遇时交,乃焚印本,渐虞散失,欲更雕锼"。向达考证此文写于懿宗咸通末年至僖宗乾符六年之间,即873—879年间。文中所指之事,当为唐武宗会昌五年(845)禁佛时,寺院内的佛经印本遭到散失。现在又筹资准备再次雕刻。可见中唐之世,佛教经典已大量印行了。

(4) 唐范摅《云溪友议》卷下称:"纥干尚书泉苦求龙虎之丹十五余稔。及镇江右,乃大延方术之士,乃作《刘弘传》,雕印数千本,以寄中朝及四海精心烧炼之者。"按纥干泉在大中元年至三年(847—849)任江南西道观察使。这说明9世纪中叶,道家著作也已雕版印行了。

(5) 柳玼《家训序》中说:"中和三年(883)癸卯夏,銮舆在蜀之三年,余为中书舍人,旬休,阅书于重城之东南。其书多阴阳、杂记、占梦、相宅、九宫、五纬之流,又有字书小学,率雕版印纸。浸染不可尽晓。"还说:"尝在蜀时,书肆中阅印版小学书。"柳玼是唐代著名藏书家柳仲郢之子,黄巢之乱,随僖宗逃入成都避难。这段记载不仅说明了唐末印本书种类日益增多,还说明了当时成都地区已有相当数量的经营刻印和销售书籍的坊肆。

除唐朝人在文献中记述的自己的见闻可说明唐代已出现雕版印刷以外,宋代人也有如此说法。例如王谠在《唐语林》中说:"僖宗入蜀,太史历本不及江东,而市有印货者,每差互朔晦。货者各征节候,因争执,里人拘而送公。执政曰:'尔非争月之大小尽乎?同行经纪,一日半日,殊是小事。'遂叱去。"唐僖宗逃入四川是中和元年(881),可见在9世纪后期江东一带已有不少人在印卖历书了。王应麟在其《困学记闻·经说篇》中引《国史艺文志》说:"唐末益州始有墨板,多术数书、小学。"叶梦得、沈括、欧阳修、高承、邵博等人也都有类似的论述。

从以上文献所记,可以看出唐代雕版印刷业的一些概况:刻书地区以四川为最多,包括江西、淮南至江浙一带,刻书内容以佛经和历书为最多,还有字书小学、阴阳杂书等,刻书者主要为寺院刻书和民间坊刻。这都说明雕版印刷术在唐代已经得到比较广泛的应用。由此可以推论,雕版印刷术的发明时间要早于这些记载。

从现存的印刷实物看,最早的雕版印刷品也出自唐代:

图5.2 唐咸通九年(868)印本《金刚经》卷尾

(1)敦煌发现的唐代懿宗咸通九年(868)雕版印刷的《金刚经》是现知世界上最早的刻印有确切日期的雕版印刷品。这部书是一个长约16尺的卷子,由6个印张粘接而成。卷子前边有一幅题为《祇树给孤独园》的图画。内容是释迦牟尼佛在祇园精舍向长老须菩提说法的故事。卷末刻印有"咸通九年四月十五日王玠为二亲敬造普施"字样。经卷首尾完整,图文浑朴凝重,刻画精美,文字古拙遒劲,刀法纯熟,墨色均匀,印刷清晰,表明是一份印刷技术已臻成熟的作品,绝非是印刷术初期的产物。1907年英国人斯坦因第一次来到敦煌即将其掠去,至今存在英国伦敦大英博物馆。

(2) 唐僖宗乾符四年(877)印本历书。内容除记载节气、月大、月小及日期外,还印有阴阳五行、吉凶禁忌等杂记,与后代宋、元、明、清的历书已无太大差别。

(3) 唐僖宗中和二年(882)印本历书残本。虽然残帙不全,却非常难得地保留了"剑南西川成都府樊赏家历"字样和中和二年的纪年。与上述历书同为现今世界最早的历书之一,两份均存于伦敦博物院。

(4) 印本《陀罗尼经咒》于1944年在成都市东门外望江楼附近的唐墓出土,约一尺见方,上刻古梵文经咒,四周和中央印有小佛像,边上有一行汉字依稀可辨,为"成都府成都县龙池坊卞家印卖咒本"。这是国内现存比较重要的一份唐代印刷品实物。

除唐代雕印实物之外,现存的有些文献虽为写本,却是据印本抄录的,这在敦煌遗书中就可举出数种。如现藏法国巴黎的咸通二年(861)写本《新集备急灸经》书中有"京中李家于东市印"一行,说明其印本时间要早于861年。国家图书馆所藏敦煌遗书中"有"字九号《金刚经》残卷末有"西川过家真印本"七字识语,又有"丁卯年三月十二日八十四老人手写流传"题记。丁卯为唐哀帝李柷天佑四年(907),也是五代后梁朱晃开平元年,过家印本当为唐代印刷品。

1966年10月18日在韩国南部庆州佛国寺释迦塔内发现了汉字印刷品《无垢净光大陀罗尼经》。经卷为厚桑皮纸卷轴形式,轴心为竹制,两端都涂以光漆。经文长约630厘米,阔6厘米,印刷部分为5.4厘米阔。经过研究,发现经文是用一组木板进行印刷的,木板共12块,每块约20—21时长,经过印刷,然后将纸张粘连起来,成为连续不断的经卷。经文中没有刊刻日期,但据印刷品中使用了四个武则天时创制的"制字"和藏经的石塔及寺庙完工于751年等史实考证,此件是唐武后长安四年至玄宗天宝十年(704—751)间的刊印品。它比咸通九年雕印的《金刚经》至少早120年。卷上文字雕刻精美,刀法熟练,颇似欧体字。其墨色浓厚匀称,清晰显明,可以认为是件接近成熟期的印刷品。美国著名印刷史专家富路特据此得出结论:"这新发现的经卷仍然说明中国是最早开始发明印刷术的国家。印刷术是从它那里传播到四面八方的,而佛教是主要传播媒介之一。"①据中国学者的考证,这一经卷的刻印地点当是唐代洛阳。

日本研究中国版本目录学的著名学者长泽规矩也说日本藏有我国吐鲁番出土的武则天时期(684—705)的《妙法莲花经》一卷,内容为《分别功德品》第十七,黄麻纸,行十九字,经中也有武则天时所创"制字"。长泽规矩也将它断为武则天

---

① 〔美〕富路特:《关于一件新发现的最早印刷品的初步报告》,梁玉龄译,《书林》1980年第3期。

图 5.3 唐中和二年(882)成都樊赏家印的历书

时的印刷品。另外,日本大和省的法隆寺和英国伦敦博物馆均藏有 770 年以前日本称德天皇下令刻印的百万经咒。据 1982 年 1 月 9 日首尔《东亚日报》报道,在韩国又发现了此经文两件。

这些在韩国和日本发现的印刷品实物,说明到唐武则天和唐玄宗这段时期,

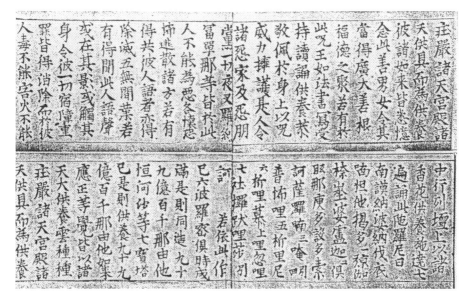

图 5.4　出土于韩国的《无垢净光大陀罗尼经》

我国的雕版印刷技术已发展到了一个较高的水平。可见,至迟在唐代初年我国就已发明了印刷术,而且刻印数量开始增多,已经具有一定的规模和技术水平,然后才能向国外传播。因此,从现有的文献资料和出土实物来看,把我国雕版印刷术发明时间断定在初唐是有根据的。

当然,要确切地认定印刷术的发明时间是困难的。首先,因为印刷术不可能是在某一天突然出现的,而是如前所述,逐渐由雕刻印章和捶拓等复制技术演变而来的,有一个不断积累完善的长期过程。其间很难说出截然的分界时限。其次,印刷术从发明到应用,特别是能印出首尾完整、图文并茂的书籍,也要有一个提高过程,不是三年五载就能做到的。因此,我们不能以一件成熟的印刷品实物的刊刻年代作为印刷术发明的时间。再次,印刷术是由人民大众在实践中积累起来的经验,首先在一般民众中间流行,直到它发展到一定规模,足以影响上层统治阶级或受到知识分子注意之后,才能见之于史书或其他文献记载。因此,仅根据某段文献记载就断定其发明年代也不会是准确的。我们只能在文献和实物结合的基础上,综合研究考证,得出一个大致的时代范围,不可能指出其具体的确切日期。长远来看,我们还是应该关注新的更早的文字记载和新的考古发现,以便从中得到关于印刷术历史的新认识。

三、印刷术发明的意义

印刷术的发明是中国编辑出版史上的一件大事,从此中国在世界上率先进入印本书时代,对中国此后的文化发展产生了深刻的影响。王重民甚至认为:"中国的中古时代,好像比欧洲的中古时代文化高,而没有黑暗时代,别的原因虽说也有关系,而印刷术的发明,应该是重要原因之一。"①同时,印刷术的发明也是人类社会发展历程中的一个里程碑,它极大地促进了人类文化和整个人类社会的进步。

我们生活在现今印刷术高度发达的时代,把阅读印本书籍看作是很平常的事,很难想象当初没有印刷术时制造书籍的困难,因而也就不容易体会到发明印刷术的意义是如何伟大而深远。在印刷术没出现之前,所有书籍全靠抄写流传,费时费力,量少质劣,易于出现错漏,贻误读者。由于抄写图书很费工夫,所以每一种书在短时间内很难传抄出较多的复本。人们要想读书,只有借抄;著书人要想传播自己的著作,也只有依靠抄写,需要多少本,就得抄多少遍,书的篇幅越大,抄写所费的时间就越长。由于抄书费时费力,成本又高,因此书的复本稀少,很难满足人们的需求,自然也影响图书的流传。唐宋以前,许多重要的著作失传,是由多方面的因素造成的,但最为重要的原因是古代的图书全凭手抄,少有复本流传。如《汉书·艺文志》著录图书凡 600 家、13283 卷,根据现代学者顾实《汉书艺文志讲疏》统计,其中佚书 515 家、8237 卷,分别占总数的 85.8% 和 62%。另据清代姚振宗《隋书经籍志考证》统计,南北朝至隋朝,佚书总数为 1579 部、17233 卷,分别占《隋书·经籍志》著录总数的 32.5% 和 31.6%。②足见印刷术发明之前图书亡佚状况十分严重。

正如张舜徽所云:"昔贤著述,湮没而不见知于世者甚多,盖由书成但有抄本,历经事变而遭亡失者为不少也。苟其书理论甚高,且有刻本传世,则虽湮没一时,终必见重后世。"③印刷术发明后,书籍的保存和流传的情况就大为改变。一本书能够比较容易地印刷出许多复本,复本既多,流传遂广,知识得到普及,图书也较难亡佚。苏轼在《李氏山房藏书记》说:"余犹及见老儒先生,自言其少时,欲求《史记》《汉书》而不可得。……近岁市人转相摹刻,诸子百家之书,日传万纸,学者之于书,多且易致如此。"这正说明印刷术发明前后书籍生产和流传情况

---

① 王重民:《版本学》,转引自北京大学信息管理系编:《王重民先生百年诞辰纪念文集》,北京:北京图书馆出版社 2003 年版,第 6 页。
② 黄镇伟:《中国编辑出版史》,苏州:苏州大学出版社 2003 年版,第 179 页。
③ 张舜徽:《爱晚庐随笔》,武汉:华中师范大学出版社 2005 年版,第 359 页。

的变化。

由于印刷的书籍具有省时省力、制作容易、复本量多、便于收藏及利于流通等优点,通过对图书典籍的快速而大量的复制,印刷术不仅促进了人类文明在空间上的流播,大大提高了知识的普及率,而且使得图书典籍可以长久流传下去,保证了文化在时间上的承继性。更重要的是,印刷术促进了人类文化和知识的不断更新和发展,并以此为基础,促使更多的著作大量发行问世,推动着人类不断创造出更多伟大的文化成就。从这个意义上讲,印刷术无疑是文化创造和文明发展的加速器。到了近代,科学技术的飞速发展和迫切需求促使印刷术突飞猛进,从而使科学文化进入了繁荣发展的时期。直至今日,印刷术仍是现代文明的重要支柱。不仅精神生活中使用的图书,包括报纸、杂志、课本、画片、地图等的生产,就是物质生活中用于商品交换的货币、单据、簿册、商标等大量与现代人类生活息息相关的印刷品的制作,都是一刻也离不开印刷事业的。

印刷术的发明是人类文明史上的光辉篇章,写下这一光辉篇章的正是我们伟大的中华民族。

四、印刷术的外传

中国是印刷术的故乡,这项伟大的发明出现以后,迅速向周边邻国传播。此后,又通过多种方式和路径,传到西亚、北非和欧洲,进而传向世界各国。这对促进人类文化交流和文明的共同繁荣,发挥了十分积极的作用。世界上绝大多数国家的印刷术都是从中国直接或间接地传播过去的,有的则是在中国印刷术的影响和启发下产生和发展起来的。

印刷术发明以后,首先在亚洲传播开来。而佛经,特别是《大藏经》是主要的传播媒介。朝鲜、日本、越南等国与中国有悠久的传统友谊。受中华文化的影响,过去这些国家都通行汉文,且信仰佛教,因此印本《大藏经》成为赠送各国最珍贵的礼品。后来他们感到单靠从中国输入不能满足需要,于是也仿制纸墨,翻版印刷。印刷术借此传播开来。

1. 朝鲜

朝鲜是最早接受中国印刷术的国家之一,7世纪时,朝鲜经常派留学生来中国学习,回国时往往带走大批书籍,书籍在当时被作为礼物或商品输入朝鲜。当时输入朝鲜的书籍主要为佛教典籍。中国印刷术发明之后,就通过佛教传入朝鲜半岛。由于缺乏记载,人们还难以断定朝鲜出现印刷术的年代。从现存记载看,比较可信的说法是11世纪。993年,北宋王朝应高丽王朝之请,将佛经《开宝藏》赠送给高丽。中国刻字工匠有可能在此时进入朝鲜半岛,后来,高丽又派人专门到中国学习雕版印刷术,为朝鲜培养了第一批印刷工匠。1011—1082年,高丽翻刻成《大藏经》,是为高丽大藏经的初次刊刻。毕昇发明活字印刷术后,朝鲜人通过《梦溪笔谈》的记载,掌握了中国的活字印刷术,在学习、吸收的基础上又有所创新和发展,先后用泥活字、木活字、铜活字、铅活字、铁活字印刷书籍。其中最有成就的是铜活字,为印刷术的推广应用做出了可贵的贡献。

2. 日本

日本与中国很早就有交往。645年,日本发生"大化革新",掀起学习中国的热潮,多次派遣使者、僧人和留学生到中国,全方面学习中国的儒家文化和先进技术。他们回国后带去了很多物品,其中就有大量印本书籍。雕版印刷术就在这一过程中传入日本。相传日本宝镜元年(770)曾印《陀罗尼经咒》100万卷,置于十大寺院内,至今仍有保存。但是这批印本未载刻印年代,一些日本学者认为此次刊刻活动是依据从中国传来的印刷技术实现的。日本有确切年代可考的雕版印刷品是宽治二年(1088)刻印的《成唯识论》,这是中国宋版书传入日本后的产物。日本也曾用木活字和铜活字印书。日本古代所刻图书,中文书籍占了相当大的比例,风格与中国图书十分相似。

3. 越南及东南亚

中国书籍很早就传入越南,宋代中国雕印的《大藏经》《道藏》都曾赠送给越南。越南早期的印刷品也多与佛教相关。越南历史上记录最早的印刷品是1251—1268年木版印刷的户口帖子。1295年,越南从中国再次得到印本《大藏经》,并翻版刊行。15世纪30年代,越南政府开始刊行出版儒家书籍。17世纪,中国的彩色套印术传入越南,在越南的湖村、河内等地建起了专门刻印年画的作坊。其所印年画的题材、内容,以及所采用的工艺技术,主要来自中国。18世纪初,越南开始用木活字印书。

14世纪,中国东南沿海一带的华人纷纷到南亚一带经商或谋生定居。他们带去了大量的纸张、笔墨和书籍,其中有一些中国工匠也开始在东南亚一带经营印刷业,把中国的印刷术带到了东南亚,引起了当地人对印刷术的兴趣,激发了他们从事印刷出版业。

4. 伊朗

中国宋元时期印行的纸币、纸牌和宗教印刷品在13世纪传入西亚地区。其中对伊朗影响很大。伊朗在中国历史上被称为安息、波斯。很早就通过丝绸之路和中国进行经济文化上的交流。波斯人比较熟悉中国的印刷术,并于1294年效法中国大量印发纸币,上面印有汉字和阿拉伯文。1310年波斯的历史学家拉希德丁(Rashideddin)在《世界史》(*Great Universal History*)一书中,对中国雕版印刷术进行了详细的描述,证明波斯人是从中国知道印刷的。波斯是当时东西方的交通枢纽,欧洲商人在波斯的很多,欧洲人来中国也取道波斯,并通过波斯而认识到印刷术的意义、作用和工艺。

5. 欧洲

随着蒙古大军的西进,中国与中亚、西亚以至欧洲之间的交通大开,交往更为频繁。来往中欧贸易的商人总要在中国买些纸牌作为旅途消遣之用,另一些带回国内馈赠亲友。同时,十字军东征时,也从东方带去了许多欧洲没有的事物,其中的印刷品就有纸牌、版画、图像等。许多史学家都指出:十字军把东方的雕刻印刷品带回了欧洲。印刷的纸牌、纸币和宗教画因而成为印刷术经西亚传入欧洲的先导。法国汉学家莱麦撒(Abel Remusat)说欧洲最初的纸牌形状、图式、大小均与中国人所用的相同,并推测是通过蒙古人输入欧洲的。在15世纪或在此之前,欧洲的纸牌多半是印刷的。纸牌虽小,却综合了手绘、木版印刷等各种方法,成了欧洲人学习、掌握雕版印刷术最直接的途径。有意思的是,由于外国纸牌被大量倾销到意大利各地,威尼斯政府在不得不在1441年颁布一条法令,禁止威尼斯以外地区的印刷品输入本城。14—15世纪之交雕版印刷术从中国传入欧洲,在中外学术界已经取得共识。

欧洲人掌握雕版印刷术后,很快就感到使用这种技术在刻版过程中操刀费力,似乎不大适合欧洲的文字特点,所以雕版印刷多被用于刻印版画。14世纪末,欧洲开始有木版印刷圣像、纸牌的雕版印刷品,现存最早的有年代可考的欧洲木版宗教画,是印刷于1423年的圣克里斯托夫(St. Christoph)及耶稣像,这是德国南部的产品。画面刻着圣克里斯托夫背着手捧十字架的年幼的耶稣渡水图,图的左下角有从中国传去的水车。图下有两行文字,意为:"无论何时见圣像,均可免遭死亡灾。"欧洲人印刷雕版书籍是在15世纪40年代。在印刷方法上也是在木板上雕刻阳文的文字或图画,上面蘸墨,然后铺上纸张,用刷子轻轻一刷而成印页。印页均为单面,一张上印两页,然后对折。印刷工艺、原材料和中国雕版印刷完全一致。这都证明,欧洲的雕版印刷术是在东方的影响下产生的,在技术的特征上是与中国相同的。

对于欧洲人来说,有了雕版印刷的实际经验之后,再发展活字印刷,并不存在太大困难,而活字又特别适合拉丁文种拼音文字系统。而在地处欧亚大通道要冲并与中亚衔接的新疆地区,维吾尔族已于12世纪末在吐鲁番地区研制出适合于拼音文字的回鹘文木活字,为汉文活字过渡到拼音文活字提供了借鉴。而新疆是欧洲人沿陆路出入中国的必经之地。14世纪,东西交通畅达,欧洲来华的旅行者、商人和传教士将有关活字印刷的信息带回欧洲。欧洲最早出现的就是木活字。瑞士学者西奥多·比布利安德(Theod. Bibliander)于1548年撰写的书中,谈到了欧洲人制作木活字的情况:"(在欧洲)最初人们将文字刻在全页大的版本上。但用这种方法相当费工,而且制作费用较高,于是人们便做出木制活字,将其逐个拼连起来制版。"①而木活字正是从木雕版通向金属活字的重要桥梁。

在这样的大背景下,德国人谷登堡(约1394—1468)开始了深入的探索。他在木活字的启示下,于1450年前后,用铅、锡、锑的合金初步制成了欧洲拼音文字的活字,用来印刷书籍,解决了长期困扰欧洲人的字形问题。他还制成了木质的、靠螺旋在印版上压力的印刷机,代替了纯粹的手工操作,大大提高了印刷的质量和效率。谷登堡的发明是在中国印刷术发明基础上的一次再发明。谷登堡发明的印刷术随后迅速散播到欧洲各地,改变了原来只有贵族和僧侣才能读书和接受高等教育的状况,为欧洲科学的突飞猛进以及文艺复兴运动的出现提供了重要的物质条件。

第四节 隋唐五代的图书出版事业

一、写本书的鼎盛

隋唐时期,特别是6—7世纪之间,是中国写本书发展的鼎盛时期。这一时期的图书主要依靠抄写。唐代虽然发明了雕版印刷术,但尚没有成为书籍生产的主要方式。

隋唐政府都在中央设置了负责抄书的官员,他们不但人数众多,而且分工细致。唐代贞观年间,政府中负责抄书的书手达到100人,他们都是经过皇帝亲自拣选的书法优良者。为保证写书的质量,唐政府还设置雠校20人,并把其校勘质量与考核、升降结合在一起。除此之外,隋唐政府还多次组织大规模的抄书活动。隋代官方曾经组织过五次大规模的抄书活动,隋文帝时抄写佛经1100多万卷;唐代官方曾经组织过六次大规模的抄书活动,第二次抄书活动招聘2000名书法家抄了30余年,抄书之多,可想而知。在书写材料上,唐政府也很讲究,都采用来自著名产地的上好材料,如纸用四川益州麻纸,墨用上谷产的,笔用河间、景城、清河、博平等地的。在政府的高度重视和大力扶持下,国家所藏的写本书

---

① Oswald, John Clyde, *A History of Printing*: *Its Development through Five Hundred Years*, New York: D. Appleton and Co., 1928, p. 286.

数量极多。隋炀帝时,国家所藏的每一部书都缮写50部副本,此时政府所藏写本图书达37万卷之多,这在历代政府藏书中是空前的。唐太宗时,政府所藏写本书的数量也很大,仅弘文殿就存放有20余万卷之多。

知识分子自抄自用的现象在这时也很普遍,并且表现得相当勤奋。如唐代的柳仲郢,《旧唐书·柳公绰传》附传中称他"退公布卷,不舍昼夜"。他一生所抄的书很多,其中《九经》《三史》等书他都抄过一遍,《三国志》《晋书》《南史》《北史》等12部纪传体正史,以及佛典《瑜伽经》《智度论》等都抄过两遍。除了整部地抄书外,平时看书时他都将书中的要义摘录下来,最后将它们分门汇集成一部30卷的类书,名为《柳氏自备》。他在抄书时态度非常认真,"小楷精谨,无一字肆笔。"

当时民间抄书及寺院写经之风也很盛。早在开皇元年(581),杨坚就下诏组织人大量抄写佛经,号召"京师及并州、相州、洛州等大都邑之处,并官写一切经,置于寺内;而又别写藏于密阁。天下之人,从风而靡,竞相景慕,民间佛经,多于六经数十百倍。"唐代佛经抄本更是难以数计。这时图书市场上所售的主要是抄本书。许多寺院及富有的人家还要雇人抄写。因此,汉代产生的代人抄写书籍的职业又发展了起来。据《旧唐书·王绍客传》载:"江都人王绍客,遍览经史,尤工草隶。家贫,常佣力写佛经以自给,每月自支钱足即止。"代人抄写佛经的一般都是书法较好的人,他们在抄写时态度也比较认真,并逐渐形成较为统一的风格,后世人常对其加以临摹、欣赏,并称之为"写经体"。在近代发现的敦煌石室遗书中,隋唐五代时期抄写的佛经经卷占很大的比重,可见当时的风气之盛。

二、唐代的早期刻书事业

印刷术发明后,中国就出现了刻书事业,当时虽然还没有"出版"这个名词,但购置底本、雕刻书版、印刷、出售,甚至于保护版权等一系列组织活动,都随之产生了。我国刻书事业始于唐,唐代的早期刻书事业,可以从刻书地区、刻书数量、刻书质量、刻书者、刻书内容等几个方面勾勒出它的大致轮廓。

从刻书地区看,既有长江上游的"剑南两川",又有长江中游的"江南西道"和"淮南道",还有长江下游的"扬越间",其中尤以四川成都地区的印刷品为最多。成都位于四川盆地的西部,土地肥沃,物产丰富,自秦以来又有都江堰灌溉着万顷良田,所以农业发达,人口稠密,素有"天府"之称。此地还盛产竹木,为制版和造纸提供了有利条件。四川的造纸业一向很发达,据《旧唐书》记载,唐玄宗时蜀郡每月进贡麻纸就有五千番之多。唐代中后期,黄河流域连年战争,而四川地区却没有受到战争扰乱,社会较安定。安史之乱、黄巢起义不但没有波及四川,成都反而因此两度成为临时首都，成了唐代的另一个政治、经济、文化中心。四川的文化事业也很繁荣，文人墨客多会于此。所以，雕版印刷事业首先在这个地区发展起来是有其原因的。四川成都地区在我国刻书史上是有开创之功的，这里可以说是我国最早的刻书中心。

从刻书数量上看，当时已相当多了。玄奘以回锋纸印施普贤像，"每岁五驮无余"；扬越间刻印《白氏长庆集》炫卖于市井者"处处皆是"；冯宿在上疏中讲到"其印历已满天下"；唐司空图在其《为东都敬爱寺讲律僧惠确化募雕刻律疏》下注有"印本共八百纸"；纥干泉作《刘弘传》"雕印数千本"；柳玭在成都逛书肆时所见杂书多种，"率雕版印纸"；王谠说江东市上有雕印历书出售，人们因所印月份大小尽有出入而争执见官，可见当时印历书者不止一二家。这些文献上的记载都从不同侧面涉及早期印刷品的数量，虽不十分精确，但也可以看出唐代的刻版印刷事业已经初具规模了。

从刻书质量上看，早期的印刷品可以分为三个等级：咸通九年的《金刚经》，文字图画精美，如果没有明确的刊记，简直令人难以相信它会是1100多年前的作品，称得上是印刷术的成熟之作，属于第一等；敦煌发现的另两件刻印实物，即乾符四年(1877)和中和二年(1882)的历书则显得粗拙些，从雕刻技术上看不够老练，属于第二等；柳玭在成都书肆上所见的阴阳占卜、字书小学等书，"浸染不可尽晓"，属于第三等。除《金刚经》外，现存唐代印刷品实物（包括韩国和日本《陀罗尼经》）的文字风格都具有明显的唐人写经韵味，从手法上也能看出当时的雕版印刷尚处于初期阶段。

从刻书者来看，除部分佛经是寺院所刻外，大部分为民间坊刻。在唐代印刷品实物上有名可考的刻家就有"成都府樊赏家""龙池坊卞家""西川过家""京中李家"等，此时，在扬越、淮南、江东、江西、四川等地已经出现了一批以印售诗文集、历书、字书、阴阳杂著为业的手工业者。

唐代所以未能出现官刻，其原因有三：一是统治阶级对民间大众发明的东西不感兴趣，看不起也不愿意利用这一新兴技术，所以朝廷及地方官署仍然停滞于抄写书籍上。我们从唐文宗时期仍然沿用汉魏时期的方法刊刻"开成石经"，同时下令禁止民间私置印历版这一事实，就足以说明统治阶级的因循守旧。二是当时尚缺乏一定数量的技术熟练的雕字工匠，某些印本书一时在质量上还赶不上抄写本。三是统治阶级只重视经史子集大部头书，而这些书的雕刻印刷需要相当多的经费和工时，就短时间来看，雕刻反而不如抄写快。因此，唐代刻书业还仅限于民间和寺院。

从刻书内容看，唐代刻印最多的是历书和佛经。历书是农业生产和人民日常生活中的必需品,它的需要量最大,佛经则是为了宣传教义而要予以大量传播的。其次,字书、小学和诗文集刻印也较多。唐代的科举制,特别是以诗赋取士的制度,促使了唐代诗人辈出,诗歌创作繁荣。同时,与科举和作诗用韵紧密相关的字书、韵书也应运而生。另外,还有道家著作和阴阳杂记、占梦相宅、九宫五纬之类的杂书,虽是些宣扬迷信的东西,但是在当时的社会也很风行。这些刊刻的书,绝大多数都是民间喜闻乐见大量需要的读物,而只有对同一书有大量需要时,才有刊印的必要。通过对早期印刷品内容的分析,也可以看出雕版印刷术是起源于民间的,是人民群众为了满足自己对图书的需要而创造了这一先进的技术。

当然,在唐代,这一新兴的技术的发展和应用还仅限于长江流域,这在全国来看还只能算是局部地区。此外,唐代的刻书内容也有一定局限性。当时统治阶级所推崇的正经、正史及大部头的子部、集部书尚未上版,其刻书业也分散于民间和寺院。就整个图书事业来说,在唐代,写本书仍然是主流,印本书只处在一个发育的初级阶段。到了五代,写本书时期才过渡到了印本书时期。

三、五代刻书事业的发展

五代是中国历史上最混乱的时期之一,但五代在出版史上的地位却很重要。五代刻书事业比唐代大有发展,这主要表现在刻书地区的扩大、刻书者及刻书数量的增多和刻书内容进一步丰富等几方面。

五代的刻书地区除长江流域外,又有北方的青州、南方的福州,以及西北的瓜州、沙州。如:山东出现了王师范镇守青州时的法律判牍印刷品;福州刻印了徐寅的《斩蛇剑赋》《人生几何赋》。现存实物,有在敦煌发现的大晋开运四年(947)雕印的观世音菩萨像和大圣毗沙门天王像。

五代时期,刻书者也由民间进入上层统治阶层,在民间及寺院刻书业继续向前发展的同时,出现了私人刻书和政府刻书。

先看五代私人刻书的兴起。

就在唐朝灭亡后的第二年(908),前蜀任知玄"自出俸钱",雇用良工,开雕杜光庭的《道德真经广圣义》30卷。这种出达官贵人和文人学士出资雇工的刻书业,世称"家刻",也称"私刻"。毋昭裔是我国早期最著名的私人刻书家。据宋王明清《挥麈录》记载:毋昭裔贫贱时,尝借《文选》于交游间,其人有难色,毋昭裔发愤曰:"异日若贵,当版以镂之,以遗学者。"后仕蜀为相,遂践其言。《宋史·毋守素传》说:"毋昭裔在成都,令门人勾中正、孙逢吉书《文选》《初学记》《白氏六帖》,镂版。"《爱日斋丛钞》说:"自唐末以来,所在学校废绝,蜀毋昭裔出私财百万,营学馆,且请板刻九经,蜀主从之。由是蜀中文学复盛。"五代私刻,除毋昭裔外,还有后周著名文学家和凝。他是后唐翰林学士,后晋初为端明殿学士,后晋天福五年(940)为相,后周显德二年(955)卒。《旧五代史·和凝传》记载和氏长于歌曲,"有集百卷,自篆于板,模印数百帙,分惠于人"。前蜀乾德五年(923),昙域和尚检寻其师父贯休的诗稿约1000首,编撰成集,雕刻印行,题号《禅月集》。仅从这些片断记载,已可以看出印刷术的作用到了五代已为统治阶级上层知识分子所认识,并且已经开始利用这一成果了。

再看政府开始雕印儒家经典的情况。

五代后唐时期开始雕版印刷儒家经典著作是我国出版史上的重大事件。《五代会要》卷八记载:"后唐长兴三年二月,中书门下奏请依《石经》文字刻《九经》印板,敕令国子监集博士儒徒,将西京石经本,各以所业本经句度抄写注出,仔细看读,然后雇召能雕字匠人,各部随帙刻印,广颁天下。如诸色人等要写经书,并须依所印敕本,不得更使杂本交错。"所谓中书门下奏请,是指冯道、李愚等人的奏请。《册府元龟》卷六百零八载引冯道、李愚的奏疏:"尝见吴蜀之人,鬻印板文字,色类绝多,终不及经典。如经典校定,雕摹流行,深益于文教矣。"据此可见,政府之采用印刷术是受了民间印刷书籍流行的影响。五代刻印经书的底本是唐代长安的《开成石经》。所谓"九经"是指当时计划刻印的九种经书,即《易》《书》《诗》、三礼(《仪礼》《周礼》《礼记》)、三传(《春秋左氏传》《春秋谷梁传》《春秋公羊传》)。这些经书直至后周广顺三年(953)六月才全部刻印完,一共费了22年时间,经历了后唐、后晋、后汉、后周四个朝代。

从表面上看,刊刻九经的目的是为了校正经典文字,使读书人有标准的读本,而实际上统治阶级还有更深一层的用心,因为这些短命王朝的统治者也懂得"王者虽以武功克敌,终须以文德致治"的道理,他们想以此标榜自己崇儒尊经,并非流贼草寇,以削弱人民的反抗意志,维护自己的统治。

为什么说五代政府雕印九经是出版史上的一个重大事件呢?它的意义有三:

第一,它标志着我国书籍流通和文字传播方式开始进入一个新的阶段,即将由印刷方式代替过去的手抄、刻石等笨拙的方式。虽然唐代已出现了印刷术,但其使用仅限于部分地区,且只在民间流传,社会上通行的基本上还是手抄复制。到了五代,统治阶级由看不起印本书转为提倡雕印,这在中央集权的封建社会里的影响是巨大的。此后虽然社会上仍有写本书流传,但印刷事业开始以更快的速度向前发展,图书形式的主流开始由手写本进入印刷本时期。

第二,五代刻书开辟了雕印儒家经典之先河。其先,印刷术虽已发明数百年,然而印刷品"色类绝多",在统治者看来,内容"终不及经典",经冯道等人奏请,刻书范围由民间杂书上升到在当时被奉为经典的儒家著作。这样,一方面提高了印刷术当时的地位,同时也更有利于它的发展。因为印刷术用以刻经,又有政府支持,在写、刻、校、印等技术上要求更精了。

第三,印刷术由民间进入官府,从此产生了政府的刻书事业,即官刻。中央刻书由国子监主持,书版也藏在国子监,所以其刻本称为"监本"。这个制度影响了以后几个朝代。宋代监本就是以五代监本为底本刻印的。宋人称五代监本为"旧监本"或"古京本"。

从刻书内容来看,五代刻书已由分散于民间的、只刻印些日用小品的短文杂书,发展到了集中的大规模印制大部头的经典书籍,由政府支持刻印了一批儒家经典。私刻的有总集、别集、类书、小说和法律书。此外,南唐时期(937—967)还刻了刘知几的《史通》和徐陵编选的《玉台新咏》等文史著作。后晋天福五年(940),石敬瑭刻印了《道德经》。

有的学者考证,经、史、子、集四部典籍中,唯独正史一类著作五代没有雕印,既不见文献记载,更未见实物流传。析其原因,是因为中国史书撰写上有个传统,即主张秉笔直书,史不讳言,而且,分辨好坏的标准是正统思想,凡破坏大一统、闹分裂割据的人物,即被认为是犯上作乱的乱臣贼子,历来受史家笔伐鞭挞,而五代十国的统治者,恰恰都是这类角色,雕印正史,就等于予人以讨伐他们的檄文和宣判书,故统治者不像雕印九经那样不遗余力。

从数量上看,五代刻书的数量剧增。这主要表现于两个方面:一是刻书规模空前扩大,二是刊刻的复本量大为增加。官刻经书称得上是前所未有的大工程,动用了不少人力,历时二十余年,连经带注,一部书就有130册。毋昭裔刻的几部总集和类书也都是大部头著作。和凝的集子有上百卷,摹印了数百帙。任知玄刻《道德真经广圣义》,从前蜀武成二年至永平三年(909—913)雕成460余版。另一典型事例,是吴越国王钱俶于显德三年(956)雕造《一切如来心秘密全身舍利宝箧印陀罗尼经》,印数达84000卷。1917年在湖州天宁寺石刻经幢象鼻中曾发现二三卷;1924年杭州西湖雷峰塔倒塌时,于塔砖孔内又发现《宝箧印陀罗尼经》,每卷卷首有《佛说法图》,上题"天下兵马大元帅吴越国工钱俶造此经八万四千卷舍入西关砖塔永充供养。乙亥八月日记",说明其刻印于宋太祖开宝八年,即975年。论时代已入宋朝,而其时吴越并未纳上,仍可看成是五代的印刷品。

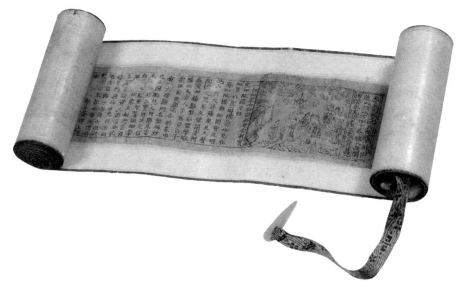

图 5.5　五代吴越国印《宝箧印陀罗尼经》

　　五代刻书数量虽多,但流传下来的甚少。北宋邵博《闻见后录》说:"余曾大父遗书,皆长兴刻本,委于战火,仅存《仪礼》一部。"南宋陈振孙《直斋书录解题》中说:"《九经字样》一卷,往宰南城,出谒,有持故纸鬻于道者,得此书,乃古京本,五代开运丙午(946)所刻,遂为家藏书籍之最古者。"陈氏藏书极富,也仅有五代刻本一卷,当时尚在宋代,古京本就已成鲁殿灵光了,可见古书流传之不易。现仅存的几种五代刻书,大都是在敦煌发现的,有《唐韵》《切韵》二书,都是残本;还有佛经与佛像。监本九经虽然很受人重视,但一本也没有保存下来。

　　综上所述,唐代开始的刻书事业到了五代大为流行,成为蒸蒸日上的新兴事业。在书坊刻书的基础上出现了官府刻书和私人刻书事业。此后,我国的雕版印刷事业基本上是沿着这三个系统互相影响、互相促进而向前发展的。

第五节　隋唐五代的图书流通和图书贸易

　　隋唐五代时期,特别是唐代,社会经济和文化高度繁荣,随着写本书进入鼎盛和印刷术的发明,图书流通和贸易也呈现出十分活跃的景象。中外出版交流也呈现出前所未有的良好局面。这一时期图书流通的方式也逐渐多样化,有购买、献书、颁赐、诏藏、借阅等。其中,购买图书的贸易方式在这一时期尤其发达。

一、图书贸易的活跃

隋唐五代时期已经形成书业中心,这既是图书出版繁荣的标志,也是图书流通繁荣的标志。长安、洛阳、成都、敦煌、扬州、绍兴等地是唐代书业中心。五代时期,开封、成都、杭州、金陵等地也是全国的书业中心。许多新抄书及从故家大户中流落出来的书都拿到这里的书肆中出卖。据吕温《吕衡州集·上官昭容书楼歌序》记载,他的朋友崔仁亮曾在东都洛阳买到过上官婉儿旧藏的《研神记》一书。上官婉儿的藏书楼在皇宫里,连皇宫里的图书都被拿到书肆中出卖,说明当时图书贸易已深入到各个阶层。

由于图书贸易在社会生活中的普及,甚至在传奇小说中都出现了对书肆的描写,白行简(白居易之弟)《李娃传》:"娃命车出游,生骑而从,至旗亭南偏门鬻坟典之肆,令生拣而市之,计费百金,尽载以归。"这里所提到的"鬻坟典之肆"即售卖书籍的书肆,这也反映了当时书肆的图书种类十分丰富齐全。

雕版印刷术发明以后,印本书也开始大量进入流通市场,对图书贸易的繁荣起了良好的促进作用。四川与江浙一带这时又成了印本书的生产与销售中心。在江浙的扬州、越州地区,白居易、元稹的诗作曾被大量刻印,炫卖于市,其中甚至夹杂了不少伪作。江东地区因印售的历书互有差异,在印售者之间还发生过争执。在四川,印本书的贸易也十分繁荣,对此冯宿、柳玭都有较为详细的记载。

初期的印本书贸易,其种类范围较窄,仅局限于诗赋、术数书、日历及字书等,因而其购买者及从业者多为下层知识分子及稍识字的平民百姓,中上层知识分子所读经史百家书仍需到书肆购买抄写本,或直接雇人抄写,这种情况直到五代时期才有所改变。

五代时期,印本书贸易有所发展。前文曾提到,后唐长兴三年(932),冯道等奏刻《九经》并获批准。据《文献通考》卷174记载,这批《九经》是由国子监负责"雕印卖之"的,也即由政府机关国子监主持其雕印并负责售卖发行。从此,儒家经典开始进入印本书贸易领域,其购买者也从普通百姓扩展到中上层知识分子阶层。而国家政府机关成为图书贸易中的销售者,这在历史上恐怕也是第一次。

从总体上说,五代时期的图书贸易不如隋唐发达。但其印本书贸易中销售者及购买者层次的扩大,却为此后图书贸易的再次繁荣奠定了坚实的基础,因而在中国出版发行史上具有重要的地位。

二、图书贸易的方式及书价

这一时期图书贸易的方式大致有两种:一是以实物交换;二是直接售卖。

能够交换实物的书籍一般是深受读者欢迎、销量较好的。如白居易的诗文，据元稹《白氏长庆集序》记载，不少售卖者都"持之以交酒茗"。另据胡震亨《唐音癸签》引《丰年录》记载，还有不少士大夫用手中的白居易诗文去换取鱼肉等食品，"开成中，物价至贱。村路卖鱼肉者，俗人买以胡绡半尺，士大夫买以乐天诗。"可见，在当时有不少极受欢迎的书籍已起到流通货币的作用了。

直接售卖的情况在当时较为常见，至于其价格，则因印本、抄本的不同而有两种标准。

从现在能够找到的资料来看，在唐代，抄本书的价格大致为每一卷 1000 文。如唐末专以抄书售卖为业的女子吴彩鸾，据《宣和书谱》载，她"以小楷书《唐韵》，一部书五千钱。"《唐韵》共 5 卷，平均每卷 1000 文。从现存的实物看，在敦煌石室发现的经卷中往往附注有当时的写书价，它们大致也相当于当时的售卖价。如《药师经》1 卷，酬资 1 吊（合 1000 文），《大涅槃经》40 卷，酬资 30 吊，《法华经》7 卷，酬资 10 吊。这些书价因每卷字数多寡不同而略有差异，但基本上与文献中记载的平均每 1 卷 1000 文是相符合的。

至于印本书的价格，现在尚缺乏直接的资料。在日本慈觉大师圆仁所撰的《入唐求法巡礼行记》中，有他于开成三年（838）在扬州买书的记载："买维摩《关中疏》四卷，价四百五十文。"平均每卷 110 文左右。由于它与同时的抄本书价格甚为悬殊（约相差 10 倍左右），因而有人推断它很可能是印本书籍，这一推断是较为可信的。与手抄本书相比，印本书量大而价廉，优势十分明显。印刷术广泛应用后，印本书就逐渐取代手抄本书，成为出版市场舞台上的主角。

三、中外图书交流活动的繁荣

隋唐五代时期，中外图书出版交流也呈现出一片繁荣景象。这一时期，我国与周边邻国日本、印度、朝鲜的交流尤其密切。图书交流既有输入，又有输出。与印度的图书交流，以输入为主，主要表现为佛经的大量传入。这一点在上文中已经论及。而与日本、朝鲜的交流，则以输出为主，内容涉及各个方面，下面重点予以介绍。

隋朝时，日本曾四次遣使来隋，并有 13 个学士来华留学。这些人来华的重要任务之一就是"购求书籍"。据日本史籍《经籍后传记》记载，第一批遣隋使便为求书而来："是时国家书籍未多，爰遣小野臣因商于隋国，买求书籍，兼聘隋天子。"有些留学生一住就是 20 多年，学成之后，满载而归。

唐代中日两国的交往达到高潮。这一时期的日本知识分子和贵族，包括皇室在内，以中国文明为榜样，对中国典籍嗜爱如命。有唐一代，日本前后一共派遣了19次遣唐使到中国访问。这些遣唐使归国时,随行携带大量中国书籍,几成通例。据《旧唐书·东夷传》:"开元初,(日本)又遣使来朝,因请儒生授经……所得锡赉,尽市文籍,泛海而还。"从"尽市文籍"四字就可知遣唐使购书之多。如吉备真备回国时,带回了《唐礼》《乐书要历》《大衍历书》《大衍历立成》等书籍;学问僧玄昉带回佛经5000卷,以及一些佛像;学问僧最澄带回许多书法碑帖。据日本《文德实录》卷三"承和五年"(838)记载:"太宰少贰藤原岳守于唐船,得《元白诗笔》献,因功叙位。"藤原岳守因为在中国船上发现了一部《元白诗笔》而升官晋爵,表明当时日本权力阶级对获得中国文献典籍的重视程度和急迫心情。① 有唐一代,我国传入日本的图书典籍究竟有多少?目前尚无明确的统计数字。日本成书于9世纪后期的《本朝见在书目录》记载的数字可以为我们提供一个参照系。该书目记载,这一时期存在于日本公务机构及天皇私人藏书处的汉籍共1568种16725卷,此数相当于隋唐汉籍总数的二分之一,其数量非常惊人。② 直到今天,日本公私珍藏唐代典籍颇富。据大阪市立美术馆编撰的《唐钞本》,仅日藏唐代写本就有《经典释文》《唐诗卷》《翰林学士集》《赵志集》《六祖慧能传》《新撰类林抄》《本草集注》《文馆词林》等43种,其中不乏中国散佚、日本仅存的"佚存书"③。这也在一定程度上反映了隋唐时期我国传入日本图书典籍数量之巨大。

　　唐代朝鲜分为高丽、百济、新罗三国,三国与唐的关系都很密切。新罗遣使来唐次数多达88次。初唐时期,新罗就派遣大批留学生到长安学习。后来又仿照唐朝在首都建立了国学,将中国的儒家经典作为太学生的必读书,从此中国的经史子集大量流入新罗。新罗的士人非常喜欢唐诗,特别是白居易的作品,在长安经商的新罗商人常常将白居易的诗抄寄回国内,立刻就传诵开来。④《旧唐书·高丽传》记载了当时高丽人酷爱阅读中国典籍的情况:"(高丽人)俗爱书籍,至于衡门厮养之家,各于街衢造大屋,谓之扃堂。子弟未婚之前,昼夜于此读书习射。其中有《五经》及《史记》《汉书》、范晔《后汉书》《三国志》、孙盛《晋阳秋》《玉篇》《字疏》《字林》,又有《文选》,尤爱重之。"足见汉籍在朝鲜的流布之广。这里提到的很多书,都是从唐代传过去的。

　　这一时期,中国典籍的大量传入,对日本、朝鲜的经济文化的发展以及东亚文化圈的形成发挥了十分重要的作用。

---

① 严绍璗:《汉籍在日本的流布研究》,南京:江苏古籍出版社2000年版,第23页。
② 同上书,第20页。
③ 王勇:《中日古代的"书籍之路"》,《北京日报》理论版,2006年10月30日。
④ 吴小如:《中国文化史纲要》,北京:北京大学出版社2007年版,第191页。

第六节　隋唐五代的图书形制

隋唐五代时期的图书形制处于卷轴形式向册页制过渡阶段,或者叫做转型期。这一时期的图书形制有卷轴装、梵夹装、经折装和旋风装等。

书籍的卷轴形式到隋唐时代已发展到最高峰,帝王贵族之家的藏书,其卷轴装饰是非常讲究的。隋炀帝嘉则殿的藏书是用卷轴的材料加以区别的:上品为红琉璃轴,中品为绀琉璃轴,下品为漆轴。唐玄宗时,集贤院藏书是以轴、册、帙等不同颜色来区别的。《唐六典》记:"经库书钿白牙轴,黄带,红牙签;史库书钿青牙轴,缥带,绿牙签;子库书紫檀轴,紫带,碧牙签;集库书绿牙轴,朱带,白牙签。"

卷轴装的形式在唐代后期发生了变化。在长期使用的过程中,人们感到利用卷轴形式有许多不便之处。如:制作手续复杂、麻烦,制作一部书要经过粘纸、加轴、装褾、系带等各个环节,费时费工。卷轴书籍在阅读时,需展卷、收卷,很不方便,查阅时也很费力。为了避免卷轴装的缺点,人们借鉴印度"梵夹装"的贝叶经装帧形式,发明了经折装。

经折装是不再将长纸卷子卷成纸卷,而是将纸一反一正反复折叠,使之成为长方形的一叠。然后,将这叠书的前后各加一硬纸,予以保护。从外形上看,它已具备现代书册的形式了,只是有册无页。敦煌石室保存的古书唐代《入楞伽经疏》就是这种形式的书。唐经折装的书,在唐代以后还继续使用,从宋代以后保存下来的印刷本藏经中,还能看到。如五代天福本《金刚经》,宋代佛典《崇宁万寿大藏》《毗卢藏》《碛砂藏》《思溪藏》等多种。经折装的优点是制作简便,可以免去加轴、接褾等操作之劳,而且翻阅省时省力,也便于保存。但是,它很容易散开或撕裂,于是出现了旋风装。

根据文献上的描述和现在保存在北京故宫博物院的一件唐写本《王仁煦刊谬补阙切韵》来看,旋风装可能有两种方法:一种是将经折装的书,用一整张纸,一半把书的第一页粘起来,一半把书的最后一页粘起来,等于用一整张纸把书从第一页到最后一页连书背一起包裹起来,这样就可以避免散开了。另一种有页无册,形同卷轴,由一长纸做底,首页全幅裱贴在底上,从第二页右侧无字处用一纸条粘连在底上,其余书页逐页向左粘在上一页的底下。书页鳞次相积,阅读时从右向左逐页翻阅,收藏时从卷首向卷尾卷起。书页宛如自然界的旋风,故名旋风装;展开时,书页又如鳞状有序排列,故又称龙鳞装。上述故宫保存的《王仁煦刊谬补阙切韵》正是这样的形式。

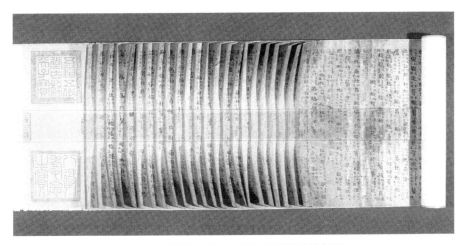

图 5.6　旋风装唐写本《王仁昫刊谬补缺切韵》

经折装和旋风装都是从卷轴装发展演变过来的，它们比卷轴装有所改进，但仍保留着卷轴的某些特点。经折装和旋风装的出现，反映着书籍制度由旧形式向新形式的发展、过渡。如果把单张的书页与折叠成的册子两种形式结合起来，就意味着一种更新的书籍形式——以散页装订成册的书籍出现了。清代的高士奇在《天禄识余》中说："古人藏书皆作卷轴……此制在唐犹然。其后以卷舒之难，因而为折。久而折断，乃分为簿帙，以便检阅。"这说明了古书装订形式由卷轴而经折，而册页的演变过程。而成册书的出现是同印刷术的应用相辅相成的。五代时印的监本九经就已以册为单位。它标志着我国的图书发展历史进入了一个崭新的阶段——印本书时代。

本章推荐阅读

1. 曹之：《中国出版通史·隋唐五代卷》，北京：中国书籍出版社2008年版。
2. 曹之：《中国印刷术的起源（第二版）》，武汉：武汉大学出版社2015年版。
3. 宿白：《唐宋时期的雕版印刷》，北京：文物出版社1999年版。
4. 李致忠：《古代版印通论》，北京：紫禁城出版社2000年版。
5. 潘吉星：《中国、韩国与欧洲早期印刷术的比较》，北京：科学出版社1997年版。
6. 肖占鹏、李广欣：《唐代编辑出版史》，天津：南开大学出版社2009年版。
7. 肖东发：《中国图书出版印刷史论》，北京：北京大学出版社2001年版。
8. 肖东发、陈慧杰：《敦煌石室遗书与中国书史研究》，《图书与情报》1984

年 Z1 期。

9. 张志清:《佛道教印像符咒对雕版印刷术起源的影响》,见韩琦、〔意〕米盖拉编:《中国和欧洲:印刷术与书籍史》,北京:商务印书馆 2008 年版,第 6—20 页。

10. 向达:《唐代刊书考》,《中央大学国学图书馆第一年刊》1928 年 11 月。

11. 钱存训:《印刷术在中国传统文化中的作用》,《文献》1991 年第 2 期。

12. 钱存训:《中国科学技术史 第 5 卷·化学及相关技术第 1 分册·纸和印刷》,刘祖慰译,北京、上海:科学出版社、上海古籍出版社 1990 年版。

13. Thomas Francis Carter, *The Invention of Printing in China and Its Spread Westward*, Columbia University Press, 1925.

复习思考题

1. 隋唐五代时期政府管制图书出版业的具体措施有哪些?
2. 隋唐五代时期的图书编纂机构有哪些?
3. 隋唐五代民间图书编纂的情况如何?
4. 隋唐五代时期各类编著形式的发展情况如何?
5. 为什么说隋唐是我国纸写本书发展的鼎盛时期?这期间政府对收集、整理、编纂图书采取了哪些措施,取得了什么成就?
6. 杜佑的《通典》在编辑手法上有哪些特点?
7. 印刷术发明的时代、依据以及意义是什么?试梳理印刷术外传的经过和途径。
8. 唐代早期印刷事业有哪些特点?
9. 五代政府雕印儒家经典的意义是什么?
10. 卷轴装的发展及其向册页制的演变情况如何?
11. 简述隋唐五代时期图书流通情况及书价情况。

解释下列名词

馆阁制	史馆	弘文馆	集贤院
《隋书·经籍志》	《北堂书钞》	《艺文类聚》	《初学记》
《五经正义》	《新修本草》	《切韵》	刘知几和《史通》
政书	杜佑和《通典》	玄奘译经	雕版印刷术
冯道刻印《九经》	毋昭裔	咸通九年《金刚经》	经折装
旋风装			

第六章
古代出版业的黄金时代(宋辽夏金元)

宋辽夏金元时期是我国古代出版事业空前发达的黄金时代。这一时期,经济、文化、科技的繁荣发展为出版事业的发展奠定了良好的社会文化基础。图书编撰事业高度繁荣,官修私撰了一大批优秀的著作,图书数量大增,种类和体裁进一步丰富。图书刻印技术更为精熟,雕版印刷术进一步成熟并得到了广泛的应用,同时还发明了活字印刷术和套版印刷术,并得到了长足的发展。出现了开封、杭州、四川、福建、北京、平水等一批著名的出版中心。在官、私、坊三大刻书系统繁荣发展的同时,寺观、书院刻书也得到了极大的发展。图书贸易和流通事业也呈现出新的特征,出版业的专业化、商品性更加凸现,涌现出了很多已经职业化的编辑和出版世家,出版界开始出现成型的图书广告和鲜明的版权保护意识。宋元时期的图书精品——宋元善本书已经成为我国古代印本书时代的典范。图书的对外贸易事业进一步发展,中华文明以印本书为载体,在世界范围内继续广泛传播。

从纵向的发展来看,宋辽夏金元时期的出版发展史,可以分为两个阶段:两宋时期(960—1279)和元代(1279—1368)。两宋时期的出版史以宋政权为主,辽、金、西夏等政权为辅。宋代文化是我国唐代文化的延续和发展,是我国古代继唐代之后的又一个文化高峰。正如陈寅恪所言:"华夏民族之文化,历数千载之演进,造极于赵宋之世。"[①]宋代文化的发达为出版事业的繁荣提供了丰富的养分,而出版事业的繁荣进一步促进了宋代文化的发达。张元济曾说:雕版"至南北宋而极盛,西起巴蜀,东达浙、闽,举凡国监、官廨、公库、郡斋、书院、祠堂、家塾、坊肆,无不各尽所能,而使吾国文化日趋于发扬广大之境。"[②]元代在战乱之后和北方游牧民族的统治下,生产力一度遭到破坏,文化的发展也在不同程度和

---

① 陈寅恪:《陈寅恪学术文化随笔》,北京:中国青年出版社1996年版,第42页。
② 张元济:《宝礼堂宋本书录序言》,见《张元济全集》(第8卷),北京:商务印书馆2009年版,第9页。

不同方面受到影响。但是汉族的农业文明与蒙古族的游牧文明有了更直接的交融和互补的机会,这对双方都有益处。尤其值得注意的是,元代对外文化交流十分频繁,其范围不仅包括东亚、东南亚而且扩大到西亚、东非和北非,甚至和罗马教廷也有了来往。元代的出版事业就是在这样的文化大背景下发展起来的,除了继承宋代出版的优良传统外,还在各个方面有所创新和发展,最为显著的表现就是:多民族语言文字广泛应用于出版,呈现出多种语言文字出版的泱泱风姿;在空前的时空平台上将其时领先于世界的中国出版文化传布向西方世界,产生了巨大的影响,中国的印刷术就是在元代由阿拉伯人经由欧亚通道而传入欧洲的。

整体来看,宋辽金元时期出版史最为显著的特征是:各民族多元一体出版格局的形成。所谓多元,系指除了由汉族建立的宋政权以外,由少数民族建立的辽、金、西夏、元政权的出版事业也呈现出一派繁荣景象。用西夏文、藏文、蒙古文等少数民族文字刻印的图书大量增加,集中反映了我国少数民族出版事业的可观成就。所谓一体,就是无论是宋代,还是辽、金、西夏、元,其出版的主体内容仍然是由儒、释、道所组成的华夏文明。

第一节　宋代出版业发展的社会文化背景

宋代出版事业的繁荣是与宋代的社会政治、经济文化的发展以及这一时期的学术风气有密切关系的。

在社会经济方面,宋王朝的建立,结束了我国自安史之乱以来近二百年的战乱割据局面,除北方尚有契丹政权外,全国再度统一。宋朝初期废除了唐五代时门阀士族按等级占有土地和农奴的部曲制,代之以地主只能购置田产和对佃客进行租佃剥削的租佃制。农民比原来有了较大的人身自由。加上宋初鼓励垦荒、改进农具、改革耕作技术等措施,所以农业很快得到恢复发展。圩田水利的开辟,冶金矿业的兴起,军器制造的分工,陶瓷业的进步,航海术的发展,造纸业的发展,都促进了商业的发达和经济的全面繁荣。到11世纪80年代,全国民户已由宋初410多万发展到1700多万。北宋时的开封已有市民100多万,各种手工业行会160多个。南宋时的都城临安,经济文化事业也极为繁荣。这些作为政治、文化和手工业中心的大都市的出现,也是编书、印书及文化事业得以快速发展的重要条件。

在文化政策方面,赵宋统治者奉行"崇文抑武"的基本国策。宋太祖对武将夺权收兵,百般防范,而对文臣则高官厚禄,笼络利用,甚至在军队中也多用文人而知兵者。文人知州，文人带兵，文人担任宰相，赵宋一代简直成了文人的天下。据毕沅《续资治通鉴》卷七载，赵匡胤曾对赵普说："五代方镇残虐，民受其祸，朕今选儒臣干事者百余，分治大藩，纵皆贪浊，亦未及武臣一人也。"这种用人路线使得倾心学术、精心文章、崇尚文化成了时兴的社会风气。不仅如此，宋朝统治者还制定并推行了一套有利于笼络民心、巩固统治的文化政策，如统一法规、编订律例、大兴书院、崇尚儒术、提倡理学、佛道并尊，以及鼓吹三教一义等。其中最值得一提的就是对隋唐以来实行的科举制度进行变革：一方面把用人之门向所有文人开放，只要文章合格，不论出身贵贱，均可录取；另一方面，一再地增加录取名额，每年考中者多达二三千人，比唐朝多二三十倍，且中举后不必经"身、言、书、判"的考试即可为官。此外，朝廷还对多次科考而久不中试者表示恩典，特赐本科出身，称"特奏名"。通过这些手段，宋朝建立起了庞大的官僚机构，使大量中下层文人晋身仕途，成为中央政府的拥护者和国家统一的维护者。赵宋统治者对他们给予了优厚的待遇。这种"以一日之长取终身富贵"的诱惑，吸引人们热衷于科举功名，读书人的队伍迅速膨胀起来。这样一来，在图书作者队伍快速壮大的基础上，全社会对图书尤其是应试必读教科书——儒家经典和各类参考书的需求更加迫切了。这就使得图书事业有了商业化的可能，刺激了一些人愿意在图书的编纂和刻印方面投资，因而促进了图书事业的发展。

在上述因素的作用下，宋代的学术文化风气浓郁，繁荣发展，成就斐然。《宋史·艺文志》曾指出：

> 宋有天下，先后三百余年。考其治化之污隆，风气之离合，虽不足以拟伦三代，然其时君汲汲于道艺，辅治之臣莫不以经术为先务，学士缙绅先生谈道德性命之学，不绝于口，岂不彬彬乎进于周之文哉！[1]

宋代的学术活动相当活跃，为出版事业的发展奠定了坚实的学术基础。北宋初年，政府就编纂了《太平御览》《册府元龟》《文苑英华》三部各1000卷的大类书，还编纂了500卷的《太平广记》。经学方面，宋代是由汉学向宋学转化的关键时期。宋代以前的汉学笃守家法，不敢越雷池一步，偏重名物训诂，而宋学则敢于冲破禁区，舍传求经，偏重性命义理甚至疑经、改经、删经。在这一时期，涌现出了程颐、程颢、朱熹、陆九渊、张载等一批著名的理学大家。宋代史学也很繁荣，史书数量大增，体例日趋完备，优秀的史书举不胜举。举凡纪传、编年、纪事本末、会要、方志、纲目、典志体应有尽有。纪传体有薛居正的《旧五代史》，欧阳修

---

[1] （元）脱脱等：《宋史》，北京：中华书局1977年版，第5031页。

的《新五代史》和《新唐书》。编年体则有司马光的《资治通鉴》。纪事本末体创始于南宋袁枢的《通鉴纪事本末》,该体是在编年体的基础上发展起来的,吸收了纪传、编年二体之长。纲目体是编年体史书一种,创始于宋朱熹的《通鉴纲目》,徐梦莘的《三朝北盟会编》等均属此体。典志体以郑樵的《通志》为代表,该书与唐杜佑《通典》、元马端临《文献通考》合称"三通",对后世影响很大。在这一时期也开始了金石学的研究。欧阳修的《集古录》、吕大临的《考古图》、赵明诚的《金石录》等,至今仍有参考价值。宋代的目录学研究成就空前,郑樵的《校雠略》是我国现存最早的目录学理论著作;尤袤的《遂初堂书目》是开始记录各种不同版本的藏书目录;官修的《崇文总目》以及陈振孙的《直斋书录解题》、晁公武的《郡斋读书志》都以其提要著名。在文学艺术方面,宋代文学成就以词的创作尤为突出。在中国文学史上,"宋词"是和"唐诗""元曲"并肩比美的。宋代诗歌和散文也很繁荣。宋诗总量超过《全唐诗》的好几倍。在内容和形式方面,宋诗也形成了自身独特的风格。宋代散文是我国散文史上的重要发展时期,"唐宋八大家"中就有欧阳修、苏洵、苏轼、苏辙、王安石、曾巩等6位作家是宋代人。宋代散文平易自然,流畅宛转,对其他文体影响很大。此外,宋代的评话也兴盛一时。因此,柳诒徵云:"有宋一代,武功不竞,而学术特昌。上承汉、唐,下启明、清,绍述创造,糜所不备。""上下千古,求其学者,派别孔多。……故谓有宋为中国学术最盛之时代,实无不可。"①可谓中肯之论。

宋代统治者还高度重视图书出版事业。宋初的几个皇帝都十分注意对图书的收集典藏、整理和利用。据《玉海》载,宋初皇室有书万余卷。在削平诸国的军事征战中,宋统治者很注意收集各国遗留图籍,用以充实官府藏书。建国十余年后的开宝中期,朝廷图书就增至八万卷之多。与此同时,政府还采取了一系列积极措施,广泛征集图书,凡有书来献者,即视其书籍价值及献书人的能力委以官职。政府还向官员们提出缺书目录,派人到各地去征求图书。还规定,各地要向政府缴纳新出版的书,奇缺的书要由专门机构来补写。经过几朝的努力,图书数量大为增加。与此同时,由于宋代的学术风气比较自由,所以宋人经常争相立言以求不朽,图书编纂蔚然成风。清代赵翼在《陔余丛考·宋人好名誉》中云:"其时士大夫多尚名誉,每一巨公,其子弟及门下士必记其行事,私相撰述。……是以宋世士大夫事迹传世者甚多,亦一朝风尚使然者也。"不仅如此,宋人编纂图书的题材大为拓展,内容极为丰富。凡与人生有关者,例如休闲、娱乐方面的内容都堂而皇之地编撰成书,正如《四库全书总目》子部杂家类杂品属按语所云:

---

① 柳诒徵:《中国文化史》下册,上海:东方出版中心1996年版,第503、507页。

古人质朴,不涉杂事,其著为书者,至射法、剑道、手搏、蹴鞠止矣。至《隋志》而《欹器图》犹附小说,《象经》《棋势》犹附兵家,不能自为门目也。宋以后则一切赏心娱目之具,无不勒有成编,图籍于是始众焉。①

学术文化事业的全面繁荣发展,著作的大量出现,极大地促进了宋代编辑出版事业的高度繁荣。在这种情况下,宋代统治者也加强了对图书出版事业的管理,对图书的生产和流通也实行了严格的限制,几乎每个皇帝都颁发过有关禁令,但由于禁印的内容时宽时窄,管制时紧时松,因此收效不大,对宋代的图书出版事业未造成根本性的影响。

第二节 宋代的图书编纂机构和编纂活动

一、宋代的图书编纂机构

宋代官方修书成就斐然,是当时图书编纂事业的主要组成部分,其组织者和实施者便是众多的图书编纂机构,下面择要介绍:

(一)崇文院及三馆

宋初,沿用五代之制,以史馆、昭文馆、集贤院为三馆。昭文馆和集贤院均掌经史子集四库图籍及修写校雠之事,各设大学士一人,均由宰相兼任。史馆掌修日历及图书之事,监修国史,以宰相兼任。太平兴国二年(977),建三馆书院,次年赐名崇文院。东廊有四库,分经史子集四部,为史馆书库。端拱元年(988),又在崇文院中堂建秘阁,藏三馆书籍真本及古画墨迹等,仍与三馆总称崇文院。秘阁藏三馆真本书籍及书画。有直阁,以朝官充任;校理,以京朝官充任。

宋代三馆、秘阁官和集贤殿修撰、直龙图阁通称馆职,号为育才之地,为文臣清贵之选。宋代名臣十之八九都出身馆职。洪迈《容斋随笔》说:"国朝馆阁之选,皆天下英俊,然必试而后命。一经此职,遂为名流。"

宋代馆阁官吏的选拔十分严格。当时规定,即使有状元或制科的出身,也要先去作几年地方官,然后经过考试才能入馆。州县幕职官(称为"选人")入馆也要经过严格的考试,先到馆阁任校勘,然后再逐级提拔。公卿侍从多由此出。故当时有"宁抱椠,勿为监"的说法,就是宁愿到馆阁从事校勘整理文献的工作,也不愿去当徒有虚名的秘书监。

---

① (清)永瑢等:《四库全书总目》(上册),北京:中华书局1965年版,第1060页。

(二) 秘书监及著作局、太史院、会要所

宋神宗元丰五年(1082)以前,秘书省与崇文院互不统属,秘书省的主要工作是掌管祭祀祝版之类。元丰五年,神宗实行新官制,恢复秘书省的职能,改三馆职事官为秘书省职事官。秘书省置监、少监、丞各一人。秘书监掌古今经籍图书、国史实录、天文历数之事,少监是监的副手,而秘书丞参领之。其官属有:著作郎一人,著作佐郎二人,掌纂修日历;秘书郎二人,掌集贤院、史馆、昭文馆、秘阁图籍,以甲、乙、丙、丁为部,各分其类;校书郎四人,正字二人,负责校雠典籍,判正讹谬,各以其职隶于长、贰。

秘书省分四案:国史案掌编修日历、会要、国史;太史案掌太史、天文、浑仪等事;经籍案掌典籍之事;知杂案掌本省杂事。宋徽宗政和中增置道教案。

南宋建炎三年(1129)曾一度废除秘书省制,两年后,即绍兴元年(1131)旋即恢复。但其时只"有屋三间,秘阁三馆书藏焉"。绍兴十三年(1143),秘书省新省舍建成,其中设右文殿、秘阁、道山堂;各种书库、国史院、会要所等。著作局惟修日历,遇修国史则开国史院,遇修实录则开实录院。秘书监的另一附属机构是太史院,掌测绘天文考定历法。下设天文院负责观测天象,印历所雕印历书。

宋代还专门设立了编辑本朝会要的机构——会要所,也隶属于秘书监。日历、实录以年月日为经,按时间顺序记事;会要以事类为纬,分目排列,记录某一朝代或一个时期的典章制度。会要创始于唐苏冕,至宋代有很大发展,专门设立会要所。赵宋南渡以后,会要之编尤为繁多。据《宋史·艺文志》等书著录,两宋所编会要有《庆历国朝会要》《元丰增修五朝会要》《政和重修会要》《孝宗会要》《光宗会要》《宁宗会要》等14种,合计2800余卷。数量十分可观。①

二、两宋政府的校书编目活动

崇文院三馆秘阁等图书编撰机构是北宋的文献管理中心,具有图书典藏、编纂、校雠、编目等职能。在校书和编目方面有特别突出的成就。

(一) 校勘典籍

两宋馆阁曾多次校勘四部书,北宋九朝校书总数近60次,南宋为18次,其中以经部和史部图书居多。②

经部典籍的校勘,规模较大的有太宗端拱元年(988)孔维、秦爽等奉敕校正

---

① 曹之:《中国古籍编撰史》,武汉:武汉大学出版社1999年版,第180页。
② 黄镇伟:《中国编辑出版史》,苏州:苏州大学出版社2003年版,第199页。

孔颖达《五经正义》，由国子监镂版印行。真宗咸平四年（1001）九月，邢昺等上表重新校定《七经义疏》165卷，并摹印颁行。此外，陆德明所撰《经典释文》也屡经校正。

据《麟台故事》《玉海》等宋人著述记载的统计，北宋馆阁校勘史书12次，其中多次校勘正史，遍校成书于北宋前的全部十六史。据载，太宗淳化五年（994）五月，诏选官分校《史记》《汉书》《后汉书》。真宗咸平三年（1000）十月，校成《三国志》《晋书》《唐书》，并雕版印行。仁宗天圣二年（1024）六月，出禁中所藏"南北史"、《隋书》付崇文院校刊，至四年（1026）完成。嘉祐六年（1061）八月，宋仁宗以宋、齐、梁、陈、魏、北齐、北周七史舛谬亡缺，复命馆职雠校，参与其事的有曾巩、丁宝臣、孙洙、孙觉等人。曾巩认为单凭秘阁所藏，不足凭以是正。于是诏天下藏书之家悉上异本，到第二年冬天才收集到一些，诏崇文院校定。到宋英宗治平年间（1064—1067），曾巩校定《南齐书》《梁书》《陈书》上之，刘恕上《魏书》，王安国上《周书》。至徽宗政和年间（1111—1118）七史校刊才完毕。北宋所校正史，大部分都雕印。

据统计，南宋馆阁曾校史9次，主要涉及当代所修的会要、实录、日历三类史书。此类书属于官方档案，编成后即入藏宫内天章阁或秘阁，一般人不能翻阅，多不刊印。所以，校勘结束，只是加以缮写或抄录而已。

两宋政府还多次校勘子部和集部书籍以及医书。大中祥符元年（1008）六月，崇文院检讨杜镐等校定庄子《南华真经》，摹刻版本毕，赐辅臣各一本。四年（1011）三月，崇文院校《列子》，至五年（1012）四月，崇文院上新印《列子冲虚至德真经》，诏赐亲王辅臣人各一本。太祖开宝年间（968—975）曾两次命翰林学士卢多逊、李昉、扈蒙及医工刘翰、道士马志等校定《神农本草经》，并镂版印行。仁宗天圣四年（1026）十月，命集贤院校定《黄帝内经素问》《难经》《巢氏病源候论》。嘉祐二年（1057），又置校正医书局于编修院，以直集贤院掌禹锡、秘阁校理林亿、张洞、馆阁校勘苏颂等并为校正。并补注《神农本草》《本草图经》《千金翼方》《金匮要略》《伤寒论》等医书，均雕版刊行。以上校勘工作深得皇帝满意。景祐三年（1036），仁宗皇帝御崇政殿，观三馆秘阁所校两库子集书，共1200多卷。是日赐辅臣两制馆阁官宴于崇文院。

（二）校雠日课与条例

宋代政府校书有工作量的规定，称为校雠日课。宋初规定每日每员校对21个册页或21版。嘉祐年间又重申这种规定。元祐五年（1090）十二月又一次详定校雠之课。当时所定日课，大致是：(1) 校书，每人每日校21纸，或称21个册页。(2) 写书，即校勘整理后，楷书缮写每人每日写2500字（后改为2000字），入伏或冬至日减500字。这种日课考勤都按规定登录在课程簿上,每十日呈报秘书省,每月集中呈报尚书省。这些详备的规定,反映了宋代政府图书校雠整理工作相当正规化。

为了能胜任知识全面、要求严格的校书工作,宋代强调校勘人选也应是博通之才。据《宋史·儒林列传·崔颐正传》载,太宗时,判监李至曾提出:

> 先校定诸经音疏,其间文字讹谬尚多,深虑未副人君好古诲人之意也。盖前所遣官多专经之士,或通《春秋》者未习《礼记》,或通《周易》者不通《尚书》,至于旁引经史,皆非素所传习。以是之故,未得周详。伏见国子博士杜镐、直讲崔颐正、孙奭皆苦心强学,博贯《九经》,问义质疑,有所依据,望令重加刊正,冀除舛谬。[①]

宋代馆阁中多有博学之人。如沈括博学善文,于天文、方志、律历、音乐、医药、卜算,无所不通,嘉祐年间,为馆阁校勘,编校昭文馆书籍。据其《梦溪笔谈》称,当时"置编校官八员,杂雠四馆,给吏百人,悉以黄纸为大册写之""校雠累年,仅能终昭文一馆之书而罢"。

宋代进行大规模校书,人手众多,又限以日课。为了统一要求,保证质量,制订有馆阁校书条例《校雠式》,其内容如下:

> 诸字有误者,以雌黄涂讫,别书。或多字,以雌黄圈之;少者,于字侧添入;或字侧不容注者,即用朱圈,仍于本行上下空纸上标写。倒置,于两字间书"乙"字。
>
> 诸点语断处,以侧为正,其有人名、地名、物名等合细分者,即于中间细点。
>
> 诸点发字,本处注释有音者,即以朱抹出,仍点发。其无音而别经传子史音同有可参照者,亦行点发。或字有分明,如"传记"之"传"(柱恋切),为"邮传"之"传"(株恋切),又为"传习"之"传"(重缘切);"断续"之"断"(徒玩切),为"断绝"之"断"(都管切),又为"决断"之"断"(都玩切);"轻重"之"重"(直陇切),为"再重"之"重"(储用切),又为"重叠"之"重"(傅容切);"春夏"之"夏"(亥驾切),为"华夏"之"夏"(亥雅切);"远近"之"近"(巨谨切),为"附近"之"近"(巨靳切)之类,虽本处无音,亦便行点发。
>
> 点有差误,却行改正,即以雌黄盖朱点,应黄点处并不为点。
>
> 点校讫,每册末各书"臣某校正"。

---

① (元)脱脱等:《宋史》,北京:中华书局1977年版,第12822页。

所校书,每校一部了毕,即旋申尚书省。[①]

(三) 整理编目

北宋建国之初,三馆仅有万余卷藏书,其后在统一全国的过程中,注意将各地图书文籍收归汴梁,同时积极购求民间藏书,因此三馆藏书数量增长很快。太祖开宝年间(968—975)政府藏书已达到8万册。此后,太宗、真宗、仁宗又多次下诏访求民间遗书。随着政府藏书量的增加,图书整理、校勘工作也随之展开。在此过程中,三馆在排比校勘,定其存废,有缺失者缮写补辑的基础上,编写了四部重要的国家书目。

真宗咸平元年(998)十一月,以三馆秘阁书籍多年没有整理,诏朱昂、杜镐与刘承珪进行整理,编著目录。二年(999)闰三月,诏三馆写四部书进上,置禁中太清楼及龙图阁。三年(1000),《咸平馆阁书目》编成。

景祐元年(1034)闰六月,以三馆秘阁所藏有谬滥不全之书,命翰林学士王尧臣、张观、宋祁等,审定馆阁正副本图书,定其存废,讹谬重复,并从删除,内有缺失者,令补写校对。仿《开元四部录》,约《国史艺文志》,编著目录。参加这次校书编目工作的还有欧阳修、夏冠卿、郭稹、吕公绰、王洙、宋庠等。经过7年时间,至庆历元年(1041),编成《崇文总目》66卷,共著录图书30669卷,是为北宋国家书目。各书均有提要,主要由欧阳修撰写,现有一部分保存在《欧阳文忠公文集》之中。

南宋时也对国家所藏图书进行了编目工作,于孝宗淳熙四年(1177)编成了国家藏书目录《中兴馆阁书目》70卷,著录了44486卷图书,比北宋《崇文总目》增加了14000多卷书。到了宋宁宗嘉定十三年(1220)时,图书量又有所增加,政府又编了《中兴馆阁续书目》,著录图书59000多卷。

元代修《宋史·艺文志》,合并以上四目,删去重复,共著录图书9819部、119972卷。这一数字在一定程度上反映了两宋国家藏书的概貌。

三、宋代图书编纂的重要成果

宋代统治者大力提倡文治,高度重视图书事业,为图书编纂事业的发展提供了良好的环境,影响一时之风气。《宋史·艺文志》评价说,宋代虽然战争频仍,但是"君臣上下,未尝顷刻不以文学为务,大而朝廷,微而草野,其所制作、讲说、记述、赋咏,动成卷帙……有非前代之所及也"。因此,在宋代涌现出了一大批优

---

① (宋)陈骙:《南宋馆阁录》,张富祥点校,北京:中华书局1998年版,第23页。

秀的精品图书。魏了翁《鹤山集·临川诗注序》中的一段话,就颇能说明宋代官方修书之盛,成果之多:"国朝列局修书,至崇观政宣而后尤为详备,而其书则经、史、图、乐书、礼制、科条、诏令、纪注、故事、道史、内经。"其中,最具代表性的便是宋初新编纂的"四部大书":《太平广记》《太平御览》《文苑英华》《册府元龟》。由于宋代印刷业发达,这四部卷帙浩繁的御修大书完整地流传于世,真实地反映出了宋代提倡文治、重视典籍的盛况。此外,司马光主持编撰的《资治通鉴》也是宋代图书编纂事业的重要成果之一。

(一)宋初四部大书

1.《太平广记》

四部大书中最先编成者为《太平广记》。此书于太平兴国二年(977)三月由宋太宗命李昉、扈蒙、徐铉等12人编纂,至翌年(978)八月完成,前后只用了不到一年半的时间。它专门汇录从汉到北宋初年的短篇笔记小说,取材于野史、杂记、小说、佛藏、道经等,共500卷,按类分为55部,其下则罗列相关的文言小说,每则之后用小字标明出自何书。书中保存了大量宋以前的文言小说资料,一些篇幅少的甚至全书收入。太平兴国六年(981)正月曾敕令将此书雕版印行,以颁天下。

2.《太平御览》

在编纂《太平广记》的同时,宋太宗又命李昉等人编纂《太平总类》。此书至太平兴国八年(983)十二月完成,历时六年零九个月。书编成后,太宗每天阅读三卷,用一年的时间读毕全书,故赐名《太平御览》。书凡1000卷,分55部,取《周易·系辞》"凡天地之数五十有五",以示包罗万象、巨细无遗之意。每部之下,再分为若干类,有些类又有附类,总共有5426个类和附类。

该书以征引广博著称,据卷首附《太平御览经史图书纲目》所列,共1690种,而古律诗、古赋、铭、箴、杂书等尚未全部开列。马念祖在《水经注等八种古籍引用书目汇编》中曾作过核实统计,实际引用书为2579种。但它主要转引自前代编纂的其他类书,原书有不少在宋初已经亡佚了。

《太平御览》所收录的大多为经史百家之言,小说、笔记因汇录于《太平广记》,一般不予收录。其编纂体例是先书部、类名称,类目下则罗列古书中与此相关的内容。每段文字皆换行重写,先书所引书名,若同书或同作者有二段以上文字材料,则书"又"或"又曰"。由于《太平御览》类目纷繁,有一些类目在不同部中重复出现,如"旱"在时序部和咎征部两次出现,"瓦"在居处部及杂物部两次出现。有的甚至在同部中重复出现。对此,《太平御览》曾用过互见体例,但执行的并不严格。结果造成同一资料收于两处,又有一些相关资料被拆散于两处,不但造成篇幅的浪费,也为查寻资料带来了麻烦。这是其体例上的最大缺憾。

3.《文苑英华》

太平兴国七年(982),太宗又命李昉、扈蒙、徐铉、宋白等修撰《文苑英华》,其后又命苏易简、王佑等参修,至雍熙三年(986)十二月修成。全书正文1000卷、目录4卷,专收各家文集。在此之前,南北朝时梁昭明太子曾选辑历代文赋为《文选》30卷,所收迄于梁初。《文苑英华》实为续《文选》之作,所收作者始于梁末,而以唐人作品最多。其编撰体例亦仿《文选》,但因卷帙浩繁,因而门目更为复杂,计有赋、诗、歌行、杂文、中书制诰、翰林制诰(翰林制诏)、策问、策、判、表、笺、状、檄、露布、弹文、移文、启、书、疏、序、论、议、颂、赞、铭、箴、传、记、谥哀册、谥议、诔、碑、志、墓表、行状、祭文等共36门。门下又分为众多类,类目下则罗列与此相关的诗文,其体例是上书诗文名,下书作者名,换行另写诗文。南宋初年,皇帝命校此书,结果为浅学者误改,往往将一诗析为二,二诗合为一,姓氏也差互颠倒,遂使后世传本在编排上谬误百出。

4.《册府元龟》

真宗景德二年(1005)九月,命王钦若、杨亿等15人编修历代君臣事迹,其实王钦若只是挂名,真正主编者乃是杨亿。至大中祥符六年(1013)书成,赐名《册府元龟》。"册府"是指古代帝王的书库,"元龟"即大龟,古人用龟甲来占卜,在这里表示借鉴的意思。这一书名表明这部书是用来作为后世帝王处理国家政务的借鉴。

《册府元龟》全书共1000卷,其篇幅几乎比《太平御览》多一倍,约1000万字,是宋代四部大书中篇幅最长的一部。它汇辑了自上古至五代的历代君臣事迹。概括全部《十七史》,内容丰富,材料详备。全书共分为31部,每部又分为若干门,宋真宗序称,共有1104门,但据今传明刻本统计,实为1116门。其体例是先书部名,每部之下亦各有小序。小序之后则按时代顺序罗列有关史料,其史料皆直接抄写,不标出处。《册府元龟》在编辑上有以下特色:

(1)审稿严格。在编辑过程中建立了严格的审稿制度。书稿编写后,层层检查,倘若发现有脱误、门目不类、年代帝号次序排列有不合之处,查明是谁的差错,就在工作日志上记下,以便作日后奖罚参考。当时的最后负责人为杨亿,杨亿审过稿后,要随时进呈。据宋人张耒《明道杂志》载,每次进呈后,宋真宗即将其交给陈彭年再加审阅。陈彭年为当时著名学者,"博洽不可欺毫发",遇有错误的地方即加签条,即使小差错也躲不过他的眼睛。这就使得此书编辑质量有了保证。

(2)尊重原貌。在编辑过程中,凡遇有疑问的地方都忠实地照录,另用注释方法加以说明,从不妄改原文。据《玉海》记载:王钦若曾因"《南史》《北史》有'索虏''岛夷'之号,欲改去。"结果与王旦、赵安仁等发生争论。最后由真宗下诏定例,"欲改者注释其下。"这样既忠实于原著,又可避免差错,成为中国编校古籍的优良传统。

从编辑学角度看,《册府元龟》材料集中,条理清晰,便于查找;且全书体例一致,去取谨严,是宋初四部大书中质量最好的一部。但它有一个很大的缺点,就是所引资料概不注明出处,这就大大地影响了其资料价值。

(二)司马光与《资治通鉴》

宋代史学发达,史书空前增多,涌现出了一大批史学名著,其中最享盛誉的是司马光主持编纂的《资治通鉴》。《资治通鉴》是中国古代最大的一部编年体通史。该书以编年的形式,记载了从周威烈王二十三年(前403)到后周世宗显德六年(959)间,1362年间的重要历史事实。全书计294卷,共300余万字。《资治通鉴》是一部兼有官修和私撰性质的史学名著。

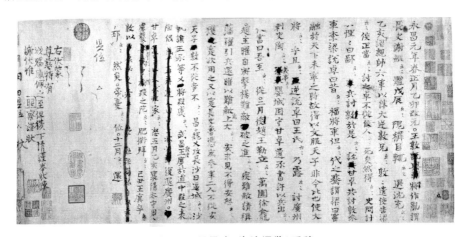

图6.1 司马光《资治通鉴》手稿

司马光(1019—1086),字君实,陕州夏县(今山西夏县)人。仁宗时中进士,历经仁、英、神、哲四朝,累官至龙图阁直学士、尚书左仆射兼门下侍郎。他深感各朝史书卷帙浩繁,决心写一部详略恰当的编年史。他的计划得到了英宗的支持,命他在崇文院设局编撰,许他自行选择助手,并可借阅政府藏书。正式开始修书时,尚无书名,只称为"论次历代君臣事迹",神宗继位后,赐其名为《资治通鉴》,在御制序文中解释书名含义为"鉴于往事,有资于治道"。此后不久,司马光与王安石发生政见分歧,乃辞去枢密副使之职,自请为西京(今洛阳)闲官。熙宁三年(1070),司马光将编书局迁至洛阳家中,全心投入编撰工作。《资治通鉴》的编写前后持续了19年,直到元丰七年(1084)十一月才告完成。这时司马光已筋疲力尽,他在《进资治通鉴表》中,不无感慨地说:"臣之精力,尽于此书。"元祐元年(1086),哲宗诏命将《资治通鉴》定本交付杭州雕版。

整体来看,《资治通鉴》在编写方面呈现出如下特色:严格的选材、精心的考异、编制目录、完善史体、加工贯通、撰写附论。该书在编辑方法上有两点创新:

(1) 严谨的编纂步骤。《资治通鉴》的编纂并非一步到位,而是大致分以下三个步骤。第一,编制丛目。即把主要历史事件按年代顺序列出标题,而后将有关史料按时间顺序编排起来,其原则是务求详尽。第二,编写长编。即把丛目中的资料作初步加工,决定去取、前后相接,其原则是"宁失于繁、勿失于略"。第三,删改定稿。即以长编为基础,删繁去重,润色文字,以使《资治通鉴》一书在结构上浑然一体。这三个步骤后世史学家莫不取为著述的成法。

(2) 辅助之作的编写。任何一种体裁的史书都会有其缺陷,不是略此便是失彼,编年体史书更是如此。为了解决这一问题,司马光于《资治通鉴》之外,又编制了一批辅助之作,构建起一个严密的著作体系。比如,《资治通鉴》卷帙浩繁,某些具体事件,如果记不清其发生的确切时间,很难从《资治通鉴》中查找。司马光乃编《资治通鉴目录》30卷,用表格的形式,注明某事在某年、某年在某卷,以便查检。我国古代编年体史书因按年纪事,故没有篇目,不作目录,只是以年检索。司马光突破这种旧例,分三部分将年表、帝纪、历法、天象、目录、举要、索引集于一块,开创了编年体史书多功能目录的新体例,使《资治通鉴》体更臻于完善,将我国的历史编纂学推进到了新的水平上。又如,对历史中一些有争议的问题很难在《资治通鉴》中加以论述,不免有考异之文,司马光除将考异所选史料收入正文之外,又将各种不同的说法和鉴别理由加以逐条说明,著成《通鉴考异》30卷,与《资治通鉴》一起奉上,大大增强了史著的可靠性、真实性。《资治通鉴》以信史著称,离不开《通鉴考异》的辅翼作用。此外,尚有《通鉴释例》1卷、《通鉴举要历》80卷、《稽古录》20卷、《历年图》5卷,都是《资治通鉴》的辅助之作。

从中国历史上看,集体修书,精品较少。司马光主持编纂的《资治通鉴》却能成为一部优秀的历史巨著,除了其选题能够因应时代发展与社会需求,具有重大编纂价值以外,还有其他四方面的原因值得我们注意:

(1) 政府的大力支持为《资治通鉴》的顺利完成提供了充分的物质保障。在编纂《资治通鉴》的过程中,宋朝的最高统治者宋英宗、宋神宗都给予了极大的支持,在政策、人、财、物等方面满足了司马光等人修书的需要。宋英宗同意司马光设立书局,自择官属。宋神宗为此书赐名、制序,以示重视。这对司马光等人来说是莫大的荣耀。修书所需笔、墨、绢、帛,以及果饵金钱之费,尽由国家供给,为他们提供了优厚的著书条件。因此参与修书的人待遇优厚,无有后顾之忧,可以专心著述。可以想见,如果缺少了政府的支持,司马光等人能否顺利完成这部卷帙浩繁的著作,还要打上一个问号。

(2)丰富的文献资料为《资治通鉴》的编纂提供了坚强的后盾。修史离不开丰富的文献资料。当时在都城汴京,龙图阁、天章阁、三馆(昭文馆、集贤馆、史馆)和秘阁等处的政府藏书都允许司马光等人借阅;在西京洛阳,宋神宗将颍邸旧书 2400 卷,全部赐给司马光。另外,司马光、刘恕等人的私人藏书也很丰富。这就使得他们可以积累起丰厚的资料。据高似孙《纬略》记载,其征引杂史、别史诸书有 322 家,仅正史资料就搜集了 1600 万字。这个数字当就主要史书而言,如果加上文集、碑铭等资料,参考征引的资料当更多。用司马光自己的话讲,就是"遍阅旧史,旁及小说,简牍盈积,浩如烟海。"

(3)优秀的编写队伍是《资治通鉴》能够成为精品的人才保证。《资治通鉴》的编写队伍可谓是一时之选,除司马光以外,刘攽、刘恕、范祖禹等人都是当时著名的学者和一流的史学家。刘攽(1023—1089),字贡文,临江新喻(今江西新余)人,对两汉史事极为熟悉,撰有《东汉刊误》一书。刘恕(1032—1078),字道原,筠州(今江西高安县)人。他 18 岁中进士,是当时一流的史学家,尤其精熟魏晋以后的史实。范祖禹(1041—1098),字淳甫,一字梦得,四川成都人。他对唐史有较深研究,除参与此书编写外,尚撰有《唐鉴》一书。他们在政治立场上又都与司马光一致,所以司马光能够将这些一流的史学家组织起来,各用其长,充分发挥他们的史学才能。其分工情况如下:先秦部分,由司马光负责撰写;两汉部分,由刘攽负责撰写;魏晋南北朝隋,由刘恕负责撰写;唐五代,由范祖禹负责撰写。众人写成后,再由司马光统一体例,删繁去重、修改润色,最后形成定稿。在编写过程中,司马光还时常与刘恕讨论全书义例的制定及有关编纂事务。这支博学、精干、团结的史学家团队是《资治通鉴》能够成为一代名著的重要保证。

(4)司马光个人的史学素养、组织才能、负责态度是《资治通鉴》能够成为史学名著的根本原因。《资治通鉴》的成功与司马光个人的素质和努力是分不开的。司马光是宋代著名的史学大家和学者,其史学素养不容置疑。同时,由于与王安石政见不同,在政治方面不能施展自己的抱负,便专意修史,以求不朽,同时将著史作为从政治国的途径。可以说,与司马迁相似,司马光编修《资治通鉴》也有"发愤著述"的色彩。另外,他还能以认真负责的态度做好相关的人员组织、编写规划等事务性的工作,得到编写班子的一致认同。作为主编,他在众人修成的"长编"的基础上,进行了成功的删改润色,取精用宏,使得此书初稿虽成于众人之手,但定稿却井然有序,浑然一体,毫无驳杂纷乱之感。以范祖禹所作唐代长编为例,司马光整整花费了4年时间,才将"六七百卷"的史料长编删定为81卷。为此,司马光耗费了难以估量的心血,他曾自言,自到洛阳以后,就"专以修《资治通鉴》为事",为此而"研精极虑,穷竭所有,目力不足,继之以夜"。元丰七年(1084),《资治通鉴》修成,司马光在《进资治通鉴表》中说:"臣今骸骨癯瘁,目视昏近,齿牙无几,神识衰耗,目前所为,旋踵遗忘,臣之精力,尽于此书。"治平三年(1066),《资治通鉴》开始编修的时候,司马光方47岁,正值中年,成书时,他已变成元气大伤的66岁的老人了。有人见其残稿堆积有两屋之多,皆蝇头小字,字字端谨,无一字潦草。"臣之精力,尽于此书",实非虚言。

第三节 宋代刻书事业

宋代是我国古代图书出版史上的黄金时代,在唐五代奠定的基础之上,进一步形成系统和规模,形成了官、私、坊、寺观、书院刻书系统的庞大网络。刻书地区遍及全国,刻书中心进一步增多。刻书内容的范围更加扩大,除了儒家经典以外,又遍刻正史、医书、诸子、算书、字书、历书和名家诗文等,数以千卷计的类书及佛、道藏也都多次上版印刷。图书种类可谓丰富繁多。

一、官、私、坊三大系统

(一) 官刻

官刻,也称政府刻书,是指中央国家机构以及地方各级行政文化机构出资或主办的出版印刷业。它又可分为中央和地方两大系统。

1. 中央官刻

宋代中央官刻机构很多,国子监、崇文院、刑部、秘书监、太史局、礼制局等都刻过书,其中以国子监最为重要。宋初的出版业为政府所垄断,校勘及刻印统由国子监操办。国子监是中国封建社会的最高学府和教育、出版管理机关,也是中央刻书的主要机构。其所刻之书称为"监本"。

宋代国子监所设刻书机构原称"印书钱物所",淳化五年(994)因其名称"近俗",乃改为"书库官"。其职能有二:一是刻印书籍,即所谓"掌印经史群书",相当于中央直属印刷总厂;二是发行图书,即所谓"出鬻(图书)而收其直以上于官"。除出售以外,其所刻印的书籍还供皇帝做宣赐之用,史载,宋代皇帝多次赐九经于臣民邻邦,均取于国子监。此外,还常常把版片租出去,让人们自备纸墨印刷。

宋代皇帝非常重视国子监的刻书事业,因而刻书规模发展速度很快,刻书数量也极多。据《宋史·儒林列传·邢昺传》载,景德二年(1005)夏,宋真宗亲御国子监检阅库书,询问雕刻出来的经书版片有多少,国子祭酒邢昺答道:"国初不及四千,今十余万,经、传、正义皆具。"从960年北宋建国至1005年,不到半个世纪的时间,国子监雕刻出的版片就增加了二三十倍,可见国子监刻书速度之快、数量之多。以致邢昺感慨地说:"臣少从师业儒时,经具有疏者百无一二,盖力不能传写。今板本大备,士庶家皆有之,斯乃儒者逢辰之幸也。"而这45年还仅仅是个开始,刻书最多的是其后的仁宗朝(1023—1063),包括1000卷的《太平御览》在内的许多大部头典籍都是那时雕印的。

国子监的刻书内容极广,经、史、子、集四部皆备,其中以正经、正史及医书、算术、诸子书为多。北宋国子监多次大规模刻印经书,从雍熙二年(985)就开始刊刻五经,二年后,国子监司业孔维等奉敕校勘孔颖达《五经正义》180卷。诏国子监次第镂版,至淳化五年(994)全部刻成。其后还校刊《七经义疏》和《经典释文》。北宋国子监对刻印史书也非常重视,淳化五年(994)五月,太宗诏选官分校"三史"(《史记》《汉书》《后汉书》),以后真宗、仁宗朝都再经复校,有《新校史记前后汉书》。"三史"之外,真宗咸平三年(1000)十月又校《三国志》《晋书》《唐书》,天圣二至四年(1024—1026)校《南北史》《隋书》。到北宋末年,"十七史"已全部由国子监镂版颁行。除正史以外,国子监还刻印了《资治通鉴》《七十二贤赞》等其他史学著作。

在医书、算术、诸子书刻印方面,天圣四年(1026),仁宗命集贤校理晁宗悫、王举正等校定《黄帝内经·素问》《巢化诸病源候论》,并于次年四月命国子监摹印颁行,这是历史上第一次医书校理刊行。此外还校刻了《伤寒论》《备急千金要方》《本草图经》《神医普救》《太平圣惠方》《九章算术》《孙子算经》《海岛算经》《张丘建算经》等。除此而外,诸子亦多有刻印。如《庄子》《荀子》《文中子》《孙子》《司马法》等。

靖康之后,宋高宗赵构在杭州建立了南宋王朝。旧存国子监书版为金人抢走,一路上多遭毁弃。南宋新设立的国子监乃重雕经史,补齐经籍。当时,也有许多监本并非国子监自刻,而是把各地方,如临安府、湖州、衢州、台州、泉州,以及四川等地所刻书版取来,放在监中,算作监本。整体来看,南宋国子监的刻书规模以及刻书质量都无法和北宋相比。

两宋监本有书名可考者,各达百十种以上。仅王国维《五代两宋监本考》就著录两宋监本182种。其刻书规模之大、数量之多、地位之高、内容之精是有其历史原因的:

(1) 监本备受皇帝重视,在政策、人才和资金等方面予以大力支持。太宗命设专门刻书机构,真宗亲临国子监视察书库,仁宗将监本奖给昌王赵宗。《建炎以来朝野杂记》卷四载,高宗曾谓秦益公曰:"监中其他缺书,亦今次第镂版,虽重有所费,不惜也。"孝宗诏印经史子各一帙赐吴益二府。理宗出禁钱百万刊书,并亲题篇首语。有宋一代几乎每个皇帝都有校刊监本的诏渝。在国家发生战乱后,皇帝又亲自调动全国力量,将各地的书版呈缴给国子监,优先恢复其出版的规模与业务。前面讲的南宋初年即有过大规模的呈缴书版活动。

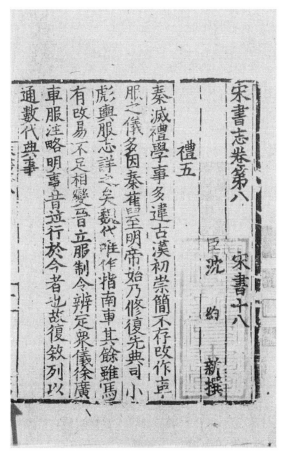

图6.2　南宋绍兴间国子监刻本《宋书》

(2)除各地呈缴书版外,宋代监本还有相当一部分是交杭州刻印的。杭州作为当时的刻书中心之一,刻印技术处于领先地位,因而能保证监本的质量。王国维在《两浙古刊本考》中指出:"宋有天下,南并吴越,嗣后国子监刊书,若七经正义,若史汉三史,若南北朝七史,若《唐书》,若《资治通鉴》,若诸医书,皆下杭州镂版。"他在《五代两宋监本考》中考证两宋监本182种,大半为杭州刻印。可见宋代国子监带有国家出版社的性质,编校好的书,可发本监雕印,也可交地方镂版。

(3) "三校"制度保证了监本的质量精审可靠。宋代国子监在图书校勘方面实行"三校制度",凡经批准镌刻的书籍,在交付镂版的过程中,必须经过三校。据《宋会要·崇儒》记载:"凡校勘官校毕,送复校勘官复校,既毕,送主判馆阁官点检详校。"即先由负责校理的官员精加校勘,第一道校雠工作完毕后,送复校勘官,再复校一遍,然后送主判馆阁官,重加点校。三校官员的名衔印在全书卷末,以示对书籍的校勘质量负责。三校之后,还派人进行"点检",即抽查。三校制度一直保留至今,是一种保证书刊出版质量的有效措施。

除国子监外,宋代中央其他行政机构也有过刻书活动,如:德寿殿刻印刘球《隶韵》十卷;崇文院于咸平三年(1000)刻印《吴志》30卷,天圣二年(1024)刻印《隋书》85卷;秘书监掌管古今经籍图书、国朝实录、天文历算等事,可以理解为当时的国家图书馆,其下属的太史局设有"印历所,掌雕印历书。南渡后并同隶秘书省,长、贰、丞、郎轮季点检";修内司刻医官王继先等奉诏撰《绍兴校定本草》及105册的《乐府混成集》;左司廊局于淳熙三年(1176)刻印《春秋经传集解》30卷。

此外,刑部、大理寺、进奏院、尚书度支部、编敕所等,又各刊刻不少法律书和诏令。然而以上这些部门就刻印书籍的规模、数量以及地位而言,都不能与国子监相比。

2. 地方官刻

地方官刻始于五代,然而真正繁荣发展,大规模地雕印各类典籍,形成出版事业,还是到了宋代。当时地方官刻书蔚成风气,刻书机构名目繁多,某些机构刻印图书还带有经营开发性质,政府也加强了对出版业的管理。

宋初承袭唐后期之制,地方实行道、州、县三级建制。太宗时改道为路,实行路、州、县三级,终宋一代不变。太宗时全国分15路,神宗时增至23路。路级机构为转运使司,其最高长官为转运使,掌一路军、民、财、刑各方面大权。皇帝不愿把一路之权长期集中在一二员转运使手中,因此又陆续设置提点刑狱司——负责查访本路刑狱;提举常平司——掌管义仓、市易、坊场、水利;徽宗时另设提举茶盐司——掌茶盐的产销;南宋时把常平司和茶盐司合并为一;安抚使司——在各州水旱或边疆用兵时发挥"巡察、体量、安抚"之作用。各路转运使,俗称"漕司",提点刑狱司,俗称"宪司";提举常平司,俗称"仓司",安抚使司,俗称"帅司",同掌民政、司法、财政、军事等权,互不统属,又彼此监督。

路下一级的地方机构为州,又有州府军监等称,府设于重大城市,军设于重要兵防之地,监设于坑冶、铸钱、牧马、产盐之地,均为州级官府,直属朝廷。州下为县。

以上这些机构,都从事过出版活动,均有刻本流传,如:淮南东路转运使司绍兴十八年(1148)刻《徐积节孝先生文集》30卷;潼川府路转运使淳熙十二年(1185)刻大字本《三国志》;广西漕司绍熙三年(1192)刻王叔和《脉经》十卷,等等。

在众多的刻书机构中,公使库是宋代地方政府刻书中最有特色、值得展开论述的一种。公使库类似于现在的官办招待所,本职是接待来往官吏,为公使出差提供饮食住行方便的机构,遍布全国各地。其费用先是由老百姓负担,后又改由国家专门拨款,然而拨发的公使钱数量有限,不敷使用,于是国家下令放开口子,允许公使库自找财源,补偿所需费用。这样一来,各州郡的公使库就各显神通,开当铺、煮酒、卖药,多种经营,开发财源。刻书卖书,搞出版发行,也是公使库广开财源的重要途径。其中,苏州知州王琪刻印杜甫诗集就是一个典型的例证。据明代陈继儒在《太平清话》中记载,仁宗嘉祐四年(1059),苏州知州王琪借用公使库钱修葺官署,无力偿还,于是拿出家藏杜甫诗集的善本,"俾公使库镂版。印万本,每部直千钱。士人争买之,富家或买十余部。"不但还清了公使库的钱,而其还有盈余,在当时被称为"文雅之事"。

仅据叶德辉《书林清话》载,宋朝有名的公使库多达10余处,著名的有苏州、吉州、台州、明州、舒州、抚州、泉州等。公使库内往往设有印书局,专门刻印书籍。其刻印的图书总称"公使库本"。公使库通过刻书积累了大量资金,又反过来促进了公使库刻书事业的发展。公使库还利用自身的权力,在地方上网罗了一批技术高明的刻工,成为公使库刻书的技术保证,因而公使库本的质量都比较高,其中以抚州公使库刻"十二经"最为著名。

在中央高度重视和地方官提倡下,宋代官刻发展很快。北宋时,就形成了蜀、浙、闽三大刻书中心。到了南宋,刻书地区遍布全国,张秀民在《中国印刷史》中开列了《南宋刻书地域表》,所列地名183处,以两浙东西路48处为最多,次为江南东西路、四川路各十七八处,广南东西路最少。而广南东路也有广州、怀集、肇庆、连山、潮州、潮阳、博罗、惠州等八处;广南西路有静江府(桂林)、象州、柳州、琼州(今海南岛)等四处。仅潮州一地刻书34种,共1890板,其中有《吕氏易集解》《春秋集传感问》《孟子说》《通鉴总类》《新修潮阳图经》《林贤良草范集》等,版藏郡治、郡学、濂溪书院内。张先生所列的这些刻书之地,除部分为私坊刻书外,绝大部分为地方政府刻书和书院刻书。

图6.3 宋淳熙四年(1177)抚州公使库刻本《礼记注》

(二) 私刻

私刻亦称家刻,是指私人出资校刻图书。由于刻书人以自己的名望为重,不以售卖盈利为主要目的,往往对书本进行精细的校订或选择优秀的善本作底本进行翻刻,追求精雕细刻,用纸也比较考究,所以私刻本的质量较高,善本珍品居多。私刻本往往以"某家塾""某堂""某斋""某宅""某府"等字样为标记。我国私刻始于唐代,至宋代已经成为一种风尚,以致形成与官刻、坊刻鼎足之势。参与私刻活动的大多数为官宦豪门、名流大族、文人学者,所刻图书以精善著称,如著名理学家朱熹、文学家陆游等均从事过刻书活动。由于私家刻书有较大的自由,所刻子部、集部书较官刻为多。

宋代私刻可以分为几种情况:(1)自家出资刻印自己的著作;(2)自家出资刻印自己家人或老师的著作;(3)自家出资或筹资刻印他人著作(其中以私家藏

书居多);(4)自家出资或筹资委托书坊按照自己的要求刻印有关书籍。① 据叶德辉《书林清话》卷三《宋私宅家塾刻书》条所录刻书之家,共计有40多家。北宋的私家刻书,后世传本较少,可考者有仁宗宝元元年(1038)临安进士孟琪所刻《唐文粹》,庆历六年(1046)京台岳氏刻《新雕诗品》,嘉祐二年(1057)建邑王氏翰堂刻《史记索隐》,治平三年(1066)建安蔡子弼刻《击壤集》,宣和元年(1119)寇宅(寇约)刻寇宗奭《本草衍义》等。到了南宋时期,私家刻书更为普遍。其中最著名的有陆游幼子陆子遹所刻《渭南文集》,廖莹中刻印的《五经》《昌黎先生集》和《河东先生集》,周必大刻印的《欧阳文忠公集》等。

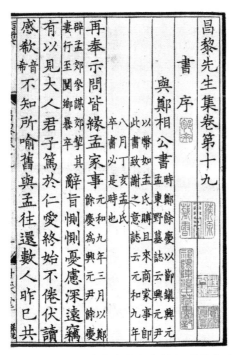

图6.4 宋咸淳年间廖莹中世彩堂刻本《昌黎先生集》

家塾本也属于私刻之一种。在封建社会里,官僚、地主及富商大贾,往往都设立家塾,聘师教授自己的后辈。这些被聘的教师虽未必有什么科第功名,但往往却有真才实学。他们在教书的过程中,常常就自己的志趣和所长,或自己著述,或校勘、整理、注释、阐明前人的著作,并依靠主人的财力,刊刻成书。宋代家塾刻本流传至今的,有黄善夫家塾刻印的《史记集解索隐正义》)和《王状元集百

---

① 周宝荣:《宋代出版史研究》,郑州:中州古籍出版社2003年版,第88页。

家注分类东坡先生诗》,蔡琪家塾刻印的《汉书集注》,蔡梦弼家塾刻印的《史记集解索隐》等。

（三）坊刻

坊刻,是指书坊刻书,书坊是古代卖书兼刻书的店铺,是一种具有商业性质的私人出版发行单位,由书坊刻印的书称为坊刻本、书坊本或书棚本。书坊刻书在刻书业中开始得最早,地域分布最广,其印刷量也最大。最先采用雕版来印刷图书的就是民间书坊,官刻和私刻都是在坊刻基础上发展起来的。在一定意义上,书坊是商品书籍流通的主体。唐末五代的书坊规模很小,刻书内容也仅限于阴阳杂汇和历书,故称某家,而到了宋代坊肆书商规模又有发展,书坊被称为书林、书棚、书堂、书铺、经籍铺和书坊,可谓名正言顺。有些书坊专门接受委托雕印业务,刻印和售卖书籍。有的书坊拥有自己的刻工和印刷工匠,并聘人编辑新书,印刷出售。还有的坊肆主人本身就是藏书家,而且兼事编撰、刻印、售卖业务,集编撰、出版、发行于一坊一肆之中。就书籍印制的效率和批量而言,也远非昔比。苏轼称:"近岁市人转相摹刻诸子百家之书,日传万纸。"可见其时书籍生产效率相当高。宋咸淳年间明州刻本《佛祖统纪》的"刊板后记"称:"拟办纸印造万部为最初流通。"则当时书籍生产规模之大足见一斑。所以,坊刻之书具有名目新、刻印快、行销广的特点。

两宋书坊刻书活动主要集中在东京汴梁、福建建阳、浙江临安、四川成都及眉山地区。其中以建安余氏和临安陈氏最为著名。这两家书坊历史悠久,刻书很多,是宋代坊刻的代表。

福建的书坊刻书,主要集中在闽北建阳县麻沙和书坊二镇。我国雕版印刷史上的"建安余氏"就世居书坊镇。叶德辉《书林清话》卷二称:"宋刻书之盛,首推闽中,而闽中尤以建安为最,建安尤以余氏为最。"建安余氏世代刻书,绵延数百年之久。宋代余氏刻书家,可考者有余仁仲、余恭礼、余唐卿、余腾夫、余彦国等多人。其中以余仁仲万卷堂最为著名。余仁仲是南宋中期人,他所刻的经书,"点画完好,纸色极佳",如《尚书精义》《春秋谷梁经传》《礼记注》等。余仁仲所刻至今仍能见到六七种之多,由此可以想见其刻书数量之大。

南宋时,在临安(今杭州)的棚北睦亲坊众瓦南街和众安桥一带,有不少以家族命名的"经坊""书籍铺"。因为他们所刊刻的书籍的形式、字体和风格相近,所以,被统称为"书棚本",其中仅陈姓书铺就有四家之多。其中,尤以陈起父子最为有名。陈起,字宗之,号芸居,称陈道人,又称武林陈学士。他在文学艺术上有较深的造诣,有《芸居乙稿》和《芸居遗诗》传世,长于书法绘画,好刻唐人诗集,刻

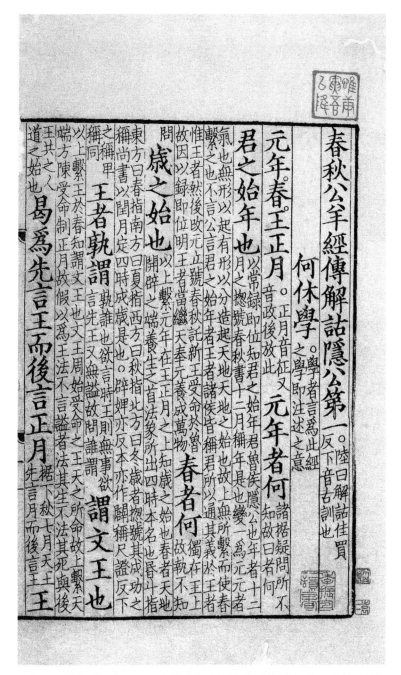

图 6.5 宋绍熙二年(1191)建阳余仁仲万卷堂刻本《春秋公羊经传解诂》

有《常建诗集》《韦苏州诗集》《李贺诗集》《孟东野诗集》等,书后大都刻有"临安府棚北大街睦亲坊南陈宅书籍铺刊行"牌记。因此,便有"字画堪追晋,诗刊欲遍唐"之誉。作为职业编辑和出版家,陈起有许多特点和美德:一是着眼于当时,注意刊刻当代人的文集。二是着眼于下层,他对于许多怀才不遇流落江湖的"江湖诗人"十分同情,与他们建立了深厚的友谊。他为这些诗人逐个出版诗集,先后编辑刊印了《江湖集》《江湖后集》65种,《南宋六十家名贤小集》,致使当时许多无名诗人的作品,得以保存流传。陈起并不是有文必录、逢诗必收的,而是有很严格的审稿选稿标准,就是名家的作品也不例外,有一位张元龙积累40年的诗稿,被陈起删去了93%,只保留了全部稿件的十四分之一,作者也欣然接受,还请陈起再加精选,这说明作者和编者都对出版抱有极为严肃认真的态度。陈起因而赢得了"文士独知音""江湖指作定南针"的盛誉。陈起卖书"收作清于卖卜钱",又"赊书不问金""成卷好诗人借看",出版的书质量高、定价低,卖书又可赊欠,还可借阅,这样开明的经营方式自然使陈起"江湖名姓香"。他与作者友善,保持极友好的关系,诗酒往还,甚至有时还送友人梅剸冰玉笺、歙砚等。然而正是《江湖集》使陈起得罪了权相史弥远,牵连进一场诗祸事件。本人被充军流放,《江湖集》也被劈版销毁,直到八年后史弥远死去,陈起才遇赦敢归临安,他重操旧业,前后从事编辑出版近40年。陈宅书籍铺所刻书籍,雕印精良,为历代藏书家所重。应该说,后人所以能见到较多的唐宋文人诗词,是与陈起等书坊刻书家的功绩分不开的。当时的杭州,除陈氏外,还有尹家、郭宅、荣六郎家、贾官人、张官人等多家书坊。

整体来看,宋代书坊在刻书内容和版刻艺术方面具有鲜明的特征,同时也具有不容忽视的弊病。

1. 坊刻本的内容

书坊刻书内容十分广泛,归纳起来,大致有如下几类:

(1) 科举应试之书。即四书五经、小学、史评、总集等书。经史百家名著在官刻、私刻中并不少见,然而它们大都力求"仿古",因而有拘谨保守之弊。而坊刻本则不拘一格,在刊印这些书时,往往进行不同程度的编辑加工,如添制插图、汇刻各种注疏等。这类书繁衍如涌,一部书搞得花样翻新。岳飞之孙岳珂在《愧郯集》中说:"场屋编类之书,建阳书肆日辑月刊,时异而岁不同,四方传习。"

(2) 日常参考书。包括农书、医书、类书、便览等。这类书实用性强,不仅在当时具有普及文化的作用,就是在今天也有一定的参考价值。如郑振铎所言:"斯类通俗流行之作,为民间日用的兔园册子,随生随灭,最不易保存……研讨社会生活史者,将或有取于斯。"①

（3）民间诗歌、戏曲、小说、评话、弹词之类的通俗文学作品。民间通俗文学作品是坊刻本中最富有价值的一部分。自有坊肆以来,这类作品就源源不断地问世,而且日益繁荣。临安中瓦子街张家书铺出版的《大唐三藏取经诗话》,是现存宋人平话小说中少见的早期刻本。

（4）违反封建政策的禁书。封建社会对于意识形态的控制是十分严厉的,这一点必定也要在图书生产过程中反映出来。早在印刷业刚刚兴起的唐代,政府就下令禁止民间私自刻印历书。到了宋代,书禁愈演愈烈,先是禁天文、阴阳卜卦、兵谋攻术,后又加上边机文字、刑统律说、敕文、奏议、实录、会要、野史、文集及非入佛藏的宗教书,种类可谓多矣。政府三令五申,不可谓不严,然而所有这些都几乎成为一纸空文,不但历书、阴阳杂书照样在市面上大量流行,就是朝廷指名禁印的边防、军机文字也未绝迹。其原因也是多方面:一是民间需要这类书籍,印出来有市场,这是最根本的一点;二是政局时紧时松,禁令有张有弛;三是印刷业已发展到一定程度,刊布刷印已非难事;四是利润的吸引力,辽人曾以十倍的价格收购宋朝图书。正如苏辙在《北使还论北边事札子》中所云:"人情嗜利,虽重为赏罚,亦不能禁。"刻禁书的主要是民间书坊。

2. 书坊刻书的版刻艺术

在版刻艺术方面,书坊刻书家也勇于创新,发明了许多为广大读者喜闻乐见的刻印艺术形式。如:

（1）黑口。即中线,北宋刻书版面上没有中线,当时的印书技术刚刚趋于成熟,图书装帧受卷轴制度影响,故印书时没有使用黑口。南宋后出现黑口,有了黑口就是有了中线,便于折叠、装订,促使图书装帧形式由蝴蝶装向包背装演进。

（2）书耳。即版栏边左上或右上角刻有篇名卷次的小框。这种书耳由建阳坊刻首创,沿用很久,便于翻检书的内容。书耳在后来的图书制度中留有影响,即书页天头或版心两边标出章节名称,至今尚存。

（3）正文注疏合刊。唐五代之前的经史典籍,其正文与注疏是分开的,印本书出现之初亦是如此。从南宋开始,建阳坊刻中出现了经疏合刊的书籍。以后逐渐发展成将经史典籍的正文、注疏、音义乃至释文汇辑在一起的刊印,如建阳书坊主人刘叔刚刻印的《附释音春秋左传注疏》被阮元称为南宋"六十卷中最善之本"。

（4）重言、重意。重言重意是坊刻最早应用的一种注疏方式。重言就是将

---

① 郑振铎:《西谛书话题跋》,北京:北京图书馆出版社 2004 年版,第 10 页。

同一书中重复出现过的词予以注明；重意就是将词句不同而意义相同的也予以注明。如建阳刘氏刻的《监本纂图重言重意互注论语》一书即属此类。这种注疏方法增加了上下文的联系，便于读者查考，也便于举子应试。

（5）多附插图，图文互重。插图是帮助理解记忆正文内容、增加图书的通俗性趣味性、促进阅读兴趣的有效方式。如建安余氏所刻《新刊古列女传》八卷，采用上图下文的形式，其图临摹晋代顾恺之绘《列女图》长卷，极为生动。

（6）刻书行款字体的变化。印本书的行款字体变化有多方面的因素，诸如社会的书法审美观念等，而坊刻在字体变化中所起的作用是非常重要的。为了压缩版面增加容量，加快刻书速度，坊刻在行款、字体上做了不少努力，尽管其字体多不如家刻、官刻的精美。

（7）牌记。牌记又称墨围、碑牌，是坊刻家的字号标志，有方形、碑形、钟形、鼎形、亚字形、香炉形等式样。最初是为便于读者识别，争取商业信誉，后来逐渐发展成版权的记录，有的还具有明显的广告特点。辽宁省图书馆所藏宋代坊刻本《抱朴子内篇》，其卷二十之末有牌记云：

> 旧日东京大相国寺东荣六郎家，见寄居临安府中瓦南街东，开印输经史书籍铺。今将京师旧本《抱朴子》内篇校正刊行，的无一字差讹。请四方收书好事君子幸赐藻鉴。绍兴壬申岁六月旦日。[①]

这段文记载了书籍主人因靖康之难举家南迁，老店新开张，据旧本校订重印等方面的情况。

由此可以看出坊刻书在形式上较之其他刻书系统的印本具有更强烈的创新精神。从主观上讲，坊刻的这些努力，无非在于谋利，是为了增强竞争能力，争取更多的读者，提高书籍的销售量。由于坊刻所受到的思想束缚少，能接近下层，了解并注重民间需要，敢于标新立异，从而在客观上促进了图书形式的改进，这一功绩是不可否认的。

3. 坊刻本的弊病

不可否认，坊刻本也存在着许多弊病，而且同官、私两大系统相比，其存在的弊病也是最严重的，归纳起来主要有如下几个方面。

（1）刻本内容参差不齐，不少书籍已不只是"通俗"，而是流于"庸俗"，格调低下。如所刻的类书、通书、阴阳杂书、小说、戏曲作品中，往往有一些宣传因果报应、鬼神迷信、色情淫秽的篇章。

---

① 转引自商原乐：《〈抱朴子〉版本研究》，北京大学2005年中国古典文献学专业博士论文。

（2）文字校勘水平较低，伪误衍漏较多，有的甚至有意改篡文字，删节内容，割裂卷篇。陆游曾在《跋历代陵名》中批评说："近世士大夫，所至喜刻书版，而略不校雠。错本书散满天下，更误后学，不如不刻之为愈也。"他还在《老学庵笔记》卷七中曾记载了一则故事，非常生动地说明了福建麻沙坊刻本的弊病。

> 三舍法行时，有教官出《易》义题云："乾为金，坤又为金，何也？"诸生乃怀监本《易》至帘前请云："题有疑，请问。"教官作色曰："经义岂当上请？"诸生曰："若公试，固不敢。今乃私试，恐无害。"教官乃为讲解大概。诸生徐出监本，复请曰："先生恐是看了麻沙本。若监本则'坤为釜'也。"教授皇恐，乃谢曰："某当罚。"即输罚，改题而止。①

（3）刻印技术不精，纸墨粗劣，使人无法阅读。宋代人将福建麻沙坊刻本列为质量最次的版本，原因即是其校刻不精，而且为图方便，用软木作书版，用不了多久便字迹模糊。由于麻沙坊刻文脱误太多，咸淳二年（1266）福建转运使司还曾发下禁止书坊滥行翻版的榜文。

坊刻本之所以具有这种种弊病，原因是多方面的：从主观上看，书坊主人大多不是文人学士，即便有一些文化，水平也不会很高。他们在组织图书生产的过程中，无法对书籍的内容质量负责；从客观上分析，坊刻的市场主要是中下层的人民大众，购买力有限。在这种情况下，只有采用低价售书薄利多销的策略，才能使本身存在下去并发展。而为了降低书价，就必须降低成本，因此，坊刻本无论是用工还是选料，都无法与不惜工本的官刻、私刻本相比。他们为了增加版面容量，只好压缩字体和行距，字小行密，自然达不到疏朗悦目的效果。再加上抢时间，刻版之后没有花足够的工时来认真校勘，容易产生文字上的舛误。

尽管如此，从总的情况来看，坊刻本仍然是功大于过。从保存文化典籍方面看，宋元时代的图书保存下来是很不容易的，经过历史上的天灾人祸，多次焚劫，我们今天仍可看到六七百年前杭州陈氏、建阳余氏等工艺精美的产品，由此也可以想象这些刻书家在当时印书数量之大。从传播文化方面看，由于这些刻书家从它们诞生之日起就生存于民间，并以人民大众的需要为动力，所刻的书籍逐渐形成了雅俗共赏、重在实用、不断创新以及品种多、印量大等特点，所以就更有利于书籍的销售与流通。从发展文化方面看，尽管书坊家的某些刻本存在着诸如纸墨粗劣、校勘不精等缺点，但是在普及文化、满足群众需要以及促进印刷术发展等方面还是做出了相当大的贡献。他们的刻书活动还繁荣了当时的文艺创

---

① （宋）陆游：《老学庵笔记》，北京：中华书局1979年版，第94页。

作,活跃了书籍贸易,推动了造纸、制墨等有关手工业的发展,对后世和世界文化的发展也具有深远的影响与意义。

二、寺观和书院刻书

(一) 寺观刻书

寺观刻书,是指佛寺道观刊印本教典籍的出版活动,所刻典籍成为"佛藏"和"道藏"。雕版印刷术发明大致有两条线索:一条是民间坊刻,另一条主线就是佛教信徒因为传经的需要,多方探索反复实践的结果。进入两宋以后,随着雕版印刷的广泛应用,佛寺和道观刻书也随之活跃起来。尤其是佛教经典的刊刻进入了一个大发展、大飞跃的新阶段。宋代由于统治者的保护政策,佛教寺院刻经进入规模化、制度化阶段。其最主要的成果,便是先后雕刻了六部大藏经以及不计其数的单刻佛经。可以说,到宋代以后,寺院刻书也已经形成一个独立的系统。

所谓大藏经,就是将一切佛教典籍有组织有系统地汇集成的一部大丛书。其中佛所说的教法称"经",佛所制定的戒条称"律",发挥佛法的道理成为"论",故大藏经也称为"三藏经""一切经"。"藏"的梵语为 Pitaka,原意是可以盛放东西的竹箧,即汉文之"笼""篮",有容纳、收藏之义。佛教大藏经收集广博,它既是佛书,也是涉及哲学、历史、语言、文学、艺术、天文、历算、医药、建筑等领域的包罗宏富的古籍,对中国和世界文化都产生过深远的影响。大藏经卷帙浩繁,通常都在 5000 卷以上,版片常多达 10 多万块,书写、校对、雕版、印刷、流传,要动员和集聚数以千计的人力,历时 10 余年以上至数十年上百年才能完成。大藏经的刻印流传,对于雕版印刷术的发展、版画艺术和套版印刷的发明、刻书中心的形成、书籍制度的演进以及印刷术的传播都产生了巨大的推动力。

我国大藏经的编辑工作,始于南北朝时期,上版刊印则始于宋代初年刊印的《开宝藏》。开宝四年(971),宋太祖敕令高品、张从信前往四川成都雕大藏经版,太平兴国八年(983)雕印毕,共计 1076 部,5048 卷,经版 13 万片,分为 480 帙。经版刻成后,被运送到汴京(今河南开封)。在印经院印刷,装成卷轴本。世称《开宝藏》或《蜀本藏》,又称《北宋官版大藏经》。《开宝藏》帙以千字文为序,帙内各卷以数目字为序,构成二级书号。印刷用纸为黄麻纸,每版正文 23 行,每行天头空两字,地脚空一字,实刻 14 字,满行 17 字;版尾有小字一行,刻经名卷数和千字文号,卷尾有经名卷数和雕造年代题记。这些格式长期为以后雕印的大藏经所遵循,成为定式。《开宝藏》的刻成,大大促进了宋代新兴印刷技术的发展和传播。手写佛经逐渐减少,官私刻印藏经的风气渐开。继《开宝藏》之后,两宋由寺院刻印的大藏经先后还有 5 部,即:① 北宋神宗元丰三年(1080)至徽宗崇宁三年(1104)雕印于福州东禅寺的《崇宁万寿藏》(这是中国,也是世界上第一部私

第六章 古代出版业的黄金时代（宋辽夏金元）

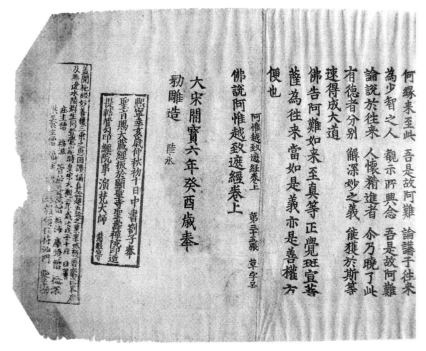

图 6.6 北宋初年由政府出资刊印的《开宝藏》

人刻印的大藏经），②宋政和二年（1112）至乾道八年（1172）年雕印于福州开元寺的《毗卢藏》，③宋靖康元年（1126）至绍兴四年（1134）刻印于湖州思溪圆觉禅寺的《思溪圆觉藏》，④南宋淳熙二年（1175）刻印于湖州思溪资福寺的《思溪资福藏》，⑤南宋绍定四年（1231）至元至治二年（1322）雕印于平江府（今江苏吴县）碛砂延圣院的《碛砂藏》（全称《平江府碛砂延圣院大藏经》）。

道藏是按照一定的编纂意图、收集范围和组织结构，将许多道教经籍编排起来的大型道教丛书。道教编纂道藏的历史很长，北周武帝开始组织官方力量参与编辑道藏活动。此后的隋唐五代时期均有大规模的道藏编纂活动。至宋代，道藏的编纂活动进入一个新的阶段，并开始雕版印行。《政和万寿道藏》是我国历史上道教全藏雕印之始。崇宁年间（1102—1106），自称"教主道君皇帝"的宋徽宗诏令搜访道教遗书，得 5387 卷。至政和三、四年（1113—1114）又两次下诏，搜访天下道书，专设经局，差道士详校。并送福州闽县镂刻，总计 540 函 5481 卷。事毕，进经板于东京（今河南开封）印行。此藏被称为《政和万寿道藏》或《万寿道藏》。据史载，重和元年（1118），有数十部颁行各地宫观。道藏的印行，说明了宋代雕版印刷技术已经发展到了很高的水平，同时，这项活动本身也会对印刷、出版事业的进一步发展产生重大影响。

(二) 书院刻书

书院是我国唐宋以来特有的一种社会文化教育基地,其名起于唐代,兴起于北宋,鼎盛于南宋,绵延至清末。书院主持院务者称为山长,一般由知名学者担任。在大儒辈出的南宋,著名理学家朱熹、张栻、吕祖谦、陆九渊、魏了翁等曾先后出掌白鹿洞书院、岳麓书院、丽泽书院、象山书院和鹤山书院。历代书院在设坛讲学、著书立说、修身养性、研究学术的同时,编辑出版图书也是书院一项较有影响的经常性活动。它在中国文化史、教育史、思想史、出版史上占有重要地位,对古代教育的发展和学术的繁荣起了重要作用。

宋代是我国书院发展的繁荣时期,据曹松叶统计:宋代书院共203所,北宋占24%强,南宋占75%强。还涌现出了闻名海内的白鹿洞、岳麓、嵩阳、睢阳、石鼓、茅山等书院。就整体而言,书院基本属于私学,然而在其发展演变过程中,又与各级政府有着千丝万缕的联系,出现不少官办书院。在曹松叶统计的203所书院中,其中民办占50%,官办当中,地方官办占21.25%,督抚办占1.96%,京官办占6.55%强,敕建占2.09%强。① 这些官办书院也多依赖民力,如朱熹修复白鹿洞书院,是任南康太守时办的,当然是官办,但他除奏请朝廷敕额赐书外,又致函各方,求民间协助。所以,宋代书院既有民办官助,又有官倡民助,很多是官民合办,民办又较官办为多。

宋代书院刻书事业非常发达,叶德辉《书林清话》"宋司库州军郡县书院刻书"条记录了宋代丽则、象山、泳泽、龙溪、竹溪、环溪、建安等书院的刻书情况。清初学者顾炎武在《日知录》卷十八"监本二十一史"条中也指出:"闻之宋、元刻书皆在书院,山长主之,通儒订之,学者则互相易而传布之。"他还进而指出了宋元书院刻书的三大优势:"山长无事而勤于校雠,一也;不惜费而工精,二也;板不贮官而易印行,三也。"同时,宋代书院官私兼办的性质决定了书院刻本与政府官刻及私坊刻书既有联系又有区别,既有内容的广泛性,包括经、史、子、集、丛诸部,又有较强的目的性,重点为本书院师生自用。故很少刊刻御纂制书,也几乎没有面向民间的农桑卜算、阴阳杂记、启蒙读物及戏曲小说类的民间文学作品,而主要集中于学术性著作,尤重师承学派。析其内容,书院刻本多为如下几种类型:

(1) 刊刻书院师生读书札记、研究所得、成果汇编,有推动著述的作用。辛勤地广求可靠资料,精密细致地进行比较分析,有识断地提出新的见解,这是书

---

① 曹松叶:《宋元明清书院概况》,《国立中山大学语言历史研究所周刊》1929年第10集第111期。

院在长期教学实践中总结积累的良好的读书治学经验。讲经史之学的书院非常提倡札记这种方法,认为可以积累资料,传习文献,又可以为创作打基础。张载等许多大师都重视这种方法,陈亮作《中兴遗传》、叶适作《习学记言》、王应麟作《困学纪闻》多得力于札记。

（2）刊刻书院教学所需名家读本,作为阅读参考书籍和典范本。书院的一个重要特点,就是以自学为主,大师面授讲学,大抵是提纲挈领式,重在启学,并不逐章串讲,有时答疑指点,选取重点加以发挥,注重生徒自己读书钻研,自己体会深造,这就需要自学读本和参考书籍。书院教育以儒家经典为主要教材,推崇理学大师对儒家经典的诠释之作。书院刻本中,经史义疏之类著作占有相当大的比例,如宋代龙山书院刻《纂图互注春秋经传集解》,丽泽书院刻司马光《切韵指掌图》,鹭洲书院刻《汉书集注》《后汉书集注》等。

（3）刊刻历代先儒大师的巨著和本院山长等人的名作,为的是把这些学术性著作传播于世。如宋建安书院刻《朱文公文集》《续集》《别集》,龙溪书院刻陈淳《陈北溪集》,竹溪书院刻《秋崖先生小稿》,豫章书院刻《豫章罗先生文集》,屏山书院刻《止斋先生文集》,龙川书院刻《陈龙川先生集》,等等。

从以上分析,不难看出书院刻书的内容特点,由于目的明确,以学术著作为主,层次较高,校对精审,就其总体质量来看,精善之本所占的比例很大。

三、宋代的刻书中心

宋代的刻书业几乎遍布全国,在全面繁荣的同时,又涌现出了很多刻书中心。最为著名的是四川、杭州、福建、汴梁四大刻书中心,所刻书籍也各具特色。两宋之际的学者叶梦得在《石林燕语》卷八对四地印书作了如下评说:

> 今天下印书,以杭州为上,蜀本次之,福建最下。京师(按:汴京开封)比岁印板,殆不减杭州,但纸不佳;蜀与福建多以柔木刻之,取其易成而速售,故不能工;福建本几遍天下,正以其易成故也。①

在北宋初年,蜀刻最盛,这是从唐、五代沿袭下来的;到北宋后期,浙刻最为精美;北宋京师汴梁作为政治、经济、文化中心,在出版事业中占有领导地位;南宋时代,闽刻数量居全国之首。

宋代四川继承了唐、五代的刻书风气。宋太祖开宝四年(971),赵匡胤派高品、张从信到成都开雕《大藏经》,共雕经版十三万多片,到宋太宗太平兴国八年(983)全部完成。这一繁重的雕印工作全部由四川来承担,说明当时成都地区刻

---

① (宋)叶梦德:《石林燕语》,北京:中华书局1984年版,第116页。

印技术力量和经济基础的雄厚。蜀本也由此而驰誉全国。其后，成都学署还先后刻印了《太平御览》《册府元龟》等大部头类书。南宋初年，蜀刻中心由成都向眉山转移，四川转运使井宪孟主持刻印了《宋书》《齐书》《梁书》《陈书》《魏书》《北齐书》《北周书》七部史书，世称蜀刻大字本"眉山七史"。在他的提倡和带动下，眉山地区还刻印了《周礼》《春秋》《礼记》《孟子》《史记》和《三国志》等书。南宋中叶，眉山有坊刻本《册府元龟》发行。坊间居然能够刻印上千卷的大部头书，可见当时坊刻业之发达、繁荣。蜀人刻书很注重校勘，其翻刊的监本一丝不苟。内容、印刷均为上乘，可惜的是流传至今的蜀刻本太少了。

宋代浙刻的中心是杭州。两浙东路和西路的广大地区刻书业也很发达。北宋时，杭州就已经为国子监刻了不少书。南宋在这里建都后，官私坊刻书业更加兴旺发达。杭州城内棚北大街、众安桥修文坊及太庙前私人设立的书肆林立。由于刻印工匠技术熟练，纸墨工料又多选上等，许多书虽系"书棚本"，但仍不失为刻印精美的艺术品，出现了陈氏、尹家、郭家、荣家等著名的刻书铺。据王国维《五代两宋监本考》统计，两宋监本有182种，大半为杭州刻印。除杭州刻书最多、最精之外，绍兴、宁波、台州、严州、嘉兴、湖州、温州、衢州、婺州、建德等都有刻书并留传于后世。据王国维《两浙古刊本考》载，杭州府刊版188种，嘉兴、湖州、绍兴、宁波、台州、严州、金华、衢州、温州、处州刻301种。大部分为宋版书中之佳品。

汴京作为北宋的政治、经济、文化中心，为图书编辑和出版事业的发展提供了雄厚的物质基础和优越的环境。无论是官刻还是私、坊刻都非常发达。官办刻书印书机构有国子监、崇文院、秘书监、司天监等，主要是刻印经书、史书、医书、算书、类书以及日历等为主；官刻书籍，尤其是监本，校对精审，错误较少。民间刻书也非常发达，相国寺东门大街是著名的书市贸易中心，各类书籍应有尽有。有些文人还在此设肆售卖书籍。宋魏泰《东轩笔录》卷三记载了北宋文学家穆修晚年因生活困苦，刊印《柳宗元集》并在相国寺设肆售书的故事：

> （穆修）晚年得《柳宗元集》，募工镂板，印数百帙，携入京相国寺，设肆鬻之。有儒生数辈至其肆，未详价直，先展揭披阅，修就手夺取，瞋目谓曰："汝辈能读一篇，不失句读，吾当以一部赠汝。"其忤物如此，自是经年不售一部。[①]

"靖康之难"后，汴京的刻书事业开始衰落下去。但是，很多刻书机构和刻书家又从汴京迁移到临安（杭州），促进了杭州出版事业的繁荣。

宋代福建刻书业主要集中于建阳和福州两地。前者以坊肆刻书著称，后者以寺院刻藏而闻名。建阳县有麻沙和书坊二镇。南宋祝穆在《方舆胜览》中曾说

---

① （宋）魏泰：《东轩笔录》，北京：中华书局1983年版，第30—31页。

"建宁麻沙、崇化两坊产书,号为图书之府"。《福建通志》中也提到:"建阳、崇安接界处有书坊村,村皆以刊印书籍为业。"书坊村由刻书成风得名,至今仍称书坊乡书坊镇。我国雕版印刷史上著名的"建安余氏"一族就世居于此。与余氏同时或稍后,书坊镇还有熊、陈、郑、叶等家,在其东北二十里的麻沙镇还有刘、蔡、虞诸家,也都是从宋代到明代累世从事刻书业,为历经数百年而不衰的刻书世家。福州是宋代刊刻宗教书籍的中心。前文提到的《政和万寿道藏》《毗卢藏》《崇宁万寿藏》等道藏和佛藏,均刊刻于福州。能在同一地方先后刊成工程浩大的两部总数近两万卷的佛教大藏经和一部道藏经,足见当时福州刻书业的兴盛。

除了以上四大中心以外,宋代刻书较多的地区还有建康、潭州、徽州、潮州等地。

第四节 宋代图书形制及印刷技术

一、早期册页制印本特征及装订形式

唐代是写本书的鼎盛时期,同时也是雕版印书的兴起之时。宋统一后,雕版印书业得到空前发展。这种书籍制作方式的改变,必然引起书籍装帧形式的相应变化。从唐末至宋初,随着印本书籍逐步取代写本书,册页制也逐步代替了卷轴制。清人钱曾尝言:"自北宋刊本书籍行世,而装潢之技绝矣。"[1]正反映出书籍生产方式的变革对装帧形式变化的深刻影响。

册页是宋代以来中国书籍的普遍形式,也是目前世界上最为通行的书籍装帧形式。所谓册页制,就是积累许多单页装订成为一册,这种书籍制度称为册页制度。雕版印刷的一版恰好印出一页,册页形式最适合印刷术的要求。我国最早的册页制度是蝴蝶装。蝴蝶装是由经折装演变而来的。后来,蝴蝶装又发展为包背装,然后再变为线装。在机械化印刷术传到中国以后,书籍逐渐变为平装和精装。

1. 蝴蝶装

蝴蝶装又称"蝶装",因书页展开似蝶形而得名。蝴蝶装是宋代书籍装帧的主要形式。《明史·艺文志》记载:"文澜阁藏书皆宋元所遗,无不精美,书皆倒折,四周外向,虫鼠不能损"。这里所所谓的"书皆倒折,四周外向",指的就是蝴蝶装。叶德辉在《书林清话》一书中曾描述蝴蝶装的装式说:"蝴蝶装者不用线

---

[1] 转引自李致忠:《中国古代书籍史话》,北京:商务印书馆1996年版,第137页。

订,但以糊粘书背,夹以坚硬护面,以版心向内,单口向外,揭之若蝴蝶。"其具体的装订方法,是先将每一印页由书口向内对折,即把有字的纸面相对折起来,与后来的线装对折方式恰相反,然后将每一书页背面的中缝粘连在一张裹背纸上,再装上硬纸,(有时用布或绫锦裱背)作封面,便成一册书。这种装帧,从外表看,好像现在的平装或精装书,打开时书页向两边张开,看上去仿佛蝴蝶展翅飞翔,所以称为蝴蝶装。

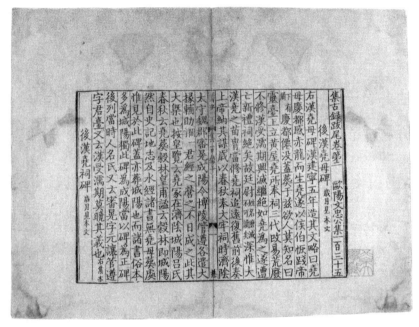

图 6.7　蝴蝶装宋眉山刻本《欧阳文忠公集》

蝴蝶装是由经折装变化而来的。经折装用久之后,折缝处往往断裂。经折装是由印成的单页粘成长幅后,再折叠起来的。这种装订易使书页断裂的缺点使人们想到,如果将印页反折起来,将折缝粘在包背上,不就可以利于保护图书了吗?

蝴蝶装的插架方法,很像近代精装平装书籍,而且比现在的插架方法更胜一筹。因为书衣是用硬纸,所以可以直立。排架时书口向下,书背向上,书根向外。为了便于寻检,常把书名及卷第写在书根上,从书背到书口成一直行,既经济耐用,又美观雅致。国家图书馆所藏宋装《欧阳文忠公集》《册府元龟》书根上就有这样的题字。其书口处带有摩擦的痕迹,可以证明当时是采用上述排架法的。

蝴蝶装的特点是版心向内,单边向外,使书心得以保护。边角污损可以裁去，也不影响文字内容。因为它是糊贴的，没有穿孔，易于改装。这些都有利于保护图书。蝴蝶装虽然在保护图书方面有它自己的优点，却给阅读带来了不便。由于书页都是单层的，纸较薄，印刷面容易粘连，阅读时往往是先见到纸背，而且读一页，必须连翻两页才能继续读下去，很不方便。于是就出现了包背装。

2. 包背装

包背装大约起于南宋后期，今见包背装的早期样品则为元代装帧本。这种装帧法一直沿用到明朝中叶以后。包背装就是把书页背对背地正折起来，使文字面向外，把版口作为书口，将书页的两边粘在脊上，再用纸捻穿订，外加书衣绕背包裹。这种装订的方式，基本上和蝴蝶装相同，但经过书页正折，版心向外，使页页文字相连，便于阅读。这种装帧由于主要是包裹书背，所以称为包背装。明代胡应麟《少室山房笔丛》说"凡装，有绫者、有锦者、有绢者、有护以函者、有标以号者"。这说明包背的材料和外表装饰是非常讲究的。

因为包背装的书口是书的中缝，如果仍照蝴蝶装的样式排架，将会磨损书口，使一页裂为两半，因此，就改为平放在书架上了。既然平放，硬封面的作用也就不大了，所以也可以改用软质材料作封面。

二、宋版书的特征

在宋代，热衷于图书出版事业的文人士大夫、书坊主、雕印匠人倾心创造，在图书印刷出版的书艺刀法、选纸用墨、版式行款等方面形成了鲜明的时代特色，即宋版书的版刻特征。从现存传世的宋版书来看，书写艺术和刻印技巧都已臻成熟。神气肃穆而不板滞，刻版刷印不失书写原貌。纸墨精莹，显示出对所刻书籍一丝不苟的负责态度。因而历来备受推崇。明代嘉靖时，钱塘学者高濂曾指出宋版书的优点："宋代刻书，雕镂不苟，校阅不讹；书写肥细有则，印刷清朗，故以宋刻为善。"[①]总结起来，宋版书大致有如下特征。

（一）从字体上看

宋代刻书多仿欧、柳、颜三家，而尤以颜体最为时尚。以时期论，北宋早期刻书多用欧阳询体，后来逐渐流行颜真卿体，南宋以后，运用柳公权体日趋增多。以地区看，汴梁多用欧体。浙本北宋末到南宋亦多用欧体，其字体结构呈长方形，书写字画认真不苟，字画秀丽挺拔，江苏、安徽、江西等地刻书也多用欧体，江西间或也有用柳体的。四川刻本多用颜体，同时又混杂有柳体的棱角，其笔画遒劲，撇、捺下笔很重。福建刻本多用柳体，早期比较瘦劲，横笔直笔一样粗细。中

---

① 转引自周宝荣：《宋代出版史研究》，郑州，中州古籍出版社2003年版，第88页。

期以后,则横笔细,直笔粗,转瘦为肥。在字体大小上,一般四川本都"字大如钱",书版也较宽大。其他地区居中,福建刻本则字体最小,且刻有一些便于携带的袖珍小字本。

(二) 从墨色刀法上看

宋本用墨质料精良,色浓如漆,潮湿而无漂迹,干燥而无烟迹。其书虽隔千年,往往开卷自生一种书香。宋时刻书对刻工要求严格,无论官私或书坊刻本,其刀法认真细致,字画横竖撇捺皆一丝不苟,特别是起笔、顿笔处,皆照原样摹刻而不加丝毫省略。虽刻在版上,亦不失原书手笔神气。

(三) 从用纸上看

宋刻用纸,品类繁多,主要有:麻纸、桑皮纸、罗纹纸、竹纸等,其中以麻纸应用最多。麻纸又有白麻纸、黄麻纸之分。白麻纸正面洁白光滑,背面略显粗糙,有草棍粗皮黏附,质地细薄,但很坚韧,耐久性强,有些宋刻本流传至今仍洁白如新。黄麻纸色略黄,较白麻纸略厚,其性能与白麻纸相仿佛,只是看起来更粗糙一些。

桑皮纸、罗纹纸和竹纸较为少见。罗纹纸颜色洁白,质地细薄而柔软,有显著的横纹,看上去与罗绸一样,故名。竹纸颜色枯黄,质地较脆,其制造的主要原料为嫩竹。此外还有藏经纸,质地硬厚,是用茧纸加蜡,再掺以防蛀的黄檗汁而制成。主要用于印刷佛教的《大藏经》。

在宋代印书用纸还有一种较为特殊的公文纸,即用作废的官府公文的背面印书,它一般多用于地方官府印书。如现存的宋本《洪氏集验方》5卷,以淳熙七年官册纸背印刷;《治平类编》40卷,印纸为元符二年及崇宁五年公私文牍故纸年簿籍;《北山小集》40卷,印纸为乾道六年簿籍。

一般来说,宋版书用纸最显著的特征是,纸质大多较厚较白,因年代久远,颜色略微发暗。纸中夹杂有粗纤维,此现象在元代最严重,明以后则少见。

(四) 从版式上看

宋代早期刻书多半是四周单栏,后来,逐渐演变为左右双栏,上下单栏,而且上下栏线细,左右栏线粗。大部分在版心中缝上端刻字数,下端镌刻工姓名。多是单鱼尾,建本则多是双鱼尾,且多刻有牌记和书耳。北宋版版心多为白口,宋代后期包背装开始出现,到南宋中后期细黑口开始在福建坊刻本中盛行。

有些宋版书还保持着卷子本的写式,即小题在上,大题在下。官刻本大都在卷末记校勘人姓名,以左为上,首列校对者某某,次列校定者某某,最后列主校者某某。宋版经类书大多在每卷刻有经若干字、注若干字。

宋刻本在版式上还有一个较为显著的特点,即每行字数虽然相同,但从横的方面来看,字的间隔排列,大都是不整齐的。

(五)从避讳上看

古人在言谈和书写时要避用君父尊亲的名,称避讳。避讳又分两种:对帝王、孔子等名,人所共讳,称公讳;避自己祖、父之名,称家讳,又称私讳。避讳制度在先秦即已存在,秦朝以后,随着中央集权的逐步确立,对其执行也越来越严格,至宋则达到了极点。宋代的《律》中即有关于避讳的法律条款:"诸上书若奏事,误犯宗庙讳者,杖八十。"

宋代避讳的范围大致如下:① 宋代历朝皇帝的名;② 宋代皇帝的旧名;③ 未做过皇帝的宋代帝王祖、父之名;④ 外戚家讳;⑤ 刻书者私讳。对这几类避讳执行的严格程度并不一样,其中以第一类执行的最严,不但历朝皇帝名的本字要避,连与此同音同义的字也要避。有的则要求较为宽松,如宋代皇帝以黄帝为远祖,因此要避讳其名,但只是要求"不得指斥",即不许将"轩辕帝""轩辕后"连用,若轩冕、车辕等单用则不避,经史旧文中若有连用者也不避。外戚的家讳一般避的时间不长,且较少见。刻书者私讳如陆子遹刻其父陆游的《渭南文集》,遇游字皆避,但也不常见。

宋人刻书避讳的方法大致有以下几种:① 为字不成,即将当避的汉字缺一笔,也有缺二笔的,所缺的大多是最后一笔。② 小字标注,凡遇当讳之字,不直书其字,而在其处用小字注以"当今御名"或"某宗庙讳""某宗御名"等。③ 加墨围。凡遇当避之字,将其字外端加以圆或方框,其字或缺笔或不缺笔。

宋代的避讳制度给当时书版的书写者、雕刻者添了不少麻烦,因为要避的字太多,稍一粗心,便要犯讳。但它却成为后来判定版本的重要依据,观察某书中某些字是否避讳,便可判定其大致刻于宋代的某朝。但看避字的同时一定要联系断定版本年代的其他依据,因为后来的翻刻本也有将其避字保留的。

三、宋版书多善本的原因

当今,凡被保存下来的宋版书都被视为善本。对于什么书才是善本书这个问题,历来有不同的说法。现在一般人认为,善本书的标准是历史文物性(年代久远)、学术资料性(有重要参考价值)、艺术代表性(印刷考究、装帧精美)三条。凡具备这三个方面特点,或具备其中之一二者,即可视为善本。

宋版书是世所公认的善本,这是因为它符合上述标准。宋朝至今已有七八百年了,历经多次变乱,宋版书能保存至今,实属不易,应当说是难得的文物了。在明代,宋版书就已经按页论价了。明末崇祯年间,著名的刻书和藏书家毛晋,为搜求宋版书,就在他的藏书楼汲古阁门前,悬挂征求启事谓:"有以宋椠本至者,门内主人计叶酬钱,每叶出二百……有以时下善本至者,别家出一千,主人出一千二百。"可见当时宋版书流传不多,藏书家已不是单纯地把它作为传播知识、交流文化的读物,而是作为珍贵的艺术品和罕见的历史文物来收藏了。清初钱谦益和曹溶,都是重视版本的藏书家。曹溶为钱氏《绛云楼书目》撰序,明确地阐明他选择藏书的标准是:"所收必宋元版,不取近人所刻及抄本。"清代中叶著名版本校勘学者黄丕烈,因笃嗜收藏宋版书,乃以"佞宋主人"自号。他因为获得了一部宋版《陶诗》,乃名其书斋为"陶陶室"。物以稀为贵,如今,北宋刻本早已价值连城,南宋本也已成了稀世之宝。据日本《朝日新闻》1977年6月28日报道,日本的阿布隆一教授用很长时间对日本、中国大陆和台湾等地所藏宋版书的情况作了一番调查。结果是:宋版书在日本有890多部,620版种;中国大陆有1500多部,1000版种;中国台湾有840部,500版种(但不包括大藏经之类的书)。这些数字虽未把美国、英国、法国、德国及前苏联地区统计进去,但也大致说明了目前宋版书存世不多的状况。

从学术价值来看,因为宋版书是雕版图书中刻印较早者,不少直接脱胎于写本,其内容精确,接近古书的原貌。比如陈寿所撰的《三国志》最初是:魏四纪,二十六列传,蜀十五列传,吴二十列传。南宋以后,学者受朱熹以蜀汉为正统的思想影响,在刊刻时删削了原书的"纪"和"列传"字样,"既无本纪之称,亦无列传之目。"商务印书馆影印百衲本《二十四史》中的《三国志》,系采用宋绍熙刻本,其目录头四篇仍标"武帝纪第一""文帝纪第二""明帝纪第三""少帝纪第四"等目,可见南宋刻本还保存了原写本删除未尽的痕迹。此外,宋版书书写、雕镌、印刷都非常认真,因而错讹较少。

从艺术的角度来说,宋版书纸墨俱佳,字画讲究,既体现了高度的工艺技术,又富有喜人的艺术风格,因而深受人们喜爱。清代孙从添《藏书纪要》云:

> 南北宋刻本,纸质罗纹不同,字画刻手古劲而雅。墨气香淡,纸色苍润,展卷便有惊人之处。所谓"墨香纸润,秀雅古劲",宋刻之妙尽之矣。①

其工艺之精美,决不是以后刻本所可比拟的。

但是,也应当指出,宋版书也并非无书不善,无刻不佳,尤其是坊刻本中,也会由于为了盈利而忽视质量,出现刊刻、错漏严重的版本,上文提到的"麻沙本"就是其中代表。学者周辉在《清波杂志》卷八中对宋代麻沙本就提出过严厉的批评:"印刷文字,讹舛为常。……若麻沙本之差舛,误后学多矣。"

宋代刻本的风格在书籍制度上给后世以深刻的影响。直到今天,我们的书籍形态上仍可找出宋版书的痕迹。仅以字体为例,可以说宋版书的字体是后世

---

① (清)孙从添:《藏书纪要》,上海:古典文学出版社1957年版,第36页。

各种印刷字体的源头。元朝人承袭南宋书中字体圆活的风格,后来多采用赵孟𫖯体,到了明嘉靖年间的复古运动以后,刻书的人又摹仿北宋人所用字体,体现了其整齐方板、棱角峻厉的字体风格。到了万历年间又发展成为方笔,字形肤廓、笔画板滞,渐成机械式图案。明末清初,刊版字体渐渐变为横轻直重、横细直肥、四角整齐的方块字,称为"宋体字",其实已不是原来的宋版书的字体了。这种字体在清朝一直沿用着。19世纪现代活字印刷术兴起,又用这种字体铸造铅字,这种字体就被固定下来,成为标准的印刷体了,现在印刷界把它称为"老宋体"。同时又铸造了以南宋字体为模范的"长宋体""聚珍仿宋体"等。由此可见,宋版书的雕版一直影响到我们现代的书籍。

四、活字印刷术的发明与应用

雕版印刷术比起手写传抄手段不知要节省多少人力和时间,对于书籍的生产和知识的传播来说,确实是一个巨大的革命。但是,雕版印书必须一页一版,如果刻一部大书,要花费很多时间和木材,不仅费用浩大,而且储存版片要占用很多地方,管理起来也有一定的困难。而在雕版的基础上发明的活字印刷术则可以解决这些矛盾,进一步提高印书效率。

活字印刷术就是预先制成单个活字,然后按照付印的稿件,检出所需要的字,排成一版而施行印刷的方法。采用活字印刷,一书印完之后,版可拆散,单字仍可再用来排其他的书版。这个方法直到20世纪80年代还是世界上生产书籍、报纸、杂志的主要方法。活字印刷术在今天已发展到高度机械化的程度,是现代文明的重要支柱之一。欧洲各国为争活字发明这一荣誉,长期都有争论,又常把它归功于德国的古登堡。其实真正的发明者是我国宋朝的毕昇,时间是北宋庆历年间(1041—1048),要比德国古登堡使用活字印刷早400多年。这项技术是我国对世界文化事业的又一伟大贡献。

毕昇发明的世界上最早的活字是由胶泥制成的,关于此事,与毕昇同时代的科学家沈括在《梦溪笔谈》卷十八"技艺"门中有较详细的记载:

> 板印书籍,唐人尚未盛为之,自冯瀛王始印五经已后,典籍皆为板本。庆历中,有布衣毕昇又为活板。其法,用胶泥刻字,薄如钱唇。每一字为一印,火烧令坚。先设一铁板,其上以松脂、蜡和纸灰之类冒之。欲印,则以一铁范置铁板上,乃密布字印,满铁范为一板,持就火炀之。药稍熔,则以一平板按其面,则字平如砥。若止印三二本,未为简易;若印数十百千本,则极为神速。常作二铁板,一板印刷,一板已自布字。此印者才毕,则第二板已具。更互用之,瞬息可就。每一字皆有数印,如"之""也"等字,每字有二十余印,以备一板内有重复者。不用则以纸贴之。每韵为一贴,木格贮之。有奇字

图 6.8 毕昇像

素无备者,旋刻之,以草火烧,瞬息可成。不以木为之者,文理有疏密,沾水则高下不平,兼与药相粘不可取。不若燔土,用讫,再火令药熔,以手拂之,其印自落,殊不沾污。昇死,其印为予群从所得,至今保藏。[1]

这是世界上关于活字印刷的最早的科学记载。由于沈括与毕昇是同时代的人,他所记的资料是可靠的。虽然只有短短的 300 余字,但内涵相当丰富。据沈氏所记,可以使我们了解活字的创制方法和活字印刷的整个工艺流程。

(1)制字:用胶泥刻字,活字薄如钱唇,一字一印,用火烧使其坚固,实际已是陶制活字。每一字都有数个活字,用以解决文稿中同意字重复出现的问题。还有两种情况排版中经常遇到:一是常用字如"之""也"等,每字都有 20 多个活字,以备一板内有更多重复者;二是文稿中出现的生僻字原所制活字中没有,当

---

[1] (宋)沈括:《梦溪笔谈》,张富祥译注,北京:中华书局 2009 年版,第 198 页。

下补刻,用草火烧成坚固的活字,马上可以排版。

(2) 置范:先备一块铁板,上放松脂、蜡和纸灰之类。再放一铁范于铁板上,以承容和固定活字。

(3) 排版:在版上紧密排布字印,满铁范为一板。

(4) 固版:以火给铁板加热,使药溶化,再以一平板按印面,使字面平整、固定。

(5) 印刷:固版后就可以上墨铺纸印刷了。为了印刷方便和快捷,通常用两块铁板,一块板印刷时,另一块板在排字,印完一块板,另外一块板已经排好,交相使用,能提高印刷效率。

(6) 拆版:印完后再用火为铁板加热,使药溶化,用手拂落活字,并不沾污。

(7) 贮字:活字不用时则以纸贴之,每韵为一贴,贮藏于木格之中。

(8) 效率:若只印三两本,不算简易,若印数十百千本,则显得极为神速。

(9) 下落:毕昇死后,他的活字为沈括的子侄所得,就在沈括写《梦溪笔谈》时仍在保存着。这一笔不仅增加了这一记载的可信度和权威性,也可看出毕、沈两家有比较密切的关系。

由于沈括与毕昇是同时代的人,他所记的资料是可靠的。可惜的是,活字印刷术在当时并未得到推广,当时用这种方法印行的书籍也没有流传下来。但是,后来仿用此法印书的倒不乏其人,宋光宗绍熙四年(1193)周必大在潭州(今湖南长沙)用沈括所记的方法,以胶泥铜版刊印了他所著的《玉堂杂记》。在周必大《文忠集》卷一百九十八给程元诚的信中提到:"近用沈存中法,以胶泥铜版移换摹印,今日偶成《玉堂杂记》二十八事。"存中是沈括的字,其法当是指以胶泥字在铜版上排好,再用纸加以摹印。

此外,还有人认为在五代时已发明了铜活字印刷术。宋代岳珂在《九经三传沿革例》中有"五代天福铜版九经"的记载。九经有四十多万字,刻成铜版,工程异常巨大,在国家处于分裂状态的五代时期,刻版印刷经济上是无力负担的,所以有人认为只有用铜活字印刷才可能,但无确证。

第五节　宋代的图书发行与流通

两宋时期,我国的图书发行与流通事业与秦汉隋唐时代相比,有了很大的发展。由于印刷术的普及,印本书以丰富的品种、多样的规格、巨大的数量、上佳的质量涌入社会,成为书籍市场的主流。官府、坊肆刻售书籍盛行,甚至一些学校和官员、文人也都参与图书的生产和售卖活动,其规模都远胜前代。全国刻售书籍的中心进一步增加并逐渐南移。书铺网点增加，销售形式多样，书籍集市贸易兴起，销售品种也大为增加。宋代书籍流通不仅遍及全国，还通过民间渠道或官方关系广泛流传到辽、金、西夏等地区以及高丽、日本、越南等国家。可以说，这个时期是我国古代图书发行和流通史上的一个辉煌时期。

一、官、私、坊印售书籍

在政府机构中，中央国子监书库官扮演了当时国内最大的书商角色。其所印书籍多发往全国各地售卖，书籍出售后书款上交国库。从有关记载得知，当时购买监本书的人颇为众多，有些购书人的购书数量极大。如北宋初年，眉州孙降衷"市监书万卷以还"，贮于孙氏书楼。潞州张仲实自言其祖曾"尽买国子监书，筑学馆延四方名士与子孙讲学"。北宋沈偕家饶于财，登第后，"尽买国子监书以归"。可见当时监本很受士庶欢迎，销量极大。正如刑昺所言："样本大备，士庶家皆有之。"北宋国子监图书除了在京师直接售卖以外，还通过学校、诸路等渠道送各地销售，销路极广。如绍圣元年，国子监雕印的《脉经》《千金翼方》《金匮要略方》等书，"发各州郡学售卖"。元祐三年(1088)，诏令国子监用小字雕刻医书，"只收官纸工墨本价，许民间请买，仍送诸路出卖。"① 宋代国子监售书，还有一个显著特征：书价低廉，以成本价出售，但求广泛流布文籍，不以盈利为目的，"以称朝廷教养之意"。《续资治通鉴》记载，北宋天禧元年(1017)，有大臣上奏，认为国子监所售书籍"其值尤轻，望念增定"。真宗答复说："此固非为利，正欲文籍流布耳。"没有同意增加价格。真宗还为此下诏令规定："国子监经书更不增价"。哲宗元祐初，监本曾加价出售，陈师道为此专门上书《论国子卖书状》，提出"计工纸之费以为之价，务广其传，不亦求利，亦圣教之一助"的建议。宋哲宗很快采纳了陈师道的建议，诏令官方采取了若干降低书价的措施。可见，统治者采取此种措施是有其明显的政治意图的，而这也在客观上促使了监本书的广泛流布。

与此同时，各地方政府普遍以刻书卖书的收入来充实公库，补贴财经。上文提到的王琪刊刻杜甫诗集盈利即为一例。又宋乾道二年(1166)，汤修年在扬州州学本《梦溪笔谈》的跋中："此书(扬州)公库旧有之，往往贸易以充郡帑。"范成大《吴郡志》称：嘉祐中苏州公使库刻《杜工部集》出售，赢利超出"数千缗"。元祐四年(1089)，杭州知州苏轼在其《乞赐州学书板状》中透露：数年来，杭州市易务卖书"所收净利已计一千八百八十九贯九百五十七文"。可见当时刻卖图书的利润很大。一些地方官办学校也以刻卖书赢利贴补办学经费。淳熙象山县学刻

---

① 转引自高信成：《中国图书发行史》，上海：复旦大学出版社2005年版，第47—48页。

本《汉隽》一书中有题记云:"善本锓木,储之县库,且藉工墨盈余为养士之助。"宋绍圣年间(1094—1097),越州学屈于经费,教授慕容彦逢于州学"刊印《三史》,雠校精审,遂为善书,四方士大夫购求之。鬻以养士,迨今(宣和间,1119—1125)蒙利焉。"刻卖三种书,得以补贴州学经费不足达 20 年。

图书生产和销售的可观利润促使民间和官方更多的人或机构投身书籍市场,从而进一步推动了其时书籍贸易的繁荣。当时,不仅民间专业书商从事书籍交易活动,许多普通百姓也因挡不住的诱惑,"皆转相模锓,以取衣食";甚至许多文人、官员也纷纷参与其中,借以牟利。文学家穆修曾刻印《柳宗元集》,在汴京相国寺设肆售卖。台州知府唐仲友曾刻印《荀子》《杨子》《文中子》《韩非子》四书,在其婺州家中开坊售卖。理学家朱熹也曾刻印儒家经典及自著书籍销售。他所刻印的书籍品种较多,质量上乘,常有人登门购书。据《宋元学案》卷七十七载,一次,有叫彭世昌者主持象山书院,因书院书少,特地到朱熹家中访问。"问他何故而来,先生以书院颇少书籍,因购书故至此。"

除了官府和私人刻印、销售书籍以外,民间书商也积极投身于售卖书籍的行列之中。他们以盈利为主要目的,刻印各种书籍作为商品,在市场上进行销售。与隋唐五代相比,宋代的书坊大为增加,在汴京、四川、杭州、福建等刻书中心,书肆云集,规模很大。它们经营的图书内容丰富,形式多样,反映了当时图书刻印和发行业的繁荣。与官府和私人相比,书商从事的书籍贸易活动的商品性更强。书坊一身兼具编辑部、印刷所和书店三项任务,其业务包括了雕版、印刷和出售几个环节。而其主要任务和目的,就是快速并大量地出售书籍。岳珂《愧郯录》卷九称:"建阳书肆,方日辑月刊,时异而岁不同,以冀速售"。叶梦得《石林燕语》卷八:"蜀与福建多以柔木刻之,取其易成而速售。"均能印证这一点。由于从事书籍刻印和售卖的坊肆甚多,因而彼此之间便有竞争。资料显示,宋代书籍坊肆已颇注意营业推销,对于销路较广之书,竞相刊印。如在南宋末年,同在建安一处,《王十朋注苏东坡诗》一书已有六种版本,此仅就流行所见而言,可能还有未被见到的其他刊本,仅此一项,就可看出书肆之间竞争之激烈。为了在竞争中获胜,与之同时,书籍的广告也大为增加。不仅如此,有些书商的足迹还遍及天下,将宋朝出版的图书贩卖至辽、西夏、金等地,政府虽屡有禁令,仍不能遏止。这在一定程度上了促进了宋朝图书和文化的广泛传播。民间书商的广泛参与,直接带动了宋代图书贸易和流通事业的繁荣发展。在一定意义上,民间书商从事的坊肆售书业是宋代图书贸易活动的主体。

宋代图书贸易的繁荣也促使全国性的大型书籍市场的形成。北宋首都开封相国寺周围就有规模很大的书籍集市,"每月五次开放,百姓交易"。相国寺"殿后资圣门前皆书籍玩好图画","寺东门大街、朱雀门外及州桥之西皆是书籍、纸画儿之类"。在这一带,书铺林立,生意兴隆。经营的书籍品种繁多,除经史子集以外,还有文集、大臣日录、奏议、佛经、科举考试的范文等,销售量非常大。

二、宋代图书的对外贸易和流通

两宋时期,图书对外贸易和流通事业也比较繁荣。宋代图书不仅通过各种渠道流布辽、金、西夏等政权的统治区域,而且远输至朝鲜、日本、越南等多个国家,对周边地区和国家的文化及出版事业产生了深刻的影响。由于宋朝文化的繁荣发达,这一时期的图书贸易和流通主要表现为输出,而输入宋朝的少数民族书籍和外国书籍则比较少。

在宋与辽、金对峙的年代里,南北使节经常往返其间,民间贸易也未曾中断。尽管宋代对书籍的北流有所限制,但由于这些书籍"贩入房中,其利十倍",所以书籍仍是不断源源北流,辽国的文学、艺术、医学等许多方面都受到了汉文化的重大影响。宋朝的书籍多有在燕京市场上出售者。文学家苏辙为庆贺辽主生辰,奉命使辽,在燕京看到了其兄苏轼的《眉山集》,并了解到自己的著作和他父亲苏洵的著作也都流传到了北方。《宋史·食货志》载:"终仁宗、英宗之世,契丹固守盟好,互市不绝。"双方交换的主要商品,辽方有羊、马、骆驼、银两等,宋方有香药、犀象、茶叶、漆器以及《九经》书疏,彼此贸易额都很大。临安荣六郎书籍铺印制的各种文集、大臣日录、奏议、佛经等,也流通到辽、西夏等地。

宋代书籍也大量传入金地。宋代四个出版中心有三个在南方(杭州、福建、四川),只有一个汴京在金占领下的北方,故而金政权对当时在南方大量生产的书籍十分需要,尤其内容与军事政治有关的出版物,更是不惜重金来收购。出于高额利润的吸引,走私者不顾宋政府的禁令,把大批书籍私贩入金。岳珂《桯史》卷十一载,宋徽宗被金人掳到北方后,"居五国城,一日燕坐,闻外有货《日录》者,亟辍衣易之。"《日录》是熙宁间王安石"奏对之辞"的文集。这些书在金沿街叫卖,可见当时流入金地书籍之众多。宋使在往返中还看到金人多收藏宋朝"见行印卖文集书册之类",这也促使宋方书籍大批流入金的境内。

宋朝建国以后,还积极开展对外交流和海外贸易事业。其中,印本书籍作为宋朝海外贸易商品的大宗,行销海外。不仅如此,宋朝统治者还通过赠送等方式将图书输送国外,使得宋版图书在海外流传甚广,其中以高丽、日本以及越南最多。北宋初年雕印的《开宝藏》,曾在赠送辽、西夏的同时,还赠送朝鲜、越南,在这部印本大藏经的影响下,契丹、西夏、朝鲜、越南都分别刻了《大藏经》。宋代建阳人熊禾在《同文书院上梁文》中写道:"儿郎伟,抛梁东,书籍高丽日本通。"这说明不仅官刻藏经,就是建阳书坊刻本在宋代也已远销国外。

史载,书籍与丝织品是宋代向高丽出口的两项重要商品。中国的"建本文字"在高丽深受欢迎。祝穆所著的《事文类聚》麻沙本曾流传到朝鲜被印成活字本广为流传。高丽政府曾出高价委托中国商人徐戬在杭州雕造《夹注华严经》,用海船运载去高丽。高丽政府还曾多次派遣专人由海道到中国购书,据《高丽史》记载,购书者曾一次就购回"经籍一万八千卷。"又据《文献通考》载,元祐七年(1092),高丽国派遣使者到宋朝,"市书甚多。"宋代书籍输入日本也不少,宋代对日贸易,书籍为其大宗。商人和僧人携往日本的书籍数量大、品类多,包括了经史子集以及佛道宗教图书。宋代海商刘文仲一次就献给日本大臣《东坡指掌图》二帖,《五代史记》十帖,《唐书》十帖。宋太宗时编成的《太平御览》也在宋代通过海商输入日本。建阳坊刻本《新雕皇朝事实类苑》曾流传到日本。1621年,日本水尾天皇曾将它翻印赐给公卿诸臣。那时日本掀起学习中国文化的热潮,幕府在13世纪中叶,在现今横滨市建立起有名的金泽书库,专门收藏各种中日书籍。其中就保留有许多珍贵的宋代麻沙版本。宋代中越两国文化的交流也很密切。据《宋史·交趾传》记载,越南曾于大观元年(1107)"奉人乞市书籍,法虽不许,嘉其慕义,可除禁书、卜筮、阴阳、历算、术数、兵书、敕令、时文、边机、地理外,许买"。通过使臣和商人的不断来往,越南从宋朝获得了《大藏经》和儒学书籍及纸笔等文具用品。这些国家带走了中国的印刷书籍,同时也带去了中国的传统文化。他们在本国继续翻刻、翻印中国书籍,学习掌握了印刷术,从而发展起本国的印刷事业。

三、宋代的图书价格、书业广告及版权保护

(一)宋代的图书价格及利润

学者袁逸经过多年收集,在查阅大量文献的基础上,曾写出《中国历代书价考》系列文章,关于宋代列出一个表格,使我们对当时印书的工本费、书价及利润一目了然。

书名	每部工本费(文)	书价(文)	赢利(文)	
《小畜集》	1190	3850	2780	233%
《大易粹言》	3480	8000	4520	130%
《汉隽》	356	600	244	70%
平均				141%

从此表可见,当时每部书的毛利在成本的七成以上,高的达到两倍多。即使扣除售卖环节的种种耗费,其利率仍十分高。

袁逸还将书价与当时的物价进行比照。

宋嘉祐四年(1059)苏州《杜工部集》每册书价 100 文,其后不久的熙宁八年(1075),苏州米价约每石(120 斤)500 文,则每册书约等于 24 斤米价。绍兴十七年至淳熙十年(1147—1183)平均书价为每册 393 文,淳熙十年江南米价约每石 2000 文,则每册书相当于 23.6 斤米,与北宋时一致。又,绍兴八年(1138)福建盐价每斤 100 文,则一册书价相当于 4 斤盐价。宋时,平江羊肉 900 文钱一斤,则一册书价又约相当于 0.4 斤羊肉价。

苏东坡谪居黄州时,其自述:当时家中人口多,收入少,生活十分节俭,"日用不过百五十钱,每月朔后取四千五百钱,分为三十块",一天用一块。则当时苏东坡全家一天的生活费 150 文够买 1.5 册书,一月生活费 4500 文相当于 45 册书的价格。

(二) 宋代的书业广告

书业广告伴随着印刷术的商业化而产生。印刷品一旦成为商品参与市场流通,原始形态的书业广告便也出现。现有的资料表明,唐代便已出现书业广告的雏形。

唐至德二年(757)后,成都卞家印本《陀罗尼经咒》首行印有"唐成都府成都县龙池坊卞家印卖咒本"字样。

唐咸通二年(861)前,长安李家刻本《新集备急灸经》一书前有"京中李家于东市印"字样。

唐长安刁家刻印《历书》,首行刻有"上都东市大刁家太郎"字样。

上述三书都明白无误地告诉了人们刻书(或卖书)的地点及主人,其中包含的招客前往购买的用意十分显见。我国现存最早的印刷品与最早的书业广告同时并存,决非偶然或不可思议,其根本的原因便是商业因素的催化和促进使然,《陀罗尼经咒》正是一部为售卖而印制的书。

直至宋代,此类原始形态的书业广告尚为数不少,如:

宋刻《钓矶立谈》一书,刻有"临安府太庙前尹家书籍铺刊行"字样。

宋刻《甲乙集》一书,刻有"临安府棚北大街睦亲坊南陈宅书籍铺印行"字样。

宋刻《括异志》一书,刻有"建宁府麻沙镇虞叔异宅刊行"字样。

这是书籍广告的最初形式。

随着两宋印刷术的普及与商品经济的发展,图书广告呈现出一些新的特点,广告意识更加明显,广告内容更加丰富,广告载体更趋稳定,版权保护与广告宣

第六章 古代出版业的黄金时代(宋辽夏金元)

传互为表里。此时书业广告的主流已在形式和内容上都有了重大的突破和发展。形式上,当时的广告以牌记形式为主,或印在扉页,或印在序后卷末,往往字体粗大醒目,周围饰以种种花边栏框以吸引读者。内容上,广告文字大量增多,用语日益讲究,招揽生意的自觉公关意识已表现得淋漓尽致。如:

宋杭州刻本《后汉书注》书前牌记云:"本家今将前后《汉书》精加校证,并写作大字镂板刊行,的无差错。收书英杰伏望炳察。钱塘王叔边谨咨。"

宋淳熙阮氏种德堂刻本《春秋经传集解》序后牌记云:"谨依监本写作大字,附以释文,三复校正刊行,如履通衢,了亡室碍处,诚可嘉矣。"

上述广告均以标榜校对精细、内容准确无误、大字便易观览为号召,称买书人为"英杰""贤士"则又确实可见这些书商是将顾客看作上帝逢迎的。广告中又标榜以当时刻印最精良、声誉最好的"监本"作底本,则更有宣传推销意图。须知,由于中央国子监刻本民间罕见流通,许多人终生难得一见,故它对一般的士人学子具有莫大的诱惑力。

宋四川刻本《六家文选》序后牌记云:"此集精加校正,绝无舛误,现在成都县北门裴宅印卖。"

宋杭州刻本《妙法莲华经注》卷七末牌记云:"本铺今将古莲华经一一点句,请名师校正重刊,选拣道地山场抄造细白上等纸札,志诚印造,现住杭州大街棚前南抄库相对,沈二郎经坊新雕印行。望四远主顾寻认本铺牌额请赎。谨白。"

上述广告除照样标榜内容校正无误外,更点明了书铺所在的确切地点,以便买主上门购书,因此,它们给出的导购信息更丰富、更切用。

宋代书业广告的另一种类型便是以内容见长,观其广告犹如读其内容提要,从而勾起读者的购书欲望。

宋刻《诚斋先生四六发遣膏馥》目录后牌记云:"江西四六,前有诚斋,后有梅亭,二公语奇对的,妙天下,脍众口,孰不争先睹之。今采二先生遗稿切于急用者绣木一新,便于同志披览,以续膏馥,出售幸鉴。"

宋建安余氏刻本《活人事证药方》,目录前牌记云:"药有金石草木、鱼虫禽兽等物,具出温凉寒热、酸咸甘苦、有毒无毒,相反相恶之类,切虑本草浩繁,率难检阅。今将常用药性四百余件附于卷首,庶得易于辨药性也。"

两宋的书业广告中还有一类书目式广告。书业广告要达到理想的效果,必须及时、准确提供出版发行动态,重视信息服务工作。宋代刻书牌记中,有不少新书预告和简短的刻书目录,对未出但即将出版的图书进行预告。如宋祝太傅宅刻《新编四六必用方舆胜览》,未收淮蜀两地的地理内容,书中牌记标明"淮蜀见作后集刊行"。宋王叔边刊《后汉书》目录后有"今求到刘博士《东汉刊误》,续此书后印行"。另一类是在新出的图书牌记中告知先前已出图书。如以编刻医书著称的四川万卷堂,其刻《新编近时十便良方》附刻书目录十四条。这些新书预告、图书目录通常都采用单独排列的方式,附于书籍卷末,或目录后,或扉页处。

(三) 中国最早的版权实例

随着出版印刷事业的发展,宋人开始具有了版权保护的意识和行动。而这种版权保护有时是一种自我保护的需要,有时也是一种营销战略,是借保护版权巧妙地进行图书的宣传。王称《东都事略》第一次刻印在南宋光宗绍熙年间(1190—1194),上有牌记曰:"眉山程舍人宅刊行,已申上司,不许覆板",共十五个字。这是迄今发现最早的我国(也是世界)版权实例的记载。这与现今出版物上印的"版权所有,不准翻印"或"翻印必究"之类的用语相似。它表明:一是本书为私刻,二是本书已经官府批准,获得专利,他人不得翻刻印卖。

南宋时期还出现了官府发布文告、制定地方性法规的事情。进士祝穆编撰《新编四六必用方舆胜览》七十卷,刊刻后,为了防止他人盗版、剽窃,申请官府保护其版权,并得到转运司官方榜文的认可。史料珍贵,兹转录如下:

> 两浙转运司录白。据祝太傅宅干人吴吉状:本宅见雕诸郡志,名曰《方舆胜览》并《四六宝苑》两书,并系本宅进士私自编辑。数载辛勤,今来雕板,所费浩瀚。窃恐书市嗜利之徒,辄将上件书版翻开,或改换名目,或以节略《舆地纪胜》等书为名,翻开搀夺,致本宅徒劳心力,枉费钱本,委实切害。照得雕书,合经使台申明,乞行约束,庶绝翻版之患。乞给榜下衢、婺州雕书籍处张挂晓示,如有此色,容本宅陈告,乞追人毁版,断治施行。奉台判,备榜须至指挥。　　右今出榜衢、婺州雕书籍去处张挂晓示,各令知悉。如有似此之人,仰经所属,陈告追究,毁版施行。故榜。嘉熙二年十二月 日榜。衢、婺州雕书籍去处张挂。转运副使曾 台押。福建路转运司状,乞给榜约束所属,不得翻开上件书版,并同前式,更不再录白。①

类似的文告在宋段昌武《丛桂毛诗集解》三十卷中也有录载。这段文字说明:第一,不止《方舆胜览》,其他祝穆家刻书如《四六宝苑》等也都申请了版权。第二,申请原因主要是经济上的,怕"徒劳心力,枉费钱本"。第三,不仅将版权印于书前,并在当时各主要雕书出版地张榜公布,晓喻各处。第四,申明了惩罚制裁措施:"追人毁版"。第五,告示本身记载有确切的时间——嘉熙二年(1238)。

段武昌的《丛桂毛诗集解》刊印后,经其侄子段维清提出版权申请,1248年,当时的国子监特准除段维清或其委托人外,其他人禁止翻印此书。理由是该书

---

① (宋)祝穆:《新编四六必用方舆胜览》,见《日本宫内厅书陵部藏宋元版汉籍选刊》第60册,上海:上海古籍出版社2012年版,第1—2页。

第六章 古代出版业的黄金时代（宋辽夏金元）

图 6.9 宋刻《东都事略》牌记

系有关道德的书，怕别人翻印时有所删改，违背著者原意。不管此理由是否真实，但它涉及到了版权保护的另一重要方面，即著者精神权益的保护。同时，颁布禁令的是国子监这样的中央机构，也值得重视。

两宋时期，还有一些人将版权保护真正付诸实践。如朱熹自著的书，自己刻印出售，不许别人刻售。例如他所著《论孟集义》自印销售，而浙江义乌一书商居然翻印夺利，他知道后非常气愤，在给友人吕伯恭的信中，曾请吕转告这个书商，及早停止翻印,如果不听从,就要状告他。这在一定程度上也反映出宋人具有很强的版权意识。

四、宋代对图书生产流通的管理

(一)政府禁令

随着宋代刻书事业的发达兴旺,从中央到地方,政府对图书的生产和流通实行的管理和限制也越来越严格。从《宋史》《宋会要辑稿》等文献可知,宋朝几乎每一个皇帝都颁发过"禁止擅镂"的诏令,各级政府还设立了图书审查机构,选官详定,颁有书籍审查程序雕刊管理办法,以及对违禁者的处罚条例等。

太祖太宗时期,新得天下,深怕人民利用图谶起来造反,故对天文图谶之书严令禁止。太祖禁天象器物、天文图谶、七曜历、太一雷公、六壬遁甲等,不得藏于私家,有者并送官。太宗一即位,即"令诸州大索明知天文术数者传送阙。敢藏匿者,弃市。募告者赏钱三十万"。又将"诸道所送知天文相术等三百五十一人,以六十八人隶司天台,余悉黥面,流海岛"。这样严厉的处置,无人敢刊布流行,致使此类图籍除《易经》卜筮及讲二宅的书外大都失传。

仁宗康定元年(1040),英宗治平三年(1066),哲宗元祐五年(1090),徽宗大观二年(1108)、大观四年(1110)、政和四年(1114)、宣和四年(1122),南宋高宗绍兴十五年(1145)、绍兴十七年(1149),孝宗淳熙七年(1180),光宗绍熙元年(1190)、绍熙四年(1193),宁宗庆元二年(1196)、庆元四年(1198)、嘉泰二年(1202)等均有诏令,限制书籍随便雕印和流传。南宋中期,曾将过去的有关诏令辑为《雕印文书敕令》公布。

(二)禁印的内容及其原因

从政府禁雕书籍的内容可以看出,严加管制的原因与当时的政治、军事、外交、内政有极密切的关系。大致可分四个方面:

1. 禁印"边机文字""刑统律""敕文""会要""实录""奏议""策论"等

这是由于民族矛盾尖锐,为了对外防范契丹、西夏、金、元等,出于国防上保密的需要。宋代从建立到灭亡,始终与北方的少数民族处于对立的状态,"主战"与"主和"两种政策的矛盾和斗争,成了宋朝朝野主要的政治内容。反映这些争论的评论时政得失、军国利害的文字,为人们所乐见,致使政府不得不明令禁止。例如元祐四年(1089),苏轼的弟弟苏辙奉命使辽,在燕都(今北京)看到自家家谱,辽国很多人问他哥哥近况。这些引起他高度警惕。在回使途中,刚到涿州,他就寄诗给他哥哥,诗云:"谁将家谱到燕都,识底人人问大苏,莫把声名动蛮貊,恐防他日卧江湖。"他把辽国极力想刺探宋朝情况的事实,向哲宗作了全面报告,认为"朝廷得失,军国利害,臣僚奏章及士子策论,若使得流传北界,则泄漏机密"。据《续资治通鉴长编》卷四百四十五载,根据苏辙建议,元祐五年(1090)十月,礼部拟定了对刻书的具体管理条例:

> 凡议时政得失、边事军机文字,不得写录传布;本朝会要、国史、实录,不得雕印,违者徒二年,许人告者赏钱一百贯。内国史、实录仍不得传写;即其他书籍,欲雕印者……选官详定,有益于学者方许镂板,候印讫……送秘书省,如详定不当,取勘施行;诸戏亵之文,不得雕印,违者杖一百。……委州县监司、国子监觉察。①

2. 禁印天文图谶、兵谋攻术、非入佛道藏的宗教书

这是出于维护统治、防止人民反抗的需要。据《宋会要辑稿》记载,崇宁三年(1104)、四月,有官员缴到无图之辈捏造的《佛说末劫经》,政府令荆湖南、北路提举典刑狱司根究印撰之人。政和四年(1114)八月诏:"河北州县传习妖教甚多,虽加以重辟,终不悛革,闻别有经文互相传习,蛊惑至此,虽非天文图谶之书,亦宜立法禁戢,仰所收之家,经州县投纳,守令类聚,缴尚书省,或有印板石刻,并行追取,当官弃毁。"不久河北一带沦没于金朝,此事再无下文。宋朝不仅边防连年吃紧,国内阶级矛盾也十分尖锐。公开的武装起义,开国仅三十年就爆发了。如王小波、李顺、钟相、杨幺、宋江、方腊等领导的农民起义此起彼伏。方腊起义,就是靠明教徒的协助,几个月攻占了杭州等六州五十二县。后来虽被镇压下去,但也动摇了北宋的统治。明教仍在盛行,教徒重视文字图画的宣传,陆游云:"伪经妖像至于刻板流布","中亦有明教经甚多。刻板摹印妄取《道藏》,中校定官名衔赘其后。"对此,宋朝统治者的态度十分严厉,除入《道藏》的《二宗经》外,一并焚毁。

3. 禁印司马光、苏轼、黄庭坚等人文集,即所谓"党禁"图书

"党禁"是赵宋统治集团上层党同伐异的斗争。党禁的结果,往往是得势的一方对另一方的著作大加禁毁。宋代大规模的党禁主要有两次,即北宋的"元祐党禁"和南宋的"庆元党禁"。北宋元丰八年(1085),哲宗即位,次年改年号元祐。其时高太后听政,起用司马光等旧党,尽废新法,复辟旧制,史称"元祐更化"。元祐八年(1093)哲宗亲政,改元绍圣,再行神宗新法,史称"绍圣绍述"。在这种形势下,旧元祐党人的文籍便遭到了禁毁。杨万里在《桉召溪居士集·序》中说,当时首当其冲的是苏东坡、黄庭坚等人的诗文,"是时书坊畏罪,坡、谷二书皆毁其版"。又据《宋会要辑稿》至徽宗时,对元祐学术的禁毁更加严厉,朝廷明文规定:"诏令今后举人传习元祐学术以违制论,印造及出卖者与同罪"。蔡京等权臣以"新党"标榜,更是利用禁书来排斥异己,《靖康要录》卷七载,"自崇宁以来,京贼

---

① (宋)李焘:《续资治通鉴犬编》卷四百四十五,清文渊阁四库全书本。

用事。……至于苏轼、黄庭坚之文集,范镇、沈括之杂说,畏其或记祖宗之事,或记名臣之说,于己不便,故一切禁之。购以重赏,不得收藏"。蔡京伙同其弟蔡卞之流,甚至还要焚毁司马光的历史巨著《资治通鉴》,只因有神宗皇帝的御制序文在,才未能实行。当时禁书之规模可想而知。南宋宁宗庆元年间(1195—1200),因朱熹、赵汝愚等人上表弹劾韩侂胄,赵汝愚、朱熹等五十九人遭到贬逐,理学也被斥为"伪学"而严加禁止。这就是所谓"庆元党禁"。随之而来的,便是对"伪书"的禁毁。据《宋会要辑稿》载,庆元二年(1196),朝廷搜寻到了一批违禁的书籍,当即被"合行毁劈"。庆元四年(1198),国子监又查获到一批"主张伪学,欺惑天下"的书籍,于是下令"追取印版赴国子监缴纳,已印未卖当官焚之",并且要"将雕行印卖之人送狱根勘,依供申取旨施行"。只因庆元党禁为时不长,理学的典籍才未受到大的损失。

宋代除大规模的党禁之外,一些权臣还依杖权势,肆意禁毁文籍。其中最典型的是秦桧"禁野史"之举。据《宋史·秦桧传》载,秦桧曾以"私史害正道"为名,多次"乞禁野史"。为强行此道,动辄便将民间藏书家"所藏书万卷焚之"。宋人王明清曾在《挥麈前录》和《挥麈后录》中叙述了家藏野史的遭遇:在"野史之禁兴,告讦之风炽"的形势下,其父王铚所著的《国朝史述》以及史稿杂记,均被迫交纳给秦桧,"悉化为烟雾"。秦桧所禁者还不仅限于野史,就连日历、起居注、时政之类的官方档案文件,"稍及于己者,悉皆更易焚弃"。秦桧之举无疑是宋代当朝史料的一次浩劫。

(4) 禁印诸子百家和诗文

因其违背儒家经义,有害士子。从思想史上看,宋朝正处于儒家学说重兴的重要时期。在这种形势下,赵宋统治者一方面不惜工本地大量刻印儒经和正史,另一方面对一切异端思想则严加禁毁。据《宋会要辑稿》载,宋徽宗大观二年(1108)朝廷下诏:"诸子百家非无所长,但以不纯先王之道,故禁止之";那些专供晚进小生"文场剽窃之用"的"程文短晷",只有经国子监严格审查过的才可印行,"余悉断绝禁弃,不得擅自买卖收藏"。这是一道非常严刻的禁书令。更有甚者,为了纯正经术,"专以语孟为师,以六经子史为习",就连陶渊明、李白、杜甫都被列入了异端,士大夫"传习诗赋"也要定罪。叶梦得在《石林燕语》卷九中还提到:

> 政和末,李彦章为御史,言士大夫多作诗,有害经术,自陶渊明至李、杜,皆遭诋斥。诏送敕局立法。何丞相执中为提举官,遂定命官传习诗赋,杖一百。是岁,莫俦榜,上不赐诗而赐箴。未几,知枢密院吴居厚喜雪,御筵进诗,称"口号"。①

---

① (宋)叶梦得:《石林燕语》,北京:中华书局1984年版,第141页。

连作诗都认为有害经术,连陶渊明、李白、杜甫这样的诗仙诗圣都遭诋毁,连给皇帝歌功颂德的诗,也不敢称诗而改称"口号",连诸子百家都因其不纯先王之道而禁止之,这是何等的混乱,何等的虚弱,何等的腐朽! 反映在刻书上就是排斥一切不符合儒家思想的书籍,几乎要禁绝一切镂版,如此维护儒学正统,可以说发展到无可复加的地步了。这样的命令在实施中根本行不通,必然遭到抵制。

(三) 管制和"禁印"的结果

宋朝刻书禁令虽多,但大都流为一纸空文,那些明令焚毁的禁书,不但当时没有绝迹,而且一直流传至今。其原因是多方面的:

首先是宋代时局多变,对图书的管制时紧时松。朝廷不仅对雕印机密文字有禁,对贩卖者也定有严刑。早在景德三年(1006)诏:"民以书籍赴沿边榷场博易者,非《九经》书疏,悉禁之。"元丰元年(1078)、大观二年(1108)又接二连三下令,贩卖禁书要充军发配,甚至处死,但商贩唯利是图,贩入敌国,其利十倍。辽国感兴趣的也不在《九经》,而在宋国的重要情报,苏辙奉使契丹,发现"本朝民间开板印行文字,北界无所不有"。这与契丹禁止书籍出口的情况,形成鲜明对比,"契丹书籍甚严,传入中国者法皆死"。仅有与政治无关的字书《龙龛手鉴》和《金刚经》传入宋地。这种情况也和后来朝鲜、日本两国相似,"朝鲜书籍无不入日本,而日本令严,文字禁不得出"。

其次是虽有禁令,中央国子监鞭长莫及,地方各级政府尾大不掉,没有认真执行。光宗绍熙元年(1190)诏建宁府"将书坊日前违禁雕卖策试文字,日下尽行毁板,仍立赏格,许人陈告……其余州郡无得妄用公帑刊行私书,疑误后学,犯者必罚,无赦。"结果是建宁书坊编印场屋用书"日辑月刊,时异而岁不同",成为畅销书。至于其余州郡用公帑刊印私书的更不胜枚举。绍熙四年(1193)六月诏:"今后雕印文书,须经本州委官看定,然后刊行。仍委各州判专切觉察,如或违戾,取旨责罚。"这篇官样文章的措辞,一看就不会引起各州地方官的重视。在印刷术业已发达的条件下,少数几位封建官僚很难审定品种广泛、内容各异的书籍。法令也就等于空文。

最主要的是人民需要精神食粮,广大民众真正需要和欢迎的图书是禁绝不了的。且不说李杜诗集,苏东坡、黄山谷的诗文也深受广大读者喜爱,禁愈严,读者愈想看,书价也越高。当苏黄二书被禁毁时,"独一贵戚家刻板印焉,率黄金一斤,易坡文十,盖书禁愈急,其文愈贵也"。一斤黄金换十篇东坡文,可说是罕见的高价。东坡的《大苏小集》被辽国书坊出版,《东坡奏议》被金朝国子监刊行,这也说明,金人对大苏的尊敬。南渡后,《司马光集》有福建路本、泉州公使库本、武冈军学本等多种地方官刻本,而《东坡集》版本多至二十余种,真所谓"人传元祐之学,家有眉山之书"。所有这些都是对宋代书禁的极大讽刺。宋朝由于内政外交等诸多因素,加强了对图书出版的管理与限制,然而仅靠中央发号施令,没有地方各级政府机构的密切配合,只能收效甚微。

第六节 辽、金、西夏的图书出版事业

一、辽代的图书出版事业

早在北宋建立前,公元916年,契丹族耶律阿保机就在中国北方建立了契丹政权。947年改国号为辽。辽与北宋长期对峙,是统治中国北方的一个重要政权。1125年为金所灭,共历九帝,统治中国北方长达210年。神册五年(920),辽太祖命令有关方面仿照汉字创制契丹文字。但契丹文字使用范围较窄,辽文化主要是以汉字为工具得到传播和发展的。契丹人建辽之后采取了一个很重要的方针,就是"学唐比宋",辽代前期就参用了唐代的官制和法律,辽代中后期,又开始模仿宋,特别是圣宗、兴宗、道宗三朝(983—1101)全面接受汉文化。其时,从皇帝到朝臣,学习李唐形成风气,皇帝也要学习《贞观政要》。圣宗喜欢吟诗,而且自称"乐天诗集是我师"。统治者也开始修史、编实录、兴科举,并颁行《五经传疏》。从圣宗、兴宗、道宗,到天祚帝几朝,都在涿州云居寺(今北京市房山区石经山)接续着隋唐刻石经,刻数达上万块。这些辽刻石经,不但能校正佛经手抄脱误,而且也是研究宗教、书法、石刻和历史的珍贵史料。在木版雕印方面,宋刻《开宝藏》和辽刻《契丹藏》是北传"藏经"的两个古本,后者是在前者影响下开雕的,但内容更为丰富,校勘也极精。辽朝不仅自己刊刻并收藏图书,还先后四次把大藏经送给了朝鲜。

早在辽太祖时期,皇太子耶律突欲就曾派人到幽州采购了汉文图书一万卷,建立了一座半公半私的藏书楼——望海堂。946年,辽太宗耶律德光灭后晋,尽收后晋藏书北运,使皇家藏书得到补充。辽朝还设立了管理图书典籍的秘书监和昭文馆。兴宗重熙二十三年(1054)又筑藏书之府"乾文阁"。道宗清宁十年(1064)下令征求经籍,命儒臣校勘。

在北宋的影响下,辽国的雕版印刷也有较大的发展。但由于辽国在图书刻印和图书流通方面采取了一些限制措施,也在一定程度上影响了图书的刻印和传播。道宗清宁三年(1057),"禁民私刊印文字"。图书也只限国内流通,正如沈括《梦溪笔谈》卷十五所言:"契丹书禁甚严,传入中国者,法皆死。"所以辽之刻书,传世甚少。金人去辽未远,已有史籍寥寥之叹。元好问曾感慨说:"今人语辽

事,至不知起灭凡几主。"时至今日,可供研究辽代刻书史的资料就更少了。所以,长期以来,辽代在中国图书出版史上几乎是个空白。1974年7月在山西应县佛宫寺释迦塔内发现了大批辽代雕刻的精美经卷、书籍、佛画以及其他文物,从而填补了辽代无刻本的空白。这也充分说明了辽代的雕版印刷、造纸技术已经相当高,刻经事业也已经相当发达。

在这批珍贵的辽代图书中,印刷品有六十一件,还有写本十来件。其中不少刻本均有尾题。其中刊刻时间实物中有明确年代记载的以统和八年(990)雕印的《上生经疏科文》为最早。辽《契丹藏》,原以为刻于辽兴宗至道宗间(1031—1064),这次发现有十二卷《契丹藏》,其中有一卷《称赞大乘功德经》首尾完整,其尾题纪年为辽圣宗统和二十一年(1003),比原来所传说早近30年。结合《辽史》《全辽文》的记载,我们可以大致勾画出辽代刻书业的轮廓来。

(一)辽代刻书地点与系统

辽刻书地点与规模以燕京(辽的南京,即今北京)所刻为最多。印刷品中记刻工姓名者达四十五人之多,有些刻工来自同一家族。可见此时燕京有不少从事刻书行业的家庭。从刻经的题记中还可以看出,辽统治下的山西云州(今大同)、应州(今应县)、五台等地已有精湛的刻印技术。

辽代图书出版事业同样分为官、私、坊、寺院刻书等系统。辽代设立了"印经院",有专人负责佛经雕印,是为官刻;国子祭酒兼监察御史冯绍文曾"抽已分之财,命良工书写雕成《妙法莲花经》壹部,印造流通",是为私刻;《上生经疏科文》题记有"燕京仰山寺杨家印造",是为坊刻,儿童启蒙读物《蒙求》亦为坊刻。释迦塔内发现的印刷品主要为寺院所刻。刻书处有圣寿寺、弘法寺、弘业寺、大吴天寺、大悯忠寺等。许多寺庙不仅刻印经书,也刻印一些与佛教有关的杂著,如《燕台大悯忠寺新雕诸杂赞一策》即是例证。

(二)辽代刻书内容

因为这些图书是在佛宫寺发现的,故其内容以佛经为最多,包括久已失传的佛家经疏。另有杂刻八件,包括一件篆书残页,一件《菩萨戒坛所牒》和一件坊刻儿童启蒙读物《蒙求》,此外还有六幅版画,其中有三幅彩色《南无释迦牟尼佛像》为彩色套印,从而把我国套版印刷时间提早了300多年,对研究我国套版印刷史有特别重要的意义。

(三)辽刻本的特征

字体:佛经大都用汉字书写,字体工整,端庄秀丽;刀法圆润有力,雕刻精致。

纸张:大多数用藏经纸,也有白麻纸。纸张大都经过入潢。时越近千年,又经过文物整修时的浸泡,这些纸张却依然坚固、光韧,字迹也未脱色,至今无一虫蛀，可见辽代造纸、防蠹、制墨、印刷水平之高。

装帧：主要为卷轴装，也有经折装与蝴蝶装。佛经大多为卷轴装，普通书籍基本上是蝴蝶装。

版式：大多数经版刻有经名、卷数、译撰者、版码及千字文编号。蝶装书有的版心较窄，白口，左右双栏，反映了坊刻普通书籍的面貌；有的版心则较宽，小黑口四周双栏，文中大小题上方均有鱼尾装饰，是蝶装的高级形式；还有的没有版心，只有界行，版面装饰极为简单，是由卷轴改为册页的早期形式。

二、金代的图书出版事业

（一）金代的文化政策

继辽之后，女真族在我国北方兴起。公元1115年，女真完颜部领袖阿骨打创建金国，太宗天会年间先后灭掉辽国和北宋，与南宋对峙，统治中国北部达120年之久。金政权成立后，十分重视思想文化事业。早在金太祖天辅三年(1120)即颁布了女真文字，并注重学习，接受儒家学说思想。政府机构中设置有弘文院，专门负责翻译、校勘儒家经典。统治者接受辽代的经验，兴办学校，提倡发展教育事业。天德三年(1151)置国子监。进士课目兼采唐、宋而增减。所授经史课程，都由国子监印版之后，颁交各个学校采用，以全面吸收汉族传统文化思想教育。据《金史》记载，金代的皇帝大多读经习史，注意提高本身的文化素养和统治国家的能力。金世宗激励尊孔崇儒，为孔子修墓立碑；章宗熟读《尚书》《孟子》，并诏各州县建立孔庙，避孔子讳；熙宗曾感叹自己读书甚少。"幼年游侠，不知志学，岁月逾迈，深以为悔"。因此亲祭孔庙，日夜攻读《尚书》《论语》《五代史》《辽史》；哀宗时曾于内庭设置益政院，选派学问渊博之硕儒名师，每日上直，准备随时给皇帝讲解、辅导《书经》《通鉴》《贞观政要》等经史著作。金政府不但大力宣传尊孔读经、发展教育，还采取许多具体的方针、措施，以鼓励人民读书学习，提高文化水平。在政策的诱导和汉文化的熏陶下，金国人才济济，龚显增《金艺文志补录·序》评曰："魁儒硕士，文雅风流，殊不减江以南人物，如虞仲文、徒单镒、张行简、杨云翼、赵秉文、王若虚、元好问辈，或以经术显，或以词章著，一代制作，能自树立。"这就在一定程度上为金国的出版事业提供了庞大而优秀的著作群。

金统治者还特别重视文化典籍事业，注意图书的收集、翻译、典藏以及出版。《金史·太祖本纪》载，天辅五年(1121)金太祖就曾说过："若克中京，所得礼乐仪仗图书文籍，并先次津发赴阙。"这说明了金最高统治者对图书的重视。1125年灭辽之后，收得辽皇室全部藏书，充实了金皇室藏书。金太宗天会四年(1126)，完颜晟等攻克宋朝都城汴梁。第二年,金太宗把掳获的宋徽、钦二帝和皇族宗室四百多人,及宋皇室大批图书文物押运至北方。金与宋议和时,还把索取三馆、秘阁图书作为议和条件。南宋朝廷派鸿胪寺官员押运佛经、道经书版,派国子监、秘书监官员押运监本书印版和馆中书籍送往金朝。这样,宋代馆阁藏书就被金索取而去。金不仅收集宋朝政府藏书,还下令收购民间之书。如有藏书家珍惜所藏,不愿售卖,则由官府抄写后,将原本发还本人。此外,还设立了译书院等机构,翻译儒家经典。这样一来,使得金皇室藏书大量增加。这就为金的图书出版事业奠定了良好的基础。

(二)金代的刻书事业

金代的刻书事业在我国古代出版史上具有十分重要的地位。官、私、坊刻书系统兼备;刻书分布很广,涌现出了多个刻书中心;刻书内容广泛,出版形式勇于创新;雕印技术精湛,所刻图书精品颇多。金代刻书事业的发达标志着我国北方刻书事业的初步繁荣。

图 6.10 金刻《妙法莲华经文句》

金代以平阳(又称平水,今山西临汾)为中心开启了其出版事业。其官刻机构主要以经籍所、译经所、国子监为主。刻书多据宋版。宋高宗南渡临安时,汴梁的书肆和雕版匠人,一部分跟随南迁,另一部分则移往平阳。平阳经济文化素来发达,又未遭兵灾,金代"书坊时萃于此",以致政府也在这里专门设立了管理书籍出版的机构。据《金史》记载:太宗八年(1130),立经籍所于平阳,刊行经籍。故金之官刻书也是在平阳刊行的。又据史载:"世宗大定二十三年(1183)八月,以女真字《孝经》千部,付点检司分赐护卫亲军。九月,译经所进所译《易》《书》

《论语》《孟子》《扬子》《文中子》《刘子》及《新唐书》,命刊行之。"这是文献上有记载的金官府刻书。惜今都不传。

金中都国子监也刻书不少。张秀民在《金源监本考》文中列有三十余种。其实,真正刻于金监的仅《东坡奏议》及《山林长》等数种而已,其余二十余种,都是据抢去的宋刻监版所印的。除官刻监本外,平阳许多刻本也是据北宋本翻刻的,如《中国版刻图录》所收录的《壬辰重改证吕太尉经进庄子全解》《南丰曾子固先生集》等,均源于北宋旧椠。宋代的许多优秀图书版本,几经兵乱,大都散佚流失。今经金人继续予以翻刻,使得宋代书籍得以保存流传,无疑是一件非常有意义的大事,是对保存古代文献典籍的不小的贡献。

金代私刻和坊刻不但发达而且分布较广。除平阳外,如中都(北京),南京(汴京),山西的平阳、解州、榆次,河北宁晋(今河北邢台一带),陕西的华阴,都有图书的雕版印刷。北方一带逐渐形成金代的刻书中心。金代著名私刻有:苏伯修刻《补正水经》、朱抱一刻《重阳教化集》、王宾刻《道德经取善集》、苗君瑞刻《琴辨》,等等。金代坊刻有主要集中在平阳一带,有些著名的坊家在这里经营时间十分长久,往往子继父业,世代相沿。如晦明轩张氏、中和轩王宅,在金灭亡后,他们继续刻书、卖书,影响深远。所以,直到元朝,平阳仍是全国刻书事业最发达的地区之一。此外,太原刘氏书坊、宁晋荆氏、嵩州福昌孙夏氏书铺等,也是有名的坊刻代表。北京图书馆藏崇庆元年(1212)韩道昭撰《崇庆新雕改并五音集韵》,即为河北宁晋荆珍所刻。

金代出版史上最著名的一件大事,便是佛教《大藏经》的雕印,金代雕印的《大藏经》,又称《金藏》,因其刻于金朝而得名。亦称《赵城藏》,因原藏山西赵城县广胜寺,1934年在该寺弥勒殿内发现4957卷经典,故又名《赵城广胜藏》。

金藏既非帝王之敕版,亦非权贵富绅独资的出版物,而完全是由山西民间集资兴刻的,据文献记载:山西潞州女子崔法珍断臂募刻大藏经,金熙宗皇统九年(1149)在山西解州静林山天宁寺内成立开雕大藏经版会。印经事业在贞元、正隆年间达到高潮,施主大部分是晋南、晋西一带的平民百姓,有钱出钱,有物献物,至金世宗大定十三年(1173)完成,有682帙,卷子装,以千字文排序,始"天"终"几",近7000卷。大定十八年(1178),崔法珍将新雕之大藏经进献金国朝廷,她本人在燕京圣安寺登坛受戒成为比丘尼。藏经版移到弘法寺接管,此间继续印经。

1942年,日本侵略军进犯山西赵城,曾企图抢走此经,后被八路军及时运存于安全地方。这一部分现存国家图书馆。1959年9月,北京大学教师宿白先生在西藏萨迦北寺又发现《金藏》555卷。由其题记可知,它原安置于燕京大宝集寺,现存民族文化宫图书馆。

《金藏》除千字文编次略有更动外,其主要部分基本上是《开宝藏》的复刻本,多为每版23行,每行14字,保留着《开宝藏》的基本特点,所以在《开宝藏》散佚殆尽的情况下,《金藏》不论在版本方面,或是在校勘方面,都具有无可比拟的价值。中华书局出版的《中华大藏经(汉文部分)》就是以《赵城金藏》为底本,再补以房山石经及《契丹藏》《高丽藏》等。

综合来看,金代刻书的内容,除经史、诸子之外,医书、类书、字书、诗文集的刻印比前代要多。更有佛教、道教经典的大规模的刊刻。在编纂形式和版本类型方面,也有新的发展变化,出现了比较多的"重修""新刊""音注""节要""图解"一类的书籍。不仅如此,金代在刻书技术上,也继承了宋代的传统,态度认真、严肃,写绘工整,雕印技术精湛。有些书籍,字画清晰分明,版式古朴遒雅,甚至超过宋刻本。如上述列举的《南丰曾子固先生集》,"字画刚劲、世无二帙",被誉为"平水本"的上乘之作。又如大开本《道德宝章》,"古秀遒劲,镌印极精",深受藏书家珍爱。在版画方面的雕印、绘刻,也十分精致、细腻,艺术水平和技术水平都达到了相当高的水平。

三、西夏的图书出版事业

公元1038年,党项贵族李元昊称帝建国,自称大夏,史称西夏,与宋、辽、金成并立之势。1227年为蒙古所灭,历传10代,长达190年。西夏立国西陲,农牧并盛,手工业商业也有一定的发展,为西北地区社会、经济和文化艺术的发展,作出了贡献。西夏在汲取中原文化和其他民族文化营养的同时,十分注意发展本民族的文化。西夏在继续使用汉字的同时,于建国前两年(1036),就成功地创制了本民族的文字——西夏文字,并在其境内大力推行。

西夏刻书印刷业的发展情况,不见史传记载。直到20世纪,内蒙古、宁夏、甘肃等地出土了大批西夏时期的雕版印刷实物,才为我们提供了不少信息。据载,1909年,俄人柯兹洛夫在西夏故城黑水城(今内蒙古额济纳旗境内)首次发掘,得到西夏文和汉文刊本,已考订者共有49种。其中有写本,但以刊本为多,还有珍贵的泥活字、木活字印本。后来,又多次发现西夏时期的西夏文、汉文、藏文刊本。其中,1987年5月,甘肃武威市博物馆在武威新华乡亥母洞西夏遗址,发现了十分重要的泥活字版西夏文《维摩诘所说经》下卷等一批西夏文物、文书。根据以上材料,已经考定为西夏时期的刊本多达60多种,数百件。

从出土的西夏文献中,我们可以了解到,西夏已经有官刻、私刻形式,但官刻占绝大多数,且其规模相当大。当时国家设有"纸工院""刻字司"等机构,分别委派数名"头监",统管西夏的造纸、印刷事业。官刻的图书门类很多,有官方颁布的法典,也有字书韵书、诗歌集、启蒙读物等。这些刊本上都有"刻字司刊印""刻印司刊""命工镂版"等字样。西夏重儒兴佛,他们刊印儒家典籍,更印佛教经典。西夏寺院刊印佛经的规模更大。据出土的西夏佛经发愿文中记载,皇室印施佛经在1142年到1195年五十年间,刻印万卷以上的就有五次,其中最多的一次刻印十万卷。与辽金刻印汉文大藏经《契丹藏》《赵城藏》一样,西夏也在贺兰山佛祖院刻印了汉文《西夏藏》。贺兰山佛祖院是西夏都城西北贺兰山某处的一座规模很大的寺院,是西夏汉文佛经的刻印中心。西夏私人印施佛经的也不少,刻印于1073年的汉文《大般若波罗密多经》是现知有明确纪年的西夏时期最早的刻本,这是由信徒陆文政为报父母之德,出资印施的。据有关资料记载,西夏已经出现私人刻坊刻书出售。西夏文《新集锦成对谚语》(又译作《新集锦合辞》),是两句一条、工整对仗的民间谚语、格言集。它由西夏御史承旨、番大学士梁德养初编,切韵博士王仁持增补而成,在1187年由"褐布商蒲梁尼寻印"。由骨勒茂才编纂的汉人学习西夏文、西夏人学习汉文的通俗读物《番汉合时掌中珠》,是在1190年由张氏书坊刻印的。这本对每个夏字和相应的汉字互为标音、标义的辞书,在近百年来,对研究死文字西夏文起了极大的作用,被称为是"一把打开西夏学研究大门的钥匙"。西夏既用汉文印书,也用西夏文和藏文印书。既用雕版印刷,又用最先进的活字印刷。与西夏同时的辽、金地处中原,印刷也较发达,但迄今未见有契丹文、女真文刻本,更未见活字印本,这是西夏与辽、金重要的不同之处。西夏刻书印刷事业的发展与繁荣,促进了西夏社会经济、文化艺术的发展。

第七节 元代的出版事业

一、元朝的文治措施

元代是我国第一个由少数民族——蒙古族统一全中国的封建王朝。它的建立,使经历了三百多年的宋、辽、金、西夏对峙的分裂局面重归统一。元代统一全国的时间并不长,从建国到灭亡,不及百年,但在图书出版史上,却有不少新的发展。

元统治者本是北方少数民族,素以尚武著称,开始对文化事业并不重视。但是在建立了元政权之后,他们也逐渐懂得了"善冶器者必用良工,善守成者必用儒臣"的道理,因此"自太祖、太宗即知贵汉人,延儒术,讲求立国之道"。元朝统治者先后采用了尊经崇儒、兴学立教、科贡并举、举贤招隐、保护工匠等一系列文治措施，以图巩固其统治。这就在客观上为出版事业的发展提供了学术、物质和技术条件。

元朝统治者对兴学立教十分重视，在他们看来，"学校为治之本，风化之源……务要作成人才，以备擢用"。元政府除在中央设置国子监外，在地方上也大力兴办学校。政府还鼓励兴办书院，以作为正规学校的补充。教育的发展，为图书事业发展造就了必要的人才。

为了稳定社会情绪，发展经济，满足统治阶级的需要，元朝政府推行了保护百工的政策。早在灭金亡宋的战争中，元统治者就注意保护工匠，使一些以刻书为业的人保存了下来。统治者保护工匠的政策为元朝的出版事业打下了技术基础。

由于重视文治，唐宋以降蓬勃发展的图书出版事业，不仅没有因元入主中原而停滞和倒退，在某些方面还有所前进和发明。元人袁桷《清容居士集·袁氏旧书目序》称，有元一代：

> 国家承平，四方无兵革之虞，多用文儒为牧守，公私闲暇，击鲜享醴会寮属，以校雠刻书为美绩。至于细民，亦皆转相模锓以取衣食。①

颇能反映出时代之风尚。据清钱大昕《补元史艺文志》的统计，元代刻印、流通的图书，经部为 804 种，史部为 477 种，子部为 763 种，集部为 1098 种，凡 3142 种。历时不到百年的元朝，能刻印出版如此品种的图书，其成就也称得上可观了。

二、元代的图书编辑

（一）官修图书

重视图书编撰和出版事业是元代文治的一个重要内容。元代从宋代继承的大量图书为官方修书提供了有利条件。元代官方修书机构主要是翰林国史院，编修的图书包括正史、编年史、政书、志书、农书、译书等。其中以正史《宋史》《辽史》《金史》，会要体史籍《经世大典》《元典章》，地志《元一统志》，农书《农桑辑要》等最为著名。

1. 欧阳玄与《宋史》《辽史》《金史》的编撰

元惠帝至正三年(1343)二月，下诏修宋、辽、金三史，名义上是中书右丞相脱脱为三史都总裁官，实际上具体的编辑工作是由欧阳玄主持的。从制定三史凡例，笔削不公，撰写论赞表奏，到加工整理稿件，他都亲自动手。他长期担任翰林待制，兼国史院编修官，在天历三年(1330)曾奉诏督修《经世大典》。三史编辑机

---

① （元）袁桷：《清容居士集》卷二十二，《四部丛刊》影元本。

构的组织、编辑的选择、资料的汇集、工作条例的制定均出于他的建议。"三史"修纂,各以本朝的国史、实录为依据,三国各为正统,互不依附。中华书局点校本《辽史》附录了元刊本《辽史》卷首所列的"三史"编修"凡例"五条,从中可以看出"三史"的编撰体例:

(1)帝纪:三国各史书法,准《史记》《西汉书》《新唐书》。各国称号等事,准南、北《史》。(2)志:各史所载,取其重者作志。(3)表:表与志同。(4)列传:后妃,宗室,外戚,群臣,杂传。人臣有大功者,虽父子各传。余以类相从,或数人共一传。三国所书事有与本朝相关涉者,当禀。金、宋死节之臣,皆合立传,不须避忌。其余该载不尽,从总裁官与修史官临文详议。(5)疑事传疑,信事传信,准《春秋》。①

从中可以看出,三史修纂的着重点在于处理好三国与元朝相关的史事记载。在脱脱、欧阳玄等人的共同努力下,《宋史》至正五年(1345)修成,《辽史》《金史》于至正三年(1344)修成,成为我国正史中的重要组成部分。

2.《经世大典》与《元典章》

《经世大典》全名为《皇朝经世大典》,全书卷帙浩繁,共计880卷,目录12卷,公牍1卷,纂修通议1卷。此书是元文宗时诏令翰林国史院官修的一部政书。由赵世延、虞集等主其事。成书于至顺二年(1331)。全书分10篇:帝号、帝训、帝制、帝系4篇为"君事";治典、赋典、礼典、政典、宪典、工典6篇为"臣事"。明代修《元史》,志的部分主要就是利用这部《经世大典》。

《元典章》全名《大元圣政国朝典章》,60卷,附《新集至治条例》,由英宗敕纂。本书是一部元朝法令公牍文书的汇编,上起世祖中统元年(1260),下迄英宗至治二年(1322)。分诏令、圣政、朝纲、台纲、吏部、户部、礼部、兵部、刑部、工部十大类,《新集至治条例》分国典、朝纲、吏部、户部、礼部、兵部、刑部、工部八大类,各大类之下又有门、目,目下列举条格事例,全书共有81门、467目、2391条。此书是研究元代历史不可或缺的重要文献,保存了大量的原始文献资料。

3.《元一统志》

《元一统志》全称为《大元大一统志》,初修于世祖至元三十一年(1294),凡755卷;续修于成宗大德七年(1303),共1300卷,被认为是元代最富有地名学意义的著作。全书以府、州为单位,详记其建置沿革、山川形势、风俗物产、名胜古迹、历代人物,采录史料之丰富,编辑体例之完备,超过宋代的志书。明、清两代撰修《一统志》,都取为样本。原书惠宗至正六年(1364)曾刊版行世,明代亡佚。

---

① (元)脱脱等:《辽史》,北京:中华书局1974年版,第1557页。

4.《农桑辑要》

元代官方除了编写大量史书外,还组织编写了大量农书。《农桑辑要》便是其中影响最大的一种。元世祖即位以后,重视农业生产,他派司农司搜罗古今农书,采集民间生产经验,编成《农桑辑要》一书,元至元二十三年(1286)颁布全国,指导农业生产。参加该书编写的有孟祺、畅师文、苗好谦等。《农桑辑要》分典训、耕垦、播种、栽桑、养蚕、瓜果、果实、竹木、药草、孳畜10门。项目安排以《齐民要术》为范本,内容大多辑自古代至元初的农书,保存了不少宝贵资料。书中论述了各种作物的栽培及家畜、家禽、鱼、蚕、蜂的饲养,相当完整,对于棉花和芝麻的栽种,特别加以提倡。《农桑辑要》的颁行对恢复和发展当时的农业生产起了积极作用。在元代曾多次印行,影响极大。《四库全书总目》评价说:"有元一代,以是书为经国要务。"

(二)元代私修图书的代表之作:《文献通考》

元代私人修撰的图书甚多,其中以马端临修撰的《文献通考》最为著名。此书与唐代杜佑的《通典》、郑樵的《通志》都以贯通古今为主旨,被合称为"三通"。

马端临(1254—1323),字贵与,号行洲,饶州乐平(今江西乐平)人,其父马廷鸾曾任南宋右丞相兼枢密使,因不愿与奸相贾似道相处,辞职返乡,不久,元军攻陷临安,马氏父子深抱亡国之痛,专心从事编撰工作。他们想通过对历代典章制度演变的考察,特别是对宋代制度沿革的探讨,总结历史经验教训。他们的编辑思想是南宋虽然灭亡了,但中国的文化不应湮没,通过对历代典籍的整理,总结古国文化,让其流传于后世。马端临还具备对历史实事求是的态度,对两宋政治的阴暗面不加粉饰,较真实地记述当时情况。他还充分利用了难得的条件,家中藏书多,资料全,特别是参考了唐代杜佑的《通典》、宋代郑樵的《通志》及各种《会要》,在这些政书的基础上,又多有创新。再一个条件就是其父熟悉典章制度和文史掌故,他本人从小就接触了不少贤达之士,听到他们的议论。故其书名没有只称《通考》而加上"文献"二字。马端临在《文献通考》自序中的一段文字,既回答了他对文、献二字的理解,又讲明了该书的编辑体例:

> 凡叙事,则本之经史,而参之以历代会要及百家传记之书,信而有征者从之,乖异传疑者不录,所谓"文"也。凡论事,则先取当时臣僚之奏疏,次及近代诸儒之评论,以至名流之燕谈、稗官之记录。凡一话一言可以订典故之得失、证史传之是非者,则采而录之,所谓"献"也。其载诸史传之纪录而可疑,稽诸先儒之论辨而未当者,研精覃思,悠然有得,则窃著己意,附其后焉。[①]

这是马端临在编辑方法上的重要贡献,也是一种科学的研究方法,在《文献

[①] (元)马端临:《文献通考·自序》,杭州:浙江古籍出版社2000年版,第3页。

通考》的编排格式上,就体现了他的匠心:"叙事"部分,顶格排行;"论事"部分,低一格排行;"窃著己意"的"自注"部分低二格排行,再加一"按"字以示区别。另外,全书的每一门类下,均先设小序,阐述立类宗旨,并简述该门所载内容发展演变的概况。严格而又划一地确立了典志体政书"文""献""注"三结合的编辑方法,其编撰方法进一步系统化和规范化,这标志着政书发展的成熟,在中国历史文献编辑史上具有创造性意义。

《文献通考》成书于大德十一年(1307),历时20余年。全书共348卷,分24门。起自上古,终于南宋宁宗嘉定年间。马端临在此书的自序中一再说明,他编纂此书,一方面为续补杜佑《通典》天宝以后之事迹,一方面要配补司马光的《资治通鉴》,略如纪传体史书中的纪和志。总起来说,是使"有志于经邦稽古者,或有考焉"。就其体例与内容来看,实为《通典》的扩大与续作。取材广博,网罗宏富,是本书的又一大特点。本书的取材中唐前以《通典》为基础,并进行适当补充。中唐以后则是马端临广收博采的结果,尤其是宋代部分,当时《宋史》尚未成书,而马氏所见到的宋代史料最丰富,所以其所收之材料多有为《宋史》所无者。

三、元代的刻书事业

(一)元代刻书系统

元代和宋代一样,其刻书系统可以分为官刻、私刻和坊刻。在入主中原之前,元统治者就兴办了官刻。《元史·太宗本纪》载,太宗八年(1236)六月,在燕京设编修所,在平阳设经籍所,着手编辑经史。忽必烈攻下临安之后,将宋之官印局及中央各机关、江南各图籍书版大量运往北方,并从江南招募了不少刻工。经过接受前朝遗书,加之收罗民间典籍,元皇室藏书数量大增。当时的奎章阁、崇文院等藏书处藏书很丰富。但是,元皇室藏书管理得并不好,没有组织人力进行校勘整理,藏书较为混乱。政府对藏书利用得也不够,只编成宋、辽、金三史,没有再编其他大部头的丛书、类书。

元朝官府刻书机构,中央有秘书监的兴文署、艺文监的广成局、太史院的印历局、太医院的广惠局和医学提举司。中央官刻本以兴文署的刻本为最著名。其中最早、最好的刻本是至元二十七年(1290)刻的《胡三省注资治通鉴》。艺文监掌儒书之蒙文翻译与儒书之校勘。艺文监下的广成局"掌传刻经籍及印造之事"。所刻图书中,翻译作品占有很大的比例。至顺元年(1330),刻有《雅克特穆尔世家》。不过,广成局所刻书流传很少。太史院掌管天文历法,下设印历局专印历书。太医院刻有医书《圣济总录》《危氏世医得效方》《伤寒论》等。其他中央官署也有刻书，如《至元新格》《大元通制》《栽桑图说》及蒙文与维吾尔文《通鉴》等，都是当时一些中央机关所刻的。元代中央机构刻印书籍有时印数很大。如《农桑辑要》一书在六十年间就印行六次，最多的一次印行万部，遍及全国各地，甚至远至朝鲜。

元代官刻书籍最主要、数量最大的要算地方为数众多的各路府、州、郡、县、儒学、书院等刻印的图书。当时中央政府除自己刻印外，可以随时指派各路儒学、书院等刻印书籍。地方官刻以大德至元间太平路等九路儒学所刻《十七史》最为著名。在元朝地方刻书中，书院刻本更有影响。书院在元代的发展很快，据统计，元代新建书院143所，修复书院65所，改建书院19所，共计227所。书院有丰富的学田收入作为刻书的资本，而主持书院的"山长"又大都是有学问的人。他们刻书非常认真，刻本往往优于宋版。其中圆沙书院、梅溪书院、西湖书院刻书尤为著名。西湖书院泰定元年所刻马端临《文献通考》348卷，刻印精良，字体优美，为元代刻本中的代表作。至正二十一年（1361），在陈基等人的主持下，西湖书院在短短的一年时间里，就刻板9564块，刻字3647514个，速度之快，可想而知。

元朝的私人刻书也并不逊色于宋朝。仅据《书林清话》所记，私刻也有四十多家。岳氏荆溪家塾所刻《春秋经传集解》和东平丁思敬刻《元丰类稿》，是至今仍存的著名元代私刻本。元代私刻中，有不少刻印质量很高的书，有的甚至超过了宋版。如平阳梁宅元贞丙申（1296）刻本《论语注疏》，就比宋十行本好；平水曹氏进德斋大德九年（1305）刻的《尔雅郭注》（巾箱本）胜于明吴元恭所藏之宋本；张伯颜刻的《文选李善注》胜于南宋尤袤本；叶曾南皋书堂延祐七年（1320）刻的《东坡乐府》，胜于宋绍兴辛未（1151）曾慥刻本。

元代的坊刻比官刻、家刻规模更大。《书林清话》卷四说："元时书坊所刻之书，较之宋刻尤夥。盖世愈近则传本多，利愈厚则业者众，理固然也。"元代坊刻主要分布在建阳、平水等地。

元代福建建阳县沿袭宋代刻书风气，仍是书坊聚居的地方，刻书最多。其中建安崇化坊余氏勤有堂、麻沙镇刘氏南涧书堂，以及刘锦文日新堂、虞平斋务本堂、郑天泽宗文堂、叶日增和叶景逵的广勤堂，历史都很悠久。现存元代坊刻书籍多半是这几家的刻本。如：余氏勤有堂元统三年刻《国朝名臣事略》，目录后有"元统乙亥余志安刊于勤有书堂"牌记。虞平斋务本堂刻《赵子昂诗集》有墨地白文的"至元辛巳春和建安虞氏务本堂编刊"牌记。平水书坊则有张存惠明轩、曹氏进德斋等。

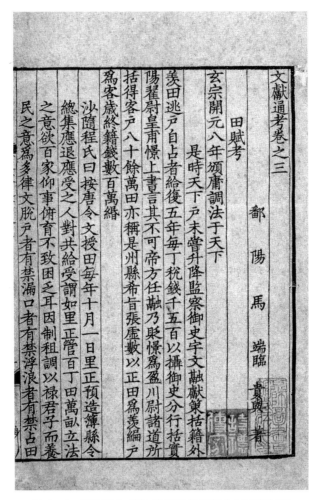

图6.11　元泰定年间杭州西湖书院刻本《文献通考》

(二)元代刻书地区与刻书内容

大都、建阳、平水、杭州为元代的四大刻书中心。其中又以福建建阳和山西平水最盛。建阳原是南宋的刻书中心,平水原是北方金国的刻书中心,两地的刻书传统,元代都继承了,并有发展。大都作为元代都城,是全国政治、经济、文化中心,中央的刻书机构如兴文署、经籍所等都设在大都,刻书之多,不言而喻。杭州雕版印刷久负盛名。元代很多官刻书都是奉诏下杭州刻板。此外,江西庐陵、浙江婺州也都是当时刻书业较发达的地方。

元代刻书的内容进一步丰富。除当时士大夫所诵读的正经、正史外,纂图互注本的经书和诸子书、字书、韵书,以及各种经书的新注、史书的节本、科举应试的参考书、模范文章选集等刻印数量最大。其中尤以诸子书为多,元人吴海《闻过斋集》卷八说:"今天下之书已多矣……所以多者,皆诸子百氏、外家杂言、异端邪说之不可计其名,读之毕世不能尽其卷帙。"此外,值得注意的是,元代官刻的农书,私家及书坊所刻医书开始增多了。官府多次刊刻《农桑辑要》、王祯的《农书》等书。医书方面,仅建阳余氏勤有堂就刻了《太平惠民和济局方》《新编妇人大全良方》《普济本事方》多种医书。燕山窦氏活济堂乃是专门刻卖医书的书籍铺。类书也是元代数量较多的一种。除上面所说西湖书院刻《文献通考》之外,抚州路刻《通典》、庆元路刻《玉海》、园沙书院刻《山堂考索》,以及武溪书院所刻《事文类聚》等,都是为后人称道的名刻。元人的诗文集及戏曲小说当时被刊刻的也很多,但留存至今的却比较少了。极为珍贵的有元至治建安虞氏刻本《三国志平话》,扉页牌记下半部刻有"新全相三国志平话"字样,上半部雕有刘备三顾茅庐的生动画面,为"新全相"作了最好的注解,使人览此广告便知此书上图下文的新颖形式。

四、元刻本的特点

元刻本具有显著的时代特征,主要表现在以下几方面:

(一) 字体

元代刻本的字体有三个突出特点,是宋及明清刻本中少见的:

其一是刻书字体多用赵体。元代初期,书法犹效宋金遗风。自从赵孟頫仕元后,其书法在社会上影响颇大,自此,元代刻书,无论官刻私镌,其字几乎都是赵字的风貌,一直影响到明初。

其二是用字无讳。元人礼制观念淡薄,避讳不严,所以在元代刻本中几乎见不到讳字的痕迹。

其三是多简字、俗字。元朝刻本多用简体字或俗字,这种现象官刻、私刻比较少,坊肆刻本较多;经史文集中较少,小说类书中较多。元朝政府把蒙古新字定为通用国字,对汉字的书写传刻要求不十分严格。书铺图快,书手图简,刻工图省,所以在坊刻本中:"無"作"无","龐"作"庞","雙"作"双","馬"作"马"的现象甚为常见。建本《古今翰墨大全》及虞氏务本堂的《全相平话五种》所用简体字更多。

(二) 版式

元初版式接近宋本。字大行疏,疏朗醒目,且多白口。中期以后发生了变化:

其一,为节省纸张,不少坊刻本行格渐密,字体变长,由左右双边渐趋四周双边,目录和文内篇名上常刻有鱼尾。

其二,版心多作黑口,黑口粗大,双鱼尾,黑口由南宋的细线变成粗大黑线。鱼尾又多是花鱼尾。

其三,多有牌记,尤其是私坊刻本,大多有牌记。这有助于版本的审定。

(三)装帧

元代盛行的书籍制度是包背装。何谓包背装在前文中已经提到。社会上以包背装盛行,但蝴蝶装仍兼而有之,偶见梵夹装。譬如,元代刻印完成的平江府《碛砂藏》,补刊印刷的福州东禅寺、开元寺两藏,仍采用梵夹装式。

(四)纸张

元代刻书以建阳书坊本为最多,其原因之一就是福建造纸原料丰富,纸张产量大。福建纸质地较为粗糙,有的颜色呈黑褐色。元刻建本传世较多,很少是白麻纸的。其他地区刻书有时也用福建纸。

五、元代对图书事业的管制

元代的刻书由国家的政务中枢中书省直接管理,而不是由秘书监兴文署等具体部门兼管,从这可以看出元朝统治者对出版事业的重视及管理制度上的严格。据明代陆容《菽园杂记》载:"元人刻书,必经中书省看过,下所司,乃许刻印。"中书省除审批外,有时还要向地方政府下达刻书命令。《天禄琳琅书目·茶晏诗注》云:"元时书籍,并由中央省牒下诸路刊行。"

元代私人的书稿也并不都由中书省审看批准,而是根据情况,由不同机关分别审批。如清蔡澄《鸡窗丛话》云:

> 先辈云:元时人刻书极难,如某地某人著作,则其地之绅士呈词于学使,学使以为不可刻,则已。如可,学使备文咨部,部议以为可,则刊板行世,不可则止。①

这种逐级审批的制度是元政府为了加强思想控制并对知识分子加以防范的措施。很可能有一些有价值的著作,因其未合官方口味而失去了出版刊行的机会,这对文化传播无疑是一种限制和禁锢。

六、元代印刷技术的进一步发展

元代印刷技术在先前的基础上,取得了突出的成就,主要表现在套版印刷术和活字印刷术的进一步发展,成为元代出版事业繁荣发展的重要见证之一。

---

① (清):《鸡窗丛话》,《丛书集成续编》第90册,上海:上海书店出版社1994年版,第1005页。

(一)套版印刷术的发明与发展

套版印刷术是在雕版印刷术的基础上发展起来的。它也是我国人民在世界印刷史上的一项重大贡献。

1. 套版印刷的原理及渊源

普通雕版印刷一次只能印出一种颜色,或黑,或朱,或蓝,故称之为"单印"。套版印刷则是在一张纸上印出几种不同的颜色。起初,人们是在同一块版上的不同部位,分别涂上不同的颜色,一次印成。如明万历年间徽州滋兰堂刻印的《程氏墨苑》,有些插图就是用的这种方法印成的。严格地讲,这不能算套版,只能称之为"涂色"。到后来,人们才将需要印上不同颜色的部分,分别刻成同样大小规格的版,逐次印在同一纸上。这种技术才叫作套版印刷术。用这种方法印出的书本称为"套印本"。套版发明初期,多用朱黑两种颜色印刷,这样印出来的书称为"朱墨本"或叫"双印"。后来才发展到用四色、五色来套印。根据用色的多少,套印的书被称为"四色本""五色本"等。

木刻套版本渊源于朱墨两色写本。写本书时代人们曾用不同的颜色来区分书中作用不同的文字,特别是在区分一书的正文和注文时,常用朱墨两色抄写。《隋书·经籍志》著录有《春秋左氏经传朱墨例》,这就说明早在东汉时贾逵便已采用朱墨两色分写经文和传注了。晋代的陶弘景作《本草集注》,便是用红色抄写《神农本草经》原文,用墨色抄写自己的注解。唐代的陆德明在注《经典释文》时,也是用墨色写经文,用朱色写音义。

很显然,写本书这样做是比较容易的,而雕版印刷要做到这一点就困难了。在套版印刷术产生以前,一般印本书在只能有一种颜色的情况下,只好采用阴文、墨围、另行和小字双行等办法来区别经、注,以方便人们阅读,但究竟不如直接用不同的颜色来区分效果好。这样,便促成了套版印刷术的产生。

2. 套版印刷术的发明与发展

套版印刷术产生于何时?前人都以为始于明朝。这仅是根据文献记载而言,明人胡应麟在《少室山笔丛》中说:"凡印有朱者,有墨者,有靛者,有双印者,有单印者,双印与朱必贵用之。"这里"双印"即指"套印",这是我国套印见诸文字的最早记载,故人们最初就把这一发明断在明代,叶德辉在《书林清话》中也说:"颜色套印书始于明季。"其实,明代已经是套印书盛行的时代。1941年发现了一部元末顺帝至元六年(1340)中兴路(今湖北江陵)资福寺所刻《无闻和尚金刚经注解》就是用两色印出的。其经文为红色,注解为黑色,卷首灵芝图也是两色相间的。这本书原收藏在南京图书馆,今在台湾地区"中央图书馆",曾一度被认为是最早的套印本。于是人们又以此把我国套版印刷的起源断在元代。1974

年在山西应县佛宫寺释迦塔内发现了三幅彩印的《南无释迦牟尼佛像》(有人说是木版彩印的,也有的说是丝漏印刷的)。据同时发现的其他文物相印证,其印刷时间当在辽统和年间(983—1012),与元代《金刚经》相比,早了三百多年。有人又称它为最早的套印品。1973年8月陕西省文管会对《石台考经》石碑进行修整,在碑身背面与中心石柱连接处发现女真文书残页、《怀仁集》、集王羲之书《圣教序》拓片和《东方朔盗桃》版画及宋、金时期钱币五十多枚。《东方朔盗桃》版画高108厘米,宽55.4厘米,阳刻,用浓墨、淡墨及浅绿色套印在整张淡黄色细麻纸上。该版画似为坊刻印卖的民间年画,像"平水系"(平阳)风格,为宋、金时期物。这幅多色的版画,是套印还是单版涂色未详,但年代也比《金刚经注解》早。

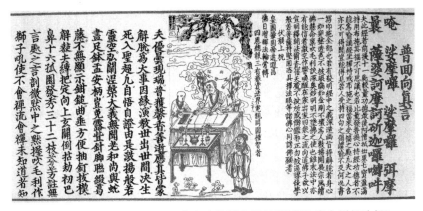

图6.12　元至元六年(1340)中兴路资福寺所刻《无闻和尚金刚经注解》

总之,这些考古新发现告诉我们,套印术发明的时间不能单以《金刚经注》为据断于元末,而应提前到宋辽金时期,与活字印刷术发明的时间不会相差太远。而元代则是套版印刷技术进一步发展和成熟的阶段。

(二) 活字印刷术的进一步发展

活字印刷术在元代得到了进一步的发展,除了泥活字外,人们又尝试着用木、铜、锡等原料制造活字,其中以木活字的使用影响最大。

1. 木活字

由沈括《梦溪笔谈》所记可知,毕昇曾试用木制活字印书,他发现木质有伸缩性,沾水后版面高低不平,又容易沾药,取下不便,所以仍采用胶泥活字。到了元朝初年,王祯在木活字印刷方面又做出了独特的贡献。

王祯,字伯善,山东东平人,我国著名农学家。元贞元年至大德四年(1295—1300)时,在安徽旌德县和江西永丰县做过县官。他很重视农业,教农民种田植树,并动手整理前人的农业文献及各地的种植经验,编写成了《农书》。这是一部见解独到、内容突出的农学巨著,但因《农书》字数多,难于刻印,他就准备采用木活字来排印。请匠人刻制木活字三万多个,约两年完工。大德二年(1298),他用这套木活字试印了自己纂修的《旌德县志》,全书6万多字,不到1个月就印成了100部,比雕版的效率高得多。

王祯所造木活字印书法是先在木板上刻字,再逐字锯开并修整一致,然后在框内排字,行间用竹片隔开,塞紧后即可印刷。王祯还创造了转轮排字架,把木活字按韵和型号排列在两个木制的大转盘里,排字工人可以坐着拣字,只需转动轮盘,就可以拣到所需要的字。王祯对毕昇发明的活字印刷术既有继承又有发展。现在发现的实物告诉我们,王祯虽然不是木活字的发明者,但还是做出了独特的贡献。最为可贵的是,他把这些经验写成了《造活字印书法》,附在《农书》之后,为我们保存了珍贵的历史文献。

图 6.13　王祯发明的转轮排字架(根据文献记载复原)

在王祯之后二十年,浙江奉化州官马称德也曾用木活字印过书籍。马称德,字致远,延祐六年(1319)任奉化知州。在任期间,"镂活书板至十万字"。至治二年(1322)用活字书板印成《大学衍义》等书。印好后,同《九经》《韩柳文集》一同藏在马氏新建的尊经阁上。

元朝时的木活字已传到兄弟民族地区。甘肃敦煌千佛洞曾发现几百个硬木制成的回纥文活字,可惜大部分被法国人伯希和盗去,只剩下五个,现陈列在中国国家博物馆里。在千佛洞中还发现了一个回鹘字的活字盘,据一些专家学者们的研究,认为是元初的遗物。

与此同时,西夏文也有木活字版。据王静和考证:现存于宁夏回族自治区博物馆的西夏文《大方广佛华严经》为元代木活字印本。其卷五尾端有一段西夏文发愿文,其中有"一院发愿,使雕碎字","碎字"当指活字。又卷四十题记中有"选字工"字样。其刊刻年代当在仁宗皇庆元年(1312)以后,为中国现存最早的木活字书籍。①

2. 泥活字

据元姚燧《牧庵集》卷十五载,元世祖忽必烈的谋士姚枢(1201—1278年)以"《小学》书流布未广,教弟子杨古为沈氏活板,与《近思录》《东莱经史说》诸书,散之四方。"其时间约在蒙古太宗十三年至海迷失称制三年(1241—1250)之间。

王祯在《农书》所附《造活字印书法》中曾谈到:

> 有人别生巧技,以铁为印盔界行,内用稀沥青烧满,冷定、取平,火上再行煨化,以烧熟瓦字排于行内,作活字印板。为其不便,又有以泥为盔界行,内用薄泥,将烧熟瓦字排之,再入窑内烧为一段,亦可为活字板印之。②

这段记载前段指的是毕昇用烧硬的泥活字,排在铁框子里印书,后来又有人将烧好的泥活字排到泥框中去再烧一次,制成整段陶版来印书。这很可能指的是姚枢的学生杨古。

3. 金属活字

王祯在《造活字印书法》中,有"近世又铸锡作字,以铁条贯之"的记载,这就是说,元朝已经有了锡活字。可惜具体情况今已不详。还有人认为元统元年(1333)以后印制的《御试策》(又称《御制策》)为铜活字印本,但无确证。

本章推荐阅读

1. 李致忠:《中国出版通史·宋辽西夏金元卷》,北京:中国书籍出版社2008年版。
2. 李致忠:《古代版印通论》,北京:紫禁城出版社2000年版。
3. 李致忠:《宋版书叙录》,北京:书目文献出版社1994年版。
4. 肖东发:《中国图书出版印刷史论》,北京:北京大学出版社2001年版。
5. 周宝荣:《宋代出版史研究》,郑州:中州古籍出版社2003年版。
6. 朱迎平:《宋代刻书产业与文学》,上海:上海古籍出版社2008年版。
7. 田建平:《元代出版史》,石家庄:河北人民出版社2003年版。

---

① 王静如:《西夏文本活字版佛经与铜牌》,《文物》1972年第11期。
② (元)王祯:《农书》,王毓瑚校,北京:农业出版社1981年版,第438页。

8. 史金波:《西夏出版研究》,银川:宁夏人民出版社2004年版。

9. 张丽娟、程有庆:《宋本》,南京:江苏古籍出版社2002年版。

10. 陈红彦:《元本》,南京:江苏古籍出版社2002年版。

11. 〔韩〕曹炯镇:《中韩两国古活字印刷技术之比较研究》,台北:学海出版社1986年版。

12. 肖东发:《活字印刷术的发明及其在宋元时代的发展与传播》,《北京大学学报(哲学社会科学版)》2000年第6期。

14. 潘吉星:《中国金属活字印刷技术的起源及其在东亚各国的传播》,见韩琦、〔意〕米盖拉编:《中国和欧洲:印刷术与书籍史》,北京:商务印书馆2008年版。

15. 方彦寿:《宋明时期的图书贸易与书商的利益追求》,见韩琦、〔意〕米盖拉编:《中国和欧洲:印刷术与书籍史》,北京:商务印书馆2008年版。

13. 张积:《宋代的建本与图书营销》,《北大新闻与传播评论》第1辑,北京:北京大学出版社2004年版。

14. 张积:《宋元刻本的牌记广告》,《广告研究》2006年第1期。

15. 袁逸:《唐宋元书籍价格考》,《编辑之友》1993年第2期。

16. 范军:《两宋时期的书业广告》,《出版科学》2004年第1期。

17. 杨虎:《集体编修精品图书的历史经验及启示:以〈资治通鉴〉等书为例》,《中国出版》2013年第20期。

复习思考题

1. 试述宋代文化政策及学术风气对出版事业发展的影响。
2. 试述宋初四部大书的编辑经过及特点。
3. 司马光成功主持编纂《资治通鉴》的原因是什么?在编辑方法上有何创新?
4. 试析宋代监本的地位及原因。
5. 作为职业编辑和出版家,陈起在经营上有哪些独到之处?
6. 简述宋版书的特征及其对后世的影响。
7. 试述活字印刷术的发明及早期发展情况。
8. 宋代的坊刻在内容形式上有何贡献?其不足之处应如何分析?
9. 宋代的刻书中心有哪些地区?各有什么特点?
10. 宋代的书业广告有哪几种类型?简述早期版权保护的实例。
11. 宋代对图书生产流通管制的内容、原因及效果如何?

12. 试述辽、金、西夏的编辑出版事业的特征及重要成果。
13. 马端临编辑《文献通考》具备哪些有利条件？在编辑方法上有何贡献？
14. 元代的三大刻书系统各有什么特点？
15. 试析元代刻本的特点。
16. 试述套版印刷术发明的时代。
17. 试述活字印刷术在元代的发展与应用。

解释下列名词

崇文院	宋初四部大书	司马光与《资治通鉴》	监本
建安余氏	临安陈氏	大藏经	开宝藏
《政和万寿道藏》	册页制度	蝴蝶装	包背装
牌记	赵城藏	马端临与《文献通考》	毕昇与活字印刷术
王祯	《造活字印书法》	套版印刷术	宋元善本

第七章
传统出版业盛极而衰(明及清前期)

明清两代(1368—1911)是我国古代文化的成熟与总结时期,尤其是从明清之际迄鸦片战争二百多年的学术文化,既是传统思想文化的总结和集大成时期,又是传统的思想文化向近代思想文化的转折和启蒙时期。在这一大背景下,古代出版业进入了大发展的兴盛时期。

明清两代的统治者为了加强专制的中央集权制,都很重视文化教育和图书出版事业。在政府的领导和组织下,很多机构从事编纂和出版活动,明清两代翰林院是主要编纂机构,内府也开始刻书。此外还组织大量的人力物力编修各种具有总结性的诗文集、类书和丛书,规模之大前所未有,典型的有《全唐诗》《永乐大典》和《四库全书》。但是,由于统治者一味尊崇程朱理学,以限制人民的思想,尤其是在清代还大兴"文字狱",使得文化事业缺少了生机。在文化专制政策的影响下,广大学者埋首书卷,皓首穷经,对传统的图书典籍进行了系统而全面的整理与研究,增强了这一时期编辑出版事业的学术内涵。另一方面,伴随着资本主义的萌芽和城市的发展,戏曲、小说等市民文学和工艺美术作品便大量产生,为图书的出版提供了丰富的稿源和广阔的市场。戏曲小说以及民间日用等图书的编纂出版在民间蓬勃发展。随着西学的传入,编辑出版业的内容、范围以及社会作用都发生了很大的变化。这一时期,出版业被注入了更为浓烈的商品经济意识,书籍贸易在更大的范围、以更壮观的规模和更激烈的竞争形式空前地展开。在出版技术方面,造纸技术有了很大的提高,雕版、活字以及套印等印刷技术日趋精致,这些都为刻书事业的发展提供了良好的物质条件。

但是,这一时期的封建社会毕竟日薄西山,经济政治文化科技等方面都没有太大的突破,与西方发达国家的差距日渐拉大。出版事业也未能避免,一直未能进入近代化的发展阶段。这一时期的编辑出版事业可以说是辉煌与衰朽并存,集大成与僵滞共生。

明清时期的出版史可分为两个时期。从明初至19世纪中叶为前期,这一时期的编辑出版事业是古代出版业的最后一个重要发展阶段,仍属于传统出版业的形态。从 19 世纪中叶到清朝灭亡为后期,这一时期出版业在西方文化的冲击下,在技术、内容等方面发生了巨大的变革,完成了"古今之变"的近代化转型,形成了与传统出版业截然不同的出版形态。在这一章里我们只叙述明及清前期的情况。

第一节　明清出版业发展的社会文化背景

一、明代图书事业发展的社会背景

1. 经济繁荣与资本主义萌芽的出现

明朝初期,太祖朱元璋采取了与民休息的政策。他曾说:"天下初定,百姓财力俱困,譬犹初飞之鸟,不可拔其羽,新植之木,不可摇其根,要在安养生息之。"根据这一指导思想,明王朝先后采取了蠲免税粮、兴修水利、奖励垦荒等一系列措施。因此,在明初六七十年间,社会生产得到了较快的恢复,并逐渐繁荣起来。

明代中期以后经济畸形发展,土地兼并愈演愈烈,大批农民倾家荡产后流入城镇,给手工业提供了廉价劳动力,据记载,当时仅苏州就有出卖劳力的织工、染工一万多人。这就为发展包括刻书业在内的资本主义工商业创造了条件,资本主义开始萌芽。随着资本主义商业的发展,其地域性分工也逐渐明显,如丝织业中心在苏州,棉织业中心在松江,染业中心在芜湖,瓷器业中心在景德镇。全国还出现了北京、南京、苏州、杭州、扬州、福州、武昌、南昌、广州、桂林等三十多个大商业中心。明代农业、工业、商业的发展,为图书事业的繁荣打下了物质基础。价廉易得的劳动力也使刻书成本大降而赢利日渐可观,为出版业发展提供了人力和经济动力。

2. 君主专制空前强化与文化的对冲

明代在政治上的最大特征就是君主专制的空前强化。朱元璋通过废除宰相,设立内阁,消除了相权对皇权的分割,"收天下之权以归一人";通过八股取士和推崇程朱理学,强化了对人们思想的控制;通过设置厂卫机构,加强了对官吏和人民的控制和镇压。这些举措对明清两代的政治统治产生了深远的影响。皇权越来越尊,臣民愈来愈卑,成为明清时期君主专制演变的轨迹。但是,明代中后期,文化上的专制开始出现松动,在民间出现了思想解放的趋势。随着王阳明心学的兴起,人的主体性和私欲开始得到肯定,出现了李贽、徐渭、汤显祖等一大批高扬人文主义旗帜的伟大思想家、艺术家和文学家。他们的思想学说与朝廷推崇的程朱理学形成明显的对冲。这必然会对明代的编辑出版事业造成直接的影响。一个明显的现象是：在明代的图书市场上，既有朝廷统一编纂出版的《四书大全》《性理大全》等正统之书，也有广受欢迎的《金瓶梅》《水浒传》《焚书》等"离经叛道"之书。明代后期，实学兴起，西学涌入，又涌现出了《皇明经世文编》《本草纲目》《天工开物》《农政全书》《几何原本》等优秀著作，呈现出与程朱理学截然不同的价值取向。

3. 市民阶层及广大民众对图书的需求

伴随着资本主义的萌芽和城市的发展，城市居民也日益增多。当这些市民的物质生活得到一定的满足之后，就会对文化生活提出相应的或更高的要求，于是戏曲、小说等市民文学和工艺美术作品便大量产生。这就为图书的出版提供了丰富的稿源和广阔的市场。明代四大奇书《三国志通俗演义》《水浒传》《西游记》和《金瓶梅》，就是在这样的历史背景下产生出来。当时，有许多图书在社会上产生了很大的影响，有的图书甚至成了市民暴动和农民起义斗争的武器。明末农民起义领袖张献忠就说"《水浒传》《三国演义》诸书，凡埋伏攻袭皆效之"。这种以"市井细民"为主要读者和观众的明代"俗文学"，是对唐宋传奇、宋元话本、元杂剧等文学形式的继承和发展，具有强大的生命力。它的繁荣推动了出版事业的发展。

4. 统治者对图书出版事业的重视

为了加强专制的中央集权制，明朝统治者很重视文化及图书出版事业。建国第二年，朱元璋就诏谕中书省："朕恒谓治国之要，教化为先。教化之道，学校为本。今京师虽有太学，而天下学校未兴，宜郡县皆立学。"自此，全国各府州县先后设立儒学，并规定各地学校一以孔子所定经书教诲诸生。大力推崇《四书》《五经》，制定了八股取士制度，营造礼贤馆于应天，招聘贤能之士并给予优厚的待遇。文化教育事业的发展促使了图书事业的兴盛。为了发展图书出版事业，统治者实行了特殊的政策。洪武元年（1368），下诏免除书籍税，并于同年命有司广求古今书籍。这一免税政策贯彻明代始终，它对图书出版事业无疑是持久而有效的兴奋剂。因此，明代上上下下都以藏书为贵，刻书为荣，该时期官僚士大夫阶层普遍喜好藏书，以示风雅。江浙闽赣到处建起藏书楼。将书作为一种礼物送人遂成为一种时尚，"书帕本""巾箱本"在官场中风靡一时，由于刻书拥有众多的主顾、广阔的市场，以卖书为业的坊肆遍布全国。

5. 造纸、印刷技术的提高

随着手工业的发展，明代造纸技术也有很大提高。据《天工开物》记载，明代在制造竹纸、皮纸等各种纸张的选料、配料方法和工艺等方面都有创新和进步。明代图书多用竹纸、棉纸印造。当时生产的竹纸虽薄而易老化，但不易虫蛀。生产的棉纸晶莹,有如玉版,韧性极强,易于收藏。精巧的造纸技术,生产出了高质量的纸张,为刻书事业的发展提供了物质条件。印刷术自唐代发明之后,到明代已有六七百年历史,其间雕版印刷事业从未中断,技术日趋成熟。明代专门从事刻印业的人才数以千万,一支雕版印刷队伍已经形成。套版印刷、活字印刷、饾版技术、插图艺术也取得了巨大的成就。与出版相关的各种技术的成熟,为出版事业的兴盛提供了良好的保障。

可以说,明代是我国古代出版史上最为活跃、最具个性的时期,与前代相比,其最显著的特点是私人出版商蜂起中土,书坊林立,出版业被注入更为浓烈的商品经济意识,书籍贸易在更大的范围,以更壮观的规模和更激烈的竞争形势空前活跃地展开。

二、清朝前期的文化政策

清朝入主中原后,继续实行君主专制和文化专制的政策。为了巩固统治,防止汉族人民的反抗,在思想上、文化上相继采取了一系列措施。

其一是尊孔崇儒。孔子及以孔子为代表的儒家思想,历来是封建地主阶级及其知识分子崇拜的神圣偶像。清统治者对孔子的态度,成为对汉族知识分子政策的重要内容。清统治者进入北京后,立即"遣官祭先师孔子",孔子的后人"仍袭封衍圣公"。第二年(1645),为孔子加上"大成至圣文宣先师"的头衔,多尔衮亲自"谒先师孔子庙行礼",康熙南巡路经山东曾亲自到曲阜祭孔。这些尊孔政策和行动对拉拢汉族地主阶级及其知识分子起到了重要作用。

其二是开科取士。据《清世祖实录》卷十九记载,顺治二年(1645)浙江总督张存仁因地方上存在着"反顺为逆者"向清朝政府提出建议:"速遣提学,开科取士,则读书者有出仕之望,而从逆之念自息"。这个建议得到清廷采纳,当年就在顺天举行"乡试","进城秀才三千"。康熙十七年(1678)又宣布在北京开设博学鸿词科,以罗致全国名士。清政府的科举政策,给了知识分子出路上的希望,既削弱了汉族地主和知识分子的反抗情绪,也加强了满族统治者的力量。

其三是提倡理学。康熙极力提高朱熹的地位,标榜程朱理学,把它视为巩固统治的重要工具。他编写了《性理精义》,又重新刊行了《性理大全》等书。同时还笼络了一批程朱派学者,如魏向枢、李光地等人,给他们官做,称之为"理学名臣"。这样,程朱理学便成为"钦定"的学术,士人们"非朱子之传义不敢言,非朱子之家礼不敢行"。

其四是重视文化建设。具体表现为重视图书的编纂、典藏及整理。清朝政府对图书事业十分重视,多次进行图书的收集典藏和整理等活动。

在图书的收集方面,清王朝首先承袭了明代宫廷的藏书。清初,为了编纂图籍,政府曾多次下令搜访各地遗书。由于当时朝廷禁例甚严,且有各种文字狱之先例,所以一般士民皆藏匿不献。尽管开始时,朝廷也声明"虽有忌讳之语,亦不治罪",但藏书中凡有涉及明事和有碍于统治阶级内容的,皆"争相焚弃"。康熙二十五年(1686)曾再次下诏征求典籍,并规定由各省督抚征集后送至礼部汇集,如无版刻者催人缮写,交翰林院进呈,有愿自行呈送者,交礼部汇缴。到了乾隆时,又多次下令求书。在编《四库全书》时,更严令各地进书。由于乾隆在收书中赏罚分明,因而取得一定成效。截至乾隆三十九(1774)年八月,全国征书达万种以上。

在图书的典藏方面,清代的成就超过了历代。在修《四库全书》的同时,乾隆下令建立了文渊、文津、文源、文溯等北四阁和文宗、文汇、文澜等南三阁来典藏《四库全书》。文渊阁建成后,即设领阁事三人总管全阁事务;设直阁事六人具体负责阁内图书的管理事务;下设校理十六人分司注册、点验事务。此外,还有检阅八人,做书库管理工作。凡要借阅阁内图书,需通过领阁事同意,准许抄阅,但不得拿出阁外。

清宫内就有多处藏书。昭仁殿的天禄琳琅收宋、辽、金、元、明五朝善本,乾隆时藏书多达1081部,计12258册。乾隆时曾从《四库全书》中选出精华之书,辑为《四库全书荟要》,抄写成两部,一部存御花园中摛藻堂,另一部贮于圆明园之长春园味腴书屋。养心殿的宛委别藏有四库未收之书174部。其他,如宫内刻书处武英殿,中南海的南熏殿、紫光阁、南书屋,北海静心斋的抱素书屋等地也多有藏书。1929年清理宫廷藏书时,尚有13081部,计195732册。

属于政府机关的藏书,有收藏《四库全书》底本的翰林院及最高学府国子监和内阁等。

在图书整理方面,清代前期也取得了很大成绩。图书的整理是在编目过程中进行的。清代官修书目的集大成之作是《四库全书总目》。它是纂辑《四库全书》的相应产物。"总目"按四部分类,部下又分若干类。部有总序,类有小序,书有提要。《四库全书总目》可以说是对18世纪以前的古籍进行的一次总结。由于《四库全书总目》篇帙过人,不便一般人翻读,又另编《四库全书简明目录》二十卷,删去存目,精简了总序和小序,有些子目仍附简短按语。

清代前期的另一部国家书目是乾嘉之际于敏中、彭元瑞等人所撰的版本目录《天禄琳琅书目》正续编。它不仅记载各种不同版本,还将刊载时代、地点、藏家姓名及藏章载入。该目开官修版本目录之先河,使清代藏书家群起效法,形成了编制版本目录之风气,先后编制了版本目录数十种之多,为整理古籍中的选择底本工作提供了方便。

清代前期还编纂了《明史艺文志》等史志目录,还有一批学者开始为历代正史补写艺文志。自倪灿首创《补辽金元史志》之后,继起者数家,一直影响到清末及民国初年。这一工作使正史目录臻于完备,基本上构成了一套完整的综合性目录。这在世界文化史上也是罕见的。

三、明清对图书出版的管理

1. 明代对图书出版及流通的管理

整体来看,虽然明朝政府也有过几次"禁书"活动,但整体上对图书生产和流通的管理是较为宽松的。明代免征书籍税,没有专门的出版管理机构,当时连国史、宫史都可以自由撰述出版,到了明朝后期,《金瓶梅》那样的书籍竟至"悬诸国门"。这种宽松的出版环境在中国历史上确实是罕见的。从积极方面来讲,明代对编辑出版事业的管理表现在以下几个方面:命令各地编纂某种图书;统一编纂图书颁行天下;关心出版灾祸(典籍、书版被焚毁),帮助恢复;为中央出版机构调集人力物力;监督图书的编纂刊刻质量①。尤其是在书籍校刻质量上,政府一直发挥着比较严格的监督职能。

在书籍校刻质量上,明政府对《大诰》《四书》《五经》等重要的常用书,曾先后颁发了一些政府法令,以免其校刻不精,出现文字差错,贻害民间。朱元璋曾在《大诰续编》后序中专列禁令。

> 近监察御史丘野奏:所在翻刻印行者,字多讹舛,文不可读,欲穷治而罪之。朕念民愚者多,况所颁二诰,字微画细,传刻之际,是致差讹。今特命中书大书,重刻颁行,使所在有司就将此本易于翻刻,免致传写之误。敢有仍前故意差讹,定拿所司提调及刊写者,人各治重罪。②

《大诰》及其《续编》是朱元璋颁布的法令,为使全国人人知法,曾规定,凡犯罪之人能背《大诰》者,罪减一等。因而其需求量极大,翻刻亦多。而法令之书出现文字差错,不但贻害读者,还会给作奸犯科者留下空子。因而朱元璋颁布了标准的政府范本,并规定给翻刻有差讹者治以重罪。

嘉靖年间,福建建宁书坊为了牟利,大量翻刻士子应试的必读书《四书》《五经》等,他们不但缩小版式,且校刊不精,对读者危害极大。为此,福建提刑按察

---

① 缪咏禾:《中国出版通史·明代卷》,北京:中国书籍出版社2008年版,第18—19页。
② (明)朱元璋:《御制大诰续编》,明洪武内府刻本。

司出面干预,并发下牒文：

> 照得《五经》《四书》,士子第一切要之书,旧刻颇称善本。近时书坊射利,改刻袖珍变板,款制褊狭,字体差讹……议呈巡按察院详允,会督学道选委明经师生,将各书一遵钦颁官本,重复校雠……刻成合发刊布。为此牒仰本府着落当该官吏,即将发出各书转发建阳县,拘各刻书匠户到官,每给一部,严督务要照式翻刊。……再不许故违官式,另自改刊。①

在流通价格上,明代政府对民间一般不加干预,官刻书也没有高价售卖的情况,只有一个特殊事例,即《永乐南藏》。《永乐南藏》书版为政府官刻,刻成后即藏于南京报恩寺,当时曾限定刷印书价。万历年间,寺僧及附近以此谋生的刷经铺、装裱铺哄抬刷经价格,结果引起政府干预。南京礼部祠祭清史司为此颁发了《请经条例》,按用纸、用墨及装潢质量将藏经分为三等九号,并具体规定了某等某号的最高限价,从而保护了购买者的利益。

当然,事物总有两面。除了积极的管理以外,明代也有比较消极的"禁书"。虽然这是维护统治的必要举措,但却对文化及出版事业的发展造成了一定的消极影响。明代禁书活动主要有以下几次。

一是明初禁止"亵渎帝王圣贤"以及"有违伦常"的词曲小说。元代以后,戏曲小说成为"一代之文学",深受大众喜欢,最容易影响大众的思想观念。所以统治者都对小说、戏曲实行控制政策。明代初年,太祖朱元璋立法将编辑刊刻以及传播小书(或即小说一类)的"奸顽之徒"列为合编充军的对象,并将其与贩卖私盐、旧日山寨头目、土豪、积年民害官吏等并列,可见小书的社会地位与被仇视的程度。另据明人顾起元于万历年间所撰的《客座赘语》记载,明成祖朱棣曾以严厉的措施禁止"非律所该载"的词曲杂剧,其手段可谓残忍。

> 永乐九年(1411)七月初一日,该刑科署都给事中曹润等奏：乞敕下法司,今后人民、倡优装扮杂剧,除依律神仙道扮、义夫节妇、孝子顺孙、劝人为善及欢乐太平者不禁外,但有亵渎帝王圣贤之词曲驾头杂剧,非律所该载者,敢有收藏传诵印卖,一时挐送法司究治。奉旨："但这等词曲,出榜后,限他五日,都要干净将赴官烧毁了,敢有收藏的,全家杀了。"②

二是英宗正统七年(1442),明令禁止《剪灯新话》等小说。《剪灯新话》一书由瞿佑编撰,是明初著名的传奇小说集,在中国古代文言小说中起着承前启后的

---

① 叶德辉：《书林清话》,北京：北京燕山出版社1999年版,第183页。
② (明)陆粲、顾起元：《庚巳编客座赘语》,谭棣华、陈稼禾点校,北京：中华书局1987年版,第347—348页。

作用。它继承了六朝志怪和唐传奇的传统,描写鬼魂追求爱情以表现青年男女对爱情的执着追求;从宋元话本中汲取营养,选取题材、情节及塑造人物,表现市井生活观念。问世以后,引起了无数读者的喜爱与共鸣,而仿拟者纷起,永乐年间有庐陵李祯的《剪灯余话》,宣德年间有赵弼的《效颦集》,万历年间有邵景詹的《觅灯因话》相继问世,这些作品共同构成了沟通唐传奇和清代《聊斋志异》这两个高峰之间的桥梁。这一系列书籍在当时广受欢迎,是典型的畅销书。据《英宗实录》卷九十载,当时"不惟市井轻浮之徒,争相诵习,至于经生儒士,多舍正学不讲,日夜记忆,以资谈论"。这种情况自然引起统治者的警惕,认识到"若不严禁,恐邪说异端,日新月盛,惑乱人心",因此命令各地"凡遇此等书籍,即令焚毁,有印卖及藏习者,问罪如律"①。《剪灯新话》因此而成为明代第一部遭到朝廷禁毁的文人创作小说

三是禁毁思想家李贽著作,罪名是"敢倡乱道,惑世诬民"。李贽(1527—1602年)是明代泰州学派的一代宗师,属阳明学派的分支。生性倔强,善于独立思考,不受程朱理学传统观念束缚,具有强烈的反传统理念,著有《藏书》《焚书》《卓吾大德》等书,在当时广为流传。因此被统治者视为异端邪说,予以禁毁,其人也于万历三十年(1602)被迫害致死。据顾炎武《日知录》卷十八"李贽"条所载,明代政府曾多次禁毁李贽的著述。神宗万历三十年的禁毁是第一次:"其书籍已刻未刻者,令所在官司尽搜烧毁,不许存留。如有徒党曲庇私藏"——并治罪"。天启五年(1625)的禁毁是第二次:"李贽诸书,怪诞不经,命巡视衙门焚毁,不许坊间买卖,仍通行禁止"。清朝乾隆时,李贽的著作仍列入禁书目录。

四是禁毁《水浒传》。明代末年,山东爆发了以李青山为首的农民起义。他们仿效《水浒传》里的英雄,以梁山为根据地,破城焚漕,声势颇大。后来虽然失败,但统治者仍十分惊恐,并迁怒于《水浒传》,视其为贻害人心的"贼书"。崇祯十五年(1642),皇帝降旨:"凡坊间家藏《水浒传》并原版,速令烧毁,不许藏匿。"②

但是,禁毁自禁毁,流行自流行。主要原因是这些禁毁的书籍都是广受民众喜欢的优秀书籍,而且禁毁命令也未能得到彻底的执行,出版环境相对比较宽松。仅以李贽的著作为例,据顾炎武《日知录》记载,虽然当时奉严旨禁毁,"而其书之行于人间自若也","士大夫多喜其书,往往收藏"。

---

① 转引自陈正宏、谈蓓芳:《中国禁书简史》,上海:学林出版社2004年版,第150页。
② 转引自王彬主编:《清代禁书总述》,北京:中国书店1999年版,第20页。

2. 清代的文字狱与禁书运动

清朝是北方落后少数民族入主中原的朝代,其统治一方面继承和发展了明代的绝对君主专制,另一方面又加入了残酷的民族歧视和民族压迫政策。在政治和军事上,清统治者在大力镇压汉族人民反抗的同时,在思想文化上也采取了严密控制的方针。由此而产生出来的文化政策,是以扼杀民主和民族思想、巩固清廷在精神领域的统治地位为目标的。清代除了宣扬儒家思想、大力兴学取士、推崇程朱理学以外,还厉行文化专制,通过迭兴文字狱和大力禁毁异端图书来维护其统治,对文化建设和出版事业的发展造成了极大的消极影响,它禁锢了思想,堵塞了言路,造成了万马齐喑的政治和文化局面。相对来说,清代统治者对出版事业的监管和控制要比明代严格得多。

(1) 文字狱

文字狱是专制皇帝以文字作品定罪,在文化、思想方面采取的非人道的极端残暴的文化统治举措。在中国历史上,清朝是文字狱最为严重的朝代。清代前期对汉族知识分子的政策大致可以分成四个阶段:顺治六年至十年(1649—1653)是利用政策;顺治十一年至康熙十年(1654—1671)是高压政策;康熙十一年至康熙末年(1671—1722)是怀柔政策;雍正、乾隆时期(1722—1795)又转为一意压制。在这一背景下,清政府对知识分子的反清思想及著作,毫不含糊地采取严厉镇压的手段,就连无意间触犯清政府忌讳的人和著作也难幸免。早在顺治五年(1648),就有"毛重倬坊刻《制艺序》案",是因为毛等坊刻图书中的序文纪年只用干支,没用顺治的年号,被认为是"目无本朝,阳顺阴违,逆罪犯不赦之条"而被治罪。康熙初年有"庄廷鑨《明史稿》案",据陆莘行《秋思草堂遗集》载:案发后,"凡刻书、送板、订书者,一应俱斩"。康熙末又有"戴名世《南山集》案",雍正时又有"查嗣廷试题案"和"吕留良文选案"。乾隆继位后,所制造的文字狱,无论从次数到惩罚的严酷程度都超过了康熙和雍正。如"王锡侯《字贯》案",仅因在《字贯》中指出了《康熙字典》编排上的一些缺点,便被满门抄斩。有人统计,仅乾隆朝文字狱总数就在130起以上。

清代文字狱的许多大案都是捕风捉影,株连无辜,极为残酷。如江西人胡中藻为乾隆元年进士,官至内阁学士,为雍正宠臣鄂尔泰的门生。乾隆继位后,着意兴起胡中藻案,以打击鄂氏朋党。乾隆二十年(1755),乾隆命人暗中收集胡中藻所出试题及诗文,以其任广西学政时所出试题中有"乾三爻不象龙说"七字,指责诋毁乾隆年号;以其诗集《坚磨生诗抄》中有"一把心肠论浊清",指责故意在清国年号加"浊"字;诗中还有"斯文欲被蛮"等句,因有"夷""蛮"字样,被说成是辱骂"满人"。因为这样种种罪名,胡中藻被斩首示众。同时鄂尔泰撤出贤良祠,其侄鄂昌因与胡中藻交往过密,也被赐令自杀。① 由于这一高压政策的实施,使明末清初产生的启蒙文化被摧残,民主和科学的精神遭到扼杀。广大知识分子只有绝口不提国事,转而埋头于古籍的考证和整理,在读书人中形成了"避席畏闻文字狱,著书都为稻粱谋"的风气,在一定程度上促进了乾嘉学派"为考据而考据"、不谈义理学风的形成。

(2) 禁书运动

清代每一次文字狱的兴起,无不伴随着大批图书的禁毁。清代的文字狱之史也是一部严酷的禁书史。

清代前期大规模的禁书运动是在乾隆年间展开的。乾隆三十七年(1772)正月,乾隆帝以编纂《四库全书》的名义,下诏各省征集图书,这实际上是他"寓禁于征"政策的第一步。待呈缴之书逐渐增多之后,它便开始将不利于清朝统治的书籍销毁甚至毁版。

由于清朝忌讳甚多,因而禁书的牵涉范围很广,统治者不得不将其按三种方法分类处理,即全毁、抽毁和改窜。

全毁即将某书全部销毁。当时需全毁的书,据《四库全书》总纂官陆锡熊在《宝奎堂集》卷四《进销毁违碍书籍札子》中讲"凡明季狂吠之词,肆意罔悖,俱为臣子者所当发竖眦裂。其有身入国朝,为食毛践土之人,而敢逞弄笔端,意含愤激者,尤天理所不容。自当凛遵训谕,务令净绝根株,不使有只字流传,以贻人心风俗之害"。

抽毁即将某书中涉及清朝忌讳的部分抽出毁掉,剩下的部分仍予保留。陆锡熊《进销毁违碍书籍札子》:"至若明初著作,于金元每多偏谬之词。虽议论乖僻,究非指斥可比。又如明人时代,在嘉、隆而上,则尚属本朝龙兴以前。或其书偶述边事,大抵系指鞑靼、瓦剌、朵颜、三卫等部,《明史》可证,并非于碍。即措辞太觉荒唐,原不妨量予删节,似不必概行全毁。……又如类书之分隶事,丛书之分部目标,志传之分人记载,及各选本之胪列诸家,俱与专系一人一事必须全毁者有异。此等遇有违碍,亦只需酌量抽毁,似毋庸因此概废其书。"

改窜,当时称"酌量改易",即将某书中触及清朝忌讳的字句改换成其他字句。乾隆在四十一年(1776)十一月所发谕旨中说:"若刘宗周、黄道周,立朝守正,风节凛然。……又如熊廷弼受任疆场,材干优济。……以上诸人所言,当时若采而用之,败亡未必若彼其速!是其书为明季丧乱所失,足资考镜:惟当改易违碍字句,毋庸销毁。"此外,凡对历代君王(秦始皇、隋炀帝等暴君除外)不够尊

---

① 杨凤城等:《千古文字狱》,海口:南海出版公司1992年版,第157—158页。

重的言论,以及对北方少数民族的华夷之见,均在需要改窜的范围之内。如岳飞《满江红》名句"壮志饥餐胡虏肉,笑谈渴饮匈奴血"。"胡虏""匈奴"犯忌,于是《四库全书》馆臣改为"壮志饥餐飞食肉,笑谈欲洒盈腔血"。张孝祥名作《六州歌头》(长淮望断)描写北方孔子家乡被金人占领:"洙泗上,弦歌地,亦膻腥。""膻腥"犯忌,改作"亦凋零"。

为在全国范围内展开禁书运动,军机处及地方政府先后颁发了各类《全毁书目》《抽毁书目》《禁书总目》和《违碍书目》等,强令藏书家将列入书目中的书籍上缴、销毁。据统计,仅浙江一省,到乾隆四十五(1780)年十月止,共缴禁书24次,计538种,13862部。至于全国,据黄爱平统计,乾隆利用编纂《四库全书》在民间征收书籍的机会,销毁书籍3100多种,151000多部,销毁书版80000块以上。① 这样,在"违碍""悖逆"的名义之下,许多珍贵的著作失去了本来面目或绝迹于人间,造成了无可补救的损失。据乾隆时人王芑孙《惕甫未定稿·洴澼百金方序》卷三记载,更为严重的是,在乾隆的高压政策之下,民间"告讦频起,士民慈慎,凡天文、地理、言兵、言数之书,有一于家,唯恐招祸,无问禁与不禁,往往拉杂摧烧之"。这类被文人学士乃至一般民众自行毁掉的图书,数量也不在少数。禁书活动给中国古代尤其是宋元以后的典籍带来的损失,对当时整个社会思想文化造成的危害,则是无法用数字来衡量计算的。对此,鲁迅先生曾在《且介亭杂文·病后杂谈之余》一文中,愤慨地指出:"清人纂修《四库全书》而古书亡,因为他们变乱旧式,删改原文。"

第二节　明清时期的编辑活动

一、明清的政府编纂机构

明清时代,政府的主要编纂机构为翰林院。明朝建立之前,吴元年(1363),初置翰林国史院,设学士、侍讲学士等官。洪武元年(1368),改为翰林院。翰林院主要掌管制诰、史册、文翰之事。凡经筵日讲、纂修实录、玉牒、史志诸书,编纂六曹章奏,皆奉敕而统承之。史官掌修国史。凡天文、地理、宗潢、礼乐、兵刑诸大政,及诏敕、书檄,皆籍而记之,以备实录,国家有纂修著作之书,则分掌考辑撰述之事。

除了翰林院以外,当国家有重要的编纂任务时,常随时开馆设局,延聘人才,

---

① 黄爱平:《四库全书纂修研究》,北京:中国人民大学出版社1989年版,第78页。

编纂各种专门图书。终明之世,这种编纂之事没有停止过。如洪武时编纂《大明日历》《元史》《书传会选》;永乐时编纂《永乐大典》《四书大全》《五经大全》《性理大全》;嘉靖时编纂《明伦大典》;万历时编纂本朝正史;天启时编纂《三朝要典》;崇祯时编纂《历书》,都曾采取这种做法。

清初设内三院,即内国史院、内秘书院、内弘文院,兼有后来的内阁与翰林院之职。顺治十五年(1658),改内三院为内阁,又另设翰林院。顺治十八年(1661),又并归内三院。康熙九年(1670),内三院复改为内阁,始又恢复翰林院。

翰林官员的任用,掌院学士从大学士、尚书、侍郎内特选。侍读学士至侍讲各官,由各衙门应升之郎中等官之文义优通者选任。修撰以一甲一名进士(状元)补授。编修由一甲二三名进士(榜眼、探花)补授。另,每次殿试后,选进士中文学优等及善书者为庶吉士,入庶常馆学习。三年后考试,合格者二甲授编修,三甲授检讨。不合格者另授官职。

清代自内三院分为内阁和翰林院后,内阁仍是一个重要的政府编纂机构。清政府在编纂某些大型书籍时,常常在内阁中为此专门设立一个机构,如"内阁实录馆""内阁三礼馆""内阁三通馆""内阁一统志馆""内阁明纪纲目馆""内阁八旗满洲氏族通谱馆"等。另有一些虽然不属于内阁,如玉牒馆属宗人府、方略馆属军机处、武英殿属内务府,但各书在修纂时,按例要派内阁大学士为监修总裁官。

明清时期地方政府除了翻刻中央统一颁发的图书以外,还编纂地方志、乡邦文献以及有关当地国计民生的书籍。

明清时期由政府组织的编纂活动更加频繁,其成果也层出不穷,无论从哪一方面来讲,都超出了以往任何一个时期。明清两朝政府的编纂活动主要集中于明初和清初,其中尤以明朝的永乐(1403—1424)及清朝的康熙、雍正、乾隆间(1662—1795)最为兴盛。

二、类书的编纂

明清时期的类书编纂有更大发展。明代官修类书,最杰出的当数《永乐大典》。私修的不胜枚举。清代官修类书规模最大、体例最完备的当数《古今图书集成》。此外还有《佩文韵府》《骈字类编》《数理精蕴》《渊鉴类函》《子史精华》等,大都为康熙朝编撰。私修的有陈元龙的《格致镜原》、魏崧的《壹是记始》、潘永因的《宋稗类钞》等。下面重点介绍《永乐大典》和《古今图书集成》。

1.《永乐大典》

《永乐大典》是我国最大的类书,也是举世共誉最早最大的"百科全书"。它是在我国雕版文化全盛时期编纂成的我国历史上最著名的写本书之一。全书22937卷,其中仅凡例和目录就有60卷,约3.7亿字,共装成11095册。它是从明成祖永乐元年(1403)到永乐六年(1408)编成的。

(1)《永乐大典》的编纂经过

永乐皇帝以"靖难"为名,夺取了建文帝的帝位,改元永乐。因为他是借故篡取帝位的,故而自有一班旧臣怀念旧主而心中不平。为此,朱棣采取了恩威并用的两手策略:一方面对拒不从命者大开杀戒;另一方面采取了宋太宗诏修《太平御览》的故智,以文治来笼络天下文士。编修《永乐大典》即其修文拢士的手段之一。

此外,《永乐大典》的编修,又是整个社会政治文化发展的需要。明王朝取代蒙古贵族建立的元朝,一个重要的任务就是复兴在元代不甚发达的文教事业。通过《永乐大典》这样一部博采古今的大类书,对汉民族的传统文化,包括工技、农艺等杂家之言进行系统整理与总结,这同征集图书、广开学校等政策一样,都是这一任务的组成部分。

图7.1 部分今存的《永乐大典》

永乐元年(1403)七月,根据明成祖的指示,解缙汇集学者百余人,博采众书,分门别类,依韵纂辑了一部大类书,于次年冬呈上,成祖赐名《文献大成》。但是,由于编纂匆促,内容简略,没有达到永乐皇帝"毋厌浩繁"的要求和笼络人心的政治目的。因此遂命重修,并令太子少保姚广孝、刑部侍郎刘季篪与解缙同为监修,开馆于南京文渊阁。永乐六年(1407),重修《文献大成》毕,书上,改赐名《永乐大典》。

(2)《永乐大典》的内容与体例

就知识门类之齐全,收录范围之广泛而言,《永乐大典》可以说是包罗万象,不但把书契以来的经史子集、百家之书全部收录,甚至连天文、地志、阴阳、医卜、僧道、技艺、戏曲、小说等图书也要收录,这是其他类书所不能比拟的。全书辑录古籍七八千种,几乎将明朝皇家图书馆——文渊阁的藏书囊括殆尽。

在编排上,《永乐大典》按照"用韵以统字,用字以系事"的方法来编排。首先按明初官修韵书《洪武正韵》的韵部编排,韵部之内各字亦按《洪武正韵》原书顺序排列。每字之后,先叙各字书、韵书对此字的解释,再列此字篆、真、隶、楷、章草等各种字体的写法,其后则为总叙、典故、诗文等部分,将与此相关的资料分别罗列起来。其引文处用朱笔抄写,其他文字则用墨笔抄写。全书结构清晰,栏目清朗,在编排技巧上,达到了很高的水平。

(3)《永乐大典》的价值

《永乐大典》的价值主要表现在两方面:首先,在类书编纂史上,它把传统类书的编纂形式发展成为具有完整性的百科全书的形式。其次,它内容异常丰富,收集了许多后世无传本的图书,构成15世纪初年的一个大藏书库,成为后来辑佚工作的资料渊海。后来清代乾隆年间在修《四库全书》时,曾在《永乐大典》中辑出古代佚书385种,4926卷。此后,又有些学者从中辑出许多其他的书,先后总计辑出的书达500余种。其中如北宋薛居正所撰《旧五代史》和《宋会要辑稿》,具有极高的文献价值。其他如《建炎以来系年要录》《东观汉记》《大元海运记》《农桑辑要》《水经注》《永徽法经》《续资治通鉴长编》等脍炙人口的名著,也多是由《永乐大典》辑出或经《永乐大典》校补的。《永乐大典》保存了不少农学、科技、手工业、民俗文学、释藏道经等作品,而这些又是后来的《四库全书》不以为重的著作。仅以"戏文"为例,《四库全书》以为有乖雅正,全部摒弃。《永乐大典》则收罗甚多,仅卷13965至卷13991就收有戏文33种;卷20736至卷20757又收杂剧90种。由此可见,《永乐大典》对于历史典籍的整理和保存,是具有巨大价值和功绩的。另外,还应指出的是,《永乐大典》所辑之书,皆一字不改,都照原著整部、整篇或整段分别编入,这也是《四库全书》所不可比及的。

(4)《永乐大典》的收藏

《永乐大典》在南京编成后,因卷帙浩繁,工费太大,未能刻版付印,只抄了一部,收藏在南京文渊阁。永乐十九年(1421)明朝迁都北京后,将它搬到北京,藏于文楼(现在故宫午门的东角楼)。到嘉靖四十一年(1562),明世宗又派徐阶、程道南、高拱、张居正等 100 人,监督书手 108 人,经过 6 年,抄成了副本一部(一说两部)。正本藏在文渊阁,副本藏在皇史宬。

(5)《大典》的散佚

据明代刘若愚《酌中志》记载,《永乐大典》修成后曾考虑将其刻版行印,广泛流传,终因卷帙浩繁而作罢。弘治年间(1488—1505)又计划对外开放,"推之以福海内",后亦作罢。因此,这部"搜罗尽天下之书,纂校尽廷臣之力"的"奥典",就一直被统治阶级所垄断,仅仅成为他们炫耀"文治"、御而不用的装饰品。正是这种"藏而不流"的保存方式,造成了《永乐大典》散亡的大悲剧。

《永乐大典》正本被焚于明亡之际。副本在明、清两代也屡遭厄运,以致最后严重散佚。早在《永乐大典》录成之初,即由于贪官污吏的监守自盗而开始流散。清修《四库全书》时,《永乐大典》已佚去近 2000 册。《永乐大典》在清代移藏翰林院后,接触它的人多了,但也增加了它被盗的机会。刘声木《苌楚斋随笔》记录了他们的盗书之法:"早间入院,带一包袱,包一棉马褂,约如《永乐大典》二本大小,晚间出院,将马褂加穿于身,偷《永乐大典》二本……包于包袱内而出也。"1860年之后,利欲熏心的封建官僚们同洋人勾结,偷卖国宝。他们偷到《永乐大典》后,往往"密迹各使馆",以一册 10 两银子的价格售于洋人。经过这样的盗卖,《永乐大典》亡佚速度极快。据缪荃孙的调查,光绪元年(1875)重修翰林院时,《永乐大典》已从乾隆时的 9000 余册降到不及 5000 册。仅一年后,又被盗出近 2000 册,至 1893 年又有 2400 册不翼而飞,只剩下 600 多册了。1900 年八国联军侵入北京,仅存的 600 多册《永乐大典》又惨遭厄运,其中大部被焚毁了,另有一部分被抢劫而去,剩下的可以说是寥寥无几。据雷震《新燕语·斯文扫地》载,"洋兵入城时,曾取该书之厚二寸长尺许者以代砖,支垫军用等物。武进刘葆真太史拾得数册,阅之则《永乐大典》也"。乱后,《永典大典》继续散出,《庚辛记事》上说,当时崇文门、琉璃厂一带古董店、旧货摊"收买此类书物,不知凡几,萃文书坊买《大典》8 巨册,只京钱一吊而已。"到宣统元年(1909)筹建京师图书馆时,则只有 64 册了。

(6)《永乐大典》的现状

从清朝末年以来,人们就开始对《永乐大典》的搜集。新中国成立以后,党和政府对《永乐大典》的搜集、整理、利用极为重视。新中国建立初期,北京图书馆仅藏有《永乐大典》原本 110 册。1949 年以后,原苏联及东欧一些国家陆续归还了一批,再加上从国内陆续搜集到的,到 1959 年已增加到 215 册。同年,中华书局将北京图书馆所藏的原本、仿抄本和从国外拍摄的摄影本、缩微胶卷本、旧影印复制本共 730 卷,影印出版。影印本缩小了尺寸,分装 202 册。后来又征集到

67卷,都已影印出版。虽然不是原来的面貌,但使500年来的孤本有了部分的复制本,为学术界提供了珍贵的古籍资料。

2003年8月,上海辞书出版社又将海外新发现的《永乐大典》残本17卷影印出版。据估计,目前国内各类图书馆和私人收藏的《永乐大典》约有800余卷,400余册,其中存于大陆的约200册,存于台湾省的约70卷。这些存书还不到全书的4%。

《永乐大典》原装书型很大,黄绫面,硬包背装,版框界行红色,字画工整,有红色句读,装帧壮观。近年来,国家启动实施"中华再造善本工程"后,国家图书馆出版社已将国家图书馆、上海图书馆、四川大学博物馆所藏的《永乐大典》163册,仿照原书的版式规格影印出版。广大读者已经可以借此欣赏到《永乐大典》的原样风采。

2.《古今图书集成》

《古今图书集成》是清代康熙、雍正时由陈梦雷、蒋廷锡等先后主持编纂的,其中以陈梦雷用力最多。全书10040卷,525函,5020册,约计字数1.6亿,是我国现存最大的一部类书。

陈梦雷(约1651—1727),字则震,福建侯官人。康熙九年(1670)进士,授翰林院编修。后请假回乡,适逢耿精忠起兵助吴三桂叛乱,他被胁迫参加。在叛兵营中,陈梦雷与同乡进士李光地密谋献策平叛,并由李光地密达北京。三藩之乱削平后,李光地未能为其及时洗脱罪名,结果陈梦雷被谪戍到辽东尚阳堡。十余年后,康熙东巡盛京,陈梦雷献诗并得到赏识,乃被召还北京,做诚亲王胤祉的侍读。《古今图书集成》(当时名《古今图书汇编》)就是在这时由陈梦雷倡议,并由诚亲王拨给图书资料、经费和抄手开始编纂的。全书编成后,在修订时康熙帝去世,诚亲王的政敌雍正帝继位,陈梦雷因此受到迫害,第二次被谪于辽阳,不久死于戍所。雍正帝谴谪陈梦雷后,即将《古今图书汇编》交由蒋廷锡重编。蒋廷锡在原有基础上对此书作了一些校理和补充,至雍正三年底(1726年)重编完毕,雍正帝赐名为《古今图书集成》,并让用铜活字进行排印,到雍正六年(1728)印成,共印了65部。

《古今图书集成》在编排方法上彻底地贯彻了类书"以类聚事"的原则,这是中国类书发展成熟的标志。全书的整体结构,是一个依据"天、地、人、事、物"这种传统的认识方法而具体设计出来的分类系统。这个分类系统,由"汇编""典""部"三级类目构成。全书分为6个汇编,分别为历象、方舆、明伦、博物、理学、经学。历象,指推历观象,是有关"天"的内容;方舆,指地,是有关"地"的内容;明伦,意为彰明人与人之间的伦理规范,是有关"人"的内容;博物,指各种技艺、方术、动物、植物;理学,泛指古代学术思想与著作;经济,指经世济民,概括与此有关的制度、礼仪、事、物。这三类是有关"事"与"物"的内容。6个汇编是对全书内容最为概括的类分,汇编之下又分32典,32典下又分为6109部。每部之下,收录与之相关的事物,每一被收录的事物即为一基本小主题,其下依汇考、总论、列传、艺文、选句、记事、杂录、外编等项,罗列有关资料。其格式为,先书引用书名,再换行书引文。不少小主题还附有绘图以便说明。

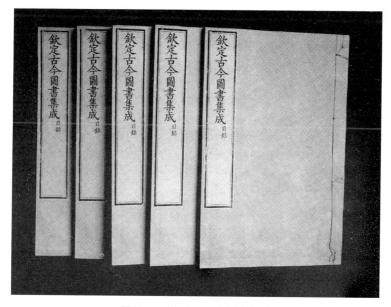

图 7.2 《古今图书集成》外观

《古今图书集成》分类细致,条理明晰,在组织体系和编排体例上远胜过以前的类书,可以说是中国古代类书最为典型的代表。此书在国外享有很高的声誉,外国人将它称为《康熙百科全书》或《中国百科全书》。

《古今图书集成》铜活字印本只作朝廷赏赐贵胄显宦之用,在世间流行不广。光绪十年(1884),上海图书集成局曾用铅活字印成1500部,但其脱页错字较多,且排印紧密,阅读起来十分吃力。光绪十六年(1890),清内务府又委托上海同义书局按原书尺寸版式影印100部,作为总理各国事务衙门赠送各国之用,其后并附考证24卷。1934年,中华书局又用康有为旧藏殿本缩印,在当时较为通行。1986年,中华书局与巴蜀书社联合重印1934年本,书后并附索引,这是目前应用最广的版本。2006年,齐鲁书社与国家图书馆合作,将馆藏雍正铜版原大小影印,手工线装出版50套。

三、丛书的编纂

明清时期是我国古籍丛书编纂刻印的黄金时期。尤其是乾隆纂修《四库全书》之后,刊刻丛书之风大炽,种类多,内容精。有搜辑群书、着重广博的,如鲍廷博辑、鲍志祖续辑的《知不足斋丛书》;有仿刻宋元旧刊、着重版本的,如黄丕烈辑的《士礼居丛书》;有比较版本异同、着重校勘的,如卢文弨辑刻的《抱经堂丛书》;有广搜古书、着重辑佚的,如马国翰的《玉函山房辑佚书》;有专辑清人著述、着重亡阙的,如赵之谦辑刊的《仰视千七百二十九鹤斋丛书》,以及辑刻专著、着重实用的,如张炳翔辑刊的《许学丛书》。此外尚有记载地方人士遗文逸事的,有关方舆地志、中西交通来往以及辑刻诗文词曲的丛书。丛书发展到这个阶段,凡是学术研究所需之文献,大都可从中找到。但这一时期影响最大、规模空前的,当数《四库全书》的编纂。

《四库全书》是我国古代最大的一部丛书。从清代乾隆三十七年(1772)到乾隆四十六年十二月(1782年1月)编成。乾隆五十二年(1787)以后陆续抄成7部。

(1)《四库全书》的编纂情况及其内容

清代为何要编纂《四库全书》? 就表面来看,有三大原因:一是乾隆初年,学者周永年提倡"儒藏说",仿佛藏、道藏之例,提倡集合儒家典籍,得到学者的广泛响应。这是编撰《四库全书》的社会基础。二是乾隆年间已不断下诏征求天下遗书,令各省督抚学政搜集名著,汇送京师。已开修撰《四库全书》之先绪。三是安徽学政朱筠趁清廷下诏访书之机,提出访校图书的四条建议。其中第二条特别指出应从《永乐大典》中辑佚图书。这一建议得到了乾隆皇帝的认可。这就由《永乐大典》的辑佚引出了编撰《四库全书》的浩大工程,成为编撰《四库全书》的直接原因。当然,除了上述三条原因以外,乾隆皇帝的"私意"在其中起到了决定性的作用。从根本上讲,乾隆皇帝乃是借"稽古右文"之名,来行"寓禁于征"之实。

编纂《四库全书》初期的一项规模浩大的重要活动就是在全国范围访求征集图书。乾隆三十七年(1772)正月,开始下诏各省征集图书。次年二月,成立了《四库全书》编纂馆,当时领导这项工作的是乾隆特派的三位皇子和几位军机大臣。实际上负责这项工作的是总编纂官纪昀和总校官陆费墀。乾隆四十六年(1782)十二月,第一部《四库全书》修成,直至乾隆五十二年(1787)陆续抄成7部,分藏南北七阁,前后长达15年之久。先后任命正副总裁以下官员360人,参加抄写、装订的有3841人,总数不下4200人。

第七章 传统出版业盛极而衰（明及清前期）

图 7.3　《四库全书》装帧外观

《四库全书》的总编纂官纪昀（1724—1805），字晓岚，一字春帆，晚号石云。乾隆间进士。官至协办大学士，加太子太保。其学旁通百家，于学术之是非、诗文之流派颇能辨析。《四库全书总目》及《四库全书简明目录》多由其撰写。

《四库全书》收集的图书（含收录书与存目书），大体可分为 6 个方面：第一是内府本，是原来储藏在宫内的旧刻本和抄本；第二是大典本，是从《永乐大典》中辑出的逸书；第三是采进本，是从各省征集搜求的书；第四是敕撰本，是清朝编纂的各种官书；第五是进献本，是当时藏书家应乾隆之令进献的书；第六是通行本，是采购来的社会上流行的书。

对收集来的图书，编辑者分为五种来区别对待；凡清朝皇帝著作、皇帝命写的图书和他们认为是最好的图书，列为"应刻图书"，除了收进《四库全书》外，还要刻印发行；凡有利于清朝统治和君主专制的图书，列为"应抄图书"，收进《四库全书》；凡不符合上述两条标准的图书，又不在禁止之列的，列为"存目图书"，只在《四库全书总目》里保存书名，不收入《四库全书》；凡是不利于清廷统治的图书，都被列为禁止流传和销毁的图书，并编制"禁毁书目"；凡戏剧、小说皆不收录。

《四库全书》收书 3470 种、79018 卷，分装 36078 册（各部《四库全书》的种数和卷数有所出入）。列入存目仅记目录的则有 6819 部，94341 卷。每部分装 36000 余册，7 部则有 252000 余册。以全书页数计，文津阁全书 2291100 页，七部合计约 1603 万余页。《四库全书》所包括的知识范围相当广泛。这部书收录自古以来的各种重要著作。在经、史、子、集下面又分为若干类，如经部 10 类、史部 15 类、子部 14 类、集部 5 类，共 44 类。其中有 15 类又划分了若干细目，叫做

— 309 —

"属",分了64属。从收录图书的著者情况看,就其内容之广博和篇幅之宏巨来说,当时不仅在中国而且在全世界都是史无前例的,堪称中国古代的"文化长城"。

在编纂《四库全书》的过程中,还产生了下列各书:

《四库全书总目提要》(127册,200卷)又称《四库全书总目》,是编纂官根据准备辑录图书的内容、著作朝代、作者简历、版本源流等写出的提要,并由总纂官纪昀修改定稿,呈皇帝审过的书目。《四库全书总目》提要的修撰前后历时20年,是我国古代书目的集大成之作。

《四库全书简明目录》(17册,20卷),是《四库全书总目提要》的缩写本。《四库全书总目提要》编纂过程中,乾隆认为《总目》汇辑各书提要多至万余种,卷帙甚繁,将来成书后翻阅不易,因此,又下令纪昀等于提要之外,另刊简明书目一编。于是就产生了《四库全书总目》的缩略版《四库全书简明目录》20卷。

图 7.4　清乾隆写本《四库全书简明目录》及其书盒

《四库全书考证》(72册,100卷),是乾隆皇帝命令汇编的校勘图书的记录。四库馆校理图书时,附粘考订各书签子。乾隆四十一年(1776),命书馆总裁,将所有诸书校订各签,汇集编次,与《四库全书总目提要》一体付聚珍版排版流传。编次之书即为《四库全书考证》。

《四库全书荟要》是乾隆皇帝为了便于阅览群书,命令四库全书馆正、副总裁选择《四库全书》中精华而编纂的精选本。于乾隆四十三年(1778)编成,收书473种,19931卷,分装12000册,共有两部,分别藏在北京皇宫摛藻堂和京郊长春园味腴书屋。另与《四库全书荟要》相配的还有《四库全书荟要总目》。

《武英殿聚珍版丛书》是乾隆皇帝亲自命名的一部丛书,收录了"应刻图书"

中的 138 种，2300 多卷，印发各省广泛流传。刊印之初，因图书数量大，刊版耗费财力、人力、时间太多，主办人金简建议用木活字排印，得乾隆皇帝批准，并把活字版名称改称"聚珍版"。金简雇工刻成大小枣木活字 253500 个，在武英殿先后排印 20 余年，遂成《武英殿聚珍版丛书》。这是清朝最大的一次采用木活字印书的活动。

(2)《四库全书》的收藏及存毁

为了收藏《四库全书》，乾隆三十九年(1774)仿照宁波"天一阁"式样，在北京皇宫建造文渊阁，在圆明园建造文源阁，在热河避暑山庄建造文津阁，在盛京(沈阳)建造文溯阁，这就是所谓"北四阁"。后来，又在江苏镇江金山寺建造文宗阁，扬州大观堂建造文汇阁，浙江杭州西湖行宫建造文澜阁，这就是所谓"南三阁"。七部《四库全书》分藏于上述七阁之中。南三阁对当地士子开放，在传播古代文化方面起到了积极作用。除藏有《四库全书》外，南北七阁还都典藏《古今图书集成》。

《四库全书》所抄各书都有一定的格式，其字迹工整，画图清晰，装订整齐。经、史、子、集各部均用不同色绢作书皮。经部的书皮用绿色绢，史部是红色，子部是蓝色，集部是灰色，分别象征着春、夏、秋、冬四色。每若干册书用一个精致的楠木匣贮藏。框界都是红色，版心上栏写"《四库全书》"，中写所抄书的书名、卷次及页码。每部书卷首有本书提要。北方四阁藏的都用开化榜纸，洁白坚韧；南方三阁所藏改用白太史连纸，质量次于开化纸。南三阁的书型较小，封面颜色也和北方四阁略有不同，抄写得比较粗率，缺卷、缺页的现象多有。

南北七阁保存的《四库全书》，现在仅存四部(严格来说，应是三部半)。文渊阁藏《四库全书》是最先完成的一部，抗日战争前后曾运到上海、重庆，1948 年被国民党当局带到了台湾省。现有影印本行世。文源阁藏本咸丰十年(1860)被英法联军火烧圆明园时焚毁。文津阁藏本于 1915 年从避暑山庄运到北京，交北京图书馆收藏。原北京图书馆外之大街亦因此而命名为"文津街"。文溯阁藏本原归辽宁省图书馆收藏，1966 年经文化部批准，调归甘肃省图书馆代管。文宗阁和文汇阁藏本咸丰三年(1853)毁于战火。文澜阁藏本于咸丰十一年(1864)一月太平军第二次攻进杭州时，有些人趁火打劫，散失很多。后经杭州著名藏书家丁丙、丁申兄弟冒险收拾，又组织人员三次补抄，大体恢复原样。以后又屡经补抄校正，使它复于齐全。现藏浙江省图书馆。

(3)《四库全书》的价值及影响

正如上一节所述，编纂《四库全书》也是清代统治者推行文化专制政策的一项重要活动，给古代典籍和文化造成了一定的戕害。尽管如此，我们还是应该看到编纂《四库全书》又有整理和保存古代文化遗产的一面。

《四库全书》是近3000人经过10余年共同努力的成果,但起决定作用的还是乾隆本人。清代以前的君主们大都置身于典籍制作之外,对丛书、类书的编纂、目录的编制不大过问。乾隆对《四库全书》编修工作则管得十分具体。他不仅下了几十道诏谕,而且经常亲自检查进度和质量,发现问题,及时处理,有奖有惩,赏罚分明。这就有力地保证了《四库全书》的修撰质量。编纂人如纪昀、陆锡熊、邵晋涵、周永年、戴震、朱筠等,确是尽职尽责。他们从《永乐大典》中辑出了500多种非常珍贵的书,并对征集来的图书一一辨别真伪,考究版本,叙述书旨大意,撰成《四库全书总目提要》,对历代学术进行了比较全面的总结,使读者得以了解各书的内容及版本源流。同时还促进了目录学、版本学、辑佚学、考据学等传统学术的发展。此外,由于《武英殿聚珍版丛书》的广泛流传和南三阁《四库全书》的对外开放,为再编新书创造了条件,使新的丛书频频出现,又进一步促进了我国图书编纂和出版事业的发展。

这部巨作的完成,显示了中华民族的伟大气魄,体现了我国古代知识分子的智慧和毅力,其功绩是不可磨灭的。正如戚志芬所评价的:

> 我国在18世纪中叶编成的《四库全书》,就其内容之广博和篇幅之宏巨来说,当时不仅在中国而且在全世界都是史无前例的。古代中国修筑了万里长城,开凿了大运河,又编出了空前未有的一部大型丛书——《四库全书》,这都是中华民族值得引以为豪的。《四库全书》如果摊开逐页相接,它的长度会比地球的直径还多出1/3,它的内涵证明了中国古代文化极其灿烂辉煌,它是我们的祖先为后世留下的宝贵遗产,也是我国为世界文化宝库做出的贡献。[1]

四、史籍的编纂

明清时期是我国传统史籍编纂和史学研究的重要阶段,官修私撰了数量众多的优秀史学著作。

明朝编修的史书主要有三类:国史,包括实录、会典和正史等,如《元史》《明实录》《大明会典》;野史,包括非官书的别史、杂史和笔记等;家乘,包括私纂的碑传、行状、年谱、家谱等。后两类都属于私人修撰的史书,数量众多。这是因为明朝后期,由于国势衰弱,统治者对史学控制不力,因而私人作史出现了高潮。

---

[1] 戚志芬:《中国的类书、政书和丛书》,北京:商务印书馆1996年版,第177—178页。

清代的官修史书,无论在数量上、卷帙上以及种类上都超过了以往任何一个封建王朝。但官修诸史,不论是思想、内容还是编撰方法,都要绝对服从清朝统治者的政治需要。史官每修一史,都要奉旨,修撰过程中要随时接受皇帝的审查,撰写完毕必须经皇帝"圣裁""钦定"之后,方才可以定稿。清代官修史书的代表作有《明史》《清实录》《大清会典》、"续三通"(《续文献通考》《续通典》《续通志》),分别记述自唐朝或宋朝到明朝末年的典章文物、政治经济制度的沿革)和"清三通"(《清文献通考》《清通典》《清通志》,记述清朝典章制度),以及方志舆图等。相比之下,清代私家史学的独创性很强,成就突出。黄宗羲的《明儒学案》、顾祖禹的《读史方舆纪要》、王昶和毕沅的《金石考证》、钱大昕的《廿二史考异》、王鸣盛的《十七史商榷》、赵翼的《廿二史札记》,以及章学诚的《史籍考》和《文史通义》等,都是清代史学方面的名著。

下面重点介绍明清时期官修的两部正史:《元史》和《明史》。

明太祖洪武二年(1369)二月诏修《元史》,至八月修成,共 159 卷。洪武三年(1370)二月,诏重修《元史》,至七月又成 53 卷。两次编纂所用时间合计仅 331 日,在正史的修纂中是最快的。前后两次修成的文稿经过统一加工,成《元史》共 210 卷,其中本纪 47 卷,志 58 卷,表 8 卷,列传 97 传。记载了自成吉思汗元年(1206)至元顺帝至正二十八年(1368),约 160 余年的历史。因成书仓促,纂修者又不懂蒙古文,使用材料受到很大局限,取材限于官书实录,对史料也缺乏剪裁考订,文字相当芜杂,所以书中存在很多缺陷。清人钱大昕在《十驾斋养新录》中曾评论说:"古今史成之速,未有如《元史》者,而文之陋劣,亦无如《元史》者。"所以后世多有补正和改编之作。但是,尽管存在这样那样的问题,《元史》仍是我们今天了解、研究元代历史的极其珍贵的文献。

《明史》是清代官修的明代纪传体正史。为"二十四史"中的最后一部,共 332 卷,有本纪 24 卷,志 75 卷,表 13 卷,列传 220 卷,记载了从明太祖洪武元年(1368)到明思宗崇祯十七年(1644)共 277 年的明朝历史。清顺治二年(1645)开设明史馆,命内三院大学士冯铨等纂修《明史》。此后康熙四年(1665)、康熙三十三年(1694)、康熙五十三年(1714)、雍正元年(1723)分别开馆续编、修订。最终于乾隆四年(1739),由张廷玉领衔,奏上《明史》。书成后,由武英殿刊行,即今通行的《明史》。乾隆四十二年(1777),又诏命对《明史》进行添修和考订。《四库全书》所收的就是这一版本。《明史》从第一次开馆至最后定稿刊刻,前后九十多年,是官修史书历时最长的一部。二十四史中,《明史》的卷数仅次于《宋史》,但其修纂时间之久、用力之勤却大大超过了以前诸史。修成之后,以其编纂得体、材料翔实、叙事稳妥、行文简洁为史家所称道,被公认为唐以后官修"正史"中质量较高的一种。

五、地方志的编纂

明清两代帝王对编纂方志都十分重视,促成了编修刊印方志的繁荣景象。据统计,明代编修的地方志共有 2892 种,比宋元两代加起来还要多出 4 倍(北宋 140 种、南宋 230 种、元代 205 种),现存 1017 种①。清代各地所修方志更多,现存就有 4889 种,占现存古代方志的一半还多②。

明朝建立以后,出于军事和政治上的需要,一开始就很重视各省资料的收集工作。永乐十六年(1418),诏令天下郡、县、卫、所皆修志书,并且第一次由政府颁布了统一的《纂修志书凡例》。此后,明代地方志的编纂活动一直没有中止过,其工作由地方政府主持。方志刊行的地区遍布全国各地,类型多样,有全国总志、省级通志、府州县志、乡镇志、卫所志、边关志、土司志、杂志等,形成了"天下藩郡州邑,无不有志"的盛况③。

明代地方志的编纂质量较高,大多都有凡例,体例也较严谨。其目类大多分为两级,门类之下再列细目。编辑体例上的完备,标志着地方志这一种编纂形式渐趋成熟。当然,明代一些地方志的编纂也存在着缺点,较为严重的是多作应酬文墨,或昧于史法,繁简失当。

清代全国性大规模普修地方志进行了好几次,许多地区在这之外也经常进行地方志的编纂。当时,人们已有意识地对地方志的编纂进行理论上的总结,并形成了两派意见。一派以章学诚为代表,他认为地方志的性质就是地方史乘,应该用史书的体例来编写,因而应当"立三书",形成"三书体",即"仿纪传正史之体而作志,仿律令典例之体而作掌故,仿《文选》《文苑》之体而作文征。三书相辅而行,阙一不可,合而为一,尤不可也"④。"三书"之外,再附以"丛谈",来收藏三书之外剩下的材料,如轶事、琐语、异闻等。此外,还特置"阙访列传"和"前志列传"。"阙访列传"是将疑而难决之事,录以备考;"前志列传"则历叙前代志书编纂始末,为地方志留一重要史料。

另一派以戴震为代表。他们着重考证地理沿革与方位,重视史书中的材料,轻视现实材料。认为只要将前史中的材料进行考订、排比、注明出处,编成资料汇编就行了。这种编志方法,考据虽详,但却容易遗漏现实中珍贵的一手材料,

---

① 巴兆祥:《明代方志纂修述略》,《文献》1998 年第 3 期。
② 曹之:《中国古籍编纂史》,武汉:武汉大学出版社 1999 年版,第 389 页。
③ 谬咏禾:《中国出版通史·明代卷》,北京:中国书籍出版社 2008 年版,第 53—55 页。
④ (清)章学诚:《文史通义校注》,叶瑛校注,北京:中华书局 2011 年版,第 571 页。

从而降低方志的价值,因而并不盛行。

六、清代的考据学及其主要著作

明末清初之际,社会动荡不安,阶级矛盾和民族矛盾都极为尖锐。在这种社会条件下,出现了许多具有唯物主义思想的学者,著名的有黄宗羲、顾炎武、王夫之,以及后来的颜元、朱之瑜、陈确、傅山、方以智、唐甄等。他们大都反对明末浮夸空谈的性理之学和空疏学风,治学讲求经世致用,并具有反对君主专制主义统治和民族压迫的思想。特别是黄、顾两人,他们所提倡的实事求是、踏实钻研、无征不信的学风对清代学术的发展具有深远的影响。

黄宗羲(1610—1695),字太冲,号梨洲,浙江余姚人,明末清初著名经学家、史学家、思想家。学问渊博,思想深邃,著作宏富,多至50余种,300多卷。与顾炎武、王夫之并称明末清初三大思想家(或清初三大儒)。他的名著《明夷待访录》,对专制的暴君政治和封建制度进行了激烈的批判。他还提出了"工商皆本"的观点。他撰写的《明儒学案》以及由其草创,并由后人和学生共同合作完成的《宋元学案》在中国史学史上有非常重要的地位,他开创了中国史学上的新体裁:"学案体"。学案体以学派分类的方式介绍一定时代的学术史,这种体裁被清人取用,成为编写中国古代学术史的主要方式。

顾炎武(1613—1682),字宁人,号亭林,江苏昆山人。明末清初著名经学家、史地学家、音韵学家。他学识渊博,在经学、史学、音韵、小学、金石考古、方志舆地以及诗文诸学上,都有较深造诣,建树了承前启后之功。他被称作清朝"开国儒师""清学开山"始祖,清兵下江南时,他也曾举兵抗清,终身不仕,所著有《日知录》《天下郡国利病书》等。他反对当时专制主义的政治,认为"天下兴亡,匹夫有责",提倡实事求是、踏实钻研的学风,并强调人要有民族气节。

稍晚于黄、顾的考据学者有闫若璩和胡渭。闫曾著《古文尚书疏证》,以比较的方法证明古文尚书是一部伪书。胡著《禹贡锥指》和《易图明辨》,在辨别古书真伪和提倡疑古精神上都有一定的贡献。清朝的考据学从闫、胡开始就由"经世"转入"避世",从要求社会改革转入"为考据而考据"。由于清政府屡兴"文字狱",迫使 部分学者不得不在古书中寻章摘句,提倡考据之学。有清一代的学术研究,是由反对宋明专谈理性之学,而为专治训诂笺释的"汉学",即后来的"考据学"。因为清时善本日出,互有异同,故又有考据学而发展,出现了"校勘学"。同时,搜辑亡书的"辑佚学"也随之兴起。在这种情况下,就形成了著名的学术流派:乾嘉学派,这是清代乾隆、嘉庆时期思想学术领域逐渐发展成熟的以考据为主要治学方式的学术流派。因为乾嘉学者采用了汉代儒生训诂、考订的治学方法,与着重于理气心性抽象议论的宋明理学有所不同,所以有"汉学"之称。又因此学派的文风朴实简洁,重证据罗列而少理论发挥,而有"朴学""考据学"之称。

梁启超曾将乾嘉学派开展的学术研究工作归纳为十三个方面,多与著述和编辑出版活动相关:经书的笺释、史料之搜补鉴别、辨伪书、辑佚书、校勘、文字训诂、音韵、算学、地理、金石、方志之编纂、类书之编纂、丛书之校刻①。这些学术活动对清代图书的著述、收藏、整理、刊布都产生了巨大影响。

乾嘉学派,杰出学者辈出,优秀著作如林。仅《清代朴学大师传》所载史学家就有88人。戴震的《声韵考》、段玉裁的《说文解字注》、王念孙的《广雅疏证》,是音韵学、文字学、训诂学方面的代表作。上文提到的钱大昕的《廿二史考异》、王鸣盛的《十七史商榷》、赵翼的《廿二史札记》,则是清代考据史学方面的名著。

这些学者致力于考据、版本、校勘和辑佚工作时就要赖于藏书,所以清代的私人藏书超过了历史上任何一个朝代。据有关资料统计,清代的著名藏书家多达五百余人。乾嘉时期的大藏书家,以吴县黄丕烈、长沙周仲连、元和顾抱冲、吴县袁又恺为最著,号称清初"四大藏书家"。黄丕烈特别注重宋本的收藏,自号"佞宋主人",并名其藏书室为"百宋一廛"。

乾嘉学术的发展,对于整理古书有很大的意义。乾嘉学派的学者主张恢复古书的本来面貌,他们在吸收前人已有成果的基础上,通过训诂笺释、版本鉴定、文字校勘、辨伪辑佚等方法和手段,对两千多年来流传下来的文化典籍,进行了大规模的、认真系统的整理和总结。这对于当时统治阶级肆意篡改古书,以符合政治需要的作风,可以说是一种反抗。其做法对于明人妄改的古书也是一次大清理,使得许多从前无法了解或不易了解的古代著作有了比较可读的传本。对于研究古代思想来说,其功绩是不能否认的。所以,乾嘉时代是清朝学术发展的鼎盛时代。

七、科技书籍

从明代后期开始,著作范围更加广泛,学术活动更为活跃,在科学技术方面相继产生了许多具有重大学术价值的著作。

明代农书不仅数量多,而且内容价值很高。马一龙的《农说》是我国第一部用哲学观点阐述农业技术的书;黄省曾的《养鱼经》是我国第一部淡水养鱼专著;喻人、喻杰的《元亨疗马集》是著名的兽医学专著;潘季驯的《河防一览》是一部伟大的水利专著。清代乾嘉年间由政府编制的《授时通考》,可称得上是农学著作

---

① 梁启超:《中国近三百年学术史》,北京:东方出版社1996年版,第28—29页。

的集大成者。这一时期最为著名的农书是由徐光启撰写的《农政全书》。徐光启（1562—1633）是明末杰出的学者、科学家。在数学、天文历法、军事方面都有著述，但其平生用功最勤、影响尤为深远的，是对农业和水利的研究。其代表作即为《农政全书》。《农政全书》共60卷，50多万字，内容宏富。引用古代著作和文献300多种，集我国古代农书之精华，囊括了古代农业生产和人民生活的各个方面，体现了徐光启的"农政"思想。此书在中国农学史上，如同《诗经》之于古典诗歌，《本草纲目》之于古代医药一样，成为我国传统农学的代名词，可与后魏贾思勰的《齐民要术》同悬诸日月，并列为我国农学著述之两大丰碑。该书的许多篇章对于今天的农业生产仍然具有指导意义。

图 7.5　17 世纪末 18 世纪初日本刊印的《本草纲目》

明清时期还产生了许多有重大学术价值的医书。明代周王朱橚主编的《普济方》收集医方六万多个，是我国古代最大的一部医方书。李时珍（1518—1593）撰写的《本草纲目》则是享誉世界的药学巨著。此书是李时珍在继承和总结以前本草学成就的基础上,结合长期学习、采访所积累的大量药学知识,经过实践和钻研,历时 29 年写成的一本医学名著。该书成书于 1590 年。全书 52 卷,190 多万字,分 16 部、60 类,记载药物 1892 种,验方 11000 多个,绘制精美插图 1160 幅,分为 16 部、60 类。书中不仅考正了过去本草学中的若干错误,综合了大量科学资料,提出了较科学的药物分类方法,融入先进的生物进化思想,还反映了丰富的临床实践,是对 16 世纪以前中医药学的系统总结。除此以外,书中对地理、植物、动物、矿物、冶金都有可贵的记载,保存了丰富的资料。该书还被译为拉丁、日、英、俄、法等多种文字,流传世界,影响深远,被誉为"东方药物巨典",著名科学家达尔文在其著作里曾大量引用过《本草纲目》的内容。

清代由政府编纂的《医宗金鉴》,精选了大量中国古代权威医学著作的注解本,有图有说,有方有论;重于临床应用,并附有歌诀,便于记诵,是当时从医者的必备书籍。

除了农书、医书之外,其他一些科技书籍,如《徐霞客游记》和宋应星的《天工开物》等也都具有很高的学术价值。《徐霞客游记》记录了作者徐霞客 21 年中考察 16 个省的过程中关于地貌、地质、气候、植物等方面的研究成果,是一部学术价值很高的地理学著作。《天工开物》是我国古代著名的综合性科学技术著作,记录了明代中叶以后农业、手工业的生产技术情况,也是一部伟大的科技名著,被外国人誉为"中国 17 世纪的工艺百科全书"。

八、戏曲与通俗小说

明代嘉靖时期,由于经济的发展,市民意识随之产生,反映到文化方面则出现了新的变化。这就是小说、戏曲的空前发展。《三国演义》《水浒传》《西游记》《金瓶梅》等古典长篇小说都在嘉靖年间定型或开始出现。这一时期在中国文学史上是一个重要的阶段,对后世的文学艺术产生了深远影响。万历以后,戏曲、小说、小品文等成为当时文艺的特色。其后更发展出许多著名的短篇小说。

明末清初,文坛上继续盛行戏曲的创作,当时这一类作品很多,其中以孔尚任的《桃花扇》及洪升的《长生殿》最为著名。乾隆年间玩花主人及钱德苍编选了《缀白裘》12 集 48 卷,选录当时流行剧目近二百种、单出戏 489 出,是较为著名的戏曲剧本集。从康熙年间开始,小说的创作又进入高潮,并相继产生了《聊斋志异》《红楼梦》《儒林外史》这三部不朽的文学作品。

明清时期,在戏曲与小说的创作与编辑活动中涌现出不少优秀的编辑工作者,其中以冯梦龙和凌濛初最具代表性。

冯梦龙(1574—1646),字犹龙,号墨憨斋主人,长洲(今江苏吴县)人。明代著名文学家、编辑出版家。他少年时便"才情跌宕,诗文丽藻"。但在科举上却一直不如意,直到崇祯三年(1630)才被选为贡生,出任丹徒训导,后又做了四年的福建寿宁知县,离任后返回故乡。晚年曾参加过反清斗争,不久去世,终年73岁。

冯梦龙在屡试不第的情况下,曾一度消沉过,"逍遥艳冶场,游戏烟花里"。后因与他誓同生死的名妓转嫁他人,他便永绝青楼之好,回到家乡,从事文学作品的编辑与创作工作,以其对小说、戏曲、民歌、笑话等通俗文学的创作、搜集、整理、编辑,为我国文学做出了独异的贡献。

冯梦龙一生编辑和创作的作品不下50部,其中如民歌集《桂枝儿》《山歌》,散曲集《太霞新奏》,小说《平妖传》《新列国志》,传奇《新灌园传奇》《双雄记传奇》,笔记小说《古今谭概》《情史》《智慧补》,以及科举用书《麟经指月》《春秋衡库》等都是流传较广的作品,而冯梦龙编辑整理最成功的作品当属"三言"。

"三言"即指《喻世明言》《警世通言》《醒世恒言》,是我国古代白话短篇小说的集大成之作。三书共收作品120篇,其中宋元旧作40篇左右,明人作品80篇左右。题材多取自稗史或传说,经冯梦龙润色加工而成,反映出当时市民阶层的思想、生活和情趣,对后世的白话小说及戏曲都有很大影响。

冯梦龙在编选"三言"时有着明确的编辑思想和目的。天启初,冯梦龙的首部通俗小说集《全像古今小说》由吴县天许斋刊行。他以绿天馆主人之名撰写叙言,说明选编这部小说集的原因:"大抵唐人选言,入于文心;宋人通俗,谐于里耳。天下之文心少而里耳多,则小说之资于选言者少,而资于通俗者多。"即古人正统文学作品的读者范围较窄,宋以来出现的白话通俗作品的读者范围广。而这些白话通俗作品在文学艺术性及社会效果上亦毫不逊色,"虽小诵《孝经》《论语》,其感人未必如是之捷且深也"。因而他要选辑这些白话作品"为六国经史之辅"。可见,他在选编时对作品的文学性及社会教育作用都很重视。

从冯梦龙选编"三言"的编辑思想上可以看出,他在编辑史上的最大贡献就是试图打破以往正统文人的雅俗之分,有意识地去编选广大群众能够读懂并喜闻乐见的作品,并把这些作品抬到与儒经、国史相同的高度,这在当时确实是难能可贵的。

凌濛初(1580—1644),字玄房,号初成,浙江乌程(今湖州)人。明代著名文学家、刻书家。他与冯梦龙有着相似的经历,一生科场仕途都不得意,直到晚年才步入仕途,做过上海县丞及徐州通判等官。后带兵在房村一带抵抗李自成起义军,呕血而亡。

凌濛初一生也编选了不少作品,其中以小说戏曲为多,如《南音三籁》《虬髯翁》《壮红拂》《乔合衫襟考》《后汉书纂评》《合评诗选》《东坡山谷禅喜集》等。他一生编选的作品在 20 部以上,其中以"二拍"最为著名。

"二拍"即《初刻拍案惊奇》《二刻拍案惊奇》,在中国文学史上与"三言"并称,同为中国古代白话短篇小说的杰出代表。"二拍"实收白话短篇小说 78 篇,其中有一部分是他自己独立创作,而大部分则是根据《太平广记》《夷坚志》等文言小说的故事情节加工改编而成。他在编选时以"奇"为收录标准,并要求小说创作要做到"真与饰""实与赝"的有机结合,在文字上见解颇深,但在编辑方面则未有突破。

九、佛道藏的编纂刊印

明代佛经刻印不让宋元,对于刻印大藏经事尤为重视,前后共有五次刻印汉文大藏经。第一次是在洪武年代(1368—1398)在南京刻印的《洪武南藏》,用经折装,6330 卷。刊成不久,经版即被焚毁,世间传本极少。第二次是从永乐八年(1410)至正统五年(1440)刻成 6361 卷,万历年间又续刻 410 卷的《北藏》。第三次是永乐十年(1412)至永乐十五年(1417),刊刻于金陵大报恩寺的《永乐南藏》,此藏为《洪武南藏》的翻刻,内容略有变动。第四次是永乐年间由僧人道开倡议,刊刻于杭州昭庆寺的《武林藏》。第五次刻印的是《嘉兴藏》,又名《径山藏》《方册藏》。此藏于万历十七年(1589),由僧人紫柏、憨山等发起,开雕于山西五台山。后迁到浙江余杭县的径山继续刊刻。后又分散在嘉兴、吴江、金坛等地募资雕刻,到清康熙十五年(1676)方完工,由嘉兴楞严寺集中经版刷印流通。此藏是我国古代唯一的方册(线装)藏经。此外,在永乐和万历年代,先后曾经两次翻刻过藏文《甘珠藏》,后来又经过数次把部分要典翻刻为"番本"大藏经。

清代官刻汉文大藏经仅有一次,其成果便是著名的《龙藏》,因每函经卷第一册卷首镌有御制蟠龙碑形牌记,故名。该藏全称为《乾隆版大藏经》,又名《清藏》,雍正十一年(1733)在北京贤良寺设立藏经馆,十三年(1735)正式开雕。至清高宗乾隆三年(1738)完成。全藏共收经 1670 部,7240 卷,分作 724 函。《龙藏》每半页五行,行 17 字,字大如钱,行格疏朗,用墨精良,仅经版及刻工钱就用银 8 万两。完工后曾印刷 100 部,分赐全国各大寺院。此后又印刷二十余部。《龙藏》的板片略有残损,基本完好,是我国历代木刻藏经中唯一尚存之板片。

此外,清代还刊刻过藏、蒙、满文大藏经。康熙年间,刻成《甘珠尔》,雍正年间,又续刻《丹珠尔》,乾隆年间又予以增补。经祖孙三代之力,终于完成藏文全藏经版的雕印工程。此为北京版的藏文大藏经。此外,在拉萨察木多、甘肃临洮东南卓尼寺、四川甘孜德格印经院也刻有藏文大藏经,其中尤以后者为著名。康熙二十八年(1689)，诏令武英殿刊雕蒙文《甘珠经》，称殿版蒙文《大藏经》。乾隆皇帝时，认为当时已有汉、藏、蒙三种文字的大藏经，独缺满文，似为不可，于是在乾隆三十八年(1773)组织人员根据汉文大藏经的编次和内容选出699部佛籍，译为满文编纂成藏。乾隆五十五年(1790)译编刻就，计108函，2535卷，仿梵夹装，朱印。因印刷不多，传世较少。

明代道教典籍的刊刻主要成果为《正统道藏》和《万历继道藏》。明成祖即位之初(1403)，曾令第四十三代天师张宇初重编《道藏》，永乐八年(1410)，张宇初去世，又令第四十四代天师张宇清嗣领其事。到明英宗正统九年(1444)始行刊板，又令道士邵以正督校，增所未备，于正统十年(1445)校定付印，名《正统道藏》。共5305卷，480函，按三洞、四辅、十二类分类，颁之天下，藏于各名山道观。万历三十五年(1607)，又命第五十代天师张国祥续补《道藏》，凡32函，180卷，名《万历续道藏》。与《正统道藏》合计共5485卷，512函，即现存明版《正统道藏》，是我国现存的唯一官修道藏。

清代道藏的编刻主要在明代道藏的基础上进行。最有名的是从《正统道藏》中辑出的《道藏辑要》，此书的编纂者向来有两说：一说此书系康熙年间彭定求撰辑，一说系蒋元廷编纂于清嘉庆年间。后书板被焚，书亦留存甚少。《道藏辑要》系方册本，共218册，按28宿字号分集辑录道书297种。光绪十八年(1892)，四川成都二仙庵住持阎永和首倡重刊，至光绪三十二年(1906)刊成《重刊道藏辑要》，又增入清代晚出的道书数种。现板存成都青羊宫。

十、西学的传入及西学书籍的翻译出版

西方著作翻译为中文，始于16世纪后期的天主教传教士。为了传教的需要，他们开始从事翻译工作。从明万历十年(1582)到清乾隆二十二年(1757)的近两个世纪时间里，耶稣会传教士来华者近500人，其中参与译书的不下七八十人，共译书四百多种。这些书半数为宗教类著述，其余是自然科学和人文科学著作。罗明坚的《圣教实录》于1584年在广州刊行，是西方人的中文著述第一次在中国刊行。中国学者徐光启从1605年开始，与传教士利玛窦等人合作，翻译的科学著作不下十种。此外，从事译书活动的还有李之藻、土徵等人。

利玛窦等传教士的主观意图是通过译书来传播宗教。译书是手段，传教是目的。然而，他们的目的并没有真正达到，客观效果却是为中国传来了一些"有用之学"。如利玛窦与徐光启合译的《几何原本》，是我国最早的自然科学中译本之一。汤若望撰《远镜说》是第一部传入中国的西方光学书。熊三拔撰《泰西水法》专论水利机械，为"讲水利者所必资"。利玛窦撰《万国舆图》、南怀仁撰《坤舆图说》等书,开阔了人们的眼界,对于人们正确认识世界有所帮助。邓玉函等译《泰西人身概论》《人体图说》等书是西欧传入我国较早的生理解剖学著作。应该指出的是,由于他们的思想体系受中世纪经院神学的束缚,传来的并不是当时欧洲最先进的思想和科学。但是,这批译书还是丰富了当时中国学者的知识,开阔了他们的眼界。

18世纪初,因罗马教皇的粗暴干涉和无理要求,引发与中国的"礼仪之争",导致康熙皇帝在1720年下旨"以后不必西洋人在中国行教,禁止可也,免得多事"[①]。从此,中国对西学的态度由欢迎与接纳变为"禁绝其学术"。康熙的禁教政策被雍正、乾隆和嘉庆所继承。雍正二年(1724),雍正皇帝下令把西方传教士逐出中国,从此关闭了西方各种科学技术知识输入中国的大门,译书活动也因此而中断了很长时间。

第三节 明代的图书出版事业

明朝是我国古代图书出版事业大发展的时期。其时,从中央到地方,从官府到私坊,刻书家星罗棋布,刻书蔚然成风。明代不仅刻书内容丰富,数量惊人,而且活字、套版及版画等方面的技术都有长足进步。就我国现存古籍来看,唐五代刻书犹如凤毛麟角,宋元旧刻亦是屈指可数,而明刻本则是汗牛充栋,较为常见。据缪咏禾统计,明代出版物的总数大致为3.5万种[②],其版本千差万别,需要深入研究。

一、由内府到地方的官刻

明代官刻事业十分发达,上自朝廷内府、国子监、诸王藩府,下至地方各省布政司、按察使司,各府、州、县及其儒学,都视刻书为时尚而乐意为之。据袁栋《书隐丛话》所记:"官刻之风,至明极盛。内而南北二京,外而道学两署,无不盛行雕造",反映出了明代官府刻书的盛况。据杜信孚《全明分省分县刻书考》所著录,明代国家级出版机构21家,省府州县级出版机构209家,藩王及宗室出版机构66家。[③]

---

① 《康熙与罗马使节关系文书影印本》第14条,北京故宫博物院1932年版。
② 缪咏禾:《中国出版通史·明代卷》,北京:中国书籍出版社2008年版,第15页。
③ 同上书,第149—150页。

1. 中央内府刻书

明时北京的大小太监多达数万人,在城内设有二十四衙门(内府十二监、四司、八局),其中为首的是司礼监。司礼监下设有一个专门刻书的机构——经厂。其下又分汉经厂(刻印一般经史子集)、番经厂(刻印佛经)和道经厂(刻印道藏)。明代的内府刻书全由司礼监的经厂负责,故其所刻书又称"经厂本"。

明初洪武时,内府有刊字匠 150 名,每两年一班;裱褙匠 312 名,印刷匠 58 名,一年一班。从事刻书的专业工人有五百多人。到明中期嘉靖十年(1531),检查过一次内府工匠数额,其中司礼监专门刻书者为:笺纸匠 62 名,裱褙匠 293 名,折配匠 189 名,裁历匠 80 名,刷印匠 134 名,黑墨匠 77 名,笔匠 48 名,画匠 76 名,刊字匠 315 名,总计 1274 名。这样的大规模,如此精细的分工,在四百五十多年前恐怕举世罕见,就是现在,也相当于一个中型以上的印刷厂。

明朝内府本的数量当在 200 种以上,宦官刘若愚《酌中志·内板经书纪略》所载书目有 172 种。清傅维麟《明书·经籍志》"内府经籍板"作 159 种,其中《十三经》《二十一史》、佛藏、道藏、番藏各作一种。一部《正统道藏》就有 122589 页,而《藏文大藏经》为 150074 页,《永乐南藏》为 180082 页,仅这三部大藏的版片就要数十万块,可见当时刻书规模之大。

明内府刻印了许多"制书",或称"本朝书",即皇帝御撰、御注,或命儒臣撰修、皇帝审定的书。以太祖朱元璋的著作为最多,约有 70 种,成祖制书约 25 种,以后各代皇帝也大都编有制书,甚至永乐仁孝皇后徐氏和章圣太后蒋氏也有《内训》《女训》等制书由内府梓行。此外还刻有许多习见之书,其中甚至还有《神童诗》《百家姓》之类的书籍。

司礼监经厂本大多版式宽大,双鱼尾,大黑口,行格疏朗,字大如钱,字用赵体,悦目醒神,常用上好洁白棉纸佳墨。首册或钤"光运之宝"朱印,多包背装,雕、印、装俱佳。也有人不以为然,不仅因其出自宦官之手,因其人而及其书,且其形式虽好,但内容不精,校勘质量上不如宋国子监本,下不如清武英殿本,同时也不如明藩府本。

明代内府历代所刻书版到万历年间(1573—1620)逐渐遭到破坏,到明朝灭亡时,其版又多毁于战火。

2. 国子监刻书

明朝国子监有南北两个,即南京国子监和北京国子监,它们也都从事刻书,其中以南京国子监刻书影响较大。

南京国子监多就其所藏宋元旧版修补印行,因其版新旧不一,故有"大花脸本"之称。其中《十七史》最为有名,其版片最早刻于宋代,经元至明,故称"三朝

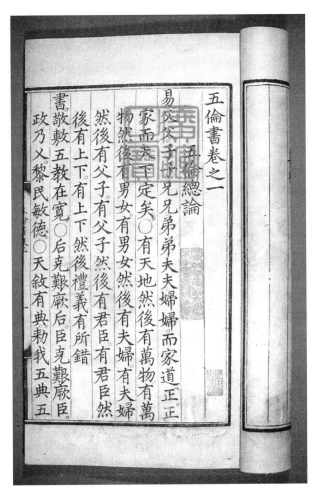

图 7.6　明正统年间经厂本《五伦书》

递修本"。南监的书版一直保存到清代嘉庆年间才由于失火被焚。

北京国子监在刻书数量和质量上比起南监来均逊一筹。北监本中重要的有万历年间刊印的《十三经注疏》和《二十一史》,虽质量不高,特别是后者版式凌杂,脱误甚多,辽金诸史缺文,多至数页。明沈德符讥为"灾本",顾炎武在《日知录·监本二十一史》中说:"秦火之所未亡,而亡于监刻矣"。其言虽过重,但也表明北监本在学者心目中已经失去了昔日两宋监本的权威地位。

总的来说,国子监刻书从明代开始已明显地走下坡路。

3. 中央各部门及地方官刻、藩刻

明代在北京和南京分别设立两套行政部门，它们大多都刊行与本部门业务有关的书籍，其中以北京为多：如吏部刻《吏部执掌》，礼部刻《大礼集议》《登科录》《会试录》，兵部刻《大阅录》《九边图说》《武举录》，太医院刻《铜人针灸图》《医林集要》，钦天监刻《天文刻》《大统历日》等。当然也有例外，如都察院刻书数十种，居然还有《三国志演义》和《水浒传》，所刻书籍与坊刻没有多少差别。

明代的地方官刻多为地方志及所谓的"书帕本"。地方志的编刻详见前一节，这里不再赘述。书帕本是明代版刻中较为特殊的一种类型。明代地方官任满进京入觐，或中央官吏奉使出差回京，都要以一书一帕馈赠给相应部门的官僚，其所赠之书即名书帕本。书帕本的刻印经费大多出自地方政府的公款，因只作馈赠之用，其校刻一般都很草率，不为人所重视。如叶德辉评价书帕本："明时官出俸钱刻书，本缘宋漕司郡斋好事之习。然校勘不善，讹谬滋多。至今藏书家，均视当时书帕本比之经厂、坊肆，名低价贱，殆有过之。"①

明代官刻中质量最好的为藩刻，即各地藩王的刻本。朱元璋曾把他的二十四个儿子和一个重孙分封到全国各地，除给以封地和厚赠外，还送给他们许多书，想借以训诫他们自守，陶冶其性情，消除其野心。建文帝、明成祖对藩王采取了严厉的抑制措施。失去军政大权的藩王，一部分以声色犬马自娱，一些则对学问产生了兴趣，对藏书、刻书也倾心乐为。当时有"海内藏书之富，莫先于诸藩"之说。周府、宁府、严府、徽府均编有藏书目录，其中周府《万卷堂书目》竟达六十卷之多。各藩王府所刻书籍称为"藩府本"或"藩刻本"。明代藩府刻书，大都见于周弘祖《古今书刻》中。今可知者有30余家。藩府刻书，以蜀府为最先，以宁献王朱权和晋庄王朱钟铉为最著。藩府所刻的书，多以中央赏赐给他们的宋元善本作为底本，加上他们具有优厚的物质条件，本人也有一定的学术造诣，又有硕儒襄助其事，所以刻书中有很多佳作。如嘉靖年间晋藩所刻诸总集、万历年间吉藩所刻的诸子、崇祯年间益藩所刻的诸茶书等，都很有名，被称为藩府的三大杰作。

明代官刻有如下几个特点：一是官刻单位多。从中央到地方的各级官府几乎都刻书。二是官刻本数量大，涉及内容广，除了儒家经典外，也有不少史书、子书和文集。与宋、元、清三个朝代相比，明代政府对刻书的限制不甚严格，所以上至朝廷谏净之辞，下及市井通俗文学，都可成为刻书内容。三是刻书质量相差悬殊。藩府本属明代官刻本中的上品；经厂本外形虽美，但内容不精，次之；书帕本

---

① 叶德辉：《书林清话》，北京：北京燕山出版社1999年版，第184页。

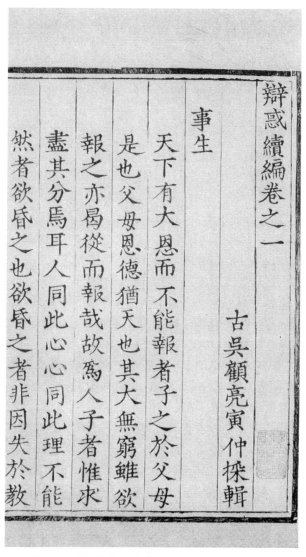

图 7.7　明万历年间益藩木活字刻本《辨惑续编》

则等而下之。

二、私家刻书及贡献

私刻在明代刻书业中技术最高,刻本质量也很好,贡献突出。

明代前期,私刻不多,印书较少,传世者以游明所刻《资治通鉴》最为精美。

明代中期私刻异常活跃。正德、嘉靖年间的翻宋、仿宋刻书热潮，就是首先由私刻发起而延及官刻、坊刻，并以苏州地区为中心而扩散到全国的。这一时期，不仅涌现出一大批著名刻书家，而且推出了不少精品，如：吴县袁褧嘉趣堂影印的宋本《大戴礼记》和《六臣注文选》，吴县的顾春世德堂刻《六子全书》，苏州徐时泰东雅堂的《韩昌黎集》，郭云鹏济类堂的《柳宗元集》，苏献可通津草堂的《论衡》和《韩诗外传》等。由于他们都是大藏书家，注重善本并精加校勘，因而所刻书质量都很高，可与宋本媲美。嘉靖四年(1525)震泽王延喆影印黄善夫《史记集解索隐正义》一书刻印精良，曾被人误为宋版。明代中期私刻分工较细，人员齐备，责任明确，组织机构已经十分完善。这些在所刻书上都有详细记录。如无锡顾起经、顾起纶弟兄奇字斋于嘉靖三十五年(1556)刊印的《类笺唐王右丞诗集》后附有一段重要的刊记：

无锡顾氏奇字斋开局氏里。

写勘：吴应龙、沈恒，俱长洲人。陆廷相，无锡人。

雕梓：应钟，金华人；章亨、李焕、袁宸、顾廉，俱苏州人；陈节，武进人；陈汶，江阴人；何瑞、何朝忠、王诰、何应元、何应亨、何钿、何钥、张邦本、何鉴、何镒、王惟宷、何钤、何应贞、何大节、陆信、何升、余汝霆，俱无锡人。

装潢：刘观，苏州人；赵经、杨全，俱无锡人。

程限：自嘉靖三十四年十二月望授锓，至三十五年六月朔完局。①

明代后期，私刻业愈加繁荣。刻家中著名的有吴勉学、陈仁锡、胡文焕、毛晋等。晚明时期，最著名的私人刻书家和藏书家为常熟毛晋。

毛晋(1599—1659)，字子晋，号潜在。常熟(今属江苏省)人。少时为诸生。约30岁左右开始经营校勘刻书事业，建汲古阁、目耕楼。以高价购求宋代、元代刻本藏书8万余册。据悔道人《汲古阁主人小传》记载，毛氏对于好的底本不惜重价收购，为了求购好书，毛晋在自己家门前揭一榜招贴，上写："有以宋椠本至者，门内主人计页酬钱，每页出二百；有以旧抄本至者，每页出四十；有以时下善本至者，别家出一千，主人出一千二百。"高昂的价格，使得书商们和古书出售者闻风而来，湖州贩书的车辆、船舶络绎不绝地停泊于七星桥毛家门前。当时流传着一句谚语："三百六十行，不如鬻书于毛氏。"毛晋以自己的藏书为基础，苦心校勘，雇刻工、印工等多人。终其有生之年，先后刻书600多种，共计10万多块书版。其中以《十三经注疏》《十七史》《六十种曲》《津逮秘书》等最为著名。他有较

---

① 转引自程千帆、徐有富：《校雠广义·版本篇》，济南：齐鲁书社1998年版，图版20。

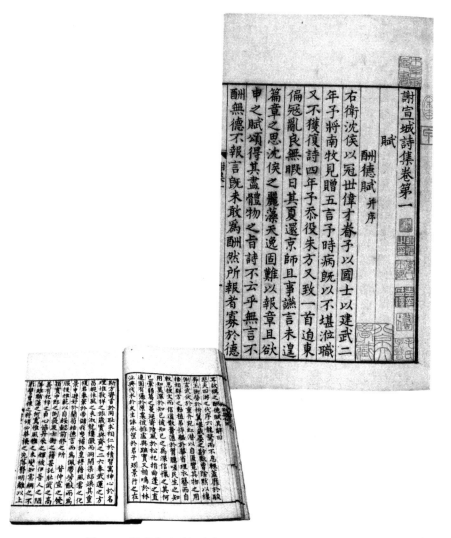

图7.8　明虞山毛氏汲古阁影写宋刻本《谢宣城诗集》

完整的一套收购、校订、刻印、销售图书的机构。所刻书校勘认真，技术精良。各书的版心下端均具"汲古阁"或"绿君亭"名。因其书价便宜，因而流传极广，影响甚大。毛晋刻书为历代私家刻书最多者，且好抄录罕见秘籍，缮写精良，后人称为"毛钞"，极受珍视。毛晋死后，毛扆继承父业。直到清康熙中叶，毛氏刻印书籍的活动才逐渐衰落。百年之后的嘉庆年间，仍有人利用遗存的汲古阁书版印刷书籍。直到今日，许多图书馆的藏书中都可以找到汲古阁的刻本。

明代私刻主要分布在江、浙两省。这是因为这两个地区是私人藏书家聚居之地，藏书家有精良的版本作为底本，刻书方便，质量也高，发展较快。当时，无锡华氏、安氏，吴兴闵氏、凌氏，南京的胡正言等，都刻了许多书。他们在铜活字、套印和饾版、拱花等方面为我国古代印刷业做出了突出贡献。

从私刻书的内容来看，以历代文集所占比重最大。另外，也刻了一些平话小说，如《清平山堂话本》及《雨窗集》等，对文学的发展具有重要意义。

三、民间坊刻的特点

在明代出版业中，以坊刻规模最大，分布地域最为广泛，所刻内容最为丰富，并形成了鲜明的特点。

特点之一是历史悠久，世代相传。由于明初取消了书籍税，对手工业者采取宽松的政策，因而建阳、南京、苏州等地不少老字号刻坊得以发展并长期延续下来。仅以建阳为例，郑氏崇文堂开业近三百年，刘氏日新堂近二百年，叶氏广勤堂和杨氏清江书堂也都有一百数十年的历史。早在宋代就已经以刻书名扬海内的余氏，到了明代又有数十人同时从事刻书业，其中又以余象斗的三台馆和双峰堂最为著名，他编刻的《四游记》《列国志传》《三国志传评林》《水浒志传评林》《东西晋演义》《西汉志传》等书行销甚广，刻本至今犹存。

特点之二是刻坊分布广，刻书数量大。除建阳外，南京、苏州、湖州、徽州、杭州、北京都是书坊的集中地。例如：南京的书坊大多在三山街和太学前，可考者有五十多家。其中以唐姓书坊为最多，有十二家；次为周姓书坊，有七家。仅万历期间唐姓各家所刻之经书、医书、文集、尺牍、琴谱及戏曲小说等就有数百种，其中以唐对溪富春堂刻书为最多，大约不下百种。

特点之三是刻书内容丰富，面向民间。书坊所刻的书品种繁多，以供应人民大众日常所需为主。坊肆不但刻有医书和生活用书，还刻有状元策、童蒙读物和八股文等。此外，还出现一些专刻小说、戏曲的书籍铺，不少流传至今的古典小说、元曲、明人杂剧刻本多为他们所刻。

特点之四是重视装帧设计，不断创新。为了招揽读者，吸引眼球，明代书商特别注意在图书的装帧形式上做文章，在插图、边栏、套印、饾版等方面进行了有益的探索，使得图书的形式多样，争奇斗艳。如南京唐对溪富春堂刻书在板框四周有花纹图案，称为"花栏"，改变了宋元以来单调的单边、双边形式。这种做法为很多坊刻家所模仿。另外，明代坊刻图书有一鲜明特征，那就是插图本特别普遍。仅以建阳坊刻为例，到了万历、崇祯年间，插图本的数量和质量都达到了极盛时期，尤其是通俗小说和杂书几乎无书不附插图。这些插图，格调新颖，形式多样,古朴简洁,饶有风趣。有每回卷首插一页版画的萃庆堂《大备对宗》,三台馆《三台便览通书正宗》;有同一书页,上半栏为图像,下半栏为书文的三台馆《全汉志传》《南北两宋志传》;有的刊本则是上评、中图、下文,如双峰堂《全像水浒志传评林》《全像批评三国志》;还有更新颖的是图嵌文中,如余新安的《荔镜记》和萃庆堂的《吕仙飞剑记》;有的一部书插图几十幅,如永庆堂的《梁武帝传》。

特点之五是旨在牟利,质量参差不齐。就总体上看,坊刻的质量不如官刻和私刻,而明代的坊刻又是历代坊刻中最差的。不少书坊为了谋利,或在刻书时剪头去尾,或冒名顶替,伪造古书。一些贩书的商贾,也常用挖补年号、伪造牌记等手段,冒充宋元善本。这就严重影响了坊刻本的质量,降低了其使用价值。

特点之六是编、刻、售合一,发展较快。书坊刻书发展到明代中后期,已不单是刻书匠户,而是把编辑、出版、发行结合在一起,形成了三位一体的书业专行。这种结合有利于书坊主人了解社会需要,从而有的放矢地编刻图书。这不仅增强了书坊本身的竞争力,也促进了刻书事业的发展。除上面所讲的余象斗三台馆、双峰堂和金陵唐氏富春堂外,如建阳书坊的熊宗立、熊冲宇的种德堂,都自撰、自编、自校、自刊了许多医书。

清人孔尚任在其经典戏剧作品《桃花扇》第二十九出"逮社"的开场中,便用一个书商自道的形式,为我们描述了明末南京三山街上的一家坊刻书店"不但兴南贩北,积古堆今,而且严批妙选,精刻善印"的情况,有利于我们更具体地去了解当时的坊刻书店。因为资料珍贵,谨全录如下:

【凤凰阁】〔丑扮书客蔡益所上〕堂名二酉,万卷牙签求售。何物充栋汗车牛,混了书香铜臭。贾儒商秀,怕遇着秦皇大搜。

在下金陵三山街书客蔡益所的便是。天下书籍之富,无过俺金陵;这金陵书铺之多,无过俺三山街;这三山街书客之大,无过俺蔡益所。〔指介〕你看十三经、廿一史、九流三教、诸子百家、腐烂时文、新奇小说,上下充箱盈架,高低列肆连楼。不但兴南贩北,积古堆今,而且严批妙选,精刻善印。俺蔡益所既射了贸易诗书之利,又收了流传文字之功;凭他进士举人,见俺作揖拱手,好不体面。〔笑介〕今乃乙酉乡试之年,大布恩纶,开科取士。准了礼部尚书钱谦益的条陈,要釐正文体,以光新治。俺小店乃坊间首领,只得聘请几家名手,另选新篇。今日正在里边删改批评,待俺早些贴起封面来。〔贴介〕风气随名手,文章中试官。〔下〕①

虽然这段文字属于文学描写,但却绝非捕风捉影之谈,一定有其现实依据,很能反映出当日坊间书肆集编辑、刻印、贩运于一体的鲜明特征。此外,我们还可以

---

① (清)孔尚任:《桃花扇》,王季思、苏寰中校注,北京:人民文学出版社1958年版,第183页。

从中看出当时书商能够紧跟形势,与作者搞好关系,体现出很强的市场意识和经营能力。而且他们的社会地位很高,"凭他进士举人,见俺作揖拱手,好不体面",说明了在当时,书商是一份很体面的职业。

四、寺观与书院刻书

明代的皇帝皇后大都佞佛,常施助寺院刻经,广施功德,造成了佛寺刻经的繁荣。多个寺院合作刻印经藏,最突出的就是上文提到的《径山藏》。刻印单本佛经的寺院更多,著名的如北京的大隆福寺,南京的天界寺,杭州的灵隐寺,河南的少林寺,山西五台山妙德庵,庐山法云寺,等等。这些寺院所刻的经书,都有实物流传至今。尤其值得重视的是,边远省份的佛寺刻经兴起较早,远远超过其他品种的图书。云南大理刊印的佛经,至今还珍藏在西藏。明清时期,青海刻印藏传佛教经书的寺院就有20多处,刻印藏文经书上千种之多。例如玉树有结古寺印经院,创建于洪武年间,印经房就有24间。[①] 此外,佛教徒以个人名义刻书的也不少。

明代书院走了一条曲折的发展道路:前期不受重视,后期屡遭禁毁。前期由于政府看重官学、重视科举,非官办学校出身者不准应试,生员们纷纷进入官办学校,作为私家讲学之所的书院遭到冷落。嘉靖年间,经过王守仁、湛若水等一代学术大师的提倡,书院又迅速发展起来,甚至大大超过了前代,但到末期又遭到禁毁的命运。据统计,明代书院总数达1962所。大体分两种类型:一种是考课式的书院,与官学差别不大;另一种是讲会式的书院,重视讲学。明代书院承元代刻书之余绪,刻书地域大为拓展,刻书范围遍及经史子集各类。较著名的如晋藩养德书院刻《文选》,东山书院刻《文选补遗》,鳌峰书院刻《侯鲭录》等。另外,广东崇正书院刻的《通典》,底本优秀,校勘认真,也是宝贵的善本。私人文集在书院刻印的更多,如瀛山书院刻《金粟斋先生文集》,云丘书院刻《双江聂先生文集》,大梁书院刻《于肃愍公集》,义阳书院刻《何大复先生集》,正谊书院刻《铁崖先生文集》更是有名的善本。有些书院刻书规模很大,如江宁尊经书院藏有《国学经济》《二十一史》书板,到清代才毁于火。

五、明刻本的特点和缺点

1. 明代刻本的特点

明初至正德年间刊刻的图书基本沿袭了元代的特征,装订是包背形式,版式

---

① 缪咏禾:《中国出版通史·明代卷》,北京:中国书籍出版社2008年版,第177页。

多为大黑口,字体多是软体赵字。刊刻的精美程度与元刊没有区别。嘉靖至万历之初风气改变,刊印书籍多以宋刊,尤其是以北宋刻本为模范。此时白口盛行,版心上方往往记有字数,下方有刻工姓名,有时还记有写样人姓名。字体又转向用欧、颜体,整齐严谨,但缺乏流利生动之态。万历中至明末刻书字体更趋方正,终于发展成横轻直重的所谓"宋字"。装订也由包背而改为线装。插图本增多。从用纸来看,明初刻书多用黄纸,嘉靖时多用白纸,嘉靖之后又多用黄纸。

2. 明代刻本的缺点

明代刻书事业取得的成就是辉煌的,但后人往往对明本非议较多。明代刻书之不足,归纳起来有如下几点。

一是校勘不精,脱误甚多。如北监本《十三经注疏》和《二十一史》,版式凌杂,字体时方时圆,校对草率,舛讹甚多。辽、金诸史,缺文动辄数页。

二是妄改书名,随意删改内容。万历三十年(1602)陈嘉猷刻的《回生捷录》,原名《如宜方》;郎奎金刻《释名》,改作《逸雅》。这种乱改书名的现象比比皆是。这种把书名所包括的内容范围一再扩大的做法,无非是要炫世骇俗,吸引顾客。删节图书内容的例子也很多。李纲《梁溪集》一百三十卷,闽本作《李忠定集》,且只有四十卷;《朱子集》原本三百余卷,明本只有四十卷。明郎瑛在《七修类稿》中说:"盖闽中专以货利为计,凡遇各省所刻好书价高,即便翻刻,卷数目录相同,而篇中多所减去,使人不知。故一部整书货半部之价,人争购之。"

三是伪撰古人评注,苏时学《爻山笔话》云:"明人刻古人书,往往伪撰古人评注,如《管子》《庄子》《鹖冠子》《楚辞集注》等皆有唐宋诸公评,意若古书必借此而增重者,渐而至于经传亦伪之。今市上所传有《苏批孟子》,以为出于老泉,犹可哂也。"这种随意伪造古人评注的现象,在明刻中是不少的。

四是无用的序跋太多,连篇累牍,徒费纸墨。当时有一种风气,一本书刊印之前,总要攀龙附凤,找一些名人吹嘘一番,其实有的人不学无术,什么也不懂,也硬要凑几句。

明代的刻本虽有许多流弊,但其成就毕竟是主要的。在评价时,要根据时间、地域、刻书系统的不同来具体分析。大致而言,嘉靖以前,质量较好,万历以后则差;江浙一带的刻本较好,福建的刻本则差;私刻、藩刻质量高,书帕本、坊刻本、经厂本则差。另外明代的雕版、活字、套印、版画诸方面都取得了巨大的进展。这些对当时社会发展起到了许多积极作用,对后世及世界的影响也是深远的。

五、明代刻书地区的分布及变化

明代胡应麟对明刻书业的分布有过专门研究和评论。他在《少室山房笔丛》中说:"余所见当今刻书,苏(州)、常(熟)为上,金陵(南京)次之,杭(州)又次之,近湖(州)刻,歙(州)刻骤精,遂与苏、常争价。蜀本行世甚寡,闽本最下。"又说:"凡刻之地有三:吴也、越也、闽也。蜀本宋最称善,近世甚稀。燕、粤、秦、楚今皆有刻,类自可观,而不若三方之盛。其精,吴为最,其多,闽为最,越皆次之。其直(值)重,吴为最;其直轻,闽为最,越皆次之。"万历年间的学者谢肇淛在其《五杂俎》中说:"今杭刻不足称,金陵、吴兴、新安三地剞劂之精,不下宋版。楚蜀之刻,皆寻常耳。闽建安有书坊,出书最多,而版纸俱最滥恶,盖徒为射利计,非以传世也。近来吴兴、金陵渐渐陷此疾矣。"以上两说,说明到了明代刻书中心发生了变化:四川、平水印刷事业已经衰落,而建阳、苏州、杭州仍然称盛。明代中叶后,杭州转微而吴兴代之而起。无锡、南京相继成为刻书中心。歙县后来居上,北京乃是北方刻书的重地。整体来看,这时全国刻书业已逐渐集中到江苏、浙江、福建三地,而以江苏为首了。

第四节 清代前期的图书出版事业

一、官刻本与武英殿刻书

清代前期官刻图书机构众多,遍及全国,取得了非常突出的成就。来新夏等人将清代官刻事业分成四个阶段:以故明经厂刻书机构为基础的清初时期;建立专门的刻书机构——武英殿修书处并形成自己刻书特色的康熙时期;以刻印《古今图书集成》和《武英殿聚珍版丛书》为主要标志的雍、乾时期;逐渐衰落的嘉、道时期[①]。

清前期的图书官刻业主要集中在内府。顺治年间的刻书风格与明经厂本大同小异。到了康熙十二年(1673),改变了明代由司礼监经管官刻的制度,在武英殿设立了专门的刻书机构,改派翰林院词臣管理。此后的御制诗文、御纂经典等,统由武英殿刊版印行,故有"殿版"之名。殿版书籍以康乾时期为最精。康熙时任用博学鸿词科学士参与刻书,由翰林词臣负责殿本的编纂勘校,其水平自然高于明代司礼监的太监。乾隆曾规定"有一字误,罚俸一年",所以书的校勘极

---

① 来新夏等:《中国图书事业史》,上海:上海人民出版社2009年版,第217页。

精。嘉庆以后质量就比较差一些了。

康熙、雍正、乾隆三朝,武英殿刻书达到极盛。据陶湘《殿版书目》统计,清代殿本共520种,其中刻书最多的是乾隆朝,计308种,种数几乎占清代殿本总数的60%,其次为康熙、雍正二朝,分别为56、72种,均超过10%,三朝合计436种,占总数的83.7%,其盛况显而易见。

武英殿刻书最著名的有康熙年间所刻《数理精蕴》《佩文韵府》《性理精义》和乾隆年间刻的《十三经注疏》《二十四史》等一百余种。殿本内容以钦定书为最多。据《啸亭杂录》和《陶辑书目》统计,清代殿本书中的钦定书有137种,23060卷,其中经部26种,908卷;史部55种,6016卷;子部33种,7484卷;集部23种,8652卷。此外,还有清人和前人的学术著作及历代文学作品、史学典籍、经学名著等。即使被历代藏书家认为是不登大雅之堂的唱词曲牌一类的书籍,在武英殿刻书中也有案可稽。如康熙年间内府就刊刻了《典谱》一书。

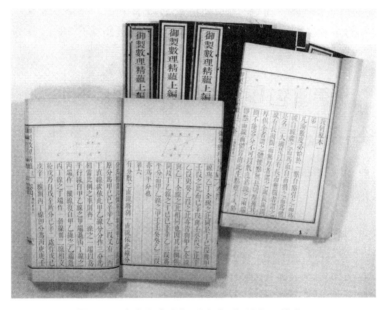

图 7.9　清康熙内府铜活字本《御制数理精蕴》

清内府刻书的印刷形式多种多样,采用了雕版、铜版、铜活字、木活字、彩色套印等各种方法。如雕版《大清律解附例》(顺治三年),铜版《皇历考原》(康熙五十二年)、《内府皇舆全图》(乾隆三十八年),铜活字《古今图书集成》(雍正四年),木活字《武英殿聚珍版丛书》(乾隆三十八年),彩色套印《御制唐宋词醇》(乾隆十五年)等。

殿版在刊刻质量上十分讲究。康熙朝时多用唐代欧阳询和元代赵孟頫两种楷书字体,精写上版,工整而娟秀。

清代内府殿本也曾设立"分号"——扬州诗局。该局是康熙四十四年(1705)皇帝命令南京织造曹寅设立的,为内府刊印各种书籍。曹寅(1658—1712),字楝亭,号荔轩,曹雪芹的祖父。颇受康熙的宠信,曾任通政使、江南织造等职。曹寅于康熙四十四年(1705)奉旨校勘《全唐诗》,乃开局于扬州天宁寺,召集文人,训练刻工,并于次年雕刻完成。《全唐诗》字体秀丽、纸墨精良、装帧考究,不仅是"康版"的典范,也是中国雕版印刷史上的佳作。从扬州诗局的受命成立、经费来源、主管人的身份及其服务对象来看,都说明它属于内府刻书,再看《全唐诗》的字体、纸张、雕刻、刷印、装帧等,也与武英殿本具有同样的风格。此外扬州诗局还刊行了《佩文韵府》《集韵》《楝亭十种》《楝亭诗抄》等书。

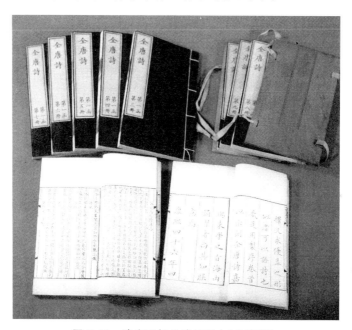

图 7.10　清康熙扬州诗局刻本《全唐诗》

乾隆末至嘉庆年间,武英殿刻书业开始制作发行,一场大火将武英殿内所存康熙朝以来 200 年贮藏的殿本及各种雕版焚烧一空,虽然殿本书版在其他书库殿阁及国子监也有所藏,但均不能与武英殿相比。

总的来看,清代前期官刻,以内府所刻为最多、最精,其缮写刊刻之工致,用纸之细薄洁白,校勘之精审准确,装订之端庄雅致,无不达到了历史最高水准,可谓是集我国手工业印刷术之大成。而清代的地方官刻主要是刻印地方志及翻刻殿本书籍,其他书籍刻印很少,善本并不多见,所以它在清代刻书事业中不占重要地位。清代地方官刻本中最有特色的是晚清各省蓬勃兴起的官书局刻本。而其时已进入近代。

二、精审的私家刻书

清代私家刻书,大体上可分为两类:一类是著名文人所刻自己的著作和前贤诗文。这类书都是手写上版,即所谓"写刻",选用纸墨都比较考究,是刻本中的精品,世称"精刻本"。另一类则是考据、辑佚、校勘学兴起之后,藏书家和校勘学家辑刻的丛书、轶书,或影摹校勘的旧版书。

清代的写刻精本,起始于康熙,盛于乾嘉。在这一时期出现了许多精本佳椠。当时的殿本,包括扬州诗局所刻的书,大部分是手写上版。在其影响下,私刻也兴起了精写上版的风气。当时有许多著作都是由名家精心缮写付梓的。如侯官名书家林佶,曾手写汪琬撰《尧峰闻钞》、陈廷敬撰《午亭文编》、王士禛撰《古夫于亭稿》和《渔洋精华录》,被文坛和藏书家誉为"林氏四写"。嘉庆十五年(1810)松江沈慈、沈恕的古倪园所刻唐、宋、元代妇人的集子,有唐《鱼玄机诗》《薛涛诗》、宋《杨太后宫词》及元傅若金妻孙蕙兰的《绿窗遗稿》,世称"四妇人集",也是著名的写刻本。此外,还有一部分是手写个人撰述的作品。如名列"扬州八怪"的金农曾自书其《冬心先生集》,郑燮曾自书其《板桥全集》,皆为艺林所重。

私刻第二类著作则与当时的社会情况及学术研究风气密切相关。在考据、校勘和辑佚学兴起之后,为适应其需要,才刻印了大批丛书、逸书和旧版书。

乾嘉时代一些官僚地主和藏书家延聘著名校勘学者从事校书刻书蔚然成风,当时最负盛名的当数顾千里。顾氏(1766—1835)是清代著名学者和藏书家,原名广圻,千里是他的字,自号"思适居士",人称"万卷书生"。他反对妄改古书,坚持用审慎的态度来校书。顾氏家贫,一生都为官僚地主和藏书家教书、校书、刻书。经他手校刻印的宋元本书,多且精。其中有给黄丕烈校刻的宋本《国语》《战国策》《隶释》《易林》《舆地广记》,给孙星衍校刻的宋本《古文苑》、元本《唐诗疏义》,给汪士钟校刻的宋本《仪礼疏》,给张敦仁校刻的宋本《仪礼注疏》,给吴鼒校刻的宋本《韩非子》等,皆极有名。每书刻毕,顾又综合书中校订语,写成"考异"和"校勘记"附于卷后,这就为后人研读提供了极大方便。

清代私刻书籍中有不少为丛书,而且多刻印精良。如鲍廷博的《知不足斋丛书》就被人称有二善:凡收一书必首尾具足,其一善也;必校雠精审后再镂版,其取材之精密，刊刻之谨慎，尤非其他书可比，其二善也。同时，雕印之书，以罕见者为主，不与时人争奇。其他如黄丕烈的《士礼居丛书》、卢文弨的《抱经堂丛书》、毕沅的《经训堂丛书》、孙星衍的《平津馆丛书》等，均极精善，皆一时之选。嘉庆年间阮元所刻的《十三经注疏》和《皇清经解》更是清代汉学家的重要文献，为研究汉学所不可缺的参考书。

由辑佚而编成的书，最著名的有黄奭的《汉学堂丛书》、马国翰的《玉函山房辑佚书》、严可均的《全上古三代两汉三国两晋六朝文》等。这些书对于研究汉魏六朝的历史有很大帮助。

当时还出现了一些专门以刻印一个地方的先人著作为目的的丛书，一般称为"郡邑丛书"，如《台州丛书》《浦城丛书》等。这些书对于保存和研究一个地方的文化很有益处。

三、坊刻的兴盛

清代的坊刻业更为兴盛，坊刻书数量很大。刻坊中最著名的要数席氏扫叶山房。该书肆从明代后期一直经营到民国，刻印过经、史、子、集、笔记小说及通俗读本等各类书籍达数百种。清末到民国初年，扫叶山房不但在上海、汉口开设了分号，还采用了铅印、石印等先进技术设备，继续印书，行销全国，一直流传到现代。

北京为清代政治文化中心，这里书坊林立。琉璃厂、隆福寺街都是京都书肆云集之地。乾隆年间李文藻著《琉璃厂书肆记》，就记录了30家书肆名称。京师的书坊，有的以贩卖为主，有的兼作雕版印行。著名的有老二酉堂、聚珍堂、善成堂等，都是刻印兼发行。

清代书坊所刻之书大部分是私塾采用的《四书》《五经》《三字经》《百家姓》《千字文》《弟子规》等读物，还有的专门刻医、卜、星相、佛经、农书、类书、小说等类的书。这些刻本，大量行销民间，然而不为藏书家和士大夫所重视，所以保存下来的较少。

以1840年鸦片战争为界，清代书坊刻书盛极而变。1840年以后，西方先进的印刷技术和经营方式传入中国。出版中心从北京移向上海，传统的坊刻事业发生了极大变化：一部分书坊不可避免地衰微乃至消亡，一部分则因时而变，引进机械化印刷设备，改进经营方式，扩大印书范围，在激烈的竞争中占得一席之地。

四、寺观与书院刻书

清代寺观刻书继承了明代的流风余韵,取得了很大的发展。但是缺少特色,不再赘述。

清代是书院刻书的鼎盛时期,也是中国古代整个书院刻书史的终结时期,据统计,清代全国共有书院4365所。几乎遍及各省通都大邑,以致穷乡僻壤。清政府出于"化导士子"的目的,除了大力支持书院以外,还加强了对书院的控制,逐步将书院变成了官学。清代书院刻书受文化学术发展的影响,呈现出不同于以往的特色,大体可以分为三个阶段:一是康雍以前的理学总结阶段,典型代表为福州鳌峰书院刻印的《正谊堂全书》;二是乾嘉以后的总结汉学阶段,如中山书院刻卢文弨的《声音发源图解》《群书拾补》,暨阳书院刻《说文述谊》,开封大梁书院刻《经苑》,广州学海堂刻《皇清经解》等;三是同治以降的传播西学新知阶段,以光绪年间上海格致书院《格致汇编》、长沙校经堂《湘学新报》(后改名《湘学报》)为代表。其时已进入晚清时期,刻书内容已与传统的书院有很大区别。

五、清代前期刻本的特点

1. 字体

清初刻字,字体仍是晚明风格,字形长方,横细直粗。康熙以后,盛行着两种刻书字体:一种是软体字,也称写体,写刻上版多出于名家手笔,字体优美、印制亦佳。另一种是硬体字,也叫仿宋体。这种字体与明仿宋不同的是横轻竖重,撇长而尖,捺拙而肥,右折横笔粗肥。道光以后,字体变得呆板,世称"匠体"。

2. 版式

一般为左右双栏,也有四周双栏和单栏的。大部分为白口,也有少量黑口,字行排列整齐。清代前期由于大兴文字狱,特别是庄氏史案之后,刻书工人多不敢在书上刻记姓名。嘉道以后,才有所改变。

3. 装帧

基本上采用线装。私坊刻本版框大小不尽一致,装订时以齐下栏为规矩。殿本书版框大小要求较严,装订整齐。清代前期的殿本多以蓝色绸缎做书衣,以月白绢布为书签,装帧庄重、典雅。当时还创造出一种"毛装",即将印好的书页叠齐,下纸捻后不加裁切。用此法装订书籍,一是为表示书系新印殿本;二是为了日后若有污损可再行切裁。此外,开本大,行距宽也是多数殿本的装帧特色。

4. 纸张

清代印书用纸品种繁多。最好的是开化纸,其次是榜纸、棉纸、连史纸、竹连纸、棉连纸、料半纸、竹纸、毛边纸、太白纸等。武英殿和扬州诗局多用贵重的开化纸和榜纸,色洁白;前者薄而细,后者略厚重些。普通书坊印书用竹纸居多。

六、清代前期刻书地区的分布及变化

清前期是我国古代刻书事业普遍发展时期,全国各地都有刻书活动。主要分布在北京、江苏、浙江、四川、福建、安徽、湖南、湖北、江西、山东、山西、河北、广东等地。清初刻书以苏州、杭州、南京为最多,苏州为最好。由于麻沙书坊遭大火,百年书坊全被烧毁,从此建本衰落下去。到了清代中期,全国的刻书中心当数苏、杭二州和南京、北京。近代,出版中心开始转向上海。

第五节 明清时期的印刷技术及图书形制

一、活字印刷的发展

1. 金属活字

宋元两代只有泥活字和木活字流行,其印本实物今已不传。明代始有金属活字,流传至今最早的活字印本是明弘治年间(15世纪末)的铜活字本,当时江苏的无锡、常州、苏州一带有不少富家铸铜活字印书。最有名的是无锡华燧的会通馆、华坚的兰雪堂、安国的桂坡馆几家。

明弘治三年(1490),华燧(1439—1513)用铜活字印出《宋诸臣奏议》50册。因铜字难受水墨,墨色浓淡不匀,质量较差。但它却是我国现存最早的一部铜活字印本。也有人认为此书是锡活字印本。现在知道,华燧先后大约印了15种书,弘治八年(1495)印有《容斋随笔》。

华燧的叔父华珵于弘治十五年(1502)用铜活字印过陆游的《渭南文集》和《剑南诗稿》。华燧的侄子华坚和华坚的儿子华镜也用铜活字印过。华坚印的书每卷末有"锡山兰雪堂华坚活字铜版印"字样。所印书有《蔡中郎集》《白氏文集》《元氏长庆集》等。锡山华氏珵、燧、坚、镜祖孙四代相继刻印图书,一时传为佳话。

明代采用铜活字印书,与华氏同样有名的是桂坡馆的安国(1481—1534)。安氏比华氏富有,有"安百万"之称。安氏用铜活字印的书可考者有10种,其中《正德东光县志》是国内唯一用铜活字印的地方志。桂坡馆所印的书质量较好。

明朝嘉靖、万历年间,福建建阳(原为宋朝刻书业中心)的书商也采用过铜活

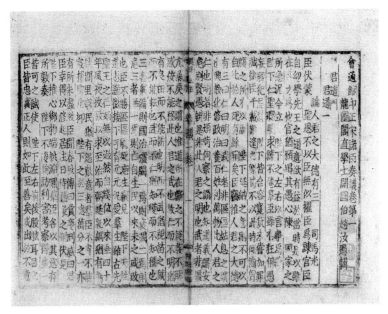

图 7.11　明弘治间华氏会通馆铜活字印本《宋诸臣奏议》

字印书,最有名的印本为蓝印"芝城铜版"《墨子》。

清康熙末年,宫廷曾刻有铜活字,印刷过天文、数学、音乐方面的书籍。雍正四年至六年(1726—1728)又用这种铜活字排印了《钦定古今图书集成》。全书有10000卷之多,用大小两种字体排印,印本清晰美观,只印了65部。这是我国用活字排印的字数最多的一部大型书。可惜这批铜活字在乾隆年间被熔毁而充作铸钱原料了。

清朝福建人林春祺,从18岁开始请人刻制铜活字,费了21年时间,耗去白银二十多万两,到道光二十六年(1846)完成正楷体大小铜活字四十多万个。他是福建福清县尤田人,因而把铜活字命名为"福田书海"。这批铜活字曾印过顾炎武的《音论》《诗本音》和一部军事丛书《水陆攻守战略秘书》等七种书。更值得人称赞的是,林春祺还写了一篇《铜版叙》,记录了他刻制铜活字的原因和经过。这是继沈括记述毕昇制泥活字,王祯、金简记述制木活字文献之后,记述制铜活字印刷技术的文献。

嘉庆十二年(1807),武隆阿任台湾总兵官时,也刻制过汉文铜活字,并印刷了《圣谕广训》。

明清两代遗存至今的铜活字印本尚有二十余种,以国家图书馆收藏较全。

明清两代民间制作的铜活字和清代宫廷制作的铜活字都是手工雕刻的。

第七章 传统出版业盛极而衰（明及清前期）

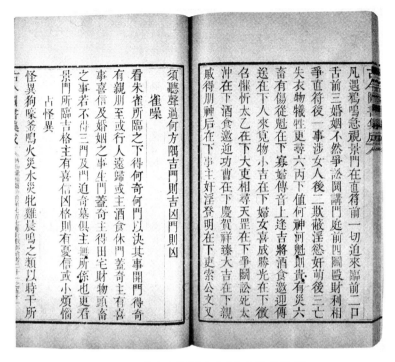

图 7.12　清雍正铜活字本《古今图书集成》

除了铜活字外，明清两代还有用锡、铅做的活字。

前面提到，明代华燧所印的《宋诸臣奏议》，有人即认为是锡活字。到了清代，道光三十年（1850），广东佛山镇唐姓书商，出资 10000 元铸造锡活字，计铸成扁体字、长体大字、长体小字 3 套，约有二十多万个。其扁体字为正楷，两种长体字近似仿宋体，都较美观。咸丰元年（1851）曾用这批锡活字印成马端临的《文献通考》348 卷，共 19348 页，订成 120 大册。

唐氏铸造锡活字的方法是：用木活字制成泥字范，浇上熔锡，凝固后取下，加以修整即成。用锡活字印刷图书，有实物可证的只此一种。由于锡版难沾水墨，不易印刷，所以未能推广。

明朝时期已有人用铅刻制活字了。弘治末正德初年（1505—1508）陆深《金台纪闻》载："近日毗陵（即常州）人用铜、铅为活字，视板印尤巧便。"

清道光十四年（1834）湖南人魏崧在他所著的《壹是纪始》中说："活板始于宋……今又用铜、铅为活字。"可见，早在现代铅合金活字传入我国之前，已经有人用铅做活字了。

2. 木活字

明朝时，使用木活字的地区已普及到苏州、杭州、南京、福州、四川、云南等地。明朝用木活字印刷的书籍，至今有书名可考者一百余种，其中有不少卷帙浩繁者，如天启元年(1621)湖州排印《武备志》240卷，明朝魏显国于武林排印《历代史书大全》520卷。

到了清朝，木活字印书已在全国通行。各地的衙门、书院、官书局，大都备有木活字。而且出现了如"活字印书局"或"聚珍堂"等专门采用活字印刷的店铺。采用木活字印刷的地区有河北、山东、河南、江苏、浙江、安徽、江西、湖北、湖南、四川、福建、广东、陕西、甘肃等。

清朝最大的一次采用木活字印书的活动，是乾隆三十八年(1773)印《武英殿聚珍版丛书》。乾隆帝在修《四库全书》时，下诏刊印从明《永乐大典》中辑出的大批失传古书。因数量大，主办人金简建议用木活字排印，得乾隆帝批准，并把活字版名称改成"聚珍版"。金简雇工刻成大小枣木活字253500个。先后共印成《武英殿聚珍版丛书》134种2300多卷。金简在主持排印《武英殿聚珍版丛书》的过程中，总结此次印书经验，从造木子、刻字、字柜、槽板、类盘、校对、刷印、归类、逐日轮转办法，分别条款，一一说明，并绘图说明，著成《武英殿聚珍版程式》一书。此书比王祯的《造活字印书法》的记载更详细，第一次从理论上概括总结了我国活字制作、刊印的全部工艺流程，言简意赅，通俗易懂，不仅在清代广泛流传，而且被译成德、英等国文字，流播海外，为推动我国出版、印刷事业的发展，传播中华文化，做出了重大贡献。

清朝在北京出版的《京报》(政府公报)，从乾隆到清末，都用木活字排印。

清朝的木活字印本内容，包括经、史、子、集各个方面。流传到现在的印本，还有两千种左右。例如《红楼梦》的第一次印本，被称为"程甲本"的就是木活字本。

在明末，浙江已采用木活字印刷家谱，到清朝更为普遍了。如浙江(尤其是绍兴一带)、江苏(常州一带)、安徽南部、江西、湖南、四川等地，都有以刻印家谱为专业的刻工，称为"谱匠"或"谱师"。有些人还在秋收后的农闲季节携带工具，走乡串镇，为人刻制家谱。这时，木活字及印刷工具可以买卖、抵押、继承、赠送、转让，成为有价值的财产。

3. 泥活字与磁版

自北宋毕昇发明泥活字印刷术后，泥活字的使用甚为罕见，直到18世纪中期，才相继出现了李瑶和翟金生的泥活字印品。

李瑶，字子玉，号七宝生，苏州人。约生于清乾隆末年到嘉庆初年之间。道

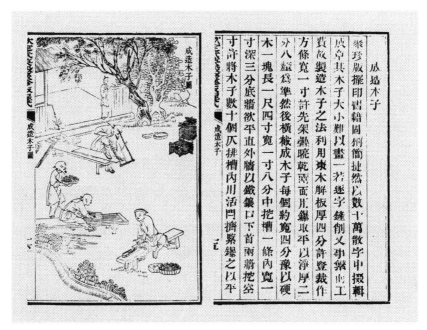

图 7.13　清乾隆木活字本《钦定武英殿聚珍版程式》内页

光八年(1828),李瑶到杭州找一位故友,因而寓居在吴山。一天,他偶然得到一部温睿临《南疆逸史》的抄本,乃将其"勘补者十之七,替者十之三"。并将书名改为《南疆绎史》。道光九年(1829)夏,李瑶开始对整理好的《南疆绎史》进行排版工作,他雇了十余个工匠,用泥活字排版,前后共用 240 多天,耗用 30 万钱,至秋天,终于印成了《南疆绎史勘本》30 卷,《南疆绎史摭遗》10 卷,共刷印了 80 部。道光十年(1830),李瑶又在萧山将此书重新勘补排印,计《南疆绎史勘本》30 卷、《南疆绎史摭遗》18 卷、《南疆绎史恤谥考》8 卷,共刷印了 100 部。道光十二年(1832),李瑶又在杭州排印了一套《校补金石例四种》,共 17 卷。

李瑶所用泥活字的制作使用方法未见文献记载。从李瑶序中记述及对比两种《南疆绎史》的结构看,他是将书排好版后便像雕版那样整版整版地保存,活字不再拆做别用,这就需要有大量的活字;而书中相同的字,其结构也大致相同,由此判断,李瑶很可能有一套活字字模,而不是一个个地刻出活字来。

清道光二十四年(1844)安徽泾县秀才翟金生及其家人,经过 30 年努力,烧炼了十多万个泥活字,印成《泥版试印初编》《水东翟氏宗谱》《仙屏书屋初集》等书。翟氏制泥活字的方法,是先刻泥字并翻成铜范,再将澄泥浆倒入范内,等干燥成为一块泥字版,入炉烧炼后,经过分开修整,就成为"坚贞同骨角"的单个活字了。其字体为横细竖粗的宋体字,字有大小五种。这种字版翟氏称为"泥斗板"或"澄泥板""泥聚珍版"。此外,江苏无锡、江西宜黄等地,也用泥活字印过书。

泥字上釉再烧,便可成为磁版。清康熙五十八年(1719),山东泰安人徐志定用磁版印出《周易说略》《蒿安闲话》两书,自称"泰山磁版"。清人金埴《不下带编》记:"康熙五十六七年,泰安州人能锻胶泥成字,为活字版。"内文没有提到徐志定名字,但所述地区、时间与徐氏印书事均相符合。因此,有人认为金埴所说活字印书,指的就是上述徐氏印书。虽然对此可能有不同理解,但金埴在这里确是十分明确地指出了此时此地有胶泥活字版。

二、套版术的成就与版画

1. 套版印刷术

套版印刷术在我国出现虽早,但到明代后期(16—17世纪)才得到广泛应用。其时盛行评点式的文学批评方式,也在一定程度上推动了套版印刷术的普及。现在明代最早的套印本书是明神宗万历年间安徽歙县印刷的《闺范》。我们今天常见的套印本,绝大部分是明万历间吴兴闵齐伋、凌濛初及归安的茅元仪三家刻本。前两家尤为著名。闵、凌是吴兴望族,也是著名的套印刻书世家,有刻书业绩可考的竟达数十位之多。闵氏有闵齐伋、闵齐华、闵象泰、闵振声、闵振业、闵邃、闵杲、闵迈德、闵洪德、闵元衢、闵元颎、闵元京、闵一栻、闵光瑜、闵映张、闵映壁、闵昭明、闵于忱等;凌氏有凌濛初、凌瀛初、凌澄初、凌湛初、凌性德、凌杜若、凌启康、凌森美、凌云、凌汝亨、凌君实、凌弘宪、凌南荣、凌延喜等。两姓同邑,共操一业,世代相传,堪称中国印刷史上的一段佳话。

闵氏的第一部套印书是明万历四十四年(1616)刻的《春秋左传》15卷,是朱墨两色本。第二年刻《孟子》苏老泉评本,已为三色本。到万历四十八年(1620),闵氏就印出了91卷、24册的《史记钞》这样的大部头。凌濛初是著名的戏曲小说家兼出版家,他刻印的书中,以戏曲、小说为多,且多套印并有插图,都是聘请名家绘刻的,字迹笔画工致,绘图人物神态秀逸。其传世品有《虬髯客传》《红拂记》《琵琶记》《明珠记》《幽闺记》和《南柯记》等。此外,他还和凌瀛初合刻有朱墨本《韩非子》《吕氏春秋》《淮南子》,三色本《古诗归》《唐诗归》等。

闵氏套印本适应了社会的需求,特别是凌刻本中戏曲小说占有相当比例,更具有通俗性和普及性,受到时人欢迎,也获得较高的评价。据近人陶湘的不完全统计,两家共刻印了117部,计145种套印书记,其中已知有三色套印本13种,四色套印本4种,5色套印本1种,这只是一个不完全的统计。除闵、凌两家外,当时刻过套版书的还有吴兴茅兆河、南京王凤翔和庆云馆等。套印本书籍在内容上虽较少特殊贡献,但雕版印刷的技艺却因此而大大提高了一步。

套印本在清代也有所继承。据杨绳信《中国版刻综录》记载,清代套印出版者有40余家。官刻的有康熙年间的四色本《御制唐宋文醇》、五色本《劝善金科》及乾隆年间的五色本《昭代箫韶》。民间私坊也有佳作,仅《杜工部集》就有道光年间涿州卢坤的六色本和广东叶云庵的五色本,颇受时人欢迎。道光十四年(1834),卢坤印《杜工部集》,将王世贞、王慎中、王士祯、邵长蘅、宋荦等5人的评语分别用紫、蓝、朱、绿、黄等5色套印上版,加上杜文所用的墨色,共有6种颜色,这恐怕是中国古代印刷史上用色最多的套印书籍。

2. 饾版和拱花的发明

就在吴兴凌、闵二家大量出版套印本的同时,版画艺术也在徽州、金陵、建安等地蓬勃兴起。明代弘治以后,特别是万历天启年间,反映市民生活的戏曲小说风行。为了扩大销路,这些书又都附绘木刻插图,风格各异,争奇斗艳,其中尤以徽州的刻工技艺最为出色。这是由于徽州产墨,很多刻工原来就是雕刻墨模的匠人。此时,除了小说戏曲有插图外,还涌现了一批以图为主的绘画教学范本和供人欣赏的版画集,如《集雅斋画谱》《诗余画谱》《雪湖梅谱》《程氏竹谱》《程氏墨苑》《方氏墨谱》《百咏图谱》《素园石谱》《颜氏画谱》,等等。绘画、雕版和印刷技术的结合,逐渐形成了彩色版画套印术(今称木版水印),使我国古代的雕版印刷术发展到了高峰。

把套版印刷和版画艺术结合起来,就是彩色版画套印术。它最初是从涂色的方法发展起来的。涂色法是先在一块版上涂几种颜色,如画面的花上涂上红色,叶子上涂上绿色,枝干上涂棕色等,然后覆上纸印刷。如万历年间所刻印的《花史》和《程氏墨苑》中的《天姥对廷图》《巨川舟楫图》就是这样印成。后来,彩色版画套印很快就发展为分色分版的套印法,称为"饾版"。"饾版"是将彩色画稿按不同颜色分别勾摹下来,每色刻成一块小木版,然后逐色一次套印或叠印,最后形成一幅完整的彩色画图。这样印出的作品颜色的浓淡深浅,阴阳向背,几与原作无异。饾版得名,是因其形似饾钉。饾钉是一种五色小饼。"拱花"则是用凸凹两版联合,使纸面拱起的办法,与现代钢印的效果很相似,富有立体感,适于印鸟类的羽毛和山水。

饾版和拱花技术,很长时间曾被认为是明代徽州人胡正言发明的。因为当时能见到的饾版拱花印本只有明崇祯十七年(1644)胡刻《十竹斋笺谱》和《十竹斋画谱》。1963年春,上海博物馆在浙江采访到明天启六年(1626)颜继祖用饾版印刷的《萝轩变古笺谱》上、下两册。书前有颜继祖小引云:"《萝轩变古笺谱》

书成于天启丙寅。"丙寅即 1626 年,早于胡正言《十竹斋笺谱》19 年,是目前所见饾版刻印的最早传本。这部笺谱是江宁吴发祥 48 岁时在金陵刻成的。

胡正言的《十竹斋画谱》和《十竹斋笺谱》也是用这两种方法印制的。他是一位多才多艺,又下苦功的艺术创作家,擅长篆刻、绘画、制墨诸艺,喜藏书,好刻书,又肯与刻字工人打成一片,日夜琢磨,反复实践,终于获得成功。吴发祥、胡正言等私人刻书家的探索和实践,使我国雕版印刷达到了前所未有的境地。

图 7.14　明胡正言《十竹斋笺谱》

三、影刻本

明代正德嘉靖年间,以李梦阳为首的前后七子在文坛上提倡复古运动,其口号是"文必秦汉,诗必盛唐",一时蔚然成风。为配合当时士子阅读古文的需求,在出版印刷领域也兴起了翻刻宋本的风气。其源盖出于以苏州、吴县为中心的一批私人刻书家。其中较著名的有正德年间陆元大覆刻宋建康郡斋本《花间集》《二俊集》《李太白集》。嘉靖年间袁褧嘉趣堂覆刻宋淳熙严州郡斋本《世说新语》和宋本《六臣注文选》,以及徐时泰东雅堂的《韩昌黎集》、郭云鹏济美堂的《柳宗元集》、苏献可通津草堂的《论衡》和《韩诗外传》等。由于他们都是藏书家,注重善本,精加校刊,所刻书都可与宋本媲美。

影宋覆宋之风由苏吴地区,很快波及全国,如福建汪文盛校刻《仪礼注疏》,

前后《汉书》《五代史记》；余姚闻人诠校刻《周礼注疏》《仪礼注疏》《旧唐书》等，此外还有浙江钱塘洪楩据宋本翻雕《新编分类夷坚志》，他刻的《清平山堂话本》保存了许多宋元短篇小说，在文学史上极有价值。

最为典型的是震泽(也属苏州地区)王延喆翻刻宋黄善夫本《史记》几乎乱真的故事，清王士祯在《池北偶谈》卷二十二中详细记载了这一经过：

> 明尚宝少卿王延喆，文恪少子也。……一日，有持宋椠《史记》求鬻者，索价三百金，延喆绐其人曰："姑留此，一月后可来取直。"乃鸠集善工，就宋版本摹刻，甫一月而毕工。其人如期至，索直，故绐之曰："以原书还汝。"其人不辨真赝，持去。既而复来，曰："此亦宋椠，而纸差，不如吾书，岂误也？"延喆大笑，告以故。因取新雕本数十部，散置堂上，示之曰："君意在获三百金耳。今如数予君，且为君书幻千万亿化身矣。"其人大喜过望。今所传有震泽王氏摹刻印，即此本也。①

可见这一时期的覆宋、影宋本，由于技术精湛，字体神韵都酷似原书，有的已达到乱真的程度，所以后世书贾常以明嘉靖本冒充宋本。这固然是一种恶习，但从另一方面来分析，这在没有现代摄影或静电复印技术的当时，无疑是把一部部濒于亡佚的宋元善本化为千百部复本的最好方法，保存了古籍原貌，便利了学者研读，推动了学术发展，刻书家劳苦功高。

四、图书装帧形式的变化

明代中叶以前，图书的主要装帧形式仍沿用包背装，著名的《永乐大典》用的就是这种形式。包背装的书脊部分仍是书页的两个外边，实际上是相当宽的空白，而逐页粘连又很费事，于是在包背装发明不久，就有人开始采用在空白书边上打孔、穿纸捻来合订书页，然后再装封面的方法来装订图书。这种包背装为书的线装开辟了道路。

线装书是明代中叶出现的。用线订书似乎很早，敦煌遗书中就有线订书，但为数极少，而且和后来的形式不同。北宋人论书籍装治(后人也叫装池，现叫装裱)的方法时也提到线订，但其法已失传。现在的线装是从包背装演变而来的。把包背装的整封面换为两张半页的软封面，分置书身前后，把它连同书身一起打孔穿线订的方法，就是线装。线装一般是在书上打四孔，称为四针眼装。较大的书，在上下两角各加打一眼，就成为六针眼装了。讲究的线装，有时用绫、绢之类包起上下两角，称包角装。这主要是为了美观，也有护书作用。另有一种线装书，称为毛装，这种装订所见以清代武英殿刻书为最多。

---

① (清)王士祯：《池北偶谈》，北京：中华书局1982年版，第536页。

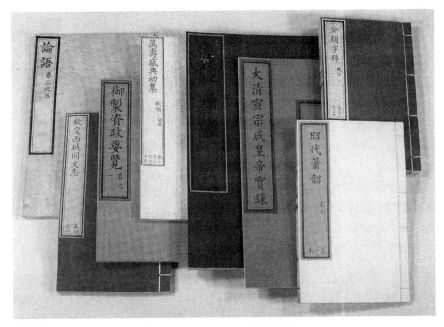

图 7.15 清内府刊印的线装图书

线装书的出现,是我国古代书籍装帧技术发展的最后阶段。比起其他装帧制度,其装帧形式具有无可比拟的优点,可以说是我国书籍传统装帧技术史上的集大成者。它既便于翻阅,又不易破散;既有美观的外形,又很坚固实用,所以它流行的时间也有几百年。"直到今天,若是用毛边纸、宣纸影印古籍,其装帧还常常采用这种方式。看上去古朴典雅,庄重大方。"[1]

清代中叶以后,我国逐渐采用了机械化的新式印刷术,随着印刷术的变化,大约到 20 世纪初,西方平装和精装技术传入中国,并逐渐取代了线装。

第六节 明清时期的图书发行和中外出版交流

一、图书发行体系日臻完善

明代北京、南京、苏州、杭州、建阳、湖州、常熟、徽州、成都等地售书业都很兴盛。此时图书贸易中心与出版中心已逐渐分离,一些出版业相对不发达的地区

---

[1] 李致忠:《中国古代书籍史话》,北京:商务印书馆 1996 年版,第 144 页。

由于商业的发达,也逐渐成为书籍的销售中心,如北京、杭州等地,据胡应麟《少室山房笔丛》记载:"燕中刻本自希,然海内舟车辐辏,筐篚走趋,巨贾所携,故家之蓄错出其间,故特盛于他处。"而出版业较为发达的地区,则逐渐形成了以批发为主、零售为辅的格局。如福建建阳县的崇化里,每月初一、初六日都有一次图书交易集市,据明代冯继科《(嘉靖)建阳县志》卷三载:"比屋皆鬻书籍,天下客商贩者如织。"可见多有书商到这里来批发。此外,南京的三山街、苏州的阊门也都是当时著名的图书批发销售中心。

清代的图书贸易在地域上较以前更为广泛,并逐渐形成了一个庞大的发行网,其触角几乎深入到所有大小城镇甚至乡村。当时全国最发达的图书贸易中心在北京、江宁(今南京)、杭州及苏州,其中以北京的琉璃厂最为著名。

琉璃厂地处北京南城,乾隆时纂修《四库全书》,参与其事的文人多寓居宣武门南,每日必经此处。据翁方纲《复初斋诗集》自注载,这些文人在编校《四库全书》时,常将遇到的问题随手记下,回寓时经过琉璃厂,即将有关书籍买下查阅,于是各地书商纷纷来此设店。琉璃厂的书肆不仅是图书的集散地,还被誉为京城读书人的"公共图书馆",具有很浓郁的文化氛围。梁启超曾云:清代"琉璃厂书贾,渐染风气,大可人意,每过一肆,可以永日,不啻为京朝士夫作一公共图书馆——凌延堪佣于书坊以成学——学者滋便焉。"①琉璃厂最繁荣时书肆达上百家,其中有不少家兼营出版、发行,售卖古董、文具、字画的商贩纷纷汇集于此,逐渐成为全国最著名的文化街。

经过千余年的不断发展,明清时期,图书的流通发行在发行渠道、发行方式、结算方法、发行宣传等方面都形成了自己的特有规律,尤其是在发行渠道上,有固定店铺、集市、书摊、考市(科举考试期间在考场外设棚售书)、书船、负贩、货担郎等各种形式,发展得十分完善。至此,我国的图书发行业已形成了一个完善而有效的体系,这个发行体系能够有效地将大量图书输送到它的需要者手中,明代的曹溶在《流通古书约》中曾说,当时读者"挟资入贾肆,可立致数万卷"。这就对我国文化事业的发展起了良好的促进作用。

二、明清的书价

明清时期图书售卖价格的确定已形成了自己的一套特殊规律,胡应麟在《少室山房笔丛》中谈到:

---

① 梁启超:《清代学术概论》,北京:东方出版社 1996 年版,第 59 页。

凡书之直之等差，视其本，视其刻，视其纸，视其装，视其刷，视其缓急，视其有无。本视其抄刻，抄视其伪正，刻视其精粗，纸视其美恶，装视其工拙，印视其初终，缓急视其时。又视其用，远近视其代，又视其方。合此七者参伍而错综之，天下之书之直之等定矣。①

从这段话中可以看出，当时影响图书定价的因素大致有以下几类：一类是物质工本上的因素，如雕刻、手抄、用纸等；一类是形式上的因素，如精粗、美恶、工拙等；一类是内容上的因素，如正伪、时代的远近等，还有一类为发行上的因素，如刻印地的远近、是否畅销、是否罕见、是否急用等。

在影响图书定价的诸多因素中，以发行上的因素最为活跃，但起决定作用的，则仍为物质工本上的因素。据袁逸考证，明代中后期，刻本书平均每卷的售价为1.8钱，抄本书平均售价为每卷2.5钱，大约高出刻本书价格的三分之一。而在刻本中，由于宋元本日渐珍稀，其价格自然也高出许多，成为与抄本及普通刻本相并列的一大类型。据考证，当时宋元刻本平均每卷价格为4.5两，比抄本书高出18倍，比普通刻本高出25倍。② 当然，这里对比的只是平均价格，而实际价格受胡应麟所说其他几种因素及整个社会物价跌涨的影响，会有一定程度的差距。

三、图书发行中的宣传与防伪

明清时期，我国商业性出版事业较为发达和活跃，图书发行业也日渐成熟，在全国书坊林立的情况下，为适应激烈的商业竞争需要，图书发行中的宣传活动有了长足的发展，为维护自家利益，还出现了防伪等措施。

1. 图书发行的宣传

这一时期的图书发行宣传手段大致有以下几项：

（1）利用售书书目

初期的售书书目往往附刻于该出版者所出版的图书之内。如明嘉靖元年(1522)汪谅刻《文选》，即在书前附有此类书目，其书目列有自家经销出版的"翻刻宋元板"7种，"重刻古板"7种，并在书目前写有简单的附记："金台书铺汪谅，见居正阳门内西第一巡警更铺对门。今将所刻古书目录列于左，及家藏古今书籍，不能悉载，愿市者览焉。"

到了清代，更出现了单独成册的售书书目。如嘉道年间著名的藏书家、出版家黄丕烈，曾在苏州开设滂喜斋书籍铺以销售自己出版的书籍，为了推销宣传，

---

① （明）胡应麟：《少室山房笔丛》，北京：中华书局1958年版，第57页。
② 袁逸：《明代书籍价格考》，《编辑之友》1993年第3期。

他编印了一册《士礼居刊行书目》作为广告随处发送。《书目》上共印有其所刻卖的书籍 19 种,以刊行时间为序编排,每种之下都刻有此书的册数、书价及刻印年份。《书目》上并刻有"书价制钱七折""滂喜斋黄家书籍铺"及"苏州元妙观察院场"等重要信息,其宣传效果较为显著。

(2) 附刻广告性介绍文字

这一做法自宋元时期便已出现,到了明清时期则更为普遍,其商业意图也更为明显。如万历间金陵书肆周前山所刻的《古今诗韵释义》,在书的封页上端即刻有这样一段文字:

> 陈宪台校刻是韵于维扬,凡四声五韵之中,每字数义,条释其注,间有俗误,直书其非。援古本以证今,考或通而备用,诚词林之琳琅,字学之藻鉴也,其嘉惠后学笃矣。是用复购《笔精矜式》《洪武正韵》,点画不苟,书梓广惠海内。惟冀君子留意斯编,足为笔山墨海之鉴蹄焉。①

(3) 请名人作序跋

古代一部书刻好后,往往要请一些名人作序跋。到了明清时期,这一做法也被书坊充分利用,成为打开一书销路的手段。因为读者在选购图书时不可能将此书通读一遍,只能先看看书中的序跋。如果序文对此书有所赞扬,而作序者又是名人,那么读者很可能会受其影响而买下此书。明清书坊正是利用读者这一心理,特别是明中后期的书坊,有时在书中附刻的名人序跋达十几人甚至数十人之多。如明天启刻本《新镌批评出像通俗奇侠禅真逸史》,书前竟有傅奕、储见修等 15 人撰写的 15 篇序跋。

2. 防伪措施

明清时期(尤其是明代中后期),因为书坊之间的竞争激烈,在市场上出现了很多假冒伪劣图书。这些作伪和低劣图书表现为:盗版仿刻、假托名人、抄袭剽窃、任意删削、拼凑旧版,以及妄改书名②。当时的一些私人及书坊刻书家,在宣传推销自己刻书的同时,为防止其他人翻刻渔利,开始在书中打出铺号及防伪标记。如明万历间源泰堂刻本《新刻皇明经世要略》,刻有"此编系国朝边戍武场要务,皆硕辅宏论也。初刻自木堂,买者须认源泰为记"。又如明金陵兴贤堂刻本《楚辞集解》,书前印有:"本坊精选新旧足册好板书籍,倘有残篇短缺,认明兴贤堂书铺唐少村无误。"不但为本堂做了广告,而且给读者以质量保证。

---

① (明)龚大器:《古今诗韵释义》,明万历九年金陵书肆周前山刻本,见《北京文物局图书资料中心藏古籍珍本丛刊》经部,北京:北京燕山出版社 2012 年版。
② 缪咏禾:《中国出版通史·明代卷》,北京:中国书籍出版社 2008 年版,第 336—340 页。

在打出铺号的同时,不少书商还在书中附刻自己的小像。这样做一方面是为了取信读者,另一方面也是希望以此与翻版书区分开来。如明万历间金陵刻本《楚辞集解》中即刻有书坊主人唐少村戴笠执书的半身图像,并书"先知我名,现见吾影,委办诸书,专选善本"字样。

随着防伪手段及技术的发展,约在明代万历年间,印本书中开始出现了现代意义的所谓防伪标志。如当时刻的《宣和印史》,书前印有"宝印斋监制《宣和印史》……绝无模糊、倾斜、破损,敢悬都门,自方《吕览》。恐有赝本,用汉佩双印印记,慧眼辨之"。书前空白页上即印有一双汉佩双印印记,印记图案复杂,线条极细,使一般翻刻本难以仿制。这可能是世界上最早的商品防伪标志实例。

四、中外出版交流

明清时期的中外出版交流活动也取得了长足的发展,主要表现为两方面:一是明末清初西学的传入,带动了中国翻译西书的浪潮,对中国的文化、科技产生了一定的影响。前文已述,此处从略。二是中国书籍的输出,尤其是向朝鲜、日本和越南等东南亚国家的输出最为重要。输出途径,一是政治性的政府赠予、使臣往来,二是商业性的贸易往来。整体来看,这一时期,中国输出的图书远多于国外输入中国的图书。

明清时期,和中国关系最为密切的国家是朝鲜。据《明史》记载,明朝皇帝曾多次赐赠书籍给朝鲜。如洪武二年(1369),明太祖遣使至高丽,颁布科举程式,并赐予《六经》《四书》《通鉴》《汉书》《春秋会通》《大学衍义》等书;永乐六年(1408),明成祖又赐来华朝觐的李朝世子《通鉴纲目》《大学衍义》等书;宣德元年(1426),明宣宗又赐李朝五经、四书及《性理大全》一部,共120册,《通鉴纲目》一部,计14册;景泰五年(1454),又赠给朝鲜久所期盼的《宋史》。

当时的朝鲜,还预先开列书单,请求明廷按单赐书。同时遣使来华购书。使臣来华,往往怀带一份书目,逢人就问,务求必得,不惜重价。明人沈德符《万历野获编》卷三十《外国》一节,记载了朝鲜使臣来华购书的情形:"朝鲜俗最崇诗文,亦举乡会试,其来朝贡陪臣多大僚……皆妙选文学著称者充使介。至阙必收买图籍,偶欲《弇州四部稿》,书肆故靳之,增价至十倍。其笃好如此。"清朝建立以后,朝鲜的燕行使团不断来到中国,他们通过多种方式同清王朝不同阶层人士进行接触,并将其所见所闻,撰写成文。其中多有关于朝鲜使臣和学者来华阅书、购书的记载。如乾隆年间,朝鲜学者柳得恭随李朝师团来到中国,曾多次光顾北京琉璃厂书市,认识了五柳居、聚瀛堂的主人。他写的《燕台再游录》中记载他到聚瀛堂阅书的情形:"卸笠据椅而坐,随意抽书看之,甚乐也。"这句话表明他对琉璃厂书肆的怀旧之情。①

明清时期，中日出版交流也呈现出一片繁荣景象。当时中国的书籍大量流入日本，并产生了巨大的影响。如建阳熊宗立编印的《名方类证医书大全》被日本人称为医家至宝，在日本翻刻，成为日本刊行最早的医书。李时珍的《本草纲目》在万历十八年(1590)出版后，就在江户初期的庆长十二年(1607)传到日本，引起重视。从日本宽文十二年(1672)到宽政三年(1791)，就有三种校正翻印本出版②。除了明清政府的赐赠以外，中日出版交流主要通过民间商贸的形式开展。明代，中国开设明州、泉州、广州三个市舶司作为通商口岸，日本开设长崎为通商口岸。据明代朱国桢《涌幢小品》统计，从万历到崇祯(1610—1639)年间，明朝民间商船每年去日本的约有30艘到60艘，载去的货物中，书籍是一大宗。清代，随着中日书籍贸易量的增大，日本在长崎设置了管理图书进口的检查官"书物目利"，其任务是检查中国商船载运的图书，鉴定图书品种，议定价格。珍贵的图书先由将军及幕府选购，对于禁书则不允许进口。据当年的"书物目利"向井富氏编撰的《商船载来书目》统计，从康熙三十二年(1693)到嘉庆八年(1803)110年间，有43艘中国商船输出图书到长崎，出口图书品种达4781种。另据日本学者大庭修统计，从康熙五十三年(1714)到咸丰五年(1855)141年间，中国商船到达长崎港，共售出图书6630种，56844部。③ 此外，尚有一些走私船的图书贸易难以统计。当时汉籍在日本广泛流通，保存了很多重要的典籍。在中国已经亡佚的很多书籍在日本仍有传本。通过华人的收集和传播，又重新返回中国，形成了独特的"书籍返传"现象。如唐魏征纂的《群书治要》50卷，中国久已失传，日本金泽文库藏有镰仓僧人的抄本。万历四十四年(1616)德川家康用活字排印，重新传到中国。

明清时期，中国与越南的关系也十分紧密。明朝政府规定越南三年一贡，实际上往往一年三四贡。越南送给中国香料、大象等物，中国则送给越南丝绸、瓷器与书籍。当时的越南使用汉字，奉行明朝正朔，典章制度均仿效明朝。在这种文化背景下，汉籍在越南的地位可以想见。中国和越南在边境互市时，书籍是重要的内容。明代张燮在《东西洋考》中说，越南人"嗜书，每重贵以购焉"。明末清初，著名学者朱舜水曾两度侨居越南，与越南官员多有往来。他曾在《安南供役

---

① 朱赛虹、曹凤祥、刘兰肖：《中国出版通史·清代卷》(上)，北京：中国书籍出版社2008年版，第276页。
② 缪咏禾：《中国出版通史·明代卷》，北京：中国书籍出版社2008年版，第234页。
③ 朱赛虹、曹凤祥、刘兰肖：《中国出版通史·清代卷》(上)，北京：中国书籍出版社2008年版，第284—285页。

记事》中记载一位越南官员家中收藏的汉籍"足备观览",包括:《通鉴纲目》《前后汉》《廿一史》《史记》《文献通考》《记事本末》《潜确类书》《焚书》《藏书》及《古文奇赏》等。从中可以看出当时的中国书籍在越南流行之广。

清前期是华侨开发南洋的高潮时期,许多商人往返于祖国和南洋各国之间。广东佛山的书商抓住这个契机,开拓了东南亚华文图书市场,通过华侨商人、商船把图书销往东南亚,东南亚因之成为当时图书出口的一个热点地区。

明清时期,中国的书籍也通过西方传教士与商人传播到西方,促进了汉籍的流通。元曲《赵氏孤儿》是法国人带到欧洲的,引起了欧洲人的广泛兴趣,并改写成剧本。小说《好逑传》也被译成英文和德文。1662 年,耶稣会传教士郭纳爵和意大利传教士殷铎泽翻译《大学》和《论语》的部分内容后,以《中国之智慧》译名出版。殷铎泽等人又把《中庸》和《论语》译成拉丁文,以《中国的政治伦理学》为书名,刻印带回欧洲,使汉籍流向国外。

本章推荐阅读

1. 缪咏禾:《中国出版通史·明代卷》,北京:中国书籍出版社 2008 年版。
2. 朱赛虹、曹凤祥、刘兰肖:《中国出版通史·清代卷》(上),北京:中国书籍出版社 2008 年版。
3. 四库全书研究所整理:《钦定四库全书总目(整理本)》,北京:中华书局 1997 年版。
4. 梁启超:《中国近三百年学术史(新校本)》,北京:商务印书馆 2011 年版。
5. 杜信孚:《明代版刻综录》,扬州:江苏广陵古籍刻印社 1983 年版。
6. 杜信孚、杜同书:《全明分省分县刻书考》,北京:线装书局 2001 年版。
7. 陈清慧:《明代藩府刻书研究》,北京:国家图书馆出版社 2013 年版。
8. 张忱石:《永乐大典史话》,北京:中华书局 1986 年版。
9. 杜信孚:《清代版刻综录》,扬州:江苏广陵古籍刻印社 1983 年版。
10. 翁连溪:《清代宫廷刻书》,北京:紫禁城出版社 2001 年版。
11. 故宫博物院编:《盛世文治:清宫典籍文化》,北京:紫禁城出版社 2005 年版。
12. 黄爱平:《四库全书纂修研究》,北京:中国人民大学出版社 1989 年版。
13. 李常庆:《四库全书出版研究》,郑州:中州古籍出版社 2008 年版。
14. 王重民:《〈永乐大典〉的编纂及其价值》,《社会科学战线》1980 年第 2 期。

复习思考题

1. 比较明清两代出版环境及出版管理的不同。
2. 明清两代政府主要的编纂机构是什么？有哪些重要的编纂活动和成果？
3. 简述明清政府编纂的两部大写本书，试比较《永乐大典》与《四库全书》的编纂体例及价值。
4. 明清两代在地方志编纂上有何成就？
5. 简述清代考据学的主要成果及对编辑出版事业的影响。
6. 试述明清两代政府刻书机构及刻本特点。
7. 明代私家刻书的贡献及民间坊刻的特点。
8. 试析明刻本的总体特征及不足。
9. 明代在活字印刷和套版印刷两方面有哪些突出成就？
10. 明清时期在图书发行方面有哪些新的发展？
11. 论述明清时期中外出版交流的情况。

解释下列名词

《天禄琳琅书目》	《永乐大典》	《四库全书》	《四库全书总目提要》
《古今图书集成》	《农政全书》	《本草纲目》	《天工开物》
《正统道藏》	《龙藏》	《明史》	《武英殿聚珍版丛书》
《武英殿聚珍版程式》	《十竹斋画谱》	《知不足斋丛书》	"三言二拍"
文字狱	经厂本	书帕本	藩刻本
闵刻本	影刻本	汲古阁	殿本
扬州诗局	线装	毛晋	冯梦龙
凌濛初	锡山华氏	安国	林氏四写
顾千里	李瑶	翟金生	饾版
拱花	琉璃厂		

第八章
出版业的变革与近代化转型(晚清)

1840年鸦片战争以后,中国开始沦为半殖民地半封建社会。从1840年到1912年中华民国成立,史称"晚清",为中国历史的近代部分。鸦片战争不仅是中国社会历史发展的转折点,也是中国出版事业的重要转折点。鸦片战争以后,由于西方列强的入侵和中国社会内部资本主义因素的增长,中国传统社会开始瓦解,逐渐进入近代化的发展阶段。"从一定意义上,一部近代文化史,就是一部传统文化与西方文化冲突交汇的历史,就是传统文化在西方近代文化的冲击和影响下向近代文化过渡转变的历史,也就是传统与西化相斥相纳的历史。"[①]在这种剧烈的社会文化变革中,中国的出版事业也发生了从古代到近代的转变,由此进入了它的变革与转型时期。需要说明的是,这种变革与转型,是在新旧文化并存的大背景下逐渐进行的。晚清出版业在70多年的发展历程中,始终贯穿着一条主线:近代出版业的兴起和传统出版业的式微。它不是彻底的以新代旧,新式出版虽然日渐壮大并成为中国出版业的主流,但传统的出版并未因此而完全消亡,而是仍以顽强的生命力在历史的舞台上发挥其应有的作用,只不过已经退到历史舞台的边缘位置罢了。从这个意义上讲,近代出版在古代出版和当代出版中起着承前启后的作用。失去这一环,就无法完整地了解中国出版发展历史的全过程。

第一节 晚清出版业的近代化变革及发展脉络

一、晚清出版事业的近代化变革

晚清时期,中国闭关自守的局面逐渐为欧美等先进的资本主义国家所打破,中国人开始直面这一"三千年未有之变局"。随着资本主义势力的不断入侵,中

---

① 陈旭麓:《近代中国社会的新陈代谢》,上海:上海人民出版社1992年版,第385页。

第八章 出版业的变革与近代化转型（晚清）

国社会的各个领域都发生了巨大而深刻的变化。近代化成为晚清社会发展的基调和主线之一。在这一大背景下，中国的编辑出版事业也进入了它的变革时期，在各个方面都发生了根本性的变化。变革和转型的结果，便是中国出版业开始从传统走向近代，逐渐形成具有近代形态的新式出版，为中国出版业的现代化奠定了坚实的基础。整体来看，这一时期出版事业的变革主要表现在如下十个方面：

（一）印刷技术的变革：近代机械化印刷技术广泛使用

晚清时期，中国的出版业首先在器物层面上实现了其近代化的转变。在中国的四大发明中，造纸术与印刷术的发明与广泛应用为中国传统出版业奠定了物质基础，也由此而形成了富有特色的中国古代出版文明。晚清时期，沿用了数千年的手工操作的传统印刷术已经在西方机械化的印刷技术面前相形见绌了。19世纪初期，中国的印刷水平已经整整落后西方300年，中国此时的出版文明已经大大落后于世界先进水平。这一时期，西方先进的机械化铅印术已经传到我国沿海地区。鸦片战争以后，以传教士为中介，西方印刷术的三种形式，即凸版印刷术、平版印刷术、凹版印刷术陆续传入国内。人们在使用近代化的印刷术时，还结合汉字的特征，不断加以改进和创新。中国的印刷技术也因此得到了跨越式的发展，在晚清时期实现了从手工操作向机械化大生产的转变。这一转变极大地提高了图书出版业的印刷生产力，为中国传统出版业走向近代化提供了坚实的物质基础和技术条件，并对这一转变产生了决定性的影响。传统的旧式印刷技术或退出历史舞台（活字印刷术），或退居次要地位（雕版印刷术、套版印

图8.1　上海申报馆于1872年开始应用的手摇平台印刷机

刷术)。到20世纪初,机械化的印刷术已经成为我国印刷业的主流,印刷业也逐步成为资本主义经营方式的工业企业,从生产力到生产关系都实现了根本性的变革。

(二)出版物形制的变革:平装、精装逐渐取代线装

鸦片战争以前,中国的图书形制以线装为主,这是与传统的印刷技术和造纸术相适应的。新式印刷术传入以后,新式机器铅印逐渐取代手工雕版印刷而居于主要地位。原先手工制作的各种软纸不仅产量低、成本高,不能满足图书大量生产的需要,而且软纸不便双面印刷,不适用于新技术,这样"洋纸"便应运而来。晚清末期,与机械化印刷术的广泛使用相对应,我国进口洋纸的输入总量迅速增加,于是"各国纸输于我国乃成一竞争之业"。洋纸的输入在1902年为260余万两,到1911年,便增长为560余万两,9年间增长1倍以上。① 在这种情况下,洋纸便逐渐取代软纸,成为主要的出版用纸,传统的单面印刷也因之而变为双面印刷,书籍的装订和装帧也随之发生变革。虽然线装书的形式仍然存在,但不可避免地开始退居次要地位。西式装订开始成为出版物的主要形制,在西方广为流行的精装、平装在国内得到了普遍的应用,从而实现了图书装订和装帧的变革。

(三)出版物内容的变革:近代学科体系的初步建立

中国传统图书向以经、史、子、集为其主体,清代乾隆朝编纂的《四库全书》便采用了经、史、子、集的四部分类法,在四大部之下又细分为44类66子目,这一分类体系大致反映了中国传统图书的主要内容,进而反映出中国传统学术的门径与概况。晚清以降,国门渐开,中西接触日渐频繁,中国知识分子的眼界也因之而扩大,开始广泛接触、了解、移植西方的思想文化。大量翻译图书的出现,广泛传播了西学新知,给中国图书、文化界注入了新鲜的血液,从而引起了出版物内容和结构的巨大变革。在传统的经、史、子、集四部图书以外,各种自然科学、应用科学和哲学、社会科学著作,包括西方资产阶级民主政治的图书、社会主义学说的图书和新小说都在这一时期不断涌现,一批新学科随之相继建立。这一变化在梁启超编撰于1896年的《西学书目表》中得到充分的反映。此表将我国1895年以前翻译的298种西学图书分为西学、西政、杂类三大类,大致类似于今日的自然科学、社会科学和综合性图书。其中,西学类下又分算学、重学、电学、化学、光学、声学、地学、动植物学、医学等12小类;西政下又分史志、学制、法律、农政、商政、兵政等10类。这是与传统经史子集截然不同的图书分类法,已经透

---

① 李泽彰:《三十五年来中国之出版业》,见张静庐编:《中国现代出版史料》(丁编),北京:中华书局1959年版,第386、394页。

露出新式学科体系建立的萌芽。随着出版业的进一步发展,近代意义上的学科体系便随着相关图书的大量出现而在中国初步确立起来,与中国传统的经、史、子、集形成一种互补共存之格局。

(四)出版物类型的变革:近代新型出版物大量出现

晚清时期,伴随着出版物内容的日渐增加,出版物类型也日益丰富,涌现出了形形色色的新型出版物。在晚清出版史中,一个引人瞩目的现象就是报纸、杂志的大量出现。新式印刷术传入中国后,首先广泛应用于报纸、杂志的印刷,而后才扩展到图书领域。近代报刊具有反映及时、流传广泛等优点,极大地促进了近代出版和大众传媒事业的大发展,同时也给社会带来巨大的影响。除报纸、杂志这种中国先前未有之出版物以外,近代新型教科书、新型工具书和连环画也大量出版。从翻译外国教科书到自己编写教科书,从文言文教科书到白话文教科书,从体例内容的不完善到比较完善,教科书经历了一个不断变革以适应形势发展的过程。在古代字书、类书、书目的基础上,近代又涌现了一批新型工具书,如

图 8.2　创刊于 1903 年的《绣像小说》第一期,商务印书馆出版,铅印线装本

报刊索引、字典、辞典、表谱、舆图、年鉴、手册等工具书的编纂出版日益增多。在古代上图下文绣像小说的基础上,近代又出现了连环画。这些新型出版物一经出现,就迅速赢得了读者和社会的认可,发行数量都十分可观。

(五)出版机构的变革:近代资本主义出版企业逐渐发展壮大

传统出版业主要分为官、私、坊三大体系,但直到鸦片战争以前,这三大出版系统的生产力和生产关系也一直未能摆脱中古时期的封建手工经营模式,虽然坊刻具有较强的商业性质,但也未能生发出资本主义的萌芽。国门大开以后,原有的出版体系已经不能适应新形势的发展,不可避免地趋于衰落、解体,在变革的剧痛中走向新生。在这种情况下,近代意义上的资本主义出版企业开始在国内出现并发展壮大,并在社会的发展变革中起到了前所未有的推动作用。正如梁启超所言,"书局日多"是晚清时期的三大文化现象之一。[①] 在这个过程中,传教士和外国商人创办的出版机构是中国第一批具有资本主义性质的出版机构,在中国出版近代化过程中起着先导作用。1872年,英商美查在上海创办申报馆,并于1879年设立点石斋石印书局,此为中国第一家由私人创办的出版企业。此类出版机构的相继建立,为中国出版界带来了西方先进的出版思想、印刷技术和近代企业管理模式,极大地促进了中国出版业从传统向近代的转化。受其影响,晚清政府也创办了官书局和译书馆,与传统的官刻事业已有明显的不同。新生的资本家看到出版业有利可图,便在这一方面大力投资,国内的一些民族资本家,陆续开设新式印刷厂,采用新式印刷技术,创立出版和发行机构。1882年,由徐鸿复、徐润在上海创办的同文书局,是由中国人自己集资创办的第一家近代民营出版企业。此后,蜚英馆、鸿文书局、积石书局等一批初具近代企业性质的民营出版机构便如雨后春笋一般,纷纷成立。与此同时,在众多新兴出版机构纷纷成立之际,一些传统的民间书坊也逐渐向近代性质转化。甲午中日战争以后,私营资本主义企业合法化,为中国近代民营出版业的迅速发展带来了前所未有的契机。1897年商务印书馆的成立,预示和标志着中国近代民营出版业开始进入一个新的发展阶段。到1906年时,上海成立第一个书业商会,已有22家新式出版机构。这些近代出版企业完全面向市场,在近代出版理念的指引下,以近代机械印刷术为生产工具,采取灵活多样的现代经营方式,在追求商业利润最大化的同时,积极履行出版人的社会责任,最终成为近代中国出版业的中流砥柱。在近代出版企业发展壮大的过程中,编辑也开始成为一个独立的职业,这就为编辑

[①] 转引自章开沅、罗福惠:《比较中的审视:中国早期现代化研究》,杭州:浙江人民出版社1993年版,第564页。

出版事业的发展开辟了更为广阔的道路。

图 8.3　晚清著名画家吴友如 1884 年所绘上海点石斋石印工厂实景

（六）出版观念的变革：近代出版观念深入人心

晚清时期,中国出版业在走向近代化的过程中,西方的出版观念也在"西学东渐"的浪潮中传入中国,并在有识之士的大力宣传下深入人心。其中最为重要的,便是"出版自由"的观念。出版自由是资产阶级革命的一个口号,也是资产阶级一个重要的思想范畴。1644 年,英国政论家约翰·密尔顿在《论出版自由》中,首先表达了出版自由的观念,认为,这是"一切自由中最重要的自由"。当欧洲新兴资产阶级登上历史舞台时,曾以"出版自由"这个口号作为反对封建专制、争取民主与科学权利的武器。在中国也是如此,从 19 世纪中叶起,"出版自由"不仅成为一部分志士仁人反封建的批判武器,而且成为中国资产阶级改良主义者的理想与追求。梁启超曾云:"西人有恒言曰:言论自由,出版自由,为一切自由之保障,诚以此两自由苟失坠,则行政之权限万不能立,国民之权利万不能完也。"[①]1912 年辛亥革命成功后,新成立的中华民国政府在《中华民国临时约法》

---

① 梁启超:《敬告我同业诸君》,见张静庐辑注:《中国近代出版史料补编》,北京:中华书局 1957 年版,第 165 页。

中布告天下:"人民有言论、著作、刊行及集会、结社之自由。"这标志着,出版自由作为人民的一项权利,已经具有了法律上的保障。所以,在近代出版史上,才出现了很多出版人和知识分子为争取和维护这一权利而做不懈斗争的事件。此外,版权保护的观念和意识也逐渐深入人心,最终促成了近代稿酬制度的建立和版权法的出台。如果说上述五方面是晚清出版业在形而下的实务层面上的变革的话,那么出版观念的变革,则是形而上的意识层面上的革新。观念引领着实践的走向,具有了近代意义上的出版观念,并在其指导下从事出版工作,是近代出版人区别于古代出版人的重要标志之一。

(七)出版管理的变革:近代出版法制和行业管理初步形成

晚清以前,历代政府均缺乏对出版业的法制化、规范化的管理,律例中对出版业并无专门的法律保护条文,反而对有悖统治阶级利益的出版行为有十分严厉的处罚,所以政府的管理行为多表现为"禁书毁版"。而且,还会因统治者的变易而呈现出随意化的特征来,这种管理体系在一定程度上会妨碍出版业的健康发展。进入晚清以后,随着西方出版观念的传入和新式出版业的迅速发展,清政府迫于形势,开始制定颁布一系列专业法规。1906年,清朝商部、巡警部与学部共同拟订颁布了《大清印刷物专律》。1910年,清政府又颁布了《大清著作权律》,是为我国历史上的第一部版权法。该法参考了世界上两大法系中主要国家的著作权法,共5章55条,对著作权的概念、著作物的保护范围、注册手续、保护期限、著作人权限、侵犯著作权的处罚等问题都做了较具体的规定,是一部比较完善的现代意义上的著作权法。这反映出清政府开始以国家专门法律的形式对出版活动进行管理,标志着政府的出版管理开始走向法制化、规范化。虽然由于清政府的覆亡,该法未贯彻执行,却对此后的北洋政府和国民政府版权法的制定产生了较大的影响。晚清时期,出版业自身的行业协会管理也得到了一定的发展,并日趋规范。1906年颁布的《大清印刷物专律》给出版机构增加了许多束缚及限制,这就促使刚刚兴盛起来的资本主义出版企业开始走向联合,它们利用旧式的书业商会的形式组织起来,以保障同业的利益。当时上海出现了两个书业联合性组织:上海书业协会公所和上海书业商会。这些组织在协调出版机构内部纷争、规范出版机构行为、争取出版机构正当权益方面发挥了十分积极的作用。

(八)著作群体的变革:近代稿酬制度导致知识分子生存方式的改变

作者的创作是出版事业的基石,也是出版事业能够持续发展的不竭源泉。在中国古代,一大批优秀的著作家为出版事业的繁荣发展做出了不可磨灭的巨大贡献,但由于版权意识的淡薄,同时受"重义轻利""著述立名"观念的影响,他们的劳动往往得不到应有的报酬,作者自身的权利无从体现。因此,很多倾注毕生心血撰写了传世经典的优秀作家,由于"谋生乏术"而在贫病交加中终老一生。"百无一用是书生"的感慨就是针对这一状况而发的。这在一定程度上也阻碍了传统出版事业的持续发展。晚清以降,新式教育和出版事业的勃兴,为中国传统知识分子提供了更为多样和广阔的谋生途径。其中最为关键的变革便是现代稿酬制度的建立并日趋规范。1903 年,严复翻译的《社会通诠》出版。为此,他与商务印书馆签订版税合约,合约规定:"此书版权系稿、印两主公共产业。若此约作废,版权系稿主所有。""此约未废之先,稿主不得将此书另许他人刷印。""此书出版发售每部收净利墨洋五角。""此书另页须粘贴稿主印花。"这是我国第一个版税合同,它具体规定了当事人双方各自的权利和义务,对双方同时起着约束和保障作用,以前空洞的版权声明至此得到了具体落实,作者的权益也得到了明确的保护。有了版税和报酬,以往那些不能入仕或"谋生乏术"的知识分子就可以通过办报、投稿和著作等方式来安身立命,他们的生存方式因此而发生了根本性的变化。可以想见,古代如曹雪芹、吴敬梓一类的优秀作家如果生在近代,其生命轨迹就有可能发生翻天覆地的变化,甚至有可能成为名利双收的畅销书作家和社会名流。稿酬制度在 20 世纪初的最终确立,不仅意味着中国的作家已享受到应得的劳动报酬,同时体现了社会对著作人权利的承认和尊重。稿酬制度出现在文化界,直接促进了作家群体的扩大和创作事业的繁荣,并为职业作家的成长和壮大奠定了经济基础,从而为出版事业的持续繁荣发展提供了不竭的动力。因此可以说,稿酬制度的确立是中国近代出版史上的大事,它是在西方文化影响下中国出版事业近代化的一个重要标志。

(九)出版交流的变革:中外出版在晚清时期广泛交融

中外图书出版交流肇始于汉代佛经之传入,此后一直延续不断,既输入又输出。但无论是从交流的广度和深度来看,都无法与晚清时期相比。晚清以前,在中外图书出版交流活动中,从事图书翻译活动的主体一直以中国人为主,外国人主要发挥着辅助作用。而且,外国人主要从事翻译、编著活动,很少从事完整的出版活动,更没有在中国建立出版机构,直接从事具有商业性的出版经营活动。晚清时期,中外出版交流开始呈现出新的面貌和特征,主要表现在:(1)西方思想文化开始以图书(主要是译书)为载体,大量涌入中国,对中国的社会文化造成了极为深刻的影响。译书开始成为晚清最重要的出版物类型之一,不仅数量巨大,内容广泛,而且影响深刻。有人统计,从 1528 年到 1757 年近两个世纪里,耶稣会传教士来华者近五百人,参与译书的不下七八十人,译书 400 多种。而从 1850 年到 1899 年五十年间,中国出版界共译书 537 种,而 1902 年至 1904 年两年间,翻译的西书就达 533 种,基本与前半个世纪的译书量持平。① 其数量之多、增长之快是古代译书所无法相比的。(2) 外国人广泛地参与到中国的出版事业中。他们或者直接在中国开办书局或书馆,或者参与到中国人创办的出版机构中,从事编辑出版工作。前者如马礼逊、米怜、美查等,后者如傅兰雅、林乐知、伟烈亚力等,均为晚清出版业的发展与变革做出了很大的贡献。据粗略统计,基督教新教在近代中国创建的印刷出版机构近 60 家,天主教教会创办的出版机构也有 20 余家。② 在国人创办的出版机构中也有大量的外国职员,如京师同文馆、江南制造总局翻译馆、广方言馆等无不如此。(3) 部分出版机构开始采用中外合资的经营方式。如商务印书馆就在 1903 年 10 月开始与日本商家合资,由日方投资 10 万元,中方按 1901 年作价的 5 万元不变,再增 5 万元凑足 10 万元,各持 50% 的股份。③ 商务印书馆也因此而成为中国出版史上的第一个中外合资出版企业。这对商务印书馆后来的发展起到了极为重要的作用。(4) 中国的图书典籍大量输出,广泛传入英、法、德、俄、日、美、瑞典、荷兰等国,主要典籍也被翻译为外文,在国外流传。于是,在"西学东渐"的浪潮席卷华夏大地的同时,也出现了"东学西渐"的发展趋势。从以上四方面可以看出,晚清时期,中外文化以图书为载体,开始以前所未有的广度和深度进行着交流。这一时期的中国出版业在走向近代化的同时,也开始呈现出国际化的特征来。

(十) 出版社会作用的变革:出版对社会变革的催化作用更为明显

出版事业与社会发展的关系十分密切,社会自身的特性与发展状况会影响出版事业的发展走向,而出版事业的发展也会影响到社会自身的稳定与变化。晚清以前的中国传统社会是一个相对封闭和稳定的社会,其间虽因佛教之传入和明末西学之输入而略有变化,但并未引起中国传统社会和文化特质的根本性变革,中国传统文化的变迁是平稳而缓慢的,缺乏疾风骤雨式的激情。这一特征对中国传统出版事业的影响至为深远,也同样呈现出一种封闭而稳定的发展状态。图书内容自始至终都以经史子集为大宗,印刷技术走不出手工操作的状态,经营方式也一直未出现资本主义的萌芽。如果拿宋代的编述理念、图书内容、印刷技术、经营方式和清前期相比,从中看不出根本性的变化,继承的因素远远多于变化的成分。从这个意义上讲,晚清以前的出版业是与整个社会的发展状况相适应的,它对社会所起到的作用更多的是维护而非变革。进入晚清社会以后,

---

① 潘玉田、陈永刚:《中西文献交流史》,北京:北京图书馆出版社 1999 年版,第 104 页。
② 范慕韩:《中国印刷近代史》,北京:印刷工业出版社 1995 年版,第 71、104 页。
③ 彭树欣:《中国近代出版的产业化趋势》,《江西财经大学学报》2005 年第 2 期。

中国社会在外力的作用下发生急剧的变革,近代化已是大势所趋,不可逆转。在这一大背景下,中国的出版业也不得不走上近代化的历程,呈现出与古代出版截然不同的新面貌,出版因此而成为反映国家、民族命运升降浮沉的感应器和晴雨表。而反过来,身处变革之中的出版业也以"救亡图存""与时俱进"为第一要义,为晚清社会的发展与变革提供了强大的动力,深刻地影响着晚清社会的发展进程,推动着社会的进步。晚清时期,各阶层、阶级、党派都通过出版书刊来宣传他们的政治思想,西方各种先进的文化与科学知识也通过图书这一载体得以传播。可以毫不夸张地说,包括太平天国、洋务运动、戊戌变法、辛亥革命在内的近代几次大的政治运动及西方文明的大规模引进都是与出版活动分不开的,出版对社会变革的"催化剂"作用得到了淋漓尽致的发挥。如《民报》曾评严复译书活动的影响说:"自严氏之书出,而物竞天择之理,厘然当于人心,中国民气为之一变。"20世纪初,一批倡言革命的图书应时而出,使得"革命之思想,亦遂普及于中下二社会矣",最终促成了辛亥革命的成功。[①] 与中国传统的出版事业不同,晚清新式出版业对社会所起的作用更多的是促进变革而非对稳定的维护。当然,晚清时期,一部分旧式出版仍在固守传统,在变革的大潮中,维系着中国传统文化和出版事业的命脉,其贡献也不可等闲视之,但毕竟已非时代的主流了。

总之,晚清出版史一如这一时期的社会文化,在新旧并存的大格局下,涌动着革故鼎新的变革潮流。上述十方面的变革,仅是就晚清出版史的大体而言,其细微处的变革亦复不少,这可以从下文的论述中略窥一斑。所有这一切都标志着我国出版史开始进入了一个新的时代。"变革与转型"实为晚清出版事业最为显著的特点。

二、晚清出版业的发展脉络[②]

从纵向来看,晚清出版业的发展可以大致划分为三个主要阶段:第一次鸦片战争时期、第二次鸦片战争后、中日甲午战争以后。这三个阶段可以分别以当时占主流的出版活动命名为:教会出版时期、政府出版时期和民间出版时期。从横向来看,可以从出版内容及目的、出版机构、出版物类型、出版技术、出版物形制、代表人物及代表作诸方面,总结各阶段的发展特征。纵横结合,可以大致梳理出晚清出版业的发展脉络。

[①] 邓文锋:《近代中国图书出版特征论》,《河北学刊》2001年第6期。
[②] 参见张曼玲、肖东发:《近代出版发展脉络之比较研究》,《北京印刷学院学报》2006年第1期。

（一）教会出版阶段（1840年前后）

在晚清出版史上，西方传教士占有很重要的地位。近代出版机构的建立及近代印刷技术的传入都与其活动密不可分。虽然他们的目的主要在于传教，但客观上对中国出版事业的近代化历程起到了很大的推动作用。鸦片战争以前，传教士已经开始在东南亚和中国沿海一带从事编辑出版工作，1843年五口通商后，传教士们纷纷涌入国内，揭开了西书译述和出版的新时代。

教会出版的主要机构包括英华书院印刷所（1818年或稍后建立）、墨海书馆（1843）、美华书馆（1845）等，出版物主要是宣传宗教用书，稍后开始翻译出版西方科技书籍。美华书馆是美国基督教长老会设在中国的出版、印刷机构，主要出版宣传教义的书籍，也有一些英语、数学、物理、化学等方面的书。墨海书馆由英国传教士麦都思创办于上海，也以出版基督教义为主，40年代后开始翻译出版西方科技书籍。

这一时期出版物的类型除图书外，还出现了近代的报纸和新式工具书。涌现出了《察世俗每月统记传》（1815）、《蜜蜂华报》（1822）、《广州记录》（1827）、《东西洋考每月统记传》（1833）、《澳洲新闻纸》（1839）、《中外新报》（1858）等一大批初具近代化性质的中外文报刊。新式工具书方面，马礼逊主持编纂的《华英字典》，分汉英字典、五车韵府和英汉字典三大部分，开了中国近代辞书编纂之先河。

在印刷技术上，这一时期主要采用凸版印刷。在教会出版机构中最初仍使用雕版印刷，同时也试用铅活字排印。随着西方机械化铅活字印刷术的传入，1859年美国人姜别利创制了电镀汉字字模和汉字字盘，方便了汉字排字印刷工作，基本奠定了汉字铅活字的基础。

这一时期，图书形制仍主要使用软纸，沿用线装。这些铅印书籍和报纸，仍完全模仿雕版书籍的传统形式，版面结构、格式与雕版印刷书籍完全一样；边栏、界行、中缝仍保留，且是双页单面印刷，文字采用竖排。

教会出版的代表人物主要有英国人马礼逊、麦都思、伟烈亚力，美国人姜别利等。马礼逊除翻译《圣经》外，还主持编纂《华英字典》；伟烈亚力在自然科学方面的贡献最大，与人合作编写、翻译过大量科技书籍，如《数学启蒙》《代数学》《代微积拾级》和《几何原本》后9卷等。

鸦片战争以后，受时局和传教士译书的影响，国内也出现了一批"开眼看世界"的改革派，代表人物有龚自珍、林则徐、魏源等。他们以"师夷长技以制夷"为口号，政治上要求改革，对外国侵略者积极抵抗，同时也主张学习西方的先进技术和思想。他们积极编著和翻译图书，力求抵御外侮，救亡图存。其代表著作有龚自珍的《明良论》《平均篇》，林则徐的《四洲志》《拟谕英吉利国王檄》，魏源的《海国图志》等。这可以看作是国人对时局和教会出版的回应。

从横向来看，这一时期，我国出版的内容及目的、机构、类型、技术、形制等方面随着西方传教士的进入开始出现了一些新变化，但大体上仍然是沿袭原有的中国出版格局。

（二）政府出版阶段（1860年后）

两次鸦片战争的惨败促进了洋务运动的兴起与发展，洋务派开始在振兴传统文化的同时，大量吸取西方先进的科学技术以寻求中华自强之路。这样，宣传封建正统文化的官书局及介绍西方先进科技知识的译书馆纷纷建立。这一时期出版的图书内容，重点在工艺制造和自然科学理论，特别是数学、物理和化学方面。在社会科学领域只有外国历史、地理以及国际关系方面的书受到重视，这也是深受当时洋务派的政策影响。

政府出版时期的出版机构主要是官书局和译书馆。官书局中比较著名的有金陵书局和浙江书局。金陵书局由两江总督曾国藩于1864年创立，此后各省相继设立官书局。它主要刊刻经史诸书，也印过一些西学新书。浙江书局是浙江巡抚马新贻1867年创立的，重在对古籍善本的校勘重刻，刻书约140余种。洋务派着手创立的译书馆主要有京师同文馆和江南制造局翻译馆。京师同文馆本是清政府培养外交人员的学校，也是清政府创办的第一个综合性外语学校和翻译机构。同文馆先后翻译出版西书26种，其内容多为人文和自然科学方面，也有一部分语言工具书。江南制造局翻译馆是政府译书机构中历史最久、出书最多、影响最大的一家。自中央设馆译书之后，沿海地方纷纷效仿。上海同文馆（广方言馆）、广州同文馆（广州广方言馆）、北洋制造局（天津制造局）、福州船政学堂（求是堂）等相继建立，并从地方到中央，自上而下地形成了一个政府出版系统。

政府出版时期的出版物类型，除图书和报刊外，画报、教科书和工具书出版也得到了发展。1872年，英国商人美查创办《申报》，成为国内最早出版的日报；1874年王韬在香港创办《循环日报》，是第一份宣传资产阶级改良思想的报纸；1884年《点石斋画报》产生后，又出现了《训蒙画报》《孩提画报》《成童画报》《飞影阁画报》和《新闻报馆画报》等。而近代教科书则分为启蒙知识类和科举应试类，语言仍采用文言文，内容有所更新。为了统一编写教科书，1877年，教会学校在"益智会"基础上组织了学校教科书委员会，专门负责编写和出版学校教科书。洋务运动期间，中央和各地的同文馆其实就是中国近代最早的国家创办的新型学校，所用教材大多都是教师和学生编定和翻译的。而在工具书的出版方面,点石斋先后翻印了《佩文韵府》《四库全书简明目录》《康熙字典》等。

这一时期,西洋铅印技术已传到我国内陆地区,并引进了一些新式的印刷机械,提高了印刷效率。但官书局和翻译馆创始初期还用木活字排印,或沿用中国传统的雕版印刷,地图与海道各图则用凹刻铜版印刷,很少使用铅活字。80年代传入的石印术,用于翻印古籍彩绘画报,效果很好,并逐渐兴盛起来,成为中国当时最主要的一种印刷形式,并出现了土山湾印书馆(1869)、点石斋石印书局(1879)、拜石山房(1881)、蜚英馆(1887)等一大批石印书局。这样就形成了雕版、铅印和石印并行,凸版、平版和凹版并行的时期,为图书事业的变革奠定了技术上的基础。

图书的形制在这一时期也开始发生变革,打破了中国传统的线装书的单一模式,出现了精装和平装。随着新式机器铅印渐渐取代手工雕版印刷而居于主要地位,原先手工制作的各种软纸由于产量低、成本高、无法满足图书大量生产的需要而逐渐被洋纸取代,开始了单页双面印刷,产生了新式的平装和精装,但保留了许多传统特色,如基本上沿用或者保留古籍线装书的题签形式等。

政府出版以洋务派为核心,集中了大批的清末官僚如曾国藩、马新贻、李鸿章等。而编译方面的主要代表人物为徐寿和华蘅芳。徐寿长期和英国人傅兰雅合作,翻译以化学、机械方面的图书为多。华蘅芳的译书多为数学、地质学方面内容,以《万国公法》《化学指南》《算学笔谈》和《化学阐原》为代表。

在政府出版兴盛的同时,外国传教士的出版活动仍很活跃,但主要在清政府官办的机构中进行,外国传教士自己组织的翻译、出版、印刷机构以土山湾印书馆(1869)、格致书院(1874)、广学会(1887)最为著名。出版物除宗教外,开始偏重于社会科学方面。报刊方面比较典型的是由美国传教士林乐知创办的《万国公报》等。

这一时期,由洪秀全建立的太平天国政权的出版事业也得到了一定的发展,但仍主要属于传统出版的范畴。

政府出版时期,由于中国近代政治局势的发展和经济文化的变革,在出版业中也折射出这种时代的变迁。政府出版的内容及目的、机构、类型、技术、形制等方面与教会出版相比较具有一定的进步意义。政府官僚的介入对于近代出版业的发展也起到了很大的促进作用,而近代出版的发展又在客观上促进了近代中国文化、经济、社会的变革和发展。

(三)民间出版阶段(1894年后)

甲午战争失败后,改良的呼声高涨,立宪运动逐渐展开,中国人已经认识到要学习西方的政治、经济、财政制度。在这种形势下,出版的范围开始扩大。社会科学的书籍,特别是关于西方资产阶级制度的书籍,受到了重视。

出版和译书风气的转变,表现在除原有的教会和政府出版活动外,以资产阶级为主体的民间出版活动发展了起来。他们设立译书学会,编译西学丛书,创办新型书刊,并开始建立现代学校,把西学纳于国民教育之中。该时期的出版规模和数量都是空前的。以商务印书馆为代表的近代民营出版企业开始兴起,在我国近代出版史上占有重要地位和作用。1897年,夏瑞芳等人创办商务印书馆,最初专营印刷,后扩充成包括印刷所、编译所和发行所等部门的最有影响的民营出版企业。1902年俞复等人在上海建立了文明书局,1912年陆费逵又成立中华书局。这些民营出版企业主要以出版新式教科书、新式工具书和西方学术著作为主。与此同时,原来的同文书局和拜石山房仍享有盛誉。

这一时期,比较系统地介绍西方资产阶级的政治、经济和社会学说的图书增多,文艺书籍的翻译出版也受到了重视。报刊业也开始兴旺,据统计,1895—1898年,各地学会有103个,学堂有185所,报馆有64个。较著名的维新派报刊有《中外纪闻》(1895)、《强学报》(1895)、《时务报》(1896)、《国闻报》(1897)、《湘报》(1898)和《湘学新报》(1898)等。1900年创办的《中国日报》是中国资产阶级革命派自己创办的第一份报纸,后又有《苏报》(1897)、《俄事警闻》(1904)、《民报》(1905)等。期刊也得到了发展,有综合性、专门性、文学期刊和画报等形式,如《东方杂志》《商务报》《教育杂志》《绣像小说》《小说林》《新小说》等;并出现了白话文报刊,如《杭州白话报》《绍兴白话报》等;妇女报刊也得到了发展,如《女报》《中国女报》《女子世界》等。

当南洋公学、三等学堂等一批新型公立普通学校创办以后,教科书的编辑出版变得十分迫切。《蒙学课本》《笔算教科书》《蒙学读本》和各自然科学方面的教科书相继出版。商务印书馆是近代出版教科书最多的一家出版机构。以后随着革命形势的变化,特别是辛亥革命的胜利,原先的教科书已不能适应新形势的发展需要,于是出现了多家出版机构蜂拥而起卷入编印教科书的激烈竞争局面。

出版类型上,这一时期,在古代字书、类书、书目的基础上,又涌现出了一批新型工具书,如报刊索引、字典、辞典、表谱、年鉴、手册等工具书,其编纂出版日益增多。这些新型工具书的出版以辞书、年鉴和目录索引为主。而在古代上图下文绣像小说的基础上,还出现了连环画。这些新型图书的发行数量也是惊人的。

印刷技术上,此时继续沿用凸版、平版和凹版三种技术,并有了更好的发展。凸版方面,纸型、电镀铜版、照相铜锌版以及三色版等新型制版工艺相继出现;平版印刷术中,石印术得到了更广泛的应用,照相石印、彩色照相石印、珂罗版印刷等技术也相继出现;凹版印刷方面,雕刻铜版、影写版也逐渐引入。

文化领域的变革和纸张、印刷技术的发展,导致了书籍装订和装帧的变革。此时的出版物形制开始以西式装订为主,精装和平装得到了普遍应用,横排中文书也开始出现。虽然线装书的形式仍然存在,但由于大量的印刷纸张已变成双面印刷,装订也随之改变,书籍的开本也因文字的横排而出现"由右到左"开本,毛边书也向切边书转化。人们开始注意书籍的封面设计及装帧艺术,在字体、布局、构图、绘画上都有新的突破和发展。

民间出版中可圈可点的出版家和翻译家数不胜数,各出版机构的创立者和主持者,如夏瑞芳、张元济、陆费逵等都为我国近代出版业的发展做出了重大贡献。在翻译方面,当数严复和林纾两位学者。作为中国近代史上宣传西方的著名代表,严复先后翻译了赫胥黎的《天演论》、亚当·斯密的《原富》、孟德斯鸠的《法意》和斯宾塞尔的《群学肄言》等书,其中《天演论》这一震惊全国的名著,把西方最新的科学成果——达尔文的进化论介绍到中国,为改良主义者和民主革命派提供了理论基础。林纾是文艺书籍翻译大家,一生翻译的外国作品达167种之多,包括美、英、法、俄等许多国家的名著。其中以《巴黎茶花女遗事》和《黑奴吁天录》最为有名,影响最大。

到了民间出版时期,我国出版业的出版内容及目的、出版机构、出版物类型、出版技术、出版物形制等方面都表现出比前两个时期更进步、更成熟的特征。出版的范围扩大、类型多样化和技术先进程度都是前两个时期难以比拟的。这也标志着晚清出版业已经初步完成了其从古代到近代的转型。

第二节 晚清书刊编纂活动

一、晚清的译书活动

翻译图书并不是近代才有的新事物,我国汉魏时期就已出现佛经翻译。一般的西方著作翻译为中文,也不是近代才开始的。明清之际,西方传教士和中国学者就翻译过一批很有学术价值的科学著作。但无论是译书的内容还是数量都无法和晚清时期相比。从社会作用来看,晚清以前通过译书传入中国的西方文化,远没有达到动摇中国图书中正经、正史统治地位的程度。鸦片战争以后,西方的科技、文化以书报刊为载体,渐次传入我国。译书成为晚清时期重要的文化景观之一,而且呈现出蓬勃发展的趋势,在范围、内容和数量上不断扩大。据梁启超《西学书目表》统计,到1895年,全国翻译出版的西学书籍已达354种(不包括宗教类),这在当时已是一个不小的数字。又据《译书经眼录》统计,1900—1904年国内出版的主要译著共25类533种,约为前60年译书量的总和,可见发展速度之快。晚清译书的大量出现,对中国传统社会及图书编辑出版事业均产生了强烈的影响。译书不仅大大丰富和发展了翻译的原则和理论,拓展了图书种类和内容,而且在很大程度上冲击了中国传统的学术结构,形成了中西文化的又一次大融合,从而使传统的以儒家思想为代表的封建文化动摇了根基,使得此后的新文化运动有了坚实的基础。

晚清译书的历史,大体上可分为以传教士译书为主(鸦片战争前后)、以政府译书为主(洋务运动时期)、以民间译书为主(甲午中日战争以后)三个阶段。

(一) 传教士译书

19世纪初,随着资本主义向中国的扩张,西方传教士再次来华,继续通过翻译书籍进行宗教宣传和科技文化的传播。晚清时期传教士的再次来华,揭开了中国西书译述的新时代,英国传教士马礼逊就是揭开这一序幕的第一人。

图 8.4 马礼逊(1782—1834),被称为揭开中国近代传教士译书序幕的第一人

马礼逊,出生于英格兰北部的莫佩思。1807年毕业于高斯坡神学院。在神学院学习期间,他曾到伦敦的一家医学院学习医学,在这里,他结识了一个名叫杨三德的中国青年,并向他学习了一段时间的中文。由于这一原因,马礼逊从神学院毕业后不久,即被伦敦传教会(属于基督教新教)派往中国。

1807年9月,马礼逊抵达澳门,然后进入广州。由于当时清政府不准西方传教士在中国大陆传教,澳门的天主教徒又极力排挤新教,马礼逊便制定了"恒河外方传教计划",打算先在南洋一带做好传教准备工作,再等候机会进入中国大陆。这时伦敦传教会又派米怜牧师来华,马礼逊便让他着手实施这一计划,先在马六甲设立总部,并开设了英华书院,马礼逊本人则不时往来于南洋和广州、澳门之间。1834年,他病逝于广州。

马礼逊来华后不久,即着手进行《圣经》的翻译工作。《圣经》是基督教的经典,包括《旧约全书》和《新约全书》两大部分,在此之前,尚无完整的中译本。只有法国天主教传教士巴设曾节译过《新约全书》的一部分。马礼逊从1808年开始,共用了5年时间译完了《新约全书》,1814—1819年,又与米怜合作翻译《旧约全书》,并在马六甲英华书院印刷所陆续排印,至1823年出齐,取名《神天圣书》,线装21册,这是第一次完整地将《圣经》译成中文,在中西文化交流史上具有重要意义。

除了翻译《圣经》外,马礼逊还花费了很大的心思主持编纂了一部《华英字典》。这部字典的编纂几乎是与翻译《圣经》同时进行的,全书共分三个部分:第一部分名《汉英字典》,按汉语部首排列,分三卷。实际是将嘉庆十二年(1806)刊刻的《艺文备览》翻译成英文,再与汉文原文加以对照。第二部分名《五车韵府》,按汉字分韵排列,分二卷。据马礼逊说此书原为康熙年间一读书人所编,其所收字数甚至多于《康熙字典》,但当时并未被编纂《康熙字典》的人所采用。幸而书稿流传下来,辗转为马礼逊所得。第三部分名《英汉字典》,按英文字母表顺序排列,分一大卷。内容包括单字、词汇、成语和句型。全部英汉对照,解释十分详细。此书于1823年全部出齐,共分六卷。它的编纂在中国的编辑史上具有重要意义,开中国近代辞书编纂之先河。

继马礼逊之后,陆续有一些西方传教士在南洋、香港、澳门和广州等地从事编译工作。1834年,一些英美传教士及商人在广州成立了中国益知学会,其宗旨是通过出版"能够启迪中国人民智力的一类书籍,把西方的学艺和科学传授给他们",在当时是一家较有影响的翻译出版机构。

这一时期西方传教士所编译的书籍多为宗教类,偶而也有一些介绍世界历史、地理、政治、经济等方面内容的。其体例受中国古典白话小说的影响较大,多采用章回体,有时还采取小说中设置悬念的方法,于一段文章结束时写道:"欲知后事如何,且看下回分解。"其行文亦多用当时的白话。

1843年五口通商以后,西方传教士纷纷涌入这五个城市传教,在客观上对传教士的编译工作产生了促进作用。这一时期名气最大、著述最多的为英国传教士麦都思。

麦都思(1796—1857),出生于英国伦敦。他幼年时曾在印刷厂当过学徒,从此与印刷业结下不解之缘。稍长,加入了伦敦一家自立教会。这时他自愿申请去马六甲的英华书院印刷所工作,并获得批准。1817年,他来到了马六甲。此后,他在南洋一带活动了20余年,不但学会了中文,而且能够独立从事编译工作。1843年底,他来到了上海,并把他在巴达维亚设立的印刷所也迁到此地,定名墨海书馆,这是当时著名的一所翻译出版机构。

麦都思在1851年之前,其主要精力都放在《圣经》中译本的修订与改译上。该项工作于1851年结束。除《圣经》外,麦都思一生著译的书籍尚有90余种,其中有中文的、英文的,也有马来西亚文的,内容大多为宗教类作品。

这一时期,西方传教士编译的自然科学方面的著作逐渐增多,在这方面,以伟烈亚力贡献最大。伟烈亚力(1815—1877),英国伦敦传教会牧师。他在伦敦时便自学中文。1847年受派来华,同年到达上海,协助麦都思管理墨海书馆。后受聘于江南制造局翻译馆。1862年回国。1863年底以大英圣书公会代理人身份再度来华,到中国各地推销《圣经》。1877年因患目疾双目失明而回国,同年逝世。他一生编写、翻译过大量科技书籍,其中以数学方面的为最多,著名的如《数学启蒙》《代数学》《代微积拾级》等,还翻译了《几何原本》的后9卷,完成了徐光启、利玛窦的未竟事业。

这一时期,由于西方传教士进入中国,与中国士大夫接触的机会增多,因而对译著中文质量的要求有了一定提高,其译书过程多由懂中文的传教士口译,再由有一定中文水平的人加以润色。在编译体例上多以卷次划分,行文上也多用文言文。

(二) 政府译书

从同治元年(1862)京师同文馆的成立,到1895年中日甲午战争失败,译书活动以官方为主,主持其事者,多为洋务派。第二次鸦片战争以后,洋务派认识到富国强兵的根本在于科学技术的进步,提出了"中学为体,西学为用"的口号,主张"以中国伦常名教为原本,辅以诸国富强之术"。于是,洋务派一方面引进西方的先进科学技术,建造军事、民用企业,另一方面组织人马翻译有用之书,大力译介西学。在这种情况下,一批翻译机构便建立起来。如京师同文馆、江南制造局、福州船政局、天津机器局、北洋水师学堂、开平矿物局、金陵机器局、北京海关税务司等都组织人力翻译西书。其中最为著名、最有成效的是京师同文馆及江南制造局翻译馆。这两个译书机构几乎集中了国内当时最优秀的翻译人才,在华人不甚懂外语,洋人不甚通晓华语,而又缺乏工具书的情况下,艰辛地进行着译书工作。对此,梁启超在《西学书目表·序例》中曾记述曰:"海禁既开,外侮日亟,曾文正开府江南,创制造局首以翻译西书为第一义,数年之间成者百种,而同时同文馆及西士设教会于中国者,相继译录,至今二十余年,可读之书略二百种。"

1. 京师同文馆

晚清政府译书的开先河者为京师同文馆。1862年,清政府鉴于"与外国交涉事件,必先识其情性……欲悉各国情形,必谙其语言文字,方不受人欺蒙",遂于北京设立旨在培养外交和翻译人才的"京师同文馆",隶属于总理各国事务衙门。这是清政府创办的第一个综合性外语学校和翻译机构。1902年,同文馆并入京师大学堂,改名译学馆。

同文馆聘任外国人担任教习,1869年设总教习一职,由丁韪良担任。为提高学生的外语水平,特设翻译课程,由西教习组织学生翻译西方书籍,凡翻译质量好的,即由同文馆出版,然后分赠给当朝的高级官员,或作本馆的教科书。同文馆先后翻译出版西书近30种,内容多为自然科学方面的,也有一部分社会科学和语言类工具书,且外国传教士翻译的居多。其中,以丁韪良翻译的《万国公法》最为著名,这是我国第一部介绍西方国际法的中文书籍,另外还有第一部有关外交的中译本《星轺指南》、第一部西方经济学的中译本《富国策》,毕利干还翻译了《化学指南》和《化学阐原》等。

《万国公法》是京师同文馆翻译的第一本书,原著由美国著名律师惠顿撰写,1836年出版,在欧美被认为是最权威的国际法著作。丁韪良于1862年在上海时便开始着手翻译这部著作,至1864年全部译出,由北京京都崇实馆出版。丁氏因此书而名声大作,后经美国驻华大使蒲安臣推荐担任同文馆英文兼国际法教习,后担任总教习;此书又长期作为同文馆的教科书,因此,无论丁氏本人,还是同文馆的学生,都将其列为同文馆译书之一。该书出版后在社会上产生了一定的影响,尤其是在总理衙门对外交涉中起到了一定的作用,总理衙门为此曾刊印300部,颁发各省督抚备用。洋务派领袖人物之一奕䜣称此书与"中国制度原不尽合,但其中亦间有可采之处",遂饬令总理衙门拨银500两以助刊印。谭嗣同甚至把《万国公法》视为"西人仁至义尽之书,亦即《公羊春秋》之律"。

2. 江南制造总局翻译馆

江南制造总局翻译馆是政府译书机构中历时最久、出书最多、影响最大的一家。1865年,曾国藩在上海设立了江南制造局,1868年增设翻译馆,所译图书以"实用"为第一要务,集中在科技类范畴内,主要为军事工业生产制作提供技术资料。初期以军事体裁为主,后牵涉与军事有关的应用技术,在后来随着应用技术的发展开始重视介绍自然科学理论知识著作的翻译,充分反映了洋务派"中学为体、西学为用"的思想。

江南制造总局翻译馆成立后,先后聘请了一批知名学者做译书人员,其中有英国人傅兰雅、伟烈亚力,美国人玛高温、林乐之、金楷理,日本人藤田凤八等外籍人士;中国著名学者则有徐寿、华蘅芳、徐建寅等。江南制造总局译员可考者59人,均为一时之选。正是因为集中了当时最优秀的翻译人才,江南制造总局翻译馆所译图书在当时颇有声誉。译员中,以傅兰雅、徐寿、华蘅芳、李善兰最为著名。

傅兰雅(1839—1928),英国人。1860年毕业于英国伦敦海伯雷师范学院。1861年被英国圣公会派至香港任圣保罗书院院长。1863年被清政府聘为北京同文馆英文教习。1868年受聘为上海江南制造局翻译并主持馆务。傅兰雅留华28年,译著180种以上,其中在中国学者的配合下出版西方科技书籍129种,是在江南制造总局翻译馆工作时间最长、译著数量最多的外国人,也是近代来华的外国人中译著数量最多的。傅兰雅译书涉猎范围极广,几乎涉及自然科学、应用科学的各个方面以及社会科学的某些方面,为西方近代科学文化知识在中国的传播起到了积极的推进作用。傅兰雅还特别注重翻译科技名词的统一,并提出厘定科技中译名词的具体原则与方法,他与中国学者共同努力,先后编制了《化学材料中西名目表》《西药大成中西名目表》《金石中西名目表》和《汽机中西名目表》,许多译名沿用至今。1872年,为表彰其贡献,清政府赐予傅兰雅三品顶戴。1876年,傅兰雅创办了格致书院,聘请中西名士,讲授格致诸学,开近代实施新式教育之先河。1896年赴美,担任加利福尼亚大学东方语言文字教授。1928年去世。

徐寿(1818—1884),字雪村,江苏无锡人。曾入墨海书馆随数学家李善兰学习。1862年入安庆内军械所,造出了中国第一台蒸汽机和第一艘轮船。1867年,他携子徐建寅到上海襄办江南制造局。到任不久,便与华蘅芳一起创议建立翻译馆,并成为馆中最重要的译员之一。在译书的同时,徐寿也参加江南制造局的造船工程。1876年,他与傅兰雅等共同创办格致书院,并长期主持该院工作。徐寿一生著译众多,在江南制造总局翻译馆期间共译书16部,多与傅兰雅合作,内容涉及化学、机械等方面。尤其是将近代化学知识系统化地介绍到中国,《化学鉴原》一书备受推崇,曾风行三四十年。并与傅兰雅合编了《化学材料中西名目表》《西药大成中西名目表》等适应翻译实务需要的工具书。

华蘅芳(1833—1902),字若汀,江苏无锡人。曾与徐寿结伴至上海墨海书馆学习,精于数学,旁及地质学、矿物学。1862年入安庆内军械所,与徐寿共同研制轮船。1868年参加江南制造局翻译馆的筹备工作,并成为该馆主要译员。1874年格致书院成立后,任主讲十余年。后相继在天津武备学堂、湖北自强学堂和两湖书院执教,培养了大批数学人才。华蘅芳一生著译不下数十种,其中译书有 11 种,多为数学、地质学等方面的著作。其译作文笔清雅,表意朗畅,在当时深受欢迎。

图 8.5　华蘅芳及其译作《地学浅释》,此书已经与中国传统的地理学著作有明显区别

李善兰(1813—1884),字壬叔,号秋纫,浙江海宁人,数学家。自 1845 年在嘉兴执教时起,李善兰就开始深入研究数学,陆续撰写了《对数探原》《四元解》等专著。1852 年,李善兰迁居上海,结识了伟烈亚力、艾约瑟和韦廉臣,并开始与他们合作翻译西方自然科学著作,译作多为江南制造总局翻译馆出版。他与伟烈亚力合译《续几何原本》(译自《欧几里得几何原本》7—15 卷)《代微积拾级》《谈天》,与艾约瑟合译《圆锥曲线说》《重学》,与韦廉臣合译《植物学》。

翻译馆的译书过程大致如下,由清政府官员,如两江总督、江南制造局总办等确定选题的大致方向,即"特译紧要之书",再由傅兰雅确定具体选题,然后开始译书。其译书方式仍为先由西方传教士将其口译成中文,再由中国人对其语法辞句加以润色。这种"口译笔述"的方式在当时是比较通行的一种翻译方式,既要求"口译"者要有很高的汉语水平和科学造诣,又要求笔述者具有良好的科学素养和中文润色功底。译完后还需进一步校对。翻译、编辑、校对三个环节环环相扣,已经与现代出版社的工作流程没有多大差别。在当时,翻译馆内人才济济,基本都能符合这样的要求,所以翻译出来的图书质量一般都比较高。

1870年,翻译馆正式出版译著,最早为《运规约指》《开煤要法》两种。加上建馆前译作,至1909年,共译书19类200种,是晚清上海译书最多、历时最久的官方翻译机构。所译数量曾独步全国,为中国人了解西学的主要文本。至光绪五年(1879)共销书31111部,83454本,地图27种4774张。今人张增一曾对1868~1909年间翻译馆译著进行分类分段统计,兹将统计表转列如下:

表8.1 江南制造局译书统计表[①]

编号	类别	总数(种)	编号	类别	总数(种)
1	史志	10	11	医学保健	16
2	交涉	9	12	农学	11
3	学务	2	13	矿学	10
4	国政	4	14	交通(航海、铁路)	14
5	格致	2	15	冶炼工艺化工	22
6	物理	11	16	兵政	22
7	化学	9	17	兵学	25
8	算学	17	18	测绘	6
9	天文	6	19	杂类	2
10	地学	2		总计	200

从上述数据可以看出,翻译馆的译书内容,重点在工艺制造和自然科学理论,特别是数学、物理和化学方面。在社会科学领域内只有外国历史、地理,以及国际关系方面的书受到注意,所占比例并不多,人文科学基本未曾涉及。清末李端棻说,江南制造局择译之书"详于术艺而略于政事,于彼众治国之本末,时局之变迁,言之未尽"。可见,翻译馆的译书基本上符合洋务派"中学为体,西学为用"的建馆宗旨。这也在一定程度上反映出了这一时期政府机构译书活动的共同特征。虽然有其缺陷,但这在客观上毕竟比较系统地引进了许多新型科学,尤其对自然科学的发展起了开拓的作用,培养了一大批翻译人才,提高了国人认识世界的能力。

翻译馆对中国编辑史的贡献,主要表现在它对译书体例的改进上,其改进主要有以下两点:

(1)将单纯的译书进化为编译。由于中西文化的差异,一些西文书即使译成了通顺的中文,也不容易为中国人所理解,在阅读使用时,也会有许多不便之

---

① 张增一:《江南制造局的译书活动》,《近代史研究》1996年第3期。

处。针对这一情况,翻译馆在译书的同时,有意识地将一些西书的结构进行重新编辑,以使之适合中国的文化系统。如1876年出版的由傅兰雅译、赵元益述的《儒门医学》。原书结构是按英文字母顺序将病名、药名加以排列,若将其直接译成中文,则相互之间失去了联系,阅读查找起来都不方便。因此,傅兰雅等在译书的过程中又将其重新加以编辑,将全书重分为上、中、下3卷,上卷论养身之理,将原书中涉及医学理论的内容聚集于此。中卷论治病之法,将原书中有关治病方法的内容汇编于此,并依脑髓脏腑内外顺序排列。下卷论方药之性,专收原书中有关药物的内容,并按药性之吐补泻等分为14类。经过傅兰雅的这一番编译工作,使得此书极便于中国人使用,当时人称其"缕析条分,雅俗共赏"。

(2) 译词的规范化。由于中西文化的差异,一些西方的字词在中文中并无相应的现成词汇。这就为翻译、阅读造成了很大障碍。一方面,译员常常为找不到恰当的译名而烦恼;另一方面,由于译员间缺乏协调,译名不统一,读者在众多新涌现的词汇面前也往往不知所云。为此,译书馆在翻译过程中,力主译词的规范化,并具体制定了科技译名的原则与方法。其原则为:尽量沿用中文已有名称,如中文中无相应的恰当名称,则创立新名。创立新名也有原则,尽量沿用原有汉字而赋予新义,如铂、钾等。若无恰当的字词,则依汉字构字组词法另创,如镁、氢气等。其方法则为编写中西名目字汇,即中西译名对照表,凡创立新译名,随时登记于簿,以便彼此统一。翻译馆先后编辑出版了《金石中西名目表》《化学材料中西名目表》《西药大成药品中西名目表》《汽机中西名目表》等4种科技名词汇编,开中国近代科技名词汇编之先河,其中不少术语表意贴切,至今仍在沿用。

在这一时期里,外国传教士的译书活动仍很活跃,但主要在清政府官办的机构中进行。外国传教士自己组织的翻译出版机构以广学会最为著名,其译书内容除宗教类型外,已开始偏重于社会科学方面,这对日后的维新运动有很大影响。

3. 民间译书

中日甲午战争失败后,私人及私营出版社的翻译活动日益展开。

1884年的中法战争,把中国人民的觉悟提高了一步。受过西方资产阶级思想影响的上层知识分子,进一步提出了具有资产阶级政治思想的改良主义要求。他们要发展资本主义工商业,因而主张采用西方保障工商业发展的资产阶级议会制度,立宪运动逐渐展开。立宪派与洋务派有所不同。他们已注意要学习西方的政治、经济、财政制度了。在这种形势之下,译书的范围开始扩大了。社会科学的书籍,特别是关于西方资产阶级议会制度的书籍,受到了重视。马建忠在

1894年所作《拟设翻译书院议》,曾就翻译的对象有过如下规定:一是有关各国的时政,如各国议会文件、外交信件、新议条款等;二是官吏必备的参考书籍;三是外国学校的教科书。从中可以看出当时译书之风尚。

这种译书风气的转变,在中日甲午战争之后更加明显了。除原有政府翻译机构和教会的广学会外,以资产阶级改良派为主体的民间译书活动发展起来。他们设立译书学会,编译西学丛书,创办新型书刊,并开始建立现代学校,把西学纳于国民教育之中。这一时期译书的规模和数量都是空前的。译书的内容也由自然科学扩大到社会科学,涉及西方政治学说、经济学说、教育学、社会学等。翻译之书也从英、法文扩大到俄、日文,从而掀起了晚清译书的又一个高潮。

这一时期译书的代表人物有王韬、康有为、梁启超、严复、林纾等。其中以严复和林纾最为著名,康有为曾有诗云:"译才并世数严林",正是对他们二人的最好评价。

严复(1854—1921),字又陵,又字几道,福建侯官(今福州市)人,是中国近代史上宣传西方思想学说的著名代表和戊戌维新时期重要的翻译大家。他肄业于洋务派所办的福州船政学堂。1877年,赴英国格林尼治海军大学学习,深受资产阶级民主主义思想的影响。1879年学成回国,任天津北洋水师学堂总办。甲午战争后,多次发表变法救亡的文章,在思想界引起震动。1900年,在上海参加唐才常组织的中国国会,任副会长。1912年任北京大学校长。1915年被列名"筹安会"。1921年病逝于家乡。

严复的译书在晚清思想界所起的作用最为深广。影响最大并使严复最负盛名的,是他翻译的《天演论》。《天演论》原名《进化与伦理》,英国生物学家赫胥黎著。严复翻译《天演论》初稿于1895年完成,修改后在《国闻汇编》上陆续发表了一部分,但直至1898年4月,《天演论》才正式出版。它把西方最新的科学成果达尔文的进化论介绍到中国来。全书宣扬"物竞天择,适者生存"的进化论思想,严复还在按语中反复申述"自强保种"的重要,说明世界在不断进步,西方国家在力、智、德等方面都比中国强,中国若不除旧布新、奋发图强,就无以自存于世界。《天演论》中译本出版时,正值中国被帝国主义瓜分狂潮之际,因此给国人敲响了亡国灭种的警钟,在国内引起了极大的震动。《天演论》对国人的影响,可从胡适在《四十自述》的回忆中略窥一斑:"《天演论》出版之后,不上几年,便风行到全国,竟作了中学生的读物了……几年之中,这种思想像野火一样,燃烧着许多少年的心和血。'天演''物竞''淘汰''天择'等术语渐渐成了报纸的文章的熟语。"

戊戌变法失败以后,严复将主要精力和希望倾注于翻译西学书籍之上,1902年翻译出版英国经济学家亚当·斯密的《原富》,1903年翻译斯宾塞的《群学肆言》和《群己权界论》,1904 年出版英国资产阶级学者甄克思的《社会通诠》,即《社会进化简史》,1904—1909 年翻译孟德斯鸠的《法意》,1905 年译穆勒的《名学》,1909 年译耶芳斯的《名学浅说》等,比较系统地向国人介绍了西方资产阶级的政治、经济和社会学说,使戊戌变法前后的近代译书事业达到高峰。

严复还在晚清翻译工作的理论方面还颇有建树。他在长期翻译实践的基础上,提出翻译工作的三条标准:信、达、雅,即在翻译工作中,既要忠实于原著精神,明白晓畅表达清楚,还要讲求文采。这三条标准至今仍在翻译界有一定的影响。

这一时期,文艺书籍的翻译,特别是小说的翻译也受到重视。林纾便是这方面的翻译大家。林纾(1852—1924),原名群玉,字琴南,号畏庐,别署冷红生。福建闽县(今福州)人。近代著名文学家、翻译家。少时家境贫寒。1882 年中举。曾先后在京师五城中学、金台书院、实业学校、闽学堂和京师大学堂任教。林纾一生翻译的外国文学作品达 170 余种之多,包括美、英、法、俄等许多国家的名著。其译著之多,为中国近代翻译界所罕见,被人誉为"译界之王"。其中以 1895 年第一次译出的法国小仲马名著《巴黎茶花女遗事》和 1901 年译出的《黑奴吁天录》最为有名,影响也最大。其中,《巴黎茶花女遗事》一书为林纾与王寿昌合译,翻译方式别具一格:先由王寿昌根据法文原著逐字逐句口述,林纾即用古文加以润色译出。林纾翻译时,"耳受手追,声落笔止,不加点窜,脱手成稿。"此书一出,立即风靡海内,畅销一时,以致严复诗称"可怜一卷《茶花女》,断尽支那荡子心"。后一部书又名《汤姆叔叔的小屋》,是谴责奴隶制、歌颂奴隶争取自由解放的著名小说。林纾是晚清著名的桐城派古文大家,其译文简洁、隽永,能"以瑰奇之姿夺人魂魄",深受读者欢迎。林纾的译书,使中国知识界、文学界大开眼界,使他们感到欧美文学的价值不亚于国粹。此后,外国文学作品的译书日渐增多。在其影响之下,中国小说也打破了章回体,开始仿效欧美小说写法,呈现出一派新气象。

二、新式教科书的编制

清朝末年,在"西学东渐"的大潮中,中国的教育事业出现了一次历史上少有的重大变革,废科举,兴学堂,编印新的教科书,成为当时一种时尚而又无以抗拒的潮流,迅速发展起来。

在科举时代,书院、私塾学生所用的课本大致有两种:一种为启蒙课本,如《三字经》《百家姓》《千字文》等;另一种为准备参加科举考试的读物,如《四书》《五经》、史鉴、古文辞等。这些图书是与传统的私塾教育和科举考试制度相适应的。随着"西学东渐"的逐渐深入,这些旧时课本已不能适应教学需要。19 世纪末期,清廷酝酿废除科举,新式书院、新式学堂纷纷兴起,新式教科书亦随之大量涌现。

晚清新式教科书是在西学东渐过程中诞生、在民族近代印刷出版业崛起中发展的,经历了从翻译外国教科书,到自编教科书,从文言文教科书,到白话文教科书,从教科书的不完善到比较完善的过程。

最早出现的新式教科书是西方传教士在中国传教时应兴办学堂之需而编印出版的。1876 年,西方基督教会为编写新式教科书,专门组织成立了"学堂教科书委员会",负责新式教科书的编写工作,"教科书"一词也于此时在中国出现。学堂教科书委员会编写的教科书,可以说是中国历史上第一套供学堂、学校教学使用的新式教科书,计有算学、历史、地理、伦理和宗教等数种。1890 年,上海的基督教传教士又组织了一个中国教育学会(或称基督教教育会),编译出版各种教学用书。

19 世纪末,由传教士编纂的教科书已经不适应新形势的需要,编印新型教科书已经成为当务之急。这一时期,中国人开始编写和印制新式教科书或类似于教科书的课本。较早编制新式教科书的,是 1897 年由盛宣怀创设的南洋公学。南洋公学除编译国外教科书外,还自编了《蒙学课本》。该书由陈懋治、杜嗣程、沈庆鸿等师范生编纂。全书分三编,体例仿英、美等国教科书,用文言编写。1898 年出版,铅字印刷,没有插图。该书编制、印刷得都不理想。但在近代新式教科书编辑史上起着开先河的作用。

从 1898 年起,俞复、丁宝书、杜嗣程、吴稚晖等人开始编制教课讲义,随编随讲,共成七编。其中第一至三编讲些日学事理,同时识字,以适应儿童学习兴趣。第四编是用历史故事进行品德教育。第五编是用诸子书中的故事进行智力教育。第六编是叙事文,其中有选自《史记》《资治通鉴》等书的,也有新撰的。第七编为议论文。全书编排由浅入深,文字简洁有趣,同时附有图画。特别是前三编,编得尤为出色,选儿童"游戏习惯之事"为题材,如"击球""捕蝉"等,以提高儿童兴趣。第一编还附了"字类备温",将全册 400 多个单字分为名字、代字、动字、静字、状字、介字及联字等七类,供儿童复习。第二、三编每课后还列有思考题二三道。1902 年,俞复等人组成文明书局,将这套教科书出版发行,并命名为《蒙学读本》,出版后很受各学堂欢迎,不到 3 年,就重印了 10 多次。成为当时垄断小学教育界的教科书。此外,文明书局还出版了"中学教科书七种",包括《新撰博物学》《中学生理卫生》等。但严格来看,南阳公学和文明书局出版的教科书没有固定的学制,也没有一定的教授方法,只是初具教科书的雏形。

1903年,上海彪蒙书室出版了中国最早的小学白话文课本《绘图识字实在易》,包括白话解说和文言文解说两部分,有绘图。1905年,又编《绘画蒙学造句实在易》,全书分十六法,每法都冠以白话解说。接着又出《四书新体速成读本》,用古文和白话文对照,并有插图,行销二十余版,曾被各地小学采作课本。但这种编法触犯了清政府,被认为利用白话文译经书,是传播维新思想,对其统治大为不利,因此下令禁止通行。

1902年,清学部颁布了新的学堂章程,规定了各等学堂的学制。由于《蒙学读本》等教科书都是在这之前编制的,因而与学制不相吻合,给教学带来了不便。新兴的商务印书馆于是利用这一时机,按学堂章程规定的学制,陆续编成了一套《最新教科书》。

商务印书馆创始于1897年,并于1902年设立编译所,聘请蔡元培为所长,委托蒋维乔等人为编辑,着手编辑《初小国文》。1903年,蔡元培受"苏报案"牵连,避往青岛,编译所长由张元济兼任。张元济又聘日本人长尾慎太郎、加藤驹等人为顾问。他们依照日本编纂方法,并广搜坊间各家新式教科书,进行分析研究,拟订编写体例;在编写过程中,他们字斟句酌,不厌其烦地讨论研究。至1904年初,《最新初小国文教科书》第1册编成出版。由于编制质量高,又符合当时学制要求,不到两周,即销售5000余本,受到教育界的欢迎。此后,商务印书馆陆续出齐了《最新初小教科书》《最新高小教科书》《最新中学教科书》,组成了一套《最新教科书》。这套书从内容到形式都是对旧的儿童启蒙读物及教学用书的否定和革命,不仅按照学制编辑,而且配有教授法,便于在教学中使用,具备了教科书的体裁,对近代中国教科书的体例、形式、内容都产生了巨大影响。

商务印书馆的这套《最新教科书》畅销近10年,约重印十多次。此后"各书局所编之教科书,及学部国定之教科书,大率皆模仿此书之体裁"。新式教材的编辑出版使商务印书馆取得了巨额利润,一举成为图书出版界的明星,而教科书的出版也成为各出版机构重视的对象,各出版社总是拿出最强的编写力量、最新的印刷技术来从事教科书的出版,使教科书在书业中一直起到领先作用。这对近代整个出版业的发展产生了巨大的影响。

1906年,清学部为使教科书趋于规范化、统一化,设立了图书局,准备仿文明书局与商务印书馆出版的教科书体例,编制一套国定教科书。在国定教科书出版之前,学部颁布了初高小暂用教科书目与中学暂用书目。经审定使用的暂用教科书除文明书局与商务印书馆所出各书外,还有直隶学务处、新学会等单位编的30多种教科书。1907年,清学部图书局编辑出版了《初等小学国文教科书》第一册、《修身教科书》第一册和《教授书》第一册。这是我国以国家名义编定

图8.6 商务印书馆《最新版理科教科书》课文

的教科书。但是刚颁布不久,就受到报刊舆论的批评指责。由于这套教科书的编辑思想比较陈旧,本身也存在不少缺点,因而不为社会所欢迎。由于其他各类教科书质量不高,到民国成立前,全国各学校仍沿用商务印书馆、文明书局与南洋公学的教科书,而以商务印书馆为主。

三、新闻报刊的编辑出版

报纸是以刊载新闻和评论为主的定期的连续性出版物。所谓"报刊",是报纸和期刊的总称。我国古代最早的报刊称"邸报"。但是,我国近代报刊的出现并不是由邸报直接发展而来的。它是在西方资本主义入侵之后才出现的。

(一)我国古代的"邸报"

邸报大约起始于唐代,是封建王朝的政府机关报。因为由"邸使"负责传发,所以称为"邸报"。在有些古代文献中,邸报也被称为"邸钞""阁钞""朝报""杂报""条报""除目""状""状报""报状"或"京报"。唐玄宗开元年间出现的《开元杂报》被认为是世界上最早的报纸之一。唐末人孙可之在《经纬集》中对《开元杂报》有详细的记载。宋朝的"判报"每一日、每五日、每十日或每月发行一次。元朝是由通政院发布"官报"。明朝、清朝都称邸报为"京报"。京报多者十余页,少者五六页,长约六寸,宽三寸,以黄纸为封面。清朝末年,北京发行京报的报房有聚兴、聚恒等 10 家。

邸报的内容主要包括：(1)皇帝的诏书、命令和皇帝的起居言行,(2)封建王朝的法令、公报,(3)皇室的动态,(4)关于封建政府官员的升黜、任免、赏罚、褒奖、贬斥等方面的消息,(5)各级臣僚的章奏疏表及皇帝批语,等等。没有一般新闻和言论。邸报只在封建统治机构内部发行。它的读者以分封各地的皇族和各级政府官吏为主,封建士大夫、知识分子和地方上的豪绅富商往往也可以设法看到它的抄件。一般的百姓是看不到邸报的。

除邸报外,还有一种半官方性质的小报。它始于北宋末年,盛行于南宋。小报的内容以邸报尚未发表或不准发表的材料为主。元明清各代,也都出现过这类小报。宋人称小报为"新闻",这是"新闻"一词的最早的来源。不管邸报或小报,都是为封建王朝服务的,对劳动人民的活动或不利于统治阶级的消息皆不在反映之例。在唐以后的农民起义队伍中,常利用和报纸相近似的揭帖、旗报和牌报为工具进行宣传。

所有这些古代的"报",虽有初期报刊萌芽的性质,但就其内容的深度和广度来说,都还不能与近代出现的报刊相比,而且它们同近代报刊也很少有继承关系。

(二) 近代报刊的出现

我国近代出现的报刊,是在西方帝国主义列强入侵我国后,并使我国沦为半殖民地半封建社会的同时开始产生的。近代初期的报纸和杂志还没有严格的区别,许多杂志载有新闻报道,而报纸也常常载有论著或专著。据当时所编的一些日报杂志目录所载,往往把杂志称为"丛报"或"册报"。近代化报刊与旧式京报相比,已经有了明显的不同,虽然仍采用书册形式,但已有了自编自写的新闻和言论,还出版了简单的标题和一些署名文章。报刊印刷逐渐清晰,编辑工作相对复杂起来,新的版面形式陆续被采用,新闻采访报道工作也受到更多的重视。

为了叙述方便,我们把近代报刊分为两类:一类是外国人办的报刊,另一类是我国自办的报刊。

1. 外国人办的报刊

从 1815 年到 19 世纪末,外国人在中国创办了近 200 种中、外文报刊,占当时我国报刊总数的 80% 以上。最先用中文出版近代报刊和最先在我国境内出版近代报刊的都是外国人。

1895 年,英国传教士马礼逊和米怜在马六甲创办《察世俗每月统记传》,这是外国人在我国境外创办的以中国人为对象的第一份中文近代化报刊,也是我国真正意义上近代化报刊的肇始。该刊为月刊,内容以传教士的论文为主,也兼登一些政治新闻和西洋知识。用木板雕印,每期5页,约2000余字,初印500册,后增至1000册,印行后,一部分由专人带往广州分送,一部分在南洋华侨中免费散发。至1821年停刊时,共出版80多期。此后,办报创刊之风盛行。外国人,尤其是外国传教士陆续在南洋、香港、澳门和广州等地出版了一批近代化的中、外文报刊。

1822年在澳门出版的葡萄牙文《蜜蜂华报》是外国人在中国境内出版的第一份外文报纸。1827年在广州、香港、澳门三地同时出版的英文《广州纪录报》,是中国境内第一份英文报纸。1828年,外国传教士在马六甲创办的《天下新闻》,是一种接近现代标准的综合性杂志,内容有中国新闻、欧洲新闻、科学、历史、宗教等。鸦片战争后,在上海、汉口、天津、北京等大城市都有英文报刊,而且逐步发行中文版。其中以《字林西报》出版的时间最长,发行最广,影响也最大。它创刊于1850年,原名《北华捷报周刊》,1863年改名《字林西报》,并改为日报,直至1951年才停刊,历时101年。最高发行量达7800份。保存下来的一整套《字林西报》,是一部记录帝国主义侵华历史的很好的罪证材料。另外,德、法、俄、日等国也在中国发行过外文报刊。

外国人在我国境内出版发行的中文报刊也是较早的。其中,1833年在广州出版的《东西洋考每月统记传》,是中国境内第一份中文近代化报刊。因此报发刊于中国境内,所以有人也把它作为我国近代的第一种报刊。此外,还有香港出版的《遐迩贯珍》《香港新闻》,在上海出版的《六合丛谈》《上海新报》(《北华捷报周刊》的中文版)《申报》和《新闻报》等。

1872年,英国商人美查创办的《申报》是国内最早的日报。他极力使报纸中国化,编辑和经理工作都聘请中国人担任,外国人只在幕后指挥,很少出面。报纸的文字和版面安排尽可能地迎合中国读者的阅读习惯,表面上看去,和中国人自己办的报纸没有什么两样。1876年《申报》出版了一种文字较浅的副刊,名为《民报》,是我国报纸副刊的起始。1884年它又出了副刊《瀛寰画报》,是报纸副刊画报的起始,这家报纸还兼营出版事业,最初是以申报馆名义兼营出版业,后来又分设申昌书局、点石斋石印书局、图书集成局等专营出版业。《申报》从创刊的时候销售量只有600份,到1919年增至近三万份。《申报》于1906年出售给席子佩,1912年又转售给史量才,改由中国商人经营。

外籍传教士在中国创办报刊实质上是对中国进行文化渗透和精神渗透,他们认为只要控制住在中国出版的主要报纸和杂志,就"控制了这个国家的头和脊

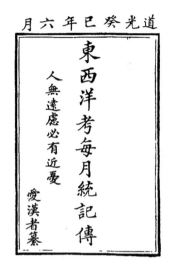

图 8.7　第一份在中国大陆创刊的中文期刊《东西洋考每月统记传》

梁骨"①。他们在其创办的报刊上,以宣传宗教、阐发基督教义为名,染指中国政治,控制舆论导向。他们偶尔也介绍一些"新学",但数量有限。其活动范围由华南沿海逐渐扩展到华中、华东和华北等地。麦都思、林乐知、李提摩太、艾约瑟、慕维廉、傅兰雅等人,都是以办报起家而闻名的外国传教士。直到 1858 年,伍廷芳在香港创办《中文新报》,中国才出现了由中国人自己主办的第一份近代化报纸,从而导致中国资产阶级报刊的萌芽和资产阶级改良派办报活动的兴起。

2. 中国人自办的报刊

1839 年林则徐在广东禁烟期间,在他的幕僚魏源的协助下,曾经派人从各种外文报刊中选择出一部分新闻和评论,以供参考,当时称为《澳门新闻纸》,每周或每月抄报一次,对了解敌情曾经起了一定的作用。它可以称为中国近代报刊的萌芽。

1858 年伍廷芳在香港创刊的《中外新报》是我国自办的第一种近代化的中文报刊。初办时为两日刊,不久就改为日刊,篇幅很小,每天只出一小张,约一万五千字,直到 19 世纪 80 年代以后才增加到两张,分类纪事。

在内地,则以 1872 年在广州创刊的《羊城采新实录》和 1873 年 7 月在汉口由艾小梅主编的《昭文新报》为最早。但由于敌不过外国人办的报纸的竞争,不久,便都停刊了。

---

① 方汉奇:《中国近代报刊史》(上),太原:山西人民出版社 1991 年版,第 19 页。

第八章 出版业的变革与近代化转型（晚清）

1874年1月5日由王韬等人创办于香港的《循环日报》，是第一份传播资产阶级改良思想的报纸。

到了戊戌变法前后，国内的报刊业开始兴旺。1895年，康有为、梁启超等在北京设立强学会，同年8月15日创办了《万国公报》。因为与广学会所出之《万国公报》同名，遂于年底改名为《中外纪闻》，又名《中外公报》。上海强学会也发行了《强学报》。两报都不收费，以宣传维新变法为主。不久就被清政府取缔。上海强学会又于1896年8月9日创办《时务报》，记载中外大事，评论时政得失，分栏编辑，用新闻纸两面印刷，开始具备了现代报纸的雏形。《时务报》是戊戌维新时期影响最大的报纸，最多时曾经发行17000份，创造了当时国内报纸发行数量的最高纪录。1898年5月5日又增出《时务日报》。戊戌变法失败后，该报于8月8日停刊。

从1896—1898年间，全国各地建立了四十多个改良派的学会团体，各地维新派人士也纷纷创立本地区的报纸，如湖南、四川、浙江、广州、福州、上海、太原、桂林等地共有30余家之多。其中最著名者，北方当数严复于1897年在天津发刊的《国闻报》；南方当数湖南的"南学会"出版的《湘报》和《湘学新报》。

1898年6月4日，光绪皇帝开始实行新政，准许官民自由办报。此时全国报纸总数比1895年增加了三倍。但很快就遭到以慈禧太后为首的顽固派的打击，改良派在国内的舆论阵地丧失殆尽，他们把报刊宣传的中心移到了国外。梁启超在东京创办《清议报》和《新民丛报》，虽然仍得到国内一部分人士重视，但不久维新派就和民主革命派对立起来，他们的报刊宣传也就为日益壮大的民主革命势力所代替。

在此期间，以科学技术、工商、农业和以教育、外交为主要内容的报刊也相继出现。如1897年出版的《实学报》《农学报》《求是报》，1898年出版的《格致新闻》《工商学报》和《商务报》等。

辛亥革命前，创办于1900年1月的《中国日报》，曾被称为"中国革命提倡者之元祖"，其社址在香港，是中国资产阶级革命派自己创办的第一份报纸。《苏报》由胡璋于1897年6月26日在上海创办。最初是日商报纸，内容无聊，无所主张。该报于1900年出售给了陈范，从此成为中国人自己的报纸，由吴稚晖、汪文溥、章士钊等主笔，报纸的革命色彩越来越浓厚。1903年因刊登和推荐邹容的《革命军》及章太炎驳斥康有为政见的论文，在社会上引起了强烈的震动，爆发了著名的"苏报案"，成为当时一起重大的政治事件。

1904年日俄战争期间，蔡元培等在上海创办《俄事警闻》，揭露沙俄侵占东北的罪行，后改名为《警钟日报》，是继《苏报》而起的重要革命报刊之一。

1905年孙中山在东京发起组织同盟会,11月创办了《民报》。在此前后,在上海、香港、湖北及京、津等广大地区出版了一大批报刊。我国在日本的留学生也办起《湖北学生界》(后改名为《汉帜》)《浙江潮》《江苏》等刊物。这些报刊揭露帝国主义的侵略罪行,抨击清朝专制统治,对于增强人民的爱国意识,唤起革命斗争精神,起了很大作用。

第三节 晚清的出版事业

一、外国教会在华出版事业

李泽彰在《三十五年来中国之出版业》中分析近代教会在华经营出版业的原因说:"为什么教会经营出版业呢?因为他们深知欲图布教事业的扩张,必于中国人的内心建筑深固的根基,使基督教成为中国固有的宗教,而非外来的宗教,方不因政治外交变化而发生动摇。因有此目的,故于开设学堂灌输宗教于青年外,又刊行西学及宗教书籍,使基督教随西洋文明深入一般士绅的内心。"①在中国近代出版史上,西方传教士占有十分重要的地位,近代出版机构的建立及近代印刷技术的传入都与西方传教士的活动有着密不可分的关系。尽管西方传教士的目的主要在传教,但客观上,它无异于向当时的中国出版业注入了一股新鲜血液。正是这股新鲜血液,使得中国出版事业开始了它的近代化历程。

早在明神宗万历(1573—1620)年间,就有外国传教士在中国进行出版活动。万历十八年(1590)曾用西洋的铅活字印过拉丁文的《日本派赴罗马之使节》一书。但是,此后的二百年间,西方传教士的出版活动一直处于小规模、零星的状态。

1807年,马礼逊受伦敦教会派遣,经过七八个月的长途跋涉来到广州。他的到来,不仅使西方传教士在华出版活动进入了一个新阶段,也拉开了中国出版事业近代化的序幕。继马礼逊之后,伦敦教会又派传教士米怜来华。由于在广州、澳门之间无法立足,二人乃决定将传教中心暂时设在马六甲。1815年,米怜带领几个中国雕刻、刷印工人前往马六甲筹建英华书院及其印刷所。在这几个中国雕刻工人中,有马礼逊秘密吸收的,以后成为中国最早的一位基督教传教士梁发。

梁发(1784—1854年),又叫梁亚发,号学善者,别署学善居士。广东高明

---

① 转引自来新夏等:《中国近代图书事业史》,上海:上海人民出版社2000年版,第108页。

(今高鹤)人。1810年起,为马礼逊所雇,刻印中译本《圣经》。他到达马六甲后,于1816年入基督教。1824年任牧师,继承马礼逊在广州作传教工作。他著有许多宣传小册子,并借广州举行府试机会散发给考生。洪秀全创拜上帝会即是由于受其《劝世良言》等书的影响。

英华书院印刷所大约建成于1818年或稍后。最初使用雕版印刷,同时也试用铅活字排印。1838年发明了钢冲压制造中文字模的方法。1843年11月,印刷所迁至香港。出版物以中文圣经、宗教读物、传单等为主,也配合学校教学需要出版一些读物,并出版有《察世俗每月统记传》及《遐迩贯珍》等刊物。1870年,英华书院停办,印刷所的全部设备售给了中国人黄胜和王韬。

继英华书院印刷所之后,在广州的英美传教士及部分商人又组成了一个翻译出版机构——中国益知学会。该机构成立后不久,即派美国传教士崔理时赴新加坡购置印刷机器,建印刷所。在此期间,其所出书籍多在广州用木版刊印。1835年,新加坡印刷所建成,开始出版该机构的刊物。其出版物多为宗教宣传品,也有一些有关世界历史、地理等方面的书籍。1833年创刊于广州的《东西洋考每日统纪传》,于1837年后也由其出版和发行。

鸦片战争以后,清政府相继签订了《南京条约》和《虎门条约》,被迫开放广州、福州、厦门、宁波、上海等5个城市为通商口岸。设在这5个城市的教会出版机构随之增多。随着西方殖民势力的不断入侵,西方传教士的势力也不断向内地渗透。到19世纪末20世纪初,西方传教士的出版机构已形成了一个以上海为中心、遍及全中国各地区的庞大网络。这其中影响较大的有:

美华书馆。它是美国基督教长老会设在中国的出版、印刷机构,是鸦片战争后外国教会在华创办的规模最大的出版机构之一。其前身为1844年设在澳门的花华圣经书房。1845年,迁宁波,改此名。1859年又迁上海大南门外。主要出版宣传教义的书籍,也出版一些英语、数学、物理、化学等书。1858年美别利来馆主持工作,用电镀法创制华文字模,制成大小铅字七种,并创制了元宝式字架,对中国近代铅活字印刷有较大贡献。在组织上该馆采用编辑、出版、发行"三位一体"的形式,对近代出版机构影响较大。该馆于19世纪20年代停业。

墨海书馆。其前身为基督教伦敦会设在爪哇巴达维亚的印刷所,1843年迁到上海后更名。墨海书馆的创建人麦都思任该馆的第一任监理。初以英国人艾约瑟为编辑,以出版宣传教义书籍为主。1849年增聘中国人王韬为编辑。1847年英国人伟烈亚力参加编译工作,和中国数学家李善兰、英国人韦廉臣合作,翻译出版西方科技书籍。在中西译者的共同努力下,墨海书馆编译出版了涉及宗教、数学、物理、天文、地理、历史等门类的图书,并出版《六合丛刊》月刊,总计

171种书刊。

墨海书馆是上海最早拥有机械铅印设备印刷的出版机构。据伯熙所撰《老上海》载,墨海书馆在成立时,"除大小英文铅字七号外,并刻有中文铅字两号——等于头号、四号大小,排印教会宣传品之用。印刷机器系铁制印书车床,长一丈数尺,广三尺,旁置有齿重轮二,以两人司理印事,用一牛旋转机轴。其书或为活字,或为泥胎临烧成之铅板。墨汁、胶棍大致与今式相同。"①起初,印刷机靠牛作动力,时人称奇,孙次公作《洋泾浜杂诗》一首形容之,诗曰:"车翻墨海转轮圆,百种奇编宇内传。忙杀老牛浑未解,不耕禾垄种书田。"但墨海书馆以活字印书,只限于《圣经》及其他宗教印刷品,大多数出版物仍用雕版印刷。该馆于1863年停办。

格致书院。1874年由英国传教士傅兰雅创办于上海。该书院办有科技杂志《格致汇编》月刊(后改季刊),还译印了一些初级科学书籍,在介绍西方科技方面起了积极作用。1896年,傅兰雅赴美国加利福尼亚大学主持东方语言讲座,该书院遂停止活动。

广学会。1887年由英、美传教士和外交人员、商人等创立于上海。初名同文书会,前身是1834年创立于广州的实用知识传播会和1884年在上海设立的同文书会(已于1887年解散),1892年始改称广学会。英国人赫德为第一任董事长,韦廉臣、李提摩太等先后任总干事。广学会以编译出版新书为主,是中国近代史上外国在华建立的最大的出版机构,其规模及出版图书数量均远远超过京师同文馆和江南制造局。历年所出宗教、政法、史地、实业、理化等书达2000多种。它还出版发行了多种报纸杂志,其中《万国公报》是外国传教士办的中文报刊中发行量最大、影响最广的刊物。在戊戌维新前后,广学会出版的图书报刊对维新派产生了很大影响,以至有人认为:"吾国知识界之振新,惟赖一广学会,若康有为,若梁启超,皆熟读广学会之书而憬然有所觉悟于其中,遂竭力提倡变法"。此话虽有夸张,但康、梁维新派受广学会出版物的影响,则是历史事实。广学会后来与其他三个基督教出版机构合并,成立中国基督教联合书局。

二、太平天国的出版事业

鸦片战争之后,中国逐渐沦为半殖民地半封建社会,广大劳动人民遭受着帝国主义和封建主义的双重压迫,社会矛盾日益激烈,终于导致了太平天国农民起义运动的爆发。太平天国与我国历史上其他农民起义有一个显著的不同,就是

---

① 转引自来新夏等:《中国近代图书事业史》,上海:上海人民出版社2000年版,第30页。

它的主要领导人并不是一般的农民,而是曾受过一定教育的下层知识分子,如洪秀全、冯云山、洪仁玕等,他们在革命的过程中大量编写、刊印和散发书籍,借此宣传他们的主张,成为另一种武器,有力地推动了太平天国运动的发展。

(一)太平天国图书编撰活动

太平天国图书的编著者主要是太平天国的领导人,前期以洪秀全为主,后期以洪仁玕为主。

太平天国运动的发起者和领导者洪秀全曾是一个贫穷的农民知识分子,在道光二十三年(1843)科举考试失利时,在"考市"中获得了当时外国传教机构刊印赠阅的《劝世良言》,从中得到启发,建立了"拜上帝会",并先后撰写了《百正歌》《原道救世歌》《原道醒世训》《原道觉世训》等文章,利用宗教宣传和组织群众。而《原道救世歌》《原道醒世训》《原道觉世训》三篇文章则成为太平天国早期的革命理论纲领。太平天国前期的其他领导人如杨秀清、萧朝贵、冯云山等人也撰写了一批宣传其政治主张和政策的文章。

太平天国定都天京后,逐步设立了专门的编辑出版机构"镌刻衙""刷书衙""删书衙"等,各司其职,有计划地编辑出版了大量图书,对太平天国革命思想的传播起到了重要作用。太平天国刊行的图书,据考证,仅"旨准颁行"的官书就有45部。这些书大致分为四类:一类是太平天国的制度,如《天朝田亩制度》《颁行历书》《太平礼制》等;一类为洪秀全和其他领导人的诏书、檄文和论著,如《天命诏旨书》《颁行诏书》《资政新篇》等;一类为宗教宣传品,如《旧遗诏圣书》《新遗诏圣书》;一类为童蒙读物,如《三字经》《幼学诗》《御制千字诏》等。

太平天国后期的卓越领导人洪仁玕也是太平天国运动中大量著书的代表。洪仁玕早年辗转香港、上海等地,学习西方文化,接受了部分资本主义思想,这在他的代表作《资政新篇》中得以体现。《资政新篇》是洪仁玕根据西方资本主义思想向太平天国提出的施政纲领,内容包括"用人""设法"两部分。虽然这本书提出的纲领最后没有得以实施,但是它所指出的发展资本主义以摆脱封建统治的思想却为农民运动指出了前所未有的一条新路,在当时的中国社会尤其难能可贵。

太平天国编著出版的图书有三个显著特征。其一,宗教色彩浓重。洪秀全建立"拜上帝会",就是用改造过的基督教义号召农民奋起抗争。他宣称上帝创造万物,是"天父";耶稣基督是上帝的长子,称"天兄";他自己是上帝的次子,称"天王",受上帝之命下凡拯救万民于水火之中;称封建统治者和外国侵略者为"妖""魔",上帝的子民要斩妖除魔。其二,平等思想明确。在太平天国的图书中,天下人皆为上帝的儿女,男人都是兄弟,女人都是姐妹,国与国、人与人之间都是绝对平等的。这种思想集中体现在《天朝田亩制度》里,表达了对"有田同耕、有饭同食、有衣同穿、有钱同使,无处不均匀,无人不保暖"的理想社会的追求,把历代农民起义追求平均、平等的理想制度化。其三,封建意识多有表现。在太平天国的各种礼制中,对于君臣、父子、夫妻、长幼等的关系仍然按照"三纲五常"这样的封建观念进行规定;虽说天下男女均为兄弟姐妹,但是仍然有"姊别弟""嫂别叔""爹别媳""男别女"等类似"男女授受不亲"的规定。可见,在封建社会这样的大背景下,农民虽然具有革命思想,但是也无法摆脱时代和阶级的局限性,出现了追求自由与封建意识并存的矛盾。

(二)太平天国的编辑出版机构

太平天国的领导人比较重视图书出版工作。早在永安建制时就刊刻了《太平礼制》《幼学诗》等书籍。但当时由于忙于战事,所以太平天国早期并没有专门的出版职官和机构。随着军事斗争的胜利和政权的逐步稳定,太平天国在进军和定都天京的过程中逐步建立和完善了一套主管图书编辑出版的机构,并设专门的职官对其进行管理。

太平天国的出版机构主要包括诏书衙、诏命衙、镌刻衙、刷书衙和删书衙。

诏书衙主管编书和填写表册等事。由于太平天国把他们编辑的所有图书都称为"诏书",因此诏书衙编辑出版的图书实际上范围十分广泛,包括"明上帝之权能""宣传天父之恩威""唤醒愚蒙"及天王"发号施令"之书。所有经由诏书衙印行的图书都需要经过"辑"和"编"的工作,并且鉴于太平天国的文字避讳制度甚为烦琐,诏书衙的这些工作就显得更加重要了。

诏书衙设协理、典诏命、宣诏书等职,均是太平军中有文化的人。由外访得到的"贤才",往往先送到诏书衙进行学习,从某种意义上来说,诏书衙也具有学术和政治学习机构的性质。

诏命衙是负责撰写诏旨、榜示同时兼管编书的机构,也负责抄写、誊写有关诏旨。其负责官员是正、副"典诏命",为朝内官,相对于太平军中的"指挥"这一级。

镌刻衙是太平天国的刻书机构,其前身为向天京进军期间设立的"镌刻营"。在太平天国起事前,洪秀全等领导人编写的图书是通过手抄的方式复制,用赠送的方式传播的。随着革命形式的发展和队伍的扩大,为了能更有效率地传播太平天国的宗教、政治理念,就有必要进行相关书籍的大量出版和传播,因此就有了建立专门负责雕版刻书的必要。同时,太平军的实力不断扩大,不少手工业者相继加入,其中不乏善于刻书的工匠,"镌刻营"便应运而生。定都天京以后,太平天国政权在镌刻营的基础上设立了镌刻衙。镌刻衙设"典镌刻"一职,属朝内官,负责校对印书,校对无误后再交予刻工雕刻书版。

刷书衙是负责印刷书籍的专门机构,相当于现在的印刷厂。为满足太平天国散发大量图书的需要,刷书衙作为制作副本的机构便成为必然需求。

删书衙是太平天国图书编辑出版体系中唯一与古书打交道的机构,负责删改儒家经典等传统书籍。太平天国初期对古籍一律采取焚毁的做法,直到1854年设立"删书衙"以后才开始对古籍在删改的基础上整理出版,洪秀全曾亲自主持删改"四书五经"。基本上就是将儒家经典中维护封建统治、违背太平天国思想的内容一概删掉,再行出版。为此,清代有人在《金陵纪事》中称太平天国"所刻《三字经》等书,不如驴鸣狗吠",可见其对封建正统思想的排斥。删书衙的主管官员可以官居丞相,由此可见太平天国政权对儒家经典"为我所用"重要性的认识。

太平天国编辑出版图书的机构设置完善,形成了完整的体系,从中可以看出其出书的基本流程,即将书稿按照不同的类别送到诏书衙、诏命衙或者删书衙,编辑停当,经上级审查合格再送到镌刻衙进行刻板,进而到刷书衙印刷,再通过赠送等方式进行传播。这在战事不断的农民战争中可谓"前无古人"。

(三)太平天国图书的发行与流通

由于太平天国刻印的图书集中体现其宗教、政治、经济等各个方面的主张,因而在宣传方面的作用不容小视,太平天国也很重视对其图书的发行,并主要以赠送的方式进行。最重要的受众是清朝的百姓,太平军走到哪里就把太平天国印书带给哪里的百姓,宣传其思想,号召百姓奋起加入抵抗清政府封建统治的革命队伍。太平军还设法将印书散发给他们的敌人——清朝军队的官兵,以此削弱敌志。印书还被赠送给访问天京的外国人,而现存的太平天国印书就是从保存在海外的图书馆逐渐集录起来的。

太平天国的出版活动仍然未能脱离传统的刻印体系。但从出版内容上看,它打破了中国出版史上1000余年来一直以儒家经典占统治地位的状况,并翻译出版了一些外国宗教书;一些出版物如《资政新篇》,还反映了发展资本主义、向西方学习的要求;而且,太平天国出版的儒家经典都作了删改,这在中国出版史上也是少见的。这些都反映了太平天国出版事业所具有的革命意义。

三、中国传统出版事业的复兴

鸦片战争后,清朝国势日衰,整个咸丰朝又有太平天国占据江南,这些因素都影响到了传统的官、私、坊刻书系统的发展。清代主要官刻机构武英殿的刻书活动,在嘉庆时已不景气,道光、咸丰时刻书更少,道光朝刻书仅46种,而咸丰朝更是减少到 22 种。① 这在武英殿总刻书量中是很少的一部分。而且刻书质量亦大不如前。太平军兴起之前,江南一代如南京、苏州、杭州的刻书事业还是十分兴盛的,但经历了太平天国运动的兵燹之后,江南一代"市肆荡然无存",刻书事业受到了极大的损毁。

及至同治年间(1862—1874),清政府在镇压太平天国、捻军及西北回部的斗争中相继取得胜利,当时号称"同治中兴"。"同治中兴"使清朝统治集团中的部分人在不同程度上改变了过去因循颓靡的状态,而以较为自信的进取精神去寻求自强之路。他们采取比以前统治者更为开明的方法,试图以传统文化为主,以西方先进科学技术为辅,在振兴传统文化的同时大量吸取西方先进的科学技术。这样,宣传封建正统文化的官书局及介绍西方先进科技知识的译书馆纷纷建立。同时,民间书肆、书坊刻书和私家刻书也在这一时期得到了一定的发展。中国的传统出版印刷事业进入最后一个兴盛时期。

(一)官书局

太平天国运动的大部分领导者不懂得继承祖国文化遗产的重要意义,把大批古籍用火烧水浇的方法予以毁灭,在客观上给中国文化典籍带来巨大损失。同时,由于太平军与清军的连年激战,东南诸省的典籍遭破坏的现象尤为严重,许多知名的藏书楼付之一炬,不少珍本、善本及其刻板被毁,如常熟毛氏汲古阁、鄞县范氏天一阁、昆山徐氏传是阁、桐乡鲍氏知不足斋、阳湖孙氏平津馆、海宁吴氏拜经楼的藏书就多有散失、损毁,其中尤以天一阁为甚。与太平天国在南方的运动遥相辉映的是北方的捻军起义,安徽、河南、山东等省的书籍也遭到了破坏。加上外国侵略者在第二次鸦片战争期间对我国古代藏书楼和图书出版业造成的损害,全国各地尤其是太平军活动的南方地区,不但大批珍贵典籍失传,甚至连平日士子常读的《四书》《五经》也极罕见,读书人简直到了无书可买、无书可读的地步。而在镇压太平天国运动中起家的将领如曾国藩、左宗棠、李鸿章等,多是文人出身,受过传统文化的熏陶。战争的胜利使他们对传统文化充满着信心,他们企图通过振兴封建传统文教来达到自强的目的。在他们的倡导下,全国各地开始建立起庞大的官书局出版体系。

同治二年(1863),曾国藩在安庆初创金陵书局,这是当时创办的第一个官书局。金陵书局成立以后,各省纷纷仿效。在很短的时间里,江苏、浙江、安徽、江西、湖北、湖南、福建、广东、山西、直隶、四川、云南、贵州等省便相继设立了官书局。从地域来看,当时的官书局虽然遍布全国各省,但由于各地经济、社会、文化

---

① 来新夏等:《中国近代图书事业史》,上海:上海人民出版社 2000 年版,第 31 页。

条件以及督抚个人的重视程度不同而呈现出不同的特色：南方地区设局刊书时间早，书局数量也多，而且集结了一批知名学者负责编校，因此所出图书版本精良、编印考究；北方地区，除山东书局有较多刊书外，多以转运、发售南方书局印书为主；边远地区由于经济、文化相对落后，因而设立书局较晚，刊刻图书有限。从出版经费来看，官书局最早大多由创办人私人出资，其后方请由国库补贴，或取自道库，或取自运库，或取自海防支应局，或取自海关经费，或取自盐务工所。从出版内容来看，这些书局虽以重兴文化为名，但所刊刻的书籍，多是御纂、钦定的本子。其中经史居多，诗文次之。同时，为了迎合一般读者的需要，所刊刻的普通读物，定价低廉，求之较易。从出版技术来看，各地官书局一开始多采用中国传统的雕版印刷和活字印刷。后来随着中国近代印刷业的发展和普及，才逐渐改用西方传入的近代印刷术。到光绪年间（1875—1908），官书局达到鼎盛阶段，据《官书局书目汇编》不完全统计，到清末官书局所刻书已达千余种，其中大部分是这一时期刻印的。

截至清末，先后成立的官书局有 40 余处，其中较负盛名、影响较大的有金陵官书局、浙江书局、江苏书局、广雅书局等。

1. 金陵书局

又称江南官书局、江宁书局。同治二年（1863）两江总督曾国藩与其弟曾国荃在安庆设局，招募了一些学者和刻工校刻《船山遗书》。同治三年（1864），清军攻下太平天国的天京（今南京）后将校刻班子移至此地，翌年开刻经史诸书并定名为金陵书局。

金陵书局初创时由曾国藩私人出资，旋即改由公款支付。初期由莫友芝主持，后相继由欧阳兆熊、韩弼元等主持。参加校勘的先后有汪士铎、刘毓崧、刘寿曾、张文虎、李善兰、唐端甫、戴望、冯煦等，多为名噪一时的文人。金陵书局对字体、版式以及所取底本，均非常讲究，规定字体必须兼"方、粗、精、匀"，底本一定要觅善本。由于参与校刻者均为当时的饱学之士，且有雄厚的经济实力作后盾，加之底本多为善本，又坚持"但求校雠之精审，不问成书之迟速"的原则，故刊本质量很高，所刻各书当时人们皆视为善本。金陵书局刊印图书以经史为主，诗文次之。同时也刊印了一些诸如《唐人万首绝句选》《楚辞》，以及《白喉治法》《蚕桑辑要》等普通读物和医学、农学方面的图书。其对西方科技著作也颇为重视，刊印了《几何原本》《重学》《圆曲线说》《则古昔斋算学》等书籍。前后刻印图书 56 种，计 2776 卷、690 册。

金陵书局于创始初期还用木活字排印过一些书籍，如《三国志》《两汉勘误补遗》等，并用雕版刻印过一些西学新书。光绪初年，金陵书局改名为江南书局。

光绪二十七年(1901)并入江楚编译局。

2. 浙江书局

同治六年(1864),由浙江巡抚马新贻创设于杭州。俞樾曾任该书局总办。先后担任过校勘的有薛时雨、孙诒言、王诒寿、杨文莹、董慎行等。书局初创时,曾得当时著名藏书家丁丙襄助,此后刊书即多以丁氏八千卷楼所藏善本进行校刊,因而所刻图书不但数量多,而且校勘精当,极少错讹,质量甚至超过"殿本",在全国各官书局中堪称首位。其所刊刻的《二十二子》至今仍为学者所赞赏。

浙江书局刻印书籍,还常常从读者购买能力角度着想。在刊刻卷帙浩繁的著作如《御纂七经》《御批通鉴辑览》时常用缩小版式、增多行数的办法来降低成本,使书价较廉,以便读者购买。

浙江书局先后共刻书 140 余种,还购存有不少别家所刻旧版用以刷印流存。用其名义出版刷印的书籍不下 200 种。

宣统元年(1909),浙江书局交由浙江图书馆管理,改称浙江官书印售所。1913 年正式并入浙江图书馆,易名木印部印所。

3. 江苏书局

由李鸿章创建于同治四年(1865),地址在苏州燕家巷内杨家园。同治七年(1868),江苏巡抚丁日昌奏准对该书局加以扩充。此后,江苏官书局的发展日盛一日。光绪年间达于高潮。民国三年(1914)经当时的江苏省政府批准,由江苏省立第二图书馆(现苏州图书馆的前身)接收,更名为"官书印行所"。计刻书 206 种,5047 卷,1632 册。

江苏官书局除采用中国传统的雕版印刷术大量刻印经史子集各类图书外,还曾采用过泥盘活字排版工艺印书,并置备铅活字印刷机,用西方传入的近代铅活字印刷术印刷,印有少量铅印本图书。

4. 广雅书局

光绪十二年(1886),两广总督张之洞在广州创办了广雅书局。其前身为前任两广总督阮元于清嘉庆年间在广州设立的学海堂、菊坡精舍的刻书处。曾刻印《十三经校勘记》《皇清经解》《石经考异》《三家诗异文疏证》等图书多种。张之洞调任两广总督后,继续前任阮元之业,又创办了广雅书院、粤华书院和粤秀书院,加上原来的学海堂和菊坡精舍,时称"五大书院"。这五大书院的选本均由广雅书局校勘、刻印。

广雅书局提调王秉恩,校勘武进屠敬山、会稽陶浚寅、元和王仁俊、长洲叶昌炽等,皆为当时著名学者。所刻《广雅丛书》于历史研究很有参考价值。广雅书局刻书三百余种,版片多达十五六万片。除采用传统的雕版印刷外,于宣统年间增添铅印设备,排印了《小学各科教授法》。1917年附设于广东图书馆。

各省官书局还曾尝试过合作出版。1869年,由金陵书局发起,与苏州、浙江、湖北、淮南等5书局合刻《二十四史》,并奉命"照汲古阁十七史板式行数、字数,较各家所刻者为精密,俟各书刊成之日,颁发各学书院,并准书肆贾人随时刷印,以广流传。"这种和衷共济、协商合刻的蔚然大观之举曾传为书林佳话。到1885年,南菁书局和江苏书局又合刻了《皇清经解》。

随着时代的发展,社会对图书的需求已经从经史子集转向能够"救亡图存"的反映时代主题的图书上了。由于官书局所出图书大多仍是传统典籍,在市场竞争中逐渐处于不利地位。再加上官书局作为官府的专门图书出版机构而存在管理体制混乱、技术设备陈旧、出版思想落后等弊端,都制约了官书局的继续发展,最终无法摆脱被社会淘汰的命运。清朝灭亡后,官书局急剧衰落。1919年因提倡国故又复兴盛,但多是用旧版印书,刻书只有20余种。由于购书手续烦琐,20年代末又复衰落。

(二)译书馆

第二次鸦片战争失败后,以奕䜣、曾国藩为首的洋务派应运而生。在他们的主持下,创办了同文馆、广方言馆、江南制造总局等机构,派出了第一批留学生,培养了一些翻译人才。自中央设馆译书后,沿海地方相继仿行。1863年李鸿章在上海设立上海同文馆(亦称广方言馆),后又有广州同文馆(亦称广州广方言馆)。仿照江南制造局又有北洋制造局(天津制造局)、福州船政学堂(求是堂)等相继建立。这些翻译及教育机构,均由洋务派巨头曾国藩、左宗棠、李鸿章等掌握。后起的张之洞也在武汉设立了自强学堂。这样,从中央到地方,自上而下地形成了一个政府译书出版系统。晚清政府所办译书馆以京师同文馆和江南制造总局最为著名,在上文中已有较详细的介绍,不再赘述。

(三)民间书肆、书坊刻书

民间书肆、书坊刻印、销售书籍,是这一时期各地比较普遍的图书出版活动。这些书肆、书坊既刻书,又贩书,它们以获利为目的,所刻印销售的书很多是一些制艺、试帖诗、类书以及民间用的历书、医书、童蒙读物、占卜星相书等。也有一些较大的书肆刻印了一些大部头古籍。据1889年12月19日《申报》广告所载,上海广百宋斋信记书店发售的书籍有《圣祖皇帝庭训格言》《阅微草堂笔记》《论语旁证》《绣像二十四史演义》《皇朝经世文编》《通商约章成案汇编》《四库简明目录》《三字经注解备要》《纲鉴易知录》,等等。从中大致可以看出当时民间出版业的取向。晚清时期,书肆、书坊较集中的有北京的琉璃厂、上海的棋盘街、山东的聊城、四川成都的学道街等地。其中北京琉璃厂的富文堂、双峰书屋、富晋书社、荣宝斋,上海棋盘街的文瑞楼、著易堂、广益书室,山东聊城的旧书业"四大家",即书业德、善成堂、有益堂、宝兴堂,成都学道街的尚友堂、九思堂、志古堂、二酉书店等,都是当时有名的旧书肆、书坊。这些书肆、书坊刻印的古籍较著名的有《皇朝经世文编》《殷契钩沉》《百子全书》《金石萃编》《宋元明清四朝学案》《小方壶斋舆地丛钞》《五经体注》《五经备旨》《四书备旨》《昭明文选》《许氏说文》《玉海》等。

(四)私家刻书

同治、光绪年间,随着学术空气的日趋浓厚,也由于官府刻书的推动,文人士大夫私家刻书之风也有所发展。据粗略统计,这一时期,仅湖南私家刻书者就有170多人,刻书近2600种之多。而湖南刻书业当时在全国仅居中游。私家刻书中,以丛书为多。其中福州张伯行的《正谊堂全书》、归安陆心源的《十万卷楼丛书》、遵义黎庶昌的《古逸丛书》、巴陵钟谦钧的《古经解汇函》、长沙王先谦的《皇清经解续编》、定州王氏谦德堂的《畿辅丛书》、江阴缪荃荪的《云自在龛丛书》、仁和江标的《灵鹣阁丛书》等都是较著名的。由于私人刻书家多受传统文化的熏陶,其刻书也主要以传统图书内容为主,这显然与时代的发展已有一定距离。当近代中国出版业发生巨大变化时,这种出版活动更多地已变成一种个人行为。与清前期那种参与者众多的私家刻书系统相比,近代的私家刻书已在逐步走向衰落。

随着近代印刷技术设备的引进和新学的传播,到戊戌变法时,传统刻书业也开始发生新的变化,出现了一些近代因素。这主要表现在:各地官书局也开始刻印一些"新学"著作和教科书。如金陵书局曾印行《几何原本》,湖南书局也曾刻印《支那通史》等。另外一方面,一些民间书肆、书坊则受新式出版业的影响,引进近代印刷设备印刷古籍,有的甚至也开始出版西学新书。如上海著易堂原来是刊刻发售雕版书籍的老店,光绪十七年(1891),它用铅印机出版了王锡祺编辑的地理丛书《小方壶斋舆地丛钞》,成为当时比较著名的出版物。再如上海六先书局,"一应新译洋务各书,无不搜集全备,以便艺林就近采购"。虽然它仍然申明以"御定《麻象考成后编》为算学之首",但这毕竟预示着在出版业中占重要地位的民间出版企业的近代变迁,它为戊戌维新后中国民营出版业的崛起埋下了伏笔。①

---

① 史春风、李中华:《晚清出版业的近代化历程》,《滨州教育学院学报》2001年第6期。

四、近代资本主义出版业的兴起

19世纪80年代之前,私人出版业仍处于传统的手工雕刻印刷阶段。到了70年代末80年代初,随着石印术的兴起和现代经营模式的建立,一大批近代资本主义出版企业得以建立。新型的资本主义出版企业开始以崭新的姿态出现在近代史的舞台上。这是中国出版业正式进入近代化阶段的重要标志之一。在这批近代出版企业中,点石斋石印书局起着开先河的作用。

点石斋石印书局为英商美查所创办。美查精通中国语言文字,原在华贩茶为业。后因亏本,于是转而办报,1872年创办《申报》于上海,获利颇丰。《申报》获利后,美查想进一步添设副业。当时石印术尚未为中国所注意,美查乃购轮转石印机数部,聘土山湾石印印刷所的印师邱子昂为技师,于1876年创办点石斋石印书局,专门印刷中国传统文化经典。其开办之初即用影像石印法印制了《圣谕详解》《四库全书简明目录》等书,并发布告白:"本分局专办一切石印经史子集,以及中外舆图、西文书籍、名人碑帖、画谱、描联、册页,花色齐全,价目克己。绅商赐顾,请认抛球场南首三层楼红墙洋房可也,此布。"1882年,点石斋石印书局印制的《康熙字典》在很短时间内便发行了10余万册,获得了相当丰厚的利润。在巨额利润的刺激下,各地石印书局纷纷成立,一批近代资本主义出版企业得以产生。

值得一提的是美查在石印书获利甚巨、石印书局纷纷成立之时,又转而设立图书集成局,用特制的扁体铅活字印行《古今图书集成》。当时人们称这套铅活字为"美查体"或"集成体"。美查创办的申报馆还用铅活字陆续排印了一套《申报馆丛书》共160余种,用申报馆书局的名义发行。美查在汉文铅活字的普及使用上也是功绩卓著的。

1906年,美查回国,其申报馆及附设各书局皆售予中国人席子佩。不久,点石斋石印书局、申昌书局、图书集成铅印局与开明书店合并为集成图书公司。1912年由黎元洪、张伯烈改组为民国第一书局,因组织不完备而无成就。1914年迁武汉后关闭。

继点石斋书局之后,其他的石印出版机构纷纷成立,其中以1882年徐鸿复、徐润开设于上海的同文书局最为著名。这是由中国人自己集资创办的第一家石印书局。同文书局于开创初期备有石印机12架,雇用工人500名,专门用石印法翻印古籍,著名的有影印殿版《二十四史》《康熙字典》《佩文斋书画谱》等。1894年,清廷委托同文书局影印《古今图书集成》,作为颁赐各国礼品之用。此事历时3年,共耗资白银48万两,按原书大小影印出100套。同文书局因此赢得了更高的声誉。后由于缺乏发行经验,印书过多,造成资本积压,遂于1898年停办。

图8.8　1882年点石斋照相石印武英殿版《康熙字典》扉页,印刷10万部,为当时销行数量最高的一部工具书

在石印书局中,组织较为健全的为李盛铎于1887年创办的蜚英馆。蜚英馆备有当时先进的石印蒸汽机十余部,馆内建有东西相对的楼房若干幢,分设总账房、会客厅、总校处、绘图处、裱书处、抄书处、画格处、照相房、印机房、印稿房、校书房、磨石房、积书处、堆纸处及装订处等,分门别户,井井有条。蜚英馆主要出版供士子考试时场屋需用的夹带书,也出版过《正续资治通鉴》《三希堂法帖》等典籍。

除上述三家外,上海还有其他一些石印书局。如凌佩卿等创办的鸿文书局,是我国最早石印五彩图画的书局;魏允文、魏天生创办的中西五彩书局,是最早由国人创办的彩印书局。还有钟寅伯创办的积石书局、何瑞堂创办的鸿宝斋书局等。当时,上海已成为中国石印书业的中心,其所印的书销行于全国。在上海石印书业的影响下,南京、武昌、广州、苏州等地也相继有人开创石印书局,石印书风靡一时。

在这些近代资本主义出版企业的影响下,一些传统的刻书业也开始购置铅印、石印机出版图书,逐渐向资本主义机械化出版企业的方向发展,较有代表性的为扫叶山房。

扫叶山房于明代万历年间(1573—1620)即已出现,由洞庭席氏设立于苏州,以后逐渐发展成为著名的大书店。19世纪80年代起,扫叶山房开始用石印术印行古籍,如《百子全书》等,遂获得更大发展,相继在上海、汉口、松江设立了一些分号,在当时的出版业中占有相当地位。民国以后,扫叶书房继续用石印术印行古籍。

1895年中日《马关条约》的签订,使私营资本主义企业得以合法化,这就为资本主义出版企业的成立发展提供了一定的政治保障。而当时正兴起的编制新式教科书的热潮又为资本主义出版企业的发展提供了便利条件。

1897年由夏瑞芳等人创办的商务印书馆,是我国近代私营出版印刷业中最有影响的一家。它最初专营印刷,主要印商业用品,如名片、广告、簿记、账册之类,故名"商务"。后来,商务印书馆扩充了机构,成立了印刷所,编译所和发行所,又聘请了张元济主持商务的编辑工作,业务的中心也由印刷转到出版。在它出版的最早的一批图书中,有这样三类出版物具有广泛而深远的影响:一是编印一大批新式教科书;二是翻译出版《华英初阶》《华英进阶》一类英语读本和英汉辞典等工具书;三是印行西方学术著作译本。

商务印书馆的创建和发展,是我国近代出版企业日趋成熟的重要标志,这对新式民营出版业的发展起到了重大的推动作用。继它之后,文明书局、开明书店、广智书局、小说林、群学社等新式出版企业先后创办。在当时出版业最为发达的上海,近代出版业开始形成一种实业体系。到1906年,上海民营出版企业加入上海书业公会的就有22家。其中比较有影响的,除商务之外,还有1902年创办的文明书局。文明书局由俞复、丁宝书等创办于上海。其出版的第一部书籍是俞、丁二人在授课过程中所编制的《蒙学读本》。此后,文明书局又陆续出版了许多教科书,包括中国历史、中国地理、外国历史、外国地理、天文、地质、生理卫生、珠算、几何、动物、植物、矿物、化学、格致以至地图、习画、习字等,门类较全,均单独成册,组成早期最完备的一套现代教科书。此外还印行了大量笔记、小说、画册、碑帖等,1932年文明书局并入中华书局。

第四节　近代机械化印刷术的传入与发展

晚清时期,西方先进的机械化印刷技术渐次传入中国,它因为具有比我国传统印刷技术的明显优势而逐渐推广起来,并最终取代传统印刷技术而成为图书印刷制作的主要技术,从而为我国出版业的近代化提供了必要的物质基础和技术条件。从一定意义上讲,近代机械化印刷技术的广泛使用,也是我国出版业进入近代化阶段的重要标志之一。

一、近代印刷术原理类型

现代印刷术依其印版的结构,可以分为三种类型:凸版印刷、平版印刷和凹版印刷。

(一) 凸版印刷术

凸版印刷是历史最悠久的一种印刷方法,我国传统的木版雕印及各类活字印刷都属于这一类型。近代机械化凸版印刷以铅印为主,它是由德国的古登堡(1395—1468)于1440年发明的。

谷登堡从1436年开始研究活字印刷,1440年制成螺旋式手扳木质印书机,1445年开始设厂印书。印过《四十二行圣经》《加特利根》等书,印刷得十分精美。1462年,谷登堡的工厂毁于大火。从这时起,他的一直被守为秘密的印刷方法才得到传播的机会。

古登堡的活字印刷术,在原理上与我国的活字印刷没有多大差别。有所创新的是,古登堡采用铅、锌、锑合金做活字材料铸字,用脂肪性油墨代替水性油墨,并创制了手扳印书机,从而奠定了现代机械化铅印术的基础。

古登堡的活字印刷术,先从德国传到意大利,再传到法国,到1477年几乎传遍了欧洲,一个世纪以后传到亚洲各国,1589年传到中国,翌年传到日本。

古登堡的铸字、排字、印刷方法,以及他首创的螺旋式手扳印刷机,在世界各国沿用了四百余年。

到1845年,德国生产了第一台快速印刷机,1860年,美国生产第一批轮转机。以后德国又相继生产了滚筒印刷机、双色快速印刷机、印报纸用的轮转机,以及双色轮转机,到1900年又制成了六色轮转机。从1845年起,大约经过一个世纪的时间,各工业发达国家都相继实现了印刷工业的机械化。

最早传入中国的凸版印刷机械为手扳架。这种手扳架每天只能印数百张,由手工上墨,效率很低。不久,又传入了自来墨架,加快了印刷速度。1872年上海申报馆购置手摇轮转机,每小时印几百张报纸。后改用蒸汽及火力动力,效率增加了一倍。

1898年,日本仿制欧洲的轮转机输入中国,因价格低廉,多为当时印刷机构所采用。1906年,由英国人发明的用电气马达作动力的单滚筒机传入中国,每小时可印1000张,俗称"大英机"。1912年申报馆购置亚尔化公司的双轮转机,每小时可印2000张。1919年商务印书馆引进英国的米利机,印刷速度更快,且可进行多色印刷。

1916年申报馆购置日本制造的法式的滚筒印刷机,每小时可印8000张,比轮转机提高数倍。1922年商务印书馆置办德国造的滚筒印刷机,可以从机器两旁同时出书,并配有折叠机,每小时能出双面印的8000张,其速度相当于10架米利机。1925年上海时报馆购置德国造的彩色滚筒印刷机,在当时属于世界上最先进的凸版印刷机械。

凸版印刷的版面结构特点是:印版上的图文部分凸起并在同一平面上,非图文部分凹下。印刷时,表面涂有墨层的辊滚过印版表面,凸起的图文被均匀的墨层所覆盖,而凹下的空白部分则不沾油墨,通过压印机构加压后,印版图文上附着的油墨便被转印到承印物的表面,从而留下印迹。凸版印刷是一种直接加压印刷的方法。在以文字内容为主的书刊生产中,凸版印刷长期占有重要的地位。

凸版印刷也存在一些缺点,例如制版质量难以控制、制版费用昂贵、不适合印制大幅面的产品,以及使用铅合金时,挥发的蒸气会污染环境等。

(二)平版印刷术

平版印刷术大致包括石印、胶印及珂罗版印刷等三种形式。

石印是捷克人(旧属奥匈帝国)施纳飞尔特于1796年发明的。其方法:以天然多微孔的石油石作为版料,用脂肪性的转写墨直接将图文描写在石版面上,或通过转写纸转印于石面。然后用硝酸阿拉伯树胶溶液处理,制成石印版,用微量水分润湿版面,涂上油墨,便可印刷。

最初传入我国的石版印刷机为木料所造,以人力攀转,操作非常费力。光绪初年,点石斋印书局引进轮转石印机,仍以人力手摇,每架机器配备工人8名,分两班轮替,另需1人添纸,2人收纸,每小时可印几百张。光绪中叶,为减轻劳动强度,始将石印机改用火力作动力。

由于石版体积太大,后来又出现了铅版印刷机,用铅版代替石版进行平面印刷。1908年商务印书馆开始引进这一技术,每小时可印1500张左右。

石版与铅版的平面印刷机因为直接印刷,纸张容易受潮,伸缩率高,影响印刷质量及速度。1904年美国人鲁培尔发明了胶印,在平版印刷机上安装一个橡皮滚筒,印版上的图文经过橡皮布转印到纸面上,而印版和纸张不直接接触,为一种间接印刷的方法。1915年商务印书馆开始使用进口胶版机,后来又使用双色胶印机。

珂罗版印刷为德国人海尔拨脱于1869年所发明,俗称玻璃版印刷。其印刷品清晰、逼真,缺点是印量不大,成本昂贵。我国在光绪初年已有珂罗版印刷,上海徐家汇土山湾印刷所就曾用珂罗版印刷过宗教图画。1907年商务印书馆开始用珂罗版进行彩色印刷。

平版印刷版面结构的特点是:印刷的图文和非印刷的空白部分几乎同处于一个平面上,肉眼看去没有高低之分。印刷时,利用油、水相斥的原理,使图文部分抗水亲油而着墨,空白部分抗油亲水而排墨,通过压印机构,将图文部分的油墨直接或经橡皮布转印到承印物的表面。

平版印刷和照相排字相结合,不仅可以消除铅中毒之害,而且拼版容易,制版迅速。这种方法既能适用于印刷图文并茂的书籍和连环画,又能应用于报纸和书刊的印刷。

(三)凹版印刷术

凹版印刷有雕刻凹版、蚀刻凹版和照相凹版三种。

雕刻版主要就是雕刻铜版,为意大利人腓纳求赖于1452年发明。后来发展成为蚀刻铜版。清末王肇铉游学日本时学会此法,曾著《铜刻小记》加以介绍。1905年商务印书馆亦曾聘用日本技师加以传授使用。

照相凹版又称影写版,它是嘉立许于1894年所发明,后经德国人梅登改良。照相凹版大约在20世纪头十年传入我国。1923年商务印书馆曾聘用德国技师用之印刷杂志的插图与风景画等。

由于凹版印刷术制版昂贵,一般很少用它来印书,常将其用于印刷有价证券,如钞票、邮票、印花、股票之类,有时也用以印制书中精细的插图及地图。

二、中文铅活字的研制与改进

制造中文铅活字是将西方印刷术应用于中国印刷业的重要步骤。由于汉字特点与西文不同,因而中文铅活字的研制就成为一个重大课题,其成败与否直接影响到它的推广使用。这样,从19世纪初一直到60年代洋务运动兴起,形成了一个研制中文铅活字的热潮。

最初从事中文铅活字研制工作的是英国传教士马礼逊。马礼逊早年毕业于英国神学院。他曾学过中文,当时精通中文的欧洲人只有三个,他便是其中之一。1807年,马礼逊来到中国,因刊印中文《圣经》的需要,乃努力于汉文铅字的研制,后因地方当局禁止、刻工惧祸而将字模焚毁。

1814年,马礼逊派另一位传教士米怜带领几位中国刻字工人前往马六甲设立英华印刷所,继续制造汉文铅活字。1819年,他们成功地印制了铅活字本的《新旧约全书》,这是最早的汉字新式铅印书。

继马礼逊之后,1815年,英国人马施曼在槟榔屿(今马来西亚槟城)译印《新旧约全书》,托汤姆在澳门镌刻字模,浇铸华文铅字。

1834年,美国教会在中国找到一副木刻汉字,运回波士顿,用浇铅版的方法制成中文铅活字,用以在中国印刷美国教会书报。

1836年,法国人葛兰德因汉字过于浩繁,仍倡导研制"华文叠积字",借以减少字模。他将汉字按偏旁部首分解镌刻,如"碗""和"等字,只刻"石""宛""禾""口"等字模,印刷时将"石""宛"拼成"碗","禾""口"拼成"和"。这种方法虽可大大减少字模的数量,但排版繁复,且单独之字与拼合之字一同排列,大小不一,显得很不整齐,因而推行未广,只在澳门使用了一段时间。

1838年,法国巴黎皇家印刷局得到木刻汉字一副,用其浇铸成铅版,锯成活字,然后运回中国,用以排印教会印件。当时颇称便利。

同年,新加坡伦敦教会的台约尔牧师制成大小不同的字模两种,并创建华英书院。鸦片战争后迁入香港,开局印刷。但不久台约尔即于中国逝世,生前仅刻成字模1845枚,其业未竟。

1844年,美国长老会在澳门设花华圣经书房,由美国人谷玄主持。谷玄继台约尔之业,继续刻模铸字,用以广印书籍。因这套铅活字制造于香港,故称"香港字"。香港字在当时颇为流行,其他使用铅活字印刷的机构也多于此处购用。

1858年,美国长老会派遣姜别利来华主持宁波美华印书馆事务(前身即花华圣经书房)。姜氏早年曾在美国费城学习过印刷,对此颇有心得。鉴于汉字繁多,字体复杂,镌刻困难,乃于1839年在宁波创电镀汉文字模。其方法是,用黄杨木刻汉文阳字,镀制紫铜阴文,镶入黄铜壳子。这样,不但减省了雕镌之工,而且字号小的汉字等得以镌制。

姜别利用这种方法仿照西文字体共制成大小七种汉文铅活字,其中一号称显字、二号称明字、三号称中字、四号称行字、五号称解字、六号称注字、七号称珍字。这七种字体标准奠定了汉文铅字制度的基础。

自姜别利研制出电镀汉文字模后,汉文铅活字的研制活动基本上停顿下来。这次汉文铅活字的研制热潮大致有以下两个特点:其一,这一时期从事研制活动的基本上都是外国人,其中尤以西方传教士为多。其二,这次研制活动的着重点在于汉文铅活字的制作、使用及其字体大小上,而对字体美观与否未加注意。

这次汉文铅活字研制的热潮大致上奠定了汉文铅活字的基础,但它也面临着许多自身无法克服的困难。

其一,从时代背景上看,尽管当时西学对中国社会的冲击很大,但对其图书的需求量并不很大,人们主要的精力仍放在中国传统文化上,其内容更新率极慢,淘汰率很低,一部书一旦刻成书版,便可长期使用。而铅活字印刷速度快、用料省的优越性就难以体现出来。

其二,中国汉字的特殊性也给使用铅活字带来先天性困难。如汉字数量巨大,常用字就有四五千个,还有数以万计的冷僻字,要从事铅活字印刷起码要备齐十万以上的单字,而且还要时常增刻、增购,这就需要耗用很大的资本。而且庞大的汉字数量使得排检也很不方便,无论是用韵目法还是部首法来排列单字,都有一定缺陷,当时又无熟练的检字工,其排检速度并不比雕版快。

其三,铅活字排好版后,要根据预测印刷一大批成品,而当时在图书发行上尚未形成一个能将大批量图书迅速发行下去的发行网,因而易于造成积压。

其四,从事铅活字研究的大多是外国人,他们对中国知识分子的阅读心理并不太了解,其研制的铅活字大多呆板生硬,不注重字体的美观,因而不易为中国人所接受。

其五,当外国人纷纷研制铅活字时,我国传统的雕版印刷业正处于高度发达的时期,甚至一些外国人也认为雕版印刷"较铅活字板更省更广"。英国人傅兰雅在《江南制造总局翻译西书事略》中分析其原因是雕版"每板两面刻字,每面为西书两面之用,可见一书全板占地无几。有云:'刻一木板,较排活板所贵有限,且木板已成,则每次刷印,随意多寡,即只印一部亦可'。此法之便可知矣。若照西法以活板印书,则一次必多印之,始可拆板;设所印者年深变旧,或文字错讹,则成废纸而归无用。惟中国法则不然,不须巨资多印存储;若板有错字,亦易更改;而西法已印成书,则无法能更改也。有云:'最能印书者,一日可印五千页,不用印架,不需机器,俱以手工印之,而工价亦廉,每四工约得洋一圆'。"

这样,在汉文铅活字研制的热潮过后,铅活字并未能在中国普及开来。随着中国的洋务运动及各省官书局的纷纷建立,木版雕刻又进入了它的最后辉煌时期,而铅活字印刷则只应用于几个教会印刷机构及报社,范围很窄。到 1903 年前仍微不足道,所印的书数量很少,每年营业额也不过数十万元。

三、石印术的盛行及其对雕版印刷的取代

石印术自 18 世纪末发明后,至少在 19 世纪 30 年代便已传入中国。现知最早学会石印术的中国人是梁发的业徒屈昂(又称屈亚昂)。据麦沾恩《中华最早的布道者梁发》讲:"他自1831年起受雇于伦敦会……他在马礼逊先生的长公子马儒翰(约翰君)处学习石印术,常在澳门印刷布道小书,分送与他的亲友。"

石印术传入中国后,最初只是用来印刷一些布道宣传品及报刊,在中国影响并不大。甚至连西方传教士也轻视它,未像对铅活字那样不遗余力地宣传、改进,以致一般中国人即使见到了石印品也不知它为何物。如1834年,梁发等人因在试院分发宗教书籍而为广州知府责罚,英国公使那裨亚即贴出用华文写成的布告,历述中国政府待英侨之不公,以致旧案重翻。据《中华最早的布道者梁发》一书载:"那裨亚的布告实在是亲手用华文写成而用石版印刷的;中国官府不信外人能写作及印刷华文之布告,以为一定是华人所为。"官府之所以不信外国人能写作印刷布告,即是由于其不知有方便灵巧的石印术,而误将石印品看作是"刊印"的木雕印品。

1879年,英商美查于上海申报馆外设立了点石斋石印书局,作为报馆的附属机构。书局开办之初,即聘请土山湾印书馆的邱子昂任石印技师。点石斋第一本石印书是《圣谕详解》,后又用照相石印法翻印了《佩文韵府》《四库全书简明目录》等书。1882年,点石斋又用照相石印法印制了《康熙字典》,此书将殿版分为三排缩印于一页,不仅保留了殿版字体的优美笔迹,而且书小价廉,便于携带。此外,每字音释,再加古文之外,更添篆书。其篆书由当时著名书法家毛承基摹写。据姚公鹤《上海闲话》记载:"闻点石斋印第一获利之书为《康熙字典》,第一批印4万部,不数月而售罄;第二批印6万部,适某科举子北上会试,道出沪上,率购五六部,以作自用及赠友之需,故又不数月而罄。"

由于美查将石印术用于中国古籍的复制,石印术的独特魅力方为中国人所认识,石印术也一下子兴盛了起来。继点石斋石印书局后,其他石印书局也纷纷成立,除上海外,武昌、苏州、宁波、杭州、广东等处亦相继开设石印书局。其中以同文书局及拜石山房最著名,与点石斋形成三家鼎立的局面。

石印术的兴盛,不但打破了中国千余年来雕版印刷术的垄断局面,而且很快取代雕版印刷术,成为当时中国最主要的一种印刷方式。其出版物也极受欢迎,充斥着整个图书市场。即以杭州为例,当时"青云街书铺如林,尽是石印,叠床架屋,价值大减"。

石印术自兴盛后,用它印刷的书籍大致有以下几类:一为中国古籍,尤其是大部头的丛书、类书;二为科举用书;三为新式教科书;四为宣传新思想新科技的书籍、期刊等。

石印术之所以能够兴盛并取代雕版印刷大致有以下几个原因:

第一，石印书的兴盛是由印刷中国传统文化典籍开始的，这是西方印刷技术与中国传统文化典籍的首次结合，这样才真正形成对雕版的冲击。而前此铅活字主要用于印刷西方宗教文化书籍，未注意占领读者众多的中国经典这块阵地。

第二，无论是照相石版还是手写石版，均能保持汉字书法的艺术美，且印刷清晰。而当时雕版的字体已日趋呆板，印量过多又容易模糊。两者相比，读者自然喜爱石印书。

第三，石印技术简单，容易掌握，所需资金亦不多，易于普及。

第四，石印能随意缩小篇幅，而字迹毫发不爽，不但便于随身携带，且价格低廉，因而极受一般士子的欢迎。更有不少应试的考生借以作挟带之用者。

石印术在兴盛的同时也存在着不少隐患：

首先，由于石印术是西方大规模机械印刷技术首次进入中国的印刷业，因而开办书局的企业大多经验不足，未进行充分的市场预测，盲目地大批量印行，结果往往造成资本积压。著名的同文书局即由于"印书既多，压本愈重，知难而退"，遂于光绪二十四年(1898)停办。

其次，石印术盛行后，开办石印的企业未注意在发行环节形成一个与机器印刷配套的利于大规模迅速发行的体系，而是过分依赖考市（科举时代行科举考试时在考场周围形成的集市）。其印刷书籍亦向科举方向发展。至清廷废止科举，考市消失，石印书局失去主要发行环节，存留的科举书亦成废物，遂纷纷倒闭。

最后，受发行环节影响，石印书籍后来主要向价格低廉方向发展，这样必然导致字迹小而又小，校对也极马虎。不但科举用书如此，一般经典古籍也如此，遂引起读者不满。《庄谐选录》卷六"石印书"载："近年石印书盛行，然业此者射利为主，贪缩小则书少易售，遂至小如丝缕，因此伤目者多矣！又印书者多不校对，谬误颠倒，贻害匪轻。"《上海彝场景致》"石印书籍"载："惟嫌字迹过于细小，殊耗精神；盖久视则眼花，若用显微镜，又易于头眩，且难经久，为经书家所不取，是亦美中不足耳！"

1905年，清政府废除科举，石印书局纷纷倒闭，石印术在印刷界的独尊地位逐渐为铅活字印刷所代替。

石印术使西方近代机械印刷术首次成为中国印刷界的主导技术，从而打破了千余年来雕版手工印刷在中国印刷业中的独尊地位。它的兴盛，使得资本主义出版企业得以纷纷成立，在近代编辑、印刷、发行上积累了许多宝贵的经验。石印术的大规模使用使中国出版界真正进入了近代。

四、精装平装书籍的产生

初期的铅印书籍和杂志,仍然完全模仿雕版书籍的传统形式。版面结构、格式与雕版印刷书完全一样;边栏、界行、中缝仍然保留,且是双页单面印刷,装订也是线装。19世纪中叶以后,由于社会政治、环境形势的变化和需求,西书被大量翻译并得以传播,出版业迅速发展,新式印刷机器和洋纸大量涌进中国,对中国传统的书籍装订技术和装订工艺产生了较大影响。当时有用手工制作的连史纸和毛边纸印书的,也有用洋纸的。中国纸是对折单面印刷,洋纸则是单页双面印刷,因用纸的变化,书页的装订由折页齐栏线装订的形式变为大张连折的装订,这便形成了以工业技术为基础的西式装订工艺——平装和精装。书籍装订形式的这一变革,标志着中国传统的线装书地位开始发生变化。纵向来看,晚清时期,我国传统的装帧艺术开始向近代演变,呈现出新旧纷呈的特色。直至20世纪初期,平装、精装开始成为最通行的两种书籍装订方式。这也是中国书业从传统走向现代的重要标志之一。

平装也叫简装。它的主要工艺过程,包括折页、配帖、订本、包封面和切书边。也有不经切边的毛边书。订本工艺有平订(包括缝纫、铁丝订等)、骑马订、锁线订和无线胶粘订等。一般采用纸质封面。

精装通常是用于页数较多、需经常使用并长期保存和要求美观的图书。精装书籍的书心一般采用锁线订,经过扒圆、起脊等工序,上书壳后再经压槽成形。精装书的封面、封底一般为硬质或半硬质的材料,通常有皮面、绸面、布面等形式,也有纸面皮脊、纸面绸脊、纸面布脊等。今又有用塑料面的。书脊有圆脊和方脊之分。有的精装书的切口有染色和刷金,也有装书带的。封面及书脊上的文字和图案采用金粉、金箔和色粉烫印。另有一种用卡纸作封面,外加勒口的护书纸,称半精装,也称软精装或假精装。

平装书和精装书除装帧材料及方法上的不同外,在结构层次上也有较大的差异,如平装本只有封面、扉页、版权页和封底,而精装本尚有护封、环衬、正页等。

随着西式装订在中国的应用,西洋新式标点也开始用到中文书籍中,横排中文书也开始出现。1904年,由严复著、商务印书馆出版的《英文汉诂》,不仅是第一本应用新式标点于中文的出版物,还是第一部横排出版的中文书籍,另外,一些数学书籍也使用了横排。

第五节　近代的图书流通与发行

一、近代的图书流通发行业

中国近代图书发行业肇始于19世纪初期,当时西方传教士马礼逊及中国人梁发等以马六甲为中心,向东南亚及广东等地发行了不少宗教书籍。此后,随着传教士出版机构移入内地及近代商业出版机构的大量建立,近代图书发行业逐渐得以确立。

西方传教士的图书发行,最初主要是依靠委托他人携带及邮寄等方式,如1815年创刊于马六甲的《察世俗每月统记传》,即是通过"友人通信游历船舶之便利"发行于东南亚及中国内地的。随着西方传教士向内地的渗透,他们开始把注意力投向了考市这一渠道。西方传教士对考市的利用首先是由梁发开始的,他曾组织几个人去广东高州的考场附近,将基督教书籍分送给各地来城参加考试的生童。在短短的几天里便送出去700多本。他的这一举动得到了西方传教士的一致嘉许,因为他们认识到,中国未来的各级统治者将从各地的考生中产生,影响他们的思想会起到事半功倍的效果。

西方传教士在认识到考市的重要性后,开始用自己的方法在各省寻找考市的图书发行代理人,希望建立一个考市的图书发行网。在《同文书会年报(第四号)》"计划采取的方法"中即有这样一项内容:"希望在每一个考试中心设立一个代销处,以便出售我们的出版物。"这一计划在19世纪末基本得以实现,据广学会(前身即同文书会)在第十次《年报》中统计,到1897年各省举行乡试时,广学会已在12个省的考市中设立了经销点,仅赠书便赠出了121950本。

近代商业出版机构最初对考市也很重视。据陆费逵在《六十年来中国之出版业与印刷业》中回忆,在当时的条件下,"平时生意不多,大家都注意'赶考',即某省乡试、某府院考时,各书贾赶去做临时商店,做两三个月生意。应考的人不必说了,当然多少要买点书;就是不应考的人,因为平时买书不易,也趁此时买点书。"光绪三十一年(1905),清政府宣布废除科举,考市也就自然消失了。当时有一大批近代商业出版机构因之而倒闭,这固然与其所印书籍多为科举类有关,但在很大程度上也反映了当时不少近代商业出版机构已对考市这一发行渠道形成了依赖。

在清政府废除科举之前,不少人已看到了考市的局限,即其阶段性太强,因而着手建立一些经常性的固定发行点,并使之逐渐联成一个发行网,在这方面,由于西方教会的资金雄厚，因而发展得也较健全。广学会在其最初的《组织章程》第三条"经营方式"中就有这样一条设想："在上海设立一个发行中心，并在十八省省会和主要城市，以及其他商业中心，如香港、横滨、新加坡、槟榔屿、巴达维亚等地，尽量设立一些代销机构。"到1898年，广学会已基本实现了这一设想，不但在上海设立了发行中心，还在中国内地的14个省及朝鲜设立了31个经销站。

除了广设发行网外，邮寄仍然是一个重要的发行渠道，特别是国家邮政局的设立以及邮寄图书免抽厘金等优惠政策，为这一渠道的发展提供了很大便利。这样，以广设发行网点为主，以邮寄为辅，基本构成了近代图书发行的基本格局。

二、近代的图书发行方式

近代图书的发行方式，最初是以赠送为主的。因为当时从事发行的主要为西方传教士，他们发行的宗教书籍在中国读者较少，更少有人去花钱购买它们，据《广学会年报（第九次）》载，来华的艾约瑟牧师曾回忆当时的情景，"他刚来中国时，常常到上海附近的几个城镇走走，当时想推销一些书出去几乎是不可能的，所以总是把它们送掉的。"所以，赠送只是在西方传教士认为中国人没认识到其书刊价值时所采取的一种临时方式。他们的目的是先通过赠送来使中国人认识其书刊的价值，在这之后还是要采取销售方式。因而当一般中国知识分子认识到西学的价值后，传教士的态度也发生了变化，德国的花之安在其所著的《自西徂东》一书中即称："惟是善书一节，派送过多则反作贱。……是以沿街发售，减价低沽，在买者只费铜钱数文，与固不伤惠；在卖书者亦可小补纸张之费，取亦不伤廉。"

在近代图书销售中，图书基本上都有固定价格，并且概不赊欠，这与传统的图书发行业有很大不同。王维泰在《汴梁卖书记》中记载了当时卖书的情景："先将各书编分门类，写一总目，帖之壁间，旁书'定价从廉，划一不二，送货记账，概不应酬'十六字。"图书的固定价格最初都标明在书店内的销售目录上，或者标明在发行书目中，后来则直接标明在书上。

近代图书发行中，还出现了图书发行预约，即在出版前先由读者付部分定金的图书发行方式。预约最初叫股印，它始于英商美查的图书集成印书局。当时美查想用特制的扁体铅字排印《古今图书集成》，由于这部书内容庞大，需要投入很大资金，他乃采取股印的方式，在印书之前先印发《股印〈古今图书集成〉启》，言明每部定价360两，欲购者先付定金180两，待全书目录印成后，登《申报》通知来取，并将余下的180两缴足，然后领取32张取书单，此后每出一典即凭单来取(《古今图书集成》共32典)。这种图书发行预约的方式其实相当于一种利用读者手中的资金进行融资的经营方式。通过这一方式，减少了出版企业的周转资本,加快了企业的运转;同时,读者预定也比在图书市场上购买便宜得多,双方受益。因此,这种融资方式曾风行一时。此后,商务印书馆也采用了类似的融资方式,它"提倡凡阅读小说的读者,预先付一笔钱,存在他们的馆里,并说明爱看哪一种类(如冒险、爱情、侦探、历史之类),哪一个人的著作,然后一经出版,立即邮寄。到预付款用迄,再通知继续订阅。"①后来,很多出版企业就将这种融资方式当作吸纳社会资金的重要手段之一。这也是出版企业近代化、商业化的重要表现之一。

三、近代的图书发行宣传

近代的图书发行宣传较古代更具普遍性、经常性,其方式也明显增多,特别是报纸广告的出现。报纸图书广告直接来源于西方,花之安在《自西徂东》中曾对其加以介绍:"凡新出之书,则无属于某家书肆,亦宜寄送一本于报馆观阅,方便告白。盖欲其书之速售,必资报馆之告白乃能令人周知也。"

在19世纪90年代之前,由于报纸的影响力还很小,因而一般中国人很少做广告,据戈公振《中国报学史》记载,为了吸引华人做广告,《申报》曾制定优惠政策,凡中国人做广告收费一律低于西方人,但却没有收到预期效果。甲午战争以后,随着报纸影响的扩大,开始出现了中国人的学校及出版类广告。到了清朝灭亡前夕,据姚公鹤《上海闲话》载,出版广告已成为报纸广告中四大类型之一,同时中国人也开始认识到,"新出书籍,非广登启事,购者无从知悉。"因此,出版企业除了在书本卷末做广告外,还广泛利用近代传媒(主要是报纸)的优势,宣传自己的产品(包括书籍和企业的其他产品),甚至出现出版社销售新式印刷机器的广告。与古代的书业广告相比,近代出版业的书业广告运作已经表现出明显不同的特征来。

售书书目在近代也获得较大发展,因为这一形式在中国传统图书发行业及西方图书发行业中都有,并且以西方发展得较为完善。花之安在《自西徂东》中对此也有介绍,"(西方)书肆之中,每年亦有其书目告白,分寄各行店中,令阅者观其书目便可悉为某肆之书,以备人之购办。"中国在民国之前很少有哪家出版机构能够按年编制售书书目,但间断性编制的却有不少家,其中以1877年缕馨仙史编制的《申报馆书目》体例最为完善;此书目对每部书都有简明的内容提要,书前附有分类总目,便于查找。书后并附有发售地址,详列其各地分店及代销处地址,对于没有分店及代销处的地方,则详细讲明邮购方法。

除了报纸广告及售书书目外,在近代还出现了许多其他类型的图书宣传,如

---

① 秋翁:《六十年前上海出版界怪现象》,《出版史料》1989年第3期。

印发纪念册、雇人张贴广告、在新书中附载广告,甚至直接与读者联系,分发调查表等。此外,有些出版企业还设立了专门的公关人员,并有意识地开展一系列的图书营销活动。如商务印书馆就设立了"交际干事",在店堂专辟两间图书陈列室作为他们的活动中心。交际干事以此为家,主持活动,把每日新书陈列橱窗,将社会上的作家、读者、各级学校的校长、教师、学生等延为宾客,欣赏新书。同时做向导、解答问题,代表馆方外出招待全国各地的文人学士、同业同仁。有时,还出外调查图书发行情况,到各级学校张贴新书广告、联络教师、推广新书,结识学者作家,拉稿组稿,甚至同政界搞好有利于本馆发展的关系。同时,商务印书馆还从服务读者、方便读者的角度考虑,极力开拓图书市场,办有流动汽车图书馆、水上巡回船,每年冬天直接送书到江浙农村地区,使偏僻地方的读者有书可买。它还经常在大中学校举办图书展览会,展览的同时零售图书。而且经常参加各类博览会,从总体上扩大影响,为其图书的顺利发行做好宣传。凡此种种,均能说明,近代出版业在走向市场的过程中,已经形成了商业化的运作模式,这也是出版业现代化的重要标志之一。

本章推荐阅读

1. 汪家熔:《中国出版通史·清代卷》(下),北京:中国书籍出版社2008年版。
2. 叶再生:《中国近代现代出版通史》,北京:华文出版社2002年版。
3. 来新夏等:《中国近代图书事业史》,上海:上海人民出版社2000年版。
4. 方汉奇:《中国近代报刊史》,太原:山西教育出版社2012年版。
5. 范慕韩主编:《中国印刷近代史》,北京:印刷工业出版社1995年版。
6. 熊月之:《西学东渐与晚清社会(修订版)》,北京:中国人民大学出版社2011年版。
7. 熊月之主编:《晚清新学书目提要》,上海:上海书店出版社2014年版。
8. 邓文锋:《晚清官书局述论稿》,北京:中国书籍出版社2011年版。
9. 中国近代现代出版史编纂组编:《中国近代现代出版史学术讨论会文集》,北京:中国书籍出版社1990年版。
10. 中国出版科学研究所科研办公室编:《近现代中国出版优良传统研究》,北京:中国书籍出版社1994年版。
11. 胡绳:《从鸦片战争到五四运动》,北京:人民出版社2010年版。
12. 陈旭麓:《近代中国社会的新陈代谢》,北京:中国人民大学出版社2013年版。
13. 张仲民:《从书籍史到阅读史:关于晚清书籍史/阅读史研究的若干思考》,《史林》2007年第5期。

14. 肖东发、杨虎、刘宝生:《论晚清出版史的近代化变革与转型》,《北京联合大学学报(人文社会科学版)》2008 年第 6 期。

15. 张曼玲、肖东发:《近代出版发展脉络之比较研究》,《北京印刷学院学报》2006 年第 1 期。

复习思考题

1. 如何理解中国出版业在晚清时期的变革,这一变革主要表现在哪几个方面?
2. 试从纵、横两个维度梳理近代出版业的发展脉络。
3. 近代译书活动可以分为哪几个阶段?各阶段的代表人物、机构以及特点是什么?上海江南制造局翻译馆在译书体例的改进上有什么贡献?
4. 试述新式教科书在晚清时期的编撰出版情况和历史意义。
5. 试述晚清时期新闻报刊事业的发展情况。
6. 试述晚清时期外国人在华出版事业的发展,其代表性人物和机构各有哪些?并阐述其历史贡献。
7. 述评太平天国时期的编辑出版事业及历史意义。
8. 试述传统出版业在晚清时期的发展情况。
9. 论述官书局创办的历史背景和发展情况,代表性的官书局有哪些?简要述评其刻书内容、特点及贡献。
10. 试述近代资本主义出版企业在中国的兴起及发展。
11. 试论晚清印刷技术的变革及影响。
12. 试述 19 世纪上半叶汉文铅活字研制的情况及特点,铅活字在当时为什么不能在中国普及?
13. 石印术取代雕版印刷的原因及意义是什么?
14. 与古代相比,近代图书发行业有哪些变化?

解释下列名词

马礼逊	麦都思	徐寿	华蘅芳
严复	林纾	梁发	美查
英华书院	美华书馆	墨海书馆	广学会
金陵书局	浙江书局	京师同文馆	江南制造局翻译馆
商务印书馆《最新教科书》	镌刻街	刷书街	删书街
点石斋石印书局	同文书局	扫叶山房	文明书局
凸版印刷	平版印刷	凹版印刷	石印术
华文叠积字	平装	精装	

第九章
现代出版业的形成与发展(中华民国时期)

自1912年孙中山创建中华民国,到1949年中华人民共和国成立,前后共38年,史称民国时期。这一时期又可分为四个历史阶段:北洋军阀统治时期(1912—1926)、土地革命战争时期(1927—1936)、抗日战争时期(1937—1945)、解放战争时期(1946—1949)。虽然民国时期不到四十年,却发生了中国几千年历史上内容最为深刻、意义最为深远的社会变革。出版事业在这样的大环境下也呈现出了前所未有的特征。这一时期的出版史也被称为中国现代出版史。在晚清出版业完成近代化转型的基础上,传统的出版业完成了向现代出版事业转变的历程,并取得了巨大的成就,促进了社会文化的发展。如陈思和所论:"如果当时没有开明、北新、良友、文化生活、海燕这样一批体现知识分子人格的出版社,那三四十年代的中国现代文学史将会改写。如果没有商务、中华、亚东这样一批出版社,那么,现代文化史也将会改写。"[①]同时,在出版战线上,革命与反动、进步与倒退、迫害与反迫害的斗争持续不断,中国共产党领导下的出版事业,团结进步力量,在严酷的斗争中坚持革命思想和先进文化的出版活动,最终迎来了历史性的胜利。这也是这一时期出版历史的主要特征之一。

第一节 现代社会与书刊出版

一、辛亥革命后的中国社会

辛亥革命虽然从形式上取消了帝制,但没能从根本上改变中国的封建制度,中国资产阶级民主革命的历史使命尚未完成。正如陈旭麓所言,"辛亥革命促成了旧体制的瓦解和新体制的建立,中国历史因之而越出了改朝换代的旧轨。然而旧体制却留下了旧的社会心理。这种几千年岁月积淀而成的沉重惯性如同一

---

① 陈思和:《试论现代出版与知识分子的人文精神》,《复旦学报(社会科学版)》1993年第3期。

种板结的地块,使新的体制难以把自己的根须扎进社会的深处。制度的鼎革并没有终结新与旧之间的冲突。"①但是从历史发展的潮流来看,封建主义思想文化已是强弩之末,学校里教的已不再是"四书""五经",而是声、光、化、电。1917年,俄国爆发了十月革命,它给中国思想界带来了很大震动,人们看到资产阶级鼓吹的天赋人权、自由、平等、博爱固然时髦,但是还有比它更科学、更先进的思想。一批先进的知识分子纷纷接受了马克思列宁主义。在这一历史背景下,中国思想界呈现出纷纭复杂的景象,各种思潮与学说的代表人物纷纷著书立说以宣传自己的观点。封建主义、资本主义、社会主义相互碰撞,在一些根本问题上展开了几场大论战,反封建复古主义思想的大论战、"问题与主义"的大论战、关于社会主义的讨论、关于无政府主义的论战等,论战双方无不以书籍报刊作为主要的宣传工具。与此同时,各种政治势力之间也展开了激烈的斗争,如二次革命、护国运动、护法运动、五卅运动、北伐战争、苏区红军五次反围剿斗争、抗日救亡运动、抗日战争、解放战争等。各派政治势力无不将其斗争阵地延伸到新闻出版领域。各种政治力量都充分利用出版物进行斗争,书报刊产生了巨大的社会影响。国民政府不断颁布实施出版法令,加强对图书出版的控制,中国共产党领导进步力量在出版战线上进行了艰苦的斗争,终于赢得了胜利。

二、民国时期的出版概况

民国时期的编辑出版事业,无论在出版机构,还是在出版物的种类、数量上都得到了较大的发展。现在按图书、期刊、报纸三大类,对本时期出版物的整体情况作一介绍。

图书:根据北京图书馆编辑、书目文献出版社出版的《民国时期总书目》统计,仅北京、上海、重庆三家图书馆所藏 1911—1949 年各类中文图书共 124040 种。该书目均据实际所见书著录,未见到的书概不收录,三馆有目无书的也不予收录。线装书、少数民族文字图书、少儿读物、图片、连环画均未收录。台湾省 1945 年后出的书,偏远省份出版的书,三家图书馆或未收藏或收录不全,也未统计在内。如果加上这些部分,数量会更为可观。

期刊:《全国中文期刊联合目录》(1833—1949)著录了全国 50 所图书馆所藏新中国成立前国内外出版的中文期刊近 2 万种,另《中国近代期刊篇目汇录》著录了 1912—1918 年国内出版期刊 238 种,《全国解放前革命期刊联合目录》收录 1919—1949 年新民主主义革命时期各个历史阶段出版的刊物 1658 种。去除各

---

① 陈旭麓:《近代中国社会的新陈代谢》,上海:上海人民出版社 1992 年版,第 344 页。

目录的重复著录,属于民国时期出版的期刊应在万种以上。

报纸:《上海图书馆馆藏建国前中文报纸目录》收录了馆藏1862—1949年国内外出版的中文报纸3500余种,上海图书馆编《徐家汇藏书楼报纸目录初编》著录了清同治朝至民国初年的报纸共225种。保守估计,其中属于民国时期国内出版发行的报纸当在2500种以上。[①]

在不到四十年的时间,就出版了这样巨量的出版物,这在中国出版史上是空前的。何况这一时期,战争频繁、政治黑暗、经济凋敝、科技落后,解放区的条件也是相当艰苦。在这样的环境中,出版界能创下如此辉煌的业绩,是值得称颂的。现代书报刊为冲破传统封建思想意识和旧文化的束缚,变革我国的政治、经济、文化面貌,发挥了十分重要的作用。人们通过这些出版物,能切实感受到世界在变,社会在变,国家在变,人也在变。

下面仅以图书为例,从不同角度分析这一时期的出版概况和特点。

从图书内容上分析,民国时期出版的图书,社会科学和文艺书籍占了绝大多数。《民国时期总书目》一书的常务副主编邱崇丙曾作过一个十分详细的分类统计,兹摘要列表如下[②]:

表9.1 《民国时期总书目》收书类别、种类及所占百分比情况

序号	类别	收书种类	所占百分比(%)
1	哲学、心理学	3450	2.78
2	宗教	4617	3.72
3	社会科学总类	3526	2.84
4	政治、法律	19065	15.37
5	军事	5563	4.48
6	经济	16034	12.92
7	文化、科学	1585	1.28
8	教育、体育	14324	11.55
9	语言、文字	3861	3.11
10	文学	21023	16.95
11	艺术	2825	2.28
12	历史、地理	11029	8.89
13	自然科学	3865	3.12

---

① 黄镇伟:《中国编辑出版史》,苏州:苏州大学出版社2003年版,第308页。
② 邱崇丙:《〈民国时期总书目〉述评》,《北京图书馆馆刊》1995年第1/2期。

(续表)

序号	类别	收书种类	所占百分比(%)
14	医药卫生	3859	3.11
15	农业科学	2455	1.98
16	工业技术	2760	2.23
17	交通运输	320	0.58
18	综合性	3479	2.80
总计		124040	100.00

不难看出,超过10%的有文学、政治、经济、教育四类,分别占总数的16.95%、15.37%、12.92%和11.55%。四者相加占收录总数的56.89%。而自然科学再加上医药卫生、农业科学、工业技术和交通运输五类,仅占收录总数的11%。这正是这一历史时期的反映。这38年是政治大变动的时代,在文学上反映较为强烈,民主革命又不能不涉及经济问题。教育,特别是教科书的出版始终不减热度。而战事不断,工业基础薄弱,科学技术难以有大的发展和突破。所以科技图书的出版数量就相形见绌。无论是解放区还是国统区都是如此。

从出版者和出版地区来分析,可以说极不平衡,上海称得上是民国时期我国最大的出版中心,据《总目》语言文字分册收录的3861种著录,其中65%是在上海出版的,真是"三分天下有其二"。又据统计,土地革命战争时期,上海所出版发行的图书占全国图书总量的70%以上,而发行的报刊占全国报刊的80%以上。以1936年为例,全国初版和重版图书总数为9438种,其中商务印书馆一家就出了4938种,中华书局出了1548种,世界书局出版了231种,上海这三家大出版社合计出书达6717种,占全国图书出版总数的71%。① 析其原因,上海是工商业发达的大都市,地理位置有利于对外贸易和国际文化交流,又是左翼作家联盟所在地,特别是出版业发达,民国时期有名的几家大出版社,如商务、中华、开明、世界等都集中在上海。北京的出版业当时虽然名列第二,但与上海有不小的距离,在上述统计中,仅占7%。北京学者作家云集,著作往往送上海出版。这种状况直到新中国成立,商务、中华迁京后,才得到改观。重庆位列第三,在上述统计中,占4%。因其抗日战争时期成为陪都,北京、上海沦陷后,有一部分出版社转移到那里,在艰难的条件下出版了不少书。在上述统计中超过1%的城市还有:桂林、广州、长沙、南京、长春、成都。按地区分析,华东地区出版力量最雄厚,其次是华北、西南,最薄弱的是西北地区。

---

① 李龙牧:《中国新闻事业史稿》,上海:上海人民出版社1985年版,第150页。

从出版时间上分析,民国时期出版新书最多的年代为抗战前夕的1933—1936年。1936年一年,仅国统区就出版图书9000多种。再以语言文字类作抽样统计,这4年都超过200种,其中1935年最多,达300种以上,其余年份均不到200种。

从图书装帧上看,以平装为主,大都比较简朴,精装较少;以铅印为主,有少量石印、影印;以32开为主,36开、25开次之,16开多为资料汇刊;以白报纸为主,抗战时期有部分土纸本,基本上反映出了时代特征。

三、政治斗争在出版法上的反映

民国时期,在图书出版战线,革命与反动、进步与倒退、迫害与反迫害的斗争持续不断。先后掌握政权的北洋军阀政府和国民党政府,一方面全力建设自己的编辑出版体系,垄断出版权,企图控制社会舆论,同时出版各种渲染凶杀、掠夺、反动、黄色以及迷信落后的有害读物,企图麻痹人民斗争意志,腐蚀人们灵魂;另一方面则利用政权的力量和法律手段,制定一系列针对共产党和进步力量的新闻出版法令,实行严厉的书报检查制度,查禁查封革命、进步书刊,迫害进步人士,企图完全封杀革命和进步报刊的出版。

中国共产党与进步人士与之进行针锋相对的斗争。一方面翻译编辑出版进步优秀书刊,宣传真理,歌颂正义与善良,不断壮大出版力量。另一方面团结一切可以团结的力量,反对迫害,揭露反动统治者的阴谋,粉碎他们的反革命"文化围剿"。

(一)各出版法令对出版自由的限制

中华民国成立以后,以孙中山为首的资产阶级革命党人制定了《中华民国临时约法》,其中第6条第4款规定:"人民有言论、著作、游行及集会、结社之自由。"当时我国出版界曾一度出现蓬勃发展的好局面,但是很快,袁世凯夺取了中华民国大总统权力,对出版物开始实行严格控制。《临时约法》成为一纸空文。袁世凯夺取政权后,颁布了一系列的出版法规和书刊审查法令。自1912年到1916年,先后颁布有《审定教科用图书规程》《修正审定教科用图书规程》《教科书末页附印部令及规程摘要》《报纸体例》《出版法》《著作权法》等多种出版法规。

1914年12月5日,袁世凯控制的北京政府制订了《出版法》,共23条。第1—3条规定了"出版""出版之关系人"和"出版物应记载之条款",之后规定,凡文书图书出版前,著作人、发行以及印刷人,均应向该管警察官署禀报,写明姓名、籍贯、住址与发行、印刷时间以及印刷所名称。以学校、公司、局所、寺院、会所等名义出版的文书图画,由学校等单位禀报。非卖品由著作人或发行人禀报。

10 条以后为不得出版之出版物、违反之惩罚处置办法及实施方面的相关规定条款。其中第 11 条为关键性的一条,规定:"文字图画有左列各款情事之一者,不得出版:一、淆乱政体者;二、妨害治安者;三、败坏风俗者;四、煽动曲庇犯罪人、刑事被告人或陷害刑事被告人者;五、轻罪、重罪之预审案件未经公判者;六、诉讼或会议事件之禁止旁听者;七、揭载军事外交及其他官署机密之文书图画者,但得该官署许可时,不在此限;八、攻讦他人隐私,损害其名誉者。"第 12 条规定:"在外国发行之文书图画,违反前条各款者,不得在国内出售或散布。"该法还对出版物的申请禀报作了种种限制。

1915 年,北京政府又颁布了《著作权法》,分"总纲""著作人之权利""著作人之侵害""罚则"以及"附则"等 5 章,共 45 条。它是在《大清著作权律》的基础上加以修订的,所以条文内容基本相同。北洋军阀对进步政治观点的出版物十分仇视,特别在报刊案例中把学校学生与精神病患者、被剥夺公民权的犯人列在一起,规定都没有资格充当发行人、编辑人和印刷人。把不准学生办报定为法律,这在世界出版史上也绝无仅有。

1928 年,南京国民党当局颁布了新《著作权法》,它吸收了《大清著作权律》和北洋政府《著作权法》的立法经验,在它们的基础上作了一些修改,基本上没有超出前两法的范围,仅在著作权内容、登记注册生效制度、外国人作品保护等方面做了一些补充。《著作权法》规定:著作物如果"显违党义"或"其他经济法律规定禁止发行者",内政部拒绝注册。

1929 年,国民党中央宣传部在《宣传品审查条例》中明确规定:"宣传共产主义及阶级斗争"的宣传品为"反动宣传品"。要"查禁、查封或究办之"。"各发行所、各书局、各杂志社所出宣传品,经审查后令饬修正或停止出版发行而抗不遵办者,加重其处分。"

1930 年 12 月,国民政府颁布《出版法》,包括总则、新闻纸及杂志、书籍及其他出版品、出版品登载思想之限制、行政处分、罚则共六章 44 条。《出版法》对于报刊、书籍及其他出版物的限制更为苛刻,明确规定了书刊在出版之前必须向国民党当局申请登记以备"改正增删",禁止登载"意图破坏中国国民党或破坏三民主义""意图颠覆国民政府或损害中华民国利益"的文字的书刊出版,否则将"处发行人、编辑人、著作人及印刷人一年以下有期徒刑、拘役或一千元以下之罚金……"甚至对传单和标语的印行,也严加控制,"非经警察机关许可","不得印刷和发行"。采取了事前干涉、事后追惩、预防和追惩相并的办法。《出版法》公布后,很多进步刊物,如中国左翼作家联盟的《拓荒者》《萌芽》月刊等,很快就不能继续出版。1931 年 10 月,又颁布了《出版法施行细则》,共 25 条,对于《出法》中的原则和办法,加以具体的规定。

1932年11月国民党中宣部又公布了《宣传品审查标准》,规定"凡宣传共产主义"便被认为"反动",凡批评国民党的不抵抗政策,要求抗日者,便被认为"危害中华民国",凡对国民党当局有些微不满的,便被认为替共产党张目,一律严予禁止。

1933年国民党政府教育部颁布《查禁普罗文艺密令》,宣称:"此辈普罗作家,能本无产阶级之情绪,运用新写实派之技术","发动无产阶级斗争,非难现在经济制度,攻击本党主义","煽动力甚强,危险性甚大","其为祸之烈,不可言喻"。"密令"中还附抄作家名单,命令对普罗书刊"严密查扣,禁止流传""毋使漏网"。

1934年6月公布的《图书杂志审查方法》又规定:"一切图书杂志应于付印前将稿本送国民党中央宣传委员会图书杂志审查委员会审查",否则就要予以处分。"审查委员会"可以任意删改稿本,而且删掉的地方不许留空白,使读者看不见删削的痕迹。鲁迅的杂文集《二心集》被检察官删掉大半,书局只好把剩下的改名为《拾零集》出版。

1937年国民党政府又颁布《修正出版法》,条款增至54条,而且将查禁书刊的权力下放到市、县政府。1938年7月,国民党中宣部为压制抗战言论,公布了《图书杂志原稿审查办法》。1940年公布《战时图书杂志原稿审查办法》。1941年公布《杂志送审须知》,1942年公布《图书送审须知》,1943年公布《新闻记者法》《图书印刷店管理规则》《通讯社报社管理暂行办法》,1944年公布《修正图书杂志剧本送审须知》《出版品审查法规和禁载标准》。

据《出版法规汇编》统计,1928—1949年颁布的《出版法》和《施行细则》的解释共26项;图书呈缴、审查法规共56项;新闻检查和取缔的法规24项。仅1929年6月就连续颁布了《查禁反动刊物令》《取缔销售共产书籍办法》和《取缔共产书籍办法令》。

国民党当局以上述法规为依据,采取种种办法,查禁了大量书刊。据张静庐编《中国现代出版史料》乙、丙、丁编的统计,国民党反动派在1929—1941年十年多的时间里,就禁毁了书刊2781种,其中大部分是进步书刊,也包括有改组派、国家主义、无政府主义派等派别出版的书刊。另据中国第二历史档案馆资料,民国时期禁书近5000种。

抗日战争时期,在沦陷区,日本法西斯也大规模取缔进步及抗日书刊。1938年7月1日,在上海出版的《众生》半月刊第五号上,载有《北京市政府警察局检扣书籍刊物一览表》,共计查禁书刊786种。到1939年,日本侵略者编了两部

《禁止图书目录》,共查禁图书 1841 种。

(二) 出版界为争取出版自由而进行的斗争

由于北京政府颁布《出版法》和《著作权法》限制颇严,往往动辄得咎,因而,出版界的反对之声十分强烈。两法颁布后,上海书业商会曾分呈国务院、内务部,请求对一些内容进行修改,呈文中说:"查著作印行之自由,载在《约法》。诚以著作物之盛衰,文化首蒙其影响,关系国家,尤隆且巨……吾国《著作权律》之颁布,在前清宣统二年……民国四年重加修订,而国家时方多事,于著作权之讨论,亦未能十分注意,致其中不当之规定,尚复存留不少。"[①] 该文在陈述了两法的种种弊端之后,又逐条提出了修改意见。但终因北洋军阀政权置民意于不顾,未能获得修改。1926 年 1 月 29 日,因北京报界的强烈要求,北京政府方下令废除《出版法》。这是现代史上出版界为争取自由而获得的第一个胜利。

1934 年 2 月 19 日,上海各书店收到了国民党上海市党部奉国民党中宣部查禁"反动"书刊的正式公文。共有 149 种图书遭到查禁,牵涉 25 家书店,涉及 28 位作家。于是被牵涉的各书店由开明书店领衔,联合请愿,要求"体恤商艰"。在强大的压力下,国民党政府终于妥协,同意对过去准许发行的书籍酌予删改继续发行,今后出新书需将原稿送审查机关先行审查,然后再准出版发行。

全面抗战爆发后,为争取出版自由,1938 年 8 月,生活书店联合商务、中华、世界、开明等十多家出版企业一起发表宣言,坚决要求国民党立即撤销一切压制言论出版自由的法令。当年 10 月,当国民参政会在重庆召开第二次会议时,邹韬奋争取七十余名参政员联署,以编著人和全国最大出版家代言人的身份,提出了《请撤销图书杂志原稿审查办法,以充分反映舆论及保障出版自由案》,当即获多数票通过,但国民党政府拒不执行。随后,邹韬奋又提出了比较可以接受的《改善审查书报办法及实行撤销增加书报寄费,以解救出版界困难而加强抗战文化事业案》。这一提案也获得参议会多数票通过,但仍未见诸实施。

抗日战争胜利后,为争取言论出版自由,新闻界出版界联合起来,发动了声势浩大的拒检运动,再一次向扼制出版自由的法令进行冲击,拒绝执行原稿审查制度。1945 年 8 月 7 日,民主人士黄炎培的《延安归来》未经检查公开出版,拉开了轰轰烈烈的"拒检运动"的序幕。8 月下旬,重庆 33 家杂志社声明今后不再将原稿交送官方审查。9 月 1 日,《新华日报》发表时评,呼吁新闻出版界团结起来,争取新闻出版自由。成都、昆明、西安、桂林等城市新闻出版界团结起来,声明一律拒检。在这种形势下,9 月 22 日,国民党政府不得不宣布自当年 10 月 1

---

① 张静庐:《中国近代出版史料二编》,北京:中华书局 1954 年版,第 420 页。

日起废除原稿检查制度。

从以上论述可以看出,图书报刊的社会效益、宣传与斗争武器的作用,在这一时期十分明显。你死我活的围剿与反围剿、迫害与反迫害斗争贯穿了这一时期的始终。

第二节 现代的图书编辑活动

概观现代编辑出版史,占主导地位的正面书刊,大致可归纳为四种类型:一是传播和普及科学文化知识的读物,以新型教科书和科学普及读物为代表;二是宣传革命思想、引导民众觉醒的马列主义著作和通俗读物;三是提高民众情操、丰富民众生活的各类文学艺术读物;四是继承文化遗产、积累和弘扬民族文化的古籍读物及与其有关的工具书。

一、教科书编辑出版的激烈竞争

新式教科书的编制,在清末科举废除后已形成热潮。它既不同于西文书的翻译,也不同于传统著作的复制,它使我国近现代编辑活动从此进入了一个较高的层次。而近现代资本主义出版企业中的编辑部门在开始时几乎都是为教科书的编制而设立的,它又为我国编辑水平的继续提高提供了组织基础。

由于教科书每年都有稳定而巨大的需求市场,因而通过编印教科书可以获得巨额利润。它不仅使近现代一些资本主义出版企业得以产生,而且为它们的发展提供了较为可靠的保证。教科书的巨额利润及其特殊的市场需求规律,也为汉文铅活字的普及使用奠定了基础。辛亥革命前后,出版界围绕教科书的编辑出版竞争十分激烈。

1912年建立的中华书局就是靠编辑发行教科书起家的。1911年初,革命风暴在全国各地风起云涌,商务印书馆对下学期教科书的编制工作举棋不定,左右为难。要是编印革命内容的教科书,清政府势必找商务的麻烦,要是照旧印"龙旗向日飘,皇帝万万岁"之类课文,一旦革命成功,岂不成了废纸一堆。于是高梦旦、夏瑞芳等找当时担任出版部主任的陆费逵商量决策,陆的意见是:"清室有二百多年的基业,那些督抚驻吏都是能员,侦缉革命党,何等严密,政府拥有相当兵力,虽不能抵抗外敌,但处理内乱却是绰绰有余,所以革命决非短时期内能成功。下学期的教科书,还是一仍其旧,毋需更动"。[①] 此议正符合保守求稳的商务领

---

① 郑逸梅:《中华书局是怎样创始的》,《中国编辑》2003年第2期。

图 9.1 中华书局出版的新式教科书

导之意,就没再另编新教科书。陆费逵看到清政府日薄西山、朝不虑夕,而民情激昂,革命成功即在眼前。他抓住这一有利时机,秘密组织戴克敦、陈协恭、沈颐、沈知方等编写符合新时代具有革命思想的教科书。1911年辛亥革命爆发后,南京临时政府教育部颁布《普通教育暂行办法》,规定一律禁用清学部颁行的教科书。时值年末,商务印书馆及其他各书局想再重编一套已经来不及。陆费逵于是辞去了商务印书馆的职位,自己组建了中华书局,将其所编的《中华教科书》及时推出。《中华教科书》因体例新颖,内容能密切配合政治,印刷精良,以五色国旗图片作封面,出版后立即博得教育界的欢迎,中华书局也因此发展成为一个规模庞大的出版机构。仅一年多时间,资本由2.5万元增至10万元,人员也由十来人增至200人。

为适应新的形势,中华书局又扩充编辑部,延聘范源濂为编辑长,继续编制

《新制教科书》与《新编教科书》。《新制教科书》分初小、高小二类。1915年,北京政府教育部颁行各种教育法规和教科书编纂纲要,改称初小为国民学校,禁止学校使用翻印的图书。中华书局按照这一规定,编辑发行了一套《新式国民教科书》,分国民与高小两类。其书每册末尾都附有白话课文四课,作为一种新尝试。又自办印刷厂,增设发行所,盘入文明书局和民主图书公司,次年资本增至160万元,分局增至40处,职工1000余人,成为仅次于商务印书馆的第二家大出版社。

辛亥革命爆发后,商务印书馆在教科书的编制上曾一度落后于中华书局,但他们很快又出版了一套《共和国新教科书》。《共和国新教科书》分初小、高小、中学、女子师范以及半日制学校用书等五类,共50余种。其中以各类国文教科书编得最好,出版后数年之内便印了大约2560个版次。印次之多,可谓空前绝后。

商务和中华的竞争长达十多年,直到世界书局以及大东、开明、北新书局都加入教科书竞争时,才改变了两家对峙的局面。世界书局竞争方法新奇,分派高级职员到各地教育行政部门活动,不惜花费大量交际费来参加竞争。为了对付世界书局的挑战,商务和中华暂时放弃前嫌,合资10万元,开办国民书局,专门出版教科书。为挤垮世界书局,定价和折扣异常低廉,结果适得其反,仅一年左右,国民书局就关门了。20世纪20年代末,竞争又出现新的对手,当权人物集资创办的正中书局也插手教科书的竞争,遭到了商务、中华、世界、大东、开明、北新六家的抵抗,竞争更加错综复杂。后来由政府下令,中小学课本改用国立编译馆编著的国定本,而由这七家组成"七联",享有承印发售之权,所获利按比例分成,教科书的竞争至此暂告一段落。

可见,在民国时期,各个出版社在教科书领域的竞争是多么的激烈。在当时,教科书对于一个出版社地位的确立往往具有举足轻重的作用,这种重要性我们可以从开明书店创办人章锡琛的这些话中得到证实:"商务、中华、世界所以能够成为出版界的翘楚,唯一的基本条件是印数最多的教科书","中国除教科书和通用的工具书以外,一般(印数)都只有几千,销数差的甚至只有几百",所以"小出版家,如果没有教科书或其他销数颇大的出版物,往往都候起候灭,不能维持到十年二十年之久,更谈不上什么发展。"[①]可以说,在教科书出版市场能稳定占有重要份额是民国时期各大出版机构的共同特点。

---

① 转引自冯春龙:《中国近代十大出版家》,扬州:广陵书社2005年版,第110页。

二、五四新文化运动时期的书刊编辑活动

五四新文化运动时期,全国出版界的面貌为之一新。上海生活书店1935年出版了平心编的《(生活)全国总书目》,全书分总类、哲学、社会科学、宗教、自然社会科学、自然科学、文艺、语言文字、史地、技术知识10类,著录了1911年至1935年间出版的书籍约2万种,以收当时人所撰写的新文化著作为主,尤其注意收录马列主义经典著作及世界名著的不同译本。其前言曰:"在传播新文化的艰苦道途中,站在拉纤者的地位,献出一点微薄的助力,是我们编印这部目录的主要志愿。"这其中比较直接地反映了新文化运动在思想文化建设和编辑出版方面的成果。

(一)宣传革命思想,用白话文编辑书刊,推动图书向大众化方向发展

用白话文写作始于清末,当时曾出版有《白话报》《白话丛书》《白话画图日报》等,在报道新闻、传播知识方面起过一些作用,但影响不大。1919年爆发的五四运动是中国新民主主义革命的开始,也给中国的编辑出版事业带来巨大的冲击和变化。无产阶级从此登上历史舞台,先进知识分子开始注意深入工农,为发动群众,他们用白话文编辑书刊,促进书刊大众化,广泛走向民间,更重要的是书刊内容反映工农生活,宣传劳工神圣、妇女解放和社会改造,鼓吹文学革命、思想革命。五四运动前后,此类报刊由几种增至几百种,介绍俄国革命,宣传马克思主义成为一种时尚,形成波澜壮阔的新文化运动。这是中国编辑出版史上带有方向性转变的时期。

《新青年》是五四新文化运动时期最著名的刊物,也是中国近代出版史、文化史、思想史和革命史上最重要、影响最大的杂志之一。1915年9月15日创刊于上海,初名《青年杂志》,第2卷起改名为《新青年》,陈独秀主编,群益书社发行,初为月刊。1917年1月改在北京编辑。第4卷第1号宣布:"所有撰译,悉由编辑部同仁共同担任,不另购稿"。编辑部成员有陈独秀、钱玄同、高一涵、胡适、李大钊、沈尹默、鲁迅等。在编辑业务上有不少改革和创新,如开展自由讨论,实行百家争鸣,设立"通讯"和"读者论坛"等专栏,和读者共同探讨问题,采用白话文写作和使用新式标点也是其重大特点之一。《新青年》的历程大致可分四个时期:1915—1918年为第一个时期,以宣传科学与民主、反对封建专制为宗旨,发起批孔运动和文学革命运动,是新文化运动的倡导者和主要宣传阵地。第二个时期为1919—1920年9月,由民主主义的刊物转变为宣传社会主义的刊物。1918年10月第5卷第5号发表李大利的《庶民的胜利》和《布尔什维克主义的胜利》,是该刊宣传俄国十月革命和社会主义的开始。自1919年第6卷起,实行

编辑部轮流编辑的办法。后来刊物迁回上海,重新改组,成员有陈独秀、陈望道、沈雁冰、李达、李汉俊等。第三个时期自1920年9月第8卷第1期起,成为中国共产党上海发起组的刊物,由新青年社出版发行。1921年7月成为中国共产党的机关刊物。1922年7月休刊。第四个时期自1923年复刊到1926年终刊。1923年6月,中国共产党第三次代表大会的决议提出继续出版《新青年》杂志,把它改为季刊,并作为中央的理论性机关刊物。1925年4月始又改为月刊,于1926年7月停刊。这一时期的《新青年》,为宣传党的民主革命纲领和策略、宣传马克思主义作出了新的贡献。

图9.2 《新青年》杂志

《新青年》作为一种划时代的出版物,对于中国近代民众思想乃至社会进程的影响发挥到了极致。《新青年》创办时,正处于旧民主主义革命向新民主主义革命过渡的时期。当时的中国已经推翻清政府的统治,建立了民国,但是社会思想仍处于沉闷落后的窠臼之中。《新青年》的问世,"为中国的社会思想放出有史以来绝未曾有的奇彩",并触发了新文化运动,为马克思主义学说的传入和中国共产党的建立创造了条件,并印证了出版在唤起民众觉醒、促进文化发展中的关键作用。

《每周评论》是五四时期宣传新思想的时事政治周刊。1918年12月22日在北京创刊。初由陈独秀、李大钊主编,每期出4开4版,辟有"国外大事评述""国内大事评述""社论""随感录""新文艺""国内劳动状况"等栏目。报纸杂志化成为这一时期报刊形式的一个特色。大力批判封建文化和专制政治,注意反映国内劳工问题,广泛报道欧洲无产阶级革命运动和十月革命后苏俄状况。"五四"运动中,连续以全部篇幅报道与支持爱国学生运动。经常写稿的还有周作人、张申府、罗家伦、高一涵等。第26期后,因陈独秀被捕和李大钊避难离京,由胡适主编,改变了刊物的方向,在第31期上,胡适发表《多研究些问题,少谈些主义》一文,引起"问题与主义"的论战。1919年8月30日出至第37期,被北洋政府查禁。

1919年元旦,北京大学进步学生组织的新文学社团"新潮社"编印《新潮》,由傅斯年、罗家伦、杨振声负责,受到鲁迅、李大钊、陈独秀等的支持和指导。五四前,以反封建、鼓吹伦理革命和文学革命为主,五四后,宣传改良主义和资产阶级全盘西化的主张。1922年3月停刊。

五四运动后,全国涌现出一大批富有战斗精神的期刊,如1919年7月李大钊在北京主办《少年中国》,毛泽东在长沙创办《湘江评论》,1920年1月周恩来、邓颖超、马骏、郭隆真等在天津创办《觉悟》。

(二)马克思主义的早期传播

早在19世纪末20世纪初,中国的知识分子在向西方探求新思想的过程中,就接触到马克思、恩格斯的名字和学说。1899年上海广学会出版的《万国公报》上,刊载英国社会学家颉德著的《社会的进化》一文,其中提到"德国讲求养民学者有名人焉,一曰马克思,一曰恩格思(斯)"。这是在中国出版的报刊上首次出现马恩的译名。中国人最早在著述中提到马克思的是梁启超。他在1902年9月出版的《新民丛报》第十八号上发表的《进化论革命者颉德之学说》一文中,提到"麦喀士(即马克思),日耳曼人,社会主义之泰斗也"。

1903年3月上海民智书局出版了赵必振翻译日本人福井准造著的《近世社

会主义》一书,是近代中国较系统地介绍社会主义学说的第一本译著。中国人最早介绍马恩生平,并摘译马恩著作的是资产阶级民主主义者朱执信。1905年11月同盟会机关报《民报》第二号上,发表了朱执信以"蛰伸"为笔名撰写的《德意志社会革命家小传》,其中《马尔克》(即马克思)一节,第一次比较详细地叙述了马克思、恩格斯的生平活动,介绍了《共产党宣言》要点,并节译了《宣言》中的十项纲领,还提到了《资本论》。

就在十月革命后的第三天——1917年11月10日,上海《民国日报》首载了俄国十月革命胜利的消息。次日,《申报》《时报》《晨钟报》等都作了报道,在中国先进分子中引起强烈反响。十月革命给中国送来了马克思列宁主义,给中国当时的新文化运动注入了新的血液。五四运动前夕,1919年4月6日出版的《每周评论》的"名著"专栏里刊登《共产党宣言》的一节。1919年5月,也就是五四运动的高潮中,李大钊主编了《新青年》月刊第六卷第五号"马克思主义研究号"。在这个"专号"中,发表了他的《我的马克思主义观》一文,系统地宣传马克思主义。当时的《国民》和上海《民国日报》副刊、《觉悟》《曙光》《今日》等,都曾译载了单篇的马恩的经典著作,马克思主义的经典著作开始陆续在中国翻译出版。

这个时期,在北京、上海,以及国外的巴黎等地,马克思主义研究会、研究小组和中国共产党发起组开始建立起来,中国社会主义青年团也宣告成立,学习马列主义理论和了解苏俄的实际状况已成为革命者的迫切要求。为了满足这个要求,《新青年》从1920年第八卷第一号起开辟"俄罗斯研究"专栏,又在第八卷第四号上发表了列宁的《无产阶级专政时期经济和政治》,标题为《过渡时期的经济》。

1920年3月,李大钊在北京大学发起并建立了马克思学说研究会。研究会设立了一个翻译室,德文组曾译过《共产党宣言》。1920年毛泽东到北京时,已经有了一个不是全译的《共产党宣言》的油印本了。研究会的德文组还译过《资本论》第一卷。

1920年8月,《共产党宣言》第一个完整的中文全译本终于在上海正式出版和发行,译者为陈望道。这也是马克思、恩格斯著作在中国出版的第一个单行本。全书为平装本,开本略小于小32开本,封面印有水红色的马克思半身像,上面"共产党宣言"五个大字赫然醒目。封面上端从右到左模印"社会主义研究小丛书第一种"字样,并有"马克思、安格尔斯合著,陈望道译"的署名。全译本一出版,立刻受到广大进步知识分子的欢迎,反响热烈。初版印刷的1000本很快赠送和销售一空。该书出版后,许多地方又予以翻印,到北伐战争时期翻印的版本和数量更多。

在传播马克思主义的活动中,各地创立的书社发挥了一定作用。1919年秋,恽代英等在武昌创办了利群书社,团结了一大批青年工人、学生和知识分子。出版发行了《互助》《我们的》和《武汉星期评论》等刊物,董必武、陈潭秋都在刊物上发表文章。1921年底,由于大部分社员参加了中国共产党和社会主义青年团,利群书社遂告结束。

1920年7月,毛泽东等在湖南创办了文化书社,文化书社是一个公开发行马克思主义书刊的机构。该社成立不到一年,《社会主义史》《马克思资本论入门》等著作就出版发行。中国共产党成立后,党的机关刊物《向导》周刊,以及《中国青年》《先驱》和新青年社出版的《马列主义丛书》等书刊,发行量都很大。文化书社编印的《工友们》《农友们》《一个士兵的生活》等书,深受工人、农民欢迎。

在各地的书社中,还有方志敏创办的南昌文化书社,重庆的唯一书社,开封的文化书社,云南的新亚书社,太原的普华书社等。这些书社在传播马克思主义、发行国内外进步书刊、普及文化知识等方面都起了很大作用。

三、新文学著作的编辑出版

"五四"运动前后,出现了一批倡导新文化的社团和出版机构,它们编辑出版了一批有关文艺理论、文艺批评的著作,苏联和俄国民主革命派的作品,资产阶级进步作家的著作也大量翻译过来。这一时期还涌现出一批新诗、白话小说和现代话剧。这场新文学运动的主将是鲁迅先生。1918年4月他在《新青年》上发表了第一篇用白话文写的短篇小说《狂人日记》,激烈地抨击了中国封建制度和旧礼教,成为五四文化革命的一声号角。这时他还撰写小说多篇,其中包括著名的《阿Q正传》。但是,1921年以前,新文学还没有一个专门性的社团,也没有一个纯文学的刊物,更没有一个专门出版新文学书刊的出版社。而1922—1925年全国先后成立的文学团体及创办的刊物不下一百种,一些中小型的文艺出版单位也纷纷成立。它们编辑出版各种新文学书籍,有创作的,也有翻译的。成立于北京而后迁上海的北新书局,是第一家专门出版文学书籍的出版机构。在众多的文学社团中,文学研究会、创造社、语丝社等影响较大。

(一)文学研究会

文学研究会1921年1月4日成立于北京,是中国新文学运动史上成立最早也是最大的文学团体。发起人有周作人、朱希祖、耿济之、郑振铎、瞿世英、王统照、沈雁冰、蒋百里、叶绍钧、郭绍虞、孙伏园、许地山等12人。它以研究介绍世界文学、整理旧文学、创造新文学为宗旨,主张"文学为人生",提倡现实主义的创作方法,重视翻译介绍外国文学中的现实主义作品,编辑出版了不少颇有影响的书刊,如《文学研究会丛书》《创作丛书》和《世界文学名著丛书》。其中,《文学研究会丛书》系由文学研究会与商务印书馆合作编辑出版,是现代出版史上文学社团与出版机构合作的典范。文学研究会的主要工作是改革了原为鸳鸯蝴蝶派文人把持的《小说月报》,使它成为新文学运动中最重要的刊物。它还出会刊《文学旬刊》,后改为周刊,翻译了近代法国、俄国及北欧等国暴露社会黑暗、反映被压迫民族和人民悲惨命运的现实主义文学作品,介绍了托尔斯泰、屠格涅夫、高尔基、易卜生等作家的名著。

(二)创造社

1921年7月,留学日本的郭沫若、郁达夫、成仿吾、田汉、张资平、郑伯奇等人在东京发起创办了创造社。作为五四新文学运动初期的著名文学社团,创造社早期主张"为艺术而艺术"的文学观,后期转而提出"革命文学"的口号,进行无产阶级革命文学的倡导和创作。创造社先后编辑出版了《创造季刊》《洪水》《文化批判》等刊物十余种,《创造社丛书》数十种,由泰东图书局出版。其中包括郭沫若著《女神》《星空》,郁达夫著《沉沦》,张资平著《冲积期化石》等。五卅运动后,创造社提出了"文学革命"的口号,其文学主张和创作实践,曾给当时的文学界和知识青年以深刻的影响。因此,它也为国民党政府所仇视,多次被查封。后来,郑伯奇等立即成立了江南书店,将创造社出版部的书籍和全部刊物归入书店,继续从事出版活动。

成仿吾在创刊于1928年1月的《文化批判》月刊创刊号上,发表祝词说:"没有革命的理论就没有革命的行动。《文化批判》将贡献全部的革命理论,将给予革命的全战线以朗朗的火光。"该刊被查封后,先后易名为《文化》《思想》《新思潮》《新思想》,由此可见当时在编辑出版战线上斗争的激烈。

(三)语丝社

语丝社是以编辑出版《语丝》周刊而得名的现代文学社团,它没有明确的组织机构,一般指刊物的编辑者及主要撰稿人而言。该刊于1924年11月17日在北京创刊,1927年10月,《语丝》被奉系军阀张作霖查封。同年12月在上海复刊。1930年3月10日出至第5卷第52期停刊。由孙伏园、周作人先后主编。主要撰稿人有鲁迅、周作人、川岛、刘半农、章衣萍、林语堂、钱玄同、江绍原等。《语丝》周刊以发表杂感、短评、随笔为主,兼及其他形式的文艺创作和有关社会、历史的研究文章。语丝社以鲁迅为代表,在反对封建思想、反击复古逆流的斗争中,在围绕北京"女师大风潮""三一八"惨案、抨击北洋军阀统治、揭穿所谓"正人君子"帮闲面目的斗争中,以及后来在革命文学的讨论中,都起过积极作用。

在排山倒海的新文化运动影响下,一般商业性质的出版社也编辑出版了一些新文艺丛书。商务印书馆出版了《俄国文学丛书》《俄国戏剧集》《文学研究会丛书》《共学社丛书》等。商务印书馆出版的五种杂志,自1921年起,都陆续改组了编辑部,把主旨转向了对新文化运动的宣传。

(四)鲁迅及其所编的杂志

鲁迅不仅是伟大的文学家、思想家、革命家,还是杰出的编辑出版家,他的一生是在从事书刊的写作、编辑和校对工作中度过的。鲁迅的编辑生涯可追溯到20世纪初在日本留学时期,1906年夏他终止了在日本仙台医专的学习,决心以文艺改革人生,走文学救国道路,在东京与许寿裳、周作人、苏曼殊等人商议创办文艺刊物《新生》,旨在改变人们的精神,唤起人们的觉醒,虽然《新生》没有问世,但这一指导思想业已确立,并一直伴随着鲁迅的编辑生涯。

他回国后,1912年参加发起创办《越铎日报》,被推为名誉总理(总编辑)。1918年鲁迅参与改组后的《新青年》编辑部重大活动,亲自拟定编辑部与发行部条例。

20年代是鲁迅编辑活动的高潮期,1924年发起创办语丝社,编辑《语丝》周刊;1925年创办《莽原》,任主编;1928年与郁达夫合编《奔流》月刊;1930—1931年参加"左联"并负责主编《萌芽》《朝花》《文艺研究》《巴尔底山》《前哨》《十字街头》等。此时具有共产主义世界观的鲁迅,在党的领导下,更加自觉地同国民党反动派及其帮闲文人展开针锋相对的斗争。1934年主编《译文》月刊。据不完全统计,鲁迅曾担任过18种期刊和报纸副刊的编辑工作,并办过7个社团,编辑出版"未名丛书""乌合丛书""奴隶丛书"《朝花文集》等,替别人"校订""校刊"的作品近100种。直到弥留之际,还在关心《海上述林》的出版。

鲁迅从一生战斗生涯中深刻地总结并指出:编辑出版工作"是一种非常需要而且很有意义的工作"。他有明确的编辑出版目的,从来不是为了赚钱,也不是为了茶余饭后的消遣,而是通过出版改变大众精神,把书刊作为打击敌人的武器,为人民大众"运输些切实精神食粮"。他在给友人的信上说:"凡是为中国大众工作的,倘我力所及,我总希望(并非为了个人)能够略有帮助,这是我常常自己印书的原因。"他还非常重视书刊质量,有一丝不苟的工作作风,对版式、插图、装订、校对都严格把关。鲁迅曾作《三闲书屋校印书籍》广告:"本书屋……虚心介绍诚实译作,重金礼聘校对老手,宁可折本关门,决不偷工减料,所以对于读者,虽无什么奖金,但也决不欺骗。"从中可以看出鲁迅对读者的态度。鲁迅甘为他人作嫁衣,甘当人梯。他非常尊重作者,从不积压作者的稿件,收到后先复一信,过一段如未能处理完毕,还要再写信说明原因;从不妄改稿件,非改不可的同作者商量,还常常为作者代索、代垫稿费……尤其对青年作者的稿件,"稍可录用,无不从宽","热情地、自发地、尽可能地为青年们服务,是他无上的愉快。"他一生大约接待过500个来访文学青年,为31本青年的著译写序文,给1200多位青年写了3000多封信。

作为一名伟大的编辑出版家,鲁迅不仅以他的巨大的工作能力和过人的才华,更重要的是以他那崇高的美德和无私的奉献精神,为后世编辑出版工作者树立了榜样。

总体来看,新文学书刊的编辑出版具有面广量大的特征,贯穿了整个民国时期。柯灵主编的《中国现代文学序跋丛书》(1919—1949),共搜集整理自五四运动到新中国成立前三十年间现代文学书刊的序跋5000余篇,分为散文、小说、戏剧、诗歌、译文、理论以及期刊前言、后语等7卷;唐沅、韩之友等编录的《中国现代文学期刊目录汇编》,选录1917年至1949年间编辑出版,且在现代文学史上有影响、有代表性的文学期刊276种,足见其规模之巨大,在现代编辑出版史上地位之重要。

四、古代典籍的整理和出版

应该肯定,民国时期的出版物与现实斗争联系相当紧密,但仍然编辑出版了为数不少的古籍。这其中编辑和出版又可分为两种截然不同的态度和方法:一种是精选精印,不是简单的翻印,而是有选择地继承。以商务、中华、开明等出版社为代表,继续前代形成的编辑丛书之风。选择最好的版本,精心校勘、考证讹误,推出大部头古籍丛书。亚东图书馆采用新式标点,出版整理的古典小说均受到读者欢迎。另一种是胡编滥印,字小纸差,不肯下功夫认真校勘讹误,不讲质量,偷工减料,印制低劣,靠"一折八扣"的虚假广告招徕读者,受到人们斥责。

这一时期出现了一些以"整理国故"为名的刊物。北京大学的《国学季刊》《国学门周刊》,以及胡适的《读书杂志》(《努力周报》副刊)就是其代表。顾颉刚所编著的《古史辨》也属于这一类型。他们发表的著作是当时"新考据学"的代表作。此时还出版了一批古籍标点本。

当时最有影响的两部大丛书是商务印书馆编辑的《四部丛刊》和中华书局编辑的《四部备要》。前者是选择善本作为底本影印的。由于主持者张元济、孙毓修都是版本目录学的行家,工作又认真,底本绝大多数选得好,因此该书很受学术界的重视。后者是用仿宋体铅活字(时称聚珍仿宋体)排印的。

(一)《四部丛刊》

这是由商务印书馆张元济主持编印的一套大型古籍丛书。所谓"四部",即按我国传统分类法,将所有的书分成经、史、子、集四大门类,"丛刊"即今天通常所说的丛书。其书始刊于1919年,至1922年全部印成,共影印古书323部,8548卷(内4种无卷数),用线装形式分装成2100册。因为选择精良,所用的又几乎是其书最好的版本,因而深受学者的欢迎。其初印本1500部,到1922年全部印成时,仅余几十部,且不久即售罄。从1926—1929年,商务印书馆又将《四部丛刊》重印了3500套。在重印过程中,将其中21种的底本作了抽换,换成比以前更好的版本,并将初编的30—40种书籍所遗漏的序跋脱文作了辑补。因而,重印本卷数比初印本多了261卷、册数多了12册。《四部丛刊》初编完成后,商务印书馆曾着手编辑过续编,书已成数百册,不幸恰逢1932年"一·二八"事变,在战火中与涵芬楼秘籍一起化为灰烬。有鉴于此,续编凡遇宋元之佳刻,即使有残缺,只要流传甚罕即予收录。到1934年,商务印书馆又编印了《四部丛刊续编》,共收书81种,1438卷,线装500册。其中多为宋元旧刊,也有一些明清稿本。1935年,又有《四部丛刊三编》出版。三编共收书751种,1910卷,线装500册。三编收录体例沿袭续编,继续向版本方面倾斜,所收的也都是宋元旧刊及明清手稿。如宋版《太平御览》、清顾炎武《天下郡国利病书》手稿等。三编出版后,商务印书馆又着手编纂了《四部丛刊四编》,可惜在全部工作准备就绪正准备开印时,抗日战争爆发了,这项工作被迫中止。

刊印丛书在我国有悠久历史。不过主持人的出发点多为"网罗散佚",或者说是以提供稀见珍本为主,有些甚至是相互争奇斗妍,各有所长。从保存文献的角度看来,这样做,当然也很有意义,只是这类丛书只能供专门家参考,要不然便是收藏家的珍品,在普及知识、推广学术上未必能起很大的作用。《四部丛刊》所选是"家喻户诵,如布帛菽粟,民不可一日缺者",它大量收入了古籍中的必读书、必备书。我国由于文化遗产丰富,同一种书,传本很多。在首先抓普及的前提下,《四部丛刊》尽可能选用当时所能找到的最好的本子。如脍炙人口的吴梅村的诗,《丛刊》所收便是较为少见的《梅村家藏稿》,比一般通行本名贵和可靠得多。

《四部丛刊》还收入了一批非常有用的工具书,其中最负盛名的是宋刻《太平御览》之书。新中国成立后,北京中华书局为了满足学术界的迫切需要,将它单独缩印成四大本。这一上千年前问世的大型工具书,为今天科学研究所提供的宝贵资料实在太多,以致中华版一印再印,在书店里一直供不应求,这说明《四部丛刊》中所收的工具书如何深受欢迎。

《四部丛刊》还发掘了一些从未面世的稿本。清代查继佐的《罪惟录》保存有大量明朝史料,由于作者的立场是反清的,所以一直没有刻本。其中特别有价值的是对徐光启的评价。在所有当时的徐光启传记中,《罪惟录》中的《徐光启传》

是最翔实而公正的一篇。这部十分重要的史籍直到它收入了《丛刊》才能与广大读者见面。

《四部丛刊》初、续、三编的编制出版,标志着我国古籍的整理编辑水平已达到了一个新的高度。特别是它的主编者张元济先生,在选择图书品种、选择版本、联系借用、查检残缺、配补修描等方面所表现的决策及协调能力,直到今天仍值得学习和借鉴。

(二)《四部备要》

《四部备要》是中华书局在陆费逵主持下编印的古籍丛书,其书始于1920年,分五集出版,至1934年全部出齐,共收336种书,11305卷,线装2500册,所收书多属于善本。据陆费逵自己讲,他辑印《四部备要》的动机,是由于他的前五代祖父陆费墀总校《四库全书》而有所继承,其实是为了在出版发行上与商务印书馆的《四部丛刊》相竞争。

《四部备要》收集的多是学习、研究、整理古籍的必备和常备书,在内容上较《四部丛刊》更为实用。其底本多是精注精校本,只问质量,不问先后,与《四部丛刊》也颇有不同。在印刷上,《四部备要》采用铅印,所用铅字是刚刚收购的丁辅之兄弟所研制的聚珍仿宋版,字体秀美,不亚于清代精刻。

《四部备要》出版后,中华书局曾在报上登广告,用重金征求读者的意见:凡能指出《四部备要》排印错误的,每一字酬一元。结果读者纷纷来信,中华书局为此付出酬金数千元。后来重印时,将其错误一一纠正,使质量更臻完善。

《四部备要》在重印时,曾将全书分为子、丑、寅、卯、辰、巳、午、未、申、酉、戌、亥十二种,使买不起全书的人可根据自己的需要分别购买。中华书局还编印了《四部备要书目提要》,既帮助读者了解全书,又为《四部备要》作了广告。

(三)古籍索引的编纂

到了近代,由于知识更新的速度极快,中国传统的治学方法已不适应时代的需求。五四新文化运动以后,我国的一些知识分子了解到欧美的索引技术,主张将其引入中国以提高学习与研究的效率。1923年,胡适在《国学季刊》的《发刊宣言》上陈述索引对学术研究的重要性,他认为"不曾整理的材料,没有条理,不容易检寻,最能消磨学者有用的精神才力,最足阻碍学术的进步。若想学问进步增加速度,我们须想出法子来解放学者的精力,使他们的精力用在最经济的方面"。因此,他提出"把一切大部的书或不容易检查的书,一概编成索引,使人人能用古书"。1925年,史学家何炳松又在《史地学报》第3卷第8期上发表了《拟编中国旧籍索引例议》一文,提出了编制中国古籍索引的具体方案。

1926年,上海大东书局印行《四库全书总目提要》及《四库未收书目提要》,

书末附有陈乃乾编的书名及著者索引。这是较早的古籍索引编制实践活动。

1930年,商务印书馆出版了钱亚新的《索引和索引法》一书,从索引的定义、功能、种类,一直讲到编制的步骤、方法和注意事项。这是我国第一部研究索引的专著,它对索引工作的理论和实践都做了探讨。钱亚新还亲自编制了《太平御览索引》。

1936年,哈佛燕京学社引得编纂处成立。该社由洪业领导,专门从事中国古籍的索引编制,到20世纪50年代初,先后编纂出版了经、史、子、集的索引64种。这是我国现代规模最大、成果最多的一个索引编纂机构。

此外,尚有中法汉学研究所(后改名巴黎大学北平汉学研究所)从1943—1949年共编纂出12部古籍索引。

这一时期,索引编撰工作取得了非常显著的成就。据钱亚新《中国索引论著汇编初稿》统计,仅1912年至1936年间,中国就编制索引294部(篇),另有15种外国人编的未统计在内,类型有书籍索引、杂志索引、报纸索引等,内容涵盖文学、历史、哲学、社会科学、自然科学、实业、图书馆学、索引学、美术等9个学科,153个专业。索引在学术界的广泛利用,有力促进了中国现代学术的建设。

第三节 现代的私营出版业

一、资本主义出版企业的兴盛

民国时期,社会处于改革转型之际,各种改革思潮和文化运动此起彼伏,民众对各种出版物的需求大增,在很大程度上刺激和促进了出版事业的发展。辛亥革命以后,随着铅印术的普遍应用及先进印刷设备的引进研制,各出版企业纷纷进行内部改革,以适应新形势的发展。到20世纪20年代以后,规模较大、在读者中颇有影响的出版社,都已兼备了编辑、印刷及发行三方面的机构,组成了一个完整的出版体系。在这方面,以商务印书馆、中华书局、世界书局和开明书局四家最具代表性。

(一)商务印书馆和张元济

商务印书馆在我国近现代编辑出版史上具有独特的贡献。进入民国时期以后,商务印书馆紧密配合新文化运动,提倡白话文,创办新刊物,编辑出版了大量反映新思想、新文化内容的书籍。与此同时,商务印书馆继续编辑出版符合时代需求的教科书与工具书。除了引进西学、出版汉译名著以外,还整理国故,整理出版大批成套的古籍。更为重要的是,商务印书馆为出版界培养了大批专业编辑出版人才。综观民国时期知名出版机构的创办者或主持人,大多数都有在商务印书馆工作的经历。商务印书馆从初创时的一家小印刷厂,发展成为中国近现代史上最大的新式出版企业,是与张元济的主导作用分不开的。

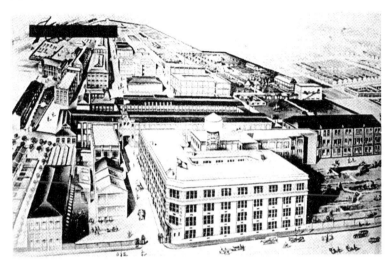

图 9.3 · 上海商务印书馆全貌复原图

张元济(1867—1959),字筱斋,号菊生,浙江海盐人,是一位有远见、有魄力的出版家。光绪十八年(1892)中进士,授翰林院庶吉士,曾任总理各国事务衙门章京。戊戌变法时光绪帝曾破格召见,政变后被革职"永不叙用"。从此他投身于文化教育出版事业。1898年冬任南洋公学管理译书院事务兼总校,注意译书的选题意义,改变原着重译兵书为译社会科学书籍。他一到译书院就答应以2000元买下严复翻译的亚当·斯密的《原富》译稿,并同意付给二成版税。这是我国近代最早实行版税制度的一个实例。1901年他"以辅助教育为己任",投资商务印书馆,并主持该馆编译工作,创立编译所。1903年正式担任该馆编译所长,1916年任经理,1922—1926年改任监理,1926年任董事长直至逝世,在长达半个多世纪中,对近现代出版事业做出了杰出贡献。

张元济规划并参与编辑了我国第一部《最新教科书》并获巨大成功,开创了我国学校统一用书的新纪元。他还配合教学,编辑出版了大批工具书,著名的有《辞源》《中国人名大辞典》《中国古今地名大辞典》以及各科中外文专业工具书;组织了大规模的编译所,创办了东方图书馆和涵芬楼,开创了私营出版社设专职专业编辑,利用图书资料以保证出版物质量;重视汉译科技和社科名著的出版,编印了《汉译世界名著》和《自然科学小丛书》,还创办了《教育杂志》《东方杂志》

等一系列有影响力的杂志;利用国内外50余家公私藏书影印出版了《涵芬楼秘藏》《四部丛刊》《百衲本二十四史》《续古逸丛书》共610种,2万卷,开创了古籍丛书翻刻、影印的新阶段;他支持、倡导采用先进印刷技术,改进排印机,采用塔形轮转圆盘,减轻了排字工人的劳动强度。在编辑指导思想上,张元济注重社会效益,顺应社会发展,具有不断进取的创新意识,出版爱国、进步书刊,高度重视广大民众的教育,以出版扶助教育,教育促进出版,先公而后私,轻利而敬业,注重人才的发现、培养、使用和管理等,他的高风亮节以及脚踏实地、一丝不苟的奉献精神,给后人留下宝贵的精神财富。

图9.4　张元济先生

商务印书馆之所以能够很快发展为一个新式的文化出版机构,其首要原因在于张元济等一批文化人能紧随时代步伐,把握出书方向,从编制成套的新式教科书,到大量翻译出版西方学术名著,从配合新文化运动,提倡白话文,创办近20种杂志,开设多座学校和社会性图书馆,到联系中华科学社、中华学艺社和文学研究会等学术团体,广泛开展学术文化活动,多方面发挥文化教育职能,超越了狭隘的利润动机,形成了宏大的文化品格。正因如此,商务印书馆不仅出书,还集聚并培养了一大批文化名人和杰出人才。举其荦荦大者,有蔡元培、胡愈之、陈叔通、沈雁冰、陈云、郑振铎、叶圣陶、金仲华、陈翰笙等,还包括中华书局创办人陆费逵,世界书局创办人沈知方,开明书局的创办人章锡琛、徐调孚。可以说商务印书馆为中国近现代文化发展立下了不朽功勋。

商务印书馆的历史说明,文化品格是关系到出版社生存发展的根本因素。商务另一位领导人的经历也能证明这一点。1922 年,王云五接替高梦旦为编辑所所长,1929 年任总经理,主持馆务直到 1946 年。在这段时间,商务经历了发展期、鼎盛期和衰落期,与主持人的品格有直接关系,王云五一生经历了文化人——老板——官僚的演变。在 20 年代,他是以文化人的特征主持商务编辑工作的。他首先改组了编译所,添设了一些新的部门,增加了编辑人员,根据需要增添一些临时募集和馆外包件工作的编外编辑人员。对编辑人员尝试实行底薪制。在出版方面,他一反商务印书馆一贯的稳健派姿态,出版了一系列大型丛书,如《世界文学名著丛书》《汉译世界名著丛书》《万有文库》《丛书集成》等。张元济主持编辑的《百衲本二十四史》《四部丛刊》初、续、三编也在这时出版。为弥补资金不足,在发行方法上也是花样翻新。如特价预定、分组发售、分期付款等,甚至不惜运动政府部门。其《万有文库》第一集出版后销路不畅,积压了大量资金。后通过关系使内政部、教育部以充实地方图书馆设备的名义,通令全国地方政府一律购置,其中浙江、山东、湖南、广西等省政府各汇购了数百部,从而打开了销路。

此后,商务印书馆每日至少出一部新书,其资金已达 500 万元,在全国出版业中处于遥遥领先的位置。1932 年上海发生"一·二八"事变,日本空军轰炸闸北,商务印书馆总管理处、总厂、编译所、东方图书馆、尚公小学被炸毁,损失高达 1600 万元,而东方图书馆内涵芬楼所藏历代珍善本的价值更是无法估量。商务印书馆因此元气大伤,被迫停业。至 8 月 1 日起方部分恢复营业,经馆内职工不断努力,这里也有王云五的劳绩,1936 年全年共出新版重版书达 4938 种,占当年全国总量的一半以上。

抗日战争以后,商务逐渐走向衰微,特别是 1941 年迁到重庆以后,商务在文化界的地位明显下降,这里除了客观原因外,有商务本身的包袱,也有王云五思想作风的影响。到 40 年代,王云五的市侩思想和老板作风逐渐上升,他已向官僚演化。随着领导人的这一蜕变,商务的文化品格逐渐淡化,以至在 40 年代以后两种文化的激烈斗争中把握不住进步文化的发展方向。张元济与王云五两代领导人的经历说明,比金钱更重要的信念、目标和品格是区分出版家和出版商的分水岭。

(二)中华书局与陆费逵

中华书局 1912 年创建于上海。创办人陆费逵(1886—1941),字伯鸿,祖籍浙江桐乡,后移居嘉兴。他是清乾隆时四库全书总校官陆费墀的裔孙,1903年在武昌办新界书店,自任总经理。1905年接办《楚报》任主笔,被张之洞查封,避祸到上海任昌明公司上海支店经理,又进文明书局当职员。1908年进商务印书馆任国文部编辑,第二年升任出版部部长。1909年创刊《教育杂志》,陆费逵任主编,经常撰文,宣传教育救国,倡议教育改革,并主张整理汉字,提倡白话文。辛亥革命之际抓住时机,抢先编出适时的教科书,脱离商务,于民国元年创办中华书局,任经理,时年27岁。营业规模逐年扩大,聘请梁启超、马君武、范源濂等入局工作,编辑出版教科书、社会科学、文学艺术书刊。从1919年起,他担任中华书局局长、总经理兼编辑所长及发行部所长。精明强干、秉性刚毅、大权独揽、办事果断、有能力,但在出版的图书中很少挂上他的总编、主编等名义。在他主持工作的近30年中,中华书局共出版图书4000余种。他曾任上海书业同业公会主席、中华工业总联合会委员等职。1937年抗日战争爆发,移居香港,1941年7月9日因心脏病突发而去世,主要著述有《实业家之修养》《国民之修养》《妇女问题杂谈》《教育文存》等。

图9.5 陆费逵先生

在陆费逵的主持下,中华书局发展迅猛。1912年中华书局创办时,只有2.5

万元的固定资金。到1916年时,资本已经达到160万元,成为国内仅次于商务印书馆的第二大民营出版社。民国时期,中华书局编辑出版的书籍和刊物种类齐全,数量众多,主要有:(1)教科书。共计编辑出版各科各级教科书400余种,在民国时期的出版界独占鳌头。(2)社会科学类书籍。总计编辑出版数千种,其中《文化丛书》《社会科学丛书》等都风靡一时。(3)杂志。先后创办杂志20余种。其中的《大中华》《中华教育界》《中华小说界》《中华学生界》《中华童子界》《中华妇女界》《中华英文周报》《中华儿童画报》,有中华八大杂志之称。(4)工具书。以1915年出版的《中华大字典》、1934年影印出版的《古今图书集成》、1936年出版的《辞海》最为著名。(5)古籍整理。以1930年出版的《聚珍仿宋版二十四史》、1926年起排印的聚珍仿宋版《四部备要》最为著名。

中华书局自诞生之日起,就与商务印书馆形成竞争之势,各省凡商务有分馆的,中华也必有分局。所不同的是,商务的分馆由总馆派人经营,凡事要听总馆指挥,中华因资本有限,不能派员,故与当地士绅合资开设分局,反倒易于在当地开展业务。凡是商务印书馆有一种杂志,中华书局就跟着办一个相应刊物,在辞书和古籍丛书的出版方面,编辑竞争也十分明显、激烈。现据郑逸梅《书报话旧》中资料列表如下:

表9.2　民国时期商务印书馆、中华书局部分出版物比较表

类别	商务印书馆	中华书局
教科书	《最新教科书》	《中华教科书》
	《共和国教科书》	《新制教科书》
	《实用教科书》	《新式教科书》
杂志	《东方杂志》	《大中华》
	《小说月报》	《中华小说界》
	《教育杂志》	《中华教育界》
	《少年杂志》	《中华童子界》
	《学生杂志》	《中华学生界》
	《妇女杂志》	《中华妇女界》
	《儿童世界》	《小朋友》
	《儿童画报》	《中华儿童画报》
	《英文杂志》	《中华英文周报》

(续表)

类别	商务印书馆	中华书局
辞书	《新字典》	《中华大字典》
	《学生字典》	《新式学生字典》
	《国音字典》	《标准国音字典》
	《中国古今地名大辞典》	《中外地名辞典》
	《辞源》	《辞海》
古籍丛书	《四部丛刊》	《四部备要》
	《百衲本二十四史》	《聚珍仿宋版二十四史》
	《万有文库》	《中华百科丛书》
	《丛书集成》	《古今图书集成》

中华书局绝非单纯模仿商务印书馆,而是尽量避免雷同,努力做到别具匠心,开创新意,所以同是一类辞书、丛书,也是两家各有特色。所以从整体上看,中华与商务这一时期的激烈竞争,对编辑出版工作的发展还是有促进作用的。

图9.6 中华书局创办的《中华妇女界》

中华书局还采取投靠官僚资本的方法,推举实业部长孔祥熙为董事长,得以大规模承印国民政府的有价证券及小额钞票。到1936年,中华书局的资本已扩充到400万元,全年出新版及重版书1548种,营业额达1000万元,在全国设有分局40余处,职工总数达300余人。其1933年在九龙设立的印刷分厂,设备之新号称远东第一。然而,中华书局的"繁荣"是畸形的,从1935年起,印钞工作占了书局业务的最主要地位,书籍出版部处于陪衬状态。整个书局的业务比重:印钞部分占了60%,教科书部分占30%,一般出版物只占10%,这种状态一直持续到解放。所以尽管中华书局在赢利上得到保证,但对中国文化事业的贡献不如商务印书馆。

（三）世界书局与沈知方

沈知方(1882—1939),原名芝芳,浙江绍兴人,晚清旧式书坊学徒出身,1900年进入商务印书馆,与夏粹芳、陆费逵同事。辛亥革命前夕,沈知方和陆费逵一起脱离商务,合办中华书局,后任书局副经理,因挪用公款投机失败,于1921年脱离中华书局,将原来以3000元资本创建的广文书局,扩展为世界书局。他利用赠送书券的办法,吸收"读者储蓄",筹得资金110余万元,便用这笔款项扩大营业。为了引人注目,特将书局门面漆成红色,人称"红屋",发行的杂志也称《红杂志》《红玫瑰》,其出版物以小说为主,其中向恺然的《红湖奇侠传》刊行后,明星影片公司将它改编成电影《火烧红莲寺》,轰动一时,书也随之畅销。世界书局还刊行了一些有价值的丛书如《ABC丛书》《生活丛书》《世界少年文库》《艺林名著丛刊》等。作者有陈望道、茅盾、夏丏尊、傅东华、徐调孚、陶行知等。

由于教科书利润丰厚,世界书局加入了它的市场竞争。1924年,首先出版新学制初小读本数种。有国语、常识、算术、历史、地理、自然、卫生及习字范本等。为争夺市场,世界书局除了给贩书同业优厚的手续费外,更降低批发折扣,并用钢笔、丝袜、书券等礼物贿赂教育界和学校负责人,所以销路很好,甚至拖垮了商务与中华联合办的公民书局。此外,世界书局还出版了《西游记》《三国演义》《水浒传》《封神演义》《岳飞传》《火烧红莲寺》等连环图画,销路很好。"连环画"之称,因此盛行出版界。

1934年,世界书局改组,陆高谊任总经理,实权落入李石曾手中。陆高谊一改过去该局只注重通俗小说的做法,出版了不少实用图书,如《英汉四用词典》及文艺书刊等。抗战爆发后,上海成为孤岛,陆高谊又邀郑振铎、王任叔等主编《大时代文艺丛书》,宣传爱国主义。抗战结束后,1946年,李石曾出任总经理,该局遂成为官僚资本,1950年为人民政府接管。

据统计,世界书局先后出版图书5500种,在发展过程中先后并入了广智书局、俄商西伯利亚印书馆、东亚书局等,并在北京、广州、武汉、奉天(今沈阳)设有分局,是民国时期较大的民营出版企业。

(四)开明书店

开明书店为章锡琛、章锡珊兄弟于1926年8月所创办,地址在上海宝山路,后迁福州路。章锡琛原为商务印书馆《妇女杂志》主编,因出了一辑讨论新性道德问题的专辑而受责难,遂另编《新女性杂志》月刊,用新女性杂志社名义发行。商务印书馆得知后即解除其职务。1928年,开明书店改组为股份有限公司,由夏丏尊、叶圣陶等主持编辑业务,王伯祥、徐调孚、周振甫等担任编辑。

开明书店成立后,首先确定自己的读者群为具有中等教育程度的青少年,出版了一大批文学书籍和青少年读物。如《开明文史丛书》《开明青少年丛书》《开明活页文选》,特别是夏丏尊译作《爱的教育》及叶圣陶主编的《中学生》杂志等,深受读者欢迎。开明还出版了许多文史读物和参考书,如《十三经索引》《辞通》《二十五史》和《二十史补编》等。开明书店也编印过教科书,其中由林语堂编写、丰子恺绘图的《开明英文读本》畅销了20多年。而其他教科书由于有商务、中华的竞争,收效不大。

开明书店的出版物在数量上无法与商务印书馆、中华书局相比,但因重视社会效益,作风严谨,倾向进步,受到教育界、文化界的赞誉。20多年间,开明书店出版书刊1500种以上,几乎找不出一本不够格的书来。有人把"开明精神"归纳为四点:求义——致力于为社会多作贡献,坚持正义,反对邪恶,坚持进步,反对落后。不向钱看,只想勤勤恳恳地出几本书,老老实实地给读者送一点温暖。求新——出书办刊,努力求异创新,大胆改革创造开明特色。求实——工作扎扎实实,千方百计在提高图书质量上下功夫。求精——在出书上有所为有所不为,重视重版书,人员精干,机构精简,注意开源节流。在经营管理上,向管理求效益,把有限的资金用在刀刃上。开明书店朴实无华、兢兢业业的编辑作风和经营方式,在现代编辑出版业中树立了良好的形象。1953年,该店与青年出版社合并为中国青年出版社。

(五)良友图书印刷公司及其他代表性的书局

1926年成立的良友图书印刷公司是中国第一家以图像出版为主的民营出版机构,在社会和学术界具有广泛影响。由余汉生、伍联德等在上海创办,由梁得所、马国亮、郑伯奇等人担任编辑。除编辑部外,自设中型规模的印刷厂和门市部。1926年首创中国第一本大型综合性新闻画报《良友画报》,后又出版多种画报、画册。《良友画报》在编辑思想上,以雅俗共赏、老少咸宜为主旨,内容上广泛涉及政治、经济、文化、生活各个方面。1932年设文艺书籍出版部,聘赵家璧为主编,曾编辑出版《中国新文学大系》《良友文学丛书》《一角丛书》等文学系列书和单行本,作者有鲁迅、茅盾、巴金、老舍、丁玲等人。其中以《中国新文学大系》最为著名。此书由赵家璧主编,蔡元培作总序,收录1917年至1927年间的新文学理论和作品,分为建设理论、文学论争、小说、散文、戏剧、诗和史料、索引7个门类10卷,分别由胡适、郑振铎、茅盾、鲁迅、郑伯奇、周作人、郁达夫、朱自清、洪深、阿英编选并撰写导言。此书在编辑体例上还有所创新,各集导言论述各自门类的发展历史,兼论入选的作家作品,对我国五四以后第一个10年新文学运动做了全面的总结,兼有文学史的性质。所以,良友图书公司于1940年将总序和各集导言汇编成《中国新文学大系导论集》,单独出版。《中国新文学大系》的编辑出版,为此后中国新文学发展的研究总结和文化史料积累,提供了一个编纂上的范例。良友图书印刷公司于1937年改组为良友复兴图书公司,赵家璧任总编辑。1946年因股东们对出书方针意见不一,遂告停业。

1933年成立于南京的正中书局是在官僚资本主义保护下的一个畸形产物。该书局由国民党上层人物陈立夫、戴传贤、陈布雷等创办,隶属国民党中央执行委员会秘书处。另设董事会,叶楚伧任董事长。下设业务处及编辑部两个部门。该局由于有国民政府在财力和政治上的支持,因而发展迅速,相继在各大城市设立了分局。其出版物以政治读物、国定中、小学教科书及辅导读物、参考书为主,也出版一些文艺读物和一般书籍。该局仰仗其政治势力,获得全国教科书22%的发行权及大量平价纸,因而大获厚利。抗战爆发后,总局迁往重庆。抗战胜利后,又在原日占区利用没收的日伪敌产设立了一批分局。1949年以后,其在大陆的资产作为官僚资本被没收。正中书局在普及文化、传播文化上起到过一定的作用。但它有不少出版物是维护、美化国民党统治的。它靠政治特权而获得大发展的做法,在现代出版史上起到了消极作用。

此外,不少中小型出版机构也在发展中形成自己的特色。生活书店出版的《世界文库》(郑振铎主编)、文化生活出版社的《文学丛刊》,以及北新书局、光华书局、现代书局、泰东图书局等出版机构所出的文学书刊,都在文艺读物市场上占有重要位置。

广益书局、大达图书供应社、中央书店、新文化书社等大量出版的标点本一折八扣书,内容包括经、史、子、集、通俗小说等方面。虽然用纸、校勘、印刷等方面存在较大的质量问题,但由于定价低廉,销行很广,在文化普及上起到了一定的作用。

中华自然科学社、中国科学图书印刷公司、龙门联合书局、新亚书店、中华地学会等在自然科学书籍和地图的出版上也有很大的影响。

二、资本主义出版企业的衰落

（一）抗日战争期间出版业的搬迁

抗日战争爆发以后，上海以及沿海各大城市的出版企业纷纷向内地迁移，在迁移的过程中，都各自受到了不同程度的损失，再加上战争期间各种物资都匮乏短缺，因而，抗战前出版业所形成的繁荣景象便无可挽回地衰落下去。这一时期，由于战事关系，物资异常缺乏，尤其是印刷用纸十分困难。印书所用的全是各地产的土纸，纸质粗糙，厚薄不匀，颜色发黄。甚至一本书用红、黄、绿、黑等各种色纸拼凑印成，时人称之为"夹心饼干"。尽管如此，在广大出版业工作者的努力下，出版业仍顽强地维持了下来，并相继在武汉、重庆等地形成了规模不等的出版中心。广大出版工作者在极其艰苦的条件下，仍含辛茹苦，克服困难，出版了不少内容优秀的图书，尽可能多地为人们提供精神食粮。

抗日战争爆发以后，战事进行得很快。"八一三"事变前夕，国民党政府召集各书店经理到南京开会，宣告上海地区的战争已不可避免，要求各家书店赶紧将机器和物资撤离上海。当时交通已十分紧张，国民党政府原先答应拨给各书店的船只便无法兑现，各家出版企业只得将主要物资运送到租界区苏州河以南英、法势力控制区，在所谓的上海"孤岛"内，继续从事编辑出版工作。上海沦陷后，商务印书馆、中华书局等大出版企业虽部分迁移后方，但已不能维持原有的出版水平，留在上海的出版社，则大为衰落，处于挣扎状态中。1944年杨寿清发表《上海沦陷后两年来的出版界》一文，指出："最近两年来的上海出版界，可说是在挣扎的状态中。无论是报纸或杂志，种类都已减少，篇幅更已缩小。长此以往，大概停刊或合并之举，将为势所难免。至于图书方面，自一九三七年'八一三'战事发生后，因各大书局大多把出版重心迁离上海，而留着的书铺则以旧日的存书应着门面，新出的单行本简直寥若晨星。到一九四一年十二月八日战事爆发后，就只有几家新设的报社和杂志社零碎地出版了几种，其中大半是些适应新环境的著译，而尤以关于国际形势者占多数，否则便是迎合低级趣味专供消遣的东西。"[①]

但是，就是在上海"孤岛"时期，出版界也曾出版了两部卷帙浩繁的巨著：《资本论》全译本和《鲁迅全集》。这不能不说是编辑出版史上的两大奇迹。

1936年读书生活出版社成立以后，经理黄洛峰、主编艾思奇等即委托研究政治经济学的学者郭大力从事《资本论》全书的翻译工作，并每月给他40元生活

---

① 宋原放主编：《中国出版史料·现代部分》第二卷，济南：山东教育出版社2001年版，第257页。

费。到"八·一三"事变时,第一卷恰好译完。此后郭大力又在江西老家陆续译完《资本论》第二、第三卷,并将书稿寄回上海。1938年8—9月间,一部近300万字三大卷的《资本论》全译本终于在上海"孤岛"出版。

1938年,600余万字20厚册的《鲁迅全集》也在上海"孤岛"出版。此书由鲁迅先生纪念委员会编辑,复社出版发行。除日记、书信及少数作品外,鲁迅的全部创作、翻译和编校的作品都收集在内。全书从编辑、校对到出版只用了4个月的时间,且校对精良,印刷优美,在编辑出版史上实属罕见。负责出版《鲁迅全集》的复社,是上海沦陷后由胡愈之发起和主持的革命机构,参加者有郑振铎、许广平、周建人、张宗麟等20人,他们利用当时印刷业萧条的时机,共同集资出版一些进步书籍,在出版《鲁迅全集》之前,就曾出版过美国著名进步记者斯诺的《西行漫记》(原名《红星照耀中国》),"复社"即是出版《西行漫记》时临时想出的名称。

《资本论》全译本和《鲁迅全集》的出版是革命出版工作者冒着生命危险艰苦努力的杰作,也是对日伪疯狂摧残、破坏革命出版业暴行的莫大讽刺。

1941年年底太平洋战争爆发后,日军占领了上海租界,将商务印书馆、中华书局、世界书局等出版企业洗劫一空,数百万册书籍被劫运到日本。12月26日,日军又查封了商务印书馆、中华书局、世界书局、大东书局、开明书店、兄弟图书公司、光明书局、良友图书公司以及商务、中华等企业的印刷厂、仓库、支店共17个处所。上海"孤岛"出版业的繁荣遂告结束。

抗日战争开始后,日伪在统治区内也建立起不少出版发行机构,以加强其法西斯文化统治。在华北,以北京、天津为中心,相继建立了兴亚社、新民会、大陆出版社、新中国印书馆、砥柱出版社、新民印书馆、华北文化书局等出版机构;在华东,以南京、上海为中心,相继建立了三通书局、建国书店、太平出版印刷公司、天地出版社等。这些出版机构大多以编印期刊为主,书籍出版得比较少,且书籍又多为宣传小册子、言论集及低级文艺读物,学术书籍几乎没有。

(二)抗战时期出版中心的转移

抗日战争爆发以前,中国的出版机构和出版物,主要集中在一些大城市,尤其是一些沿海城市,上海就是最重要的一个出版重镇。随着战事的推移,中国政府部门以及主要的经济、文化、教育、出版机构和大批的科学家、文学家、艺术家、编辑出版家,逐步向内地疏散和集中,从而使一些内地的出版业发达起来。

抗日战争期间,中国的第一个内地出版中心是武汉。上海、南京失守后,国民政府军、政、经济机关大部分迁至武汉,全国性的抗日救亡团体、著名的爱国人士,许多文化、学术机关也大量集中到这里。政治中心的转移,使文化出版中心也随之转移。1937年9月,《大公报》《申报》在汉口设分版;正中书局上海营业所迁武汉。生活书店、读书生活出版社、新知书店、开明书店也在这年末迁到武汉;接着张静庐主持的上海杂志公司、顾颉刚的通俗读物编刊社、国民政府的独立出版社都先后迁至武汉。

此后,又有重庆、昆明、桂林、广东等地先后成为中国出版文化中心。武汉失守后,国民政府移驻重庆,重庆成为临时的政治、经济和文化中心,几乎所有重要的出版社、报社、印刷厂都迁至重庆,重庆成为战时中国的出版中心。据1942年10月的统计,重庆共有书店、出版社151家;1942年一年,重庆出版各类图书1292种,占当时全国总数的33.3%;出版各类杂志220种,占全国杂志种数的28.6%。

昆明地处西南边陲,交通极不发达,经济和文化事业远远落后于沿海和内地省份。抗战爆发前,只有几家创办于晚清或民初的旧式书铺以及仅有的两家外省企业在昆明设立的商务印书馆云南分馆和中华书局昆明分局。抗战爆发后,国内政治、经济和文化中心逐步向西南转移,许多大专院校、学术团体和一些企业家和文化人亦纷纷南迁,集中到了昆明。昆明逐渐成为大后方的一个经济、文化重镇,出版业也蓬勃发展起来。据统计,1942年,云南全省公私书店61家,公私印刷厂70多家,主要集中在昆明一地。又据统计,自1937年"七七事变"起到1945年抗战胜利,先后在昆明创设的书店共73家,是战前的6倍。

桂林在战前仅有屈指可数的几家政府机关和学校办的刊物,而且规模都较小。抗战爆发后,桂林成为我国华南、西南、华东及港澳和海外的重要交通枢纽,许多文化人撤退到桂林,有些文化人又集资在桂林办了一些出版发行机构,致使出版业迅速发展起来,被誉为战时"文化城"。据统计,战时桂林约有出版社、书店220家,印刷厂上百家,鼎盛时每月印刷用纸1万—1.5万令,每月排字达三四千万字,月出书40种左右,期刊多达300种,报纸41种。

抗战使中国的出版布局被迫进行了一次大调整,使它从沿海城市扩展到内陆省份和僻远的中心城市,其意义是深远的。

(三)抗战胜利后民营出版业的凋零

1945年8月抗日战争胜利后,迁移到重庆和内地其他城市的出版企业纷纷迁回上海、南京及其他原本所在的沿海城市。当时沦陷区的分馆职工纷纷要求复职,遗留下来的房屋要重新修整,这些都需要一大批资金。而如何安顿西南各分店的人、资金、书籍、纸型、干部如何调度等问题也一下子提到议事日程上来。

出版业的迁返、恢复工作尚未安定,内战又全面爆发,这对捉襟见肘的出版业来说无异于雪上加霜。内战造成了国统区的通货膨胀,尤其是印刷用纸的价格,书籍售出后,货款转眼即成废纸。因而书出得越多,企业受的经济损失也就越大。在这种情况下,各出版企业根本谈不上发展,只有苦苦经营,勉强维持。

国民党官办的各出版企业,如正中书局、中国文化服务社、拔提书店、独立出版社、铁风出版社等,虽然在抗战胜利后靠接收敌伪文化单位而获较大发展,在内战中又享有平价纸等种种特权,但受通货膨胀及战争的影响,业务也很不景气。陈立夫创办的独立出版社甚至靠倒卖国民党政府配给的平价纸来度日。

商务印书馆自 1946 年年初起由朱经农继任总经理,此后,相继出版了《中学生文库》《新小学文库》《国民教育文库》《幼童文库》等丛书。为了降低成本,商务印书馆所出的丛书多是从原先已出的丛书中选出重编的。如《中学生文库》中的许多书都是从《学生国学丛书》和《国学小丛书》中选出的。

中华书局从 1947 年起陆续出版了由舒新城等人主编的《中华文库》共 100 种。这时的大出版社中只有中华书局的景况较好。因为其董事长是孔祥熙,他利用特权让中华书局印制钞票。编印出版一般图书的营业额只占 10%。

其他中小出版社在业务萧条的情况下也或多或少有一些出版物。如有 30 多年历史的亚东图书馆,在 1945—1949 年期间,只出版了林超真译的《马克思给顾格尔曼的信》及汪协如标点的古典小说《十二楼》两种书,业务萧条可想而知,真可谓风中残烛,命若游丝。

由于国民党政府横征暴敛,物价上涨,许多出版社连职工工资都难以负担,已经没有一个可以让人安心出书和看书的环境,文化出版事业此时已到山穷水尽、奄奄一息的境地,要想改变这种状态,只有等待蒋家王朝的覆灭、全国的解放。

第四节　现代印刷技术的发展

一、铅活字的兴盛及不断改进

19 世纪 80 年代,石印术的兴盛使近代资本主义机械化出版企业得以出现,它在组织机械化印刷、培养熟练印刷工人、积累资金方面为汉文铅活字的普遍使用提供了必要的条件。19 世纪末期,新式教科书的编制出版逐渐成为出版社主要发展方向。由于新式教科书每年都有稳定而巨大的需求市场,汉文铅活字印量大、速度快、价格便宜的优点得以显露出来,因而开始为印刷业所普遍使用。1904 年以后,清政府废除了科举,大量石印书局因此倒闭。汉文铅活字印刷从此取代了石印术而成为中国印刷业的主导。

旧式的汉文铅活字主要是西方传教士研制出来的,他们主要从便于雕镌的角度着想,而对字体的美观与否不加注意;因而研制出来的铅活字全部是明代隆庆、万历以后出现的所谓"宋体字"(俗称"匠体字",今亦称作"印刷体",日本称为"明朝字")。铅活字普遍使用以后,人们对其呆板僵化的字体日益不满。于是,从1909年一直到20世纪30年代,又出现了一个研制汉字铅活字的热潮,与上次不同的是,在这次研制热潮中研制活字的全部是中国人,而他们又都是从字体美观的角度着手的。

这次研制热潮是由商务印书馆开始的。1909年,商务印书馆请徐锡祥镌刻字模,创制出二号楷书铅活字。其方法是,先用楷书原底照相摄制阴文铜版,每字嵌入铜壳子,制成刻坯铜模,浇铸阳文刻坯,刻工加工镌刻,以成原字。再以电镀法制成钢模,浇铸铅字。其所刻铸的楷书铅字"极为雅美"。

1915年,商务印书馆又聘请湖北人陶子麟镌刻"古体活字"。陶子麟为近代刻书名家,他用《玉篇》的字体,以照相方法直刻铅坯。历经数年,始刻成一号及三号古体铅活字各一副。

1917年,钱塘丁善之仿宋代精刻本中的欧阳字体,倡制"聚珍仿宋字"。其方法是先将字刻在黄木上,制成胶蜡版,雕成铜模,再范铸成铅活字。后因黄杨木工料太贵,乃改用铅。可惜工程进行还不到一半,丁善之病逝,其长子丁辅之承其未竟事业,终于刻成聚珍仿宋铅活字方体、长体、扁体共三种,并于1926年创设聚珍仿宋印书局,先后排印了《小槐簃吟稿》《丁子居剩草》《大观录》等书,并代客印制简帖、名片等。后因丁辅之不善经营,乃将全部仿宋铅活字卖与中华书局。中华书局用这套铅活字排印了《四部备要》,"古色古香,可与清代最精之仿宋刊媲美",因而深受读者喜爱。

1919年,商务印书馆又聘请韩佑之创制"仿古活字"。开始准备用《西陂类编》的字体为蓝本,用机器镌刻铜模。但经审查,《西陂类稿》中不重复的单字只有2000多个,且机器钢模不适于雕刻笔画复杂的汉字,于是作罢。韩佑之复以宋元精刻本为范,制成"仿古活字",停匀秀美,整齐雅观,排印书籍,妍妙无比。

1926—1927年间,张作霖聘请著名书法家徐济、钟士光写铸《康熙字典》,其字悉用北魏碑志字体,号称魏碑体。当时东北三省出版的书籍多用这种铅字。

此外,姚竹天的仿宋体及新宋体、郑午昌的汉文正楷、唐海平的商业印字房专用楷书、张步云的洪武正楷、求古斋的标准楷书、华丰及千顷堂的楷书等都较为有名。

在铅活字字体不断创新的同时,1935年唐凌阁、张沾卿、林九龄等人又发明了赛铜字模(又名培珀字模),比原先铜模制作在时间上大为缩短,成本也较低廉。

二、各种印刷技术的引进与研制

排字架。1860年,美国传教士姜别利普的"元宝式字架",其方法是,将汉字分为常用、备用、罕用三大类,字架正面放24盘,中间8盘放常用字,上8盘及下8盘放备用字,两边64盘放罕用字。铅字皆依《康熙字典》部首检字法分部排列,其法颇便。由于姜别利普常用、备用、罕用字的划分标准是根据基督教宗教书籍统计的,排印报纸及科学等书较难适用。1909年商务印书馆曾请人重加厘定。1920年,鉴于元宝式字架三面包围,光线不足,且一架只供一人使用,殊觉不便。上海申报馆乃仿日本字架改为"统长架",这样既节省了空间,又使光线充足,且一架铅字可供二人排植,一时颇为流行。1923年,张元济又创新式排字机。其方法是将全部铅字分为繁用及冷门二类,分别用塔形轮转圆盘及推方盘贮存。用此方法,不但可节省地面,且使排字工免于终日站立、奔走摘字之劳。

铸字机。初期浇铸铅字都用手拍铸字炉,每小时仅可制造数十枚。不久改用脚踏铸字炉及手摇铸字炉,每小时可铸造700—800枚。1914年,商务印书馆引进"汤姆生自动字炉",每架每日可铸字15000余枚。每字出炉即可使用,无须再像以前那样进行铲边、磨身、刨底等工作。

纸型。最初铅活字排好版后即在纸上直接印刷,这样一面排版,一面印刷,铅活字常常不够用。而且印竣以后,立即拆版,若要再印还需重排,很不方便。1804年,英人士坦荷发明泥版,用泥覆于排成活版之上,压成阴文,以铅等混合金属熔浇其上,即成印刷的阳文铅版,于是上述两弊尽除。1844年成立的花华圣经书房就曾用过泥版。泥版一经浇铅即行散碎,而存留铅版成本太巨。1829年,法国人谢罗又发明了纸型。1871年美国人拔力克惠尔复将铅版改薄,填以木底,这样每副纸型可浇至10余次而不裂。如遇印刷量较大的任务,可铸多副铅版同时印刷。而纸版经济、灵巧,也便于贮藏。光绪中叶,日本人在上海开设的修文印书局开始使用纸型。1921年,商务印书馆购新式纸型机。用强力高压纸型原纸即可完成,无以前制纸型的覆纸、涂浆、刷击、热压诸手续,出品颇为迅速。

三、现代图书的装帧

书籍采用机器印刷初期,装帧仍沿用雕版书籍带有边栏、界行、中缝等的传统形式,如商务出版的林译小说,甚至科技著译、大学教科书也沿用古籍线装题签样式。一直到20世纪初才开始摆脱旧形式的束缚。1904年的《东方杂志》、

1909年的《域外小说集》等书刊始用中国画、风景人像作为封面，迈出了现代装帧设计的第一步。

1915年《新青年》始用自右向左的横排美术字作封面，并用西洋图案作装饰边。《科学》创刊号上，又出现了自左向右的罗马体英文。五四运动后，书籍装帧进入了一个新时期，1920年《新青年》"五一"纪念号以罗丹的劳工神圣纪念碑作为封面装帧。同年《社会主义研究》小丛书的第一种《共产党宣言》的封面采用了马克思肖像，不用其他多余的装饰。又有1923年广州的《新青年》季刊共产国际号的封面，画着一只擎着红旗的巨手伸出牢笼向人们召唤。这些书刊的封面设计主题突出，构图活泼，色彩鲜明，形象有力，比传统古籍更富有感染力和号召力，反映了现代书籍装帧设计走变革道路的主流。

受新文化运动的影响，商务印书馆和中华书局出版的书籍，也注重封面装帧设计，用变化较多的色纸作封面材料，用铅字横排取代书法题签。丛书和文库多采用汉画石刻、金石纹样作装饰。书刊也用欧洲名画、雕刻作封面，如《小说月报》几乎每期一幅画。1922年中华书局出版的刘海粟的《世界名画集》，装帧考究，印刷精良，有较高的学术价值。

鲁迅先生在注重图书内容的同时，也很讲究书籍的版式、插图和封面的装帧艺术。他喜欢书的开头和每个题目前后多留些空白，天地头宽一些，既美观，又可写批注和心得。如果排得过满，会使人感到压抑，减少了读书时的乐趣。他曾说："书籍的插图，原意是在装饰书籍，增加读者的兴趣的，但那力量，能补文字之所不及，所以也是一种宣传画。"他又说，插图不仅有趣，且也有益。鲁迅先生对于中国传统的金石碑拓及版画艺术有很深的造诣，在书籍装帧上，既重视学习古人，又注意借鉴外国经验，不拘泥于程式，又勇于开拓。他亲自为自己的书刊，如《呐喊》《朝花夕拾》《海上述林》及《萌芽》月刊等设计封面、题字、画插图，采用象征的寓意手法，富于变化，内涵深刻。他提倡新兴的木刻运动，关心青年编辑和装饰设计家的成长。这一时期有成就的装帧设计家还有陶元庆、司徒乔、丰子恺和钱君匋。

第五节　中国共产党领导下的出版发行事业

一、建党初期的出版发行事业

（一）中国共产党成立初期的出版物

在中国共产党成立以前，上海的共产党早期组织于1920年创办了《共产党》

月刊和《劳动者》《劳动音》《劳动声》等指导工人运动的刊物。瞿秋白同志也在北京创办了《人道月刊》。党成立以后，又创办了《劳动周刊》《工人周刊》等刊物。

1922年9月13日，党在上海开始发行的机关刊物《向导》，1923年7月1日在广州创办的由平民出版社发行的《前锋》，都是党的重要喉舌，是宣传反帝、反封建、反军阀，传播马列主义的重要阵地。

1922年，中国社会主义青年团创办了《先驱》半月刊。1923年8月被迫停刊。不久，团中央决定出版对青年进行宣传教育的刊物《中国青年》。邓中夏、恽代英、萧楚女、任弼时先后担任过《中国青年》主编。该刊在教育和团结青年方面起了巨大作用。此后，党还公开地或者秘密地继续编印了许多宣传马克思主义的书籍，如《共产党宣言》《俄国共产党党纲》，还编印了一些指导工农运动的刊物，如《中国工人》《政治周刊》《中国农民》《农民运动》《农友》，等等。

（二）中国共产党早期建立的出版发行机构

为了更好地出版发行革命书刊和宣传马克思主义，从1921—1927年，党先后建立了新青年社、人民出版社、上海书店和长江书店四个出版发行机构。这些机构是在极其艰苦的条件下发展壮大的。

1. 新青年社。社名由出版《新青年》杂志而得名，杂志原由上海群益书社出版发行，自1920年9月成立新青年社起，开始独立出版发行。在办杂志的同时，还出版了《新青年丛书》。由于《新青年》所载文章触痛了帝国主义和反动军阀，当第八卷第六号排印时，遭到封闭，于1921年1月迁往广州。1921年7月，中国共产党成立后，《新青年》杂志一度成为党的机关报，新青年社也成为党的宣传机构。1922年7月被迫休刊。1923年6月，党的"三大"决定继续出版《新青年》，把它改为季刊，作为党中央的理论性刊物，由瞿秋白担任主编。这期间，新青年社除了发行和重印人民出版社、上海书店的出版物外，还出版了一套"新青年社丛书"，包括《共产主义ABC》《马克思主义者的列宁》《无产阶级之哲学——唯物论》等图书，约有二十种。这套丛书的选题是经过精心策划的，它通过三方面的内容较完整地介绍马克思主义：（1）翻译列宁、斯大林、布哈林等理论家的著作，系统地介绍马列主义基本理论；（2）介绍苏联和共产国际的实际工作经验，用来作为中国革命的借鉴；（3）直接研究和讨论马列主义如何与中国革命实践相结合的问题，也标志着共产党人通过大革命的实践，思想渐趋成熟。①

2. 人民出版社。成立于1921年9月，是根据中共第一次全国代表大会的决定建立的。由党的宣传主任李达负责，分别在上海、广州编印书刊。这是中国

---

① 来新夏等：《中国近代图书事业史》，上海：上海人民出版社2000年版，第234页。

共产党自己建立的第一个出版社。人民出版社主要出版马克思、列宁的理论著作和其他理论性书籍。一年多时间里,出版了《马克思全书》三种,《列宁全书》四种,《康明尼斯特丛书》(共产主义丛书)四种,还出版了通俗宣传册子数种。

3. 上海书店。成立于1923年11月1日,由毛泽民、徐白民负责出版发行党内所有对外宣传的书刊。开张时,为避免军阀及殖民主义者的注意,只是代售上海各书店的书籍,但该店的真实目的却是宣传、扩散进步刊物。在三年左右时间内,共出版三十多种书籍,包括瞿秋白的《社会科学讲义》、恽代英的《反帝国主义运动》,以及一峰、辟世合编的《马克思主义浅说》等。军阀孙传芳对上海书店十分仇视,于1926年2月将其封闭。党又将出版发行工作转入地下,设立了宝山书店。

4. 长江书店。于1926年11月在武汉成立,由瞿秋白负责,苏新甫等主持具体工作。虽然长江书店因汪精卫发动"七一五"反革命政变只存在了半年,但它正处于中国革命风云变幻、迅猛发展之际,工作很出色,新出和重印书刊五十余种,其中包括毛泽东著《湖南农民革命》,即著名的《湖南农民运动考察报告》全文。此外,长江书店还销售青年社、人民出版社、上海书店出版的书刊,也代售其他书店出版的进步书刊。

5. 崇文堂印务局。为了避免反动政府的迫害,并便于印刷自己的刊物,党曾于1925年6月在上海创办了第一个地下印刷厂"崇文堂印务局",同年10月又改名为"文明印务局"。崇文堂印书局所印的书刊,以《向导》《中国青年》和上海总工会的宣传小册子、传单为主。该书局大约到1933年停办。

6. 上海长江书店。1927年2月,在北伐军胜利进军的大好形势下,党决定在上海恢复公开的出版发行机构,成立了《向导》《新青年》《中国青年》的总发行所,后改为上海长江书店。当年4月,国民党反动派悍然发动了"四一二"反革命政变,对共产党人和广大革命群众进行了血腥屠杀。党在上海新成立不久的长江书店就遭到了反革命的扼杀。不久,汪精卫也发动了"七一五"反革命政变,汉口的长江书店也遭封闭。长江书店的夭折,使马列主义的传播和革命的宣传工作,受到很大损失。

(三) 第一次国共合作时期的出版物

在十月革命的影响和中国共产党的帮助下,孙中山于1924年改组了国民党,提出联俄、联共、扶助农工三大政策,实行了国共两党的合作。因此,这个时期国民党在共产党的影响下,也出版了一些比较进步的书刊,如《民国日报》《建设》月刊、《星期评论》等。农民运动讲习所、国民革命军总政治部也出版了一些好的刊物。

在革命的统一战线中,共产党通过印行书刊,宣传和推动工农革命。毛泽东等同志主持的广州农民运动讲习所曾编印了《农民运动丛刊》等书刊,其中包括萧楚女著《社会主义教授大纲》、毛泽东著《中国佃农生活举例》,以及《列宁与农民》《俄国农民与革命》《苏俄之农业政策》等。省港罢工委员会编印出版了邓中夏著《省港罢工概观》、恽代英著《中国民族革命运动史》、萧楚女著《社会科学概论》等。

国民党民智书局在成立的最初几年间也出版过几种关于社会主义的书籍,但是在1927年蒋介石背叛革命以后,它也随之沦为反动的出版机构。

(四)早期革命出版物的特点

1. 宗旨明确。早期革命出版物的宗旨,就是宣传马克思主义,宣传党的方针政策和思想。在宣传马克思主义、共产主义方面,除出版《马克思全书》《列宁全书》和《康明尼斯特丛书》外,还出版了《马克思主义浅说》《唯物史观浅释》《社会进化简史》等。为配合如火如荼的五卅运动,就出版了《不平等条约》《中国关税问题》《反对基督教运动》和《向导丛书》《中国青年社丛书》等。农民问题是我国革命中的一个十分重要的问题,是非常需要人们了解和动手去解决的问题。为此,出版了《湖南农民革命》《俄国资产阶级革命与运动》《农民问题》等图书。供应各地平民夜校作教材的《青年平民读本》,就是针对特定的读者对象,选择生动通俗的方式向人民进行宣传教育的。

2. 形式多样。早期的革命出版物,在图书类型上出现了多样化,面向不同的读者对象。当时既出版各种刊物和单行本书籍,也出版歌集、课本、照相明信片和日历;既出版普及读物,也出版理论性专著;既介绍外国的情况,又专门阐述我国自己的情况;既出版政治、经济著作,又出版艺术读物,类型、品种繁多,丰富多彩。另一方面,在排印和装帧上也创造了多种风格。有的印十六开(理论性的),有的印三十二开(通俗性的);有的用白报纸,有的用道林纸;有的平装,有的精装,有些图书甚至采用了传统的蝴蝶式散页装和彩色丝线穿钉等形式。有些丛书中的各种书的封面、版式都采用同一格式。有的通俗读物,为了突出宣传效果,就在封面上印"要目"或"内容提要",让读者一目了然。1927年1月长江书店出版的《革命日历》,就是十分精致的宣传品。在日历的每一页上,上半部分印月、日,左边是阳历,右边是阴历、节气,下半部分则印关于这一天的国际或国内的大事,并有简短的评价。它受到了广大工农群众的热烈欢迎。

3. 发行广泛。在宣传和发行方面,革命书刊也采取了多种方法。如:在报上登载广告,甚至连续多天登载大幅广告,以壮大声势,加深影响;在有关的书刊白页上刊载介绍文字,相互推荐;多处设立分销处或流动分销处,以利读者购买革命书刊;办理函购、办理直接发行或通过各地书店转辗发行和尽量降低书价,等等。

二、十年内战时期党领导的出版事业

这一时期,面对国民党反动派的文化"围剿",共产党领导下的进步文化出版工作者没有被吓倒,更没有屈服,而是在严重的白色恐怖下进行艰苦的斗争。

(一)党在国统区的出版机构和出版物

中国共产党在极其困难的条件下,坚持在国统区建立地下出版机构,秘密从事出版发行工作。继长江书店以后,1929年曾以浦江书店、中华书店及无产阶级书店等名义,出版马列主义著作和党的重要文献。后又在上海成立了华兴书店。1931年,华兴书店被禁,又改称启阳书店(又称春耕书店、春阳书店)继续营业。

1931年9月,北方人民出版社成立,社址分设于保定、北平等地。由王辛垦主持。出版工作主要继承或吸收人民出版社、新青年社、上海书店、华兴书店等出版机构的优良出版物,加以重新校订和编排。另外也出版一些新的书刊。它在严重的白色恐怖下,以秘密的变形或伪装的方式进行出版发行工作。该社出版发行的书籍,包括内容较通俗、易为人民大众接受、能半公开发行的《人民文化丛书》《大众文化丛书》和包括经典著作,党的文件、决议等内容的《左翼文化丛书》。1932年7月,国民党当局镇压保定师范学生,通缉人民出版社负责人,该社在保定的出版活动被迫停止。

中国共产党的机关刊物《向导》周刊于1927年被查封后,党的其他理论刊物继续出版发行。1927年出版《布尔什维克》周刊,1928年出版《红旗》周刊。以后又陆续出版了《红旗日报》(1930年)、《共产国际》月刊中文版(1930年)、《红色中华》(1931年)、《实话》(1932年)、《新华日报》(1938年)和《共产党人》(1939年)等。

在这一时期,党还组织进步文化团体,同国民党反动派进行斗争。这些进步文化团体中最有影响的是中国左翼作家联盟。中国左翼作家联盟简称"左联",成立于1930年3月,是第二次国内革命战争时期中国共产党领导的革命文学界的组织。左联内有党团,先后担任过党团书记的有冯乃超、冯雪峰、阳翰笙、丁玲、周扬等。鲁迅是"左联"的主要负责人之一。"左联"团结大量进步作家,翻译、创作出版了大量的优秀作品,取得了丰硕的成果。"左联"的机关刊物有《萌芽》《拓荒者》《文学月报》《北斗》,等等。这些书刊在宣传进步文化和革命思想方面,有很大影响。"左联"成立之后,社会科学作家同盟、社会科学研究会、新闻记者联盟等团体也相继成立。

为了避免国民党当局对进步书刊的查禁、检扣以及对发行人的监禁甚至杀害,共产党领导和影响下的出版机构往往采取多种灵活机智的对策来与当局周旋。如共产党领导的出版机构出版的书刊在扉页和版权页上通常采用别的出版社的名号,诸如北国书社、新生书社、新光书店等,而不使用其真名。同时还采取封面伪装、不断变化书刊名称的办法来避开国民党当局的查禁。共产党在国统区的机关刊物《布尔塞维克》曾使用过《少女怀春》《中央半月刊》《小学高年级用新时代国语教科书》等假名,《红旗》也使用过《快乐之神》《时事周报》《真理》《出版界》等伪装刊名。[①] 因此,无论国民党当局采取何种手段来封锁、扣留、焚毁革命书刊和进步书刊,共产党及共产党领导下的进步文化团体始终战斗在国统区内,秘密地或公开地出版各种革命和进步书刊,宣传共产党的方针、政策,报道中国工农红军及革命根据地的情况。

(二) 苏区的图书出版事业

大革命失败后,革命由城市转向在广大农村建立根据地。1931年在瑞金建立中央苏区,成立了中华苏维埃共和国临时中央政府。中央苏区的发展和稳固,为发展苏区图书出版事业提供了条件。但另一方面,由于苏区范围较小,缺乏经费,加之战争环境的影响,图书的出版只能是小规模、小批量的。当时,苏区中央设有出版局发行部,统筹图书报刊的出版发行工作。中央政府还办起了中央印刷厂,中央军委也开办了军委印刷所。中共中央局、中央军委、教育部,都有自己的出版机构和发行网。

当时出版的图书,内容上大多是紧密配合革命斗争的。印制较多的是党和政府文件及小部头的马列主义著作,并出版了一些比较通俗的教育材料。由于物质条件的限制,出版物是比较粗糙的。据当时《红色中华》等报刊的报道,当年中央苏区出版了200余种图书,以小部头的马列主义著作、党和政府文件以及通俗教育材料为主。

据不完全统计,中共苏区出版的报刊计有70余种,中央工农民主政府成立之初,曾创办了机关报《红色中华》。此外,还有中共中央局机关报《斗争》、军委总政机关报《红星报》、少共中央机关报《青年实话》、少先队中央总队部机关报《少年先锋》、中华全国总工会报《苏区工人报》,以及军团和地方省级报纸杂志34种。这些报纸杂志,很受干部群众欢迎,如《红色中华》发行量就高达四五万份,《斗争》在江西苏区每期至少销售27000多份,《红星》发行17000多份,《青年

---

① 来新夏等:《中国近代图书事业史》,上海:上海人民出版社2000年版,第302页。

实话》发行 28000 多份。

由于国民党反动派对苏区进行残酷的"围剿"和封锁,上海等地出版的进步读物运送到苏区的数量很少,而苏区的印刷条件又很有限,在书籍供应比较困难的情况下,苏区干部群众为了学习革命理论,常常是靠一字一句地抄写来获得图书,有的则是在战争环境中多方搜求的。毛泽东同志经常阅读的上海出版的《反杜林论》译本,就是 1931 年红军攻克漳州时,自己在县城寻找到的。

苏区的出版事业对革命的胜利起了巨大的推动作用,在编辑出版史上是值得称颂的。

三、抗日战争和解放战争时期党领导的出版发行工作

(一)抗日战争时期解放区和根据地的出版工作

在抗日战争中,中国共产党在大江南北建立了许多根据地和解放区。以延安为中心的陕北根据地,不仅是抗日战争时期最大的解放区,而且是中共中央和中央军委的所在地。这里既是党中央领导全国进行抗战的中心,也是马列著作的编译出版中心。这一时期,不仅印制了马恩列斯著作的完整译本,还组织出版了《毛泽东选集》和许多关于科学共产主义方面的丛书。

根据地的出版事业,是从办报开始的。1937 年 1 月 13 日,党中央组成了总书记张闻天及秦邦宪、凯丰等人负责的中央党报委员会,下设出版科和发行科。1931 年年底在瑞金创刊的《红色中华报》于 1937 年 1 月 29 日改名为《新中华报》,2 月 7 日成为党中央机关报,至 1941 年 5 月 15 日终刊,与《今日新闻》合并,改为《解放日报》。1937 年 4 月 24 日,出版了《解放周刊》,改为半月刊,署名"陕西延安新华书局"发行,同年 10 月改称新华书店。为了加强出版发行工作,1938 年,党中央在延安设立了解放社。这是中共中央在抗战中设立的第一个大型出版机构,它以大量编辑出版马列主义经典著作和党的政策、文件而著称。成立不久就印行了《列宁选集》初版本、《斯大林选集》《马克思恩格斯论中国》《列宁斯大林论中国》等。出版的书籍流传甚广,在解放区、抗日根据地和国统区都曾引起过强烈反响。

1938 年 5 月 5 日,马列学院在延安正式成立,院长为张闻天。他还亲自兼任该院编译部主任。这是我党历史上第一个编译马列主义经典著作的专门机构。毛泽东同志十分重视马列主义著作的编译工作,在整风运动开始后不久曾建议成立了一个大的翻译部。他认为做好翻译工作,"学个唐三藏及鲁迅,实是功德无量的"。

为了加强党的出版工作,1939 年 5 月,中共中央在关于宣传教育工作的指

示中要求:"各中央局、中央分局、区党委、省委应用各种方法建立自己的印刷厂(区党委与省委力求设立铅印机),以出版地方报纸、翻印中央党报及书籍小册。"这个指示,对党的出版事业的发展起了很大的推动作用。

1939年6月1日,党中央在延安建立了中共中央出版发行部,由李富春任部长,王林任副部长,与原党报委员会出版科、发行科合并统一领导党的出版发行工作。它既是一个出版发行领导机关,又是一个出版发行的工作部门,担负着出版、印刷、发行的具体工作任务。早在3月22日,党中央就发出了《关于建立发行部的通知》,要求"从中央起至县委止一律设立发行部。"任务是"推销党的各种出版物,统一对于各种发行机关的领导,打破各地顽固分子对于本党出版物的查禁与封锁,研究各种发行的经验。"马恩列斯著作和毛泽东著作用解放社的名义,一般的社会科学读物则用新华书店的名义出版。此外,它还担负着《新中华报》《解放》《中国工人》等报刊的出版发行任务。

1939年9月10日,新华书店单独建制,由中共中央出版发行部直接领导。店址由清凉山迁至北门外,书店内部也健全了机构,充实了干部,并沟通了与晋绥、晋察冀、晋冀鲁豫等根据地发行网点的联系,党中央还派专人到上海、西安等地,购买印刷器材,邀请技术工人,成立了中央印刷厂。后来,八路军印刷所扩大为印刷厂,陕甘宁边区印刷厂也由一个扩大为几个,大大加强了边区的印刷力量。从1937年至1947年3月中央机关离开陕北为止,仅中央印刷厂印刷、由解放社及新华书店发行的书籍就有三百种,大约百万册。同时,还出版了大量的报纸杂志。边区印刷厂的生产量也不断增加,据《新中华报》1940年8月23日报道,边区印刷厂每月能印出190万字的书刊来。

随着革命形势的发展,解放区日益巩固,各解放区的图书报刊出版也不断得到发展。毛泽东同志在1940年12月25日的党内指示中要求:"每个根据地都要建立印刷厂,出版书报,组织发行和输送的机关。"此后,各抗日根据地也陆续建立起自己的印刷出版机构。毛泽东在抗日军政大学讲课的讲稿《辩证唯物论》就是最先在晋察冀边区刊行的。边区出版的报纸到1940年已发展到20多种,如《抗敌报》《晋察冀日报》《救国报》《战斗报》《火线》等。主要的杂志有《新长城》《群众杂志》《边区文化》等。其他解放区,如晋绥边区、山东抗日根据地、华中抗日根据地等,也都在艰苦的条件下,采取各种方式出版图书、报纸、期刊、教科书和宣传品。这些抗日根据地出版的书籍,少则几十种,多则一二百种,发行量达几万至几十万册。

(二)战斗在白区的三家进步书店

在反文化"围剿"斗争中,党领导的生活、读书、新知三家战斗在白区的书店,做出突出贡献。生活书店于1932年成立于上海,新知书店成立于1935年,读书生活出版社成立于1936年。诞生在民族危机、生死存亡关头的这三家书店有许多相似之处,也有共同的战斗历程。

其一,它们都是由办杂志而艰苦创业的:生活书店由《生活》周刊发展而起,读书生活出版社的前身是《读书生活》杂志,新知书店由《中国农村经济》杂志演变发展而成。

其二,它们都有一批先进的文化人筹划并担任主要领导者,生活书店的领导人有邹韬奋、胡愈之、徐伯昕,读书出版社由黄洛峰任经理,艾思奇任编辑部主任,李公朴主编《读书生活》半月刊;新知的领导人有钱俊瑞、徐雪寒、华应申,他们还团结培养了一大批优秀的文化出版战士。

其三,从创办之日起,它们就在中国共产党的领导下,为祖国为人民努力工作。周恩来同志曾不止一次听取过三家书店的工作汇报。书店的负责人中,不少是党的得力干部。他们以私人事业的名义出版了大量革命的和进步的书籍,并从事掩护革命同志的工作,完成了党交给的许多重要任务。

其四,它们在国民党统治的白色恐怖下,屡屡遭受查封迫害,而它们不畏强暴,百折不挠,在与反动派进行斗争的过程中,不断发展壮大出版队伍和机构,为党的出版事业的创建与发展做出不可磨灭的贡献。如生活书店成立不久,《生活》周刊即被国民党政府查封,书店很快创刊《新生》周刊,由杜重远主编。1934年2月,由于该刊刊登了一篇《闲话皇帝》的文章,刺痛了日本帝国主义,国民党政府在日本的威胁下,于1935年5月查封了《新生》,杜重远也被捕判刑。这就是轰动全国的"《新生》事件"。《新生》被封后,生活书店又请金仲华主编《永生》,不久《永生》也被查禁,又出版《斗生》,《斗生》又被查禁。"七七"事变后邹韬奋又主编《抗战》。在图书方面,也多次被禁。读书生活出版社出版的第一本书是艾思奇的《哲学讲话》,出版不久即被查禁,后改名为《大众哲学》,印了30多版。新知书店及其分店也多次被捣毁、封闭。在国民党反动派的封锁、洗劫、拘捕、枪杀等各种迫害面前,它们没有屈服,先后在重庆、桂林、上海、武汉、广州、北平等地建立了数十个出版发行机构。

1943年,以三家书店为核心,联系了20多家政治态度比较进步的书店,发表了一个争取出版自由的紧急呼吁,并于同年12月成立了一个新出版业联合总处。1944年5月,又在重庆设立了第一个联营书店,理直气壮地与国民党反动政府及其御用书店展开了斗争,要求保障小书店的利益,要求取消新闻、图书杂志和戏剧演出的审查制度。

抗战胜利后,重庆的三家书店率先将各自的门市部加以合并,人事方面也组成一个领导班子,开始使用"生活书店""读书生活出版社""新知书店""三联书店"的名称,并向收复区复员。1945年9月,重庆、成都、昆明文化出版界采取行动,发动了一个拒检运动。迫于形势,国民党反动派不得不宣布自10月1日起废止图书新闻检查。由于三联书店的共同努力,毛泽东的《论联合政府》《新民主主义论》等著作,以及党的文件、马恩列斯的理论书籍,都陆续和国统区的读者见面了。

在解放战争时期,为了防止国民党反动派的迫害,它们又在上海办了华夏书店、骆驼书店,在北平办了朝华书店,在广州办了兄弟图书公司,在烟台办了光华书店。东北解放后,它们在大连、哈尔滨、长春、沈阳等城市设立了光华书店。在石家庄成立了新中国书局。采用二、三线的办法,化整为零地开设新据点,与敌人周旋:华夏书店为第一线机构,主要出版马列主义读物,处在斗争前列;峨眉出版社是二线机构,专门出版鲁迅研究著作和其他学术著作,是第一线机构暴露或被封后的退路;骆驼书店属于三线机构,专门印行古典和现代世界文学名著,是最隐蔽的,决不暴露。

1947年秋,三联书店为保存力量,争取海外广大读者,便于和解放区联系,其领导中心转移到香港。1948年秋,在香港成立三联书店总管理处,黄洛峰为临时管理委员会主席,徐伯昕为总经理。1949年4—5月间,总管理处由香港迁往已经解放了的北平。根据党的指示,三店实行全面联合,取消光华书店、新中国书局等名义,统一称为"生活·读书·新知三联书店"。

三家书店之所以并肩战斗,并最后联合,最根本的是因为他们有一个共同的目标——"为谋求广大人民的利益,为推动中国社会的进步,为宣传马克思列宁主义、毛泽东思想和党在各个历史时期的主张。"这是他们最根本的共同性。

在竭诚为读者服务方面,生活书店创始人邹韬奋堪称楷模。邹韬奋(1895—1944),原名恩润,笔名韬奋,是新闻记者,也是报刊编辑,还是著名的政论家、出版家。祖籍江西余江,1895年11月5日生于福建永安,1921年在上海圣约翰大学毕业,次年任中华职业教育社编辑股主任,主编《教育与职业》月刊。1926年10月任《生活》周刊主编,从此毕生从事新闻出版工作。由于他重视读者工作,严格选择稿件,注意到"有益"的内容与"有趣"的形式相结合,把刊物办成读者的朋友,故销量由1926年的2000多份增到每期15.5万份。1932年7月1日正式创办生活书店,到抗日战争爆发时,在全国已有56处分店。他说"为读者服务,是生活书店最主要的几种传统精神之一"。在书刊编辑思想上,他认识到"真有生命力的刊物,和当前时代的进步运动是不能脱节的"。《生活》用大量篇幅揭露国民党当局"攘外必先安内"的卖国谬论,讨论抗日救亡问题,斥责日寇的法西斯暴行,邹韬奋因此而成为反动派的眼中钉。在国民党迫害下,他1933年7月出国流亡,考察了苏联、英国、美国之后,深刻认识到资本主义本质,完全赞成中国共产党的政治主张。1935年回国后创办了《大众生活》周刊,更加积极地宣传团结抗战,实现民主。周恩来同志在延安谈到邹韬奋时说过:"我们党的抗日民族统一战线政策,主要是通过韬奋主编的刊物传播到国民党统治区广大知识分子中去的。"1936年2月底《大众生活》被封。同年11月23日,他与沈钧儒等六位救国会负责人同时被捕,这就是闻名全国的"七君子事件"。在狱中他坚贞不屈,痛斥国民党政府的腐败,"七七"事变后七君子获释。他随即投入抗日宣传行列。皖南事变后,又被迫流亡香港。日军攻陷香港后,辗转至广东东江游击根据地,1942年奔赴苏北抗日根据地,1944年7月,因癌症在上海医治无效而去世,9月8日,中共中央追认他为中共正式党员。毛泽东同志在亲笔书写的挽词中高度评价了邹韬奋的一生:"热爱人民,真诚地为人民服务,鞠躬尽瘁,死而后已,这就是邹韬奋先生的精神,这就是他之所以感人的地方。"

图9.7　1985年11月5日,邮电部发行的《邹韬奋诞生九十周年》纪念邮票一套两枚

邹韬奋创办生活书店,也创造了优良的"生活精神",他将其概括为:(1)坚定,(2)虚心,(3)公正,(4)负责,(5)刻苦,(6)耐劳,(7)服务精神,(8)同志爱。其中最强调的是服务精神,韬奋把它比做生活书店的奠基石。邹韬奋给我们留下了几百万字的著作,也给我们留下了怎样做好出版工作的宝贵精神财富。

(三)解放战争时期解放区的图书出版事业

日本帝国主义投降后,解放区的图书出版事业得到迅速发展。1945—1946年7月,华北、华中、华南的19个解放区的图书出版事业都获得了很大的发展。每个区都成立了编辑出版机构,有的附设于报社,有的由新华书店等发行机构领导。

1945年建立的东北解放区,在图书出版方面曾做出卓越贡献。它除翻印延安和各解放区的出版物外,还出版了反映东北解放区斗争生活的《暴风骤雨》《政治委员》《无敌三勇士》《动荡十年》《翻身农村风光好》等书籍,并且出版了影响遍及全国的东北版《毛泽东选集》。东北解放区仅新华书店的出版发行系统在1947—1948年两年里就出版了592种书刊,发行量达1400万册,并出版了总数达六百余万册的中小学教科书。东北光华书店的出版发行系统还影印出版了《鲁迅全集》和《资本论》等大部头著作。

1946年6月,蒋介石悍然发动内战,各解放区的新华书店坚持在恶劣环境下出版发行书刊,为解放区人民和解放军官兵提供精神食粮。此时,还出现了许多随军书店。例如在解放富平的战役中,前线还在打枪,书店的同志就用三匹骡子驮着图书来到富平县附近一个村镇,向新区群众宣传和发行革命图书,受到彭德怀同志的赞扬。除了及时发售革命图书之外,随军书店的另一重要任务是在新区建立新华书店。据1949年10月全国新华书店第一届工作会议的统计,解放战争开始时,各解放区的新华书店不过十多家,下设若干支店。到新中国成立前夕,全国已有分支店735个,基本形成了全国统一的发行系统。据华东、华北、华中、西北、东北五大解放区的不完全统计,1945—1949年共出版了5291种图书,发行了4474万册;有印刷厂29处,职工8100多人。加上三联书店13处分店职工,为新中国成立后图书出版事业的发展打下了坚实的基础。

1949年2月23日,中共中央宣传部成立出版委员会,作为党中央领导全国出版发行工作的办事机构,黄洛峰任主任委员,华应申、徐伯昕为副主任委员。4月,新中国第一个大型国营书刊印刷厂——新华印刷厂举行开工典礼。5月,华北人民政府成立教科书编审委员会。9月18日,新华书店聘请胡愈之任总编辑、叶圣陶为副总编辑,着手筹备统一新华书店的工作。在解放战争的节节胜利中,各地军管会陆续接管了国民党反动派的出版机构,废除了国民党政府钳制出版事业发展的法令。1949年10月1日,中华人民共和国宣告成立,我国的出版事业从此进入新的历史时期。

本章推荐阅读

1. 王余光、吴永贵：《中国出版通史·民国卷》，北京：中国书籍出版社2008年版。

2. 吴永贵：《民国出版史》，福州：福建人民出版社2011年版。

3. 叶再生：《中国近代现代出版通史》，北京：华文出版社2002年版。

4. 来新夏等：《中国近代图书事业史》，上海：上海人民出版社2000年版。

5. 方汉奇：《中国近代报刊史》，太原：山西教育出版社2012年版。

6. 徐雁：《中国旧书业百年》，北京：科学出版社2005年版。

7. 中国近代现代出版史编纂组编：《中国近代现代出版史学术讨论会文集》，北京：中国书籍出版社1990年版。

8. 中国近代现代出版史编纂组编：《新民主主义革命时期出版史学术讨论会文集》，北京：中国书籍出版社1994年版。

9. 中国出版科学研究所科研办公室编：《近现代中国出版优良传统研究》，北京：中国书籍出版社1994年版。

复习思考题

1. 简述民国时期图书出版业概况。

2. 中华民国期间北洋政府和国民党政府分别制定了哪些出版法规？作用如何？出版界为此进行过哪些斗争？

3. 商务印书馆和中华书局在书刊编辑出版方面是如何竞争的？意义何在？

4. 五四新文化运动时期书刊编辑在形式和内容两方面发生了哪些深刻变化？

5. 简述鲁迅的编辑实践及编辑思想。

6. 为什么说文化品格是关系到出版社生存发展的根本因素？举例说明。

7. 开明书店为何受到教育界、文化界的广泛赞誉？

8. 试述抗日战争对我国出版业造成的影响。

9. 在上海"孤岛"时期，出版了哪两部巨著？如何评价？

10. 简述20世纪初铅活字研制的热潮，并与19世纪出现的第一次热潮对比分析，当时我国在印刷技术上有哪些进展？

11. 中国共产党早期建立了哪些出版机构？其出版物有何特点？

12. 生活、读书、新知三家书店有哪些相同之处？联合成一家的根本原因是什么？

13. 简述邹韬奋的出版思想与历史贡献。
14. 简述新华书店的早期发展及历史功绩。

解释下列名词

张元济	陆费逵	沈知方	王云五
中华书局	世界书局	开明书店	良友图书印刷公司
开明精神	《新青年》	《每周评论》	文化研究会
创造社	《四部丛刊》	《四部备要》	《中国新文学大系》
《新生》事件	新青年社	人民出版社	上海书店
生活精神	邹韬奋	三联书店	新华书店

第十章
新中国前 30 年出版史(1949—1979 年)

1949 年 10 月 1 日,中华人民共和国宣告成立,东方文明古国从此焕发出新的勃勃生机。随着政治经济社会文化制度的深刻变革,新中国的出版事业也掀开了新的篇章,走上了全新的发展道路。

第一节 新中国出版事业的奠定与发展(1949—1965 年)

1949 年至 1965 年,是新中国出版事业全面复兴并奠定未来发展基础的一个重要时期。新的出版管理体制基本建立,国有的人民出版事业迅速发展起来,对私营出版业进行公私合营,完成了社会主义改造,成为国家整个出版体系中的重要组成部分。各项出版工作在革命热情的鼓舞下,取得了新的成就。

一、新中国出版管理体制的建立

新中国成立伊始,政务院之下就设立了出版总署,成为领导国家出版工作的最高行政机构。1949 年 9 月,毛泽东主席为即将召开的全国新华书店出版工作会议亲笔题词"认真作好出版工作",体现了党和国家领导人对新出版事业的高度重视。1950 年召开的第一届全国出版会议,提出出版"为人民大众的利益服务",标志着新中国出版事业发展方针的确定。从 1950 年起,国家对出版、印刷、发行工作实行专业分工,奠定了新中国出版业发展的基本格局。而统一全国书籍编校制度和书刊稿酬,实施杂志、书籍定价标准,规范图书版本记录,成立国际书店统筹全国书刊进出口业务等,反映出新中国编辑出版工作制度的初步形成与具体实施。

图 10.1　1949 年 9 月,毛泽东为全国新华书店出版工作会议题词

1. 国家出版行政领导机构的创立

1949 年 2 月,为了迎接新中国的建立,中宣部设立了出版委员会,成为党中央出版工作的领导机关和全国出版事业的管理部门,统一领导全国出版事业的整顿与恢复工作。新中国成立后,中央人民政府又在政务院之下,正式设立出版总署,作为国家领导出版工作的最高行政机构,并任命胡愈之为第一任署长,叶圣陶、周建人为副署长。之前成立的中宣部出版委员会改组为出版总署出版局。1954 年 11 月,出版总署撤销,在文化部内设立出版事业管理局,作为文化部指导、管理全国出版事业的职能机构。

新中国成立初期,各大行政区陆续成立新闻出版局(处)或出版局,省、自治区、直辖市设立新闻出版处(室),构建起地方新闻出版行政管理体系。1954 年秋,国家撤销大行政区设置,各大区新闻出版行政机关也随之相继撤销。同年

11月,文化部主管全国出版行政工作后,各省、自治区、直辖市也在文化局(厅)内增设出版处,负责管理本省、自治区、直辖市的出版行政工作。只有上海市因工作需要,于1955年4月成立了上海市人民委员会出版事业管理处,后于1957年7月改组为上海市出版局。

2. 全国新华书店及出版工作的协调统一

新中国成立前,中国共产党领导的革命出版事业主要包括两个部分:一是1937年诞生在延安的新华书店系统,二是以创办于20世纪30年代的生活书店、读书出版社、新知书店为代表的国民党统治区内的革命出版事业。无论是新华书店系统本身,还是新华书店与三联书店之间,由于历史的原因,一直处于分散经营的状态。新中国成立后,全国性的出版机构统一问题提上了日程。

对于新中国出版事业的协调统一,党中央十分重视,对相关工作做出多次重要批示。1949年3月初,中共中央提出:"出版工作需要统一集中,但要在分散经营的基础上,在有利和可能的条件下,有计划、有步骤地走向统一集中。"此一时期,刚刚成立的中宣部出版委员会做了大量工作,其中最重要的就是统一全国的新华书店。

1949年10月3—19日,中宣部出版委员会在北京组织召开了全国新华书店出版工作会议。毛泽东同志为会议亲笔题词"认真作好出版工作",并接见了出席会议的全体代表。朱德同志在开幕式上发表讲话,并为会议题写了"加强领导,力求进步"的题词。此次会议不仅是新华书店的第一次全国性会议,也是新中国出版事业的第一次全国性会议。会议制定了新华书店必须迅速走向统一集中,加强专业化、企业化以发展人民出版事业的方针。

1950年3月,出版总署公布了《关于统一全国新华书店的决定》。决定指出:在北京建立新华书店总管理处,统一管理全国各地新华书店的业务、人员、资金等。另外,还规定了新华书店各业务部门统一的办法。

1950年4月1日,新华书店总管理处成立,隶属于出版总署,下设出版部、厂务部、发行部三个专业化单元,实行独立核算。与此同时,全国各大行政区新华书店改称新华书店总分店,设立编辑、出版、印刷、发行等专业部门。总分店下设分店,原则上在各省省会和中央直辖市设立;分店以下设支店、分支店,一般只做发行业务。到1950年9月底,新华书店在全国已有华北、东北、华东、中南、西北、西南、华南、山东、新疆9个总分店,47个分店和889个支店,并发挥出积极的作用。至1950年年底,全国范围的新华书店统一工作基本完成,新华书店已遍布全国城乡,这也标志着全国出版事业的统一工作基本完成。

3. 新中国出版事业发展方针的确定

1950年9月,国家出版总署召开第一届全国出版会议。会议明确提出,为人民大众的利益服务是人民出版事业的基本方针。会议还决定,为了消除目前出版工作中还存在着的相当严重的无计划、无组织现象,公私出版业均应争取条件,逐步实行出版与发行分工、出版与印刷分工和出版专业化的方针,同时还要本着统筹兼顾、分工合作的原则,调整公私出版业之间的关系。

1950年10月28日政务院发布《关于改进和发展全国出版事业的指示》,充分肯定了第一届全国出版会议确立的出版事业发展方针,并进一步提出:书籍杂志的出版、发行、印刷是三种性质不同的工作,原则上应当逐步实现科学的分工;出版总署应当协助各大行政区分别筹建、改进或扶植地方的出版工作;国营书店应团结与组织一切私营书店,共同把书刊发行工作做好;书籍期刊的出版发行,不论公私营,均不得单纯以营利为目的。这些发展和改进中国出版事业的政策措施,在后来相当长的一段时间里,得到了认真的贯彻执行,也推动了新中国成立初期的出版发行事业不断发展壮大,稳步前进。

4. 出版、印刷、发行工作实行专业分工

中国出版业在新中国成立之前向来是出版、印刷、发行不分家,新中国成立后,实行出版专业分工的条件已经具备,从1950年开始,国家开始逐步实施对出版行业的专业分工改造工作。

为了解决好出版工作的分工问题,出版总署于1950年前后召开多次会议,阐述出版、印刷、发行实行专业分工的重要意义以及实现专业分工的方法。1950年10月,出版总署决定,国营出版印刷发行企业应首先实行分工与专业化,全国各级新华书店兼营出版印刷业务者,从目前起应着手划分为三个独立的企业,即出版企业、印刷企业和发行企业。各级新华书店原有的编辑和出版机构改组为中央和地方人民出版社,印刷厂成为单独的企业,新华书店成为全国统一经营与统一管理的书刊发行机构。

根据出版总署的指示精神,人民出版社、新华印刷厂总管理处、新华书店总店于1950年12月先后在北京成立。到1951年年初,全国各级新华书店也基本上实现了一分为三,分别成为独立的出版、印刷、发行企业,由出版总署或地方出版行政机关直接领导。

从1950年起,本着专业分工的原则,全国建立起若干规模较大的国家级专业出版社或者专以某一部分读者为出版对象的综合出版社,如人民教育出版社、人民文学出版社、科学出版社、中国青年出版社、人民美术出版社,等等。

与此同时,出版专业分工在一些大的民营出版企业内也得到响应。1950年

图10.2　1951年2月,毛泽东为人民出版社题写的社名

12月,民营的中华书局、商务印书馆、开明书店和公私合营的三联书店、联营书店等五家出版单位,将分布于全国35个城市的87处发行机构从原单位分离出来,合并成立了公私合营性质的发行专业机构——中国图书发行公司,这也是继新华书店之后,另一家全国性的图书发行机构。后来由于私人资本在1953年先后退出,中国图书发行公司成为国营公司,1954年1月后并入新华书店。

1952年12月28日,邮电部、出版总署联合发出文件,决定报刊与图书的发行实行专业分工。从1953年1月起,定期出版物(含报纸、期刊)由邮电局负责总发行,不定期出版物(包括课本、一般图书及图片)由各书店(包括国营、公私合营、私营)负责。

新中国成立初期出版、印刷、发行专业分工政策的施行,改变了半个多世纪以来中国出版业的发展模式,也奠定了新中国出版业发展的基本格局。

5. 编辑出版工作制度规范的形成与实施

为了统一全国的书籍编校制度,1952年出版总署发布《关于国营出版社编辑机构及工作制度的规定》,规定出版社必须做出全年的选题计划、编辑计划、发稿计划、出书计划;一切采用的书稿必须经过编辑初审、编辑主任复审、总编辑终审和社长批准的编审制度;规定每一书稿至少须经四次校对,其中一次由著作人自校等。这些制度后来逐步规范为至今仍在采用的出版业著名的"三审""三校"制度。

为了统一全国书刊稿酬,考虑到按劳分配的原则,出版总署于1950年3月作出关于稿酬制度的决定,主要是参照苏联稿酬方法拟定,按质量、字数(以千字为单位计算)、印数(以千册为单位计算)来确定稿酬。1955年以后,伴随着编辑出版工作渐趋规范化,全国统一性的稿酬制度建立了起来。

为了消灭偏远地区加价销售书刊的现象,减轻读者负担,1950年3月,出版总署决定逐步统一全国的书刊售价。1956年2月,文化部颁发了《全国杂志、书籍定价标准的通知》,把全国书籍、课本分为11类,杂志分为7类,每一类书刊的每一印张定价都有明确的规定。通过几年的推行,全国书刊定价基本上实现了统一。

新中国成立前,中国图书的版本记录没有统一规定,各出版单位都是根据自己的习惯刊载有关事项,不利于读者使用及行业管理。1953年1月,出版总署统一规定了国内编辑出版的图书杂志版本记录项目和著录要求,同时还对翻译书籍的版本记录提出应刊载原本版权说明的要求。1955年12月,文化部还对书籍、杂志中使用字体等,做出过原则规定。

1949年12月在北京成立的国际书店,建立初期除了主要经营书刊进出口业务外,还承担进口书刊的国内发行工作。此后全国的书刊进出口工作逐渐统一起来,业务全都归并到国际书店管理。1955年以后,国内发行工作逐步移交新华书店,成为从事书刊进出口专业公司。1963年又将全国的进出口业务分开,国际书店负责书刊出口业务,新成立中国外文书店,负责书刊进口工作。这种分工负责的书刊进出口格局,直到20世纪70年代初期才得以改变。

二、人民出版事业的发展与私营出版业的社会主义改造

新中国成立初期,人民出版事业继承了以前的光荣传统,得以快速发展。为扭转公私出版力量的悬殊比例,贯彻新中国出版事业的发展方针,实现由旧中国出版业到社会主义出版业的跨越,国家在大力推动人民出版事业发展的同时,对私营出版业进行了社会主义改造。至1956年年初,国家对私营出版业、发行业、印刷业的社会主义改造基本完成,使出版、印刷和发行事业全部纳入国家计划。

1. 人民出版事业的快速发展

新中国成立初期,国营出版事业的整体实力与私营出版业相差悬殊。当时我国出版事业存在多种经济成分,其中国营经济(全民所有制的出版社、书刊印刷厂和书店)、集体经济(书报合作社、集体书店)和国家资本主义经济(国家资本与私人资本合营的出版社、书刊印刷厂和书店)的资金、干部以及生产力,仅占国家整个出版事业的1/4左右;而私人资本主义经济(私人经营的出版社、书刊印刷厂、书店)和个体经济(书摊、书贩)的力量则占3/4左右。1950年,私营出版业出版图书种数占全国出书总数的57%。

为扭转公私出版力量对比悬殊的不利局面,依据国家对过渡时期的总路线以及私营工商业的总体政策,出版业先后采取了调整公私营关系、对私营出版业进行社会主义改造两大步骤,促进了公私合营、公营出版事业的发展。

1950年6月,中国共产党七届三中全会提出调整工商业关系和公私关系。为了协调公私出版业之间的关系,出版总署经过一段时间的探索,于1950年9月在第一届全国出版会议上确定了"统筹兼顾、分工合作"的调整原则,并按此调整了公私营出版业间的关系。1949年12月,全国仅有公营和公私合营出版社5家,其中公营2家,公私合营3家。之后由国家统筹管理的国营机构纷纷成立。到1950年底,全国公营和公私合营出版社增加到29家,其中国营和地方国营出版社达到22家,大大超过了私营和公私合营出版机构,国营书店、印刷厂的数量也大幅度增加。

2. 对私营出版业的社会主义改造

20世纪50年代前期,我国对资本主义性质的私营出版业(包括出版、印刷、发行业)进行的社会主义改造工作,是新中国成立初期出版事业中的一件大事。

对私营出版业的社会主义改造工作实施得比较早。1949年7月,中宣部出版委员会就在北京组织商务印书馆、中华书局、大东书局、北新书局等15家私营出版社加入了华北联合出版社,这是一家有新华书店、三联书店投资的公私合营性质的联合出版社。与此同时,中宣部出版委员会也在上海组织了有商务印书馆、中华书局、开明书店、龙门书局等60多家私营出版社参加,并有新华书店和三联书店投资的公私合营性质的上海联合出版社。这是国家对私营出版业进行社会主义改造的最早尝试。

1950年年初,《世界知识》杂志社、荣宝斋、开明书店等私营出版单位实现公私合营。商务印书馆、中华书局、开明书店、联营书店和三联书店的发行机构,也合组成立了公私合营性质的图书发行公司。截止到1950年年底,全国已建立了7家公私合营的出版社。

为了响应和落实党在过渡时期的总路线和总任务,即在10年到15年或者更多一些时间内,基本上完成国家工业化和对农业、手工业、资本主义工商业的社会主义改造,1954年1月,出版总署提出了出版事业社会主义改造的宏伟计划:必须积极地、有计划地、稳步地对私营出版业进行社会主义改造,而且改造的速度较之其他一般工商业应该快一些。出版总署要求做到在第一个五年计划内,出版业完全由国家掌握,并把私营书刊印刷厂、发行业基本上纳入国家资本主义轨道。出版总署的这一计划,很快得到了中央的批准。此后,新中国开始了对私营出版业大规模的社会主义改造。

私营出版业社会主义改造的一般步骤是:首先,把有一定编辑力量、出版态度比较严肃的出版社,改为公私合营出版社;其次,对有一定的编辑力量或与著译界有一定联系的出版社,暂时保留,然后在1955年至1956年分批进行淘汰;再次,对没有编辑力量、不够出版条件、出版态度不好的出版社,令其转业或停业。对私营出版社的从业人员,包括担任实职的资方人员,一律妥善安置。对于过去尚未安排就绪的编辑人员,除反革命分子和坏分子之外,都在国营和公私合营的出版发行单位中予以安置。

与此同时,对私营发行业也有区别、有步骤地进行了社会主义改造。先是掌握私营发行业者的基本情况,然后引导、利用和改造私营图书零售商,使其围绕国营书店经营代销业务,逐渐转为国家发行网点的有机组成部分。

对于私营印刷业的社会主义改造,也从1954年开始有步骤、有计划地进行。对那些历史悠久、规模较大、技术设备良好的印刷厂,如上海商务印书馆印刷厂、中华书局印刷厂等,均在其自愿申请合营后,由出版总署批准,改组为公私合营企业。对于申请合营的其他私营印刷厂,则根据不同情况采取不同方式进行改造,如有条件承印书刊的印刷厂,组织它们联营、合并,接受国家出版社的委托加工,为公私合营创造条件;对不具备承印书刊条件的零星小户,由地方工业部门根据社会需要,有的实行转业,有的承担社会零散印刷工作。

1956年年初,国家对私营出版业、发行业、印刷业的社会主义改造基本完成,全国所有私营出版社、印刷业、发行业先于全国其他行业,实现了全行业的公私合营,也使出版、印刷和发行事业全部纳入了国家计划。至1956年年底,我国共有出版社97家,其中国营出版社80家,公私合营出版社17家(已经没有私营出版社)。

三、新中国出版事业的曲折发展

1956年社会主义改造基本完成之后,国家进入全面探索社会主义阶段。1956年,中共中央提出"百花齐放、百家争鸣"的方针,出版事业在前一时期取得很大成就的基础上继续前行。但1957年以后的"反右派斗争""大跃进""反右倾"等政治运动,使出版事业经历了不少曲折和反复。尤其是1957年夏季开始的反右派斗争扩大化,使出版业的发展受到了严重影响,出版界的一些编辑、出版人员及领导干部被错划为"右派分子"而受到开除公职、劳动教养、撤职、降级、开除党籍、开除团籍等处分,严重挫伤了出版工作者的积极性。

到1958年,在"一大二公"的"左倾"思想的指导下,公私合营出版社、书店、印刷厂或者改为国营企业,或者并入国营出版单位,使全国出版行业完全实现国有化。1958年出书的数字虽然惊人,但实际上是在当时的浮夸风影响下产生的,是不可信的。

1958年3月,中共中央提出了"生产大跃进和文化大跃进"口号。全国各行各业,包括出版业在内,普遍开展了"大跃进"活动。3月10日至15日,文化部在上海召开全国出版工作"跃进"会议。会议提出:在全国全面"大跃进"形势下,出版工作也要来个"大跃进",要坚决、彻底地完成反浪费反保守运动,打掉右倾思想,打掉官气、暮气、阔气、骄气、娇气。会议通过了出版工作"跃进"会议倡议书、向全国出版工作者倡议书、全国地方出版社"跃进"竞赛书,以及向全国发行工作人员倡议书等。会议还提出了具体的"出版大跃进"倡议:积极增加数量,大力提高质量,提倡开门办社,干部轮流下放,缩短出书时间三分之一,将全国征订书籍时间从55天缩短到40天,使科技书的发行册数比1957年增长80%等。

在"大跃进"期间,出版界还批评了出版工作脱离政治、脱离实际的倾向,提出出版工作要政治挂帅、为现实服务等口号。在"大跃进"的鼓舞下,一些县、区办起了出版社。据统计,到1958年12月,全国出版社总数曾达到172家,其中许多是地区和县办的小出版社。1959年全国地区和县级办的出版社多达114家,其中纳入全国正式统计的出版社为96家。一些出版社搞起了出书竞赛,有的三天出版一本书,有的一天出版一本书,甚至有出版社十几个小时就出版一本书,使全国图书总数骤然增加。

到1959年,虽然中央曾发出分期分批摘掉"右派分子"帽子的指示,但随之而来的"反右倾斗争"和"双反"运动,又有许多编辑出版人员受到牵连,许多学术著作受到批判,"双百"方针不能很好地贯彻执行,造成有学术价值的出版物大幅度减少,文艺创作也流于公式化、概念化。不仅如此,在这两次运动中,还有大批的作者也受到错误的对待,一些作者因此不能著述。加上三年自然灾害对国民经济的影响,到1961年整个出版事业开始显现低潮。

1957年全国出版图书27571种,到1958年达到45495种。杂志、报纸的数量增加也很快,1957年全国有杂志634种,报纸364种;到1958年杂志达到822种,报纸达到491种。但是由于书刊质量不高、发行不畅,造成了大量积压。1957年全国库存图书9.8亿册,1958年增加到13.2亿册,1959年达到15.6亿册。

对于此种情况,中共中央1959年3月在《关于报刊书籍出版发行工作几个问题的通知》中提出,出版业的大跃进"人为地造成纸张供应紧张,妨碍了出版事业的正常发展"。1960年冬,"大跃进"被停止,期间创办的地区和县级出版社相继停办,图书品种、库存也明显回落。

60年代初,由于国家经济十分困难,整个出版业的发展出现下降趋势,1961年全国出版业的许多指标都降到了50年代初期的水平。如全国图书品种数量1961年为13529种,总印数10.16亿册,杂志410种,总印数2.32亿份,都与1952年前后相当。

四、新中国成立 17 年出版事业的成就

总体来看,从新中国成立到"文化大革命"前的 17 年间,出版事业虽然经历了多种曲折,却为新中国的出版事业开创了全新的局面,奠定了较为坚实的基础。这一时期,我国建立了适应社会主义事业发展要求的出版管理体制(包括成立国家出版行政管理机关、确定新中国出版事业发展的方针、统一各项工作制度、初步确立各项出版法规等),形成了以国营出版为主体、编印发合理分工的出版体系,出版为人民大众的利益服务的基本方针始终没有动摇,出版业基本完成了社会主义改造,实现了由旧中国出版业到社会主义出版业的跨越。这期间关于图书出版工作的一些重要原则、法规、制度(如:出版社的基本任务,出版社的分工,图书的质量、价格,教科书的出版原则等),迄今仍对我们有重要的启示和指导作用。除此之外,还在以下几个方面取得了显著的成就:

1. 出版物的品种、数量实现了较快的发展,基本扭转了出版物匮乏的局面

在新中国成立后的相当一段时期里,图书既少且贵。出版事业面临的问题是如何迅速增加出版物数量,满足人民群众文化需求这样一个首要而基本的问题。出版界为此而做了大量工作。发展到 1965 年全年,全国出版图书 20143 种,总印数 21.71 亿册,年人均图书 3 册;全国出版杂志 790 种,总印数 4.41 亿册,年人均杂志 0.6 册;全国出版报纸 343 种,总印数 47.41 亿份,每千人每天拥有报纸 17.9 份。与 1950 年相比,1965 年的图书品种数是 1950 年的 1.66 倍,印数是 1950 年的 7.89 倍,人均图书册数是 1950 年的 6 倍;杂志品种是 1950 年的 2.68 倍,印数是 1950 年的 12.6 倍,人均杂志份数是 1950 年的 6 倍;报纸品种是 1950 年的 0.89 倍,印数是 1950 年的 5.94 倍,人均报纸份数是 1950 年的 4.48 倍。这些数据说明,经过出版界十几年的发展建设,出版物匮乏的局面基本得到扭转,人民群众学习阅读的需求进一步得到满足。

2. 根据当时政治、经济和文化生活的需要,出版了大量经典作品和有重要影响的、优秀的图书

这一时期,马恩列斯经典著作出版成绩斐然。从 1949 年到 1965 年,人民出版社先后出版了《斯大林全集》(共 13 卷)、《列宁全集》(共 39 卷)、《马克思恩格斯全集》21 卷(1956 年开始到"文化大革命"中断,未出齐)、《列宁选集》(共 4 卷),以及众多的马恩列斯著作单行本。仅从 1949 年到 1956 年的八年间,就出版马恩列斯经典著作 241 种,印行 2700 多万册。

在当时的社会环境和政治背景下,对毛泽东著作的出版,成为各级出版发行印刷机构的头等大事。从 1951 年《毛泽东选集》第一卷出版到 1965 年,《毛泽东

选集》一至四卷汉文版出齐,共印刷 1114.9 万部。蒙古文、藏文、维吾尔文、哈萨克文、朝鲜文等少数民族文字 6 种版本共计印刷 21.6 万部。盲文版 2000 部,英、法、西、俄等外文版 10 万部。此外还有《毛泽东著作选读》(甲种本、乙种本)《毛泽东军事文选》《毛泽东诗词》及毛泽东著作单行本、合编本等多种。党和国家其他领导人的著作也有出版,如刘少奇著《论共产党员的修养》《论党》,周恩来著《关于知识分子问题的报告》等。

在社会科学和科学技术方面,出版成绩也是有目共睹。1964 年,我国哲学社会科学图书增加到 1991 种、38248.4 万册,分别是 1952 年的 1.53 倍和 4.29 倍;自然科学图书增加到 4491 种、6997.7 万册,分别是 1952 年的 1.54 倍和 2.8 倍。哲学社会科学类重要的著作如侯外庐主编的《中国思想通史》、胡乔木著《中国共产党三十年》、薛暮桥著《政治经济学》、范文澜著《中国通史简编》等。自然科学技术类的重要著作如华罗庚著《数论引导》和《堆垒素数论》、钱伟长等著《弹性圆薄板大挠度问题》、赵忠尧等主编《原子能的原理与应用》、钱学森著《工程控制论》等,都是轰动一时的出版盛事。

这一时期出版了一大批优秀的文学作品。如《鲁迅全集》第 1—10 卷,1958 年由人民文学出版社出齐。中国青年出版社出版的"三红一创"(《红旗谱》《红岩》《红日》和《创业史》)《播火记》《烽烟图》《烈火金刚》《在烈火中永生》《李自成》等,人民文学出版社出版的《林海雪原》《青春之歌》《家》《春》《秋》等,解放军文艺出版社出版的《高玉宝》等。这一时期,还翻译出版了一批优秀的外国文学作品,如:《牛虻》《钢铁是怎样炼成的》《静静的顿河》《青年近卫军》等。这些著作曾为千百万青年所喜爱,也影响过一代人的成长。此外,《红楼梦》《三国演义》《西游记》《水浒传》《楚辞集注》《古本戏曲丛刊》等一批中国古典文学名著整理注释版的出版,也在读者中引起了很大的反响。

古籍整理和出版方面,1958 年国务院科学规划委员会古籍整理规划小组成立,使古籍整理和出版进入了有计划、有组织开展的新阶段。随后整理出版了《资治通鉴》《续资治通鉴》《史记》《前汉书》《后汉书》《三国志》《全宋词》《全唐诗》等经典古籍。古籍整理规划小组成立之后制定了文史哲古籍的 10 年规划,其中一项重点工程就是"二十四史"的整理。1966 年"文化大革命"开始后,"二十四史"的点校工作被迫停止。

工具书出版也开始起步,《新华字典》《现代汉语词典》的编纂工作和《辞海》《辞源》的修订工作都始于 50 年代。1957 年,根据毛泽东的指示,上海市成立了专门的编辑机构,组织各方面专家学者修订重编大型辞书《辞海》,这一计划因"反右倾""文化大革命"而搁置,未能实施。《新华字典》由人民教育出版社于

1953年出版,1957年转由商务印书馆发行。其他三种工具书由于种种原因,"文革"前未能正式出版,而是出版了"未定稿""修订稿"或"试用本";此外还出版有双语词典如《英华大辞典》《俄汉大辞典》等。据不完全统计,"文革"前17年,全国出版各种工具书达到765部。

这一时期,出版部门配合扫除文盲工作,向工农兵进行了基本政治知识、科学知识普及,出版了大量的通俗读物。仅1950年至1956年,全国共出版通俗读物计2.2万余种,印行7.25亿册。连环画从1952年到1956年共出版8781种,新创作的连环画达2813种。以新的内容向读者进行共产主义教育,成为一种广泛流行和受人们欢迎的通俗读物。

3. 书刊印刷和发行能力大大增强,网点遍布全国

党和政府十分重视书刊印刷业的发展。1958年文化部组织召开全国报纸书刊印刷工作会议,制定了书刊印刷发展规划,会议期间,代表们受到周恩来总理、董必武副主席等国家领导人的亲切接见。1959年,朱德委员长视察北京新华印刷厂、北京人民印刷厂并题词。

经过17年的建设与改造,我国的造纸工业和书刊印刷能力大大增加。从1953年起,不仅可以生产各种印刷纸张,还出口相当数量的新闻用纸,扭转了百年来依赖外国进口纸张的局面。到1965年全国有书刊印刷职工42894人,书刊印刷工业总产值30700万元,书刊印刷生产量铅印472万令、胶印444万色令,排字量307021万字。印刷机械也从四开机、对开机、圆盘机为主,发展到拥有轮转铅印机、四色胶印机等,包括新疆、西藏、云南、黑龙江等边远省区的印刷业都

图10.3　1957年,文化部部长沈雁冰在北京市新华书店举办的书市售书

得到了不同程度的发展。

图书发行工作也取得了很大成绩,图书发行网点由 1949 年的 735 个发展到 1965 年的 52198 个,其中新华书店网点 3911 个,供销社、商业部门售书点 48287 个,发行工作人员从 1950 年的 12000 人增加到了 1965 年的 36000 多人,图书销售的册数从 1950 年的 2 亿册发展到 1965 年的 18.6 亿册,销售金额从 1950 年的 0.5 亿元发展到 1965 年的 4.3 亿元。

4. 少数民族出版从无到有,对外出版交流稳步发展

新中国成立后,党和政府十分重视少数民族出版事业。为了宣传党的民族政策,扶助兄弟民族发展自己的民族文化,国家设立了民族出版社,用少数民族的语言文字出版各类图书和报刊。在少数民族群众聚集区成立出版社和杂志社、报社,编辑出版少数民族出版物。据统计,从 1949 年到 1965 年,全国用蒙古、藏、维吾尔、哈萨克、朝鲜、壮、布依、苗等 19 种文字出版图书 11435 种,印刷 7933 万册。少数民族文字的杂志、报纸也有较大的发展,1952 年全国有少数民族文字杂志 15 种,印数 169 万册,到 1965 年发展到 36 种,印数达到 268 万册。1950 年全国有少数民族文字报纸 14 种,印数 259 万份,到 1965 年,已发展到 36 种,印数达 3955 万份。

在大力发展少数民族出版事业的同时,新中国出版业也以开放姿态向世界展示中华文化的魅力。1950 年,《人民中国》(半月刊)英文版创刊。1952 年,成立了专门出版外文书刊的外文出版社。1963 年,成立了外文出版发行事业局,促进了出版对外交流合作。到 1965 年,我国用 43 种外文出版 3000 多种图书,用 13 种外文 40 个文版出版外文期刊。这一时期,我国出版物的出口大量增加,仅以中文图书为例,1951 年出口仅 5 万册,到 1965 年增加到 401 万册。1952 年我国首次参加莱比锡国际博览会,此后还参加过法兰克福国际博览会、波兰华沙书展、匈牙利国际书展等国际图书博览会。在 1959 年的莱比锡国际书籍艺术展览会上,中国的出版物获得了 10 枚金质奖章、9 枚银质奖章、5 枚铜质奖章。同时,出版界也开始对外国学术著作进行了有计划的翻译出版,引进了一批外国古典和现代文学作品,如苏联东欧名著《钢铁是怎样炼成的》《牛虻》,西方文学名著《欧也妮·葛朗台》《安娜·卡列尼娜》《汤姆·索亚历险记》等,也都大量出版,深受人民喜爱。同时也加强了对亚洲、非洲和拉丁美洲各国作品的翻译出版工作。

5. 出版专业教育和研究开始起步,有力促进出版业的科学发展

出版教育与科研是出版业持续发展的重要保证,也是出版事业发展的重要体现。20 世纪 50 年代,国家中等出版教育及印刷研究开始起步。1949 年 5 月,出版委员会就组织过短期业务训练班,1952 年出版总署又开办了出版干部

学校。

正规的出版教育于1953年开始,出版总署在上海正式创办上海印刷学校,面向全国招生,培养出版印刷的专业人才。随后一些省市也开始创办地方性的印刷学校。1956年,国家在北京建立了北京印刷技术研究所(1978年改名为中国印刷科学技术研究所),在上海印刷工业公司成立了实验室(1961年改为上海印刷技术研究所),专门从事与印刷有关的技术研究,也培养了共和国第一批出版印刷科研人才。

1958年文化部在北京成立文化学院,招收出版界干部职工,对其进行短期业务培训。1960年6月,文化学院开设印刷工艺系,面向全国新华印刷厂内部招生。1961年印刷工艺系并入轻工部中央工艺美术学院,1963年向社会招收高中毕业生,开始培育学制5年的本科生。印刷工艺系不仅培养了中国第一批印刷专业高技术人才,还培育了国内第一批出版印刷师资队伍,积累了办学经验,开创了中国印刷高等教育的先河。

出版印刷技术教育方面,1960年北京创办了北京市印刷学校。学校第一批招收在职学员100人,开设照相制版、凸印、装订3个专业,学制3年,但仅招收了一届学生。1963年,北京市又批准成立了北京市图书发行印刷职业学校,学制2年,专门培养出版印刷发行方面的技术人员。1965年,学校易名为北京市半工半读印刷学校,"文化大革命"开始后停办。

1961年,上海出版系统建立了上海出版文献资料编辑所,至1965年共搜集整理出版资料142种,张静庐《中国近现代出版史料》等一批出版科研成果相继问世。

第二节 "文化大革命"对新中国出版事业的摧残破坏(1966—1976年)

1966年至1976年的"文化大革命",使党、国家和人民遭受了新中国成立以来最严重的挫折和损失,出版业也不能幸免。"文化大革命"期间,新中国基本培育形成的社会主义出版生产力受到严重的摧残与破坏。这一时期的出版事业已完全脱离了为社会经济、政治、文化等各方面需要服务的轨道,完全脱离了为人民大众利益服务的基本方针,表现出扭曲、畸形的状态。

一、"两个估计"成为出版界精神枷锁,出版管理陷入瘫痪

1966年5月16日,中共中央政治局召开扩大会议,通过了"文化大革命"的纲领性文件《中国共产党中央委员会通知》，要求全党"高举无产阶级文化大革命的大旗，彻底揭露那批反党反社会主义的所谓'学术权威'的资产阶级反动立场，彻底批判学术界、教育界、新闻界、文艺界、出版界的资产阶级反动思想，夺取在这些领域中的领导权"。出版界因而成为"文革"开始后首先被彻底批判的"五界"之一，是最早受到冲击也是最早被"夺权"的部门之一。1967年1月，在"中央文革小组"的支持下，首都出版系统造反派宣布："出版系统的革命造反派起来造反了，起来从旧中宣部、旧文化部和出版界一小撮反革命修正主义分子手里夺过出版大权了"。"造反派"的夺权，导致了国家出版行政管理机构的瘫痪，各省市区的出版行政管理机构也随之陷于瘫痪。受错误的思想路线影响，出版界还出现了否定新中国成立以来的出版工作、全盘否定出版队伍，甚至否定解放区出版工作和国统区的进步出版事业的做法。

1971年3月至7月的全国出版工作座谈会期间，虽然周恩来总理多次批评极"左"思想，给出版工作以具体的指示，对出版工作的恢复起到了推动作用，但是江青等人对抗周恩来总理的指示，他们提出："文化大革命"前17年，出版阵地执行的是与毛主席革命路线相对立的反革命修正主义路线，叛徒、特务、走资派和反革命修正主义分子把持各级领导大权。出版战线也是知识分子成堆的部门之一，也是资产阶级知识分子独占的一统天下。在这条战线上工作的干部，真正执行毛主席革命路线的很少，等等。

全国出版工作座谈会后，江青等人等又把"两个估计"——"文化大革命"前17年的出版工作是"反革命专政"，"出版队伍基本上是资产阶级的"写进了会议报告，并由中共中央转发全国，自此成为出版工作者的精神枷锁，使出版工作陷入困境，难以真正得到恢复。

这种状态一直持续到1970年国务院"出版口"成立，1973年国务院设立国家出版事业管理局，出版行政管理机构和管理工作才逐步恢复正常。

二、编辑出版机构减少，编辑出版人员被下放

1967年1月，在出版行政管理权被造反派篡取的同时，各出版单位的权力也落入了造反派的手中，出版工作处于停滞状态。1968年5月，中共中央要求各单位"有步骤地有领导地把清理阶级队伍这项工作做好"，"清队"运动随之在全国展开。此后，大批的编辑出版人员或是被下放到"五七干校"进行劳动改造，或是被赶出了出版系统。

据统计，1964年全国共有出版社87家，共有职工8678人，其中编辑人员4391人。"文化大革命"开始后，全国各级出版管理机关处于瘫痪状态，出版社

经过撤销、归并,也由"文革"前夕的 87 家缩减至 53 家,职工也由"文革"前夕的 10149 人减至 4694 人。到 1971 年,全国出版社仅剩 46 家,职工 4693 人,其中编辑人员仅有 1355 人,职工总数约为"文革"前的一半,编辑人员却不及"文革"前的三分之一。

三、书刊品种锐减,书刊市场结构失衡

"文化大革命"开始以后,除了毛泽东著作的出版外,其他书刊出版受到极大破坏,图书、杂志品种锐减。据统计,"文化大革命"开始的第一年 1966 年,图书出版就从 1965 年的 20143 种骤降至 11055 种,减少近一半;而第二年又猛降到 2925 种,只有 1965 年的 14.5%,成为新中国成立以来出版数量最少的一年。这一变化可从图 10.4 中看出:

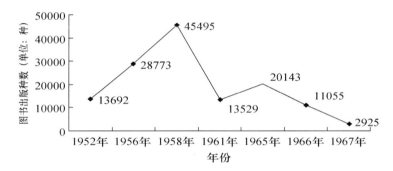

图 10.4 1952—1967 年中国图书出版种数变化

其后几年,全国每年只有出版物三四千种,造成了我国历史上罕见的"书荒"现象。从 1966 到 1975 年,十年间共出版图书 79027 种,还不及图书事业发展不快的 1957 到 1965 年的三分之一。由于图书品种单一、质量下降,导致人们对图书的购买减少、图书库存增加。

"文化大革命"期间的报刊发行也受到了严重冲击。如 1965 年全国有杂志 790 种,1966 年降到 191 种,1967 年锐减为 27 种,1969 年全国杂志仅存有 20 种,杂志出版降至历史谷底。但作为政治需要,当时被称为"两报一刊"的《人民日报》《解放军报》《红旗》杂志却红极一时,成为发行量最大、阅读人数最多的"文化大革命"标志性"畅销"出版物。

从印数上看,1970 年的全国出版物印数为 17.8 亿册(张),是"文革"时期中最少的一年。1965 年,全国库存图书 13.9 亿册,1966 年增加到 17.1 亿册,1967 年猛增到 35.7 亿册,1969 年更高达 41.3 亿册。从 1967 年到 1969 年,每年的

图书库存数远远大于当年图书销售数。

这一时期的图书出版结构也是畸形的。以1970年为例：1970年全国出版图书4889种，总印数17.86亿册（张），除去毛泽东著作、图片、中小学课本这几类，其他图书共计出版2773种，总印数9.12亿册。仅分析这2773种图书的结构，畸形与严重不合理的状况仍是十分突出的：(1) 政治读物1843种中，993种是汇编报刊文字；(2) 文艺读物393种，样板戏剧本、曲谱、画册就有245种；(3) 科技读物仅有298种。

四、毛泽东著作的出版数量急剧增长

1966年，文化部向中央上报《关于加速印制毛主席著作的请示报告》，《报告》不仅提出了多印、快印毛泽东著作的计划指标，还提出，在两年内，一般新书凡不应出或可出可不出的，坚决不出，再版图书暂时一律不印，"要把一切可以用于印制毛主席著作的纸张全部拿出来印制毛主席著作"。同年，中央作出"加速大量出版毛主席著作的决定"，号召全国出版、印刷、发行部门"立即动员起来，全力以赴，把出版毛主席著作作为压倒一切的任务"。1967年1月，文化部被造反派夺权后，"中共中央文化革命小组"于5月成立毛主席著作出版办公室，负责毛泽东著作出版工作，由此毛泽东著作出版成为当时最主要的出版任务和政治任务。

据国家出版事业管理局1977年7月统计，这十年来由出版社正式出版的毛泽东著作达45.38亿册，这一时期所有图书的总印数为300.17亿余册，其中毛泽东著作、毛泽东画像和单张语录就达108亿册（张），占到总数的36%。另据毛主席著作出版办公室统计，仅1966年至1970年年底，全国正式出版毛泽东著作、语录本、单行本、民族文本、外文本、盲文本共计42.06亿册；正式出版毛泽东像和毛泽东单张语录62.27亿张，两者合计为104.33亿册（张），而同一时期全国出版的图书总计为129.27亿册（张）。也就是说，毛泽东著作、语录、画像等的出版量已占1966年至1970年全国所有图书出版量的80.7%。

这一时期最具代表性的是《毛主席语录》的大量出版发行。据统计，1964年至1976年间，《毛主席语录》共出版汉文版10.55亿册，此外用6种少数民族文字、8种文本出版了1600多万册，还用37种外文出版了2000多万册。

其他毛泽东著作的出版也是空前的，1966年至1976年全国共出版《毛泽东选集》汉文版23651万部，少数民族版289万部，外文版202.9万部。此外，《毛泽东著作选读》《毛主席诗词》《老三篇》《毛主席的五篇著作》等毛泽东著作的单行本或合编本、毛主席画像的出版印制也是数量巨大，如果加上"文化大革命"期

间许多机关、团体、学校、部队和群众组织自行编印的大量毛泽东著作和毛泽东像,其数量之大更加惊人。

五、毛泽东、周恩来等对出版工作的关怀

"文化大革命"期间出版界出现的混乱局面,引起了毛泽东主席、周恩来总理的关注。为了扭转出版界的混乱局面,把极"左"思潮对出版业的破坏减少到最低程度,毛泽东、周恩来等对出版工作做出了许多直接指示。

1968年,毛泽东派女儿李讷看望范文澜,希望他把《中国通史》写出来。后来,这项工作在范老病逝后,由他的助手蔡美彪和其他同志通力合作,从1978年至1991年由人民出版社出齐。

1971年4月,周恩来总理亲自过问二十四史的整理工作。他指示:二十四史中除已有标点者外,再加《清史稿》,都请中华书局负责加以组织,请人标点,由顾颉刚先生总其成。5月,出版口领导小组根据周恩来总理的指示精神,向中央写了《整理出版二十四史及〈清史稿〉的请示报告》。毛泽东主席批示:同意。在毛泽东、周恩来的关怀下,二十四史的整理出版工作得以恢复。1973年,毛泽东主席又指示恢复《历史研究》等刊物。

"文化大革命"期间,周恩来总理对出版业十分关心,多次作出指示,为纠正"左倾"错误、恢复出版事业倾注了大量心血。1970年10月,周恩来总理指示把毛主席著作出版办公室与同年5月成立的"出版口三人领导小组"合并,成立"出版口五人领导小组",对出版工作实行统一领导。1971年3月,根据周恩来总理的指示,全国出版工作座谈会在北京召开。这次会议的召开,对出版工作的恢复具有积极意义。会议期间,周恩来总理两次接见会议代表,对出版工作中的极"左"思潮进行了严肃批评。

面对当时全国范围内大量超出实际需要的印制毛泽东著作、毛泽东像章和大量制作毛泽东塑像的现象,周恩来总理还提出"宣传毛泽东思想要讲究实效"的口号。

周恩来总理还十分关心词典的出版工作。1970年9月,周恩来总理在接见出版部门的负责人时谈到字典的出版问题,并指示,要立即组织班子,开始进行《新华字典》的修订工作。同年11月,周恩来总理亲自审阅了《新华字典》送审稿,并提出具体修改建议。遵照总理指示,1972年1月商务印书馆编辑出版了《新华字典》,其环衬页印有红色字体的"毛主席语录",时代特征非常明显。此外,周恩来还指示,光有《新华字典》不够,还要编一本《新华词典》。周恩来也十分关心《汉英词典》的编写工作,并指示外交部应大力支援编辑工作。

从1971年以后,在毛泽东主席、周恩来总理关怀下,出版工作开始恢复,主要表现是图书、杂志品种及印数明显增加。1971年全国出版图书7771种,是1970年的4889种的1.59倍;图书印数24.21亿册,是1970年17.86亿册的1.36倍;到1973年图书品种已超过10000种。1971年全国有杂志72种,是1970年的21种的3.4倍,总印数1.6亿份,是1970年0.69亿份的2.3倍;1972年杂志种数达到194种,1973年达到320种。

其次,编辑出版队伍开始重整,一些老干部得到解放和使用,一大批作者、编辑出版人员从"五七干校"调回来,重新参与出版物写作和编辑出版工作。但是由于横加在出版界的"两个估计"还在,广大出版工作者的积极性还没有被调动起来,出版生产力在当时未能得到彻底解放。

在"文化大革命"后期,在毛泽东、周恩来等人的关怀和推动下,出版了《马恩列斯毛论哲学史》《中国哲学史》《欧洲哲学史》《中国通史简编》《李白与杜甫》《柳文指要》等学术著作以及《三国演义》《红楼梦》《水浒传》等古典小说;还翻译出版了《阿登纳回忆录》《戴高乐回忆录》《林肯传》,等等。

1975年5月,在邓小平主持中央工作期间,国家出版局和教育部联合在广州召开了中外语文词典编写出版工作座谈会。会议制定了1975年至1985年编写出版160部中外语文词典规划,提出包括《辞源》《辞海》《汉语大字典》《汉语大辞典》等在内的大型工具书修订、编撰出版计划。此报告经邓小平审阅并报周恩来总理批准,由国务院批转,这对后来的工具书出版具有重要意义。

第三节　新中国出版事业的恢复与整顿(1976—1979年)

"文化大革命"结束后,党中央立即加强了对出版工作的领导。1977年4月,中央派王匡同志到国家出版事业管理局主持工作,1978年出任国家出版事业管理局局长。同年7月,王匡调香港工作后,陈翰伯任代局长主持国家出版局工作。从1977年5月到1979年年底,国家出版局在王匡、陈翰伯的带领下,为出版界的拨乱反正做了许多工作,使"文化大革命"中受到严重摧残的出版事业,在较短的时期内得到恢复和发展。

1976年至1979年,经过恢复与整顿,在短短的几年时间里,中国出版事业经历了巨大的变化。一方面,出版界努力消除极"左"思潮的影响,全行业拨乱反正,快速恢复了出版工作的秩序,明确了新时期的出版工作的基本任务,编辑出版了大量急需的出版物。另一方面,通过出版单位的建章立制,形成行业规范,使出版事业多头并进,出版市场、出版教育、出版科研、出版专业群众团体均得以恢复或是新生,开启了新时期出版工作的良好局面。

一、明确新时期出版工作的基本任务和奋斗目标

1977年12月,国家出版局在北京召开全国出版工作座谈会,批判"四人帮"强加给出版界的"两个估计"("文化大革命"前17年的出版工作是"反革命专政""出版队伍基本上是资产阶级的")。会议指出:这"两个估计"是镇压广大出版工作者头上的"紧箍咒",一直影响到现在,必须彻底批判,把长期压得抬不起头来的广大出版工作者解放出来。1978年12月,中国共产党第十一届三中全会胜利召开,确定了"解放思想、开动脑筋、实事求是、团结一致向前看"的指导方针,做出了把工作重点转移到社会主义现代化建设上来的战略决策。此后,与其他各项事业一样,出版业也进入了前所未有的繁荣与发展的新时期。"两个估计"的错误判定也被彻底推倒。

为贯彻十一届三中全会精神,国家出版局党组在陈翰伯主持下,于1979年3月至5月连续召开了十多次党组扩大会议。经过充分讨论,明确了全党工作重点转移后,我国出版工作的主要任务是:坚持"百花齐放、百家争鸣"的方针,通过不断地提高出版物的质量和增加新书的品种,完整地、准确地宣传马克思列宁主义、毛泽东思想的科学体系,广泛地传播科学文化知识,为提高整个中华民族的科学文化水平,为社会主义现代化服务。

1979年12月,国家出版局在长沙召开全国出版工作座谈会,会议提出新时期出版工作的基本任务是:宣传马克思列宁主义、毛泽东思想,传播、积累科学文化技术知识和成果,丰富人民的精神文化生活,为提高整个中华民族的科学文化水平、为实现社会主义的四个现代化作出贡献;会议同时提出地方出版社出书不受"三化"(地方化、通俗化、群众化)限制,可以试行"立足本省、面向全国"的出版方针,从而极大地解放了地方出版社的生产力。

国家出版局为了尽快恢复出版工作的局面,十分重视推动出版部门制定出书规划,提出了"出版工作三年(1978—1980)实现初步繁荣、八年(1978—1985)达到全面繁荣"的奋斗目标,并采取多项措施来促其实现。

二、全国出版事业逐渐全面恢复

"文化大革命"结束后,出版事业的恢复突出反映在三个方面,即出版机构的恢复与建立、图书出版品种的丰富、杂志种数的增加。

1976年"文化大革命"结束时,全国共有出版社75家(不含副牌社),1977年

以后,"文化大革命"期间被迫解散或合并的出版社逐渐恢复。据不完全统计,从1977年到1980年,全国恢复与重建出版社30多家。与此同时,新建出版社的工作也在加紧进行,截止到1980年12月,全国已有出版社169家(不含副牌社)。

由于"文化大革命"对出版业的破坏难以及时恢复,一段时间国内出现了无书可看、无报刊可读的严重"书荒"现象。为了扭转这种局面,广大出版工作者加紧出版各类新书,如1977年10月上海人民出版社出版的《斯巴达克思》是"文革"后我国出版的第一部外国文学作品,当时人们为了购买这部文学名著,曾出现了挤破新华书店柜台的奇特现象。

从1977年开始,各出版社根据自己的情况,制定了1978—1980年三年出书计划。国家也制定有关的出版规划,如全国科协和国家出版局联合制定的《1978—1985年全国重点科普图书出版规划》、国家出版局制定的《1978年至1980年部分重点少儿读物出版规划》等。一些大型工具书、重点图书如《中国大百科全书》《中国美术全集》等开始编纂。

另一方面,各出版社为解决"书荒"问题,开始对以前出版的好书进行重印与再版。国家出版局也组织十几个省市的出版部门,重印了一大批长期受禁锢的好书。1978年年初,国家出版局决定,从北京和上海有关出版社已出版的文艺书籍中,选出35种迅速重印,具体包括"五四"以来文学作品10种,如《郭沫若剧作选》《子夜》《家》等;中国古典文学作品9种,如《东周列国志》《儒林外史》《古文观止》《唐诗选》《宋词选》等;外国古典文学作品16种,如《悲惨世界》《高老头》《安娜·卡列尼娜》《契诃夫小说选》《莫泊桑短篇小说选》《一千零一夜》《牛虻》《哈姆雷特》《悲惨世界》《神曲》等。国家出版局要求重印上述35种书籍,每种印40万—50万册,一共印1500万册,其印数是相当惊人的。由于纸张紧缺,甚至动用了准备出版《毛泽东全集》的纸张。这些重印图书于1978年"五一"节期间在北京、上海、广州等大中城市统一发行后,立即受到广大读者的热烈欢迎,购书场景盛况空前。在北京,"全市城近郊区60多个新华书店门市部,成为节日期间最吸引人、最繁忙的地方。王府井门市部在4月30日夜就有近400人彻夜在门外排队等候,到5月1日7时半猛增至两三千人,8时半开门营业时,排队的读者已增至四五千人。西单、前门等书店门市部情况也是如此。很多读者'五一'节就是在书店度过的。从5月1日至3日,全市零售发行近30个品种共30多万册。在这样短的时间,发行的文艺书品种如此之多,在图书发行史上前所未有。节日期间,成千上万的读者蜂拥抢购的热烈场面,与'四人帮'推行文化专制主义和禁锢政策,造成百花凋零、书店门市部冷冷清清的局面,形成了鲜明的对照。"① 这种图书出版高印数、出版后备受读者欢迎的现象从"文化大革命"结束后一直持续到80年代中期,当时任何一种新书,印数达到几十万册是很平常的。

其后,国家出版局又与有关出版社联合商议,在1978年下半年重印哲学、社会科学、文学、科学技术、美术、音乐、工具书等图书近300种。1978年10月,国家出版局庐山会议提出,1979年要为少年儿童规划出书1000种,3年内出版29套读物;同时各地人民出版社都要成立少儿编辑室,并在天津、沈阳、广州、成都、西安等地成立少年儿童出版社。

据统计,1977年至1979年,全国出版图书45085种(其中新出36074种),总印数111.54亿册(张)。到1980年当年,全国共出版图书21621种,总印数45.93亿册,分别是1976年的1.68倍和1.58倍,图书品种超过了1965年,图书印数达到新中国成立以来最高水平。同时,一大批高水平的图书,如姚雪垠的《李自成》第二卷、新版《辞海》合订本、《辞源》(第一、二册)、薛暮桥的《社会主义经济理论问题》、《竺可桢文集》、陈景润的《初等数论》、张扬的《第二次握手》、钱钟书的《管锥篇》等纷纷出版发行。至此,"文化大革命"造成的严重"书荒"现象已有明显改变。

"文化大革命"结束后,期刊的恢复出版与快速发展也是有目共睹。1976年全国有期刊542种,到1979年突破1000种大关,达到1470种(其中科技类期刊占75%),用纸7万吨,比新中国成立以来出版期刊种数最高的1964年(856种)增加71.7%,用纸量超过1964年的2.7倍。1980年更是突破2000大关,达到2191种,是1976年的4倍。印数也大幅度上升,1980年总印数达到11.25亿份,是1976年的2倍。

此外,书刊印刷、书刊进出口工作也得到恢复。1978年中国印刷公司、北京印刷公司相继恢复,1980年建立中国出版对外贸易总公司,并相继在上海、福建等地建立分公司,迅速开展起外国书刊的进出口业务。

三、出版规章制度的恢复和建立

1978年7月,国务院批转《国家出版局关于加强和改进出版工作的报告》。报告中提出:要恢复总编辑、主任编辑和责任编辑的三级审稿制度,对涉及有关毛泽东、党史、国界地图等图书要报有关部门审批等制度……加强出版事业,尽

---

① 方厚枢、魏玉山:《中国出版通史·中华人民共和国卷》,北京:中国书籍出版社2008年版,第202页。

快改变目前书刊品种少、出版周期长、印刷技术落后的情况。1980年4月,由国家出版局制定、中央宣传部转发的《出版社工作暂行条例》中,对包括三审制在内的出版社工作进行了规定。

1977年10月,经国务院批准试行新闻出版稿酬及补贴办法。1980年5月,经中央书记处批准,开始正式实施书籍稿酬的规定,自此正式恢复了已中断十年之久的稿酬制度。1978年11月,国家恢复书目编印工作,同时恢复旧书收售工作。

针对新时期出版工作发展的需要,相关部门还制定了许多新的出版印刷方面的规章制度,如1979年6月国务院批转了外贸部《关于我国个人进出口自用印刷品管理的暂行规定》,1980年11月国务院批转了国家出版局和国家人事局制定的《编辑干部业务职称暂行规定》,1980年8月国家出版局颁布了《社店业务关系的规定》和《社厂签订合同的原则》等。

这些及时有效的建章立制工作,使因"文化大革命"遭到破坏的出版业逐渐恢复了正常的工作秩序,出版工作也步入了正轨。

四、出版行业群众团体的建立与出版教育科研的恢复

出版行业群众团体的建立和发展,是出版业发展情况的重要标志之一。成立中国出版工作者协会是全国出版工作者多年的愿望。早在1949年10月中央宣传部召开全国新华书店出版工作会议期间,即由全体代表为发起人,选出"中华全国出版工作者协会"筹委会委员79人,并推选胡愈之、黄洛峰、徐伯昕、王子野、胡绳、叶圣陶等31人为常务委员,并写了报告,但未有结果。

1955年以后,出版方面的对外联络工作逐渐增多,特别是西方一些国家的出版企业和民间团体向我国出版界提出互访或建立联系的要求,我国无适当的民间出版机构出面联系;在国内,出版、印刷、发行单位之间互相接触的机会也比较少。有鉴于此,文化部党组于1957年10月19日向中央宣传部提出成立"中国出版工作者联谊会"的请示报告,并附了联谊会章程(草稿初案),中央宣传部口头答复可就所提初步意见召集有关方面进行讨论,后因当时的政治形势等原因未能实现。1962年七八月间,文化部副部长胡愈之等再次提出成立中国版协,不仅认真讨论过,还开始了筹备工作,但后来由于形势变化,此事又搁置起来。在"文化大革命"期间,筹备成立中国版协这件事竟被诬蔑为要"筹办裴多菲俱乐部式的出版协会",成为一些老出版家的一条罪状。

中共十一届三中全会后,经过拨乱反正,出版界出现了转机,胡愈之、陈翰伯等老一辈出版家抓住机遇,又提出筹建中国版协。1979年4月19日,以国家出版局党组名义向中央宣传部上报《关于成立中国出版工作者协会的请示报告》,得到胡耀邦和中央宣传部的批准。1979年12月20日,中国出版者工作协会成立大会在湖南长沙举行,得到中央领导的热情支持和鼓励。全国人大常委会副委员长周建人,全国政协副主席、中国文联名誉主席茅盾,全国政协副主席胡愈之,全国人大常委会委员叶圣陶,分别向大会发来了祝词和题诗。中国出版工作者协会筹备组负责人陈原在大会上作了关于协会筹备工作情况的报告。中宣部副部长廖井丹到会并讲了话,祝贺协会成立。出席成立大会的有各省、自治区、直辖市出版部门的代表、国家出版局和国务院各部委所属出版部门的代表,中宣部、国家出版局、湖南省委宣传部的负责同志和部分出版界的老前辈,共242人。在成立大会上,通过了《中国出版工作者协会章程》,选举了由138人组成的理事会。随后理事会选举产生了第一届版协领导,胡愈之为协会名誉主席,陈翰伯为主席,徐伯昕、黄洛峰、王子野、边春光、许力以、陈原、马飞海、王璟、周永生等9人为副主席。

中国出版工作者协会成立不久,1980年2月9日在北京举行迎春茶话会,900多人应邀参加。党和国家领导人胡耀邦、王震、方毅、许德珩以及胡愈之、叶圣陶、夏衍等都到会并发表讲话。时任中共中央书记处书记胡耀邦发表了热情洋溢的讲话——《东风从此染柳熏梅》,他在号召出版界克服纸张紧缺、印刷力量不够、编辑队伍青黄不接等困难努力多出书刊时,勉励出版界"二十万军同心干,书刊滚滚来天半,万人看,红旗榜上出版界。"会上那种意气风发、热情洋溢的气氛反映了知识分子和出版界如沐春风的欢快心情,令人难忘。①

中国出版工作者协会的成立以及中国版协迎春茶话会的召开,对出版业的恢复和发展产生了十分积极的促进作用,鼓舞和激发了全国出版人的信心和热情,也使出版专业的群众团体像雨后春笋般迅速成长起来。此后,中国印刷技术协会、中国版协各专业委员会、一些省市自治区的出版工作者协会和印刷技术协会纷纷在20世纪80年代成立。20世纪90年代以后,国内又成立了中国书刊发行业协会、中国期刊协会、中国音像协会、中国编辑学会、中国版权研究会等专业团体及相关的地方性专业群众机构。

与此同时,"文化大革命"期间,"出版教育被严重破坏、出版科研基本停滞"的情况也得到了扭转,出版教育和科研活动开始重新走上正轨。1978年,停办了近10年的上海印刷学校恢复工作,1979年辽宁印刷学校恢复招生。1978年12月经国务院批准,在北京市大兴区筹建北京印刷学院。1984年以后,国家又

---

① 宋木文主编:《中国版协二十年(1979—1999)》,北京:高等教育出版社1999年版,第9页。

在一些大学设立编辑出版专业和发行专业,出版专业教育步入正轨。1977—1980年,天津、广东、云南、辽宁、山东、山西、吉林、北京、湖南、重庆、黑龙江、新疆等省、自治区、直辖市相继建立印刷技术研究所,从事印刷技术研究。这些都昭示着中国出版事业得到全面恢复,出版工作和出版交流进入了发展的活跃期。

五、出版市场从恢复发展到渐趋繁荣

经过几年的恢复和发展,出版业的图书销售册数、销售金额持续上升。发展到1980年,当年图书销售42.5亿册,销售金额15.5亿元,分别是1976年的1.25倍和2.31倍,库存降到"文化大革命"后的最低水平。1980年的库存仅有15.7亿册,比1976年减少近9亿册。

许多适合读者需要的图书发行也创造出新纪录,如改革开放初期,为更好完成全国人民面临的解放思想、拨乱反正的历史任务,中国社会科学院编写的《实践是检验真理的唯一标准》一书,经出版社出版后,累计印数达到500万册,不仅发行量创造了新纪录,而且起到了将中央精神深入到人民群众心中的巨大作用,充分发挥了图书在改革开放和社会变革中的积极推动作用。此外,司法部编写的《农民法律常识读本》《工人法律常识读本》,累计印数分别达到12200万册和12120万册。蒋学模著《政治经济学》教材,累计印数达到1437万册,《BASIC语言》累计印数580万册,上海工艺编织厂编的《上海棒针编结花样500种》,累计印数也突破了1227万册。

总之,"文化大革命"结束后,在党中央正确方针政策的指引下,在全国出版工作者的努力下,在全国人民对出版工作的支持与拥护下,经过几年来思想上的拨乱反正,组织上的恢复与建设,中国的当代出版事业又开始展现出勃勃生气,一个全新的发展阶段已经开启。

本章推荐阅读

1. 方厚枢、魏玉山:《中国出版通史·中华人民共和国卷》,北京:中国书籍出版社2008年版。

2. 王子野主编:《当代中国的出版事业》,北京:当代中国出版社1993年版。

3. 新闻出版署主编:《新中国出版50年(1949～1999)》,北京:人民美术出版社1999年版。

4. 刘杲、石峰主编:《新中国出版五十年纪事》,北京:新华出版社1999年版。

5. 肖东发、方厚枢主编:《中国编辑出版史(下册)》,沈阳:辽海出版社2006

年版。

6. 方厚枢:《出版工作七十年》,北京:商务印书馆2015年版。

7. 宋应离、刘小敏主编:《亲历新中国出版六十年》,开封:河南大学出版社2009年版。

8. 徐雁:《中国旧书业百年》,北京:科学出版社2005年版。

复习思考题

1. 新中国成立初期,我国在建立新的出版管理体制方面采取了哪些举措并取得了怎样的效果?

2. 试述新中国对私营出版业社会主义改造的历史背景和发展历程。

3. 1949—1966年的17年间,新中国的出版事业取得了哪些突出的成绩?经历了怎样的曲折历程?

4. "文化大革命"对新中国出版事业造成了哪些影响?其历史教训有哪些?

5. "文化大革命"期间,周恩来总理为纠正出版界"左倾"错误做了哪些工作?

6. "文化大革命"结束后,出版界的拨乱反正工作是如何开展的?取得了怎样的成效?

第十一章
改革开放以来的中国出版业

从1978年改革开放开始,党和国家的工作重心开始转移到以经济建设为中心的轨道,由此推进出版工作的根本转变,中国的出版事业因此而迎来了一个新的春天。改革开放30多年来,围绕着"改革与发展"这一时代主题和中心任务,我国出版业经历了恢复生产、初步走向市场的探索与发展。自此,我国市场经济发展的社会基础和理论得以确定,我国出版业不断探索市场化、产业化发展的可行性与发展路径,司法监督与市场调控成为出版管理主导方式,大众出版兴起并朝着多元化的方向发展,发行体制改革进入了新的阶段,民营书业更是发挥了自身优势成为重要力量,出版教育与科研发展从无到有、欣欣向荣,出版技术和中外出版交流的发展成就也十分可观。经过三十多年的发展变革,当代出版业已经发展成为中国特色社会主义文化事业和文化产业的核心力量之一,在国家经济社会和文化建设中发挥着越来越重要的作用,并在中外文化交流中扮演着十分重要的角色。当代中国已经成为世界上的出版大国,中国当代出版业强劲的发展态势与中国古代出版文明交相辉映。

第一节 出版管理体制改革

中共十一届三中全会以后,出版业的"改革开放"首先体现为出版管理体制方面的改革。经过拨乱反正,各级出版管理机关得到恢复和加强,开始积极推动出版业由"计划"向"市场"的改革,依法行政、通过市场调节以及行业管理得到有效贯彻落实。进入21世纪,出版领域展开了一场由事业单位向企业转制的变革,从而为当代出版业走上产业化道路提供了有力的宏观支持。

一、走向规范、科学的管理轨道

1978年到1992年这十多年中,无论出版管理机构的改革,还是出版社机制体制改革,都促使我国出版业逐步走上规范、科学的管理轨道。

在出版业宏观管理改革方面,表现在以下两个方面:

一是出版管理机构的建立与改革。1973年7月,国家出版事业管理局成立,统一管理全国的出版、印刷、发行、物资供应以及印刷的科研、教育等部门的工作。此后,各省、自治区、直辖市也相继成立了出版局,全国出版行政管理系统建立起来。1982年5月,在国务院机构改革中,国家出版局划归文化部,改称文化部出版事业管理局,此后,一些省、自治区、直辖市的出版局或撤销,或与文化局合并,或改为出版总社,其行政管理的能力降低,与快速发展的出版业形成了矛盾。1986年,为提高出版管理能力,国务院恢复国家出版局为国务院直属机构。1987年1月,国务院为加强对全国新闻、出版事业的管理,决定成立新闻出版署,为国务院直属机构。新闻出版署的职责包括起草新闻出版的法律法规,制订新闻出版管理的方针政策,管理书报刊市场,取缔非法出版活动和对外交流活动等。音像出版的管理职能也逐步交给新闻出版署。此后各省、自治区、直辖市均设立了新闻出版局。

二是出版管理与出版经营单位政企分开。"文革"以后组建的地方新闻出版管理机构,基本上是事业编制,既从事出版管理工作,又承担出版经营的任务,因此,全国除北京、上海等少数地方外,绝大多数的出版局都曾经与出版总社或地方人民出版社合二为一,一套人马,一个机构,两块牌子,出版管理机构是事业编制,自负盈亏。1992年中共十四大以后,转变政府职能,政企分开逐渐成为出版界的共识,越来越多的地方开始把新闻出版局与出版总社在编制、机构上进行区分,新闻出版局脱离事业单位纳入政府序列,为之后出版集团的建立,新闻出版局与出版社、新闻出版局与出版集团或出版总社分开的进程起到了推动作用。

出版业微观管理体制改革的成就表现在以下四个方面:

一是出版社内部管理体制改革。1980年的《出版社工作暂行条例》明确规定:"出版社实行党委领导下的社长、总编辑分工负责制。出版社的重大问题,应经过党委讨论做出决定。"以规范性文件的形式,规定了出版社内部的管理体制。在经过近10年的运转之后,这种管理体制与整个社会政治、经济改革不适应,因此,1988年5月,中宣部、新闻出版署联合颁布了《关于当前出版社改革的若干意见》,提出:"党委领导下的社长、总编辑负责制已不适应当前出版改革的要求,要逐步实行社长负责制。社长是法人代表,党组织起监督保证作用。社长全面领导出版社的编辑工作和经营管理工作。国家规定的出版社应有的人权、财权和选题审批权,由社长行使。编辑部门和经营管理部门都对社长负责。""出版社是否设总编辑,是单独设置还是由社长兼任,可以因社而异,不做统一规定。"

二是地方出版单位的经营方针调整。早在20世纪50年代,国家就对地方出版单位提出了"地方化、群众化、通俗化"的经营方针,地方出版社主要为地方服务。"文化大革命"结束以后,地方出版社对于这一方针的意见很多,要求改革地方出版社的办社方针。1979年,国家出版局在长沙召开了全国出版工作会议,针对地方出版社要求改变"三化"的方针,国家出版局代局长陈翰伯明确表态:"地方出版社要立足本省,面向全国或兼顾全国,可以试行。地方出版社出书不受'三化'限制。"1983年,在中共中央、国务院《关于加强出版工作的决定》中,这一方针得到充分肯定。地方出版社经营方针的调整,极大地激发了地方出版社的出版生产力,由此催生了一批具有全国性乃至国际性影响的地方出版社。

三是由生产型向生产经营型转变。1984年6月,文化部出版局在哈尔滨召开了全国地方出版社工作会议,会议提出:"要学会用经济杠杆,推动精神生产。""适当扩大出版单位自主权,以提高出版单位经营的主动性。'十条'(扩大国营工业企业自主权的暂行规定)加'一条'(在国营企业中逐步实行厂长、经理负责制),其基本精神对出版单位都是适用的。书店和书刊印刷厂都是企业单位,绝大部分出版社现在是事业单位,实行企业管理,都要做到奖励基金、福利基金的提取同利润挂钩。要使出版社由单纯的生产型逐步转变为生产经营型。"这一改革措施的实行,使出版社逐渐由生产导向型向市场导向型转变。1984年12月,国务院在《关于对期刊出版实行自负盈亏的通知》中提出:中央及省市区的部分期刊继续试行补贴,但要实行经济核算(人员、行政开支均应记入成本),积极改善经营管理,精打细算,杜绝浪费,逐步减少亏损,争取尽早实现自负盈亏。期刊也从国家补贴为主向市场运营转变。

四是由"大锅饭"向承包制、目标责任制转变。1983年,中共中央、国务院《关于加强出版工作的决定》中就提出:"编辑部门的改革,一项重要的内容是抓责任制"。1984年在哈尔滨召开的地方出版社工作会议上提出:"出版社编辑部应当建立联系奖惩的考核制度。要实行岗位责任制,要规定先进合理的定额,超额奖励;同时实行若干以提高图书质量为主要考核内容的单项奖。"1988年,全国各行各业大搞承包的环境下,中宣部和新闻出版署也提出,出版社可以试行承包责任制,"有条件的出版社可以试行向国家(上级主管机关)的承包经营责任制。承包的主要内容包括出书品种、质量、数量和利润"。但在实际的操作当中,绝大多数出版社把利润指标分解到人,其不良后果很快显现出来:片面追求经济效益,买卖书号,编校质量下降,图书品种迅速增加。为此,1992年1月,新闻出版署署长宋木文在全国新闻出版局长会议上明确提出:"编辑室和编辑个人不要搞承包,因为不利于保证社会效益。"此后,许多出版社用目标责任制代替了承包制。

二、司法监督与市场调控：出版管理变革

进入 20 世纪 90 年代以后，我国出版管理手段和方式不断更新提升、体制改革不断深入。这一时期出版管理体制改革的突出成就表现在出版法律法规的修改和完善、政府行政管理的手段变化、市场经济调控的广泛使用和行业自律管理机构的发展。

1. 出版法律法规的修改和完善

改革开放以来，随着依法治国战略的实施，与我国的社会主义法制建设相适应，出版法制建设也取得了重大进展。目前我国已经基本建成了从中央到地方的出版产业法律管理的基本体系：首先，全国人民代表大会所制定和颁布的《中华人民共和国宪法》确定了公民享有言论出版自由的根本原则。其次，《刑法》对扰乱市场秩序、制作、贩卖、传播淫秽物品和保守国家秘密等问题做了相应的规定；《民法通则》对肖像权、名誉权等涉及传媒和人身权的部分做了相关规定。再次，我国现在的出版法律管理是围绕"一法五条例六规定四办法"来进行的，包括《中华人民共和国著作权法》《中华人民共和国著作权法实施条例》《印刷业管理条例》《出版管理条例》《音像制品管理条例》《计算机软件保护条例》等法律法规。

在地方上，省级及较大市人大及其常委和地方人民政府也根据本地区的具体情况制定了相应的地方性法规、规章和规范性文件等。从整体而言，在出版法律法规建设方面，我国已经基本上建成了一个从中央到地方，以法律为核心，以行政法规为基础，以部门规章为有效补充的出版法制体系，构建了司法与行政双重保护的执法体系，对于保障中国出版业的健康持续发展发挥着积极的作用。

在这一时期出台的出版法律法规中，有两部法律显得尤为重要——《出版管理条例》与《著作权法》。1997 年 1 月 2 日，国务院总理李鹏签署了国务院第 210 号令发布《出版管理条例》，自 1997 年 2 月 1 日起施行。作为新中国成立以来第一个比较全面系统的出版管理行政法规，《条例》的颁布和实施成为国内新闻出版界的一件大事，意味着国内新闻出版领域法制建设取得了重大进展，也是国内新闻出版事业健康繁荣发展的重要保证。随后新闻出版署于 1999 年 11 月 22 日发布施行《出版物市场管理暂行规定》。为适应出版业的快速发展，国务院分别于 2001 年、2011 年、2013 年、2014 年和 2016 年对《出版管理条例》进行了修订和修改。

2001 年 10 月 27 日，九届全国人大常委会第二十四次会议审议通过了《中华人民共和国著作权法》(修正案)，这是继 1991 年 6 月我国正式颁布实施《中华人民共和国著作权法》和加入《保护文学艺术作品伯尔尼公约》以及《世界版权公约》之后，中国在版权保护上的又一大进步。2002年，国务院颁布了新的《著作权法实施条例》。这次修改主要涉及涉外行政案件受理、著作权权利归属和使用、对侵权行为的处罚，以及对著作权法和条例涉及的专业名词和有关用语进行具体释义等。修改后的实施条例也关系到社会每个成员的利益，同时与我国对外开放政策的执行密切相关。2010年2月26日，第十一届全国人大常委会第十三次会议决定对《中华人民共和国著作权法》做出两点修改：(1) 将第四条修改为："著作权人行使著作权，不得违反宪法和法律，不得损害公共利益。国家对作品的出版、传播依法进行监督管理。"(2) 增加一条，作为第二十六条："以著作权出质的，由出质人和质权人向国务院著作权行政管理部门办理出质登记。"

著作权法及其实施条例的修订、修改标志着我国著作权保护制度更加完善，也标志着我国著作权保护水平迈进了新的阶段。随着网络时代的到来，2002年7月，新闻出版总署、信息产业部联合颁布了《互联网出版管理暂行规定》，自此互联网出版正式纳入出版行政部门管理，互联网出版活动进入了一个有规可循的新阶段。因应网络出版的快速发展，2015年8月，国家新闻出版广电总局、工业和信息化部又联合颁布了《网络出版服务管理规定》，自2016年3月10日起施行。

2. 政府行政管理手段的变化

行政管理在我国出版管理中具有举足轻重的作用，我国当前出版行政管理体制是指中央、地方出版行政部门的机构设置和职权划分，以及相关部门的职责分工。2002年实施的《出版管理条例》第六条明确规定了我国出版业的行政管理体系，国务院出版行政部门（新闻出版总署）负责全国的出版活动的监督管理工作。国务院其他有关部门按照国务院规定的职责分工，负责有关的出版活动的监督管理工作。县级以上地方各级人民政府负责出版管理的行政部门负责本行政区域内出版活动的监督管理工作。除新闻出版总署外，国务院其他有关行政部门按国务院规定的职责分工，监督管理有关的出版活动。它们包括公安部门（参与"扫黄""打非"）、文化部门（文化市场管理）、工商管理部门（工商行政管理）等。此外，还有教育部门（管理大学出版单位）、科技部门（管理科技期刊）等。

随着新闻出版业的发展，行政管理的任务越来越重。2001年国务院决定，新闻出版署升格为新闻出版总署，新闻出版行政管理的职责进一步增加，各级新闻出版行政管理机构进一步加强。到2002年，全国各省、自治区、直辖市均建立了新闻出版行政管理机关，全国有71个地市、100多个县建立了独立的新闻出版行政管理机构，其他地市县在文化局等加挂了新闻出版局的牌子，基本形成了一个国家、省（自治区、直辖市）、地市、县区的四级新闻出版管理体系。

2013年3月14日,根据第十二届全国人民代表大会第一次会议批准的《国务院机构改革和职能转变方案》和《国务院关于机构设置的通知》,为进一步推进文化体制改革,统筹新闻出版广播影视资源,国务院将国家新闻出版总署、国家广播电影电视总局的职责整合,组建国家新闻出版广播电影电视总局,随后更名为国家新闻出版广电总局。统筹规划新闻出版广播电影电视事业产业发展,监督管理新闻出版广播影视机构和业务以及出版物、广播影视节目的内容和质量,负责著作权管理等。

行政手段曾经是政府管理出版业的主要方式,我国加入世界贸易组织(World Trade Organization,WTO)后,仅仅依赖行政手段来管理出版业的方法已经不合时宜,政府行政管理手段的与时俱进是未来出版业宏观管理的客观要求与发展方向。在行政管理的具体内容中,体现了几个转变:由行政命令向司法监督转变、由微观管理向宏观管理转变、由直接管理向间接管理转变、由部门管理向行业管理转变。

3. 出版市场经济调控的广泛使用

为了支持和促进出版事业的持续、稳定、协调发展,我国还出台了一些相关的经济政策对上述单位进行扶持。

(1) 财税优惠政策。包括税金减免和差别税率两个方面。税金减免即实行先征后退的办法,具体范围包括减免下列出版物的增值税:中国共产党和各民主党派的各级组织的机关报和机关刊物;各级人民政府的机关报和机关刊物;各级人大、政协、妇联、工会、共青团的机关报和机关刊物;新华社的机关报和机关刊物;军事部门的机关报和机关刊物;大中小学的学生课本和专为少年儿童出版发行的报纸和刊物;科技图书和科技期刊。差别税率,是指我国对精神产品实行的差别税率,例如文化服务业的营业税税率为3%,低于一般税目5%的税率,对销售图书、报纸、期刊征收13%的增值税,低于17%的基本税率。

(2) 加大对出版事业的投入,建立宣传文化发展专项资金。财政部和新闻出版署为了解决出版系统所属国营企业的生产发展、技术改造、设备更新、图书发行网点建设和专业学术著作出版等困难,加强宏观调控和管理,建立了"出版企业发展专项资金"。1994年,出版企业发展专项资金被废止,取而代之的是由中央和省级财政建立的"宣传文化发展专项资金",该资金根据财政部和国家税务总局联合颁发的《关于继续对宣传文化单位实行财税优惠政策的规定》中的决定建立。

(3) 建立规范的筹资机制,形成多渠道的投入机制,开征文化事业建设费。在加大各级财政对文化事业投入力度的同时,拓宽文化事业资金投入渠道,逐步形成适应社会主义市场经济要求的筹资机制和多渠道投入体制。从1997年1月起,在全国范围内开征文化事业建设费:广播电台、电视台和报纸、刊物等广告媒介单位以及户外广告经营单位,按经营收入的3%缴纳文化事业建设费。文化事业建设费纳入财政预算管理,分别由中央和省级建立专项资金,用于文化事业建设。政府提倡事业型文化单位走国家投资和自我发展并重、向经营管理型转变的道路,鼓励适当开展有偿服务和多种经营,以弥补事业经费的不足。

三、转企改制与组建集团:出版体制改革加快步伐

中共十六大以后,新闻出版改革加大了力度,取得了突破性进展。出版界的体制改革也从2003年起加速进行。

1. 转企改制步伐加快

2003年全国文化体制改革试点会议召开,中共中央、国务院正式启动文化体制改革试点,在所确定的35个文化体制改革试点单位中,新闻出版单位就有21家,占了近2/3。新闻出版总署坚持从体制创新入手,总体设计,分类指导,全面完成了出版、发行、报业改革试点任务,为全国文化体制改革向纵深推进提供了宝贵经验。2005年,新闻出版总署进一步明确出版发行体制改革的总体思路,重点抓了转企改制、企事分开、职能转变、上市融资等难点的突破。一批地方出版社、中央部委出版社、高校出版社和一批经营性报刊社转企改制。转制后的企业,赢利水平大幅提高。

2009年是新闻出版总署计划进行新闻出版体制改革的主题年、攻坚年;4月,新闻出版总署印发《关于进一步推进新闻出版体制改革的指导意见》,中办发16号文件《关于深化中央各部门各单位出版社体制改革的意见》出台;7月,国务院常务会议原则通过《文化产业振兴规划》。这些文件的出台和总署的大力推动加快了整体改制。《指导意见》描绘了未来我国新闻出版领域体制改革的路线图,设定了改革运行的时间表,除明确为公益性的图书、音像制品和电子出版物出版单位外,所有地方和高等院校经营性图书、音像制品和电子出版物出版单位2009年年底前完成转制,所有中央各部门各单位经营性图书、音像制品和电子出版物出版单位2010年年底前完成转制。

截至2010年年底,除先期已经完成转企的出版社和保留事业性质的公益性出版社外,包括地方出版社、高校出版社、中央各部门各单位出版社在内的全国所有经营性出版社已全部完成转企,成为市场主体。通过改制建立现代企业制度,出版企业实现产权和人员身份的置换,将为今后的持续发展打下坚实基础,全面提升行业竞争力。中央强调要通过改制,"做强做大一批,整合重组一批,停办退出一批",这对出版企业而言是一个难得的行业机会。转企改制的完成,标志着中国出版业从此进入一个崭新的时代。

2. 出版集团建设成果凸显

1999年2月24日,我国第一家出版集团——上海世纪出版集团正式挂牌成立,标志着出版业集团化的大幕就此拉开。2002年4月,主要由新闻出版总署原直属出版单位组建而成的中国出版集团在北京成立,标志着中国出版业的集团化建设进入了一个新的阶段,出现了集书、报、刊、音像、电子、网络出版于一体的功能齐全、品牌众多、在市场上具有影响力的大型出版集团。2006年《关于深化文化体制改革的若干意见》的出台,为出版体制改革、出版的市场化和集团化提供了制度保证和政府支持;新闻出版总署提出要推动有条件的出版、发行集团公司股份制改造、上市融资,通过吸引国有资本、民营资本、境外资本参股,建立规范的股份制公司,实现股权结构多元化。

据《2015年新闻出版产业分析报告》显示,当年我国出版传媒集团整体规模稳步提升。全国119家集团实现主营业务收入3001.8亿元,拥有资产总额6018.1亿元,拥有所有者权益3178.1亿元。比2014年分别增长6.6%、12.5%、12.7%。共有16家集团资产总额超过百亿元。其中,江苏凤凰出版传媒集团有限公司、江西省出版集团公司、湖南出版投资控股集团有限公司和浙江出版联合集团有限公司等4家集团资产总额、主营业务收入和所有者权益均超过百亿元,跻身"三百亿"集团行列。[1] 我国出版传媒集团的国际地位也在不断提升。据美国《出版商周刊》、英国《书商》杂志、法国《图书周刊》、德国《图书报道》和巴西《出版新闻》等5家国际出版媒体共同发布的"2014全球出版业50强排行榜"显示,中国出版集团名列第14位,中国教育出版传媒集团位居第21位[2]。2016年8月,由法国《图书周刊》赞助,国际出版咨询公司吕迪格·魏申巴特调查执笔而形成的《全球出版企业排名报告》显示,我国的中南出版传媒集团(6)、凤凰出版传媒集团(7)两家公司进入了全球出版企业十强,中国出版集团(17)、浙江出版联合集团(18)、中国教育出版传媒集团(20)等进入二十强。[3]

四、出版行业组织的建立与行业管理的不断健全

出版行业组织是出版界的群众团体,中央和地方的群众团体,主要是配合党

---

[1] 国家新闻出版广电总局:《〈2015年新闻出版产业分析报告〉摘登》,《出国出版》2016年第16期。
[2] 范军主编:《2014—2015中国出版业发展报告》,北京:中国书籍出版社2015年版,第172页。
[3] 〔法〕吕迪格·魏申巴特:《2016全球出版业排名报告概述》,百道网:http://www.bookdao.com/article/268260/,2016年8月26日。

和政府作一些辅助性的行业管理工作,是出版管理的重要组成部分,也是出版业发展与成熟的标志之一。改革开放以来,我国出版界陆续成立了中国出版工作者协会(2011年更名为中国出版协会)、中国印刷技术协会(2010年更名为中国印刷协会)、地方性和全国性的编辑学会、中国期刊协会、中国书刊发行业协会、中国音像协会、中国版权研究会与中国版权协会等社会团体,均归口新闻出版总署管理和指导。这些协会为完善我国的出版行业管理和繁荣发展出版发行事业做了大量工作,下面择要介绍。

1. 中国出版协会

成立于1979年12月,原名中国出版工作者协会,2011年更名为中国出版协会,简称中国版协。中国版协是中国出版界自愿结成的全国性全行业的非营利性社会团体,是党和政府与出版界密切联系的桥梁、纽带和管理出版工作的助手,也是新中国成立时间最早的出版社团。会员包括团体会员和个人会员,涵盖图书、期刊、音像、电子出版物、印刷和发行等出版全行业。

中国版协的主要职能有:组织和推动出版单位和出版工作者学习理论,贯彻执行中国共产党和中国政府的方针、政策;协助政府主管部门进行出版队伍的教育、培训工作,开展出版理论研究和业务交流活动;参与制订行业标准和行业发展规划,开展专业资质认证等工作;组织全国性出版行业评奖;表彰和奖励先进的出版工作者,组织优秀出版物评奖活动;开展出版法制宣传,推动和监督出版单位和出版工作者遵纪守法,遵守职业道德,加强行业自律;依照中国宪法及法律规定,维护出版单位和出版工作者的合法权益,努力开展行业服务工作;按照中国著作权法和政府有关法规的规定,促进出版单位广泛团结著译者,尊重著译者的权益;贯彻"一国两制"方针,加强同香港、澳门和台湾地区出版界的联系,增进同香港、澳门、台湾地区以及海外华侨、华人出版团体之间的友谊、交流与合作;积极参加国际和地区出版组织及活动,广泛发展同各国出版界的友好往来,增进相互了解、友谊与合作;支持并帮助老出版工作者从事力所能及的出版活动和其他有益社会的活动;在国家政策法规允许范围内,开展同本行业有关的有偿咨询服务和经营活动。

中国版协设有学术工作委员会、教育工作委员会、科技出版工作委员会等工作机构,并建有装帧艺术研究会、连环画研究会、年画研究会、幼儿读物研究会、教育出版研究会、国际合作出版促进会等专业研究机构,还编辑出版《中国出版年鉴》。中国版协根据会章吸收团体会员和个人会员。各省、自治区、直辖市的出版工作者协会是中国版协的当然团体会员,在业务上接受中国版协的指导。

2. 中国编辑学会

成立于1992年,由从事编辑工作、编辑研究的团体和个人自愿组成,是全国性、学术性、非营利性社会组织。学会总的要求是要通过理论和业务的研究,探索编辑工作规律和科学原理,建立编辑学的理论体系,为发展中国特色的社会主义出版事业服务。自成立以来,中国编辑学会在推动中国的编辑学研究方面进行了大量工作,产生了广泛影响。通过一系列专题研讨、课题研究,分析编辑活动,交流编辑经验,探讨编辑学的基本理论,组织编写编辑学、编辑业务、编辑史及编辑管理等方面的著作,建立了我国编辑学的学科体系。同时,与国内外编辑出版学术机构建立了广泛联系,通过国际上的互访或信息资料的交流,介绍我国的研究成果,吸收国外有益经验,推动了国内外编辑出版界的学术交流。学会每年还举办以讨论编辑理论和实践为中心议题的年会或编辑学理论研讨会,会后出版论文选。学会办有会刊《中国编辑》,从1996年起,编辑出版《中国编辑研究》(年刊),得到广泛好评。学会还组织评选优秀编辑论文和编辑人才。与中国版协联合举办全国中青年优秀(图书)编辑出版活动,奖励做出突出贡献的中青年书刊编辑工作人员。还主办面向高等院校专业学生的"未来编辑杯"征文比赛,截至2012年,已经成功举办了七届,先后发动157所院校,共征得1027篇论文,评出305篇获奖文章,为培养优秀的编辑人才、繁荣编辑学理论研究,发挥了十分积极的作用。

除中国编辑学会以外,我国现在还有不少地方性的编辑学会,比如上海编辑学会、湖北编辑学会等。

3. 中国期刊协会

改革开放以后,随着期刊出版业的快速发展,组建期刊行业组织的问题也提上了日程。1990年,安徽省和河北省相继成立了地方性的期刊协会。1992年5月,经有关部门批准,中国期刊协会正式成立,简称中国刊协。中国刊协是由与期刊出版、教学、科研等相关的企事业单位、专家学者及社会团体自愿组成的全国性、行业性、非营利性社会组织。中国期刊协会的主要任务是:宣传贯彻党和政府有关期刊出版工作的方针政策,向有关方面反映本行业的情况、问题和要求;推动期刊界坚持正确办刊方针,开展期刊理论研究和学术交流活动;按照党和政府部门关于出版改革的思路和方针,为期刊业深化改革,开发期刊产业做好支持、服务工作;促进期刊不断提高质量;协助期刊行政管理部门进行行业规划、协调工作,维护期刊出版的正常秩序,表彰为发展我国期刊事业做出显著成绩的单位和个人;促进会员单位之间及本会有关行业之间的联系和合作,维护会员单位的合法权益;培养和训练期刊工作队伍,提高从业人员素质;开展国际及港澳台地区的友好合作和业务交流,促进中国期刊走向国际市场。

中国刊协现共有包括平面与网络期刊出版单位、期刊团体以及有关期刊专业教学、科学研究、行政管理单位等会员单位4000余家,下设医药卫生期刊分会、文化综合类期刊分会、冶金期刊分会等13个二级分会,并主办有《中国期刊年鉴》《中外文摘》和中国期刊协会网。中国期刊协会成立以来,围绕党和国家的工作大局,在开展调查研究、传递政策信息、增进相互沟通、促进行业自律、维护行业利益、开展对外交流等方面做了大量工作,为行业的改革发展做出了积极的贡献。中国期刊协会于2000年加入国际期刊联盟,2004年被推选为国际期刊联盟董事会成员。

4. 中国印刷协会

成立于1980年3月,原名中国印刷技术协会,2010年更名为中国印刷协会,简称中国印协,是全国印刷科学技术工作者和印刷工作者及其相关企业自愿结合的群众性非盈利性的社会团体。其主要任务是团结、组织全国印刷科技工作者和全国印刷工作者,联系相关行业,进行国内外有关印刷科研、教育、生产与经营管理方面的学术经验交流,传播新技术、普及新知识、推广新成果、评选表彰有突出贡献者,为促进我国印刷技术进步和印刷业现代化服务。下设网印及制像分会、商业票据印刷分会、凹版印刷分会、柔性版印刷分会、数字印刷分会、信息系统应用分会、学术委员会、教育与科普委员会、企业管理专业委员会、特种印刷技术专业委员会、印刷史研究委员会、编辑工作委员会等分支机构。出版会刊《中国印刷》和大型资料工具书《中国印刷年鉴》,设立中国印刷行业网,并设有包括"毕昇印刷技术奖""森泽信夫印刷奖"在内的多个印刷奖项。全国各省、自治区、直辖市印刷协会是中国印协的团体会员。

5. 中国书刊发行业协会

1991年3月成立,简称中国发协,是由从事出版物发行的企事业单位及其经营者、发行工作者自愿组成的全国性的出版物发行行业非营利性的社会团体。主要任务是:沟通会员与党和政府之间的联系,积极发挥行业协会的桥梁和纽带作用;组织会员进行自我教育、自我管理、自我表现协调;倡导会员单位积极发行有利于经济和社会发展的优秀书刊,拒绝发行非法出版物。根据行业特点,组建了社科发行委员会、科技发行委员会、文教发行委员会、美术专业发行委员会、古旧书业发行委员会、经济发行委员会、对外发行委员会、外文书业工作委员会、非国有书业工作委员会、城市发行委员会等十个工作委员会。协会成立后做了大量工作,如制定《全国书刊发行公约》,规范承办每年一次的全国书市,举办每两年一次的"中国书刊发行奖"评选活动,编印不定期的《发行协会通讯》,在国外举办中国图书文化展,等等。

第二节 在改革中快速发展的图书出版业

改革开放三十多年来,我国的图书出版呈现繁荣的景象,在图书的种类、数量、内容、形式上都得到很大的丰富和发展,质量也得到不断提高,精品书不断涌现。期间,中国图书出版呈现出四个阶段的发展态势,各个阶段呈现了不同的特点:第一阶段是改革开放初期,主要是进一步拨乱反正实现图书出版的恢复与调整,品种数量由少到多,初步解决"书荒"问题,满足人们对图书的需求;第二阶段从20世纪80年代中期到90年代初期,是稳定与发展的阶段,在前一时期图书出版的基础上,图书数量内容、出书规模、品种及形式都有了一个长足的进步,体现出了多样性和层次性,大大丰富了人们的精神生活;第三阶段是进入90年代以后,努力实现从扩大规模数量为主向提高质量效益为主的转变,同时开启了出版市场化的改革转型之路。21世纪之后,我国的图书出版进入了改革腾飞阶段,出版自身实力稳步提升,出版的数字化和产业化特征明显增强,国际影响力日渐增大。

一、图书出版的恢复与调整(1978年年底—1983年)

"文化大革命"结束后,中国当代出版业迎来了又一个春天,从1978年开始,在"解放思想、实事求是"思想的指导下,出版工作的着重点随全党工作重心转移,进入恢复与调整期。特别是1983年6月6日,中共中央、国务院作出了《关于加强出版工作的决定》,这是新中国成立以来,第一次由党中央、国务院直接作出的关于出版工作的重要决定,是新时期以来出版工作最为重要的指导性、纲领性文件,对出版工作的恢复、调整、改革与发展起到了重要的指导和推动作用。

这一时期图书出版的特点是:

1. 抓新书和重印书出版,扭转"书荒"现象。以《辞海》《辞源》(第一、二册)《现代汉语词典》《汉英词典》《农业辞典》等辞书的出版发行为标志的三百多种哲学、社会科学、文学艺术、科学技术图书和各种工具书的出版与35种中外文学名著以及辞书的重印,扭转了"书荒"的局面。同时在尽可能短的时间里陆续写出并印刷出了一批有新内容、新思想、新语言的有分量的书籍、读本、教科书,极大地缓解了广大读者对知识的渴求,深受欢迎。这一时期的图书出版发行印数极高,综合性辞典、四大文学名著、外国名著一直畅销不衰。全国发行《现代汉语词典》134万册,《新华词典》98万册。一些中外名著发行几十万套,仍供不应求,创造了新中国成立以来我国图书出版发行史上的奇观。

2. 出版一批具有重大文化积累价值的重点大型图书。《马克思恩格斯全集》《列宁全集》(中文第二版)、《当代中国丛书》《孙中山全集》《汉译世界学术名著丛书》《鲁迅全集》《中国美术全集》《汉语大词典》《中国大百科全书》《中国医药百科全书》《中国美术全集》等重要的大型图书基础工作在中央的支持下,由各级出版社积极筹划和准备。这是一批体现了中国当代科学文化水平和出版水平的国家重点图书。虽然这些工程大多是经过十几年完成的,但创建工作就始于这一时期。如学术界盼望多年的中国自己的大百科全书,终于迈开了第一步,它最初的一卷《天文学》,由中国大百科全书出版社于 1980 年出版,而整部巨著编纂浩繁,共 74 卷,收 77859 个条目,12568 万字,涵盖了 66 个学科或知识领域,汇集了当代中国和世界最新的科学文化成果。参加编撰者约 2.2 万人,几乎囊括了各学科一流的专家学者,经过学术界、出版界长达 15 年坚韧不拔的编撰,终于向世界奉献出了属于中国的第一部现代百科全书。

3. 各类图书的出版规划走上正轨。中央新闻出版领导部门在总结历史出版经验的基础上,统一思想认识,突出重点,对图书出版做出了全面规划。国务院于 1981 年 12 月 10 日发出《关于恢复古籍整理出版规划小组的通知》,恢复了"文化大革命"期间取消的古籍整理出版规划小组,开始系统地对我国古籍整理出版做出规划。计划 1982—1990 年整理出版 4000 多种古籍,1991—2000 年整理出版规划项目 2000 种,多数已整理出版。这对保存和继承我国丰富的文化遗产、对青年进行传统文化教育具有重大意义。根据当时农业科普读物急需的状况,国家出版局制定了全国农村读物出版发行规划,提出了加强农村读物出版发行工作的措施。另外,《1978—1980 年部分重点少儿读物出版规划》《1978—1985 年全国重点科普图书出版规划》等一系列规划的制定和执行,表明我国图书出版已开始进入规范化、有序化的过程。

这一时期,我国图书出版能力得到了快速的恢复和发展。1977 年,全国出版图书 12886 种,其中新书 10179 种;到 1982 年,全国出版图书达到 31784 种,其中新书 23445 种。短短几年时间,图书品种 1982 年比 1977 年增长了 146.7%,其中新书品种增长了 130.3%;图书总印数 1982 年比 1977 年增长了 77.7%。到 1980 年前后,图书的品种、出书的数量和印刷质量都达到和超过了新中国成立以来的最高水平。

二、图书出版的稳定与发展(1984—1990 年)

经过前一时期的恢复与调整,我国图书出版进入较为稳定的发展期。在图书内容和结构上,都出现了一个质的飞跃。从优化选题、合理结构开始,有重点有步骤地提高图书质量。

这一时期图书出版有如下特点:

1. 在图书内容方面,在保证质量的前提下,突出重点。比如"八五"计划期间科学技术类图书,为适应科学技术现代化的急需,将高科技作为一个主要部分提出,其选题数量占科技类选题的15.4%,比例较高;社会科学类,有两个突出点:一个是宣传马列主义、毛泽东思想、党史、党建、政治思想教育的选题,占社科类选题的21.7%;另一个是经济方面的选题,占社科类选题的20.3%,体现了出版工作的社会主义方向和努力为"以经济建设为中心"服务的目的;文学艺术类则重视对中华民族文化遗产的挖掘整理,同时对现、当代的文艺作品和理论也给予了充分的关注。

2. 在图书规模上,以各种丛书、系列书为骨干的一大批重点图书相继问世,构成这一时期图书出版的总体布局特点。如经济建设方面的《当代中国社会调查研究书系》《特区经济丛书》《企业管理现代化百项创新成果学习指南系列》(10种);文学方面的《中国古典文学读本丛书》《中国大作家选集系列》《新注古代文学名家集》;古籍整理与研究方面有《敦煌石窟全集》100卷《敦煌石窟研究丛书》等系列丛书问世,它们具有很高的学术价值和艺术价值,填补了我国乃至国际敦煌学研究的空白;工具书《中国大百科全书》《汉语大字典》等书的出版。这些都成为中国出版史上一批具有标志性工程性质的图书。

3. 在图书品种及形式上,根据出版事业发展的特点,结合社会各方面的要求,在图书内容上兼顾了读者的多方面、多层次的需要,注意了品种、形式的多样化,体现了多元化的趋势。通俗政治理论读物、农村读物、少儿读物、中外语文工具书、现代外国政治学术著作、部分文学古籍、旅游读物、民族文字图书、科普读物等不同类型的图书广泛出版。除了相当一批整理、翻译、研究质量高的宣传马列主义、毛泽东思想的图书外,一批联系实际、为建设有中国特色社会主义服务的经济类丛书相继出版,如通过回顾经济战线改革开放的历史,总结经验教训,对经济改革中的一些重大理论问题进行深入研究的由中国社会科学出版社出版的《十二年改革的回顾》,上海人民出版社出版的《当代中国社会调查研究书系》(7种),国家体改委编的《企业管理现代化百项创新成果学习指南系列》(10种)等体现了鲜明的时代特色,对实际工作有重大的指导意义。

三、图书出版的调整与转型(20世纪90年代)

这一阶段,党和政府针对图书出版由于高速增长而出现的品种总量过多、结构失衡、重复建设、忽视质量等散滥问题,开始实施"阶段性转移"战略,采取一系列措施,实现从扩大规模数量为主向提高质量效益为主的转变,同时开启了出版市场化的改革转型之路。

这一时期,国家"八五"重点图书出版规划顺利实施并完成,一大批我国图书出版的标志性工程相继完成。如:《马克思恩格斯全集》、新版《列宁全集》《毛泽东文集》《邓小平文选》(1—3卷)、《中国大百科全书》《中国美术全集》《汉语大字典》《汉语大词典》、"当代中国丛书"、《乾隆版大藏经》《中国历史地图集》《中国通史》(10卷本)、《机械工程手册》《杂交水稻育种栽培学》《丹珠尔》(藏文)、《中国医学百科全书》《中国农业百科全书》《全宋诗》《全唐诗》《茅盾全集》《郭沫若全集》、"汉译世界学术名著丛书""外国文学名著丛书"等。这充分显示出改革开放以来图书出版取得的成就,也展示了图书出版自身的实力。这一时期的图书出版还呈现出以下特点:

1. 图书出版品种过快增长的势头得到控制,保证了图书质量和效益,并实现了稳定的发展。从1994年到2002年,年平均图书品种增长7.3%,比1978年到1994年图书品种的年平均增长率34.9%,年品种增幅降低了27.6%;新书品种的年平均增长率由1978年至1994年间的36.4%,降低为1994年至1999年年平均增长4.1%,年新书品种增幅回落32.3%。这有效控制了前一时期由于图书品种过快增长带来的图书质量与出版效益下降的问题。

2. 重视图书品牌与特色,提高市场占有率。品牌是出版社的一笔无形资产,锻造品牌,也就是培育出版社的无形资产。经过改革开放以来十多年的积累与总结,各大出版社利用自身优势,纷纷开发自己的图书品牌,开始形成自身的鲜明特色。如上海辞书出版社的辞书、三联书店的学术专著、外研社的外语类书籍、清华大学出版社的计算机类图书等不仅形成了自己的特色,也开始逐步形成自己的市场占有规模。

3. 调整出书结构,提高创新力。改革开放以来,我国在图书出版结构中一直存在的突出问题是:一方面,教材、教辅出版物在图书总构成中比重过大。占全国图书品种总量20%的教科书、教辅读物,其总印数却占全国图书总印数的55%—60%。而另一方面图书出版的创新不足,低水平重复严重;同一题材重复出版,有的同一种书重复的版本竟达几十种,甚至上百种。针对上述现象,一方面,出版社加大了改革与整合的力度,相继成立了一些以图书出版为主的大型出版集团;另一方面,积极推进出版社内部改革。在坚持方向、保证社会效益的前提下,对出版社内部的组织机构、人员、资金等各种生产要素按照效率优先的原则进行调整,从根本上改变图书出版结构不合理的现状。20世纪90年代末,我国对图书结构进一步优化治理,图书业过于依赖教材的格局得到好转,课本在总品种中的比例保持下降趋势。

4. 革新出版技术,缩短出版周期。过去由于受排版和印刷技术的影响,图书出版周期较长,平均每种书的出版周期为社会科学的长达一年,自然科学的长达一年半。以 1985 年为例,大部分出版社平均出版周期是,社会科学类为 90 天至 120 天,自然科学类为 120 天至 150 天。进入 20 世纪 90 年代,随着汉字激光照排技术的广泛应用,尤其是电子信息技术和网络技术的迅猛发展,图书出版周期大大缩短,出版效率显著提高,从效率、速度、成本等方面彻底改变了传统的印刷工艺。图书出版速度的提高成为区别传统出版与现代出版的重要标志之一。

5. 出版市场化启程,大众出版兴起。1993 年中央明确提出了建设社会主义市场经济体制的改革目标,中国出版业也开始了市场化之路。图书作为出版社的"产品",越来越遵循市场的要求而生产,出版社面对经济社会文化的变革,也在不断改革自身的发展思路和出版机制,通过多种方式寻找市场经济条件下的生存和发展之道。这一时期,随着政策的放开,民营出版业开始兴起,成为出版业重要的创意和内容来源之一,为中国出版注入了很大的能量。同时,在多种力量的共同推动下,大众出版业也随着商业文化与大众文化的兴起而逐步壮大,尤其以畅销书的出版最具代表性。伴随着出版改革的深入,畅销书的地位不断提升,其出版理念也开始对出版界产生深刻而广泛的影响。《中国可以说不》《妖魔化中国的背后》《全球化阴影下的中国之路》《学习的革命》《哈佛女孩刘亦婷》等相继流行,都表明畅销书作为一种新的文化现象已经进入了大众的阅读空间。

四、图书出版的改革与繁荣(进入 21 世纪后的图书出版)

21 世纪以来,随着经济社会文化的快速发展和新闻出版体制改革的不断深化,中国的出版环境发生了很大变化,图书出版业的整体实力得到了前所未有的提高,图书出版的品种、数量和规模逐年扩大,出版的精品图书越来越多,出版的质量效益也在不断提高。出版业的产业化、数字化特征以及在国家经济社会文化发展中的地位更加凸显出来,中国图书出版业的国际影响力也日渐增强。这一阶段出版业发展的鲜明特征就是"深化改革与全面繁荣"。

出版社的数量已由改革开放初期的 105 个增加到 2015 年年底的 584 家(包括副牌社 33 家),其中中央级出版社 219 家(包括副牌社 13 家),地方出版社 365 家(包括副牌社 20 家)。还有音像制品出版单位 368 家,电子出版物出版单位 292 家。此外,还有一大批为出版事业和文化市场做出重要贡献的民营单位和文化公司。

图书出版种数、总印数等硬性指标都有大幅度提升。1978年全国出版的图书种类仅为1.5万种,到2015年增加到47.58万种,其中新出版的图书由1978年的1.19万种,增加到2015年的26.04万种。(见表11.1)图书总印张数从1978年的135.4亿增加到2015年的743.19亿;定价总金额也已达1476.09亿元。目前,我国图书出版品种、总量稳居世界第一位。2010年,联合国公布的全球5年累计发行量最多的10种图书中,中国占据了3席。[①] 中国已发展成为当之无愧的世界出版大国,已经实现了文化产品从不足到"过剩"、媒介由单一到多样的历史性转变,基本满足了人民群众多方面、多层次的精神文化需求。

表11.1 2001年以来图书出版状况

年度	出书种数(万种)	新书种数(万种)	总印张(亿印张)	定价总金额(亿元)
2001	15.45	9.14	406.08	466.82
2002	17.09	10.07	456.45	535.12
2003	19.04	11.08	462.22	561.82
2004	20.83	12.16	465.59	592.89
2005	22.25	12.86	493.29	632.28
2006	23.40	13.03	511.96	649.13
2007	24.82	13.62	486.51	676.72
2008	27.57	14.9	560.73	791.43
2009	30.17	16.83	565.50	848.04
2010	32.84	13.08	606.33	936.01
2011	36.95	20.75	634.51	1063.06
2012	41.40	24.20	666.99	1183.37
2013	44.44	25.60	712.58	1289.28
2014	44.84	25.59	704.25	1363.47
2015	47.58	26.04	743.19	1476.09

随着新闻出版体制改革的不断深化,图书出版业的生产力得到了极大的解放和提高,产业化程度日益突出,已经成为中国国民经济的重要组成部分,在推动经济和社会发展方面发挥着越来越重要的作用。2011年3月19日发布的《国务院关于修改〈出版管理条例〉的决定》将原来的第一条、第十条、第四十八条中的"出版事业"修改为"出版产业和出版事业",明确了出版业的产业属性。截

[①] 张贺:《中国出版,站上新起点》,《人民日报》2011年1月11日第1版。

至 2010 年年底，全国所有经营性出版社全部完成转企，成为市场主体，在市场经济中焕发出新的生机。据国家新闻出版广电总局发布的《2015 年新闻出版产业分析报告》显示，2015 年，全国出版、印刷和发行服务实现营业收入 21655.9 亿元，较 2014 年增长 8.5%；利润总额 1662.1 亿元，较 2014 年增长 6.3%；不包括数字出版的资产总额为 20777.5 亿元，较 2014 年增长 11.0%；所有者权益（净资产）为 10598.1 亿元，较 2014 年增长 11.1%。这表明新闻出版产业在国民经济"新常态"背景下仍继续保持了较好的可持续发展能力。另据原中国出版科学研究所"小康社会出版业发展指标体系研究"课题组预测，2020 年中国出版业的增加值将达到 8000 亿元左右，占 GDP 的 1.9%—2.0%，图书种数 30 万种，印数 81.98 亿册。

这一时期，出版业的繁荣不仅表现在数量、产业规模的增长上，还体现在图书质量的提高和图书内容的丰富上。出版界在多出好书、多出精品方面做了大量工作，用自己的努力为读者提供了越来越多的优质精神食粮。21 世纪前 10 年，新闻出版总署先后实施了"十五"和"十一五"期间国家重点图书出版规划项目，规划出版图书近三千种，包括宣传马克思列宁主义理论、宣传党和国家方针政策、研究中国经济改革与发展的理论著作；贴近生活、反映时代精神的各类原创文学、科普、少儿读物；具有填补空白意义和文化积累价值的科学、教育、文化、古籍整理力作以及服务"三农"、面向市场、满足群众文化需求的精品通俗读物等，涌现出了一批规模浩大，具有重大历史意义、文化价值和社会影响力的精品图书，如：《新中国马克思主义哲学五十年》《马克思恩格斯文集》和《列宁选集》的最新译本、"邓小平理论与当代中国哲学社会科学发展丛书"、《强国之路——纪念改革开放 30 周年重点书系》《辉煌历程——庆祝新中国成立 60 周年重点书系》《中国物理学史大系》《中华文明史》《中国古籍总目》《中华道藏》《中华再造善本》《中华人民共和国法典》《中国军事百科全书》《中国历史地名大辞典》《大百科全书第二版》《辞海第六版》《中国材料工程大典》《地方志灾异资料丛刊》《中国气象灾害大典》《鲁迅全集（修订版）》《爱因斯坦全集》《农民增收口袋书》，等等。这些图书充分展示了我国政治、经济、科技、文化、教育等各个领域的研究成果，许多填补了国内出版领域的空白。与此同时，大众出版市场进一步繁荣发展，涌现出了诸如《哈利·波特》《挪威的森林》《穷爸爸富爸爸》《谁动了我的奶酪》《史蒂夫·乔布斯传》，也不乏《幻城》《狼图腾》《易中天品三国》《于丹〈论语〉心得》《明朝那些事儿》等一大批兼具经济效益和社会效益的优秀畅销书，丰富了文化市场，展现了新时期图书出版业的活力。

第三节　现代数字技术的应用和出版形态的变革

20世纪60至70年代,中国出版技术与世界出版技术的距离在逐渐加大,当西方已经开始使用激光照排技术印刷书报刊时,中国依然在沿用铅字印刷技术,尽管1964年中国也曾派代表团赴日本和西欧考察,并引进了k181电子刻版机、187电子分色机等先进设备,但并未得到业界的足够重视。20世纪80年代,在计算机的普及和以互联网为代表的新技术发展的双重推动下,中国出版界开始主动接受新理念、引进新技术,持续开展技术研发,并取得了巨大的成就,使中国的出版技术在最短的时间内与世界同步。从汉字激光照排技术的发明促使中国出版走出"铅与火"、走向"光与电",到数码印刷机的发明引领按需出版的实现;从20世纪80年代初磁盘、光盘等的出现带来的电子出版,到互联网普及后网络出版的出现,乃至今天人们耳熟能详的手机出版……新的出版技术不断涌现,出版介质不断更新、出版形态日益多元化。在数字化大背景下的中国当代社会,纸张早已不再是承载知识信息的唯一载体,出版业也不再是少数人有幸参与、多数人望而却步的行业,甚至,连出版业的编辑、营销等环节也在主动引入新技术,在数字化冲击下努力探索新的发展契机。

一、技术的发展催生出版业的质变

出版业的进步总是伴随着技术的革新与发展。正如造纸术和印刷术的产生分别把中国出版带入了纸写本和印本时代一样,汉字激光照排技术促使中国出版从"铅与火"走向了"光与电",而按需印刷的实现则使出版业走向更进一步的个性化、人性化和市场化。

1. 里程碑式的发明:汉字激光照排技术

(1) 告别"铅与火",走进"光与电"

从11世纪中叶毕昇发明活字印刷术开始,中国印刷工人用手码字块的印刷历史一直延续了900多年,直到1974年8月由中国政府支持的科技攻关项目"汉字信息处理工程"启动并完成后,才使长达10个世纪以来大量的人力劳作得以解放。汉字激光照排技术的出现为中国印刷业带来了一次深刻的革命,而此项革命的缔造者正是王选。

王选(1937—2006),江苏无锡人,1958年毕业于北京大学数学力学系,计算机文字信息处理专家,当代中国印刷业革命的先行者,国家最高科学技术奖获得者,被称为"汉字激光照排系统之父"。

第十一章 改革开放以来的中国出版业

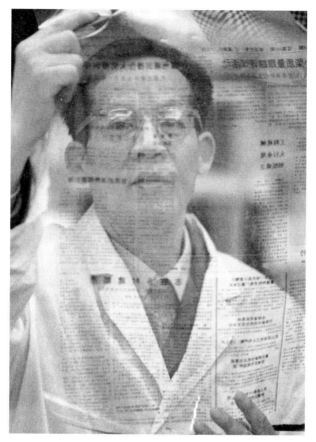

图 11.1　王选教授正在查看用汉字激光照排系统排出的报纸胶片

随着计算机技术和光学技术的发展,20世纪西方国家就开始采用电子照排技术,而20世纪70年代的中国仍然是"以火熔铅,以铅铸字,以铅字排版,以版印刷",出版能力低,而如果能利用计算机技术对汉字进行信息处理和输出,就会引起国内出版印刷行业的革命。但在当时,汉字进入和输出计算机的问题并未得到解决。1974年8月,为了解决汉字信息处理问题,在周恩来总理关怀下,由国家计委批准立项"748"工程,列入国家科学技术发展计划。在获悉这项工程后,时任北京大学副教授的王选自发着手开始了对汉字精密照排技术的研究。当时国外已经在研制激光照排四代机,而我国仍停留在铅印时代,我国政府打算研制自己的二代机、三代机。王选通过深入的调查研究,大胆决定跨越当时国际上正在流行的第二、三代照排系统,直接研制西方还没有产品的第四代激光照排系统,即将字模以点阵的形式存贮在计算机中,输出时用激光束在底片上直接扫描打点成字。技术上的难题和当时工艺水平的问题最终都被王选和他的团队所克服,同时也得到了北京大学和四机部等单位和协作厂家的支持。终于在1979年7月,汉字激光照排系统主体工程研制成功,并输出了第一张报纸样张《汉字信息处理》。1980年9月,汉字激光照排系统排出了第一本样书《伍豪之剑》。

1987年5月22日,《经济日报》出版了世界上第一张完全采用计算机屏幕组版、整版激光输出的中文报纸,率先甩开了铅字作业。1988年,《经济日报》印刷厂卖掉铅字,彻底废除了铅字印刷,成为中国第一个甩掉铅字的印刷厂。1989年,《人民日报》引进美国HTS公司的照排系统失败,改用国产华光系统,此后,外国照排厂商全部退出中国市场。1992年,北大方正计算机系统工程公司成立,方正彩色激光照排系统也于当年研制成功,使照排系统应用实现了从黑白到彩色的巨大变革,并率先在《澳门日报》得以应用。同年5月,第二套彩色照排系统在香港《大公报》正式投入应用,同年6月,第三套彩色照排系统落户《科技日报》,这也是中国大陆第一个彩色系统在报业的应用,它同时实现了图文合一、整版输出。1995年年初,台湾《"中央"日报》也开始使用方正彩色照排系统,被江泽民称赞为"促进两岸交流的好事"。至此,港澳台的多数报纸都抢先用上了方正系统。

从1992年开始,汉字激光照排系统开始相继出口至马来西亚、美国、加拿大、泰国等国家。如今,马来西亚几家最大的中文报纸都使用了方正彩色激光照排系统,北美地区几乎每一家中文报纸都用上了方正激光照排系统,2003年年末,方正系统在日本市场也取得重大突破,在日刊体育印刷社实现150种报纸同时上线印刷。至此,方正系统的出口已延伸到许多国家,在全世界几乎凡有中文出版物的地方,方正产品都占有绝对优势。

(2)激光照排之于中国出版

汉字激光照排技术的发明,开创了汉字印刷的一个崭新时代,引发了我国报业和印刷出版业"告别铅与火,迈入光与电"的技术革命,使我国传统出版印刷行业仅用了短短数年时间,从铅字排版直接跨越到激光照排,走完了西方几十年才完成的技术改造道路,被公认为毕昇发明活字印刷术后中国印刷技术的第二次革命。这使中国出版业的工作周期大大缩短,人力、财力和物力资源的使用大为节约,也为中国出版实现全过程的数字化、实现与世界出版的对接奠定了基础。

第一,出版周期大大缩短。 在"铅与火"时代,印刷工序相当烦琐,效率很低。出版社出版一本书需要大约一年的时间,众多的科技书刊、杂志、学术论文常常因积压而不能及时出版。而在汉字激光照排系统下,计算机录入和排版的效率很高,文稿修改也非常方便,而且文字和图片排版能够实现一体化,大约三天就能出版一本书。出版物的种数和印数大大提升,文化传播的速度和效率大为提高。例如,《经济日报》印刷厂是中国第一个甩掉铅字的印刷厂,其在率先购置了汉字激光照排系统之后,年排字量比过去提高了2倍,排报种数增加了4倍,产值和利润都翻了一番。从下表中的变化也能看出激光照排技术的广泛应用,使得我国的出版能力得到了大幅度的提高。

表 11.2　1990—2015 年中国出版图书、报纸、期刊的种数、总印数、总印张的对比

指标 年份	图书出版			期刊出版			报纸出版		
	种数 (万种)	总印数 (亿册)	总印张 (亿印张)	种数 (种)	总印数 (亿册)	总印张 (亿印张)	种数 (种)	总印数 (亿册)	总印张 (亿印张)
1990	8.02	56.36	232.05	5751	17.90	48.10	1444	211.3	215.5
2001	15.45	63.1	406.08	8889	28.95	100.92	2111	351.06	938.96
2007	24.83	62.93	486.51	9468	30.41	157.93	1938	437.99	1700.76
2011	36.95	77.05	634.51	9849	32.85	192.73	1928	467.43	2271.99
2015	47.58	86.62	743.19	10014	28.78	167.78	1906	430.09	1554.93

第二,节省人力、物力和财力。在汉字激光照排技术发明之前,传统的书报刊都是用铅字印刷,这种工艺劳动强度大,污染环境,对排字工人身体健康危害很大,而且速度也非常慢。那时,排版的工序基本是这样的:

拣铅字工人拣字。当时拣字工人是印刷厂的重要工种。汉字数量非常大,字号、字体也非常繁多,碰到一些生僻字,还得重新造字。有的印刷厂里每种铅字都由一个个大架子支起来,占地面积足有一个篮球场那么大。工作人员必须来回走动,选择需要使用的铅字,据有关资料统计,一个拣字工人工作一天相当于走了 14 公里。

排版工组装版面。拣字工人拣好字后,会把这些字装到木盒里,再交给排版工重新按作者提供的手写原稿去组装版面。如果遇有图形还得事先制好锌版,然后再和铅字版合在一起,十分麻烦。

铅字印刷尽管与之前的印刷技术相比已经进步了很多,但是其耗费材料,且效率很低。据统计,当时铸字耗用的铅合金达 20 万吨,铜模 200 万副,价值人民币 60 亿元(时价)。而且一旦校对员在校对时要删除几个字,那么后面所有的铅字就一个个都要往前移动位置,就像是碰倒了多米诺骨牌中的一块,这也是造成铅字印刷周期长的重要原因之一。报纸杂志的数量品种也十分贫乏,落后的排版印刷技术严重地影响了我国文化的传播和科学技术的发展。

汉字激光照排的具体过程是：先用电脑录入文字，用一定格式进行排版，然后将这一格式的文件用打印机打印出来，就能使文件的内容出现在纸面上；接着用激光照排机发排输出，再经过冲洗，就能得到用于印刷的软片（相当于纸型）。将这种软片拿到印刷厂，经过晒版、拼版、印刷等工序，便能最终完成整个出版过程。因此，激光照排技术基本上取代并更新了铅字印刷的各个环节。

在激光照排系统的工作环境下，大量的劳动力被解放出来，以前在"铅与火"的环境中工作的拣字工人们也因此摆脱了铅对人的身体的危害，同时减少了对稀有金属铅的损耗以及印刷厂厂房的用地。而且，汉字激光照排系统也大大减少了中国为实现数字化印刷而付出的资金。1985年，中国引进一整套美国的激光照排系统就要花430万美元，而王选研发的汉字激光照排系统只需要250万元人民币。

第三，与世界出版接轨。汉字激光照排技术在国内外中文书报刊市场上的主导地位，证明了中国人完全有能力研制出拥有自主知识产权的优秀产品，并将其成功打入发达国家市场。从一定程度上讲，正是有了汉字激光照排技术，中国当代出版才逐步赶上了世界出版的步伐。因为只有当古老的汉字可以自由进出计算机时，计算机在中国的普及才能更好地实现；当互联网以铺天盖地之势席卷世界各地时，中国出版业也才能够与世界一起进入互联网时代，共同迎接互联网带来的机遇和挑战。

2. 人性化与市场化的密切结合：按需出版技术的实现

（1）按需印刷技术适时而生

按需印刷（Print On Demand，POD）是按照不同时间、地点、数量、内容的需求，通过数码及超高速打印技术实现出版行业整个流程的全新改造，以适应个性化、短版化、高效率的现代市场需求，特别适用于一些定向较窄、专业性强、可变性强、数量较小的印刷。按需印刷是先进的数字、技术和原色（toner-based）印刷技术相结合的新型印刷工艺，其操作过程是将图书内容数码化后，用电子文件在专门的激光打印机上高速印制书页，并完成折页、配页、装订等工序。

按需印刷之所以能够付诸实践，主要依赖于数码印刷机的使用。2002年中国数码印刷机总装机量大约是317台，2005年数码印刷的装机量已达到2000多台，2007年达到3000多台。数码印刷机的快速发展促进了按需出版的推进。数码印刷机使得个性化、可变、即时印刷成为现实，利用它人们可以自由决定纸张种类和装帧方式，即时获取自己喜欢的与众不同的图书；出版机构也不用苦于追求平均成本的减少而拼命提高印量。相反，一册起印，先销售后生产，没有库存没有浪费。

按需印刷技术的实现是一次输出的革命。2004年,位于上海的几家按需印刷网站如超印速(www.mrprint.cn)、印客网(www.inker.com.cn)等迅速走红,使按需印刷的概念被更多人所熟知。据不完全统计,在网站推出的两三个月的时间内,就有上万名网友成为"超印速""印客"网站的会员,并且成功地出了近千种"书"。与正规出书耗资数万元、耗时数月相比,这些网站推出的个人印"书"业务确实很有吸引力:一种印数200册以下,大32开、200页、彩色封面、黑白内页的平装书籍,印刷加上装订费用,每本只需44.2元,半个月内即可递送上门,货到付款。而且客户可以根据个人喜好选择内容、封面、版式。与正规出版物唯一不同的是,这些"书"不能合法公开流通。

(2) 前景广阔的按需出版业务

1998年年底,我国少数出版机构开始接触按需出版,如复旦大学出版社等上海几家大学出版社与美国的专业按需出版公司签订了合作协议。之后,以知识产权出版社、中国标准技术出版社等出版社为代表,按需出版业务在我国日渐兴起。

知识产权出版社是目前开展按需出版较早和较好的出版社。由于条件限制,在数码印刷设备并未完全普及的情况下,有资源优势的出版社和有设备优势的出版社合作开展按需出版也逐渐成为趋势。例如,商务印书馆和知识产权出版社之间的合作,商务印书馆作为内容资源提供方,结合市场需求,对全社会开展资源服务;而知识产权出版社作为技术服务方,通过专业的数据处理过程实现图书的电子化,利用先进的数字印刷设备完成即时的、个性化的图书制作,将经典著作完整再现,满足读者需求。但由于种种限制,新书按需出版在2006年之后发展迟缓。尽管如此,市场上对于断版书(out of print,OP)按需出版的需求仍然在持续增加。美国专业市场调查机构福里斯特研究公司的一份研究报告指出,应读者要求订制印刷书籍和数码化教材的市场在未来几年会急剧膨胀,形势将促使出版商全面而深刻地改革经营方式和革新印刷技术。

按需印刷使得很多人的"出版梦"得以实现,尽管像超印速和印客网之类的网站由于没有书号等政策限制,所印出的只是印刷品,而非严格意义上的图书,但是依然受到不少人的欢迎。不同年龄层的人都可以利用这些网站看到自己的作品变成白纸黑字,比如二三十岁的年轻人往往愿意将自己博客上的文章整理成册,或者是将自己撰写的小说、散文结集,有些大学生还会在毕业的时候印制内容相同但封面不同的纪念册作留念;四五十岁的中年人则可以把自己积累的一些个人企业管理理念或对某类市场的分析印制出来供人商讨;而六七十岁的老年人就可以把自己的回忆录和家谱之类的"书"印制出来。所有这些在以往胶印的情况下是不可能实现的,因为单纯是出胶片的成本所限,很多厂家根本就不会接受这种小量的业务。

随着出版业的发展,按需出版的概念也从最初的单纯的基于按需印刷技术的图书出版,发展到更高层次的内容和形式的按需出版。由此,近年来,中国的一些技术提供商开始进入按需出版领域,他们通过软件开发,不仅实现了内容上的按需出版,也实现了相同内容不同形式的呈现。如凯捷技术有限公司和美国PTC公司联合开发的动态发布软件Abortext,就能够根据用户需要实现相同内容以PDF、WORD、网页以及纸质形式分别呈现,目前该软件已经在高等教育出版社得以运用。

二、新介质的发明迎来了数字化出版时代

近几十年来,新的出版介质层出不穷,如微缩胶片、以磁带和磁盘为代表的磁介质,以互联网、手机、电子纸等为代表的数码介质。新介质从发明到普及的时间越来越短,简策大概用了近千年的时间,纸张用了800年的时间,唱片用了30年的时间,磁带用了20年,互联网只用了不到10年,而手机作为出版介质不过几年时间。

介质是承载知识信息的载体,是构成出版的重要要素之一。从历史上看,任何一次出版介质的发明和普及,都会给出版业带来一次变革。正如纸的发明促使中国出版从竹木简牍时期进入纸写本时期一样,微缩胶片、磁光介质以及数码介质的出现,则引领中国出版逐渐步入数字出版时代。

1. 微缩胶片、磁盘和光盘

微缩胶片在出版业更多的是作为一种储存档案的载体出现的。但其作用同样不可忽视。在只有纸介质存在的情况下,图书、报刊的储存受到很多条件的限制,比如温度、湿度,如果保存不妥,很多有价值的信息或者著作就会流失,从中国出版历史上看,诸多优秀图书的亡佚、失传就是很好的例证。

据有关资料记载:缩微胶片寿命可达500年以上,而缩微胶片上信息的读取不需要复杂的硬件,用很简单的光学仪器,一台阅读设备就行,甚至用放大镜都能够阅读。这种可保存的长期性以及阅读的便捷性,为出版信息的储存提供了良好的基础。

以磁盘和光盘为代表的磁、光介质的出现,使出版物所承载信息的容量和种类得以扩大,打破了以往图书出版中单调的图文形式,而代之以立体化、多元化的出版市场,磁盘在1980年之前应用较多,而光盘在中国的广泛应用则是1980年之后的事情。

光盘作为一种高容量的储存媒介，很好地解决了传统纸质出版物容量较小的缺点。一张标准规格的 CD-ROM 的容量是 660MB 左右，能储存 3 亿多汉字、1 个多小时的音乐、74 分钟的视频，而之后出现的 DVD 容量则可达 4.7G。举例来说，中国古代最大的丛书《四库全书》收集了从古代到当时的著作 3470 种、79018 卷，分装 36078 册（各部《四库全书》的种数和卷数有所出入），出版之初，这套书分别在全国七个地方用一个专门的藏书楼来存放。但是有了光盘出现以后，几张 CD 或 DVD 就能容纳下其所有信息，有效地节约了库存空间，同时也更加便于携带。而随着技术的发展，光盘版的图书也更便于查询。此外，相对于纸介质易受水、高温、刮伤、撕扯等的影响而言，光盘也更加耐用。

同样，作为一种高融合性的储存介质，光盘也能够将文字、图像、音频、视频等多种形式的信息融为一体，丰富了我国出版物的类型，音像、电子出版等出版形式层出不穷，读者的需求在更大程度上得到了满足。现在很多儿童书图书经常以"书配盘"的形式出现，即在每本书后附一张光盘，便于儿童能够在立体的空间内下更快地学习知识，并享受学习知识的过程，此外，旅游类、演讲类、语言类等图书也多用书配盘的形式，因为在这些书中，图片、视频或音频往往能够更好地阐释作者的意图。

我国《电子出版物出版管理规定》规定，电子出版的媒体形态包括只读光盘（CD-ROM、DVD-ROM 等）、一次写入光盘（CD-R、DVD-R 等）、可擦写光盘（CD-RW、DVD-RW 等）、软磁盘、硬磁盘、集成电路卡等，以及原新闻出版总署认定的其他媒体形态。因此磁盘 CD 的出现是电子出版出现的先决条件。

在一定意义上，是光盘的引入使电子出版在中国被更多的人所认知。在西方发达国家，电子出版物于 20 世纪 60 年代就已出现，并在 80 年代初具规模，与之相比，我国电子出版起步较晚，最初只是由少数掌握计算机技术的单位自行开展。

1987 年，中国引进了第一张 CD-ROM 光盘，继而又于 1991 年自行成功研制了电子出版物《中国工商名录》（英文版）；1998 年，中国学术期刊（光盘版）电子杂志社成立，成为我国第一家连续电子出版物出版单位，也是我国目前最大的连续光盘出版单位；1999 年，专门出版电子出版物的专业机构——万方数据电子出版社得以成立。2004 年我国电子出版物的出版单位有 162 家，到 2015 年年底则已达到 292 家。电子出版物的出版种数也逐年增加，从 1994 年的 30 种，发展到 2004 年的 6081 种，2007 年的 8652 种，2015 年则达到了 10091 种。电子出版物的类型从简单的 CD-ROM 发展到 VCD、DVD、CD-I 等多种形式。

2. 数码介质

现在,如果我们想读书,可以有很多选择:最传统的方法就是去书店买书;还可以去一些在线阅读的网站上免费阅读;如果对这本书喜欢到希望随时阅读,还可以购买阅读器,把图书下载到阅读器里边走边看;如果觉得购买阅读器比较浪费资金,甚至可以直接把这本书的电子版下载到手机里随时翻阅。而能拥有如此多样化的选择,得益于互联网、手机、电子纸等数码介质的出现。这些介质的迅速更新与广泛应用,使中国的出版业快速进入数字出版时代。

(1) 互联网

从历年的互联网发展报告中可以看到,互联网作为一种介质在不断地被普及和应用,这直接表现为网民的不断增加。中国互联网络信息中心(CNNIC)发布的《第39次中国互联网络发展状况统计报告》显示,截至2016年12月底,中国".CN"域名总数为2061万,居全球国家域名第一;网民规模达7.31亿,相当于欧洲人口总量,普及率达到53.2%,超过全球平均水平3.1个百分点。

能够得到如此众多使用者的青睐,说明互联网作为一种介质,具有传统纸介质所没有的优势,而其中最令纸介质无法与之抗衡的就是:承载信息多样化、容量无限大、即时互动性等,这也就意味着网络出版必然会对传统出版带来很大的冲击。

(2) 手机

手机的广泛应用和手机相关技术的快速发展,成为手机作为出版介质的重要前提条件。发展到2016年年底,我国手机网民规模已达6.95亿,增长率连续三年超过10%,人数占整体网民比例95.1%。《第十三次全国国民阅读调查报告》显示,2015年,我国60.0%的成年国民进行过手机阅读,较2014年的51.8%上升了8.2个百分点;人均每天手机阅读时长首次超过一小时,达62.21分钟。"低头一族"已经成为随处可见的社会现象。

2007年,苹果公司推出iPhone手机,这是一款像个人电脑一样,具有独立的操作系统的智能手机。此后,国内的手机生产厂商也开始研制生产智能手机。智能手机的出现使手机可以像电脑一样便捷地操作。2009年,中国移动、中国电信、中国联通三家通讯运营商分别获得工信部发放的3G牌照,中国正式进入3G时代。2012年,中国移动宣布将在国内七个城市筹建4G网络。4G网络的推出和日渐普及,将极大地推动手机出版的大幅增长。可以预见,在数字出版的所有终端中,手机将成为最重要的一种载体形式。

(3) 电子纸

电子纸本质上是一种电子阅读器。这种号称"环保又好看"的新型纸作为传统纸张的强劲对手,在 2007 年第二届中国数字出版博览会上亮相后便引发了众多关注。2008 年,汉王推出采用 E-ink 电子纸的电子书,易博士、易狄欧、翰林、爱国者、纽曼等企业纷纷加入电子书生产领域,引发电子书的热销。与电子阅读器不同,电子纸非常薄,能够随意弯曲、显示多种色彩,且耗能低。由此,有人称在信息量输出不断上升和纸价不断上涨的形势下,"电子纸必将代替传统纸张"。对此,不少人持保留意见。

以上这些新介质的出现,给中国传统出版业带来了短期恐慌,一些人悲观地认为"传统出版必将随着互联网等新介质的昌盛而消亡"。但在现实中,我们看到的不是传统出版的一落千丈,相反,传统出版不断将自身的资源和新媒体的特点相结合,拓展出版的业务内涵,不仅在出版内容方面充分发挥了自身的优势,还在网络出版和手机出版等领域逐渐开拓出新的天地,从而使得传统出版和新介质做到了多个层面的融合。

图 11.2　中国在 2009 年法兰克福书展上展出的数字阅读器

三、数字出版产业的发展

伴随着新介质的出现,纸质出版、网络出版、手机出版等数字出版形态共同构成了当今出版的大格局。数字技术带来的出版产业变化主要表现在以下三个方面。

首先,数字技术的变革带来了数字出版产业的迅猛发展。这是近些年来尤其是21世纪以来中国出版业的最大变化。2006年,我国数字出版产业整体收入为213亿元,发展到2014年,数字出版实现营业收入3387.7亿元,增长近16倍,速度惊人。(见表11.3)2014年和2013年相比,同比增长33.4%;利润总额265.7亿元,增长33.3%。增长速度在新闻出版各产业类别中名列前茅。截至2014年年底,我国数字出版产业的累积用户规模达到了12.48亿人(家/个)(包含了重复注册和历年尘封的用户等)。另据中国新闻出版研究院"第十三次全国国民阅读调查"结果显示:2015年我国成人国民图书阅读率为58.4%,较2014年上升了0.4个百分点;报纸阅读率为45.7%,较2014年下降了9.4个百分点;期刊阅读率为34.6%,较2014年下降5.7个百分点。上涨最快的则是数字阅读方式(网络在线阅读、手机阅读、电子阅读器阅读、光盘阅读、pad/PDA/MP4/MP5阅读等)的接触率,为64.0%,较2014年的58.1%上升了5.9个百分点,已经超过了图书阅读率。这说明数字出版已经对广大读者的阅读行为产生了巨大的影响。

表11.3　2006—2014年数字出版产业收入情况① 　　(单位:亿元)

数字出版分类	2006年	2007年	2008年	2009年	2010年	2011年	2012年	2013年	2014年
互联网期刊	5+1(多媒体互动期刊)	6+1.6(多媒体互动期刊)	5.13	6	7.49	9.34	10.83	12.15	14.3
电子书	1.5(电子图书)	2(电子图书)	3(电子图书)	14(电子图书4+电子阅读器10)	24.8(电子图书5+电子阅读器19.8)	16.5(电子图书7+电子阅读器9.5)	31	38	45
数字报纸	2.5(网络报+手机报)	1.5+8.5(网络报+手机报)	2.5(网络版)	3.1(网络版)	6(网络版)	12(不含手机报)	15.9(不含手机报)	11.6(不含手机报)	10.5(不含手机报)
博客	6.5	9.75	—	—	10	24	40	15	33.2
在线音乐	1.2	1.52	1.3	—	2.8	3.8	18.2	43.6	52.4

---

① 张立主编:《2014—2015中国数字出版产业年度报告》,北京:中国书籍出版社2015年版,第11页。

(续表)

数字出版分类	2006年	2007年	2008年	2009年	2010年	2011年	2012年	2013年	2014年
移动出版	80	150	190.8	314	349.8（未包括手机动漫）	367.34（未包括手机动漫）	472.21（未包括手机动漫）	579.6（未包括手机动漫）	784.9（未包括手机动漫）
网络游戏	65.4	105.7	183.79	256.2	323.7	428.5	569.6	718.4	869.4
网络动漫	0.1	0.25	—	—	6	3.5	5	22	38
互联网广告	49.8	75.6	170.04	206.1	321.2	512.9	753.1	1100	1540
合计	213	362.42	556.56	799.4	1051.79	1377.88	1935.49	2540.35	3387.7

其次，我国政府加大对出版产业数字化转型的支持力度。 大力推进传统出版的数字化转型是近些年来我国出版管理部门的重点工作之一。2010年9月，原中国新闻出版总署出台了《关于加快我国数字出版产业发展的若干意见》，对数字出版产业发展的总体目标、主要任务和保障措施进行了规定。10月，又颁布《关于发展电子书产业的意见》，对电子书产业发展的重要意义、指导思想和基本原则、重点任务和保障措施等进行了阐释，对电子书标准的制定、电子书产业发展规划等工作进行了部署。2014年4月，新闻出版广电总局和财政部联合发布《关于推动新闻出版业数字化转型升级的指导意见》，从行业标准制定、技术装备升级、人才队伍建设、商业模式探索等方面，为传统新闻出版单位进一步深入开展转型升级再次提出了要求、目标和方向。这表明了政府对出版产业数字化转型升级、融合发展的支持力度和决心，也体现了数字出版产业在我国经济总体发展中日益重要的地位和作用。2016年，《中华人民共和国国民经济和社会发展第十三个五年规划纲要》中明确提出"加快发展网络视听、移动多媒体、数字出版、动漫游戏等新兴产业"。数字出版首次被列入国家五年规划纲要，表明数字出版发展已被纳入国家战略的顶层设计。

最后，出版产业链各环节也已表现出了多方位变化。 在"出版—印刷—发行"三位一体的传统出版产业环境中，出版社拥有出版许可证制度作为行业进入壁垒，拥有绝对丰富的内容资源和作者资源，在产业中始终处于优势地位。数字技术和互联网的发展，改变了出版传媒业的发展方向，给传统出版社带来了多方面的冲击和挑战：(1)随着博客、微博、微信等全民写作氛围的升温，盛大、文轩等非传统出版社网站的兴起,对汉王的网络出版权的放开,作者角色发生了改变,融合了读者和作者的边界,出版内容资源也争夺激烈。(2) 随着媒体终端的发达,内容与技术开始紧密关联,拥有先进的技术以及该技术支撑的渠道体现出很强的竞争力,一些先行进入的技术提供商,如汉王、方正、盛大等,暂时占据了优势地位。(3) 随着以当当(http://www.dangdang.com/)、亚马逊中国(https://www.amazon.cn/,前身为卓越网)和京东网(http://www.jd.com/)为代表的电子商务类网站的发展,网络销售兴起,削弱了传统出版机构在下游图书销售领域的话语权,同时促进了渠道与出版环节的融合。(4) 相对于以前单一的纸质出版物形态,互联网时代的媒介终端为读者提供了全新的阅读体验,也诱发出了个性化、特色化的受众需求。(5) 传统出版时代,出版产业链是一条"出版—印刷—发行"的垂直线条;在数字出版时代,传统的上下游的边界在融合,印刷环节的功能正在发生变化,出版与营销发行平台逐渐一体化,同时数字出版时代横向的关联方,如技术公司等也在与出版主体相融合。

数字出版形态多样,互相融合、竞争,主要有以下几种类型:

1. 网络出版

互联网的种种特性决定了网络出版不仅具备传统出版的一些基本形式——电子图书、网络报刊等,还延伸出了一些比较个性化、多元化的出版形式,如文学网站、博客出版等。

(1) 电子图书

电子书的热销是 21 世纪以来全球性的趋势。英国独立作家联盟主管奥兰·罗斯说:"我们正处于变革的中央。我们将在全世界范围内看到越来越多的畅销图书都是由作者通过发售电子版出版的。"2013 年,亚马逊书店前 100 本畅销图书中,25% 只有电子版,而没有实体纸质书。[①]

国际电子书市场的发展直接影响了中国出版的走向。自从 2001 年我国电子图书开始出版以来,电子图书出版数量逐年攀升,从 2005 年开始,电子图书每年出版数量都在以两位数的百分比递增,增长比例也越来越高。中文电子图书资源库总量不断刷新纪录。截至 2014 年年底,国内电子图书出版总量已经超过了 160 万种。电子图书的收入规模从 2006 年的 1.5 亿,增长到 2014 年的 45 亿,增长速度可观,尤其是从 2012 年开始,呈现出快速增长的态势,年平均涨幅达 20.5%。在此过程中,也涌现出了北大方正、中文在线、超星、书生等四家电

[①] 张立主编:《2013—2014 中国数字出版产业年度报告》,北京:中国书籍出版社 2014 年版,第 4 页。

子图书主要技术提供平台。更为重要的是,电子图书在读者中的认同感也越来越强,2014年我国成年国民电子书阅读率为22.3%,较2013年上升了3.1个百分点。另据网易发布的《2014年移动阅读报告》,中国人2014年电子书总阅读量已经超过14亿册。在网易云阅读平台上,2014年平均每人电子书阅读量为5.6册。这些数据的变化,与出版企业生产制作产品的日益丰富、平台运营商的大力推广、智能阅读终端的广泛普及和用户数字阅读习惯的逐步养成密不可分。

当前,无论是政府、传统出版社还是网络公司,都在对电子书市场进行规范和整合工作,并且都对此满怀希望。然而目前的电子书市场还存在标准不统一、优质内容资源缺乏、硬件水平不高、盈利模式不清晰等很多问题,再加上智能手机技术快速发展的冲击,要使电子书成为数字出版发展,尤其是数字资源整合和盈利的突破口,还需要各方力量的合作与努力。

(2) 数字报纸与互联网期刊

数字技术的变革,对传统报业的冲击最为直接和广泛。进入21世纪以来,传统报业的衰落和报业的数字化转型已是不可逆转的趋势。2013年以来,我国报业经营出现了负增长。多份报纸休刊或停刊,报纸印刷总印量持续下降,报纸广告下降。因应数字化的挑战,传统报业的主动转型也已实施多年,历经了新闻网站、电子报、二维码、报网互动、手机报、客户端、全媒体化等多个阶段。数字报纸出版产业的所有环节,从内容采集方式、编辑业务流程、资源检索系统、产品制作发布流通形态、产业链上下游信息衔接、资源管理等到处都有数字技术的身影。经过多年的发展,我国的数字报纸形成了以下三种主要形态:一是固定阅读终端类数字报纸,包括新闻网站和多媒体数字报;二是移动阅读终端类数字报纸,包括手机报、阅读器版数字报纸、二维码新闻、云报纸等;三是户外公共阅读终端类数字报纸,多在如设立于户外公共场所的大型多媒体显示屏幕上展示。

从2014年整体情况分析,全国上千种报纸开展数字报纸及新媒体业务超过95%,截至2014年底全国核心党报及40多家报业集团所属的报刊几乎都已经完成了数字报刊出版,其中一些党报开始积极推动传统报业与微博、微信、移动客户端等深度融合。如2014年3月,人民日报社成立媒体技术公司,打造"全媒体新闻平台",其中《人民日报》是核心,人民网、法人微博、微信、移动客户端、电子阅报栏是基础,"二维码"创新报纸传播形态,再加上26家社属媒体,构成"全媒体方阵"。2014年1月,上海报业集团推出以用户收费为盈利模式的资讯类深度阅读产品"上海观察",年底收费用户超过16万;7月,"澎湃新闻"全面上线,年底客户端下载量已超过200万,日均访问超过200万人次,日均页面访问量达1400万;9月,提供精品财经新闻网站、专业投资资讯服务平台和商业情报数据库的互联网金融信息服务平台"界面"上线测试,年底日均页面浏览量已达120多万。[①]

在报纸借助新媒体终端进行数字化转型、媒体融合的同时,期刊也不甘落后。近年来,多媒体元素的加入也使期刊的互动性、交互性、可读性大大增强。网络期刊的用户规模和市场规模也在不断扩大。从表11.3可以看出,互联网期刊的收入规模从2006年的5亿元增长至2014年的14.3亿元,虽在9年间增幅略微出现起伏波动,但总体依旧呈现增长趋势,且近两年来态势趋稳。

进入21世纪后,网络期刊也从最初单纯的翻版纸质杂志朝着集成化、平台化、数据库化的方向发展。目前,四家网络期刊出版商——同方知网(北京)技术有限公司、万方数据科技有限公司、重庆维普资讯有限公司、龙源数字传媒集团,成为我国网络期刊出版市场的主力军,占据了互联网网络期刊出版的主要份额。最主要的是,这些网络期刊出版商的出版行为已经不是简单地停留在期刊的数字化本身,而是通过对文献、信息等资源进行分析、加工和整合,形成有大量信息的、知识关联的数据库,为知识管理、科学研究提供了参考,打下了基础。

(3) 文学网站

文学网站成就了无数作者,也成全了无数读者。与传统出版条件下多数人的作品只能在出版社作品堆里永远沉默相比,如今只要拥有一台可以上网的电脑,就能实现作品的轻松发布。文学网站作为读者关注度高、集中展示作品的平台,成了无数作者尤其是畅销书作者成名的起点。由于不少人把文学网站作为作品发布的第一场所,文学网站也逐渐成为传统出版社关注的内容来源和合作伙伴。越来越多的优秀作品先在网上发布,得到网友追捧,后被传统出版社签下纸质版权,成为畅销书。在读者面对越来越高的书价的时候,多数文学网站提供的免费阅读机会也在某种程度上满足了他们的阅读需求。作者和读者的双向需求,催生了一大批文学网站的兴起及快速发展。这些文学网站以原创作品为基础,加强网站、网络作品和网络作家的经销,开创了全新的原创文学的运营模式,极大地推动了当代文学和年轻作者的成长。

1999年,"红袖添香小说网"(http://www.hongxiu.com/)开通,成为国内最早建立的原创小说网站,并创建了在线阅读、创作、投稿、签约、互动、稿酬结算等一系列的网络出版模式。同年,"榕树下"(http://www.rongshuxia.com/)正式运营,在全球网站浏览量排名上,"榕树下"一直稳居400名左右。进入21世

[①] 张立主编:《2014—2015中国数字出版产业年度报告》,北京:中国书籍出版社2015年版,第61—62页。

纪以来，起点中文网（http://www.qidian.com/）、幻剑书盟（http://html.hjsm.tom.com/）、晋江文学城（http://www.jjwxc.net/）等一大批文学网站迅速崛起。2008年7月，盛大文学有限公司成立，将"起点中文网""红袖添香网""小说阅读网""榕树下""言情小说吧""潇湘书院"六大原创文学网站以及天方听书网、悦读网、晋江文学城（50％股权）统一收归旗下，成为中国最大的社区驱动型网络文学平台。2015年，盛大文学又与腾讯文学联合重组成立阅文集团，拥有了更多有影响力的网络原创与阅读平台，占据了网络文学市场的半壁江山。

（4）博客出版

从2002年方兴东创建"博客中国"（www.blogchina.com），将"博客"（BLOG）的概念引入中国以来，中国的博客用户增长迅速，截至2013年12月，我国博客和个人空间用户数量为4.37亿。在网民中，博客和个人空间用户使用率为70.7％。

如果说文学网站为作者们发布作品提供了基本平台的话，那么博客的出现则使网络出版更加个性化和平民化。博客是个人日志的综合平台，是一个属于个人的小型数据内容平台，在这个平台上，博主可以根据自己的喜好决定信息发布的内容和形式，包括文字、图片、音频和视频。有些出版社出于宣传需要也开设了集体博客。从2004年起，博客出版与传统出版结合逐渐成为一种趋势，从而出现了"博客图书"（BLOOK）。中国出版界掀起了一股股博客出版热，甚至一本由博客写、博客编、以博客为刊名的杂志——《博客》也出版了试刊号。2006年，名人出版博客图书的热潮兴起。首先是影视明星徐静蕾的《老徐的博客》首印10万册，紧随其后的地产大腕潘石屹的《潘石屹的博客》也抢滩登陆，接着是中国的童话大王郑渊洁的《勃客郑渊洁》出版……成为出版界一段时期内的新兴现象。

但要指出的是，近几年来新兴社交媒体的兴起，对博客造成了很大的冲击。根据《2014—2015中国数字出版产业年度报告》的研究结论，发展到2014年，博客已经成为旧媒体，"随着微博、微信、百度百家等大平台社交自媒体崛起，博客的发展相形见绌，用户使用频率大大下降。""未来博客的发展也会更趋向于媒体功能，成为重要信息来源。"①在这种形势下，博客出版业会逐渐式微。

2. 手机出版

手机与出版的"联姻"是近年来出现的新事物。2000年1月，第一部手机小

---

① 张立主编：《2014—2015中国数字出版产业年度报告》，北京：中国书籍出版社2015年版，第177页。

说在日本"上线",宣告手机出版时代的到来。手机在中国作为一种出版介质闯入人们的视野,始于2004年的一本手机小说《城外》。此后,手机出版迅速发展起来。从表11.3可以看出,我国手机出版在2006年的收入为80亿元,以后逐年递增,发展到2014年(当年统计用"移动出版"),已达到784.9亿元,增长近10倍。另外,从多年的发展来看,手机出版一直占据着数字出版产业收入榜的前三位,是拉动数字出版产业收入的主力军之一,地位比较稳固。另外,随着手机上网的普及,不断催生出新的应用模式,在一定程度上改造、重构了出版行业的业务模式,加深了传统出版业与互联网经济的融合。

和其他出版类型相比,手机出版的最大优势是便携性,同时还具有交互性强、信息接收与传送快、多媒体性等特点。只要有手机信号,人们就能够实现文字、图像、声音、视频的视听,而且只要容量够大,手机就可以作为一个高容量的移动私人数字图书馆,随时供用户使用。此外,从出版商的角度来看,手机出版还具有两大非常明显的优势:一是零库存、零运输成本,渠道管理简单;二是终端分众性和营销准确性,受众面宽。因此,越来越多的出版商、作者和产业链上下游企业纷纷推出以手机为主要出版平台的数字作品,带动了手机出版的巨大发展空间。

四、新技术对中国出版业的影响

由于新技术的发展而出现的网络出版、手机出版等给传统出版带来很大挑战,同时,中国传统出版的编辑、印刷、发行等环节也在不断运用新技术以促进自身的发展。在整个出版流程中,印刷环节是最先应用新技术的,汉字激光照排技术和按需印刷技术的出现,使得印刷流程日渐高效、一体化,并以个性化、即时性等特征满足了出版业的发展要求。除了印刷环节之外,新技术给编辑环节和发行环节也带来了巨大的变革。

1. 编辑环节的数字化变革

由于新技术的出现和发展,编辑的角色发生了变化;越是充分利用新技术,编辑的工作就越高效和便捷,这主要体现在以下方面:

(1) 编辑角色的转换。从"文稿把关者"到"信息筛选者"。为了在竞争激烈的市场环境中立于不败之地,编辑必须学会在爆炸般的海量信息堆中进行筛选,进行选题创新和营销创新。当前,好编辑的标准越来越高,而非单纯的文稿加工技能所能涵盖。

(2) 数据库。让出版活动更加科学高效。出版社能够利用新技术,把以往各个编辑手中所掌握的文稿、作者以及选题资源进行整合,建立相关数据库,编辑们得以在需要时向合适的作者约稿或快速组稿。出版社网站的建立也便于出版社在一个平台上集中展示出版社的征稿意向,并进行读者调查,使出版活动更有针对性。

(3) 文稿编辑加工更加便捷。编辑进行文稿加工越来越依赖于计算机和互联网,"鼠标和键盘"代替了传统的"纸和笔"。此外,伴随着信息查找的即时性和便捷性,文稿加工越来越便捷。

(4) 基本校对实现自动化。校对界有句行话叫做"跑黑马"。"黑马"是一个校对软件的名字,目前传统条件下需要编辑做的基本校对工作,已经由以"黑马"为代表的校对软件代劳,节约了人力的同时也提高了校对的效率。

(5) 审稿流程网络化。中国出版社大都实行书稿"三审制",即书稿要经过责任编辑初审加工、部门负责人复审把关以及总编辑终审签发才能得以出版。审稿的过程尤其重要,必要的时候,出版社还需要外聘专家对稿件进行审查。目前,借助互联网,特别是一些出版社应用了ERP系统之后,审稿者(专家)能够在网上直接审稿、填写意见,使工作能够在更短的时间内完成。

(6) 编辑、读者、作者的互动更顺畅。新技术提供了更方便的沟通渠道。编辑可以通过网上大范围的调查了解读者需求、发掘稿件;读者也可以不再单向被动地接受编者的信息,而是可以在网上主动选择与作者、编者联系交流,提供反馈信息;作者也可以通过互联网查询相关单位的稿件要求,有针对性地投稿,并及时了解作品在读者中的反响。

2. 发行环节的数字化变革

(1) 网上书店

1994年成立的亚马逊书店的成功示范效应,使网上书店在世界范围内形成了一股风潮。2000年左右,中国也引入了这种B2C的电子商务模式。价格便宜、选购方便以及具备点评功能,是网上书店与传统书店竞争的重要筹码,也给传统书店的发展带来了威胁。在中国的出版物发行领域,已经开始充分利用网络信息技术进行出版物发行,而且优势明显,目前中国网上书店主要有两种类型:第一类是以当当、亚马逊中国、京东商城为代表的专业型网络书店,近年来一直保持着网上书店销售前三强的位置,其出版物销售占整个网上书店销售额的45.9%。第二类是有实力的出版发行企业开办的网上书店或在线发行平台。随着新媒体技术的快速发展,传统出版发行单位积极拓展线上业务,全国511家网上书店中,大部分为传统出版发行单位开办。其中又可分为出版社与新华书店投资创办的网上书店。前者是出版社在建立网站的同时,涉足网络售书业务,网络销售额占其整体销售额的比例越来越大。后者如四川文轩在线(http://

www.winxuan.com/)、浙江博库网(http://www.bookuu.com/)、北京图书大厦网上书店(http://www.bjbb.com/index.shtml)、广州购书中心网上书店(http://www.gg1994.com/),等等。其中,文轩、博库两家新华书店背景的网上书店在2014年的销售额已经仅次于上述三家专业型网络书店。

(2) 图书的网络营销

中国现在每年出版的图书有40余万种,如此多的图书难免让读者有些无所适从,好书也面临着被淹没的可能。因此,营销工作就显得尤为重要。

在数字化背景下,除了传统意义上的广告、签名售书、巡回演讲等宣传手法外,出版社可以利用的营销手段大为增加,包括出版社网站、读书频道、论坛、E-mail、BBS、网上书店、博客、微博、微信等。借助这些渠道,图书宣传可以做到"铺天盖地",也造就了一个个营销奇迹。

长江文艺出版社《悲伤逆流成河》的营销活动具有典型的代表性。出版社首先利用网络营销工具广发信息,让尽可能多的读者知晓图书出版情况;之后利用互联网的在线聊天室,帮助作者与读者"见面",进行即时沟通,进一步刺激读者的购买欲;同时该社还在全国范围内征集作者,为此书撰写续集。通过这一系列线上和线下的活动,上市十天后该书就创造了销售100万册的业绩。

市场销售情况的反馈对于营销策略的制定非常重要。利用计算机和网络,通过与书店合作,出版社能够同步获取多家书店的图书销售信息,然后再据此调整营销策略。目前,中国还出现了专门从事中文图书市场零售数据连续跟踪服务的公司——北京开卷信息技术有限公司(http://www.openbook.com.cn/),通过对全国绝大多数大中型书店的销售情况进行监控,为出版社提供自身及其竞争对手的图书销售情况,以及全国图书市场的销售状况,为书业上下游提高选题策划和发行营销水平、改进流程、提升经营效率提供了很好的参考与帮助,因此被称为当前我国"图书产业数据与信息服务第一提供商"。

目前,图书营销业最为突出的新现象是图书出版的微博营销和微信营销。在新浪微博中,活跃着多家知名出版单位及图书公司,例如二十一世纪出版社、人民文学出版社、磨铁图书、读客图书等。还有许多出版人,如"金黎组合"、沈浩波等也有积极响应。此外比较常见的还有作者营销,如郑渊洁等知名作家本身也是微博上的知名博主即大V,他们利用个人影响力和巨大粉丝群开展图书营销活动。微博营销不仅仅是一种介绍和推广,更可以通过谈论出版界热点现象及事件,让信息流通起来,让碎片式传播渗透到读者群中,为书业营销提供了许多新的可能。

以微信为代表的移动互联网渠道的日臻成熟,给出版单位带来了新型的营销模式。出版单位通过"微店""订阅号"等方式,在微信上直接面向读者进行销售,节省了渠道和营销成本,且能第一时间收集一手数据,分析读者使用习惯,从数据上反映阅读市场趋势、读者意见反馈、读者基本信息等,营销投放更加精准,而微信支付、手机支付宝等服务促进着用户移动支付习惯的养成,为微店销售提供了支付基础,产品变现更加快捷。目前已有多家出版单位在微信上开设"微店",尝试这一营销新模式。如2014年3月初,余秋雨的新版《文化苦旅》签名本在微信上预售,三天之内就卖出了4000本;著名出版品牌《读库》的"微店"也宣告开张。

媒体融合的趋势也带动了图书营销的多样化。《风声》《杜拉拉升职记》《狼图腾》等作品在出版和影视领域都取得了很好的成绩,图书热销、电影热卖,和电视剧、游戏,甚至服装等领域的成功相辅相成,衍生出新的产业链,也带动了图书营销的新空间。

2010年,出版业还进行了一次大手笔尝试,在地铁新媒体中投放广告。地铁移动电视《悦读时间》栏目,长时间介绍磨铁公司所出品的图书,凤凰联动在楼宇视频与地铁灯箱上大手笔同步投放广告,新经典文化同样在北京公交车站候车亭投放广告宣传村上春树新作《1Q84》。目前,各种新的营销理念和方法层出不穷,成为各大出版社争相创新的领域。

第四节 出版发行体制改革与发展

(一)发行体制改革的过程与现状

1. 改革开放以来,我国图书发行体制改革的历程可以划分为四个阶段。

(1)恢复"财权"统一

1977年10月,在武汉召开了全国图书发行座谈会,提出"要创造条件把财权重新移交给省级书店管理"的思路。1978年12月,财政部、国家出版局发出联合通知,规定自1979年起,县(市)书店的财务由省级书店统一管理。之后又针对基层书店的维修和重建问题,提出"在新华书店系统实行利润留成",使国有书店有了发展的条件和空间,调动了国有书店的积极性。这样,基层新华书店系统实现了人、财、物三权的统一,强化了业务指导,促进了图书销售。从1979年到1985年,全国新华书店图书销售额年均增长达到了17%。

(2)实行"一主、三多、一少"

改革开放之初,国民对图书的需求十分迫切,但无论是出版还是发行,都不能满足国民的需求,"买书难"的呼声十分强烈。实行了30年的出版社管出版、新华书店包发行的体制,既不能调动出版社的积极性,又制约了新华书店的活力。为此,1982年文化部提出图书发行体制根本改革的目标是:在全国组成一个以国营新华书店为主体,多种经济成分、多条流通渠道、多种购销形式,少流转环节的图书发行网,即"一主三多一少"。多种经济成分就是允许集体经济和私营经济成分参与图书发行,多种流通渠道主要是支持出版社自办发行,多种购销形式就是推广寄销和试销。这次改革一方面打破了新华书店对图书发行权特别是批发权的垄断,另一方面出版社在一定程度上把图书的印数权、总发行权从新华书店收回到出版社,把退货的压力由新华书店向出版社转移。

(3) 推进"三放一联"

1987年中共十三大以后,新一轮的思想解放和改革热潮推动出版管理机关加强发行改革。在此背景下,1988年4月,中宣部和新闻出版署提出图书发行体制改革的目标是建立和发展开放式的、效率高的、充满活力的图书发行体制,在完善和发展"一主三多一少"的基础上推进"三放一联",即放权承包,搞活国营书店,实行政企分开,把经营管理权放给国营书店,使之成为有独立法人资格的经济实体;放开批发渠道,搞活图书市场,主要是建立多渠道的批发体系;放开购销形式和发行折扣,搞活购销机制;推行横向经济联合,打破过去的条块分割和地区封锁的现象,发展各种出版发行企业群体和企业集团。

(4) 培育和规范图书市场

1996年6月,新闻出版署发出《关于培育和规范图书市场的若干意见》,指出"当前深化图书发行体制改革,要以培育和规范图书市场为中心环节"。主要论述问题如下:发展和完善图书市场网络,建立若干个全方位能起主导作用的全国性的大型批发市场,抓好省级新华书店的批销中心,通过多级批发市场的合理配置,形成相互协调发展的图书市场网络体系。同时加快各类图书发行网点的建设与改造,发展以零售为主的连锁经营;建立新型购销关系,因地制宜地推广各种能够促进产销结合扩大发行的购销形式,推广寄销和购销代理制;建立和完善市场规则;转换出版社自办发行的观念和机制;转换国有书店的经营机制,积极进行现代企业制度的探索,省级发货店可以组建全省图书发行集团,实行集团化经营,对所属基层书店实行一体化连锁经营。各种图书发行集团相继成立,如北京发行集团、上海发行集团、广州发行集团等。发行业也开始了"强强联合,铸造大船"。

2003年7月29日,原新闻出版总署颁布《出版物市场管理规定》,对从事出版物总发行业务的企业,不再规定必须是"具有法人资格的国有出版物发行单位或国家核准的国有资本控股的出版物发行公司";对从事出版物批发业务的单位不再限定必须是"国有、集体所有制企事业单位,依法设立的公司"。该规定经过修改后,于 2004 年 6 月重新颁布。修改后的规定为各种所有制资本和个人实行彻底的市场准入平等,有利于为行业吸引优质企业和优良资产进入,意味着长期困扰民营企业发展的政策准入问题得到了彻底解决,也是新规定的最大亮点。

2. 出版发行系统的现状

出版发行系统指的是出版物经过出版编辑系统生产出来后,进入流通领域最后到达读者手中的整个流程。随着我国出版市场经济的发展,出版物的流通渠道越来越多样化,同时渠道内部也在进行着深刻变革。

中国全国性的出版物对外发行机构有中国图书进出口总公司、中国国际图书贸易总公司及中国出版对外贸易总公司;对内发行机构有国有发行机构、非国有发行机构、出版社自办发行等。新华书店是中国发行机构的主体,是中国最大的国有发行机构。非国有发行机构包括集体书店、个体书店、供销社售书点等等。目前中国的发行体制已经形成了多条流通渠道、多种购销形式、少流通环节的图书发行网。

据统计,2015 年,全国共有出版物发行网点 163650 处,其中新华书店及其发行网点 8918 处,供销社发行网点 537 处,出版社自办发行网点 425 处,邮政系统发行网点 37586 处,上述系统外批发网点 8368 处,集个体零售网点 107816 处。全国出版物发行业从业人员 69.63 万人,其中新华书店及其发行网点从业人员 13.02 万人,文化、教育、广电、邮政系统发行从业人员 9.29 万人,上述系统外批发点从业人员 16.50 万人,集个体零售网点从业人员 29.67 万人。

(二)新华书店系统的改革

新华书店系统是我国出版物发行的主渠道,以新华书店系统为龙头的销售渠道,控制了我国图书市场大部分网络资源和市场份额,对这一系统的改革至关重要。

1. 新华书店连锁经营与硬件环境的改造

从 20 世纪 90 年代中后期开始,面对外资和民营书店的竞争压力,多年来经营业态单一的新华书店开始有了危机感。保住新华书店在图书零售业中的龙头地位,加快整合图书市场,发展连锁经营,已成为各大军团寻求规模效益、提高市场占有率的战略选择。1996 年,深圳书城开业后,率先实现同城卖场的连锁经营,及时对同城的中小门店实行业务连锁。至 1998 年年底,就实现了同城 11 家书店的连锁经营。这是中国书业大书城连锁的雏形。1998 年 5 月,辽宁沈阳北方图书城连锁经营也全面启动,通过采用国外最先进的加盟连锁形式,以统一标识、统一管理、统一配送的方式广泛吸纳国有、民营、集体、个体书业经营者与之合作。2001年,在新闻出版署的统一部署下,我国图书流通领域的连锁经营拉开了帷幕。进入新世纪以来,面对"入世"后的挑战和机遇,新华书店也在不断探索如何在成本和效率方面寻求新的突破。四川、江西新华书店开始尝试在全省范围内进行图书销售的连锁经营;浙江省新华书店集团有限公司也在2003年6月完成了全部网点的连锁经营。

2. 新华书店发行集团建设与股份制改造

进入20世纪90年代以后,发行集团发展很快,1992年德州新华书店出版发行集团总公司、广州新华书店集团成立,1995年湖北新华书店集团、辽宁省发行集团等成立,1996年河北省新华书店集团、黑龙江图书音像发行集团、北京市新华外文发行集团等成立。1998年,以新闻出版署批准广东新华发行集团、江苏新华发行集团和四川新华书店集团为全国发行改革试点单位为标志,发行集团建设进入了一个新的阶段。各省新华发行集团的成立,很大程度上是国家为应对加入世界贸易组织后可能出现的竞争和挑战,为提高出版产业集约化经营能力和增强国有经济在出版物市场上的控制力,在较短时间内将原先分散的市、县新华书店的资本和经营整合起来,力图较好地消除体制上的障碍,实现人、财、物统一管理和资本链接。

1999年8月,云南省新华书店改制为国有独资的云南新华书店集团有限公司,同时成立了全省新华书店职工持股会,使职工与企业结成利益共同体,在全国新华书店系统中率先实现了工者有其股。之后,云南省新华书店集团有限公司又对原直属部门和地、州(市)新华书店进行整改,以资本为纽带建立母子公司体制。改制焕发了云南全省新华书店的活力,销售额逐年增长,并被中国企业联合会、中国企业家协会评为"2005年中国服务业企业500强"。在云南省店的股改之后,2002年7月25日,新闻出版总署发出《关于新华书店(发行集团)股份制改造的若干意见》,为新华书店的公司化改造提供了政策依据,股权多样化和建立真正意义上的现代企业制度,使新华书店的改革彻底打破了"三权上收""三权下放"的循环怪圈,走上不可逆转的、不断深化的改革之路,将全国新华书店的股改工作推向高潮。

随着文化体制改革的推进,经营性文化事业单位逐步转制为企业,国有发行单位转制也在紧锣密鼓地进行。2005年4月,中国出版集团旗下的新华书店总店与英国派可多投资公司以及国有出版社、国内民营资本等共11个中外股东组建成立现代公司制企业——新华出版物流通有限公司,全面承揽总店剥离的总发行业务,新华书店总店成为国内首家实现改制的超大型图书批发企业。除了新华书店总店,其他各地新华书店发行系统的改制工作也明显提速。

(三)发行系统的逐步开放

1. 民营发行业的蓬勃发展

20世纪80年代,民营书店的特点是分解新华书店的压力。作为新华书店发行渠道的补充,在优胜劣汰的市场竞争中,以集体、个体为主的民营书店迅猛发展。1982年3月,《国家出版局关于图书发行体制改革问题的报告》第一次提出了"积极发展集体书店,适当发展个体书店",拉开了民营书店正式跻身于发行领域的帷幕,它分解了新华书店为解决十年动乱造成的"书荒"的巨大压力。1986年,"逐步形成以新华书店为主体的,多种流通渠道、多种经济成分、多种购销形式,减少流通环节的图书发行网"的发行体制新格局正式付诸实施,则进一步为民营书店登上历史舞台提供了理论依据。

进入20世纪90年代,民营书业进入发展的一个新阶段。"三放一联"的改革思路为民营书店的迅速成长壮大提供了充足的发展空间,引发了图书流通领域的激烈竞争,尤其是所谓的"主渠道"与"二渠道"之间的激烈竞争,使一批民营书店乘势脱颖而出。

进入2000年,面临入世等新的竞争压力,对于民营书业来说,这是在夹缝中求生存的一年,它们既要开拓市场还要承受风险,能否守住高品位的底线成了关键点。2001年,中央出台了关于新闻出版体制改革的文件。此后,新闻出版署开始研究资本准入方面的问题,坚持"凡是对外国人开放的首先对中国人开放"的总原则。

2003年7月29日,新闻出版总署颁布《出版物市场管理规定》,对从事出版物总发行业务的企业,不再规定必须是"具有法人资格的国有出版物发行单位或国家核准的国有资本控股的出版物发行公司";对从事出版物批发业务的单位不再限定必须是"国有、集体所有制企事业单位,依法设立的公司"。民营书业的规模和实力开始壮大。

2003年9月19日,文德广运发行集团在北京宣布组建成立,这是自《出版物市场管理规定》正式实施以来第一家挂牌的拥有报刊总发行权的民营企业。该公司的成立,标志着民营资本终于名正言顺地进入了报刊批发领域,在我国出版物分销市场的进一步开放和市场化改造进程中发挥不可取代的作用。在这之后,越来越多的民营书业企业获得了出版物总发权。这些企业在获得出版物总发权之后,纷纷进行了业务重组、网点布局和渠道整合工作。

截至2011年,中国已有124340家民营出版企业,占全国新闻出版企业总数的81%,民营发行网点数量达到113932个,在整个出版物发行网点的比例超过了50%。一些有特色也有一定规模的民营书店已经树立了鲜明的品牌形象,并成为所在城市的文化地标。

2. 外资进入我国分销领域

随着我国对外开放的不断深入,外资进入新闻出版领域的要求越来越多,20世纪80年代外资主要是通过合作出版的形式投向中国的出版业,合作出版主要形式是单项合作,一般不能建立企业。1990年以后,外资不满足项目合作而要求建立三资企业。1993年6月,新闻出版署批准云南省新华书店与新加坡泛太平洋出版有限公司合资兴办云南新华有限公司,经营图书、音像出版物的零售业务,此后发行领域的对外开放有限度对外试点,并试办了一些合资发行企业,其中影响最大的是1997年建立的上海贝塔斯曼文化实业有限公司。

2003年,中国兑现了加入WTO时的承诺,开放了印刷业和出版物分销服务市场,2006年,中国出版业的分销领域已经对外资全面开放。2007年12月,经原新闻出版总署批转的外资分销企业共62家。其中独资企业24家,合资企业38家。截至2011年年底,外商投资出版物分销企业已达96家。对出版准入限制的逐步放开,使出版业市场结构更复杂,资本形式更多元,竞争更激烈,也更有利于市场的优胜劣汰和出版的产业化发展。

第五节　出版教育与科研的发展壮大

改革开放以来,我国的出版教育和研究事业也取得了比较突出的成就,形成了比较系统和发达的教育、研究机构。出版教育机构是为出版业培养人才的机构,出版科研机构则是组织和从事出版科学技术研究工作,并以其研究成果推动出版实践发展与技术进步的单位。二者均是中国当代出版事业的重要组成部分。

(一)出版教育的快速发展

中国的出版教育是随着改革开放的步伐不断前进的。20世纪80年代以来,逐步形成一个多门类、多层次、多渠道的完备的出版专业教育体系。高校则是当代出版教育和出版人才培养的重要基地。

"文化大革命"期间,正规的出版教育被破坏,出版教育和科学研究基本停滞。"文革"后百废待兴,出版事业面临着后继无人的危机,恢复出版教育迫在眉睫。1978年北京印刷学院成立,1983年武汉大学图书情报学院与新华书店总店连手开办图书发行专业。1984年,我国著名理论家胡乔木同志连续三次同出版部门和教育部门负责人谈话并写信指出:"编辑之为学,非一般基础课学得好即能胜任",同时建议在高校试办编辑出版专业,这一提议对推动编辑出版学的发展有着重大的意义。1984年教育部决定在北京大学、南开大学和复旦大学等高校创办编辑学专业。1986年又有上海、河南、西安、四川等几所大学和科研机构借新闻、法学、文学等学科的名义开始招收攻读编辑学专业的研究生。以此为契机,中国编辑出版教育事业得到迅速发展。到2006年年底,据北京印刷学院的统计数据,我国设立编辑出版专业的高等院校已经超过100所[①]。

1998年,教育部调整本科专业目录,设一级学科新闻传播学,二级学科编辑出版学。将普通高校中的"编辑""出版发行"等出版专业合并为统一的"编辑出版"专业,将其培养目标明确为"具备系统的编辑出版理论与技能、宽广的文化与科学知识,能在书刊出版、新闻宣传和文化教育部门从事编辑出版、发行教育与管理工作以及教学与科研的编辑出版学高级专门人才"。这次专业目录的调整不仅使得编辑出版学教育"名正言顺",而且对学术研究起到了积极的作用。

1998年,北京印刷学院出版系和河南大学文学院招收传播学硕士研究生。在此之前,北京大学、武汉大学、南京大学等院校已经相继在相关专业领域内培养了一批批以编辑出版学为研究方向的硕士研究生甚至博士研究生,这标志着中国编辑出版专业教育迈出了培养高层次人才的关键一步。据不完全统计:到2010年6月,国内共有7所高校在8个办学点招收编辑出版学或类似专业的博士研究生,47所高校在54个办学点招收编辑出版学或类似专业硕士研究生。

自开办出版教育以来,专业教材的编写量不断增多。据不完全统计,从1988年由南开大学编辑专业教师组织编写的第一套编辑出版方面的教材开始,截至2006年上半年,中国共出版编辑出版学专著和教材425部(种)。除此之外,海内外高校间的交流机会增多,且交流模式日趋成熟。越来越多的出版学界的专家学者受邀到外国讲学、参加学术会议,而且不少研究成果也得到了国家和社会的认可。

(二) 出版科研的全面繁荣

出版科研和出版教育同时起步于改革开放初期,并根据产业发展的变化不断提出并解决了新的课题,20世纪80年代以来,我国的出版界成立了各种学术研究机构,极大地推动了编辑出版学研究的发展。近年来,中国的出版科研和教育机构与国际上的一些出版科学研究机构进行了多方面的合作交流,逐渐与国

[①] 肖东发、肖莎:《30年来的中国大陆的出版教育与出版科研》,《中国新闻出版报》2008年7月23日。

际接轨。

　　国内的出版研究机构主要有三类。第一类是明确以编辑出版理论研究为主要活动宗旨的学术组织和专门性研究机构,这一类研究机构主要从事理论研究,可以分为国家级和地方级两种,如中国新闻出版研究院和各省市的出版研究室(所)。第二类是行业性团体,它们把开展出版研究作为其重要活动内容之一,如中国出版工作者协会、中国编辑学会、中国期刊协会、各省市的地方出版工作者协会等。第三类就是高校创办的编辑出版研究所或者出版科学研究所。

　　在这些出版研究机构中,最为重要的是中国新闻出版研究院。中国新闻出版研究院的前身是1985年成立的中国出版发行研究所,1989年8月更名为中国出版科学研究所。2010年9月17日,为适应经济社会与新闻出版业发展对新闻出版科研工作的现实需要,更名为中国新闻出版研究院。中国新闻出版研究院隶属于国家新闻出版广电总局,是我国唯一的国家级新闻出版专业研究机构。研究院的主要业务是研究国内外出版业的现状、趋势与历史,为政府和业界提供全方位的决策咨询和智力支持。同时,还承担着组织制定出版业的相关标准,组织编撰、出版出版专业类书刊,发布国内外出版资讯,组织或承办出版界大型行业活动等工作。自1985年建所以来,该机构为中国当代新闻出版业的理论建设、学术研究、基础数据、科学决策、产业发展和科技进步做出了重要贡献。

　　在改革开放的三十多年中,出版教育与出版科研互相促进,共同发展。出版教育为出版研究的开展培养了大量的人才,而出版研究机构提供的众多资源,也通过参与教育过程、编写教材以及通过研究完善学科体系等途径反哺出版教育,推动出版教育的开展与进步,二者在通力合作中共同又好又快地发展。

　　(三) 出版研究阵地的形成

　　学术科研阵地是学术研究成果相互交流的场所,主要表现为专业出版社、期刊和学术讨论会,它们又是培养科研新人和先进出版者的领地,能为加强出版社队伍建设、提高出版人员素质、推动出版业的发展和出版科研工作起到积极的作用。1986年,国家出版局正式批准成立了两个出版类专业书籍出版社,即中国出版发行科学研究所的中国书籍出版社和山西省的书海出版社。这为编辑出版学著作的出版创造了条件,标志着编辑学、出版学开始有了自己的学术园地。

　　学术期刊主要可以分为三大类:一类是出版或者编辑研究的专业期刊,这些期刊学术性强、成果比较集中。20世纪80年代,山西人民出版社创办了《编辑之友》杂志,这是中国最早的编辑学专业期刊,紧接着,上海市编辑学会和中国科学技术期刊编辑学会先后创办了《编辑学刊》和《编辑学报》杂志。比较重要的还有北京的《出版发行研究》《科技与出版》以及中国编辑协会的会刊《中国编辑》，等等。截至2008年，中国已经有三十余种编辑出版类专业期刊和报纸。第二类是国家及地方的出版工作指导类期刊，主要有《中国出版》和各地新闻出版管理机关办的期刊。第三类是一些高校学报的社会科学版和相关专业的报刊的相关栏目，如新闻传播学、图书情报学、社会学等，也开辟了研究编辑出版理论和实践的专栏。此外，还有《中国新闻出版广电报》《中华读书报》等专业报纸也在信息报道、理论研究方面发挥着十分重要的作用。

可以说，目前已经形成了以几种报刊为核心、一部分杂志为基干的理论阵地，这些刊物和报纸为编辑出版学研究者们开辟了发表学术研究成果的广阔天地。十几年来，它们所刊载的学术论文、信息资料和研究评述数以千计，在推动理论研究、引发研究热点、组织学术讨论、促进学科建设方面起着重大的作用。

学术研讨会则有全国性的、专题性的（如出版史）、区域性的（如几个邻近的省相联合）、地方性的（如某省市甚至某个出版社）、系统性的（如高校自然科学学报）等不同规模或形式。学术研讨会是研究人员进行交流的极佳场所，不仅能够促进研究的深化，还能够吸引更多的研究者，激励新生力量投入到学科研究之中。

此外，中国新闻出版网（http://www.chinaxwcb.com/）、中国出版网（http://www.chuban.cc/）、出版学术网（http://www.pubhistory.com/）等专业学术网站也已经成为新的学术交流平台。

第六节　当代中外出版交流的快速发展

改革开放以来，随着对外开放的不断扩大，中国出版业对外开放的力度也不断加强，版权贸易迅速发展，国际交流日渐频繁，国际化水平稳步提升。出版业在引进国外先进文化、提升中国文化"软实力"和"文化竞争力"方面发挥了积极而显著的作用，有力地推动了中国当代出版走向世界。中国出版业已经不再游离于全球出版业之外，远远不是单一的市场，而是与世界有了更多的融合和统一。

（一）版权贸易

版权贸易是改革开放之后逐步建立和完善社会主义市场经济、建设社会主义法治国家的产物。改革开放30年来，中国图书版权贸易经历了贸易规模从小到大，参与的出版单位等贸易主体从少到多、由弱变强的发展历程，并逐渐实现了由以引进图书为主向主动输出图书的转变。随着改革开放的不断深入、版权法律制度的逐渐完善,中国的版权贸易环境和版权贸易政策将越来越有利于产业发展。目前我国版权贸易活动呈现出以下特征:

从数量方面看,十多年来中国的版权贸易整体上呈逐步增长趋势,版权逆差逐年缩小。据统计,2015年,全国共引进版权16467种,其中图书15458种,录音制品133种,录像制品90种,电子出版物292种。共输出版权10471种,其中图书7998种,录音制品217种,录像制品0种,电子出版物650种。版权引进品种与输出品种比例为1.57∶1。虽然依旧处于贸易逆差状态,但是同以往相比已经有了极大的改观。总体而言,自1995年以来,中国图书版权引进与输出的比例时有起伏。2004年以前(1998年和2002年除外),全国图书版权逆差长期徘徊在10∶1以上,最高时达15∶1。自2004年起,版权逆差呈逐年缩小趋势,到2014年缩小至历史最低值。这可从下图中看出:

表11.4 2001—2015年中国图书版权引进和输出项目总量

年份	引进图书版权(项)	输出图书版权(项)	贸易逆差(项)	引进/输出
2001	8250	653	7597	12.63∶1
2002	10235	1317	8918	7.77∶1
2003	12516	811	11705	15.43∶1
2004	10040	1314	8726	7.64∶1
2005	9382	1434	7948	6.54∶1
2006	10950	2050	8900	5.34∶1
2007	10255	2571	7684	3.99∶1
2008	15776	2455	13321	6.42∶1
2009	13793	4177	9616	3.30∶1
2010	13724	5691	8033	2.41∶1
2011	14708	5922	8786	2.48∶1
2012	16115	7568	8547	2.13∶1
2013	16625	7305	9320	2.28∶1
2014	15542	8088	7454	1.92∶1
2015	15458	7998	7460	1.93∶1

从版权引进和输出的国家和地区来看,集中化程度较高。以2015年为例:当年全国图书版权引进地十强(按照品种数量从高到低)为:美国4840种,英国2677种,日本1724种,我国台湾地区1052种,法国959种,韩国826种,德国783种,新加坡240种,我国香港地区159种,加拿大151种。图书版权输出地

十强(按照品种数量从高到低)为:我国台湾地区 1643 种,美国 887 种,韩国 619 种,英国 546 种,德国 380 种,我国香港地区 311 种,日本 285 种,新加坡 262 种,法国 138 种,俄罗斯 135 种。这说明版权贸易主要对象是在中国港台地区、日、韩、新加坡和美、英、德、法等国。

从国内各地版权贸易的分布来看,呈现出分布不均的特征。以 2008 年为例:从综合图书版权贸易(引进与输出)总额来看,当年全国图书版权引进与输出总额超过 500 种的省(市)共有 5 个——北京、广东、上海、江苏、辽宁。图书版权贸易前 3 名之和占全国总数的 74.57%,前 5 名之和占全国总数的 80.50%,表明全国图书版权贸易比较活跃的地区仍然集中在北京、广东、上海等经济发达的中东部沿江沿海地区和出版体制改革较快的江苏、辽宁等省份。

从版权输出来看,经典版权贸易案例逐年增多,但输出产品原创力仍显不足。随着中国出版业版权贸易的发展,越来越多的国外好书进入了中国市场,也有不少中国作品活跃在世界出版舞台上。然而与发达国家层出不穷的优秀出版物相比,中国出版业向外输出的产品仍然体现出原创力不足、文化影响力不够的情况。

在版权引进方面,早期的《廊桥遗梦》,1995 年由人民文学出版社引进出版,在 1995 年内连印 5 次,到 1996 年 5 月印刷 9 次,销售了 70 万册。上海译文出版社引进的《挪威的森林》,从 2001 年至 2006 年 3 月份,在中国内地印数已经超过 100 万册。中信出版社引进的《谁动了我的奶酪》,2001 年 9 月推出中译本后,在不到半年的时间里 19 次重印,总印数达到了 160 万册,到 2004 年 8 月已经超过了 200 万册销量,创造了令人惊叹的销售神话。还有一套书堪称"版权贸易的魔法石",那就是风靡全球的《哈利·波特》。人民文学出版社不仅将该书版权引进中国,而且对其版权进行独家买断。《哈利·波特》的许多派生产品,如海报书、填色书、明信片等,都通过版权贸易的形式走进中国。

版权输出方面,也陆续出现了一批优秀的中国原创作品,被国外出版集团争相竞购。最成功的案例是《狼图腾》。2005 年,长江文艺出版社的《狼图腾》,与世界最大的出版集团——培生集团下属的企鹅出版集团正式签订协议。企鹅集团向作者支付 10% 的版税,预付 10 万美元,在全球 16 个国家发行该书的英文版。这不仅是我国中文原创图书首次被一次性买断全球英文版权,大规模进入英文主流文化市场,而且创下了我国出版业版权输出贸易中版税率、预付金额等多项第一。此外,莫言(2012 年获诺贝尔文学奖)、刘慈欣(2015 年其作品《三体》获雨果奖最佳长篇)、曹文轩(2016 年获国际安徒生奖)等著名作家的作品版权输出也取得了非常好的业绩。2014 年《习近平谈治国理政》由外文出版社以多语种出版发行以来,受到国际图书市场和国际主流媒体持续关注,已在全世界100多个国家和地区发行超过50万册,创下改革开放以来我国国家领导人著作在海外发行最高纪录。

不容忽视的是,虽然有《狼图腾》这样的畅销书输出,但从整体来看,中国版权输出的图书种类仍然很局限,目前仍以中国传统文化为主,气功、保健、中医、餐饮图书居多。这与引进的畅销书和可观的版税利润相比,双方产生的经济影响是不可相提并论的。在一定程度上,中国当代出版业要真正走向世界,还有待进一步的努力。

(二) 国际书展上的中国出版

参加国际书展的情况也是中外出版交流水平的体现之一。近几年,中国出版业每年参与四十多个国家或地区的书展、书市,宣传、展示和推介中国图书产品,不断扩大中国出版和文化的国际影响。国际书展中中国主宾国活动已成为中国出版界开展版权贸易和宣传中国文化的重要平台。自2003年中国出版代表团以主宾国身份参加巴黎图书沙龙以来,分别在2007年、2008年、2009年和2012年以主宾国身份参加了莫斯科书展、首尔书展、法兰克福书展和伦敦书展。

图11.5　2009年德国法兰克福书展上的中国出版社展台

在2009年法兰克福国际书展上,中国首次以主宾国的身份参展。在这个被誉为"出版业奥林匹克"的盛会上,中国以出版业为平台向世界展示了5000年中华文明的灿烂辉煌,述说了当代中国日新月异的发展变迁。本次法兰克福书展中国主宾国活动是新中国成立以来,我国出版界在国外举办的规模最大、规格最高、影响最广的一次对外文化交流活动。参展的中国内地出版机构有272家,来自台湾的有26家,来自香港的15家,总人数超过2000人,展品计7600余种。中方在本届书展上共输出版权2417项。另据德国官方统计,本次以中国为主宾国的书展共吸引了29万人次的参观者,有力地推动了中国书业走向世界的进程。

在众多的国际书展中,北京国际图书博览会(Beijing International Book Fair)在促进中外出版贸易和交流方面也越来越发挥着积极的作用。截至2015年,北京国际图书博览会自1986年创办以来,已经成功举办过22次。目前每年举办一届。博览会始终以"把世界优秀图书引进中国,让中国图书走向世界,以促进国际科技文化交流,增强各国人民的相互了解和友谊,扩大中外合作出版和版权贸易,发展图书进出口贸易"为宗旨。历经三十余年的不断创新和发展,北京国际图书博览会已发展成为兼具版权贸易、图书贸易、文化活动、展览展示、信息交流、业界沟通等功能为一体的国际出版交流盛会,与法兰克福书展、伦敦书展和美国BEA书展并称为四大国际书展。每年的北京国际图书博览会都会通过多种途径和方式实施"走出去"战略,举办多种活动,成功地为中国出版业搭建了一个"走出去"的平台。北京国际图书博览会被越来越多的国际出版人誉为"世界出版业的一面镜子""中国出版业的一张重要名片"。

(三)合作出版

改革开放以来,随着国内出版业市场的不断开放和出版业产业化改革的加快,国内许多出版企业开始与国际出版商进行多种形式的合作。截至2009年,中外合资、合作的印刷、发行、出版企业达2500多家。合作形式包括了版权上的合作、选题策划与书稿编写过程的合作、代理性业务、资本合作等。

1. 版权合作。这种合作方式能使国外出版商与国内实力雄厚的出版社形成相对长期而稳定的战略伙伴关系。外国出版商通过集中授予版权,借助中国知名出版社的力量将自己的产品推广到中国市场,取得更大的回报。在现有政策条件下,期刊版权合作是中外版权合作中最受关注的一种形式。我国与境外开展的期刊合作已经有三十多年的历史。历史最长的合作报刊是《科学》,已有30年。目前许多成功的案例以和国际潮流接触密切的生活时尚类杂志为主,如上海译文出版社和法国桦榭菲力柏契传媒集团合作的《世界服装之苑ELLE》、中国青年出版社和法国《费加罗夫人》杂志社合作的《虹》、中国轻工业出版社和日本《主妇之友》杂志社合作的《瑞丽服饰美容》等,都是目前我国时尚类期刊的领头羊。

2. 选题策划与书稿编写过程的合作。国内出版社与国外出版企业进行选题合作开始于改革开放初期。1979年,人民美术出版社就与日本讲谈社合作出版了《中国之旅》5卷。在海外出版发行的中国图书,经常采用的形式是双方商定选题,由中方提供选题内容,对方出版发行。而在中国出版发行的海外作品,则在原著基础上改编、增删,在书籍内容上是选择那些比较适合中国实际需要的外国书籍。如中国大百科全书出版社与美国不列颠百科全书出版公司合作编译的《简明不列颠百科全书》中文本,经对方同意,中国对原书进行了增删,特别是有关中国的条目,比原书增加了20%。更多的合作方式是由双方共同编撰和审稿,分别出版发行。例如,商务印书馆与英国牛津大学出版社合作出版的《精选英汉·汉英词典》,英语部分由牛津大学出版社负责,汉语部分由商务印书馆负责。

3. 项目合作。就是中外出版机构针对特定市场,共同策划选题、共同进行市场营销、共同投资分利。如美国耶鲁大学出版社与外文出版社合作出版的《中国文化与文明丛书》就是一项影响深远的长期合作,双方在选题、营销和投资分配各方面都采取合作共赢的模式,其规模之大、选题之广、学术性之强和质量之高,都是前所未有的。该项目始于1990年,一直延续至今,丛书分画册、中国文学名著、中国哲学思想三个系列,计划用多种文字出版70种图书。项目首卷《中国绘画三千年》面世时还曾作为江泽民主席访美的礼物赠予克林顿总统。此书英文版获得了美国出版商协会为优秀图书颁发的最高荣誉"霍金斯图书大奖",至今已出版了汉文简、繁体字,英、法、韩文五个版本,发行量达10万余册。

4. 代理业务。由于外国出版商不能直接进入中国出版领域,在华的外国出版公司代表处的一个重要使命就是开展版权贸易和合作出版。现在,几乎所有世界大型出版集团都以不同方式在中国设立了办事机构,拟订了"中国攻略"。1997年成立的DK公司北京代表处,目前向中国输出的DK公司图书已达700—800个品种,并与多家出版社建立合作关系。培生教育北京代表处的主要任务也是版权贸易和合作出版,在华业务量已从1999年开办之初的100万美元增至2004年的1000万美元。此外,专门从事国际版权代理业务的外国公司更是直接从事版权贸易和合作出版。如英国安德鲁·纳伯格联合国际有限公司、韩国信元公司都是其中的突出代表。

5. 资本合作。21世纪以来,中国的出版改革已逐步深入到体制创新和资本运营创新。中外出版企业资本层面的合作也将成为一个重要发展趋势,资本将决定中国未来的出版业竞争格局与走向。2003年,中国兑现了加入世界贸易组织时的承诺,开放了印刷业和出版物分销服务市场,2006年,中国出版业的分销领域已经对外资全面开放。目前,越来越多的国际资本进入到印刷和分销环节,并通过合作出版等方式积极开拓上游市场。2004年,亚马逊公司收购卓越网100%的股权,构成最大一宗出版业外资投资案。

在引入外资的同时,中国的出版资本输出也快速发展起来。这主要是指国内出版社(集团)以资本运作的方式,以独资、合资或合作模式,在国外建立出版社。国内出版社与国外出版社是母子公司关系,双方关系以资本为纽带建立起来,而不是一般意义上的总公司和分公司。国外出版社是由中国出版单位出资、具有外国企业身份的独立的经济实体,具有所在国家的独立企业法人身份,享受本土企业国民待遇。这些在国外注册的出版社既有中国独资企业,也有合资企业。目前,我国新闻出版企业已在50多个国家和地区投资或设立分支机构450多家,初步完成海外布局,本土化发展质量稳步提高[①]。其中,中国出版集团目前已拥有海外出版社、连锁书店和办事机构28家,海外业务遍及130多个国家和地区。

(四)中国出版走向世界

自1978年改革开放以来,中国的国际政治地位和经济发展所取得的成就为全世界所瞩目,而中国出版业在世界出版业地图中却只能属于"第三世界"。因此,加快中国出版走向世界的步伐十分必要,这不仅是占领国外出版市场、利用国外出版资源的需要,更是传播中华悠久文明、展示中国优秀文化的需要。

目前中国在积极引进国外先进出版技术和版权的同时,还在继续加大中国图书对外推广的力度。近年来在"让中国走向世界,让世界了解中国"方针的指引下,中国政府开始实施"走出去"战略。我国出版业先后实施了中国图书对外推广计划、经典中国国际出版工程、中外图书互译计划、中国出版物国际营销渠道拓展工程、重点新闻出版企业海外发展扶持计划、边疆新闻出版业"走出去"扶持计划、图书版权输出普遍奖励计划、丝路书香工程等八大工程,构建了内容生产、翻译出版、发行推广和资本运营等全流程、全领域的"走出去"格局,打开了190多个国家和地区的出版物市场。

新闻出版行业在2006年开始实施"中国图书对外推广计划",并把这一工程纳入"十一五"文化发展重大工程,这是一项由国务院新闻办和原新闻出版总署联合主持、向全球推广中国图书的计划。目前该计划已经成为我国新闻出版业

[①] 张贺:《精彩中国故事 吸引世界目光:中国出版"走出去"综述》,《人民日报》2016年2月16日第4版。

对外开放的品牌工程。它的基本做法是,由国家赞助中外出版机构翻译出版中国的图书,以此推动中国图书进入国际图书市场主流销售渠道。截至 2015 年 6 月,"中国图书对外推广计划"已与 68 个国家 544 家出版机构签署了 1345 项图书翻译资助协议。2014 年共与 37 个国家 91 家出版机构达成资助协议 172 项,涉及 27 个文版。作为"中国图书对外推广计划"的加强版,立足于推介高端精品图书的"中国文化著作翻译出版工程"于 2009 年正式启动。当年就和剑桥大学出版社、施普林格出版集团等 6 个国家的 9 个出版机构签订资助协议 10 项,涉及 4 个文版、171 种图书,总金额达 1700 万元。2014 年与 12 个国家 16 家出版机构达成资助协议 17 项,涉及 10 个文版。2014 年有 110 项"两个工程"已资助项目由海外合作出版机构出版,在国际图书市场与海外读者见面。①

2009 年 4 月,原新闻出版总署发布《关于进一步推进新闻出版体制改革的指导意见》提出,在三到五年内,要着力培育出六七家资产超过百亿、销售超过百亿的国内一流、国际知名的大型出版传媒企业;要积极实施"走出去"战略,鼓励有条件的出版传媒企业到境外兴办传媒实体。这是我国文化体制改革开展以来又一次较大幅度的推进。2016 年,《中华人民共和国国民经济和社会发展第十三个五年规划纲要》发布,其中指出:"加大中外人文交流力度,创新对外传播、文化交流、文化贸易方式,在交流互鉴中展示中华文化独特魅力,推动中华文化走向世界。"随着我国经济社会发展、综合国力增强、国际地位提高,我国出版业"走出去"必将迎来一个大发展大繁荣的战略机遇期。

此外,改革开放以来,在中国大陆出版业迅速发展的同时,中国台湾、香港、澳门地区的出版业也取得了长足的发展,海峡两岸及香港、澳门的出版业在共同繁荣发展的基础上,形成了中国华文出版多元一体的良好格局,共同为传播和传承中华文明发挥着积极的作用,在当代世界出版格局中占据着越来越重要的地位。

在 2009 年法兰克福世界华文出版论坛上,时任中国新闻出版总署副署长邬书林在题为《弘扬传统,发挥优势,共创华文出版的美好未来》的主题演讲中指出,华文出版具有优良的文化传统,即经世致用、鉴古察今的出版理念,秉笔直书、忠于史实的出版精神,盛世修典、博大精深的出版内容,甘作嫁衣、精益求精的编辑修养,官民相济、相得益彰的出版机构,不断更新、与时俱进的印制技术,交流交融、海纳百川的文化胸怀;华文出版具有良好的发展条件,源远流长的中华文化为华文出版业的发展提供了丰厚资源,当代中国综合国力的提升为华文

---

① 范军主编:《2014—2015 中国出版业发展报告》,北京:中国书籍出版社 2015 年版,第 170 页。

出版业的发展提供了坚实基础,中国大陆以及台湾、香港地区华文出版已形成的规模和积累的经验为华文出版的发展提供了可靠的力量,广阔的海外需求为华文出版业的发展提供了巨大市场。中国出版走向世界,任重而道远。可以预见,在不久的将来,两岸四地的华文出版将会有更大的发展,在当代世界出版业中发挥越来越重要的作用,为"传播华夏民族灿烂的文化"做出新的更大的贡献。

本章推荐阅读

1. 方厚枢、魏玉山:《中国出版通史·中华人民共和国卷》,北京:中国书籍出版社2008年版。
2. 王子野主编:《当代中国的出版事业》,北京:当代中国出版社1993年版。
3. 新闻出版署主编:《新中国出版50年(1949—1999)》,北京:人民美术出版社1999年版。
4. 刘杲、石峰主编:《新中国出版五十年纪事》,北京:新华出版社1999年版。
5. 肖东发、方厚枢主编:《中国编辑出版史》(下册),沈阳:辽海出版社2006年版。
6. 方厚枢:《出版工作七十年》,北京:商务印书馆2015年版。
7. 宋应离、刘小敏主编:《亲历新中国出版六十年》,开封:河南大学出版社2009年版。
8. 伍旭升:《30年中国畅销书史》,北京:中国对外翻译出版公司、南昌:江西教育出版社2009年版。
9. 张志强、左健主编:《中国出版业发展报告:新千年来的中国出版业》,南京:南京大学出版社2013年版。

复习思考题

1. 梳理、总结改革开放以来我国出版管理体制改革的脉络、主要内容及特征。
2. 改革开放以来,我国图书出版业可以划分为几个发展阶段?每个阶段取得的成绩、呈现的特征分别是什么?
3. 什么是汉字激光照排技术?为什么说该技术的发明与应用让中国出版业告别了"铅与火",迎来了"光与电"?
4. 当代出版活动中的数码介质有哪些?通过在出版业中的应用,这些介质分别形成了什么样的出版形态?

5. 简述我国数字出版产业发展的历史、现状以及对当代出版业的影响。
6. 简述改革开放以来我国出版发行体制的改革与发展历程。
7. 改革开放以来,我国出版教育与科研事业取得了哪些成绩?
8. 改革开放以来,我国版权贸易活动具有哪些特征,存在哪些突出问题?
9. 结合实例,总结说明我国出版企业与国际出版商开展合作出版的主要形式。

解释下列名词

《出版管理条例》　　《中华人民共和国著作权法》　　中国出版集团公司
中国出版协会　　　　中国编辑学会　　　　　　　　中国新闻出版研究院
王选　　　　　　　　按需印刷　　　　　　　　　　电子纸
电子图书　　　　　　手机出版　　　　　　　　　　文学网站
北京国际图书博览会　　　　　　　中国图书对外推广计划
中国文化著作翻译出版工程　　　　国家新闻出版广电总局

附1
主要参考书目

（按作者姓氏音序排列）

1. 北京图书馆编:《中国版刻图录》,北京:文物出版社1960年版。
2. 曹之:《中国古籍编撰史》,武汉:武汉大学出版社1999年版。
3. 曹之:《中国古籍版本学》,武汉:武汉大学出版社2007年版。
4. 曹之:《中国印刷术的起源(第二版)》,武汉:武汉大学出版社2015年版。
5. 陈旭麓:《近代中国社会的新陈代谢》,北京:中国人民大学出版社2013年版。
6. 陈正宏、谈蓓芳:《中国禁书简史》,上海:学林出版社2004年版。
7. 程千帆、徐有富:《校雠广义·版本篇》,济南:齐鲁社1998年版。
8. 戴南海:《版本学概论》,成都:巴蜀书社1989年版。
9. 邓文锋:《晚清官书局述论稿》,北京:中国书籍出版社2011年版。
10. 范军主编:《2014—2015中国出版业发展报告》,北京:中国书籍出版社2015年版。
11. 方汉奇:《中国近代报刊史》,太原:山西教育出版社2012年版。
12. 冯天瑜:《中华元典精神》,上海:上海人民出版社2014年版。
13. 高信成:《中国图书发行史》,上海:复旦大学出版社2005年版。
14. 顾颉刚:《汉代学术史略》,北京:东方出版社1996年版。
15. 韩仲民:《中国书籍编纂史稿》,北京:中国书籍出版社1988年版。
16. 黄爱平:《四库全书纂修研究》,北京:中国人民大学出版社1989年版。
17. 黄镇伟:《中国编辑出版史》,苏州:苏州大学出版社2003年版。
18. 吉少甫主编:《中国出版简史》,上海:学林出版社1991年版。
19. 季羡林:《中印文化交流史》,北京:中国社会科学出版社2008年版。
20. 〔美〕卡特:《中国印刷术的发明和它的西传》,吴炎译,北京:商务印书馆1957年版。
21. 来新夏:《中国古代图书事业史》,上海:上海人民出版社1990年版。
22. 来新夏等:《中国近代图书事业史》,上海:上海人民出版社2000年版。
23. 李国祥、杨昶:《国学知识指要》,南宁:广西人民出版社1993年版。
24. 李零:《简帛古书与学术源流》,北京:生活·读书·新知三联书店2007年版。
25. 李学勤:《失落的文明》,上海:上海文艺出版社1997年版。
26. 李学勤、郭志坤:《中国古史寻证》,上海:上海科技教育出版社2002年版。
27. 李致忠:《历代刻书考述》,成都:巴蜀书社1990年版。

28. 李致忠：《中国古代书籍史话》，北京：商务印书馆1996年版。
29. 梁启超：《中国近三百年学术史》，北京：东方出版社1996年版。
30. 刘杲、石峰主编：《新中国出版五十年纪事》，北京：新华出版社1999年版。
31. 刘国进：《中国上古图书源流》，北京：新华出版社2003年版。
32. 刘国钧：《中国的印刷》，上海：上海人民出版社1979年版。
33. 刘国钧、郑如斯：《中国书史简编》，北京：书目文献出版社1982年版。
34. 柳诒徵：《中国文化史》，上海：东方出版中心1988年版。
35. 罗树宝：《中国古代印刷史》，北京：印刷工业出版社1993年版。
36. 吕思勉：《先秦学术概论》，上海：东方出版中心1996年版。
37. 潘吉星：《中国科学技术史·造纸与印刷卷》，北京：科学出版社1998年版。
38. 潘玉田、陈永刚：《中西文献交流史》，北京：北京图书馆出版社1999年版。
39. 彭裴章：《中外图书交流史》，长沙：湖南教育出版社1999年版。
40. 戚志芬：《中国的类书、政书和丛书》，北京：商务印书馆1996年年版。
41. 〔美〕钱存训：《书于竹帛：中国古代的文字记录》，上海：上海书店出版社2002年版。
42. 〔美〕钱存训：《中国科学技术史 第5卷·化学及相关技术第1分册·纸和印刷》，刘祖慰译，北京、上海：科学出版社、上海古籍出版社1990年版。
43. 曲德森主编：《北京印刷史图鉴》，北京：北京艺术与科学电子出版社2008年版。
44. 宋木文主编：《中国版协20年（1979—1999）》，北京：高等教育出版社1999年版。
45. 宋原放、李白坚：《中国出版史》，北京：中国书籍出版社1991年版。
46. 孙钦善：《中国古文献学史》，北京：中华书局1994年版。
47. 孙毓修：《中国雕版源流考》，上海：商务印书馆1934年版。
48. 史金波：《西夏出版研究》，银川：宁夏人民出版社2004年版。
49. 田建平：《元代出版史》，石家庄：河北人民出版社2003年版。
50. 王彬主编：《清代禁书总述》，北京：中国书店1999年版。
51. 王国维：《简牍检署考校注》，胡平生、马月华校注，上海：上海古籍出版社2004年版。
52. 王余光：《中国文献史》（第一卷），武汉：武汉大学出版社1993年版。
53. 魏隐儒：《中国古籍印刷史》，北京：印刷工业出版社1984年版。
54. 吴浩坤：《中国甲骨学史》，上海：上海人民出版社2006年版。
55. 伍杰：《中国古代编辑家小传》，北京：展望出版社1988年版。
56. 肖东发：《中国图书出版印刷史论》，北京：北京大学出版社2001年版。
57. 肖东发主编：《中国编辑出版史》（上册），沈阳：辽海出版社2005年版。
58. 肖东发、方厚枢主编：《中国编辑出版史》（下册），沈阳：辽海出版社2006年版。
59. 肖东发等：《中国出版通史》（九卷本），北京：中国书籍出版社2008年版。
60. 肖东发主编：《中国出版图史》，广州：南方日报出版社2009年版。
61. 肖东发主编：《从甲骨文到E-Publications》，北京：外文出版社2009年版。
62. 肖东发、杨虎：《插图本中国图书史》，北京：国家图书馆出版社2015年版。
63. 谢灼华：《中国图书和中国图书馆史》，武汉：武汉大学出版社1987年版。

64. 新闻出版署主编:《新中国出版50年(1949—1999)》,北京:人民美术出版社1999年版。

65. 熊月之:《西学东渐与晚清社会(修订版)》,北京:中国人民大学出版社2011年版。

66. 严绍璗:《汉籍在日本的流布研究》,南京:江苏古籍出版社2000年版。

67. 严文郁:《中国书籍简史》,台北:台湾"商务印书馆"1992年版。

68. 姚伯岳:《版本学》,北京:北京大学出版社1993年版。

69. 姚福申:《中国编辑史(修订本)》,上海:复旦大学出版社2004年版。

70. 叶德辉:《书林清话》,北京:北京燕山出版社1999年版。

71. 章宏伟:《出版文化史论》,北京:华文出版社2002年版。

72. 张静庐:《中国近现代出版史料(全8册)》,上海:上海书店出版社2011年版。

73. 张立主编:《2013—2014中国数字出版产业年度报告》,北京:中国书籍出版社2014年版。

74. 张立主编:《2014—2015中国数字出版产业年度报告》,北京:中国书籍出版社2015年版。

75. 张荣明:《中国的国教:从上古到东汉》,北京:中国社会科学出版社2001年版。

76. 张树栋、庞多益、郑如斯:《中华印刷通史》,北京:印刷工业出版社1999年版。

77. 张舜徽:《爱晚庐随笔》,武汉:华中师范大学出版社2005年版。

78. 张舜徽:《中国文献学》,上海:上海古籍出版社2009年版。

79. 张秀民:《中国印刷术的发明及其影响》,北京:人民出版社1958年版。

80. 张秀民:《张秀民印刷史论文集》,北京:印刷工业出版社1988年版。

81. 张秀民:《中国印刷史》,上海:上海人民出版社1989年版。

82. 张召奎:《中国出版史概要》,太原:山西人民出版社1985年版。

83. 张志强、左健主编:《中国出版业发展报告:新千年来的中国出版业》,南京:南京大学出版社2013年版。

84. 郑如斯、肖东发:《中国书史》,北京:书目文献出版社1987年版。

85. 郑士德:《中国图书发行史》,北京:高等教育出版社2000年版。

86. 郑逸梅:《书报话旧》,上海:学林出版社1983年版。

87. 中华书局编辑部:《中华书局九十周年纪念(1912—2002)》,北京:中华书局2002年版。

88. 中国近代现代出版史编纂组编:《中国近代现代出版史学术讨论会文集》,北京:中国书籍出版社1990年版。

89. 中国近代现代出版史编纂组编:《新民主主义革命时期出版史学术讨论会文集》,北京:中国书籍出版社1994年版。

90. 中国出版科学研究所科研办公室编:《近现代中国出版优良传统研究》,北京:中国书籍出版社1994年版。

91. 周宝荣:《宋代出版史研究》,郑州:中州古籍出版社2003年版。

92. 朱迎平:《宋代刻书产业与文学》,上海:上海古籍出版社2008年版。

附2
部分图片来源

1. 陈先行:《打开金匮石室之门:古籍善本》,上海:上海文艺出版社2003年版。
2. 罗树宝主编:《印刷之光》,杭州:浙江人民美术出版社2000年版。
3. 潘美月:《华夏之美:图书》,台北:幼狮文化事业公司1986年版。
4. 任继愈主编:《中国国家图书馆古籍珍本图录》,北京:北京图书馆出版社1999年版。
5. 肖东发:《中国图书出版印刷史论》,北京:北京大学出版社2001年版。
6. 张静庐:《中国近现代出版史料(全8册)》,上海:上海书店出版社2011年版。
7. 张玉范、沈乃文主编:《北京大学图书馆藏善本书录》,北京:北京大学出版社1998年版。
8. 朱家溍主编:《两朝御览图书》,北京:紫禁城出版社1992年版。

后 记

这篇后记本应由先师肖东发教授撰写,但让人遗憾、伤痛的是,在本教材即将完稿之际,先师却因病溘然长逝。教材定稿后,只好由我撰此小文,略述撰写工作的大致经过。

我国是文字和图书出现最早的国家之一,出版活动源远流长,从未间断,形成了中国图书出版史这样一门纵横古今、内涵丰富的学问。北京大学一直有研究、讲授该门学问的学术传统。"中国图书出版史"课程的前身是"中国书史",早在20世纪50年代就被北京大学图书馆专业定为专业基础课,由刘国钧、郑如斯等先生讲授,后由先师讲授,至今已有近70年的历史。1995年改名为"中国图书出版史"后成为编辑出版专业的专业基础课,2002年后被选定为北京大学全校性通选课。2009年又被评为"北京市精品课"。通过多年的积累和多位教师的持续努力,这门课程的内容更加丰富,体系更为完善,方法更为科学,影响更为广泛,得到全校各专业(包括留学生在内)同学们的广泛欢迎。目前,这门课程不仅是图书馆学、编辑出版学专业的基础课,又是全校性通选课,也可以归为人文素质教育课程。课程通过对中国编辑出版业的产生、发展、演进历史过程及其规律性介绍、分析,给编辑出版专业的学生打下了较为坚实的学科基础,同时对各院系学生丰厚自己的文化底蕴、提高人文素养大有裨益。既能为文科学生打下深入研究古代典籍的基础,也可以丰富理工科学生的传统文化知识,在总体上增强大学生的人文素养。

按照先师生前的一贯主张,教材是课程建设的基础工作。教学工作必须与科研工作紧密结合,要将教师最新的研究成果及时充实到教学和教材中去。作为基础课的主讲教师,要做到教学、科研两不误,互相促进,就需要不断发表科研成果,使课堂讲授更为深刻生动,教材建设也十分重要,而且不能一劳永逸,要不断修订补充。因此,课程建设与教材编写、修订工作应该同等重视,同步进行。

早在1958年,高等教育出版社就出版了刘国钧先生的《中国书史简编》。1987年,郑如斯先生和先师合作出版了《中国书史》《中国书史教学参考文选》《中国书史教学指导书》等系列教材。这些都为编辑出版史教材的撰写打下了坚实的基础。先师主编的《中国编辑出版史》（上册）是教育部"八五"规划教材、原新闻出版署教材建设重点项目之一，是当年"普通高等教育编辑出版类规划教材"中，唯一与"史"有关的教材，讲述的是 1949 年以前的中国编辑出版事业发展史。1996 年由辽宁教育出版社出版后，除了作为北京大学"中国图书出版史"课程的指定教材外，还被 80 余所院校编辑出版专业使用。2002 年、2005 年又由辽海出版社再版，多次印刷，影响广泛。后来，先师在广泛征求各方意见的基础上，又和方厚枢先生合作主编了《中国编辑出版史》（下册），讲述 1949 年至 2000 年的中华人民共和国出版史，2003 年由辽海出版社出版。这是一部填补学术空白之作，因为在此之前，国内没有系统撰写新中国成立 50 年以来出版史的著作和教材。该教材出版后，同样得到了学界的广泛欢迎，很快被充实到教学内容中去，也多次重印。

我于 1998 年进入北京大学信息管理系，学习编辑学专业，"中国图书出版史"是该专业的必修课。1999 年春季学期，我们全班 28 人共同聆听先师讲授此课，当时便敬服先师学识之渊博，讲课艺术之高妙，给我们留下了终生难忘的美好印象。课上所用教材即为《中国编辑出版史》（上册）。后来我追随先师攻读硕士和博士学位，又分别以助教和弟子的身份聆听此课，每次听讲，都感觉先师有新资料、新见解、新风格，真是做到了"课常讲常新，常讲常好"。期间，我蒙先师谬赏，也开始承担该门课程的部分教学工作，主要讲授秦汉、魏晋南北朝、两宋和晚清时期的出版史内容。在参与讲授课程的同时，我在先师的指导下，边学边干，教研结合，参与了《中国编辑出版史》（上册）的修订工作和《中国编辑出版史》（下册）的部分撰写工作，这些都为后来完成本教材的撰写和统稿工作打下了坚实的学术基础。

本教材主要以《中国编辑出版史》（上册）和《中国编辑出版史》（下册）为基础，进行增删调整合并而成一册。在 2004 年以《中国编辑出版史》（增订版）为名，列为北京大学教材建设资助项目，拟由北京大学出版社出版。增订工作起先计划由先师统筹，全冠军学兄和我参与。之后，萧莎、周婧、卞卓舟、周悦等学妹也参与其中，承担了部分章节的修订工作。本教材充分借鉴了近年来出版史研究的最新成果，形成了现在比较新的面貌，其改变之处主要表现在以下八个方面：

一是更改书名。按照《中国大百科全书》（第二版）《中国出版通史》等著作对出版的权威界定以及学界新近研究形成的共识，"编辑"当为出版活动中的一个重要环节，"出版"可以涵盖"编辑"的内容。与先师多次沟通并得到先师首肯，改变以往"编辑出版史"的提法，将本教材的题目定为《中国出版史》。

二是贯穿古今。前9章论述1949年以前的中国出版史,第十章、第十一章论述中华人民共和国出版史(考虑到统计数字获取的便利性,下限基本定为2015年)。这样就从远古一直叙述到当下,在前二书的基础上,将数千年的出版史汇聚一书,终成完璧。

三是增补内容。在每章前都增加了比较全面的导语,便于学习者从整体上了解每个阶段出版史发展的概况和要点。充实了社会文化背景方面的材料,增加了中外出版交流、印刷术外传、书院和寺观刻书、辽金西夏出版史、太平天国以及晚清官书局的出版事业等重要内容。

四是完善体例。根据不同历史阶段出版事业发展的情况和特征,重新拟定了各章的题目。在每章之后,提供了供学习者进一步学习和研究的推荐阅读文献。在征引重要文献资料时,以页下注的方式注明了出处。

五是提出新知。充分利用和吸收最新的文献资料和研究成果,提出了一些新的学术观点,比如,在第六章,总结分析了司马光成功主持编修《资治通鉴》的原因,有助于我们认识"集体修书如何成精品"这个重要问题。在第八章,将近代出版史的五大变革,增补为十大变革,有助于我们全面认识近代出版史的变革与转型。

六是修正观点。对一些学术观点进行了修正。比如,对"编辑"和"出版"关系的重新认识和调整。再比如,在第二章,在论述简册的长度内容时,引用了胡平生先生的观点,更正了人们长期接受的王国维先生的观点:"简册制度的原则不是王国维在《简牍检署考》中提到的'分数、倍数'说,而是'以策之大小为书之尊卑'。"

七是增配图表。《中国编辑出版史》(上册)在出版时,在书中有部分图表。本教材继承了这个做法,根据每章内容,大体按照详古略今的原则,加配了近七十幅具有代表性的重要图片,以增强学习者的直观感受。另外,也通过征引或者自制的方式,加配了一些重要的表格,力争用数据来说话。

八是改变署名。根据先师的意见和要求,本教材和原书相比,修改完善之处甚多,工作量不小,书成之后,由煴和我共同署名为主编。在先师辞世前两日,曾以电话和邮件的方式叮嘱我尽快完成此事,最终由我任第一主编,愍任第二主编,甚至由我单独任主编。我闻言,诚惶诚恐,实难应允。这本教材渊源有自,基础工作均由先师牵头完成,我和同门所做的工作,更多的是修补完善之事。汇报给师母和先师公子肖阳师兄后,决定仍遵先师之前的意见,由愍任第一主编,我忝沾师恩,列第二主编。

自2004年以来,因各种原因,导致修订工作有所延期。后因先师病重,精力不济,便嘱托我除完成七章的修订和撰写任务外,还承担起了全书的统稿工作。十余年间,就教材的增订工作,我多次以口头、电话或邮件的方式,向先师汇报自己的想法和进展,并在得到您的首肯和指导后,继续开展工作。却因工作调整,公事烦冗,不能专心此事,迁延至今,没能在先师生前完成他分配的作业,实在是愧憾无比。且幸在北京大学教务部教材办公室主任于瑞霞老师,北京大学出版社编辑周丽锦学姐、胡利国老师的支持下,此书得以顺利出版。尤其是周丽锦学姐的勉励、包容与支持,让我们做好此项工作有了强大的动力和理由。

按照先师生前为《中国编辑出版史》上下两册撰写的后记,原来的分工如下:上册总体框架由先师拟定,并由先师撰写绪论和第一、二、九章;章宏伟、刘大军撰写第三、四、五章;刘大军、喻爽爽撰写第六、七、八章。全书由先师统稿、修订。下册的结构和章节安排由先师和方厚枢先生共同拟定。邢克斌、许欢、钟智锦、陈敏、张曼玲、贾波、王和平、杨虎、丁永勋、刘富玉、周易军等参加了部分章节的起草和校对工作。这些作者的前期工作为本教材的完善打下了坚实的基础。此外,在本教材的撰写过程中,撰稿者曾参阅或引用了不少前辈和时贤的著述和论文资料,我们在必要时增加了页下注,并在书后附录了主要参考书目,在此谨向有关作者致以诚挚的谢意!教材的部分章节在先师生前已经呈您审阅,没有经过您审阅的部分,疏漏和不足之处在所难免,希望广大读者对此给予批评指正,使之日臻完善。

完成好先师生前分配的各项任务,努力继承好您的学问和道德,把出版史研究的薪火在北京大学传承下去,是学生义不容辞的责任。谨以此记,向先师致敬,兼寄缅怀之意!

杨虎于北京大学
2016 年 5 月 18 日初稿,
2017 年 2 月 25 日二稿,
2017 年 3 月 15 日三稿